テキスト 司法・犯罪心理学

越智啓太・桐生正幸 編著

北大路書房

introduction
まえがき

■企画趣旨に代えて

　本書『テキスト 司法・犯罪心理学』は，諸外国の研究はもとより，近年における日本の研究知見を多く取り入れた本格的な専門書である。

　2017年現在，国家資格である「公認心理師」をにらみ，犯罪心理学に関する著書，大学テキストや事典などが，数多く編集・出版されているが，本書はそれらに記されている内容はもとより，次世代の専門家や研究者の礎となるような最新の知見を盛り込んだ編集を心がけた，いわば，本邦初の重厚でかつ骨太な犯罪心理学テキストである。

　2012年，神戸にて開催された国際犯罪学会第16回大会，そして2014年に大阪で開催されたアジア犯罪学会第6回大会での国内研究者の研究発表は，諸外国の研究者からの評価も良く高水準であった。むろん，ここ数年の国内外で発表された論文や学会発表の質の高さは，内外の多くの研究者が認めるところである。この状況において我々は，事例や犯罪原因論を中心とした犯罪心理学からいったん離れ，実証的研究知見を多く取り入れた専門書をつくってみては，と考えた。なぜなら，他分野の自然科学者と共有できる行動科学的な犯罪心理学の専門的テキストの編集が，まさに必要な時期になったと認識したからである。事例研究は一般化しにくく，犯罪社会学的な原因論は実証しにくい。しかし，実験室実験から導き出された目撃証言や取り調べ研究，各犯罪における犯罪者プロファイリングの統計的分析，一定の手順で得られる生理反応などは，検証しうるデータを背景に論じられるため，一般化や実証が可能となろう。

今，社会が求めるのは，身内のみが暗黙に了解している犯罪心理学より，多くの研究者と論議できる犯罪心理学なのである。
　では，なぜこれまで本邦において，底本となる本格的な「犯罪心理学」が編集されてこなかったのか。本邦における犯罪心理学研究の歴史的観点から，以下に検討してみたい。

　日本における犯罪心理学研究は，寺田精一（1884-1922）から始まる。
　彼は，1909年に東京帝国大学哲学科（心理学専修）を卒業後，元良勇次郎の勧めで犯罪と法の心理学の研究を開始する。その研究テーマは幅広く，虚偽告白の検出，犯罪者の迷信，累犯時の精神状態，刑法学者牧野英一と目撃証言の実験などを行なっている。当時の科学的背景や研究方法では，これらを十分に論ずることは難しかったが，テーマ自体は今日に通じている。犯罪心理学研究は好スタートを切ったといえよう。
　次に，実証的な犯罪心理学を行なったのは，「犯罪生活曲線」といった仮説理論を提唱し，検証した吉益脩夫（1899-1974）である。彼は，1924年に東京帝国大学医学部を卒業後，同大学精神病学教室助手，東京府立松沢病院などに勤務している。この「犯罪生活曲線」では，累犯者400名程度のデータを用い，3つの標識（初犯の年齢，犯行間隔，罪種の変化などの変数）の組み合わせにて可視化できる犯罪類型化を試み，一卵性双生児において，この犯罪生活曲線の検証を行なった。米国FBIの犯罪者プロファイリングにおける類型化に先んじた研究といえよう。
　その後の研究進展は，1955年，一橋大学の法学者であった植松正の編集した『犯罪心理学』（朝倉書店）から知ることができよう。刑法学，精神医学や心理学を専門とする大学教員，鑑別所，刑務所，保護観察所や警察の実務家などが執筆しており，犯罪心理学研究者のすそ野の広がりが十分うかがえる。章立てを見ると，「1部　裁判の心理」では，生理心理学の知見をもとにした「虚偽の発見」，訊問法にも言及した「否認と自白の心理」，知覚，注意，記憶といった心理学の研究成果をふまえた「供述の心理」などがあり，各領域の研究も着実に進んでいる。
　以後，諸外国の司法精神医学や犯罪社会学関連の専門書の翻訳，法学者や社会学者による犯罪学の著書，精神科医による司法精神医学の著書が多数出版されたものの，心理学者によって編集されたものは多くない。そのような状況の中で，山根清道の『犯罪心理学』（新曜社，1974年）は，犯罪者の類型，犯罪形成場面の心理，犯罪者の人格形成，犯罪の予測，常習犯罪者の心理といった章立てにて編集されており，当時，数少ない心理学者によるテキストであった。
　1980年代に入ると，家庭，学校といった狭い空間での少年が関与する凶悪事件（たとえば，1980年金属バット殺人事件，1985年岐阜県高校体罰死事件，1989年女子高生コンクリート詰め殺人事件など）が多発する。それらの状況を受け，犯罪心理学の研究領域は非行臨床心理学が多くを占めることとなる。1988年に発刊された雑誌「こ

ころの科学」では，非行が特集されており，その執筆者としては，臨床心理学者，犯罪社会学者，精神医学者，教育学者が中心となっている。

この当時の状況を示すものとして，遠藤辰雄（1986年）の次の言葉がある。

「犯罪・矯正を主題とする犯罪心理学の動向は，すでに知られているように，時代の社会的状況を背景とした犯罪（非行を含む）の動向をかなり忠実に反映している。しかし，その研究業績は，必ずしも現在の犯罪の動向に十分に対応しうるに至っているとは言い難い。……また，現在の研究業績は，必ずしも犯罪心理学本来の課題を十分に解決しているとは言い難い。例えば，個々の犯罪者の犯罪行動の獲得，喚起，保持，変容など一連の心理学的過程についての学習理論，認知理論，精神生物学理論を駆使した統合的モデル作成の研究，自由意思，良心，道徳性など意思決定や抑制過程についての発達理論，社会心理学的理論による実験的研究，……ことに脱個性化現象，共感性，助け合いの減少などの検討，矯正処理，特に社会内処遇についての組織的実験研究などの面の成果の乏しさが著しい。いづれにせよ，日本犯罪心理学会は今や研究者を結束して，犯罪の動向に即応した課題についても，犯罪心理学本来の課題についても，組織的に研究を促進すべき時節を迎えているといえよう」（梅岡義貴（編）『現代心理学の動向 1981-1985』14章「犯罪・矯正」の緒言　実務教育出版，1986年 p.251）。日本の犯罪心理学は，当初，犯罪に関する各事象に対し多角的なアプローチを試みていたが，時代的な背景などの影響により，成人から少年へと対象が移り，分析や実証よりも現象の描写や矯正などの対策へ重きが置かれていたのが，この時期といえよう。

このような非行臨床心理学的な研究が中心となった時代から，研究や応用・実践の領域，テーマが急激に変化したのは2000年前後からである。

1995年にオウム真理教による地下鉄サリン事件が，また1997年に少年による連続児童殺傷事件（酒鬼薔薇事件）などの多様な事件が，バブル経済崩壊などの社会的変動に連動するかのように多数発生し，臨床心理学的な視点のみではこれら事象がとらえきれない状況となってくる。またこの頃から，心理学の実験，調査のトレーニングを十分受けた研究者が，高度な研究手法や統計を使用し，犯罪捜査などの実務領域で研究を始めだしたことも急激な変化の一因となる。寺田精一が始めた虚偽や記憶に関連する研究はポリグラフ検査や目撃証言の研究として，また吉益脩夫の犯罪者類型の研究は犯罪者プロファイリングとして，ようやく開花することとなる。そして，遠藤辰雄が述べた「犯罪の動向に即応した課題についても，犯罪心理学本来の課題についても，組織的に研究を促進すべき時節」が，認知面接，地域防犯，裁判員裁判，社会内処遇などの研究も加わり，訪れることとなる。

加えて，これまで日本の犯罪心理学者は，社会貢献といった発想や社会心理学者などの他領域研究者との共同研究が少なく，実社会や他領域学問からの豊富な知見や，研究手法を取り入れることがなかった。しかし，犯罪捜査場面にて有用な「犯罪者プ

ロファイリング」手法の開発をリードしたのは社会心理学者であるデヴィッド・カンター（David Canter）であったことが例としてあげられるように，犯罪心理学の発展には社会や他領域との交流は不可欠と考えられる。

2016年，日本犯罪心理学会第54回大会では，「これからの犯罪心理学を考える」をメイン・テーマとし，2つのシンポジウムと4つのワークショップが企画された。シンポジウム「犯罪心理学における社会貢献と資格問題」では，日本犯罪心理学会会長である岡本吉生が犯罪心理学による社会貢献などについて講演し，若手研究者とのやりとりが行なわれた。また，公開シンポジウム「社会心理学とのクロスロード：反社会的行動と共感性」では，社会心理学者エマニュエル・カスターノ（Emanuele Castano）の基調講演の後，社会心理学者と臨床心理学者が話題提供を行ない犯罪心理学との接点が論じられた。また，ワークショップでは，「面接者の無力感と向き合う」「女性の犯罪と立ち直りを考える」において司法臨床現場における具体的な問題が，「大学における近年の犯罪心理学研究の展開と展望」では若手による大学研究者の課題が，そして「犯罪生物学・神経犯罪学への接近」では脳神経科学や遺伝子学からのアプローチが，それぞれ話題提供されフロアーとの活発な討議が行なわれたのである。

ここ数十年で，本邦の犯罪心理学の研究と実践の領域は定まり，研究と実践の課題が明確になり，そして社会貢献や他領域との交流も行なわれるようになった。日本の「犯罪心理学者」たちが，ようやく誕生したのだといえよう。

最後に本書の構成を紹介したい。

本書は，「犯罪行動」と「捜査・防犯・矯正」の2部構成となっている。執筆陣は，大学や研究所の研究者，司法領域における実務家であり，第一線で活躍するベテラン，中堅，新進気鋭の若手で構成されている。

まず第Ⅰ部では，殺人，連続殺人，大量殺人，若者の暴力，テロリズム，強制わいせつ・強姦，子どもに対する犯罪，ドメスティック・バイオレンス，ストーキング，少年非行，窃盗，強盗，放火，サイバー犯罪，マインドコントロールと犯罪，といった犯罪行動について，最新の研究やデータを報告している。殺人などの凶悪犯罪を形態ごとに詳細に記述し，また2000年以降顕著になってきた子どもや女性が被害者となる犯罪や，インターネットが介在する犯罪などの研究知見を紹介している。

第Ⅱ部は，現代の犯罪心理学における研究と実践の領域で構成している。犯罪者プロファイリング前史からFBI手法，統計的プロファイリング，犯罪者プロファイリングの実際と展開，地理的プロファイリング，ポリグラフ検査，中枢神経系のポリグラフ検査，目撃証言，子ども，高齢者の目撃証言，取調べ，人質立てこもり事件と交渉，マス・メディアと犯罪，地域防犯，矯正，更生保護，といった実際に行なわれている内容を取り上げ紹介している。これらに加え，開始されたばかりの研究や最近の犯罪事案をコラムにまとめている。

以上の構成による本書は，犯罪形態や司法制度の大きな変化，犯行の動機面などの質的な変化，急速なインターネット環境の拡がりによる新たな人間関係のつながりなどを，的確にとらえたものになっていると我々は考えている。そして，寺田精一から続いてきた研究や調査が本書にて一つの実を結んだ，とも実感している。日本初の本格的で骨太な犯罪心理学のテキストとして，本書が犯罪心理学者や問題意識の高い読者のバイブルとなり，次世代の研究の礎となることを切に願ってやまない。

2017年春

編者を代表して　桐生正幸

参考文献

笠井達夫・桐生正幸・水田恵三（編）(2012). 犯罪に挑む心理学 Ver. 2　北大路書房
桐生正幸 (2016). 犯罪心理学：捜査と防犯　現代図書

目次
table of contents

まえがき　1

第Ⅰ部　犯罪行動

第一章　殺人　002
1. 殺人事件の特性　002
2. 多変量解析を用いた殺人事件の分類　014

第二章　連続殺人　019
1. 連続殺人の定義と発生頻度　019
2. 日本の連続殺人　024
3. 連続殺人の分類　026
4. 連続殺人犯を説明するモデル　033

　　　Column 1　動物虐待と凶悪犯罪の関連　037

第三章　大量殺人　039
1. 大量殺人の定義　039
2. 大量殺人についての従来の研究　040
3. 日本における大量殺人の特徴と分類　042
4. 大量殺人研究の今後の課題　051

第四章　若者の暴力　053
1. 重大犯罪を行なった若者の類型化　053
2. 若者による無差別殺人事件の心理　060

第五章　テロリズム　068
1. テロの普遍的定義の難しさ　068
2. テロの分類と代表的テロ組織　070
3. テロ組織の構造と形態　072
4. テロリストの個人的特性と社会的要因　074
5. テロ捜査とその支援　083
6. テロが社会に及ぼす影響　086
7. おわりに　087

　　　Column 2　PTSD　088

第六章 強制わいせつ・強姦　090
1. 強制わいせつ・強姦　091
2. 加害者特性と矯正　098

　　　　　　Column 3　痴漢　113

第七章 子どもに対する犯罪　115
1. 子どもに対する性犯罪と性犯罪者の特徴　116
2. 子どもを対象とする犯罪の抑止　119
3. 子どもを対象とする犯罪者の精神病理と処遇　123
4. 児童虐待　126
5. 「代理ミュンヒハウゼン症候群」と「乳幼児ゆさぶられ症候群」　127
6. 司法における子どもの役割　128

　　　　　　Column 4　我が国の女子犯罪の動向　130

第八章 ドメスティック・バイオレンス　133
1. ドメスティック・バイオレンス　134
2. 親密なパートナー間暴力　138
3. 進化心理学的研究　155

　　　　　　Column 5　テストステロン：男性の攻撃性と性的魅力　160

第九章 ストーキング　162
1. ストーキングに関する法律と定義　162
2. ストーキングの実態　166
3. ストーカーに対する犯罪心理学の研究　173
4. さいごに　178

　　　　　　Column 6　悪質クレーマー　180

第十章 少年非行　183
1. 少年非行の概念規定　183
2. 研究対象としての少年非行　185
3. 少年非行の様相　189
4. 犯罪非行理論と非行　194
5. 再非行の抑止とリスク・ニーズ・アセスメント　197

第十一章 窃盗 200

1. 窃盗犯の分類 200
2. 窃盗犯における犯行の一貫性と移行性 204
3. 窃盗犯の空間行動 208
4. 窃盗における応用的知見 211

第十二章 強盗 215

1. 日本における強盗の定義と近年の発生状況 215
2. 強盗事件および犯人のタイプ 217
3. 被害者に対する暴力 222
4. 強盗犯の空間行動 224
5. 強盗事件発生の季節変動 225
6. おわりに 226

Column 7 災害時の犯罪 228

第十三章 放火 231

1. 放火の基礎的研究 232
2. 放火の分類 238
3. 放火の環境心理学的アプローチ 242

Column 8 交通ひき逃げ 245

第十四章 サイバー犯罪 247

1. はじめに 247
2. サイバー犯罪の現状 248
3. サイバー犯罪に対する刑事法的対応 249
4. まとめ 260

第十五章 マインド・コントロールと犯罪 262

1. マインド・コントロールとは何か？ 263
2. 現在のマインド・コントロール理論 267
3. マインド・コントロールと反社会的活動 272

Column 9 振り込め詐欺 274

第Ⅱ部 捜査・防犯・矯正

第十六章 犯罪者プロファイリング前史からFBI手法まで 278
1. 部外専門家によるFBI以前の犯罪者プロファイリング 279
2. FBIによる犯罪者プロファイリング 280
3. 犯罪捜査におけるFBIの取り組みの影響力 286

　　　Column 10　犯罪の熱法則 294

第十七章 統計的プロファイリング 296
1. 統計的プロファイリングとは 296
2. 統計的プロファイリングとデータ 298
3. 犯行テーマベースアプローチ 300
4. 犯行行動ベースアプローチ 305
5. さいごに 312

　　　Column 11　犯罪原因への生物学的アプローチ 314

第十八章 犯罪者プロファイリングの実際と展開 316
1. 犯罪者プロファイリングの運用 316
2. ベイジアンアプローチ 328

　　　Column 12　殺人の進化心理学的アプローチ 335

第十九章 地理的プロファイリング 338
1. 地理的プロファイリング 338
2. クライムマッピング 346

　　　Column 13　犯罪原因への社会学的アプローチ 355

第二十章 ポリグラフ検査 357
1. ポリグラフ検査の実務と運用 357
2. 自律神経系のポリグラフ検査 367

第二十一章 中枢神経系のポリグラフ検査 377
1. 脳波を用いたポリグラフ検査　378
2. 機能的脳イメージングを用いたポリグラフ検査　384

　　　Column 14　サイコパスとは　403

第二十二章 目撃証言 405
1. 犯罪捜査における目撃証言の重要性と心理学　405
2. 知覚・記銘段階　406
3. 保持段階　411
4. 想起段階　415

第二十三章 子ども，高齢者の目撃証言 421
1. 子どもの目撃証言　421
2. 高齢者の目撃証言　435

　　　Column 15　裁判員の意思決定　450

第二十四章 取調べ 453
1. 認知面接　453
2. 取調べを取り巻く課題　466

第二十五章 人質立てこもり事件と交渉 491
1. 人質立てこもり事件のタイプ　491
2. 人質交渉のテクニック　492
3. 人質交渉研究の今後の展開　503

第二十六章 マス・メディアと犯罪 505
1. マス・メディアの役割と犯罪報道　505
2. センセーショナリズムと人権の保護　506
3. 犯罪促進要因としてのマス・メディア：暴力的メディアの影響　510
4. 劇場型犯罪　514

　　　Column 16　外国人犯罪　517

第二十七章 地域防犯 519
1. 地域防犯活動の実際 519
2. 地域防犯に関する理論 525

第二十八章 矯正，更生保護 534
1. 日本の矯正・更生保護の状況 535
2. 日本の犯罪者処遇に影響を与えた RNR モデル 540
3. 日本の犯罪者処遇効果についての研究 543

Column 17　量刑判断　548

引用参考文献　551
索　引　597
あとがき　613

第Ⅰ部　犯罪行動

第一章 殺人

1．殺人事件の特性

(1) 殺人事件の現状と動向

　殺人は，他人の生命を奪う犯罪であり，有史以来，最も重大で代表的な罪種の一つとされていた。しかし，実際には，その発生頻度はそれほど高いわけではない。
　我が国において発生している殺人事件の件数は「犯罪白書」に載せられており，平成に入ってからは，毎年900〜1,500件程度で，次第に減少してきている。ただし，この数字は殺人未遂や殺人予備などの事件を合わせたものである。殺人既遂の件数については，警察庁の「平成〇〇年の犯罪情勢」における殺人事件の認知件数・検挙状況の推移表における死亡者数と「厚生労働省人口動態統計」の「死亡数・死亡率」統計における「他殺を死因とする死亡者数」（警察統計では，傷害致死を含まないが，こちらは傷害致死を含む）等で見ることができるが，平成に入ってからは，700人台から徐々に減少し，2012（平成24）年では400人を切っている。これらのデータから，発生している殺人事件のうち，実際に被害者が死亡するのは約3分の1から半数以下程度であると考えられる（傷害致死で死亡する者は100人前後）。
　日本の殺人事件の発生率は10万人あたり0.8程度で，検挙率は98〜100%である。この発生率は世界の中でも最も少ない部類に入る。ちなみに，アメリカは，10万人あたり4.5程度で検挙率も60〜70%となっている（「平成27年度版犯罪白書」法務

省法務総合研究所，2015）。ただし，アメリカも，中央アメリカやアフリカ諸国に比べれば，まだ安全な国に入るということは，留意すべきであろう（たとえば，ホンジュラスは 10 万人あたりの殺人死亡者数が 90〜100 にも達する）（United Nations Office on Drugs and Crime, 2013）。

(2) 殺人事件における加害者の性差

　殺人事件の加害者は，約 80％が男性である。田村（1983a）の研究においては加害者の性別に注目して殺人事件の犯行特徴の違いを検討し，性別により様相が異なることが示されている。内山と山岡（1984）は，男性による殺人と女性による殺人の違いについて分析し，男性は知人・友人を殺害することが最も多く，配偶者・愛人，子ども，一時的会合者（その日に出会った相手）と続くことを示した。動機としては，人間関係の争いや夫婦・恋愛間の愛情のもつれが多く，30 代・40 代が被害者となる場合が多かった。これに対し女性は，子ども，配偶者・愛人，親族，親といったように家族・親族を殺害することがほとんどで，ここでは，絶望や悲観による心中や夫婦・恋愛間の愛情のもつれ，出産の隠蔽が主な動機となる。被害者の年齢は 10 歳未満の割合が最も高かった。殺害方法は男性では刺殺が最も多いが，女性では絞殺や窒息殺が最も多かった。田村（1983a）は，刃物は相手が強いと感じられる場合に用いられ，絞殺は人間関係の濃厚な間で殺害意思の強い場合に用いられるとしている。男性は女性に比べ口論や喧嘩など衝動的な犯行が多く，また被害者の年齢が高いことから刃物が用いられやすく，女性の動機は心中が最も多く殺意の強さが垣間見られること，被害者が家族という近い関係から絞殺という手段がとられるのだと推測される。

　殺人事件の加害者の多くが男性であるという状況は日本に限らず，海外でも同様にみられている（Keeney & Heide, 1994；Kristoffersen et al., 2014）。ジュリックとウィン（Jurik & Winn, 1990）は南アメリカで発生した殺人事件の特徴を加害者の性別によって比較している。彼らの研究では女性加害者の大多数は被害者・または加害者の家で事件を起こし，そのうち半数は両者が同居する家での事件であった。一方男性は家での犯行は半数未満で，両者の家での犯行も 21％ と低かった。女性において家で殺害する可能性が男性より高いことは内山と山岡（1984）と同様で，海外におけるそれ以前の研究においてもみられている（Goetting, 1988；Swigert & Farrell, 1978）。被害者との関係は，女性では家族がほとんどで，面識のない相手を狙う割合は男性の半分であった。犯行には性別に限らず最も銃が用いられやすいが，女性では武器を使用しないことがほとんどないものの，男性では武器を使用しない事件が約 10％ は存在した。内山と山岡（1984）では銃はほとんどみられなかったがこれは日本国内では銃がきわめて入手しにくいからである。

以上より，一般的に女性の殺人は男性に比べ家族間での事件が多く，犯行は家で起こることが多いといえる。国外においては男性同様に銃殺が主な殺害方法となるが，国内においては絞殺が主な殺害方法となる。ただし男女の差が変容していることを示す結果も存在する。たとえば，南アメリカにおいて，女性において銃の使用がそれ以前の研究に比べ増加しており（Jurik & Winn, 1990），またフィンランドにおいては，女性の加害者が高齢化し，薬物依存が増え，被害者に知人が選ばれるようになっていることが示されている（Putkonen et al., 2008）。これらの特徴は男性でよくみられていたもので，男女の間の差異が小さくなってきた可能性がある。内山と山岡（1984）は加害者の性別による犯行形態の違いは殺害する相手が異なることから起こるとしたが，女性の社会進出等により男女の違いが変化してくる可能性があると述べている。これらのことから，今後も加害者の性別による犯行特徴の違いを検討していくことが必要である。

(3) 殺人事件の加害者・被害者の年齢

まずは加害者の年齢について述べる。田村（1983a）によれば，日本の殺人における加害者の年齢は，男女ともに30～34歳が最も多い。田村（1983b）では，加害者の性別ごとに，年齢とその殺人の特徴を検討している。その結果，男性では被害者と加害者の面識関係が，年齢にかかわらず一貫しているが，女性では，年齢が増すにしたがって被害者が子どもから配偶者，愛人へと移行する傾向がみられた。

アイルランドの殺人犯の平均年齢は約30歳，18歳以下の加害者も1割程度存在し，被害者は知人が最も多く，次に家族，面識のない相手が被害者となる割合が高かった。イギリスにおいても，加害者年齢のピークは31～35歳と，どの国でも30歳前後の加害者が最も多い（Brookman, 2005）。

我が国では年齢と犯行形態の関連を詳細に検討した研究が見受けられなかったため，ここでは，我々が独自に収集したデータベース（以下，殺人データベース）を用いて分析を行なった。このデータベースは新聞記事データベースを参考に，1983～2014年に発生した殺人事件（既遂のみ）を7,500件以上収集したものである。これによると（表1.1），比較的若い加害者では，加害者が高齢である場合よりも面識のない相手を殺害する割合が高く，屋外での事件も発生しやすい。そして加害者が高齢である場合には，夫婦間での事件が多くなり，被害者と加害者が同居する家で犯行が起こりやすい。また被害者の男女比は半々くらいであるが，80代では女性が被害者となることが多かった。

次は被害者の年齢についてである。田村（1983a）によれば，日本の殺人の被害者年齢は，加害者の年齢と同様に30代である割合が最も高い。ノルウェーにおいては，被害者の年齢の平均は加害者と同様に35歳であり（Kristoffersen et al., 2014），アメ

表 1.1　加害者の年齢と犯行特徴

		加害者年齢									
		10代	20代	30代	40代	50代	60代	70代	80代以上	不明	合計
面識関係*	子ども	40	233	287	133	107	110	82	25	0	1017
		10.3%	16.7%	16.8%	9.1%	8.2%	13.5%	20.8%	19.4%	0.0%	13.4%
	夫婦	2	54	138	185	217	219	186	94	0	1095
		0.5%	3.9%	8.1%	12.7%	16.7%	26.8%	47.1%	72.9%	0.0%	14.4%
	親	72	128	216	230	216	67	8	2	0	939
		18.6%	9.2%	12.6%	15.7%	16.6%	8.2%	2.0%	1.6%	0.0%	12.4%
	兄弟	14	21	26	35	50	29	14	0	0	189
		3.6%	1.5%	1.5%	2.4%	3.9%	3.6%	3.5%	0.0%	0.0%	2.5%
	親戚	17	60	55	43	44	44	9	2	0	274
		4.4%	4.3%	3.2%	2.9%	3.4%	5.4%	2.3%	1.6%	0.0%	3.6%
	交際	23	153	153	112	77	36	13	0	0	567
		5.9%	11.0%	9.0%	7.7%	5.9%	4.4%	3.3%	0.0%	0.0%	7.5%
	知人	132	444	536	509	436	240	67	4	7	2375
		34.0%	31.9%	31.4%	34.8%	33.6%	29.4%	17.0%	3.1%	46.7%	31.2%
	なし	67	216	159	119	86	41	8	2	3	701
		17.3%	15.5%	9.3%	8.1%	6.6%	5.0%	2.0%	1.6%	20.0%	9.2%
	不明	21	84	138	95	65	30	8	0	5	446
		5.4%	6.0%	8.1%	6.5%	5.0%	3.7%	2.0%	0.0%	33.3%	5.9%
犯行場所	被害者・加害者宅	111	360	521	451	455	324	233	91	0	2546
		28.6%	25.8%	30.5%	30.9%	35.1%	39.7%	59.0%	70.5%	0.0%	33.5%
	被害者宅	70	292	337	330	293	185	73	17	5	1602
		18.0%	21.0%	19.7%	22.6%	22.6%	22.7%	18.5%	13.2%	33.3%	21.1%
	加害者宅	20	81	103	94	84	48	20	4	0	454
		5.2%	5.8%	6.0%	6.4%	6.5%	5.9%	5.1%	3.1%	0.0%	6.0%
	屋内	62	279	330	278	237	139	33	11	2	1371
		16.0%	20.0%	19.3%	19.0%	18.3%	17.0%	8.4%	8.5%	13.3%	18.0%
	屋外	118	344	360	271	204	109	33	6	5	1450
		30.4%	24.7%	21.1%	18.5%	15.7%	13.4%	8.4%	4.7%	33.3%	19.1%
	場所不明	7	37	57	37	25	11	3	0	3	180
		1.8%	2.7%	3.3%	2.5%	1.9%	1.3%	0.8%	0.0%	20.0%	2.4%
合計		388	1393	1708	1461	1298	816	395	129	15	7603
		100.0%	100.0%	100.0%	100.0%	100.0%	100.0%	100.0%	100.0%	100.0%	100.0%

＊加害者にとって被害者がどのような存在であるかを表す。

リカでは 18 〜 49 歳の被害者が大多数を占めている（Cooper & Smith, 2011）。一般的に，若い被害者は面識のある相手に殺害される傾向があり，特に子どもは家族に殺害される可能性が高い。

被害者の年齢と事件特徴，被害者・加害者の年齢の関連についても，殺人データベースを用いて検討した。まず，被害者の年齢と犯行特徴では（表 1.2），10 歳未満の被害者は，自宅で親，特に母親に殺害されることが多く，高齢になると，死体の移動や共犯を伴っての犯行が少なくなり，加害者が自殺する可能性が高いことが示された。

表 1.2 被害者の年齢と犯行特徴

		被害者年齢										合計
		10歳未満	10代	20代	30代	40代	50代	60代	70代	80代以上	不明	
面識関係*	親	574	121	91	107	80	27	10	1	0	6	1017
		85.2%	29.1%	9.8%	11.1%	7.3%	2.4%	1.0%	.1%	0.0%	8.7%	13.4%
	夫婦	0	4	67	151	168	207	216	188	90	4	1095
		0.0%	1.0%	7.2%	15.7%	15.3%	18.1%	21.2%	25.1%	16.7%	5.8%	14.4%
	子ども	0	0	0	8	70	131	223	244	261	2	939
		0.0%	0.0%	0.0%	.8%	6.4%	11.4%	21.9%	32.6%	48.4%	2.9%	12.4%
	兄弟	1	13	19	27	38	48	29	14	0	0	189
		0.1%	3.1%	2.0%	2.8%	3.5%	4.2%	2.9%	1.9%	0.0%	0.0%	2.5%
	親戚	32	11	12	15	17	25	42	46	73	1	274
		4.7%	2.6%	1.3%	1.6%	1.5%	2.2%	4.1%	6.1%	13.5%	1.4%	3.6%
	交際	0	44	188	129	90	72	33	6	2	3	567
		0.0%	10.6%	20.2%	13.4%	8.2%	6.3%	3.2%	.8%	.4%	4.3%	7.5%
	知人	37	149	361	372	447	438	326	152	72	21	2375
		5.5%	35.8%	38.7%	38.6%	40.7%	38.3%	32.1%	20.3%	13.4%	30.4%	31.2%
	なし	22	46	118	84	99	127	100	61	28	16	701
		3.3%	11.1%	12.7%	8.7%	9.0%	11.1%	9.8%	8.1%	5.2%	23.2%	9.2%
	不明	8	28	76	70	90	70	38	37	13	16	446
		1.2%	6.7%	8.2%	7.3%	8.2%	6.1%	3.7%	4.9%	2.4%	23.2%	5.9%
共犯	あり	70	79	171	167	177	161	124	73	62	11	1095
		10.4%	19.0%	18.3%	17.3%	16.1%	14.1%	12.2%	9.7%	11.5%	15.9%	14.4%
	なし	604	337	761	796	922	984	893	676	477	58	6508
		89.6%	81.0%	81.7%	82.7%	83.9%	85.9%	87.8%	90.3%	88.5%	84.1%	85.6%
死体の移動の有無	あり	85	63	165	173	151	132	109	74	55	6	1013
		12.6%	15.1%	17.7%	18.0%	13.7%	11.5%	10.7%	9.9%	10.2%	8.7%	13.3%
	なし	589	353	767	790	948	1013	908	675	484	63	6590
		87.4%	84.9%	82.3%	82.0%	86.3%	88.5%	89.3%	90.1%	89.8%	91.3%	86.7%
自殺（未遂）の有無	あり	117	68	110	134	106	141	135	114	97	11	1033
		17.4%	16.3%	11.8%	13.9%	9.6%	12.3%	13.3%	15.2%	18.0%	15.9%	13.6%
	なし	557	348	822	829	993	1004	882	635	442	58	6570
		82.6%	83.7%	88.2%	86.1%	90.4%	87.7%	86.7%	84.8%	82.0%	84.1%	86.4%
合計		674	416	932	963	1099	1145	1017	749	539	69	7603
		100.0%	100.0%	100.0%	100.0%	100.0%	100.0%	100.0%	100.0%	100.0%	100.0%	100.0%

*被害者にとって加害者がどのような存在であるかを表す。

表 1.3 被害者と加害者の年齢

		被害者年齢										合計
		10歳未満	10代	20代	30代	40代	50代	60代	70代	80代以上	不明	
加害者年齢	10代	50	120	51	21	64	41	15	13	11	2	388
	20代	259	103	414	145	124	162	83	60	33	10	1393
	30代	272	70	240	376	214	167	229	92	29	19	1708
	40代	72	79	94	207	364	218	168	186	61	12	1461
	50代	13	33	100	91	199	351	183	120	198	10	1298
	60代	8	8	29	102	66	151	252	92	98	10	816
	70代	0	1	2	20	62	35	76	152	45	2	395
	80代	0	0	0	0	4	17	11	33	64	0	129
	不明	0	2	2	1	2	3	0	1	0	4	15
合計		674	416	932	963	1099	1145	1017	749	539	69	7603

加害者と被害者の年齢については（表1.3），加害者がどの年代であっても年齢の近い相手を殺害する可能性が最も高いことが示された。特に80歳以上の加害者はその半数が同様に80歳以上の被害者を殺害している。しかし，被害者が高齢の場合には，その加害者の年齢は高齢であるとは限らず，50代である場合が最も多かった。また，被害者が20代の場合には被害者が20～30代である場合には，同年代の加害者が最も多く，特に半数の加害者が20代であった。さらに同年代でない場合にも，近い年齢の加害者に殺害されていた。このことから，被害者が20代・30代であった場合，加害者の年齢は被害者に近いという予測が可能である。

(4) 高齢者による殺人・介護殺人

近年，高齢者による犯罪が増加していることが指摘されている。法務省法務総合研究所（2009）によると，一般刑法犯の年齢別検挙人員をみると，高齢者層の増加傾向が著しく，しかも，この高齢犯罪者の増加は，高齢化の勢いをはるかに上回っているという。長谷川（Hiraiwa-Hasegawa, 2005）は，50代の殺人率（殺人加害者人口／全人口）は20～24歳の殺人率よりも高くなっていることを明らかにしている。加えて，殺人における高齢者率は，約12％と他の罪種よりも高く，9人に1人が高齢者という状況である（警察庁，2013）。

高齢者殺人で最も多い動機は，怨恨や憤怒である。法務省法務総合研究所（2009）の調査によれば，殺害する相手が親族か否かで動機が異なり，前者では将来の悲観や介護疲れ，後者では憤怒・怨恨が動機となっている。怨恨や憤怒といった動機は高齢でない加害者による殺人においても多くみられるが，介護疲れは高齢者殺人で特に多いことが示されており，高齢殺人加害者の9人に1人は介護殺人である（警察庁，2013）。

介護殺人は，介護者が被介護者を殺害するタイプの殺人である。これらの事件は，介護者の身体状況の悪化や，将来の悲観を動機として発生し，河合（2009）によれば，「長年親の介護を担ってきたが，介護する自分も高齢になり，また体調を崩すなどしてもはや親の面倒を十分に見ることができないと悲観して親を殺害する」という事件が典型パターンとされているが，もちろん，介護者が配偶者のケースも少なくない。

配偶者間による介護殺人の場合，別居する子どもとの接触がないか，もしくは介護者－被介護者間に問題がある，また介護者自身の健康状態がよくないなどの特徴があり，病苦，経済的困窮といった環境の圧迫が発生の原因となっている。また，家族介護者の多くは女性であるが，介護殺人の加害者はほとんどが男性である。羽根（2006）は，これを受けて，加害者が夫もしくは息子である場合の介護殺人について検討し，河合が述べたようなパターンで犯行にいたるのは加害者が夫であった場合であり，息子が加害者の場合には，息子が借金を背負っていた事件も多く，経済的に困窮してい

たことも動機となっていると指摘した。高齢者への虐待も問題となることがあるが，介護殺人の場合，日常的な虐待がみられるものはほとんどなく，また，高齢者虐待の場合では心中にいたるケースもほとんどみられない。そのため介護殺人と高齢者虐待は類似したものとは考えられない。

(5) 加害者と被害者の面識関係

　殺人事件の多くは被害者 - 加害者間に事前の人間関係があることが多い。犯罪捜査の文脈ではこの種の犯罪のことは「鑑あり」の事件とよばれる。そのため，殺人捜査の常套手段は，被害者を殺す動機を持っている知人を探すこととなる。具体的には，被害者の周辺の人物や家族からの供述，被害者の日記や携帯電話の発着信記録，メールの記録などから，被害者を殺す動機のある人物を絞り込んでいくことになる。鑑ありの事件では犯人は比較的早期に発見されることが多く，それゆえ検挙率も高くなる。日本の殺人事件の検挙率は，98～100％ときわめて高いがその理由の一つは，鑑ありの事件がその多くを占めるという点にある（約85％程度）。

　これに対して，被害者 - 加害者間に事前の人間関係がない事件は，犯罪捜査の文脈では「流し」といわれるが，このタイプの事件は，鑑ありの事件に比べ，相対的に捜査は困難である。流しの事件の捜査は，目撃者の証言や聞き込み，犯行現場周辺の同種事件の前科を持つもの，不審な行動をしているものの捜査，遺留されている犯人の指紋や血液，DNA，遺留品などの物（ブツ）からの捜査などが中心となる。ただし，物（ブツ）からの捜査は，大量生産時代のもとで次第に困難になってきているのも事実である。たとえば，2000（平成12）年に発生した世田谷一家殺人事件においては，犯人は数多くの遺留品や指紋を残したものの犯人検挙にはいたっていない。その代わりに近年強力な捜査手法となっているのが，市街のさまざまな場所に設置されている防犯カメラの映像や，主要道路を通過する車両のナンバーを記録するNシステム，スマートフォンのGPS情報などの情報を用いた捜査である。2015（平成27）年に発生した寝屋川の男女中学生殺人事件では，犯行現場やその周辺など，複数の防犯カメラに映っていた車の映像などから犯人を特定したことが知られている。

①被害者 - 加害者関係のない殺人

　薩美と池上（1997）は，面識関係が日本の事件捜査においてきわめて重要な意味を持つとして，面識関係の有無と事件特徴との関連を明らかにする目的で研究を行なった。その結果によると，面識関係のない事件では，面識関係のある事件に比べて性的目的・財産目的など，一定の目的を動機とすることが多く，また，面識関係のある事件では，絞殺や扼殺（手で首をしめて殺害する），撲殺が圧倒的多数を占めるの

に対し，面識関係のない事件の場合には刺殺が多いこと，面識関係のない事件は面識関係のある事件にくらべ連続殺人の割合が高いことなどの特徴が示された。

　海外においては，ランジュバンとハンディー（Langevin & Handy, 1987）が，カナダの殺人事件のデータを用いて，面識関係のない殺人事件の特徴を検討している。その結果，他の目的を達成する手段として殺人が用いられ，面識関係のある殺人事件と比べて刺殺が多く，公共の場で犯行が行なわれやすいことが明らかになり，薩美と池上（1997）が明らかにした，日本における面識関係のない殺人と同様の特徴を持つことが示唆された。

　では，面識関係のない殺人事件には，どのような事件があるのだろうか。ここでは，面識関係のない殺人事件を分類し，より具体的にその構造を示した研究を取り上げる。まず，ポーク（Polk, 1993）は，面識のない殺人を，犯行にいたった経緯から2つに分けることができるとした。まず1つ目は，男性の対立であり，たとえば，居酒屋で偶然居合わせた初対面の相手と飲んでいたところ，口論に発展し最終的に殺害までいたってしまったものなどがこれに当てはまる。このように，男性の対立とは，男性同士のトラブルが発展し，殺害までいたったものである。2つ目は，なんらかの犯罪と同時に起こるものである。たとえば，強盗や強姦などの中で起こった殺人がこれにあたる。特に，2つの中でも，強盗の中で起こりやすいことが示されている（Langevin & Handy, 1987）。

　ザーンとサジ（Zahn & Sagi, 1987）は，この2つのタイプの特徴を明らかにするため，アメリカの9つの都市の殺人事件を対象に研究を行なっている。彼らは，面識のない殺人を，強盗に関するものとそうでないものの2つに分けて，犯行特徴の関連を調べた。その結果，面識のない事件のうち強盗などに関連する事件では，加害者と被害者の平均年齢に10歳の差があるという特徴がみられた。また，強盗などに関連しない事件においては公共の場で起こりやすいという特徴がみられた。以上の研究から，面識関係のない殺人事件は，喧嘩によるものと，他の犯罪の副産物として起こるものがあり，それぞれが異なった犯行特徴を持つといえる。

②家族内殺人

　日本の殺人における家族内殺人の割合は，法務省法務総合研究所（2012）の調査によると，2011（平成23）年時点で全体の52.2%であり，殺人事件の半数を家族間の事件が占める。ちなみに，他国の殺人事件全体に占める家族内殺人の割合は，アメリカでは22.4%（Cooper & Smith, 2011），イングランドでは31.5%（Brookman, 2005）であり，日本は他国に比べ家族内殺人の割合が高いことがわかる。

　家族内での殺人は，配偶者を殺害する配偶者殺し，生後24時間以内の新生児を殺害する新生児殺，生後24時間〜5歳までの乳幼児を殺害する乳児殺（そのうち生後1年未満の乳児を殺害するものを嬰児殺という），5歳以上の子どもを殺害する子殺し，

親を殺害する親殺し，兄弟姉妹を殺害する兄弟殺しに分けられる（渡邉，2011a）。警察白書（警察庁，2015）によると家族内殺人では，配偶者間の殺人（34%）が最も多く，その後に親（31%），子（21%），兄弟（8%），その他親族（6%）が続く，FBIによると2013年度のアメリカの家族内殺人でも配偶者（36%）殺人が最も多かった。その他の家族内殺人は子（21%）・兄弟（15%）・親（15%）の順で多かった（Federal Bureau of Investigation, 2013）。傾向は大雑把には，日米で共通しているが，アメリカでは兄弟殺しが比較的多く，日本では親殺しが多いことが特徴である。ただし，日本の親殺しの多さは高齢化社会による介護殺人の増加によるものである。

　家族内殺人の全体的な傾向としては，自殺や大量殺傷と関連が強いことがあげられる。渡邉（2011a）によれば，先行研究でも殺人を行なった後の自殺で最も多いタイプは，配偶者もしくは元配偶者を殺害後に自殺をするタイプだという。また，中田（1974）は，各研究の家族内殺人の定義を概観すると，家族内殺人という言葉が心中を指すものとして使われていることが多いとしている。これらのことは，家族内殺人に心中を目的としたものが多いことを示しており，家族内殺人と自殺の結びつきが強いことを表している。さらに，家族内殺人では，人間関係の問題を原因とした事件が多い，面識のない殺人や知人間の殺人に比べ，武器を用いない，銃殺が少ない，現場にある武器を用いるなどの特徴があることが明らかになっている（Last & Fritzon, 2005；Cooper & Smith, 2011）。

配偶者間殺人：配偶者間殺人は，別れ話によるものと，嫉妬によるものが多い。別れ話による殺人では，加害者は別れたくない側であり，別れにあたって相手に冷たくされたことで，面子を傷つけられたと感じたことが原因となる（河合，2009）。一方，嫉妬によるものは，相手が他の異性との間に関係を持った（と邪推した）ことなどが原因となる。なお，既遂事件だけに絞ってみれば，夫が酒に酔って乱暴した結果として発生した事件が多くなっている。長谷川（2004）は，夫の暴力が妻の行動をコントロールするために行なわれているとし，配偶者間殺人の多くは男性から女性への配偶者防衛行動の現れだと解釈できるとした。この動機は，加害者が夫か妻かによってどちらの動機によって事件が起こるかが異なり，夫が妻を殺害する場合には妻が夫から離れようとしていること，妻が夫を殺害する場合には夫の暴力が原因となりやすい。もちろん，事件数としては，夫が妻を殺害するケースのほうが多い。

　モーゼスとラッシュフォース（Mouzos & Rushforth, 2003）らの研究によれば，配偶者間殺人の40%は刺殺であり，男性は女性より殴打を，女性は男性より絞殺を行ないやすい傾向にあった。さらに，ベルフレージとライング（Belfrage & Rying, 2004）によれば，犯行当時，加害者は飲酒しており，一般的な殺人に比べて，絞殺が多いとした。また，家族内殺人の特徴と同様に加害者が自殺する可能性が高いという特徴も明らかになった。ベルフレージとライングはこれを受けて，配偶者殺人にお

いて被害者を殺害した直後に自殺した加害者と自殺を行なっていない加害者を比較したところ，自殺した加害者は，有職で，犯行当時の飲酒や薬物の使用はほとんどみられず，被害者への日常的な暴力がみられなかったという。

子殺し：大森（1975）は，子殺しは主に6つの動機で起こるとしている。まず1つ目は，子どもが重荷または邪魔である場合，2つ目は虐待の結果殺害してしまった場合，3つ目は親のわがままが受け入れられない場合，4つ目は子どもに問題があり，これから逃れるために殺した場合，5つ目は子どもを生かしておくことが不憫に思われる場合，6つ目は心中のための殺害である。河合（2009）によれば子殺しの多くは心中のための殺害であり，続いて児童虐待の結果が多いという。ただし，加害者の性別によって特徴的な動機が異なっている。まず，父親が加害者の場合には虐待の結果殺害したケースが目立つ（大森，1975）。父親の虐待による子殺しの研究（Cavanagh et al., 2007）によれば，このタイプの加害者の半数以上は継父であり，十分な教育を受けておらず，不完全雇用の状態であり，前科を持つという特徴がある。また，実父は6ヵ月未満の子どもを殺害するが，継父の場合には1歳〜4歳の子どもを殺害するという特徴もみられている。これに対し，母親が加害者の場合には子どもが欲しくなかった場合と心中によるものが特徴的である（大森，1975）。フリードマンとレスニク（Friedman & Resnick, 2007）によれば，母親による子殺しの場合，加害者は未婚・無職であり，経済的な困窮，社会的な孤立といった特徴を持つ。また，多くは精神的な問題を抱えている。特に被害者が幼児である場合には，虐待を行なう中で事件が発生し，また加害者が精神疾患を持つことも多く，自殺を試みる加害者も存在する。

　これらの特徴は主に幼児が被害者となった事件でみられるものであり，思春期以降の子どもが被害者となった場合では，異なる特徴がみられる。このタイプの殺人は，父親と成人した息子の間で起こり，この息子は未婚で親と同居している（長谷川，2004）。ここでは，「すでに成人して結婚し，親から独立するはずの息子が，ずっと未婚で親と同居し，親の限られた資源を自分の好きなように使い続ける」点を問題とし，事件に発展するという。

尊属殺人・介護殺人：子が親を殺害するケースを尊属殺という。福島（1984）は，尊属殺人には3タイプが存在するとした。1つは悪い親タイプで，親に問題がある場合である。2つ目は心中・嘱託殺人，3つ目が悪い息子が暴走した場合である。最近の事件を概観した研究では，その多くが悪い親タイプであったと報告している。被害者は父親であることが多く（長谷川，2004；Cooper & Smith, 2011），父親自身がドメスティック・バイオレンスを行なうなどの問題を持ち，息子がそれに耐えきれず殺人にいたるというケースである（長谷川，2004；河合，2009）。ただし，加害者である子どもに問題があるケースも存在し，その場合には子ども自身のドメスティック・バ

イオレンスの延長である（河合，2009）。これに対し，母親が被害者となる場合には，家族関係や勉強面での不適応感を抱いた子どもが，その感情から逃れるために比較的殺害しやすい母親を殺害する事件が多いという（法務省法務総合研究所，2007）。尊属殺人の犯行特徴としては，刃物を使用することが多く，子殺しと比較して加害者の自殺が少ないということがあげられる（Mouzos & Rushforth, 2003）。

ただし，近年の尊属殺においては，殺される親の年齢も殺す子どもの年齢も上昇しており，父親よりも母親が殺害されるようになっている。長谷川（2004）によれば，その動機の多くは「介護疲れ」であり，介護殺人である。そして，被害者に女性が多いのは，女性の寿命が延びたことや女性のほうが男性に比べアルツハイマーやその他の病気にかかりやすいことが反映されたためであると考察されている。

嬰児殺（neonaticide）：嬰児殺とは，生後1年未満の乳児が殺されるケースである。犯人はほとんどが実母で，出産直後に殺害行為が行なわれる場合が多い。この母親たちの動機は父親である男性や家族のサポートが受けられない，あるいは受けられる見込みがないこと，結婚外の子どもであることが主である（長谷川，2004）。年長の加害者には嬰児殺をくり返し，連続殺人化するものもおり，自宅から数体の白骨化した嬰児の遺体が複数発見されるというケースが発生することもある。

嬰児殺は我が国では，ここ数年は10～15件程度発生しており，減少中である。嬰児殺は，昭和後期には，毎年150～200件発生していたが，平成に入り100件を切り，その後，減少の一途をたどっている。その原因の一つは出生数の急激な減少であるが，それ以外にも，終戦直後から昭和40年代頃までは近親相姦や売春に伴う妊娠・出産が多く，それに伴う嬰児殺が発生していた（この時期は犯人も男性の割合が比較的多かった）が，この種のケースが減少したこと，また，以前は女性が結婚前に単独で出産することに対して大きな社会的な非難が与えられるのが普通であったが，近年では「できちゃった婚」や「シングルマザー」などが社会的に受け入れられたことなどがある。

嬰児殺の手口としては，手や枕による鼻口部圧迫などの窒息，ひもや臍帯を巻きつけるなどの方法による絞殺，浴槽やトイレでの出産に伴う溺水などがあるが，単純に放置したり遺棄することによって衰弱し，凍死するなどのケースもある。

女子少年による嬰児殺は毎年5～10件とそれほど多いわけではないが，近藤(2009)は，これを3つのタイプに分類している。第1のタイプは抑制型である。このタイプは，感受性は豊かであるが，内向的で自信に乏しく，人から嫌われるのではないかという不安が強く，人前で自分をさらけ出すことが難しい。そのため，周囲の意向や顔色をうかがい，その場その場を無難に乗り切ろうとするという特徴を持つ。第2のタイプは，不安定型である。このタイプは，外向的で自己顕示性も強い。しかし，情緒的に不安定でささいなことで自尊心が傷つけられたと感じ被害感を強め，感情的に苛立つ。周囲に対して攻撃的になりやすい。第3のタイプは未熟型である。このタイプは，社会的な未熟さや知的面で

の問題から，複雑な問題にうまく対処できず，混乱しやすい。対人スキルも稚拙で自分の感情を適切に伝えられず，相手の気持ちの動きにも細やかに対応することができない。いずれのタイプも自らの問題解決能力の低さもあるが，ほとんどすべての女子少年が，家族と同居しながら嬰児殺にいたっていることから，相談したくても親に相談できないという親子関係の問題があると指摘されている。

(6) バラバラ殺人

　殺人の中には，被害者の体を切断する事件が存在し，一般にバラバラ殺人事件とよばれている。バラバラ殺人という言葉は俗語であるが，渡邉と田村（1999a）の定義によれば，「他殺体の発見時に，その身体に何らかの切断行為が加えられていた事件」といえる。1年に起こるバラバラ殺人事件の件数は数件程度と少ない。しかしながら，捜査本部事件（所轄署のみでなく警察本部の専門部署が加わって行なう捜査。困難な事件が多い）の中でバラバラ殺人は増加傾向であり，また，このタイプの事件の解決率は殺人事件全体の解決率に比べ低く，解決が難しい事件といえる（渡邉，2011b）。
　バラバラ殺人といえば，性的な目的のために死体を切断するというイメージが強いかもしれない。しかし，日本で発生するバラバラ殺人では，隠蔽や死体の運搬を目的として切断を行なったものがほとんどである。海外の研究では，遺体の切断が性的な欲求と結びつく傾向があるとみられていたが，最近では海外においても隠蔽や運搬が動機となることを示す研究が存在している（たとえば，Häkkänen-Nyholm et al., 2009）。さらに，バラバラ殺人は親族や恋人など親密な関係の相手によって行なわれる可能性が高いと考えられており，捜査現場では，遺体が切断されていた場合は，被害者の関係者によって殺害されたと推理するのが普通であった。近年では，このタイプの殺人の被害者と加害者の面識関係は希薄化する傾向にある。たとえば，渡邉と田村（1999b）の研究では，被害者が男性である場合には，犯人は親密な関係にあるものではなく，特に職場関連の相手の可能性が高いということが示されている。また，10代以下の被害者は，性別にかかわらず面識のない相手に殺害された割合が高い。なお，これらの結果を受けて，渡邉と田村（1999b）は犯行形態と被疑者・加害者関係についても検討し，性器切除や内臓摘出，肉削ぎがみられる場合には，同居関係にない相手に殺害されていること，頸部切断がある場合には知人の割合が増加し，親族の割合が減少すること，膝部切断がある場合には親族の割合は減少し，無関係の割合が増加することなどを示している。
　渡邉と田村（1999c）は，さらに，バラバラ殺人を大きく3つに分類している。まず1つ目は被害者が10代以下の男女の場合である。この場合には性的欲求が動機の場合が多い。加害者は6割が20代であり，そのすべてが単独犯であった。2つ目は被害者が20代以上の女性の場合である。この場合は，なんらかの面識関係のある相

手に殺害され，加害者は親族・愛人であることが多い。加害者は30～50代の各年齢に3割ずつ分布し，8割は単独犯である。親族・愛人による事件でない場合には，被害者が風俗従業員であるか否かで特徴が異なった。被害者が風俗従業員でない場合には，加害者の年齢は30代または50代であり，他の分類よりも共犯が存在する可能性が高い。被害者が風俗従業員である場合には，加害者は20代が6割を占め，面識関係のないこともある。この場合，ホステスと性交目的で面会したものが加害者であった。3つ目は被害者が20代以上の男性の場合で，9割が面識関係のある相手による事件であった。女性と異なり，愛人の割合は1割のみで，職場関連の知人の割合が4割であった。動機は金銭がらみのトラブルであることが多く，動機によって犯行特徴が異なる。まず金品奪取が目的のタイプでは，被害者は40～50代が中心で，加害者は9割が前科を持っていた。それ以外の場合には，職場関係のトラブルや親族・愛人間のトラブルがあり，職場関係のトラブルに関する事件では，被害者が若く，20代が多く，親戚・愛人間のトラブルに関する事件では，30～40代の加害者が多く，加害者の8割に前歴があった。

なお，渡邉と田村（1999a）によれば，バラバラ殺人の全体的な傾向として，切断された遺体の6割は梱包され，遺棄場所としては水中が選ばれやすいこと，加害者の半数近くが自分より下の年齢の被害者を狙っていること，東京・神奈川・大阪など大都市圏での発生が中心であることが示されている。

2. 多変量解析を用いた殺人事件の分類

(1) 日本の殺人事件の分類

殺人の研究においては殺人事件がどのような事件で構成されているのかを明らかにするために，殺人事件の分類を行なう研究が行なわれている。日本の殺人事件の研究においては事件の様相によって，連続・大量殺傷事件，少年による殺人など，ある特徴に注目したものがほとんどで，すべてのケースを一度に扱う研究は少ない。その数少ない研究の一つに田村（1983a）のものがある。この研究では，昭和57年における殺人事件の実態把握と殺人事件の類型化を行なっている。ここでは日本の殺人事件を加害者・被害者の性別，人間関係・動機から4つに分類している。

1つ目の親族型は親や子どもなど親族間の事件を指す。加害者は主に母親で，嬰児殺や母子心中が主である。その他に尊属殺などが含まれた。2つ目は性問題型で，当事者同士の事件が多く，女が男を，または男が女を殺害するケースがほとんどである。別れ話や三角関係など男女の恋愛関係にまつわるトラブルが原因にあたるものである。3つ目はケンカ型で，酒が入ってのケンカがほとんどであり，ささいな口論に

よって犯行にいたってしまったものである。その他型はこれらに当てはまらないもので，強盗や通り魔，道交トラブルによるものである。

　ただし田村による分類は面識関係に基づいた主観的なものである。このような主観性をできる限り減らし，分類を客観的なものにしようとする試みの中で，統計手法を用いた分類が用いられるようになった。この方法として用いられたのが最小空間分析（smallest space analysis：SSA）というものである。これは「同時に生起しやすいものは近くに，同時に生起しにくいものは遠くに配置する」というルールに基づいて変数同士の共起関係を2次元上にプロットする多変量解析手法である。SSAはデヴィッド・カンター（David Canter）らのグループによってプロファイリングの文脈で用いられるようになったが，今は事件の特徴をとらえるといった場面で利用されることも多い。

　このような手法を日本の殺人事件に用いたものとして，渡邉ら（2003）の分類が存在する。この研究では捜査本部事件を用いて事件特徴のみを用いて分類を行ない，殺人事件を激高スタイル・共犯スタイル・被害者統制スタイル・性的暴行スタイルの4つに分類している。1つ目は，激高スタイルである。このタイプの加害者は屋内で，面識のある被害者の不意をつき，刺殺もしくは扼殺するものである。被害者は高齢であることも多く，殺害後には死体を遺棄する。2つ目は共犯スタイルで，共犯を伴い，組織的に殺人を行なうこともある。このタイプの加害者は，路上や山中等の屋外で，殴打や銃によって被害者を殺害する。3つ目は被害者統制スタイルで，被害者を拘束したあと，殺害するものである。このタイプの事件では，死体を移動するなどの工作がみられ，被害者の遺体は自宅以外の屋内で発見されることが多い。4つ目は性的暴行スタイルで，被害者に性的暴行を加えたあとで殺害するものである。被害者が全裸で発見されることが多く，また犯人の射精や遺体の一部切断・切り取りなどもみられる場合がある。このタイプの被害者は10歳未満であることもある。

(2) 国外における殺人行動の分類

　海外においてはサンティーラら（Santtila et al., 2001）が，犯行現場での行動の構造を明らかにするためにSSAを用いて行動変数を分析している。サンティーラは殺人を「道具的（instrumental）」か「表出的（expressive）」かという観点から分類している。道具的・表出的という用語は攻撃性の種類を指し，フェッシュバッハ（Fesbach, 1964）によって考案されたものである。表出的攻撃とは，相手を傷つけること自体が目的となる攻撃である。一方道具的攻撃とは，相手を傷つけることによって，何かを得ようとするときに生じる攻撃である。サンティーラはこの分類を殺人に適用したのである。サンティーラの研究において得られた分類は5つである。まず1つ目は「道具的／性的（instrumental：sex）」で，このタイプの事件では性

犯罪，衣類の損傷，膣への挿入，体の性的部分の損傷，肛門の貫通，死体性愛などがみられ，被害者は女性である可能性が高い。このタイプの加害者は被害者を「性的満足感を得るための物」として扱っている。2つ目は「道具的／財産（instrumental：resources）」で，財産の盗難，財産犯罪，衣服の紛失がみられ，このタイプの被害者は男性である可能性が高い。このタイプの加害者は被害者を自分の目的を邪魔するものとして扱う。衣服が盗まれた場合，加害者は経済的に非常に困窮している可能性がある。3つ目は「表出的／武器（expressive：firearm）」で，加害者は犯罪現場に銃を持ち込み，被害者を殺害し，それ以上の行動を行なうことなく被害者の遺体を残していく。instrumental なテーマとは対照的に被害者が加害者の欲求を満たすために殺害されたような兆候はみられないことから，加害者にとって被害者を殺害すること自体が重要になっているとみられる。4つ目は，「表出的／遺体切断（expressive：body parts removed）」で，このタイプの事件では遺体の切断を行なっており，これは加害者の欲求の満足よりも被害者が誰であるかの特定を困難にしようとする欲求の現れと考えられる。また，加害者は盗難警報や電話を使用できないようにする傾向がある。5つ目は「表出的／遺体隠蔽（expressive：body hidden）」で，遺体の移動，遺体の隠ぺい，被害者を覆う，被害者が裸になっている，窒息，拘束，遺体がおもりをつけて水中で発見されるといった7つの変数が当てはまった。これらの行動は加害者を特定しにくくするものであり，これらは被害者と加害者の間に面識関係があることを示す。このタイプの事件では，被害者が男性より女性であることが多い。

　サンティーラのその後の研究によってこれらのタイプによって加害者の特徴も異なることが示されている。これによると，まず，道具的／財産タイプの加害者は前科を持っており，失業者やホームレスでアルコール依存症である。さらに，これらの加害者は独身または離婚している。次に，道具的／性的タイプのうち56歳以上の加害者と，表出的／遺体隠蔽タイプの加害者は，高等教育を卒業しており，被害者と血縁関係にある。また，加害者は精神的な問題を持っている可能性がある。最後に道具的／性的タイプの19～36歳の加害者と，表出的／武器タイプの加害者は，被害者と親密な間柄であることが示された。

　先ほどの渡邉ら（2003）の分類は，フェッシュバッハ（Fesbach, 1964）による攻撃の分類を利用したものではないが，サンティーラら（Santtila et al., 2003）の分類との類似性から性的暴行スタイルは道具的，激高スタイル，被害者統制スタイルは表出的であるといえるだろう。このような殺人の分類は他の国でなされた研究でも同様にみられ，表出的－道具的の軸が殺人の分類において非常に基本的なものであるということがわかる（Thijssen & de Ruiter, 2011；Goodwill et al., 2014）。

(3) 被害者−加害者関係のない殺人の分類

　面識関係のない事件だけを研究対象とし分類を行なったのがサルファティとカンター（Salfati & Canter, 1999）である。彼らも SSA を用いて面識関係のない殺人事件を3タイプに分類した。第1のタイプは「道具的／便乗型（instrumental opportunistic）」、第2のタイプは「道具的／認知型（instrumental cognitive）」、第3のタイプは「表出的／衝動型（expressive impulsive）」とよばれた。道具的／便乗型は盗みや性的な目的のために住居に侵入し、被害者を脅すために持っていたナイフでそのまま殺害するもので、このタイプの犯人は犯行現場の近くに住んでおり、失業、窃盗・強盗の前科などの特徴を持つ。道具的／認知型も盗みや性的な目的の殺人であるが、道具的／便乗型と比べ犯行中の行動がコントロールされており（衝動的でなく）、証拠の隠ぺいや死体の移動など捕まらないための工夫がみられるものである。道具的／認知型の犯人は前科がある、軍隊にいたことがあるなどの特徴がみられる。表出的／衝動型は衝動的で殺人自体が目的となっているタイプである。被害者は何ヶ所もさまざまな方法で傷つけられており、犯行にはその場にあった凶器が用いられる。このタイプの犯人は暴力犯・器物破損・交通事故・薬物などの前科、以前結婚していた、社会的ルールが守れないなどの特徴を持つ。

　国内においてサルファティとカンター（Salfati & Canter, 1999）と同様に面識関係のない殺人事件の分類を行なったのが渡邉ら（2004）である。この研究では殺人捜査本部事件のうち面識関係のない殺人事件を数量化理論Ⅲ類（本書第17章を参照）にて3つに分類している。1つ目は性的対象死体遺棄群で、主に若い加害者が一時的に知り合った若い相手を性的目的やトラブルの末に殺害するものであった。殺害方法には絞殺が用いられ、死体を移動させ、遺棄する。2つ目は屋内強盗殺人群で、あらかじめ狙っていた比較的年齢の高い被害者を被害者の生活拠点となる場所の屋内で、金銭目的で殺害するものである。3つ目は公的空間刺殺群である。このタイプは粗暴傾向のある加害者が路上や公的施設などでその場に居合わせた被害者を刺殺するものである。この群では刺殺後被害者を放置する。これらの中では屋内強盗殺人群が最も多く、次いで公的空間刺殺群が多かった。これらの分類は加害者特徴とあまり結びつかなかったが、屋内強盗群は他の群よりも外国籍の加害者が多く、公的空間刺殺群では暴力や障害の前科を持つ加害者が多いことが示されている。なお、捜査本部事件とならなかったものを合わせて分類を行なうために、我々も殺人データベースを用いて分析を行なったが、おおむね渡邉ら（2004）と同様の結果となった。

　公的空間刺殺群は前科を持つ点や、被害者をあらかじめ狙っていたわけではないことなどから衝動性がうかがえ、サルファティとカンター（Salfati & Canter, 1999）における表出的／衝動型に近いと考えられる。屋内強盗刺殺群は金銭目的で刺殺する点から道具的／便乗型に近く、性的対象死体遺棄群は死体の移動など隠蔽の工夫がみら

れる点から道具的／認知型に近いと考えられる。サルファティとカンター（Salfati & Canter, 1999）においては道具的な目的の殺人である道具的／便乗型と道具的／認知型が衝動的か否かで分離したのに対し，渡邉ら（2004）では屋内強盗刺殺群と性的対象死体遺棄群が目的によって分離した。

第二章

連続殺人

　連続して事件が発生すると，社会の不安が高まり，捜査機関には，早期の検挙・解決が強く求められる。連続して発生する事件が殺人である場合には，それはなおさらである。テレビや新聞，ネットニュースでは，毎日のように殺人事件の報道がなされており，社会の関心を惹く事件についてはくり返し報道されることもあることから，我々は殺人事件を日常的なものとして感じることも多いだろう。しかし，日本においては，刑法犯が100～240万の単位で発生している中で殺人事件は年間におおよそ900～1,400件の範囲で発生しているにすぎず，人口10万人あたりの被害率は0.1％程度となっている。また，殺人事件の既遂率は4割程度，検挙率は95％前後で推移しており，日本では一人の犯人が逮捕されるまでの間に連続して殺人をくり返すことは少ないが，一定数は発生している。連続殺人という重大な犯罪行為についての，そして連続殺人犯についての理解は，古くから犯罪学者や犯罪心理学者，犯罪精神医学者たちの関心の的であり，多くの研究が蓄積されてきた。本章では，連続殺人という行為と連続殺人を行なう人についての知見を紹介する。

1. 連続殺人の定義と発生頻度

　連続殺人（serial murder/serial homicide）の定義は研究者によりさまざまであり，世界共通の定義はない。広義では，一人の個人が（時には共犯者を伴う場合もある）殺人をくり返すことを指す。広義の定義によると，研究者によっては，再犯で殺人を

くり返すものや，通り魔事件のように一連の犯行の中で次々と人を殺害するものを連続殺人に含む場合がある。狭義の連続殺人をどう定義するかは研究者により異なっている。ここでは，先行研究におけるいくつかの定義を紹介し，それをふまえたうえで発生頻度と概要を示す。

(1) 連続殺人の定義

　犯行の形態に基づく分類によれば，連続殺人とは，殺人と殺人の間に感情の冷却期間（cool-off period）がある状態で，異なる場所で，異なる時間に，複数の被害者を殺害するものである。FBIは殺人事件を被害者数，犯行場所数，犯行時間間隔の情報を用いて，単発殺人，2人殺人，3人殺人，大量殺人，スプリー殺人，連続殺人に分類している（Ressler et al., 1988）。大量殺人や連続殺人については，最少被害者人数の定義が研究者によりさまざまであるが，連続殺人では3人とする定義が多いといわれている。しかし，日本では3人以上の被害者が殺害される事件の発生は稀であるため，表2.1には，FBIによる分類と，その分類をもとに日本の発生状況をふまえて作成した分類を示した。

　連続殺人の定義に不可欠なものとして感情の冷却期間の存在があるが，感情の冷却期間は主観的なもので数日から数週か，数カ月になることもある。外から観察可能な変数ではないため，日本の研究では，便宜的に24時間を超えると感情の冷却期間が存在すると仮定される場合が多い。連続殺人犯は，この感情の冷却期間中に次の殺人について空想するため，空想は前回の殺人の経験をふまえて精緻化，洗練化される。

表2.1　被害者数，犯行場所数，犯行期間による殺人の分類

	被害者の数	犯行場所	犯行時間間隔
FBIによる分類			
単数殺人	1人	1カ所	ー
2人殺人	2人	1カ所	ー
3人殺人	3人	1カ所	ー
大量殺人	4人以上	1カ所	なし
スプリー殺人	2人以上	複数箇所（一連の領域である場合が多い）	あり（24時間以内と設定する場合が多い）
連続殺人	3人以上	複数箇所	あり（感情の冷却期間あり）
日本の場合			
単数殺人	1人	1カ所	ー
大量殺人	2人以上	1カ所	なし
スプリー殺人	2人以上	複数箇所（一連の領域である場合が多い）	あり（24時間以内と設定する場合が多い）
連続殺人	2人以上	複数箇所	あり（感情の冷却期間あり）

注：FBIの分類はRessler et al. (1988) をもとに作成し，日本の分類はFBIの分類を日本の発生状況にあわせて改変したもの。

表2.2　ヒッキーが示した連続殺人，大量殺人，スプリー殺人の違い（Hickey, 2002 より作成）

	連続殺人	大量殺人	スプリー殺人
殺人は生命を支配する手段である	○	○	○
大抵の場合，殺人犯は犯行現場で逮捕されるか，殺害される		○	○
殺害後に自殺を図ることがある		○	○
逮捕や発覚を避ける	○		
被害者を探索するために移動する傾向がある	○		○
長期にわたるメディアや公衆からの注目を引き起こす	○		
個人を殺害する	○		
短期間に複数の人を殺害する		○	○
一連の殺人は1つの出来事として行なわれる		○	
研究者によって同意されている被害者の最少人数	4	4	4
多くの場合，殺人犯は白人男性である	○	○	
主な動機は金品の取得もしくは復讐である		○	○
多くの場合，被害者は女性である	○		
凶器として銃器が用いられる場合が多い		○	○
自発的に生じた激しい怒りで殺害する		○	○

そして，それが性的な殺人である場合，性的空想はマスターベーションとそれに伴う快楽によりくり返し強化される。こうした過程の存在により，連続殺人犯は計画性の高い犯行を行なうこととなる。また，性的な殺人でない場合でも，殺人が問題解決の一つの効果的な方法として学習されたならば，2件め以降には計画性の高い犯行が行なわれることになる。

　複数の被害者が犠牲になるという点で，連続殺人，大量殺人，スプリー殺人は共通しているが，これらは異なる様相を呈している。ヒッキー（Hickey, 2002）は，その著書の中で，連続殺人，大量殺人，スプリー殺人の違いを表2.2のように示している。

　この表2.2によれば，連続殺人では，大量殺人やスプリー殺人とは異なり，犯人は逮捕や発覚を避けるよう行動しており，犯行時に逮捕されることはない。また，対象を探索するために広域を移動し，金や社会に対する復讐以外の動機で個人を殺害する傾向がある。犯行時に感情の爆発は認められず，被害者を殺害したあとに自殺を図ることは稀である。大量殺人やスプリー殺人のように精神的に追い詰められた人が一度にたくさんの人を殺害する場合とは異なり，連続殺人犯は面識のない個人を探索して殺害することをくり返すことによってたくさんの被害者が生まれることから，社会に引き起こす不安はより大きく，その不安は長期間続くものとなる。

(2) 発生頻度

　連続殺人はどのくらいの頻度で発生しているのだろうか。多くの研究者がこの問題に取り組み，主に次の理由に基づき，真の値を得ることは困難であることを示している。

①暗数の問題

　暗数（dark figure）とは，現象は起きているものの，警察などの刑事司法機関に把握されない数のことを指す。殺人は，あらゆる罪種の中で最も暗数の小さい犯罪の一つであるが，暗数がまったくないとはいえない。たとえば，発見された死体の身元が判明した場合に失踪者として把握されていた者であることが判明することがあり，死体が発見されない場合にはその被害に気づかないことがある。また，連続殺人犯は，接近しやすく，不在が気づかれにくい売春婦や家出人，浮浪者などを対象とすることが多く，被害の認知が遅れがちである。さらに，受刑者が過去に行なった殺人を自白したときに，その被害者の死は病死や事故死として判断されていたことが明らかになる場合がある。そのため，死体が発見されていなかったり，殺人であることが認知できなかった場合，その人の不在や死を殺人事件の被害であると認定することはできない。

②リンクの見落とし

　リンクの見落とし（linkage blindness）とは，同一犯人による犯行であるにもかかわらず，それらが異なる犯人によるものであると推定してしまうことである。殺人の犯行手口（*modus operandi*；ラテン語で「実行の手段」）が大きく異なるとき，事件に署名的な行動（signature；犯行の目的の達成に必ずしも必要ではないが，犯人の個人的な必要性によって行なわれる行動。たとえば，推理小説やドラマにある例を示すと，一連の殺人事件現場に同じカードが置かれているものなどが典型例である）が認められる場合には同一犯による可能性を考慮できるが，そうした署名的行動や有力な物的証拠がない場合には，同一犯による殺害であることを判断するのは難しい。

ボストン絞殺魔事件（Boston Strangler）

　1961～1963年に，アメリカのボストンで発生した13件の殺人と300件以上の強姦事件。精神医学委員会が犯罪者プロファイリングを行なうための公的な委員会を構成し，老女対象の事件群と若い女性を対象とする事件群は別の犯人による犯行であると推定した。しかし，検挙した犯人アルバート・デサルボ（Albert Desalvo）は，収監後にこれら全犯行を自供した。彼によれば，捜査の手から逃れるために，対象を若い女性から高齢の女性に変えていたのであった。なお，法執行機関が別途プロファイリングを依頼した精神科医ジェームズ・ブラッセル（James A. Brussel）は手口の変化を考慮しすべて同一犯によるものだと推定していた。

　このように，暗数の問題やリンクの誤りの問題から，連続殺人事件の真の数や活動中の連続殺人犯の数を正確に把握することは難しい。しかしながら，殺人は暗数の最も少ない罪種の一つであることから，連続殺人事件や連続殺人犯の数について推計す

ることは可能であろう。欧米では，研究者たちによって，連続殺人犯の数や連続殺人の被害者の数を推計する試みが行なわれている。

たとえば，ヒッキー（Hickey, 2002）は，アメリカの連続殺人犯について，1800年から1995年までの間に，337名の男性連続殺人犯と62名の女性連続殺人犯が，2,525～3,860人の被害者を殺害したと推定している。また，フォックスとレヴィン（Fox & Levin, 2015）は，1990年以降660人の連続殺人犯が活動しており，592の個人もしくは集団が特定でき，ピークは1980年代の約200人であり，2000年以降の期間では約100の個人／集団が特定できたと報告している。

日本については，渡邉ら（2008）が，連続殺人事件を「逮捕までの間に，24時間を超える時間間隔をおいて，2件以上の殺人事件（既遂）を敢行したもの」と定義し，1997～2006（平成9～18）年の10年間に殺人捜査本部事件が設置され被疑者が検挙された事件（n=1,028）のうち，この定義に該当した主犯格は31人（うち5人が共犯形態）による72件（捜査本部事件の7.0%）であることを示している。また，このデータでは，3人以上の被害者を殺害した連続殺人犯に限定すると主犯格の人数は5人であった。

(3) 連続殺人の概要

フォックスとレヴィン（Fox & Levin, 2015）は，1990年以降にアメリカで活動していた660人の連続殺人犯に関するデータベースに基づいて，連続殺人犯の特徴を次のように示している。

連続殺人犯の92.6%が男性であり，62.0%が白人であった。半数を超える連続殺人犯は30歳になる前に最初の殺人を行なっており，最初の殺人と最後の殺人の中間時点での平均年齢は33.1歳であった。同じ地域で殺害をくり返していた者が67.6%であり，被害者数が3人以上5人以下は41.4%，6人以上10人以下は44.1%，11人以上15人以下は9.5%，16人以上20人以下は2.4%，20人以上は2.7%であった。連続殺人を行なった期間は2年未満が41.7%，2～9年が32.1%，10年以上が26.2%であった。被害者選択において成人男性のみが11.5%，成人女性のみが32.6%，若い男性のみと若い女性のみがそれぞれ1.0%，子どものみが2.0%であった。一連の殺人事件においてこれら複数のカテゴリーが該当していた割合は51.9%であり，成人の男性被害者が含まれていたのは50.5%，成人女性が含まれていたのは81.4%，若い男性が含まれていたのは6.1%，若い女性が含まれていたのは11.1%，子どもが含まれていたのが9.0%であった。凶器が一種類であったのが63.0%であり，複数を用いたものも含め，銃器使用ありが38.9%，ナイフ使用ありが30.9%，鈍器使用ありが20.7%，絞殺具使用ありが38.6%であった。

以上のことから，アメリカにおいては，典型的には，20～30代の男性が，10年以

内の期間，一定の地域で殺人をくり返しており，被害者は成人女性が中心となっているといえるだろう。

2. 日本の連続殺人

日本の連続殺人は，どのように起きているのだろうか。渡邉ら（2008）は，日本の連続殺人事件が欧米とは異なるパターンで発生していることを示している。

渡邉ら（2008）は，我が国の連続犯の特徴を明らかにするために，1997～2006年の10年間に発生検挙した殺人捜査本部事件（n=1,028）のうち，「逮捕までの間に，24時間を超える時間間隔をおいて，2件以上の殺人事件（既遂）を敢行したもの」に該当する主犯格31人による72件の事件情報を用いて，サルファティとベイトマン（Salfati & Bateman, 2005）が検討を行なったアメリカシアトルの連続殺人犯23人による69件の事件情報との比較を行なった（表2.3）。

まず日本の連続殺人犯の概要をみると，男性の単独犯が23人，女性の単独犯が3人，男女の共犯が5人であった。主犯格31人の平均年齢は39歳（標準偏差は13）であり，年齢の範囲は14～73歳であった。無職の者が半数を超えるが，有職者も4割弱おり，過去に犯罪経歴を有していた者は半数近くいた。最大被害者数は7人であり，犯行期間1年以内が9割，同一都道府県内で殺害が8割を占めていた。凶器の現場への持ち込みは62.5%，銃器類の使用が1.4%，紐類の使用が34.7%，刃物類の使用が26.4%であった。

サルファティとベイトマン（Salfati & Bateman, 2005）が示す連続殺人の特徴と比較した場合，日米で，女性被害者，凶器（刃物類），屋外で発見のそれぞれの比率に

表2.3 日本とアメリカの連続殺人事件の特徴比較

	日本の連続殺人事件 渡邉ら（2008） 31人72件	アメリカの連続殺人事件 Salfati & Bateman（2005） 23人69件
女性被害者	47.2%	52.2%
15歳以下の被害者	11.1%	34.8%
35歳以上の被害者	70.8%	21.7%
独居被害者	31.9%	14.5%
性的暴行あり	8.3%	60.9%
記念品持ち去り	5.6%	47.8%
凶器持ち込み	62.5%	43.5%
凶器（刃物類）	26.4%	26.1%
凶器（紐類）	34.7%	17.4%
凶器（銃器類）	1.4%	17.4%
死体の移動	45.8%	27.5%
死体隠蔽	48.6%	34.8%
屋外で発見	68.1%	65.2%

ついては違いはなかったが，日本の連続殺人の場合には，35歳以上の被害者，独居被害者，凶器持ち込み，凶器（紐類），死体の移動，死体隠蔽の比率が高く，15歳以下の被害者，性的暴行あり，記念品持ち去り，凶器（銃器類）の比率が低かった。さらに，渡邉ら（2007）は，未遂の事件を含み少なくとも1人が殺害された連続殺人事件のデータに基づき，連続殺人犯の行動の一貫性を検討する中で，日本の連続殺人で

表2.4 戦後の日本における連続殺人事件

犯行年	死亡被害者数	概要
昭和43～44年	4人	19歳男性　無職 非行歴なし 【事件概要】 　昭和43年10月から11月にかけて，東京プリンスホテル，京都八坂神社でそれぞれ警備員を射殺し，函館近郊，名古屋市内でそれぞれタクシー運転手を射殺して現金等を奪取し，昭和44年4月，東京都原宿駅近くの一橋スクール・オブ・ビジネスで警備員を狙撃したが命中せず，強盗殺人の目的を遂げなかった。いわゆる「連続ピストル射殺魔事件」としてマスコミに大きく取り上げられた。 【鑑定主文に記述された行為時の精神状態】 　被告人の精神状態に影響を与えた決定的因子は，出生以来の劣悪な生育環境や母や姉との死別等に起因する深刻な外傷的情動体験であり，ここに遺伝的，身体的に規定された生物学的条件，思春期の危機的心性，沖仲仕や放浪時に顕著な慢性の栄養障害や睡眠障害や疲労等のストレス及び孤立状況，20歳未満の無知で成熟していない判断力等の諸要因が交錯し増強しあった結果である。 ＊石川義博（1999）．「連続射殺魔」少年事件　福島章（編）　現代の精神鑑定（pp.9-118）　金子書房
昭和46年	8人	36歳男性　無職　中卒 窃盗，恐喝，強姦等の犯罪経歴あり，刑務所入所歴あり 【事件概要】 　3月から5月までの6週間に，群馬県内において17歳から21歳の若い女性8名に言葉巧みに近づいて車両に同乗させるなどしたあとに殺害し，死体を土の中に埋めて遺棄した。この他，同期間内に19歳対象の強姦致傷事件が1件あった。 【鑑定主文に記述された行為時の精神状態】 　被告人は発揚性，自己顕示性，無情性を主徴とする異常性格（精神病質）であり，性的-色情的亢進を伴う。・・・その殺人は，性欲殺人および隠蔽殺人のカテゴリーに属するものであると推定され，本件犯行当時，平素の精神状態と特に異なる状態ではなかったと推定される。 ＊中田修（2000）．大久保清と精神鑑定　中田修・小田晋・影山任佐・石井利文（編）　精神鑑定事例集（pp.21-136）　日本評論社
昭和63～平成元年	4人	26歳男性　家業手伝い 【事件概要】 　昭和63年8月から平成元年6月にかけて，東京，埼玉で，4歳から7歳の女児に声をかけて車両に同乗させた後に，首を絞めて殺害し，死体を遺棄したもの。うち一人の被害女児の家に，紙片と女児の骨片が入った段ボール箱を置き，マスコミに「今田勇子」の名前で「犯行声明」の文書を送付した。4件の殺人のほかにも，6歳女児に写真を撮らせてくれと近づき，全裸写真を撮るなどしていた。 【鑑定主文の記述】 　犯行時，手の奇形をめぐる人格発達の重篤な障害のもとに敏感関係妄想に続く人格反応性の妄想発展を背景にし，祖父死亡を契機に離人症及びヒステリー性解離症状を主体とする反応性精神病を呈していた。 ＊内沼幸雄・関根義夫（1999）．連続幼女殺人事件　福島章（編）　現代の精神鑑定（pp.517-609）　金子書房

注：表中の事件概要については，著者が新聞記事情報等から内容を補足した。

は金品目的の事件が7割を超えており，単独犯が約5割，共犯形態が4割，単独犯であったり共犯形態であったりと事件によって異なるものが1割を示しているのが特徴であるとしている。このように，日本の連続殺人犯はアメリカの連続殺人犯の特徴とは異なり，金品目的の強盗殺人を単独あるいは共犯でくり返す者が多くを占めているのが特徴である。

　日本の連続殺人の具体的な事例は，たとえば越智（2013）など犯罪心理学のさまざまな書籍で紹介されているが，ここでは，精神鑑定が行なわれた事例として紹介されている刊行物を参考とし，具体的に日本の連続殺人犯がどのような精神状態で犯行を行なっていたのかの概要を示す。参考としたのは，福島（1999）と中田ら（2000）であるが，これらは精神鑑定例に関する書籍である。これらに掲載された3人以上の被害者を殺害した連続殺人犯の事例は，表2.4のとおりである。

　これらの事例ではいずれも，重大精神病の罹患者はおらず，平素に近い精神状態で犯行を行なっていたと考えられる。また，いずれの事例でも，連続殺人犯には人格発達の未熟さや人格の偏りが認められていた。フォックスとレヴィン（Fox & Levin, 2015）が指摘するように，連続殺人犯は特別な存在だと思われてきたが，連続殺人をしない人たちと多くの共通点を持つ人たちであるといえるだろう。そのため，連続殺人にいたる過程が現象の理解に欠かせない。しかし，連続殺人にいたる過程については，精神鑑定例のような詳細な検討を行なった結果を蓄積しなければ，深い洞察は得られない。表2.4に示したのはいずれも昭和の時代の男性の連続殺人犯の事例であったが，越智（2013）で紹介されている女性の連続殺人事件では，保険金目的や金目的で連続殺人を行なった事例が3例紹介されており，女性の連続殺人の場合には性的な動機に基づくものは稀であることがうかがわれる。また，アメリカとの比較で示したように，平成の時代に入って以降の男性による連続殺人では，主に金目的で犯行が行なわれており，時代の経過にしたがい連続殺人犯の傾向も質的に変化しており，継続的に検討を行なうことが必要である。

3. 連続殺人の分類

　連続殺人犯は，いくつかの観点から分類が試みられている。ここでは，連続殺人犯の空間移動による分類，FBIによる性的殺人の分類，ホームズらによる連続殺人犯の分類，犯行テーマによる連続殺人犯の分類を示す。連続殺人の多くは性的動機に基づいているといわれており，性的殺人事件をもとに検討された分類もここに示すこととした。

表 2.5　空間移動による連続殺人犯の分類 (Holmes & Holmes, 2009 より作成)

地理的安定型	地理的一過性型
同じエリアに居住歴がある	転居を続ける
同じもしくは近いエリアで殺害する	法執行機関を混乱させるため移動する
同じもしくは近いエリアで死体を遺棄する	遠く離れたエリアに死体を遺棄する

(1) 連続殺人犯の空間移動による分類

　ホームズとホームズ (Holmes & Holmes, 1998) は，連続殺人犯をその地理的な移動性に基づいて，「地理的安定型 (geographically stable)」と，「地理的一過性型 (geographically transient)」とに分類している (表2.5)。

　地理的安定型の殺人犯は，特定のエリアに居住し，居住するエリア内で被害者を殺害する。その地域の著名人であったり，地域で尊敬を集める人物であることもある。アメリカの連続殺人犯では，シカゴのジョン・ウェイン・ゲイシーなどが地理的安定型に該当する。

ジョン・ウエイン・ゲイシー (John Wayne Gacy)

　1972〜1978年に，イリノイ州で，33人の若い男性を殺害した (Hickey, 2003)。ゲイシーはよく知られた地元の名士であったが，長期間にわたり，地元において性的サディズムの様相を呈する殺害をくり返した。死体を居住建物の地下に遺棄していたことから家宅捜索まで死体は発見されず，ゲイシーに疑いの目はなかなか向けられなかった。

　地理的一過性型の殺人犯は，車両で長距離移動して犯行を行なう。被害者探索に必要とされる距離を超えて広域に移動をするが，それは逮捕のリスクを減らすためである。アメリカの連続殺人犯では，テッド・バンディなどが地理的一過性型に該当する。

テッド・バンディ (Ted Bandy)

　1973〜1978年に，10以上の州で30〜40名の若い女性を殺害した (Hickey, 2002)。被害者の死体が発見されないものもあったことから，研究者によっては100名を超える被害者がいたとする説もある。元法学部の学生で外見的魅力を備えていた。車を使用した広域犯であり，車内には被害者を支配するためのレイプ用の7つ道具を用意して，自分の好みである髪の長い白人女性を選んで言葉巧みに車に誘い，殺害後の死体は主に高速道路を利用して時には数100kmも離れた場所で切断し，遺棄していた。

(2) FBIによる性的殺人の分類

　FBIアカデミーの行動科学課は，1970年代に，心理学を学んだ捜査員と精神医学者とのチームで，性的殺人犯36人に対する面接調査や公式記録調査を行なった。その結果，「秩序型（organized murderer）」と「無秩序型（disorganized murderer）」の類型を見いだし（Ressler et al., 1988），この類型別で，犯行特徴（表 2.6）や犯人特徴（表 2.7）が異なることを示した。

　秩序型は，自己の感情は統制されており，好みの被害者をうまく支配して服従させる

表 2.6　レスラーによる秩序型と無秩序型の犯行特徴（Ressler, 1988）

秩序型（organized）	無秩序型（disorganized）
・計画的犯行	・偶発的犯行
・好みのタイプの被害者（ただし，知人ではない）	・被害者または現場を知っている（被害者を選択したわけではない）
・被害者を操作する	・被害者をモノとして扱う
・会話は慎重	・会話はない
・整然とした犯行現場	・混乱した犯行現場
・被害者を服従させる	・被害者を突然襲う
・自制心あり	・自制心なし
・殺す前にサディスティックな行為	・殺したあとに性的行為
・遺体を隠蔽する	・遺体はそのまま
・凶器や証拠を残さない	・凶器や証拠を残したまま
・被害者を接触場所から犯行現場へ，遺体を隠蔽の場へと移動	・接触場所，犯行現場，遺体の場所はすべて同一

表 2.7　レスラーによる秩序型と無秩序型の犯人特徴（Ressler, 1988）

特徴	秩序型（organized）	無秩序型（disorganized）
知能	平均または上	平均以下
社会的能力	あり	なし
職業	熟練を要する仕事を好む	熟練を要しない仕事
性的能力	あり	なし
出生順位	長男が多い	末子が多い
父親の職業	安定	不安定
幼少期のしつけ	不一致	厳格
犯行時の感情	統制されている	不安感
犯行時の飲酒	あり	なし
原因のストレス	あり	なし
居住状況	配偶者または愛人あり	独居
移動性，車	移動性高い，いい車	現場近くに居住または職場あり
事件のニュース	興味あり	興味なし
犯行後	転職，転居	目立つ行動変化（薬物使用，飲酒，宗教への傾倒等）

ことができ，殺害前にサディスティックな行為をして，殺害後には異なる場所に被害者の遺体を遺棄する。証拠への配慮もできており，殺害現場は整然としている。これに対して，無秩序型は，自己の感情は統制されておらず，偶発的に出会った被害者を急襲する。被害者は自己の欲求を満たすためのモノにすぎず，会話はなく，殺害後に性行為を行ない，被害者の遺体はそのまま放置する。また，証拠への配慮は認められない。

次に，秩序型と無秩序型の犯人特徴について示す。秩序型の殺人犯は，能力は普通以上にあり，一見社会適応がよいが，犯行前に契機となるストレスが存在する。どちらかというとパーソナリティに偏りのある精神病質型である。これに対し，無秩序型の殺人犯は，能力は高くなく，不安定な家庭に育ち，精神的に不安定で，社会適応はよくない。妄想や幻覚等があることもあり，どちらかというと精神病型といえるだろう。

この分類は，典型例で考えると理解しやすいが，分類の根拠となった連続殺人犯のサンプルが少ないこと，両方の犯行特徴を備える事件も多くあること等から，客観的な分類ではないという批判もある。

(3) ホームズらによる連続殺人の分類

ホームズらによる連続殺人の分類（Holmes & DeBurger, 1985）は，事例研究や法廷記録，臨床記録等の各種書類調査，収監中の連続殺人犯との面接調査を実施し，110人の連続殺人犯の犯行パターンに関する分析を行なった結果，導き出されたものである。この連続殺人の類型では，犯行の動機や犯人の行動パターン，犯人の意思決定過程をもとにして，連続殺人犯を「幻覚型（visionary）」「任務遂行型（mission）」「快楽型（hedonistic）」「力支配型（power-control）」の4つに分類している。また，これらのうち「快楽型」の下位類型として，「快楽殺人犯（lust killer）」「スリル殺人犯（thrill killer）」「安楽殺人犯（comfort killer）」の3つの分類を示している。それぞれの類型の特徴は次に示すとおりである。

幻覚型（visionary）：このタイプの連続殺人犯は，幻聴や幻覚によって殺害を動機づけられる。悪魔や神の声を聞き，面識のない人を殺害する場合が多い。偽装工作をすることはない。重大精神病に罹患している。

任務遂行型（mission）：ある特定の階層の人たち（たとえば，売春婦，カトリック，ユダヤ人，若い黒人など）を世界から排除することは遂行すべき任務であると考えており，その任務に身を投じることが連続殺人の動機となっている。日常生活の中で心理学的に異常な行動を示すことはない。

快楽型（hedonistic）：快感やスリルを求めている。暴力と性的快楽が結びついており，

殺害行為に喜びを見いだしている。下位類型である「快楽殺人犯（lust killer）」や，「スリル殺人犯（thrill killer）」では，殺害過程そのものに意味があるため，解体，死体性愛，拷問，切断・切り裂き，支配といった行動が行なわれる。「安楽殺人犯（comfort killer）」では，性的満足が第一の動機ではなく，自身が快適に過ごすための利得を得ることを動機として，配偶者や知人を金品目的で殺害することをくり返している。

力支配型（power-control）：被害者に対する圧倒的な優位性が性的快楽と結びついており，人間の生死をコントロールすることが究極の力の行使であると考えている。殺害行為の過程において，無力な被害者を圧倒的に支配することから心理的な満足感を得ることが動機であり，被害者の首を手で絞める傾向がある。

これらホームズらによる分類別で犯行特徴がどのように異なるかを示したのが表2.8である。この表2.8によると，幻覚，任務遂行，安楽の連続殺人犯は被害者の死体を移動させず，快楽，スリル，力支配の連続殺人犯は死体を移動させる。また，幻覚型の連続殺人犯を除くすべての分類で，連続殺人犯は特定の被害者（ある共通の特徴をもった被害者）を対象としている。その他，凶器の使用や性行為についても，分類により異なる特徴を有している。

このホームズらによる分類は，よく引用されるが，カンターとウェンティンク（Canter & Wentink, 2004）は，行動の定義が難しいものも多く，分類基準が示されていないため，その妥当性についてはまだ検証が必要であると指摘している。

表2.8　ホームズらによる連続殺人犯の分類別にみた犯行特徴（Holmes & Holmes, 2009 より作成）

犯行現場特徴	連続殺人犯の分類					
	幻覚	任務遂行	安楽	快楽	スリル	力支配
統制された犯行現場		○	○	○	○	○
オーバーキル	○			○		
混乱した犯行現場	○					
拷問の形跡				○	○	○
死体の移動				○	○	○
特定の被害者		○	○	○	○	○
凶器の現場調達	○		○			
親族の被害者			○			
面識ありの被害者	○		○			
特異な性行為				○	○	○
拷問の道具				○	○	○
被害者の首を絞める				○		○
性器性交	?	○	大抵はなし	○	○	
異物挿入	○			○	○	
死姦	○			○		○
多くの場合性別は	男性	男性	女性	男性	男性	男性

(4) 犯行テーマによる連続殺人の分類

サルファティとベイトマン(Salfati & Bateman, 2005)は、シアトルのHITS (Homicide Investigation Tracking System) に登録された連続殺人事件について24時間以内に犯人が特定できなかった単発の殺人事件の分析で、殺人の犯行テーマ分類として「道具的 (instrumental)」と「表出的 (expressive)」の2分類が該当するか検討を行なった。道具的という犯行テーマには、犯行によって金品や性といった目的を達成するために犯罪者が行なう攻撃行動に関連する行動群が該当する。殺人犯は欲求を満たすために利用するモノとして被害者を見ている。これに対し、表出的という犯行テーマには、被害者を傷つけること自体が主要な目的となる行動群が該当し、攻撃行動は感情の発散のために行なわれる。表出的という犯行テーマでは、感情的な対立や対人関係上の対立から攻撃行動が引き起こされ、それはよく知っている被害者に対して向けられる。そのため、被害者が誰であるかは殺人犯にとって重要なものとなる。

連続殺人犯の行動を非計量多次元尺度法である最小空間分析 (smallest space analysis : SSA) により分析した結果、連続殺人犯の行動は、表2.9に示すように道具的な行動と表出的な行動に分類できた。

この道具的と表出的の2分類は、対人関係における暴力の使用に関する2分類として提唱されているものであり、さまざまな暴力犯罪でも利用できる2分類であることから、頑健な分類であるといえるだろう。ただ、この2分類と暴力の使用以外の行動特徴との関連についてはさらなる検証が必要となるだろう。

表 2.9 サルファティとベイトマンが示す連続殺人犯の道具的行動と表出的行動 (Salfati & Bateman, 2005)

道具的行動 (instrumental behaviors)	表出的行動 (expressive behaviors)
・性的暴行	・被害者は男性
・被害者は半裸で発見	・被害者は15歳以下
・死体を移動させる	・凶器の犯行現場への持ち込み
・被害者は全裸で発見	・死体の隠蔽
・死体発見場所は被害者の居住地内もしくはその直近	・証拠をなくす、もしくはなくそうとする試みがある
・被害者は35歳以上	・被害者は緊縛されている
・死体は偽装されている/ポーズをとらされている	・刺切創をあたえる凶器を使用
・凶器:ひも類の使用	・被害者は15〜25歳
・凶器:手足による暴行	・被害者は25〜35歳
・凶器:こん棒類の使用	・凶器:銃器
・死体は発見されやすいようにオープンな状態で放置	・ちょっとした個人的な品物を戦利品として持ち帰る
・猿ぐつわの使用	・被害者には拷問が加えられている
・特異な行動,拷問,状況が認められる	

(5) 連続殺人犯の動機をもとにした分類

　ケッペルとウォルター（Keppel & Walter, 1999）は，たくさんの殺人事件や性的殺人事件を扱った経験から，犯罪者プロファイリングの観点から性的殺人を次のように分類している。「力主張型強姦殺人（power-assertive rape murder）」「力再確認型強姦殺人（power-reassurance rape murder）」「怒り報復型強姦殺人（anger-retaliatory rape murder）」「怒り興奮型強姦殺人（anger-excitation rape murder）」の4つのタイプである。

力主張型強姦殺人（power-assertive rape murder）：強姦はあらかじめ計画しているが，殺害はあらかじめ計画したものではなく，感情の爆発や被害者をコントロールするために殺害する。男らしさとしてマッチョなイメージを求めている。強姦の動機が高まったときに，機会的に被害者を選択する。犯行現場は秩序だっており，証拠への配慮が認められる。

力再確認型強姦殺人（power-reassurance rape murder）：強姦はあらかじめ計画しているが，殺害はあらかじめ計画したものではない。性的ファンタジーに耽溺しており，その内容を現実場面で行なおうとし，犯行において自分が性的に有能であることの言語的な承認を被害者に求める。殺害は，性的ファンタジーの誘惑のシナリオを被害者に拒否され，失敗したと感じたとき，パニックになり過剰な攻撃が表出した結果として行なわれる。被害者の死後には，死姦や死体への切りつけなどをすることがある。

怒り報復型強姦殺人（anger-retaliatory rape murder）：強姦はあらかじめ計画しており，最初の殺人ではオーバーキルが認められる。オーバーキルは，過去に殺人犯の怒りを引き出した現実の女性に似た特徴を被害女性に見いだすことにより，怒りの爆発による象徴的な復讐として行なわれる。攻撃行動は，被害者からの批判や被害者から怒鳴られることが契機となって表現されることが多い。性行為は暴力的である。連続殺人犯は衝動的で短気で自己中心的であり，暴行は，被害者の生死にかかわらず，殺人犯の感情が落ち着くまで行なわれる。

怒り興奮型強姦殺人（anger-excitation rape murder）：強姦および殺人をあらかじめ計画している。サディズムを有しており，被害者が示す恐怖や被害者が受ける痛みに満足し，殺害の過程を楽しむ。被害者を支配し，コントロールすることを中心とした性的ファンタジーを持ち，それを現実の世界で行なおうとする。被害者が生存しているときに拷問や切りつけなどの行為を行なう。被害者は，殺人犯の持つなんらかの選択基準により選択されている。外見が魅力的で，社会的にも他人に愛想のよい人である

ことも多い。

　この4分類は，強姦から性的殺人までを，動機を中心として，犯行現場の特徴，犯行のダイナミクス，犯人特徴の3つを関連させて説明するものであり，捜査の犯行現場分析から犯人像を推定する際に用いることができる。しかしながら，この動機に基づく分類の妥当性については実証的な研究が足りないとの批判もある。

4. 連続殺人犯を説明するモデル

　イギリスの連続殺人犯について検討を行なったジェンキンス（Jenkins, 1988）によれば，連続殺人犯の多くは，幼い頃から暴力傾向を示す粗暴な人物ではなく，ある程度成長してから殺人を反復的に行なっていたと指摘した。彼によれば，検挙された連続殺人犯の平均年齢は36歳であり，殺人を開始してから平均して4年後に逮捕されていた。また，驚くことに，連続殺人犯の多くは安定した職業に就いており，約半数が最初の殺人を行なったときには配偶者がいて安定した生活を送っていた。このように，一見，社会に適応的に生活しているように見えることは，捜査対象者として浮上しにくいことにも影響を与えているだろう。

　しかしながら，それまで粗暴傾向を示さなかった人物が30代前後で殺人をくり返すようになる，ということは，個人が連続殺人犯になる過程の重要性を示唆しているだろう。

(1) FBIによる快楽殺人犯のモデル

　バージェスら（Burgess et al., 1986）は，FBIによる男性の性的殺人犯36人を対象とした一連の研究の中で，暴力犯罪行動の動機とパターンの分析を行ない，性的殺人の動機モデルを構築した（図2.1）。

　このモデルは，「社会環境の負因」や，「児童期・青年期の発達上の出来事」から，「パターン化された反応」が生まれ，「行動化」し，「行動から学習する（フィードバック）」という循環する過程を仮定している。

　「社会的環境の負因」として，殺人犯の幼児期に保護者は，彼らを無視し，彼らが出来事を歪曲して認知するのを支持し，介入せず，保護的でない方法で対応する。その結果，不健全な愛着が形成される。「児童期・青年期における発達上の出来事」においては，性的・身体的な虐待，否定的な愛着スタイル，乏しい感情反応，一貫しない養育と逸脱した役割モデルに起因する対人関係の失敗といった出来事が重要となる。これらの影響を受け，フェティッシュ（呪物）や，自慰的行動に対する嗜好，権

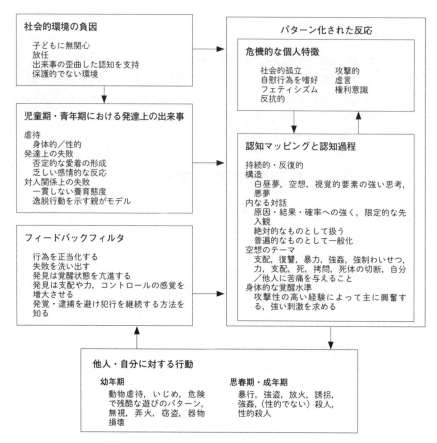

図 2.1 性的殺人犯の動機形成モデル（Burgess et al., 1986 より作成）

利意識，そして，社会的孤立や反抗，攻撃性，欺瞞といった特徴を発展させていく。結果として生じる認知過程は，白昼夢やファンタジー，視覚的な思考，悪夢によって構築され，彼らの内なる対話は完全で普遍的，強固，かつ限定的な仮定を含むものとなる。彼らの性的空想では，優位，力，コントロール，暴力，サディズム，マゾヒズム，復讐，拷問，切り裂き，強姦，死がテーマとなり，性的に覚醒するためには，高レベルの攻撃的な経験を必要とする。それが，自己や他者に対する攻撃行動につながるが，「フィードバックフィルタ」の過程は，それらの攻撃行動を正当化するシステムとして機能する。彼らは，より「効率的な」実行方法を学び，失敗は排除され，逮捕と罰を免れる方法を巧妙化させていき，それにより性的空想はさらに精緻化され，洗練化される。

　このモデルは，性的殺人犯の詳細な調査から構築されたものであるが，サンプル数

が少なく，サンプルの代表性に問題があり，統制群との比較がないことから一般化に限界のあるモデルとなっている。

(2) ヒッキーによるモデル

ヒッキー（Hickey, 2002）は，連続殺人犯について蓄積された研究知見をもとに，暫定的な多因子モデルを提唱している。この多因子モデルは，「トラウマ－統制（trauma-control）」モデルとよばれる（図2.2）。

連続殺人犯の行動に影響を与えうる素因には，生物学的，社会学的，心理学的なさまざまな要因が該当する。たとえば，頭部外傷や生物学的脆弱性，社会機能障害などがあげられている。促進要因には，アルコールや薬物，ポルノ，オカルト本などへの耽溺が該当するが，これらは逸脱に対する脱感作の機能を果たすと考えられている。これら素因と促進要因は，このモデルの中で連続殺人犯の過程に影響を与えうるさまざまな要因を指すが，これらは連続殺人犯でない人たちにもみられる要因であり，必ずしも連続殺人犯となる過程に影響を与えないかもしれない要因である。しかし，増大する暴力的なファンタジーを経験する一部の人々には，それらが攻撃行動の触媒として機能しうることが指摘されていることから，図中では矢印が点線となっている。

養育拒否または育児放棄，不安定な家庭生活，性的虐待など，外傷体験を受ける一連の出来事は，無力で卑小な自分という感情や低い自尊心，不適応感などの原因となりうる。発達初期の外傷体験は，周囲の人たちとの対人関係の認知を歪曲する傾向を強めるだろう。こうした外傷体験に対処するために，心理的な防衛としてかい離の症状を呈するかもしれない。また，外傷体験から生ずる感情等に対処するためにファンタジーが用いられ，より多くのトラウマを受けるほど，暴力的なファンタジーがより

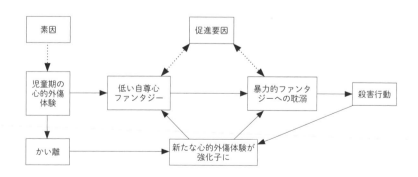

図2.2 連続殺人犯のトラウマ統制モデル（Hickey, 2002 より作成）

注：図中の点線は，「素因と促進要因は連続殺人のプロセスに影響を与えるかもしれないし，与えないかもしれない」ということを意味している。

発展するであろう。新たな心的外傷体験が加われば，低い自尊心と暴力的ファンタジーへの耽溺のプロセスが強化される。

　暴力的なファンタジーへの耽溺は，連続殺人犯に共通する重要な要因である。

　外傷体験から暴力的ファンタジーにいたる過程が持続すれば，いずれ暴力や殺人を行動に移すかもしれない。連続殺人犯が一度殺害行為を行なうと，その経験がファンタジーの内容にフィードバックされ，ファンタジーは精緻化，洗練化され，再び行動化するリスクが高まるという循環が生まれる。この循環にいたると，加害者は逮捕されるまで殺人をくり返してしまう。

　このトラウマ統制モデルは，連続殺人犯の発達に関連する知見をふまえて構築されたものであり，今後，実証的な検証を受ける必要があるだろう。

　これまで述べてきた知見は，主に男性の連続殺人犯に関する研究から見いだされてきたものである。ヒッキー（Hickey, 2002）によれば，女性の連続殺人犯の大半は1900年以降の記録に認められ，その多くは夫や親族を対象としていた。日本においても，保険金を目的として，結婚と殺害をくり返した例がいくつか認められている。女性の連続殺人犯の特徴や連続殺人犯になる過程については，研究知見を蓄積していく必要があるだろう。

Column 1　動物虐待と凶悪犯罪の関連

　近年，凶悪事件を引き起こした犯人が，子どもの頃から動物虐待を行なっていたという報道がなされることがある。また，切断されたり，解剖された猫の遺体が街中に放置されるという事件も全国で頻発している。このような現象は我々に大きな不安をもたらすものである。では，動物虐待と犯罪，特に殺人や連続殺人などの猟奇的な犯罪にはなんらかの関連があるのだろうか。

　最初に動物虐待と暴力的な行動や殺人の関連について指摘したのは，ミード（Mead, 1964）であるが，その後，世界各国で動物虐待と暴力犯罪の関連性を示す実証的なデータが報告された。たとえば，タピア（Tapia, 1971）は，ミズーリー大学医学部小児精神科のファイルの中から動物虐待が主訴のケース18例を紹介している。彼らはすべて男児で，平均年齢は9.5歳，平均的知能の子どもたちであった。これらのケースのすべてで，いじめや喧嘩，盗みや放火などの反社会的行動が同時に生じていた。ケラートとフェルソース（Kellert & Felthous, 1985）は，152人の犯罪者と非犯罪者にインタビューし，攻撃的犯罪者は非攻撃的犯罪者や非犯罪者に比較して動物虐待の頻度が高いことを示した。攻撃的犯罪者の25％は少なくとも5回の子どもの時期の動物虐待を報告したが，その他の群で動物虐待を報告したのは，6％にすぎなかった。FBIのレスラーら（Ressler et al., 1988）は，連続殺人犯人の生育歴のデータを分析し，その結果，彼らに高率で動物虐待の経験があることがわかった。自己報告データによれば，児童期で36％，思春期で46％，成人期で36％の連続殺人犯人に動物虐待経験があった。アッセンバックら（Achenbach et al., 1991）は，なんらかの精神的な問題で小児科を受診している「受診児童」の中で動物虐待の報告率が高いことを報告している。彼は「小児行動チェックリスト」の動物虐待に関する報告を指標にすると，4～11歳では受診グループで男児18％，女児11％に動物虐待の報告がみられらるのに対して，非受診グループでは，男児6％，女児2％にこれがみられたにすぎなかったという。メルツペルズら（Merz-Perez et al., 2001）は，フロリダ最高水準刑務所で，45人の暴力犯と非暴力犯を比較した。その結果，暴力犯は，有意に児童期の動物虐待が多く，その傾向は特にペットに関する虐待に現れることが示された。また，その手口はその後の人間に対する犯行パターンと類似していることを示した。

　上記のようなさまざまな研究を見ると，子どもの頃の動物虐待とのちの反社会的行動に関連のあることはほぼ確実であるように思われる。ただし，子どもが動物を虐待する理由には，さまざまなものがあるため，一概に子どもの動物虐待を暴力犯罪のリスク要因ととらえるのは問題かもしれない。子どもによる動物虐待の原因は大きく4つのカテゴリーに分けられる。

　第1のカテゴリーは，好奇心タイプである。このタイプは，就学前から小学校低学年である。虐待の原因は，動物の世話や取り扱いについてのトレーニングに欠けているこ

とである。第2のカテゴリーは，非行タイプであり，このタイプは他のタイプより年長の青年，少年たちである。彼らは，器物損壊などの多くの反社会的行動を行なうが動物虐待はその一つとして生じる。動物を虐待することによって自分の勇気や非情さを示すことが目的である場合がある。第1，第2のケースは予後が良く比較的問題が少ないと思われる。第3のカテゴリーは，子ども自身が身体的虐待や性的な虐待，家庭内暴力の目撃などの被害を受けており，そのストレスやトラウマ反応によって動物虐待が生じるケースであり，「子どもの危機へのサイン」としてとらえることができる。虐待などのさまざまな家庭内の問題に直面している児童はそうでない児童に比べて動物虐待の比率が高いことが指摘されている。第4のカテゴリーは，子どもが反社会性の行動障害，あるいは共感性の欠如などの特性を持つ場合である。このカテゴリーに該当するケースが将来の問題行動と密接に関連していると思われる。

　成人期の動物虐待の中には，ストレス発散のためのものも存在する，この場合，切断よりは撲殺や高所からの投げ落としなどが用いられることが多い。また，猫の場合，近隣の猫公害に対する対抗手段として猫を連続して殺害するというケースも発生する場合がある。この場合には，毒殺なども用いられる。

引用文献

Achenbach, T. M., Howell, C. T., Quay, H. C., Conners, C. K., & Bates, J. E. (1991). National survey of problems and competencies among four-to sixteen-year-olds: Parents' reports for normative and clinical samples. *Monographs of the Society for Research in Child Development*, i-130.
Kellert, S. & Felthous, A. (1985). Childhood cruelty towards animals among criminals and noncriminals. *Human relations*, *38*, 113-129.
Mead, M. (1964). Cultural factors in the cause and prevention of pathological homicide. *Bulletin in the Menninger Clinic*, *28*, 11-22.
Merz-Perez, L., Heide, K. M., & Silverman, I. J. (2001). Childhood cruelty to animals and subsequent violence against humans. *International Journal of Offender Therapy and Comparative Criminology*, *45*, 556-573.
Tapia, F. (1971). Children who are cruel to animals. *Clinical Psychiatry and Human Development*, *2*, 70-71.
Ressler, R. K., Burgess, A. W., & Douglas, J. E. (1988). *Sexual homicide: Patterns and motives*. Simon and Schuster.

第三章 連続殺人 大量殺人

1. 大量殺人の定義

　大量殺人（mass murder）は，1人（稀に2人以上）の犯人が同一の時間，同一の場所で同時に複数の人を殺害するタイプの事件である。「複数の人」というのが何人を指すのかについては，特に定まっておらず研究によって定義が異なっている。海外の研究では，3人以上とされる場合が多い。FBIは同時に4人以上を殺害した場合という定義を採用しており，ホームズとホームズ（Holmes & Holmes, 2001）やメロイら（Meloy et al., 2001）は，3人以上と定義している。日本ではこれほどの事件はあまり発生しないので，2人以上の（殺人を伴う）同時襲撃あるいは同時殺人とされる場合が多い（たとえば，吉益，1958；中村，1960；渡邉ら，2008；越智・木戸，2010など）。
　また，「同一の時間」というのも厳密にいえば，定義の難しい問題である。大量殺人に対立する概念としては，連続殺人（serial murder）がある。これは，一人の犯人が複数人を殺害するという意味では同じであるが，殺人と殺人の間に数日から数年程度の殺人を行なわない期間が存在するタイプである。この期間のことは冷却期間とよばれる。また，冷却期間が存在しないか，数時間程度のきわめて短い連続殺人のことを指すスプリー殺人（spree murder）という概念もある。しかし，大量殺人といえども，爆弾を使用しての同時殺傷などを除けば，はじめの犠牲者から最後の犠牲者が発生するまでにある程度の時間を要することは少なくない，たとえば，コロンバイ

ン高校銃乱射事件においても最初の発砲から犯人が自殺するまでは1時間程度の殺傷を続けているし，津山30人殺し事件では，犯人の都井睦雄は，第1の犠牲者である祖母を殺害してから最後の犠牲者を殺害するまで2時間程度要している。荒川沖駅大量殺傷事件の犯人である金川真大の場合は最初の単独殺人から，駅内での大量殺傷まで4日の間がある。そのため，連続殺人やスプリー殺人との明らかな違いを定義するのは困難である。

　これは，「同一の場所」についてもいえ，犯人は移動しながら殺害をくり返す場合が少なくない。たとえば，2011年にノルウェーのウトヤ島で発生した銃乱射事件では，犯人はその前に，20キロ以上離れたオスロ政府庁舎を爆破していたし，1996年にタスマニア島で発生したポートアーサー大量殺傷事件では犯人は犯行当日の午後1時に銃乱射を開始し，その後，車を奪って銃を乱射しながら長距離を移動した。また，多くのケースで犯行に先立って，家族や恋人，一方的に思いを寄せていた人物などを通常の殺人として殺害してから大量殺傷に望むことも少なくない。たとえば，チャールズ・ホイットマン（Charles Whitman）によるテキサス大学銃乱射事件においては，犯人は銃乱射をする前に実母と妻をそれぞれの自宅で殺害してから，バージニア工科大学銃乱射事件では，同じキャンパス内ながら，犯行現場から数百メートル離れた寮で最初の殺害を行なってから，犯罪現場に移動して大量殺傷を開始している。

　大量殺人，連続殺人，スプリー殺人はいずれも多数の被害者がでる殺人事件という意味で，マスコミ報道では，ほとんど区別して用いられていないが，その犯人の属性や行動パターンは大きく異なるため，専門的に議論する場合には混同して用いるべきではない。また，大量殺人はきわめて生起頻度の低い特殊な殺人の形態だと思われることも多いが，渡邉ら（2008）によれば，我が国では，1991年から2005年の間に大量殺傷事件は588件発生しており，殺人事件の中では決して稀なものではない。

2. 大量殺人についての従来の研究

　大量殺傷事件は大衆の耳目を集める事件になることが多いので，個々の事件について，「臨床心理学的」「精神医学的」「文化論的」に掘り下げて分析するということが，しばしば行なわれる。また，ジャーナリストも関係者への取材から，事件の原因や経過について明らかにしようと試みる。たとえば，佐木（1983）は，深川通り魔事件について，中島（2013）は，秋葉原大量殺傷事件について，綿密な取材によって，犯人の事件前の行動や心性を掘り下げてそれぞれの犯罪における犯人の行動を照らし出すことに成功している。

　また，大量殺傷事件においてはしばしば，精神医学的な鑑定が鑑定医によって詳細に行なわれる。重要な事件については，その鑑定書は出版され我々も目にすることが

できる。たとえば，新宿西口バス放火事件についての福島章鑑定（福島，1999）や妻子5人殺害事件に関する保崎秀夫鑑定（保崎・丹生谷，1999）などである。

　しかし，このような方法論はどうしても犯行についての恣意的で，事後解釈的な分析になってしまったり，表層的な文明批判や世代論などになりやすい。そこで，近年の犯罪心理学，特に犯罪者行動の分析においては，同種の事件を集め，その犯行や犯人をなんらかの方法で類型化し，それぞれの類型ごとに分析していくという方法論が主流になっている。

　このような方法論で，大量殺人事件をはじめに分析した先駆者は，ディーツ（Dietz, 1986）である。彼は，大量殺傷を，自分の家族を殺害する「家族皆殺し（family annihilator）タイプ」，職場や街などで銃を撃ちまくる「特攻隊もどきタイプ（pseudo-commandos）」，爆弾などを仕掛けて逃走する「セット・アンド・ラン（set and run）」の3つに分類している。

　また，ホームズとホームズ（Holmes & Holmes, 2001）は，大量殺傷を次の8つのタイプに分類している。すなわち，カルト宗教などの教徒が教祖などの言いなりになって大量殺傷を行なう「弟子型（the disciple mass killer）」，犯人が自分の家族のメンバーを全員殺害する「家族皆殺し型（the family annihilators）」，会社での不満がきっかけで，会社内で銃乱射などを行ない従業員を殺害する「不満を抱く従業員型（disgruntled employee mass killer）」，社会一般に不満を抱き，街中などで銃を乱射する「不満を抱く市民型（disgruntled citizen mass killer）」，テロリズムなど，イデオロギーに基づいた動機によって行なわれる「イデオロギーによる大量殺傷型（the ideological mass killer）」，爆弾などを仕掛けて爆破させ自分は逃走する「セット・アンド・ラン型（the set-and-run killers）」，精神疾患による妄想や幻覚に導かれて大量殺傷を行なう「精神疾患型（psychotic mass killer）」，そして，アメリカでしばしば発生している「学校内での銃乱射型（school shooter）」である。

　さらに，フォックスとレヴィン（Fox & Levin, 2003）は，犯人の動機をもとに，大量殺傷を5つのタイプに分類している。「復讐（revenge）型」「パワー（power）型」「誠実（loyalty）型」「利益（profit）型」「テロ（terror）型」の5類型である。

　復讐型は，自分が個人的に恨みを持っている相手を殺害するのだが，この相手と同一視している相手も同時に殺害するというパターンである。具体的には，恨みを持っている人物の家族も同時に殺害する場合や，恨みを持っている人物が属している会社やグループを同時に殺害するケースなどが該当する。パワー型は，自らの力を誇示するために行なう大量殺人である。犯人は自分は社会等から抑圧され，迫害されており，十分に自分の力を発揮できていないと考えている，この自己の力を一気に解き放つ方法として大量殺人を選ぶのである。フォックスは，このタイプの大量殺人の例として，コロンバイン高校の銃乱射事件をあげている。誠実型は，一家皆殺し，一家心中の形で起こることが多く，犯人が家族をなんらかの不幸から救おうとする動機（犯人の自

分勝手な思い込みの場合も多い）で殺害するものである。利益型は，ものを盗むなどのなんらかの利益を得るためにその持ち主を殺害するケースで，強盗犯人が押し入った家で家人を複数殺害するようなケースである。テロ型は，多くの人になんらかの政治的宗教的なメッセージを伝えることで国家や大衆に影響を及ぼそうとする手段として大量殺人が行なわれるケースである。大量殺人は，大きく報道されることが多く，犯人のメッセージも同時に伝えられるため，犯人にとって宣伝価値が大きい闘争戦略として位置づけられているのである。イスラム原理主義の自爆テロなどがこの例である。

我が国では，影山（2008），石井と影山（2003）が，精神医学的な観点から，大量殺傷犯人，特に無差別型の大量殺傷犯人について，「自己確認型」「間接自殺型」「自暴自棄型」の3つの類型に分類している。自己確認型は，挫折した自己への存在感への回復，万能感の回復，力の誇示などに動機づけられ，自殺企図はないものとしている。自己確認型は，「空虚な自己」という基本的な心理に基づくⅠ型と，「幼児的万能感」に基づくⅡ型，これらが混合し，自己顕示的に行なわれるⅢ型にさらに下位分類されるという。間接自殺型は，自殺願望が強く，自分を死刑にしてもらいたいがために殺人を犯す者である。また，自暴自棄型は，嫉妬や復讐心，不満から激情的に行なう大量殺人である。

また，渡邉ら（2008）は，我が国で発生した大量殺傷の特別捜査本部事件181件のデータについて，大量殺人を3つのタイプに分類している。第一のタイプは「親族型」である。「親族型」の典型的な事例は次のようなものである。被害者は加害者の親族であり，子どもが被害者に含まれる場合がある。場所は被害者宅である。緊縛や窃取などがみられる場合は少ない。加害者は，同居か近くに居住しており，単独犯で30～40代，主に夫婦間トラブルや無理心中が動機となる。第2のタイプは，「知人型」である。被害者は加害者の知人で，被害者宅，あるいは被害者の会社で殺害が行なわれる。複数の凶器が用いられていたり，窃取が行なわれたりするケースもある。共犯で行なわれることもあり，動機は男女関係や金銭賃借の問題である。犯人は前歴がある。第3のタイプは，「面識なし型」である。この事例は，被害者は加害者と事前の面識がなく，被害者の自宅が犯行現場になることが多い。緊縛や窃取，遺体を屋外に放棄するなどの行為がみられる。動機は金銭奪取であり，犯人は20～30代である。通り魔的犯行もこの中に含まれている。

3. 日本における大量殺人の特徴と分類

(1) 日本における大量殺人の基本的特徴

これらの研究をふまえ，我々は，大量殺人を先に述べてきたように，「1人または

少数の犯人が2人以上の被害者を1日以内に殺害し，事件現場が複数になる場合は，少なくとも一つの現場（半径1km以内）で2人以上の被害者を殺害しているタイプの殺人」と定義し，1974～2011年までに日本で発生し，犯人が特定され，新聞等のマスコミ情報から，ある程度の情報が得られた119件の事件を抽出し分析を行なった（越智・中村，2014）。

研究の対象とした119件の大量殺人事件について，その犯人の基本的属性を，表3.1にあげた。まず，性別を見てみると男性が加害者のものが113件で95.0％を占めている。我が国の一般の既遂殺人事件の犯人の80％程度が男性であるが，これに比べても大量殺人の加害者の男性比率は非常に高い。それゆえ，大量殺人は基本的に男性によって引き起こされるものであるということができるであろう。また，

表3.1 大量殺傷事件119件の加害者属性

		事件数	割合（％）
性別	男性	113	95.0
	女性	6	5.0
年齢	10代	9	7.6
	20代	22	18.5
	30代	31	26.1
	40代	36	30.3
	50代	12	10.1
	60代	9	7.6
職業	無職	59	49.6
	会社員	46	38.7
	自営業	4	3.4
	学生	2	1.7
	フリーター／派遣	2	1.7
	組員	3	2.5
	その他	3	2.5
前科	あり	36	30.3
	なし	83	69.7
精神疾患	あり	11	9.2
	なし	108	90.8
借金*	あり	29	24.4
	なし	90	75.6
リストラ・辞職	あり	38	31.9
	なし	81	68.1
婚姻形態	未婚	64	53.8
	既婚	37	31.1
	離婚／別居	18	15.1
国籍	日本人	109	91.6
	外国人	10	8.4

＊借金のあるなしに関しては「多額の借金」などの記述が新聞報道にある場合についての集計である。

この比率は北米の大量殺人についてのデータとほぼ同じである（DeLisi & Scherer, 2006）。ただし，実際には女性が家族，特に乳児や幼児を道連れにして無理心中するケースがある程度存在し，このような事件は報道されにくいため，今回の調査の中に含まれなかった可能性はある。実際の女性比率はもう少し高いかもしれない。

次に加害者の年齢であるが，これは，40代が最も多く，全体の30.3％を占めていた。一般の殺人事件では，30代の犯人が最も多く，40代の犯人は全体の18.5％程度なので，大量殺人の犯人はそれよりも若干高い年齢層が多いということがわかる。この傾向もやはり，北米の大量殺人についてのデータとほぼ同じである（DeLisi & Scherer, 2006）。

大量殺人はしばしば，「理解しがたい」犯罪に思われるため，犯人は精神疾患に罹患していることが多いように思われるが，実際には犯人が精神疾患である割合は，10％以下でそれほど高くはない。

犯行形態についてみてみると，まず，大量殺人は無差別型の大量殺傷のイメージが

強いことから，犯人と被害者の間に事前の人間関係がない，いわゆる「流し」の事件が多いように思われるが，実際には，この種の事件は，16.8％であり決して多いわけではない。むしろ被害者になる可能性が最も大きいのは，家族であり，全体の56.3％を占めている。

殺害方法は，刺殺が全体の52.1％を占めているが，一般の既遂殺人事件では，刺殺の割合は34.0％程度なので，大量殺人では刺殺という犯行形態がとられやすいということがわかる。これは一般の殺人事件で多い撲殺や絞殺などの方法では，同時に複数の人間を殺害することがなかなか困難であるからだと思われる。もちろん，銃が存在するアメリカ等では，刺殺よりも銃を使用した大量殺傷がポピュラーである（Lankford, 2015）。

(2) 多変量解析を用いた大量殺人の分類

これらの事件について，犯罪タイプを類型化するために，性別，年齢，職歴などの犯人属性と犯行時間帯，犯行現場，凶器，証拠隠蔽の有無，計画性の有無，猟奇性の有無，窃取の有無，犯行予告の有無，単独共犯形態，遺書の有無などの犯行形態の

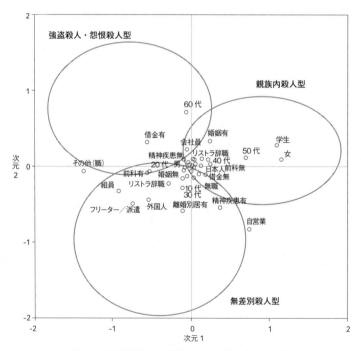

図 3.1　大量殺傷犯人の属性のコレスポンデンス分析結果

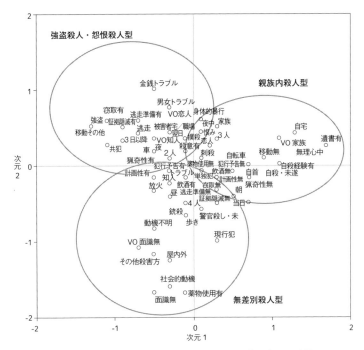

図 3.2 大量殺傷犯人の犯行パターンのコレスポンデンス分析結果

特徴を犯行変数について，それぞれの関連を，多重コレスポンデンス分析（multiple correspondence analysis）に示すことにした。分析の結果，事件とその属性は 2 次元の座標上にプロットされた。第 1 次元のクローンバックの a 係数は 0.877，固有値は 7.459，第 2 次元のクローンバックの a 係数は 0.843，固有値は 5.956 となった。

犯行パターンの特徴についてのプロットを図 3.1 に，犯人の属性についてのプロットを図 3.2 に示す（多重コレスポンデンス分析では本来，これらの分類と対象になったそれぞれの事件は同一平面上にプロットされるものであるが，ここでは煩雑になるので別の図として示した。これらは重ね合わせることが可能である）。これらの図では，相関の高い項目同士は近くにプロットされ，相関の低い項目は離れてプロットされている。プロットの次元 1（横軸）は，無理心中の有無，犯行現場が自宅，共犯の有無，移動方法などの変数と関連しており，次元 2（縦軸）は，犯行現場が屋外，加害者被害者関係（面識の有無），被害者間関係（面識の有無），現場からの逃走，動機（社会的不満の有無）などと関連していた。

この空間プロットをもとにして，大量殺人を「無差別殺傷型」「強盗殺人・怨恨殺人型」「親族内殺人型」の 3 つのタイプに分類した。そして，分析対象である 119 件の事件をそれぞれのタイプに分類した。その結果，無差別殺傷型 36 件，強盗殺人・

表 3.2　大量殺傷タイプ別加害者属性（％）

		類型			殺人事件
		無差別殺傷型（N=36）	強盗殺人・怨恨殺人型（N=45）	親族内殺人型（N=38）	
性別	男性	97.2	100.0	86.8	79.6
	女性	2.8	0.0	13.2	20.3
年齢	10代	11.1	4.4	7.9	4.7
	20代	19.4	31.1	2.6	17.9
	30代	36.1	17.8	26.3	22.3
	40代	22.2	26.7	42.1	18.5
	50代	8.3	8.9	13.2	17.3
	60代以上	2.8	11.1	7.9	19.1
職業	無職	47.2	42.2	60.5	48.1
	会社員	36.1	48.9	28.9	27.4
	自営業	5.6	0.0	5.3	4.6
	学生	0.0	0.0	5.3	2.7
	フリーター／派遣	2.8	2.2	0.0	3.2
	組員	5.6	2.2	0.0	4.0
	その他	2.8	4.4	0.0	0.3
前科	あり	33.3	37.8	18.4	
	なし	66.7	62.2	81.6	
精神疾患	あり	16.7	2.2	10.5	
	なし	83.3	97.8	89.5	
借金	あり	19.4	37.8	13.2	
	なし	80.6	62.2	86.8	
リストラ・辞職	あり	41.7	35.6	18.4	
	なし	58.3	64.4	81.6	
婚姻形態	未婚	61.1	53.3	47.4	
	既婚	16.7	33.3	42.1	
	離婚／別居	22.2	13.3	10.5	
国籍	日本人	86.1	91.1	97.4	
	外国人	13.9	8.9	2.6	

注：比較対象となる殺人事件は、1983～2014年に発生した殺人事件5,945件における割合（法政大学犯罪心理研究室殺人データーベースより）

怨恨殺人型45件，親族内殺人型38件となった。表3.2にはそれぞれのタイプごとにの犯人の属性の違い，表3.3にタイプごとの犯人の行動の違いについて集計したものをあげる。

これらの分類に加え，同種の海外の事例等を総合的に分析し，それぞれのタイプの特徴，典型的な犯人像，典型的な犯行プロセス，犯人の行動パターンについて以下にまとめてみた。

①無差別殺傷型

特徴：犯人は日中，屋外で，銃や薬物など，大量に人を殺害できるような凶器を用いて，自分と面識のない人間を無差別に殺害する。

表 3.3 大量殺傷タイプ別犯行特徴（%）

		無差別殺傷型 (N=36)	強盗殺人・怨恨殺人型 (N=45)	親族内殺人型 (N=38)			無差別殺傷型 (N=36)	強盗殺人・怨恨殺人型 (N=45)	親族内殺人型 (N=38)
犯行時間帯	朝	33.3	15.6	28.9	動機	社会	52.8	2.2	2.6
	昼	47.2	22.2	21.1		金銭トラブル	0.0	13.3	2.6
	夜	11.1	28.9	13.2		強盗	8.3	28.9	0.0
	夜中	8.3	33.3	36.8		男女トラブル	0.0	17.8	5.3
犯行現場	自宅	0.0	8.9	65.8		恨み	8.3	24.4	31.6
	被害者宅/職場	22.2	80.0	31.6		トラブル	11.1	13.3	10.5
	屋外	77.8	11.1	2.6		無理心中	0.0	0.0	44.7
自殺（未遂）	あり	8.3	6.7	44.7		不明	19.4	2.2	2.6
	なし	91.7	93.3	55.3	犯行中の飲酒	あり	8.3	6.7	10.5
犯行後の行動	現行犯	52.8	4.4	26.3		なし	91.7	93.3	89.5
	逃走	30.6	88.9	23.7	犯行中の薬物	あり	5.6	0.0	0.0
	自殺（未遂含む）	11.1	4.4	39.5		なし	94.4	100.0	100.0
	自首	5.6	2.2	10.5	移動方法	なし	13.9	13.3	63.2
証拠隠蔽	あり	11.1	60.0	5.3		歩き	41.7	13.3	21.1
	なし	88.9	40.0	94.7		車	41.7	66.7	13.2
計画性	あり	72.2	77.8	47.4		タクシー/公共機関	0.0	6.7	0.0
	なし	27.8	22.2	52.6		自転車	2.8	0.0	2.6
猟奇性	あり	30.6	55.6	28.9	死亡者数	2人	22.2	44.4	21.1
	なし	69.4	44.4	71.1		3人	22.2	33.3	47.4
犯行予告	あり	5.6	40.0	0.0		4人以上	55.6	22.2	31.6
	なし	94.4	60.0	100.0	凶器	刺殺	41.7	55.6	57.9
窃取	あり	8.3	4.4	7.9		身体的暴行	0.0	17.8	15.8
	なし	91.7	95.6	92.1		撲殺	5.6	15.6	13.2
単独共犯形態	あり	16.7	31.1	2.6		銃殺	19.4	4.4	7.9
	なし	83.3	68.9	97.4		放火	16.7	8.9	2.6
遺書	あり	0.0	0.0	7.9		その他	16.7	0.0	2.6
	なし	100.0	100.0	92.1	逮捕までの日数	当日	75.0	26.7	84.2
面識関係	面識なし	72.2	15.6	0.0		翌日	5.6	24.4	7.9
	家族	0.0	13.3	81.6		それ以降	19.4	48.9	7.9
	恋人	5.6	15.6	5.3	逃走準備	あり	16.7	48.9	10.5
	知人	22.2	55.6	13.2		なし	83.3	51.1	89.5
被害者間関係	面識なし	55.6	0.0	0.0					
	家族	5.6	66.7	92.1					
	恋人	2.8	2.2	2.6					
	知人	36.1	31.1	5.3					

犯人の属性：犯人は30代が最も多いが，他のタイプの大量殺人に比べて比較的若い層である。犯人は，プライドが高いが自分の希望に見合った地位に自分は就いていない，社会が自分に対して冷たい，あるいは正当な扱いを受けていないなどとして社会に対して強い反発心を持っていることが多い，社会的には不適応であることが多いが，現実的に多くの負債を抱えているなどの問題ではなく，人間関係や社会適応に問題を抱えていることが基本的な問題である。直近で解雇，辞職，離婚別居，無視される，いじめられる，孤立するなどのストレスフルな状況を経験している場合が多い。ある

程度の比率で精神疾患の犯人もいるが，その割合はそれほど高くはない。これらのいずれの特徴もアメリカの研究ともほぼ一致している（Meloy et al., 2001；Hempel & Richards, 1999）。

犯行のプロセス：犯人は社会的に不適応な状態に陥っているが，このような状況になった原因は，自分自身にあるというよりは社会や学校，職場などにあると考えている。彼は，追い込まれ，自分をこのような状況に追い込んだと考えるカテゴリー（学校であったり，職場であったり，村であったりする）の人々を殲滅し（できるだけ多くのメンバーを殺害し），自分も死んでしまおうと考える。この場合，自らを神格化したり，自らの行為は社会の弱者のために行なう英雄的な行為であるなどと自己正当化することも少なくない。殺害行為は一見，無差別のように見えるが，実際にはこの「敵となるカテゴリー」のメンバーの中での無差別であり，誰でも良いわけではない。

犯人は，ある程度長い時間をかけて，犯行の計画を立てる（無差別殺傷型の犯人が実は綿密に計画を立てている場合が多いことについては，Hempel & Richards, 1999, Declercq & Audenaert, 2011なども指摘している）が，この犯行は（社会やカテゴリーに対する）復讐の意味が大きいので，できるだけ効率の良い方法（最も人がたくさんいる状況，最も犯行に邪魔が入りにくい状況，最も多くの人を殺傷できる方法）や時間を選定する。多くの犯人は一つの武器が使用できなくなった場合のためにバックアップのための武器を携行し，しかもそれはその時点で本人が入手可能な最も殺傷力の高い武器であることが多い（結果としてアメリカでは，銃が選ばれ，日本ではサバイバルナイフや出刃包丁などが選ばれる）。犯人はもともと死ぬつもりなので，事前に遺書を書くことやビデオメッセージやネット上でのメッセージを残すことがある（これは多くの場合，自らの犯行を正当化する，つまり，悪いのは自分でなくあいつらだという形になる）。また，逃走するつもりはないのであらかじめ，逃走手段を考えることはしない（犯行の他の部分の計画は綿密に練られているのとは好対照である），また，覆面をするなど人定を困難にするようなこともしない。むしろ，まさに自らが犯行を行なったのだという記録を残そうとする場合さえある。犯人はもともと自殺志向性が高いが，実際に自殺をするかどうかは，用いた凶器などに依存する。銃を凶器に用いた場合には，犯人が自殺を試みそれが既遂になる可能性がきわめて大きい（これは銃が殺傷性の高い武器だからだと思われる）のに対して，刃物を凶器に用いた場合には，犯人は自殺せずに取り押さえられて検挙されたり，また自殺を試みるが死にきれず，未遂になることが多い（アメリカの大量殺傷で銃が用いられた場合には犯人の3分の2が自殺するか射殺される（Meloy et al., 2004））。なお，自殺できなかった場合，犯人は死刑にしてくれと自ら極刑を希望する場合がある。また，近年ではそもそも，はじめから死刑になるために事件を起こして，検挙されるケースもある。海外の事件でも自らは自殺できない（する勇気がない）が，警察官に撃ち殺してもら

うことを目的とする者（これを警官を利用した自殺 suicide by cop という）もいるが，類似の現象であると思われる。なお，この事件は定義的には，「一つの場所で一つの時間で」というものであるのだが，実際には犯行現場は1カ所でなく，2カ所以上になる場合がある。この場合，最後の犯行現場で無差別殺傷が生じ，その前の場所では家族や恋人，知人，場合によってはペットなどが殺害される。

具体的な事件

　このタイプの事件としては，日本では，秋葉原の歩行者天国にトラックで突っ込み，通行人を連続してナイフで刺し7人が死亡，10人が重軽傷を負った秋葉原大量殺傷事件や，JR下関駅東口の歩道に車ごと突っ込み，駅構内の自由通路に侵入し，暴走したまま7人をはね，その後は包丁を使用し，8人を無差別に切りつけ，5人を死亡させ10人に重軽傷を負わせたJR下関大量殺傷事件などがある。海外の例では，解雇されたことや職場でのトラブルがきっかけとなる職場での銃乱射事件や，いじめなどが原因の軍隊内での銃乱射事件，学校における銃乱射事件なども典型的な例の一つである。具体例としては，韓国の連川軍部隊銃乱射事件，アメリカのコロンバイン高校銃乱射事件やバージニア工科大学銃乱射事件などがある。

②強盗殺人・怨恨殺人型

特徴：このタイプには，男女トラブル，金銭トラブルなどの解決や個人的な恨みを晴らすために相手やその取り巻き，家族なども同時に殺害するもの（金銭トラブル・恨み型），強盗の際に家人や従業員を複数殺害するもの（強盗殺人型），暴力団や政治テロリスト集団（主に左翼セクト）同士の抗争などの過程で対立するグループの構成員を複数殺害するもの（組織間抗争型）などがある。

犯人の属性：犯人の年齢は20代の比較的若い世代と40代の中年に2つのピークを持つ。大量殺人の中では，精神疾患の割合が低く，借金など金銭関係に問題を抱えていることが多い。無差別殺傷型，親族内殺人型と比較して，最も前科がある可能性が高い。

犯行のプロセス：犯行は夕方から夜間に行なわれることが多い。やはり十分事前に計画して行なわれ，共犯を伴うことがある。事件現場となるのは，被害者の自宅や店舗などである。犯人と被害者の間には事前の面識があることが多い。無差別殺傷の場合と異なり，犯行後の逃走方法などについてあらかじめ想定しており，また犯行時には覆面をしたり，手袋をするなど証拠隠滅を行なう。遺体は可能ならば，別の場所に遺棄するなどの方法をとる。自殺や自首する可能性は低い。

具体的な事件

　金銭的トラブル・恨みタイプの具体的事例としては，練馬一家5人殺害事件がある。犯人の不動産業の男は，練馬区の会社員が取得する土地と建物を1億280万円で取得したが，会社員が立ち退かなかったことや犯人に対して冷酷な態度をとり続けたことに腹を立て，一家全員を殺し，立ち退いたように見せかけようと思い立ち，家を訪れ，居合わせた妻と子どもを殺害，その後，帰宅した夫も殺害した。その後，風呂場でのこぎりや植木ばさみなどを使い遺体をバラバラにした。

　強盗殺人の具体的事例としては，宇都宮宝石店強盗殺人事件がある。これは，犯人の男が宝石を奪おうと，商談を装って宝石店を訪れ，店長（当時49）ら女性店員6人の手足に粘着テープを巻きつけて一階奥の休憩室に押し込み，室内や店員にガソリンをかけてライターで放火し殺害。指輪など1億4,000万円相当を奪ったものである。

　暴力団・組織間抗争についての具体的事例としては，宅見若頭射殺事件や前橋スナック乱射事件がある。宅見若頭射殺事件は，神戸市の新神戸オリエンタルホテルのティーラウンジで，当時五代目山口組のナンバー2だった若頭の宅見勝が，五代目山口組中野会盛津組に指揮された4人の刺客に殺害された事件で，巻き込まれた男性1人が死亡した。また，前橋スナック乱射事件は，前橋市三俣のスナック内で発生したもので，2人の暴力団構成員が，対立する暴力団の組長を殺害しようとして，スナックで銃を乱射，暴力団の構成員と巻き込まれた一般人4人が死亡，2人が傷害を負った事件である。

③親族内殺人型

特徴：親族内殺人型の大量殺人は，家族のメンバーが他の家族のメンバーを複数殺害するタイプの殺人である。犯人自身も自殺するか，自殺を試みることが多い。このタイプの事件の多くは，「一家心中」「無理心中」といわれる形態である。このタイプの殺人では，犯人が男性の場合と女性の場合ではその発生パターンが異なっている。また，このタイプの中には，精神疾患に罹患している犯人が家族を対象にして起こす大量殺傷も含まれる。

犯人の属性と犯行のプロセス：一家心中型で加害者が男性の場合，主に40代後半の犯人が，失業，借金等のトラブルが原因となり，将来を悲観し，一家心中を決意し，自宅にて家族を殺害する。単独犯であり，夜間から明け方にかけて犯行を行なう。犯行後に自殺する場合が多いが，死にきれない場合に検挙されたり自首する。犯人だけが事件現場から逃走して，別の場所で自殺する場合もある。もともと自殺が目的なので，証拠隠蔽，逃走準備は行なわない。遺書を残す場合もあるが，必ず遺書があるとは限らない。

　加害者が女性の場合には，主に無職の10～30代の比較的若い犯人が経済的な問題や子育ての問題などで将来を悲観して，子どもを殺害して自殺するものである。犯人はうつ病などの状態にあることが多く，子どもとともに高所から飛び降りたり，電車

に飛び込むなどの形態をとる場合もある。

　精神疾患による家族対象大量殺傷のケースでは，その動機は犯人の被害妄想などと関連している場合が多い。つまり，誰かが「自分を殺そうとしている」などの妄想を発展させて，その「誰か」に自衛のためなどの理由で襲いかかるようなケースである。家族と同居している加害者の場合，この「誰か」として一番身近な家族が選ばれやすく，それゆえ，家族内の大量殺傷に発展してしまう。

　いずれのタイプでも，犯人に前科があるケースは他のタイプの大量殺人や，単独殺人などに比べても，著しく低い。つまり，犯罪とは縁遠かった人物が生活上の問題点をきっかけにして衝動的にこの種の事件を引き起こすのだと考えられる。

具体的な事件

　一家心中事件としては，2008年に発生した文京区家族5人殺傷事件などがある。この事件は東京都文京区で起きた事件で，加害者は42歳の男性である。経営する会社の業績不振から無理心中を決意，深夜0時過ぎに自宅で自らの両親と妻を殺害，子ども2人を負傷させた。加害者本人は自殺を試みたものの未遂におわった。凶器は包丁であった。

　精神疾患と関連している事件としては，土浦家族3人殺害事件がある。この事件は，精神疾患に罹患していた28歳の長男が，父親に殺されるのではないかという妄想をもとに，それから自分を守るために金づちを使って父親と母，姉を殺害した。母や姉まで殺害したのは父がいなくなったとしても，彼女らが自分を殺すのではないかと考えたためであった。その後自首して検挙された。

---

4. 大量殺人研究の今後の課題

　このように大量殺人という現象について，犯行の分類や典型的な犯人像，犯行パターン，動機などについてはここ数年で，かなりのことがわかってきている。では，今後の大量殺人研究に残された課題にはどのようなものがあるのだろうか。ここでは大きな3つの課題について検討してみる。

　まず，第1の課題は，大量殺人を起こさなくするためには，どのようにすれば良いのかという犯罪予防の問題である。特に無差別型大量殺傷はなんの落ち度もない多くの人が犠牲者になるため，このような事件が発生しないようになんらかの対策が必要ではないかと指摘されたのである。実はこの問題は，アメリカにおいてコロンバイン高校の銃乱射事件などをきっかけとして，FBIやシークレットサービスをはじめとした多くの政府司法機関が研究してきた問題でもある。ただし，現在，そもそもこの種の犯罪を生じさせないようにするための方策は開発されていない。たとえば，学校に

おける銃乱射事件の犯人は，社会的に，あるいはクラスで孤立しており，プライドが高く，銃に親しみを持っている人物ということはわかっているが，このような人物はアメリカ全土にあまりにもたくさんおり，そのほとんどは銃乱射など起こさない。そのため，「あぶない生徒」を識別して監視するなどの方策は人権上とることができないのである。

　第2の課題は，逃走した大量殺人犯人の行動の推定と予測という問題である。大量殺傷事件の犯人の中には銃などの凶器を持って逃走する者がいる。たとえば，我が国でも佐世保のスポーツクラブで銃を乱射した犯人は，迷彩服を着て，銃を持ったまま現場から逃走した。このような状況が発生すると現場の付近の住民はパニックになり，外出も危険になってくる。逃走した犯人の中には自殺する者も少なくない（実際に，佐世保事件の犯人は翌日，自殺しているのが発見された）。したがって，逃走した犯人が，第2の事件を起こす可能性があるのか，それとも自殺してしまうのか，どこか別の場所に逃走するのかなどを予測することは，警察の捜査において非常に重要になってくる。そのため，この種の行動予測技術を開発していくことが必要であろう。

　最後に，新しいタイプの大量殺傷についての研究が必要になってきている。これは，テロリズムである。歴史的には特に左翼団体はしばしば大量殺傷テロを引き起こしてきた。たとえば，1974年に発生した三菱重工爆破事件などである。このように従来の政治テロは政治団体によって組織的に遂行されることがほとんどだった。しかし，近年，政治団体に属さず，勝手に社会に憤ってテロを行なう「ローン・ウルフ型」のテロリストなど新たなタイプのテロリストが登場してきている。特にイスラム原理主義に基づくテロリストと西欧諸国の対立が激化している現代社会においては，どこの国，どこの場所でもテロ発生の可能性があり，もちろん，それは我が国も例外ではない。そのため，この種のテロの発生の危険性を予測したり，犯人の思想や行動パターンなどについての知識を集積しておくことが必要であろう。

第四章 若者の暴力

連続殺人　大量殺人　殺人

　若者の暴力はどの国においても憂慮すべき社会問題である。青少年期は人生のうちで最も反社会的行為の多い時期であり，そうした彼らの行為は被害者だけでなく本人とその家族の一生に深刻な影響をもたらすからである。

　本章では，若者の暴力に関する2つの話題を取り上げる。第1の話題は，重大な暴力犯罪を行なった青少年の心理学的分類である。ここでは，日本において凶悪犯罪を行なった若者たちを対象に行なわれた事例分析研究に基づいて，こうした若者たちを3類型に分ける試みを示す。

　第2の話題は，この枠組みを用いて，無差別殺人事件の心理を考察することである。2014年5月，台湾の首都，台北市を走る電車内において大学生による無差別殺人事件が起こり，この国の人々に大きな衝撃を与えた。日本においても，規模の大小はあれ，毎年数件の無差別殺人事件が起こっているし，銃社会であるアメリカではこの種の事件によって毎年のように多くの犠牲者が出ている。ここでは日本およびアメリカで行なわれている研究をもとに，第1話題で論じる重大事犯者の類型論を用いて，若者による無差別殺人事件の心理学的解析を試みる。

1. 重大犯罪を行なった若者の類型化

　ここでは，日本において重大犯罪（殺人，強盗致死，傷害致死など被害者を死にいたらしめる犯罪）を行なった若者の心理を分析し，これに基づいて彼らのタイプ分け

を試みる。こうした試みは、ある若者たちが、なぜ凶悪事件を起こすのか、その心理を理解することだけでなく、その処遇にも有益なものであろう。なぜなら、同じ犯罪であっても、行為者の人格と心理要因の違いによって、これを更生するにはどのような指導が有効で、どのような処遇が必要であるかが異なってくるからである。そうした実践的関心を持ちながら、近年、日本では重大事犯者に関していくつかの優れた分類研究が行なわれてきた。本報告では、それらの研究をレビューし、これらに基づいて、重大犯罪を行なった青少年の心理学的分類を検討する。

(1) 若者による重大事件の社会的影響

青少年期は違反行為の多い年代だが、幸い、殺人などの重大犯罪は少ない。たとえば、日本の場合、全犯罪に占める青少年の犯罪は40％にも上るが、殺人では5％にすぎない（法務省法務総合研究所，2013a）。若者による重大犯罪は、このように、数のうえでは多くはないが、しかし、それは、一度起こると社会に対して甚大な影響を与える。マスメディアが大きく取り上げて連日報道することもあり、人々は恐怖心とともに、その事件に注目せざるをえない。日本における最も顕著な例は、1997年に起こった神戸連続児童殺傷事件であろう。通称「サカキバラ事件」とよばれるこの事件は、14歳の少年が2名の児童を殺害し、3名に重軽傷を負わせたものであった（朝日新聞大阪社会部，2000）。

この事件は、加害者の少年が知り合いだった児童の首を切り取って、自分が通う中学校の正門前に放置するとか、新聞社に犯行声明文を送りつけるなど、猟奇性を帯びたものでもあった。この特異な事件の容疑者として中学生の男子が逮捕されると、日本社会は未曽有の衝撃を受けることとなり、親たち、学校、地域社会は文字通り震撼したといって過言ではない。子どもの養育や教育の見直しが議論され、また、青少年による凶悪事件の再発防止を求める世論が高まったが、その結果として、法改正や防犯体制の強化など、司法制度の変更さえもたらされる大事件となった。この事件に限らず、青少年による重大事件は、その都度、社会の人々に対して大きな衝撃を与えてきた。

なぜ、人々は青少年の重大犯罪に、成人のものよりも強い衝撃を受けるのであろうか。人々、特に子どもの養育に当たる人たちは「若者は純真、無垢」であるという信念、あるいはそうであってほしいという願望を持っている。青少年の重大犯罪は彼らのそうした信念に反するものであり、若者に対する大人の純真イメージを壊すものであるがゆえに、大きな衝撃を与えるものと思われる。

(2) 日本における近年の研究

　理由はともかくとして，こうした人々の関心の高さを受けて，日本の犯罪研究者は，青少年の重大事件に関して，近年，精力的に分析を行なってきた。2000年以降，日本において，青少年の重大事犯者を類型化する試みが9個の研究にみられる（表4.1）。これらのほとんどは，法務省，警察，裁判所など司法機関の研究施設あるいはこれに所属する研究者によって行なわれたものである。これら9研究のうち，方法の異なる3つの研究を簡単に紹介する。

　家庭裁判所調査官研修所（2001）の研究は，1997～1999年の間に起こった未成年者による殺人事件および傷害致死事件の中から，単独で殺人事件を起こした者10人を取り上げ，臨床心理学者，社会学者，医師，教員など16名の専門家が協働で事例分析を行なったものである。その結果，この研究では重大事件を起こした青少年たちを「幼少期から問題行動を頻発していたタイプ」「表面上は問題を感じさせることのなかったタイプ」「思春期になって大きな挫折を体験したタイプ」の3グループに分

表4.1　日本における凶悪犯罪青少年に関する近年の類型研究

研究者	対象者と研究方法	提案された類型
警察庁生活安全局（2000）	1998年1月～2000年5月までの間に発生した青少年事件の中から，社会に大きな衝撃を与えた特異・凶悪事件22件の事例分析	・非行エスカレート群 ・いきなり群
家庭裁判所調査官研修所（2001）	1997～1999年の青少年による殺人の単独犯行10件の事例分析	・幼少期から問題行動を頻発していたタイプ ・表面上は問題を感じさせることがなかったタイプ（表面適応群，精神障害群） ・思春期挫折を体験したタイプ
末長ら（2002）	1999～2001年，被害者を死亡させ，少年鑑別所に入所した291名の事例分析	・素行不良群 ・不良集団・中心群 ・不良集団・周辺群 ・普通群
宮寺（2005）	特異な事件として警察庁が調査を実施した24事件の被疑青少年25人について，犯行特徴をクラスタ分析	・犯罪群 ・精神病理群 ・対人葛藤群
加門ら（2005）	2000年に発生した青少年による殺人，傷害致死，強盗殺人の全データ201人の事例分析	・前歴あり群 ・前歴なし群
小林（2006）	2000年に発生した青少年による殺人，傷害致死，強盗殺人の201人を動機によって分類	・快楽追求群 ・殺人願望群 ・その他の群
法務省法務総合研究所（2006, 2007）	2001年4月1日～2006年3月31日に重大事犯（殺人，強盗致死，傷害致死，危険運転致死，保護責任者遺棄致死）で少年鑑別所に入所した男子364人，女子44人の合計408人を事例分析	・集団型 ・家族型 ・単独型
大渕（2009）	1975～2007年の家族殺傷事件148事例について新聞，雑誌記事などから情報を集めた事例分析	・非行少年 ・病理少年 ・普通少年
近藤（2009）	法務総合研究所（2006, 2007）で収集された事例のうち，殺人事件を起こした73名を対象に潜在クラス分析	・外在化型 ・内在化型 ・遅発型

けた。

　筆者が2009年に行なった研究は（大渕，2009），1975～2007年の間に未成年者が起こした家族殺傷事件で，新聞や雑誌などマスコミに報道された148事例を収集し，家族環境，親子関係，青少年自身の人格などの観点から分析したものである。その結果，こうした事件を起こす青少年には，大きく3つのタイプがあることを見いだしたが，それは，「非行歴のある反社会的青少年」「学校に対して重度の不適応を示すなど精神病理が疑われる青少年」「そして非行歴も深刻な不適応もないが，家庭内における深刻な脅威に対して暴力的反応を示した青少年」の3タイプである。

　近藤（2009）の研究は，法務省法務総合研究所（2006，2007）が収集したケースの一部を再分析したものである。近藤は，2001～2006年の間に殺人を犯した男子青少年73人を対象に，彼らの発達的特徴と問題行動に関するデータを数量化し，これに対して潜在クラス分析（latent class analysis）を行なった。ここでも3グループが抽出されたが，第1は「子ども時代から非行が見られ，反社会的傾向の強い外在化型」，第2は「非行歴はないが不登校など社会不適応の顕著な内在化型」，第3は「子ども時代には目立った問題は無いが，思春期に入って非行に関わるようになった遅発型」である。

(3) 重大事件を起こした若者の類型化

　2000年以降，重大事件を起こした若者の類型化を目指して日本で行なわれた9個の研究を詳細に見てみると，それらの間にはいくつかの共通タイプが見いだされる。これを分析して，我々はそれらに「タイプA：反社会的」「タイプB：病理的」「タイプC：対処失敗」と名づけた（Ohbuchi & Kondo, 2014）。以下，これについて説明する。

①タイプA：反社会的

　タイプAの反社会的若者の場合，児童期から非行行動がみられ，青少年期にいたってそれがいっそう活発化し，そうした中で重大犯罪が行なわれるというのが典型的パターンである。彼らの出身家庭は一般に貧しく，親が離婚するなど家庭の保護力が低く，そうした生育環境の中で幼児期から十分なケアを受けることができなかった者が多い。このため彼らは，早期から心情的，行動的に家庭から離れ，不良集団に接近するようになる。彼らは攻撃性が高く，児童期から学校内で暴力がみられ，思春期以降，暴力で検挙される割合が高まる。また，彼らは薬物濫用，財産犯，交通犯など多様な非行行動を示し，青年期において彼らの反社会的生活スタイルは強まっていく。

　このタイプの若者たちは，暴力に限らず種々の反社会的行動を示すが，彼らの多くに種々の発達的負因がみられる。彼らの半数は幼児期に虐待を経験し，ネグレクトに近い扱いを受けてきた者もいる。彼らは，幼い頃，安定した親密関係を経験しなかっ

たために，対人関係において強い愛情欲求と不信感というアンビバレンツな態度を持ち続け，その結果，些細な対人葛藤に対しても敵意と猜疑心を抱き，攻撃的に反応する傾向がある。

社会生活の面では，学業不良，高校中退，無職，不良集団への所属，司法機関との接触などの比率が高く，これらはすべて，彼らの社会生活において反社会的問題が顕著であることを示している。このタイプの若者たちは，非行の発達研究として著名なケンブリッジ非行発達研究において指摘された非行者の発達要因を典型的に示している（Farrington, 2000）。また，彼らは感情や欲望を抑える自己統制の力が弱く，支配欲や利己心を優先させ，行為の結果や相手のことを考えず，衝動的に行動する傾向があるが，これらの特徴はモフィット（Moffitt, 1993）が描いた生涯持続型反社会性タイプに対応する。

反社会的タイプの青少年による重大犯罪には，窃盗や強盗などを行なう中で，被害者に抵抗されたり，発覚を恐れて相手を殺害するなど，自己の違法行為を遂行しようとして行なわれたものが多くみられる。その暴力行為は利己的目標を追求する中で，何の責任もない被害者に向けられたものであり，ここに彼らの反社会性や低自己統制の特徴が色濃くみられる。

②タイプB：病理的

統合失調症や薬物中毒を患った人たちによる事件を除いても，重大事件を起こす若者の中には，合理的・現実的心理過程とは異なる歪んだ思考や感情傾向がみられる者がある。彼ら自身は反社会的傾向が弱く，非行歴もほとんどないが，その反面，不登校など深刻な社会不適応を示すことがある。

タイプBには2つのサブタイプがある。タイプB1は社会的不適応が顕著な若者である。彼らは，発達面での障害や人格的脆弱性を抱えており，このため，児童期後半から学校内でいじめを受けたりして不登校に陥り，一方，家庭内では暴力を振るうといた問題行動を示しはじめる。生育環境に目立った問題はなく，形式的には両親が揃っている場合が多いが，しかし，精神的問題を抱える家族がいたり，家庭内の人間関係が希薄で，親が若者の悩みや問題を十分に理解していないケースもみられる。親たちは，若者をなんとか支えようと努力するが，それがうまくいかないと，双方ともにストレスが強まるという結果になる。こうして家庭内の葛藤が悪化し，それが深刻な暴力にいたるというパターンがこのタイプの事件にはよくみられる。

タイプB2は，病理性や不適応が顕著ではなく，表面的には適応しているようにみえる若者たちである。彼らは従順にみえるので，周囲の人たちは単におとなしい子どもと思っていることが多いが，しかし，思春期に入り，殺人，死，破壊，自殺などの暴力事象に強い関心を持ち，これらの不穏な観念にとらわれるようになる者がいる。ホラー・ビデオや暴力ゲームに耽溺し，ナイフの切れ味を試してみたりするうちに，

実際に人を殺してみたいという願望に支配される者が出てくる。このタイプ B2 による暴力事件は，他の人から見ると動機が不可解で，わかりにくいところがある。事件を起こした若者から，「そんなことで人を殺すのか」といぶかしく思われるような理由が述べられることもある。明瞭な精神障害の症状を呈してはいないとしても，動機と行為の間に乖離が大きいところに，このタイプの若者の病的な思考がうかがわれる。

③タイプ C：対処失敗

　重大事件を起こした若者の中には，非行歴がなく，また，事件以前には病理症状や顕著な不適応を示さなかった者もみられる。彼らは，児童期までは比較的順調に過ごしてきたが，青少年期にいたって直面した適応上の課題に適切に対処できず，精神的動揺の中で衝動的に暴力的反応を示したものと思われる。それゆえ，ここでは彼らを対処失敗タイプとよぶことにした。

　筆者が分析した家族殺傷事件の青少年の大半は，このタイプ C だった（大渕，2009）。彼らの暴力は家族からの強い脅威に対する反応だったが，しかし，その多くは，現実のものというよりも，知覚された脅威に対する反応であった。親による暴力と現実的脅威にさらされた青少年もいたが，大半は親や祖父母から強い勉学圧力を感じ，これに反発して暴力的に反応したものであった。

　親からの勉学圧力は，日本の多くの青少年が日常経験しているものなので，これに対して暴力的に反応する青少年に関しては，なんらかの人格的歪みを仮定する必要がある。それは，不安が強く自暴自棄になりやすいといった情緒不安定，あるいは幼児のようなパニック反応をする未熟さなどである。

　家族以外の人に対して深刻な暴力を振るった若者の中にも類似のタイプを見いだすことができる。彼らは甘やかされて育ち，自立心や忍耐心が十分に育っていないままに思春期に入ったが，そこでは児童期のような高い成績をあげることができず，強い挫折感を抱くことになる。これによって自尊心が傷つき，自暴自棄的になってしまう者がいる。ここにも，彼らのストレスに対する対処能力や柔軟性の低さが認められる。

　近藤（2009）の分析で「遅発型」とされた青少年もタイプ C に入る。こうした青少年たちにも非行歴はないが，ストレスに対して過剰な反応をする点で人格的未熟さが指摘される。近藤は，このタイプの青少年たちも，児童期が順調だったとはいえないと指摘する。彼らも，実は人格的な未熟さのために児童期から小さな挫折をくり返してきたが，何とか大事にならず済ませてきただけである。青少年期にいたり，勉学や対人関係などで直面する課題が複雑かつ困難になってくると，これに対処できずに，精神的に不安定となったのではないかと解釈している。

(4) 重大犯罪の犯行心理

　青少年による重大犯罪の犯行心理をタイプ別に表現したものが図4.1である。反社会性タイプの青少年にみられる典型的な暴力パターンは，反社会性に駆動されて違法行為を遂行する過程で妨害に遭った際，これを排除・制圧するために暴力を振るうというものである。彼らの暴力において最も重要な役割を果たすのは，青少年自身の反社会的人格特性である。

　病理的タイプは病的に歪んだ認知や感情を持ち，このために，家族など親密な人間関係の中で怒りや恨みを抱き，些細な葛藤に対して暴力的に反応する。また，殺人や死などの破壊的念慮にとらわれ，他の人には不可解な理由で暴力を振るう青少年もこのタイプに含まれる。彼らの犯行においては，主観的には脅威を感じ，これに対する反応という面もあるが，それ以上に特異な人格的特性の果たす役割が大きいところから，このタイプの青少年の事件においても，人格的歪みが暴力を生み出す主たる原因となっているといえよう。

　これに対して，対処失敗タイプの暴力事件では，人格的問題もないわけではないが，むしろ，環境側の脅威やストレスの果たす役割が大きい。典型的パターンは，親からの強い勉学圧力や恋愛関係の破綻である。こうしたストレスに適切に対処できず，自暴自棄になり，暴力的に反応する青少年たちがこのタイプである。

　アメリカにおいても，少し古いが，暴力的青少年の類型化を試みた研究がある。コーネルら（Cornell et al., 1987）の研究は，1977～1985年にかけてミシガン司法精神医学センターで取り扱った殺人青少年72人について，犯行場面，環境要因，発育上の

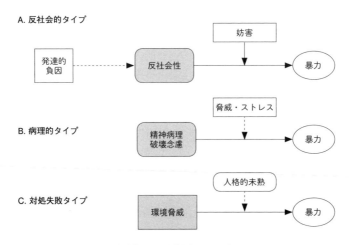

図4.1　青少年による重大犯罪の発生パターン

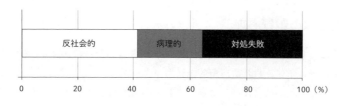

図 4.2　暴力少年タイプの割合（近藤，2009）

問題，非行歴，精神障害歴，学校適応，犯罪前ストレスなどを調べたものである。分析結果，3群が見いだされたが，それは，先に示したタイプA，B，Cとほぼ一致するものであった。エリオットら（Elliott et al., 1986）も，1976年にアメリカで開始された縦断的研究，the National Youth Survey-Family Study の1,725名のサンプルの中から，深刻な暴力犯罪で逮捕された青少年たちを選抜して，その非行歴を分析し，4類型を抽出したが，これらもほぼ先の3類型と重なるものであった。

最後に，タイプA～Cの割合だが，近藤（2009）の分類によると図4.2のようになる。深刻な暴力を行なった青少年の約半数はタイプAの反社会的タイプであった。40％弱がタイプCの対処失敗タイプで，これらに対して，タイプBの病理タイプは少数と考えられる。

2. 若者による無差別殺人事件の心理

無差別殺人は暴力犯罪の中でも最も凶悪なものである。無差別殺人（random street murder）とは，駅，学校，商店街など公的な場所で，見知らぬ人を多数殺傷する行為で，日本では「通り魔事件」ともよばれる。無差別殺人の中には年長者による事件もみられるが少数であり，他の殺人事件と比べて，加害者の年代が低いことがその一つの特徴となっている（法務省法務総合研究所，2013b）。

無差別殺人事件は，多くの人が犠牲になるというからだけでなく，加害者とほとんどつきあいがないか，あるいは初対面であるなど，利害関係のない人が暴力の標的になるという点に特徴があり，これが人々を恐怖に陥れるものである。「いつ，どこで，誰に襲われるかわからない」という恐怖は一般市民の安全感を大きく揺るがすものである。

アメリカでは銃を使った無差別殺人事件が頻発し，大きな社会問題となってきた。最も有名な事件は，1999年，コロラド州リトルトン市のコロンバイン高校で起こった銃撃事件で，2人の生徒が銃を乱射し，生徒12名と教師1名が殺害された。2007年，バージニア工科大学で起こった事件はもっと多くの犠牲者を出したものである。1人のアジア系留学生がキャンパス内で銃を乱射し，学生と教師合わせて32名もの人が

殺害された。もっと最近では，2016年6月，フロリダ州オーランド市にあるナイトクラブで男が銃を乱射し，49名が殺害されるという事件が起こっている。アメリカでは，2000年からの10年間で，学校銃撃事件だけで実に445件も起こっている（De Venazi, 2012）。

(1) 日本での近年の無差別殺人事件

こうした無差別殺人事件は，世界各国で起こっている。比較的犯罪が少ない日本も例外ではない。日本では毎年900件前後の殺人事件が起こっているが，無差別殺人事件は，未遂を含めると，毎年6件前後起こっている（法務省法務総合研究所，2013b）。無差別殺人事件はその都度マスメディアで大きく取り上げられ，日本社会に大きな衝撃と不安を与えてきたが，ここでは，それらの中での特に話題となった事件として，土浦連続殺傷事件，秋葉原通り魔事件，柏市連続通り魔殺傷事件をふり返ってみる。

土浦連続殺傷事件

2008年3月9日，茨城県土浦市で発生した通り魔事件である。24歳の男性が包丁とナイフを振り回して，駅舎の中やその周辺で通行人たちに次々と切りつけ，2名が死亡し，7名が重傷を負った。加害者の若者は，高校時代には弓道部に所属し，全国大会にも出場するほどの腕前だったが，高校卒業後は進学も就職もせず，家に閉じこもって，テレビゲームなどをして過ごすようになった。そうした不本意な生き方を選ぶにいたったのは，就職に際して当人なりの挫折があったとみられる。

無為な生活を続けるうちに，彼は生きる希望を失い自殺を考えるが，自分で自分を傷つけるのは嫌だと思い，確実に死ぬために死刑になろうと思うようになる。彼は「誰でもいいから，たくさんの人を殺そうとした」と自らの犯行動機を述べている（読売新聞水戸支局取材班，2014）。

秋葉原通り魔事件

2008年，世界有数の電気店街として知られる東京の秋葉原で発生した。6月8日の日曜日，秋葉原地区は歩行者天国となり，多くの買い物客や観光客であふれていた。昼過ぎ，この無防備な人々の群れに向かって一台のトラックが暴走し5人をはね飛ばした。トラックを降りた運転手は，被害者たちを助けようと集まった人たちを，持っていたナイフで次々と刺して回ったのである。加害者は駆けつけた警察官にもナイフを振りかざして抵抗したが，拳銃を突きつけられて縛に就いた。この間，被害者数は17名にのぼり，そのうち7名が死亡するという大事件となった。

加害者は25歳の男性だった。彼には犯罪歴はなかったが，職を転々とするという経歴があっ

た。しかし、彼は職場に不適応だったわけではなく、どこでもまじめに務め、評判は悪くはなかった。ただ、上司や同僚との間に何かトラブルが起こると、自分の不満を言葉で説明をするということはなく、突然仕事を辞めるという行動をくり返してきた。そうした独りよがりなやり方で自分の不満を表現するというのが彼の社会的ストレスへの対処法だったのである。

彼はインターネットの掲示板にのめり込んで、自分の心情や願望を吐露していたが、そこで不当な非難を受け、強い欲求不満を経験する。これに抗議するために、無関係な人を殺傷するという事件を起こしたものだが、ここにも彼の独りよがりな行動スタイルが表されている（中島，2011）。

柏市連続通り魔殺傷事件

2014年、千葉県柏市で連続通り魔事件が発生した。同市の住宅街において深夜、3人の通行人がナイフを持った男性に次々と襲われ、1人が死亡した。加害者は24歳の男性で、彼は逮捕されて警察署に連行される際、「・・・万歳」と叫んだ。彼は動物虐待など、子ども時代から問題行動があり、青年期には殺人未遂で少年施設に入っていたという経歴の持ち主だった。

無差別殺人事件はきわめて社会的衝撃の大きな重大犯罪であることから、政府の研究機関である法務総合研究所が、2000年から2010年までの間に無差別殺人事件で有罪判決を受けた52人を対象に集中的な分析を行ない、2013年に報告書を公刊した（法務省法務総合研究所，2013b）。この報告書については本稿でも取り上げるつもりである。

(2) 自己破壊衝動

無差別殺人事件の最も特徴的な心理は、自己破壊動機である。犯罪事件を起こす人たちは、たいてい、自分の犯行が発覚して罰せられることを避けようとする。犯罪を隠蔽するために殺人事件を起こす者すらいる。これに対して、無差別殺人事件を起こす加害者のほとんどは、自分の犯行を隠そうとか、罰を逃れようとはしない。こうした重大事件を起こすことが自分自身に破滅的な結果をもたらすことを彼らは十分に自覚し、むしろそれを望んでいるようにすらみえる。日本の無差別殺人犯の何人かは、死刑になることが犯行の目的であると述べている。ここで紹介した日本における3つの無差別殺人事件の加害者はいずれも、裁判でそのように述べているが、特に、土浦連続殺傷事件の加害者は、「確実に死刑になるために、できるだけたくさんの人を殺そうと思った」と供述している（読売新聞水戸支局取材班，2014）。

アメリカでの無差別殺人事件にも、加害者の自己破壊傾向が明瞭にみられる（Bonanno & Levenson, Jr., 2014；Vossekuil et al., 2002）。1990年から2010年の間に起こった無差別殺傷事件69ケースを調べたランクフォード（Lankford, 2012）は、

その90％において加害者に自殺企図がみられ，そのほとんどのケースで彼らは実際に自殺してしまったと報告している。

このように他者と自己の両方を破滅させようという強い破壊衝動は，犯人の中でどのように形成されたのであろうか。無差別殺人事件を分析した研究者たちは，そこには深刻な社会的ストレス，犯罪心理学の用語でストレイン（strain）とよばれるものがあると解釈している（Bonanno & Levenson, Jr., 2014）。

(3) 社会的ストレイン

アメリカの研究をみてみると，コロンバイン高校銃撃事件の2カ月後，ヴォスクイルら（Vossekuil et al., 2002）は，アメリカ教育省およびアメリカ・シークレット・サービスと協力して，1974年12月から2000年5月までに発生した37件の学校銃撃事件を調査分析した。彼らは，2002年に報告書をまとめたが，その中で，加害者のほとんどは男子だが，出身家庭はさまざまで，学業成績にも幅があるなど，犯人の人物像を特定することはできなかったと述べる一方で，その行為が計画的で，自殺企図があり，さらに，困難な個人的トラブルを抱えていたという点は多くのケースに共通していたと結論づけている。

ヴォスクイルらの研究は学校銃撃事件に関するものだったが，職場や街頭での同種事件をも含めて比較分析したランクフォード（Lankford, 2012）も，同様に，犯人の人物像や生育環境に一定のものはないが，いずれも深刻な個人的トラブルを抱えていたという共通点を強調している。日本において，近年発生した52件の無差別殺人事件を分析した法務総合研究所の報告でも，加害者側に社会的ストレインの存在が認められている（法務省法務総合研究所，2013b）。

無差別殺人事件の背後に深刻なストレインがあるという視点から作られた理論にレヴィンとマディフィス（Levin & Madfis, 2009）の段階モデルがある。これは，無差別殺人事件にいたるまでに，「慢性的ストレイン」「ストレインの放置」「急性ストレイン」「計画」「実行」の5段階があるというモデルだが，初めの3段階においてストレインの役割が強調されている。

①慢性ストレイン

暴力犯罪を行なう若者たちは一般に，家庭，学校，職場などにおいて慢性的にストレスや欲求不満を経験しているが，無差別殺人者たちも同様である。特に，彼らにおいては社会的排斥というストレスの重要性が研究者によって指摘されている（Bonanno & Levenson, Jr., 2014）。

社会的排斥の一つは家庭内で経験される。無差別殺人犯の中には，家庭内の人間関係の悪化によって，何年もの間，親や家族に対して敵意を抱き続けてきた者がいるが，

事件前に家族を襲うケースが少なくないことはこのことを示唆している。土浦事件の加害者も，駅舎で無差別殺人を敢行する前に，普段から彼を苛立たせていた妹を殺そうと計画していた。その日，彼女はたまたま不在だったことから，幸いにもそれは回避されたのだが（読売新聞水戸支局取材班，2014）。

　慢性的ストレインとしては，家庭外の人間関係も重要である。特に若者にとって強い関心事は仲間からの受容と評価である。無差別殺人者たちの多くは，学校の同級生，職場の同僚や上司から「侮辱された」「いじめられた」「差別された」と感じ，少なくとも主観的には社会的排斥を受けていたと思っていることが多い。コロンバイン高校事件の銃撃者たちやバージニア工科大学を襲った留学生は，学校の中で排斥されたと感じ，これに悩まされていた。秋葉原通り魔事件の加害者は，ネット集団の中で攻撃や排斥を経験していた。彼らはいずれも社会的関係の中で受容という重要な対人欲求が満たされず，自尊心が傷つけられ，その結果，他者に対する敵意が醸成されてきたものと思われる。

②ストレインの放置

　レヴィンとマディフィスが無差別殺人にいたるプロセスの第 2 段階としてあげるものは，「統制できないストレイン（uncontrolled strain）」である。これは，第 1 段階で述べた慢性的ストレインが改善されることなく，持続するということを意味している。社会適応の良い若者たちであれば，家族や学校など保護的ネットワークの中に置かれているので，ストレスに遭遇しても，親や教師からの社会的サポートを受けてそれを緩和することができる。彼らにとっては，親しい友人や恋人も重要な治療的役割を果たす。しかし，孤立し，こうした社会的サポートを受けられない若者たちの場合，慢性的ストレインは緩和されることなく持続し，むしろいっそう悪化することが考えられる。

　日本で無差別殺人事件を起こした者たちにも社会的孤立が顕著である。ほとんどが親や家族との折り合いが悪く，また，友人や恋人などの親しい人間関係を持ってなかった。法務総合研究所の報告（法務省法務総合研究所，2013b）によると，分析対象となった 52 人の無差別殺傷犯のうち，犯行時に異性との親密な交遊があったものは 1 人もなく，同性の友人がいたと答えたのもわずか 3 人にすぎなかった。柏市連続通り魔事件の加害者は親と絶縁状態にあり，また，親しい友人もいなかった。土浦連続殺傷事件の犯人は親と同居していたが，交流を断って自室に閉じこもり，家族と口を利くことすらほとんどない生活を続けていた。秋葉原通り魔事件の加害者は，仕事を持って社会的関係を維持していたが，ネット掲示板に社会的接触を求めたように，実生活での親しい交友は希薄だったのである。このように，無差別殺人者たちの特徴は社会的孤立で，このため社会的サポート体制が弱く，慢性的ストレインが緩和されることがなく持続し悪化するという事態に陥りやすかったものと思われる。

中には，学校や家庭に不満を持つ不良仲間と関わりを持ち，彼らとのつきあいの中で，敵意を反社会的に表現することを推奨・強化された例もみられる。いずれにしろ，健全で親密な関係を持たないことが，ストレスを悪化させ，若者を自暴自棄的にさせる一因と考えられる。

③急性ストレイン

　レヴィンとマディフィスが無差別殺人にいたるプロセスの第3段階としてあげるものは，急性ストレインである。慢性ストレインによって強い欲求不満状態にある者も，だからと言ってすぐに殺人などの凶行を夢想するわけではない。無差別殺人事件の直前には，たいてい，そうした状態にある彼らの背中を破滅的方向に一歩押しやる契機となる出来事がある。それは，いじめ，経済的危機，親密関係の喪失といった急性ストレインである。

　ヴォスクイルら（Vossekuil et al., 2002）の分析によると，無差別殺人者の98%が事件直前に，こうしたストレインを経験していた。日本の事件例で見てみると，土浦連続殺傷犯の場合は，父親の退職によって自分の生活の経済的基盤が脅かされると感じたときであり，また，秋葉原通り魔事件の加害者の場合は，ある朝，職場に出勤したとき，自分のユニフォームが見当たらず，「同僚がわざと隠したんだ」と解釈したときであった（中島，2011）。

　急性ストレインは短期的なものだが，慢性ストレインによって悩まされ続け，対処能力を失っている個人に対しては，それは壊滅的な打撃を与えることがある。急性ストレインに直面した彼らは，それがもはや自分の対処能力を超えていると感じ，合理的に対処しようという意欲を失い，自暴自棄の心理に陥ってしまう。彼らを合法的世界につなぎとめていた自己統制の絆が失われ，彼らは，慢性的ストレインの中で蓄積されてきた怒りと敵意を，躊躇することなく発散する方向に向かって動きはじめる。こうして無差別殺人事件の心理条件ができあがる。あとは計画立案とその遂行のための具体的準備作業で，そこに支障が生じなければ，おぞましい事態が実現されることになる。

(4) 自尊心の毀損と回復

　無差別殺人者の犯行心理を分析した研究において共通に指摘される別の特徴は，その凶悪な行為が彼らの傷ついた自尊心の回復のためであるという点である（Levin & Madfis, 2009）。社会的排斥によって侮辱され，無視され，存在を否定されてきたと感じる人たちは，ほとんどが自尊心の毀損を経験している。彼らは，自分をみじめな「負け犬」のように感じている。一般的緊張理論（general strain theory）を提唱したアグニュー（Agnew, 2007）が論じたように，合法的手段で自尊心回復が困難と感じた

人たちの中には，反社会的な手段に訴えてでもそれを成し遂げようとする人が出てくるが，無差別殺人者はその典型であろう。

　加害者は，自分の犯行が広く報道され，社会に衝撃を与えることを知っている。それがたとえ道徳的に非難される行為であろうと，「こんな大それたことをやった奴だ」と人々を驚嘆させ，人々の記憶に刻み込まれることが彼らの最後の願望なのである。それによって，彼らは傷つけられたプライドとパワー感覚を回復することができると信じている。

(5) 無差別殺人の心理過程

　以上，無差別殺人について分析した日本とアメリカの研究によって描かれた加害者の心理を要約すると，①社会的排斥など深刻なストレインに晒され続け，慢性的に自尊心の毀損と抑うつ状態を余儀なくされ，その中で周囲の人々に対する敵意が醸成される，②社会的サポートを与える親密な人間関係が脆弱なことから，慢性的ストレインが改善されることなく持続・悪化する，③これに急性ストレスが重なると，自己統制の意欲が失われ，敵意の発散と自暴自棄的な自尊心回復を目指して，自己と他者を破壊する行為に向かう，というものである。この心理プロセスを図式化したものが図4.3である。すべてのケースというわけではないが，この図式は，自殺願望を伴う無差別殺人犯の多くに当てはまるものと思われる。

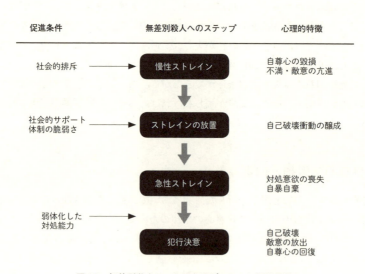

図4.3　無差別殺人にいたる心理プロセスと促進条件

(6) 無差別殺人犯の類型化

　本章の前半では，重大事件を起こした暴力的若者の類型化について述べ，これを反社会的タイプ，病理的タイプ，対処失敗タイプに分けたが，無差別殺人も暴力犯罪であるからには同じタイプがみられるはずである。ヴァーンら(Vaughn et al., 2009)は，2003年，アメリカの8州で収監された160名の無差別殺人者を含む大量殺人者たちを対象に潜在クラス分析を行ない3クラスを見いだしたが，このタイプ分けは本章で示したものとよく類似している。

　ヴァーンらの対象者では60％に前歴があり，法務総合研究所が分析対象とした無差別殺人者でも，その46.2％に前科がみられた。こうした研究結果は，無差別殺人者の中にも反社会的タイプがあることを示している。柏市連続通り魔事件の加害者はその典型である。彼は子ども時代から非行行動を示し，大人になっても逸脱的生活スタイルを変えなかった。反社会的タイプは，自分自身の反社会性が原因で他の人たちとの間に多くのトラブルを引き起こすが，これによって排斥されたり，社会的関係を悪化させ，自分自身を追い詰めていくように思われる。

　病理的タイプは，敵意バイアスなど偏った対人認知スタイルや不合理な感情傾向によって通常の対人関係にもストレスを感じ，社会的関係から引きこもったり，被害感を強めて他者に対する敵意を抱いたりする人たちである。高校卒業後，社会的不適応感から引きこもり，テレビゲームにのめり込んだ土浦連続殺傷事件の加害者は，自ら選んだ孤独な生活にも希望を失い，自殺願望に駆られて破壊的行動に向かったものである。また，病理的タイプの中には，人命を軽視し，殺戮を正当化する独断的信念にとらわているケースもみられる。

　一方，無差別殺人者の中には，事件以前に犯罪の前歴がほとんどなく，少なくとも表面的には適応的社会生活を維持しているように見える者もいる。しかし彼らは，対人トラブルに対する対処が不適切で，このため，慢性的ストレインに苦しめられることになる。ネット上のトラブルに憤慨して，無関係な街の市民に刃を向けた秋葉原通り魔事件の加害者はこの対処失敗タイプと思われる。

　無差別殺人事件は社会的ストレインの重なりから生じた破壊衝動によるものだが，それが形成される心理社会プロセスを詳細に分析すると，本章で論じた3タイプがみられ，タイプによって無差別殺人にいたる心理過程に違いもあることが理解される。

第五章 テロリズム

連続殺人　大量殺人　若者の暴力　殺人

　テロリズムは，他の犯罪と比べ，以下の点で本質的に異なる。まず，テロリズムは定義自体が困難であること，また一般的な犯罪のように，個人的欲求・利益を満たすためではなく，特定の思想や宗教的教義などを実現するために行なわれることから，国家による刑罰が抑止力として働きにくいこと，また近年のイスラム過激派組織によるテロは，欧米型近代社会の破壊を目的としていることなどがあげられる（松本，2008）。本章では，テロリズムの定義や，テロ組織の分類・形態，テロリストの典型的人物像や心理的特徴，テロリズムの社会・経済的要因と過激化，そしてテロ捜査とその支援などを取り上げて解説する。

1. テロの普遍的定義の難しさ

　驚くことに，テロリズム（terrorism；以下，「テロ」と略記する）には現在109もの定義がなされ（Schmid & Jongman, 2005），これまでのところ国際的に統一された定義は存在しない（Hoffman, 1998；加藤，2002；Victoroff, 2005）。なぜテロの定義は難しいのか。その理由の一つとして「自由の戦士」問題（Hoffman, 1998；Victoroff, 2005）がある。たとえば，パレスチナにおける反イスラエル闘争は，アラブ・イスラム諸国からすれば，パレスチナ民族の自由や解放のための「聖戦」であるが，イスラエル側からすれば「テロ」ととらえられてしまう（加藤，2002）。また同様の例として世界的には「和解と赦し」の象徴とされた故ネルソン・マンデラ（Nelson

Mandela）元南アフリカ共和国大統領は，かつては反アパルトヘイト運動の闘士であったことから，アメリカ政府によりテロリストとしてリストアップされていたことも知られる（Silke, 2010）。つまり「自由の戦士」問題とは，定義する者の立場によりテロのとらえ方が相反するものとなってしまい，普遍的な定義が難しいことを意味している（Hoffman, 1998；加藤，2002）。

　加えて，国によりテロに対する歴史的経験や政治的体制，地理的環境，国民的心情などが異なることも（宮坂，2004），国際的に定義を統一することを難しくしている。また同じ政府内であったとしても，省庁により定義が異なることも知られている。たとえばアメリカ政府内では，国務省，国防総省，中央情報庁（CIA）そして連邦捜査局（FBI）とで，それぞれ定義が相違しており（Hoffman, 1998），日本政府内においても警察庁（警察庁組織令第三八条第四号における定義）と公安調査庁（国際テロリズム情勢レポート「国際テロリズム要覧」内における定義）とで相違している（宮坂，2004）。これらの相違には，各省庁の関心や優先事項の違いが反映されており（Hoffman, 1998；宮坂，2004），国内的に定義を統一することも難しいことがわかる。

　しかしながら，統一的なテロの定義がなされずあいまいなままであると，テロ行為やテロ組織を明確にとらえることができず，学術的研究はもちろんのこと，各省庁の足並みを揃えたテロの防止や規制・取り締まりなども難しくなる。

　宮坂（2004）は，テロ組織の活動を監視・規制する反テロ法を日本でも制定すべきであるとの立場から，テロの定義を「テロリズムとは，政治的，宗教的，イデオロギー的あるいは社会的な目的を有した非国家主体が，その集団外に存在する身体，財産，施設，国家統治の基本組織，公共輸送機関，公衆衛生，電子システム，その他重要インフラの中から，一つあるいは複数を標的にして計画的に危害を加えたり，暴力の脅しをかけ強要すること」とした。この定義に従えば，左翼過激派や右翼による政治的テロばかりでなく，独自の宗教観や教義実現のために行なわれる宗教テロ，環境保護や動物愛護を標榜し，暴力的活動を行なう環境テロ，またテロの新たな手段であるサイバーテロなども含まれることになり，少なくとも日本の実情に沿った内容であるといえる。

　なお，この宮坂の定義では，非国家組織によるテロのみを対象としており，国家が諜報機関や特殊部隊などを用いて行なう国際テロ，たとえば北朝鮮によるラングーン爆破テロ事件（1983年10月）や，リビアによるパンアメリカン航空103便爆破事件（1988年12月）など（安部川，2011）は，もはや戦争の一形態とみなされ，テロには含まれないとしている。

2. テロの分類と代表的テロ組織

　テロの分類は，どのような分類基準を設けるかによりさまざまである。シュルツ（Schultz, 1978）は，組織の目的や攻撃手段，参加メンバーなど，7つの分類基準を提案しているが，一般的に広く利用されている基準は，テロ組織の主義・主張（テロの目的）に基づいたものだろう。たとえば，ポスト（Post, 2004）は，テロを，①社会的変革テロ，②右翼テロ，③分離独立テロ，④宗教テロ，⑤単一争点テロ（たとえば，動物愛護や妊娠中絶反対）に分類している。

　また，公安調査庁（現・日本大学）の安部川（2011）は，テロを実行主体別に分類し，現在活発に活動しているテロ組織を，左翼過激派組織，民族主義組織，イスラム過激派組織の3つに大別している。以下，安部川（2011）に基づき各組織について説明する。

(1) 左翼過激派組織

　まず，左翼過激派組織は，共産主義革命や社会主義革命を目指し，活発に誘拐や暗殺，爆破事件などのテロ活動を行なう組織である。たとえば，前首相を誘拐・殺害したイタリアの「赤い旅団（Brigade Rosse：BR）」や，国内の米軍基地兵舎を爆破した西ドイツの「ドイツ赤軍派（Red Army Faction：RAF）」（以前は「バーダー・マインホフ・グループ」名義で活動）などがその代表的組織とされる。冷戦時代には世界各地に存在したが，その終結とともに多くの組織は活動が停滞し，解散（1998年にドイツ赤軍派は解散）も相次いだ。しかしながら，現在でも活発に活動を続けている組織もある。たとえば，トルコの「クルド労働者党（Partiya Karkeren Kurdistan：PKK）」は，もともとは左翼過激派組織であったが，現在ではクルド民族の分離独立組織として転身を図り活動を続けている。またコロンビアの「コロンビア革命軍（Revolutionary Armed Forces of Colombia：FARC）」は，コカ栽培農民や企業への課税，コカインの生産・密売，要人誘拐による身代金獲得などで，独自の資金調達能力を高めることにより，生き残りを図っているとされる。

(2) 民族主義組織

　次に，民族主義組織は，民族や人種，宗教・宗派，言語・文化などが異なる少数派が，現在帰属している国家からの分離・独立を求めてテロ活動を行なう組織である。代表的な組織としては，イギリス統治領の北アイルランドにおいて少数派のカトリック系住民により組織された「アイルランド共和軍（Irish Republican Army：IRA）」がある。彼らは同じ島内のアイルランド共和国への統合を求めて，プロテスタント系過激派

組織や駐留イギリス軍に対しテロ活動をくり返してきた。2005年7月に武装闘争終結を宣言したものの，分派した「IRA継続派（Continuity Irish Republican Army：CIRA）」や「真のIRA（Real IRA）」はテロ活動を継続している。

　また，スペインのバスク地方では，独自の言語・文化を有するバスク人が自治を行なっており，スペイン政府からの完全独立を求める「バスク祖国と自由（Euzkadi Ta Askatasuna：ETA）」が組織され，テロ活動を行なってきた（2011年10月に闘争停止）。スリランカでは，人口の7割以上を占めるシンハラ人（仏教徒）に対し，2割に満たないタミル人（ヒンドゥー教）が独立国家樹立を求め，「タミル・イーラム解放の虎（Liberation Tigers of Tamil Eelam：LTTE）」を組織し，自爆テロを多用する激しいテロ活動を行なっていた（最高指導者や主要メンバーが相次いで殺害され，2009年にほぼ活動停止）。

(3) イスラム過激派組織

　イスラム過激派組織は，現在，世界で最も活発に活動しているテロ組織である。イスラム過激派組織の背後にあるイスラム教は，神（イスラム教ではアッラー）の法により律される宗教といわれる（渥美，2006）。イスラム教の法である「シャリーア」（イスラム法）には以下に示す4種類の法源がある。①予言者ムハマンドがアッラーから授かったあらゆる教えや命令をまとめた聖典「コーラン」，②ムハマンドがコーランを解説し，実行したことの伝承録「ハディース」，③上記①と②の類推「キヤース」，④イスラム学者らによる同意「イジュマー」である（松本，2008）。

　イスラム教徒（ムスリム）はシャリーアに啓示されている指針や義務に従って日常生活を送る。しかしながら，世界中で近代化や欧米化が進み，イスラム教徒が住んでいる地域や社会，あるいは置かれている環境によっては，イスラム的生活を過ごすことが難しいことも多い（渥美，2006）。このような状況から，イスラム過激派組織は，シャリーアを厳格に適用できる理想的なイスラム国家樹立を目指しており，その実現のためには，「ジハード（jihad）」，すなわち暴力的手段を取らざるをえないと考えている（松本，2008）。

　イスラム過激派組織は，自国内か自国外かという活動領域により大別できる。自国内においてイスラム政権樹立を目指す組織は，アフガニスタンのスンニ派過激派組織「タリバン（Taliban）」や，パレスチナの同じくスンニ派過激派組織「ハマス（Hamas）」，レバノンのシーア派過激派組織「ヒズボラ（Hizballa）」などがある。一方，自国政府や特定の地域ではなく，欧米社会をターゲットにし，世界各地でジハードを行なう思想を「グローバル・ジハード」といい，その代表的実行組織として「アルカイダ（Al-Qaeda）」がある。アルカイダにはフランチャイズ化（池内，2015）された自主的な連携組織が世界各地にあり，たとえば「アラビア半島のアルカイダ（AQAP）」

や「イスラム・マグレブ諸国のアルカイダ（AQIM）」などが知られる。

また，イスラム過激派組織のように，信奉する対象が宗教である場合，神の意志や教義実現のためにテロ行為を行なうことから，左翼過激派組織や民族主義組織と比べ，さらに抑止が困難であり，説得や交渉の余地もないとされている（松本，2008；大上，2013）。

このように現在世界で活動するテロ組織について安部川による3類型を示したが，すべてのテロ組織がいずれかに当てはまるというものでもなく，たとえば「クルド労働者党」のように左翼過激派と民族主義組織の中間型，また「ハマス」のようにイスラム過激派組織と民族主義組織（パレスチナ解放）との中間型も存在する。

3. テロ組織の構造と形態

テロ組織をその組織構造の観点から分類しておくことは，テロ対策において有用な手がかりとなりうる。なぜならば，メンバーの役割やつながりなどによる組織の実態解明，動向の予測などを検討する際に，トップダウン的知見として活用されるからである。ナンス（Nance, 2013）によるとアメリカ国防情報庁（defence intelligence agency：DIA）は，指揮統制の観点から，テロ組織の構造を「集権型構造（centaralized authority structure）」と「非集権型構造（decentalized authority structure）」の2タイプに大別している。

両組織構造の特徴について，松本（2008）による知見も交えて説明すると，前者の集権型構造は，指導者・リーダーを頂点とする上意下達のピラミッド型組織であり（図5.1 (a)），メンバー個人あるいは「細胞」（元来，左翼用語。組織の最小単位を意味する）ごとに役割が決まっている。役割としては，たとえば，ターゲットに関する情報収集や監視，作戦の実行や逃走支援，メンバーのリクルート，軍事訓練，資金や武器の調達などがあげられる。したがって，あらゆるリソースを活用可能であることから，大規模テロ攻撃も行なえる。

(a) 集権型構造（ピラミッド型）テロ組織　　(b) 非集権型構造（ネットワーク型）テロ組織

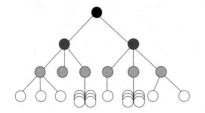
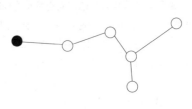

図 5.1　テロ組織の構造（松本, 2008；Nance, 2013 より作成）

しかしながら，組織の規模が大きくなりやすく，その階層性などから，治安機関に浸透され，組織の実態が解明されやすい。またリーダーが拘束・殺害されると，組織壊滅にもつながる致命的ダメージを受けることになる。この集権型構造は，古典的な左翼過激派組織である「ドイツ赤軍派」や「赤い旅団」，初期のアルカイダなどが採用していた。

もう一方の非集権型構造組織は，ゆるやかに連携したネットワーク型の組織構造であり（図5.1（b）），複数の小規模テロ組織あるいは個人が，全体としての理念・使命を共有しながらも，独立性や自律性を保って活動している。したがって，集権型構造組織のように指揮統制系統は明確でない。非集権型構造組織は大規模なテロ攻撃は難しいものの，組織の全体像や実質的リーダーが特定されにくく，組織そのものを壊滅させることは難しい。

ハリルザドら（Khalilzad et al., 1999）によると，こうした非集権型構造組織は，中東やその近隣のテロ組織に多くみられる。現在のアルカイダをはじめ，10以上もの分派組織で構成されるパレスチナの「ハマス」，レバノンの「ヒズボラ」，エジプトの「イスラム集団（Islamic Group：IG）」（1997年に日本人10名を含む外国人観光客58名を殺害）などが代表的組織である。

また，近年注目されているのは，集権型でも非集権型でもなく，組織に属すことなく，単独でテロ活動を行なう「ローン・ウルフ型（一匹狼型）」テロリストである。代表的なローン・ウルフ型のテロリストとしては，16件もの小包爆弾テロ事件をくり返し，3名を死亡させた「ユナ・ボマー（Unabomer）」こと，セオドア・カジンスキー（Theodore Kacynski）がいる。カジンスキーは，現在の産業テクノロジーやそれに基づいた社会システムは，人間から生きる目標や自由を奪うことになると考えており，大学や航空会社をターゲットとしたテロをくり返した（Bolz et al., 2011；藤川，2005）。

最近では，2011年7月にノルウェー・オスロにおいて，銃を乱射するなどして77名を殺害したアンネシュ・ブレイビク（Anders Breivik）が知られる。政府の移民受け入れ政策に反対しており，特定組織との結びつきが見いだされていないことから，ローン・ウルフ型テロリストであるとみなされている。

ローン・ウルフ型テロリストのうち，現在，欧米の諜報・捜査機関に最も警戒されているのは，「ホームグロウン・テロリスト（Homegrown terrorist）」とよばれるタイプである。ホームグロウン・テロリストの多くは，欧米で生まれ育ったイスラム系移民の第2世代や第3世代，あるいは学生や労働者として欧米で生活しているイスラム諸国出身者である。彼らのうち欧米諸国において生活するうちに，暴力的なイスラム思想によって過激化し，やがてテロ活動を行なうようになった者のことをいう（安部川，2011；松本，2008；Wilner & Dubouloz, 2010）。

当然のことながら，ホームグロウン・テロリストは，欧米の国籍や永住権があり，空港や国境などでの水際対策は意味をなさない。また過去に犯罪歴もないことから，

治安機関の監視対象となりにくく，事前の摘発がきわめて難しい（安部川，2011；Wilner & Dubouloz, 2010）。

ウィルナーとデュボルツ（Wilner & Dubouloz, 2010）によると，欧州で発生したイスラムテロ200件のうち，欧米に生活基盤があった者による犯行は90％以上，また欧州の市民権を持っていた者による犯行は60％以上であり，多くのイスラムテロ事件がホームグロウン・テロリストにより行なわれたことが示唆されている。

ホームグロウン・テロリストによる代表的な事件としては，パキスタン系イギリス人やジャマイカ系イギリス人ら（どちらもイギリス国籍）による「ロンドン同時多発テロ事件」（2005年7月），チェチェン系移民の兄弟による「アメリカボストンマラソン爆弾テロ事件」（2013年4月），パリ生まれのアルジェリア系フランス人兄弟による「シャルリー・エブド本社襲撃事件」（2015年1月）などがあげられる。

ホームグロウン・テロリストが生まれる背景には，イスラム系移民に対する差別や迫害，排外主義などの社会問題があり，欧米で生まれ育った若いムスリムは，自らのアイデンティティを過激なイスラム思想に求めると考えられている（安部川，2011；松本，2008；Wilner & Dubouloz, 2010）。その際，インターネットをはじめ，モスクや書店，カフェ，水パイプ・バーなどは，イスラム過激派の温床とされ，仲間が集まり，交流を深め，より過激な思想を共有する場となっていることが指摘されている（松本，2008；Wilner & Dubouloz, 2010）。また同様に欧米の刑務所も「過激化の大釜（Radicalizing Cauldron）」とよばれ，イスラム系移民の若者が多く収容されており，刑務所内での説法や過激派シンパである受刑者などから，暴力的なイスラム思想や，テロ実行のためのスキルを学習する場となっているという（松本，2008；Wilner & Dubouloz, 2010）。

4. テロリストの個人的特性と社会的要因

なぜテロリストになったのか，その動機や原因，あるいはテロ実行にいたるまでの経緯などを解明することは，テロリスト被疑者の人物像推定や特定，効果的な取調べ（Miller, 2006），あるいは更生（Kruglanski, 2009），テロの未然防止などに役立つ知見になると考えられる。本節では，これまでに行なわれた典型的なテロリスト像の研究，テロリストの心理的特徴，また一般人がテロリストへと過激化する機序などの研究を紹介する。

(1) テロリストの典型的人物像についての研究

テロリストとはいったいどのような人物なのか。その典型的人物像を明らかにするた

めに，多くのテロリストを対象にし，デモグラフィック変数，すなわち性別や年齢，職業，学歴，出身階層，家族構成などの個人属性情報を収集し，そこに共通する属性を見いだし，典型的なテロリスト像を抽出しようとする試みが古くから行なわれてきた。

たとえば，ラッセルとミラー（Russell & Miller, 1977）は，報道情報に基づき，1960〜1970年代にかけて活動したテロリストの個人属性を調査した。調査対象となったのは，中東や南米，西ヨーロッパ，日本などの18のテロ組織のメンバーである。彼らは，22〜24歳までの独身男性，中流階層から上流階層の出身者であり，裕福で暮らし向きにも恵まれていた。また彼らの大半は大学教育を受けており，トルコやイランなどの中東のテロ組織では工学系学部出身者もみられたが，ほとんどのテロリストは人文科学を専攻しており，在学中にマルクス主義に触れていた。また彼らの表向きの職業は，法律や医療の関係者，ジャーナリスト，教員などであった。

同じように1960〜1970年代にかけて，アメリカ国内で活動した280名の左翼・右翼テロリストを調査したところ，左翼テロリストは，右翼テロリストと比べると，多くの者が大卒者であり，所得階層も高く，また女性メンバーが多いことが示された。また右翼テロリストには多くみられたブルーカラー職は少なかったことも明らかになった（Handler, 1990）。

このように，1970年代までの典型的テロリスト像は，中流階層以上出身の若者であり，男性のみならず女性もみられ，大学教育を受け，洗練されている。

しかしながら，1980年代に入った頃から，典型的なテロリスト像に変化がみられるようになる。これは，これまで活発であった左翼過激派組織によるテロ活動は沈静化したものの，中東地域において，パレスチナ系テロ組織が台頭したことによる。ストレンツ（Strentz, 1988）によると，パレスチナ系テロ組織の典型的メンバー像は，地方に住む貧しい大家族出身者であり，年齢は17〜23歳までと非常に若い。しかしながら，学業成績は低く，読み書きすらできない者も多かった。また彼らはストリートギャングでもあり，政治的運動には関心がないが，アメリカを憎んでいたという。

さらに1990年代後半からはイスラム過激派組織が台頭し，現在においても活発に活動している。イスラム過激派組織のメンバーは，建築家や技術者，詩人，放浪者，飲食店のオーナーなどさまざまな職に就いており，40代後半の既婚男性，また18歳の学業優秀な女子学生など，性別や年齢層，職業，家族構成などには一定の傾向はみられない（Carey, 2002；Rees et al., 2002；Victoroff, 2005）。ただ全体的に共通する点をあげるのであれば，中流階層以上の家庭に生まれ，高学歴者が多いことが指摘されている（松本，2008）。

このように，典型的なテロリスト像は，いつの時代においても普遍的な人物像が見いだされているわけではなく，1970年代，1980年代，1990年代と各年代で人物像は相違しており，時代とともに変遷するものであるといえる。

現在，その脅威が急速に認識されつつあるホームグロウン・テロリストの典型的人

物像については，イスラム過激派組織メンバーの人物像との共通性がみられる。クルーガー（Krueger, 2008）は，アメリカ国土安全保障省からアメリカ国内におけるホームグロウン・テロリストのリストを入手した。新聞記事や Wikipedia，Google 検索，法的文書などを用いてリスト中の人物を調べ，詳細な情報が得られたイスラム系ホームグロウン・テロリスト 63 名と，一般的な在米ムスリム 1,050 名（ピュー研究所によるインタビュー調査結果を流用）の年齢や市民権，出身国，学歴，職業などを比較対照した。その結果，イスラム系ホームグロウン・テロリストは，一般的ムスリムと比べると，年齢は若く，学歴は短大あるいはそれ以上の学歴を有しており，無職の者が多いというわけでもなく，中程度の職業階層にあったとしている。イスラム系テロリストが比較的高い水準の教育を受けていることは，自爆テロ研究からも示唆されている。2000～2005 年までの間にイスラエル，ガザ地区，そしてヨルダン川西岸で発生した自爆テロ事件の実行犯について調査したベンメレクとベルビー（Benmelech & Berrebi, 2007）によると，自爆テロを成功させるには，身分偽装や変装をし，実行前に決して捕捉されないようにすること，またより多くの人々を巻き込むためには，爆発させる場所やタイミングを見計らう必要があるなど，臨機応変かつ計画的な認知能力が要求されるという。彼らはイスラエル公安庁（Israeli Security Agency：ISA，通称シンベト），またハマスやイスラム聖戦機構などのデータに基づき，パレスチナ系自爆テロ犯 148 名の年齢や性別，教育水準，ターゲット，犠牲者数などを調査した。加えて，この研究では，ターゲットの重要性を，民間施設（ソフトターゲット）か軍事施設（ハードターゲット）か，またそれらが置かれている地域の人口規模，という 2 つの基準を用いて評価・分類しており，より多くのイスラエル市民を殺害できるターゲットほど重要性が高いとしている。したがって，ガザ地区やヨルダン川西岸の軍事施設よりも，イスラエル国内の大都市のほうが重要性が高いと評価されることになる。調査の結果，教育水準が高い者ほど重要なターゲットの攻撃に割り当てられることが明らかになった。より年配で高学歴の者ほどイスラエル都市部における自爆テロに割

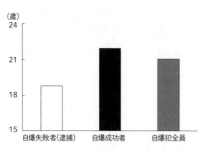

図 5.2　自爆テロ犯の平均年齢
（Benmelech & Berrebi, 2007 より作成）

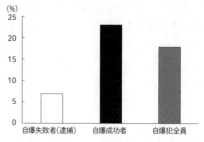

図 5.3　自爆テロ犯のうち高卒以上の割合
（Benmelech & Berrebi, 2007 より作成）

り当てられていた。一方，より若く十分な教育を受けていない者は，ガザ地区やヨルダン川西岸のイスラエル軍駐屯地に対する自爆テロに割り当てられていた。また，年配で学歴が高い者については，自爆の未遂，自爆前の捕捉・逮捕，自爆する場所やタイミングの見誤りも少なく，犠牲者数も多くなることが明らかになった（図 5.2 および図 5.3 を参照）。

　教育水準が重視される背景には，テロ組織が自爆テロ犯の遺族に対し，経済的支援を行なっていることが関係しているのかもしれない。ガザ地区やイスラエル国内において，イスラエルの軍や市民に対する自爆テロをくり返しているハマスは，自爆テロ犯の遺族に対し，葬儀代や遺族年金（月に 300 ドルから 600 ドル）を支払い，また医療費や教育費を助成しているという（Rees et al., 2002）。こうした経済的援助はハマスにとって必ずしも軽くはない負担であると考えられ，作戦を確実に成功させられる者を選抜する基準として，教育水準を重視しているものとみられる。

(2) テロリストの心理的特徴についての研究

　テロリストあるいはテロリストを志す者には，一般人とは異なる心理的傾向がみられるのではないかという考え方は古くからあり，その実証を試みる研究も続けられている。その代表的な考え方として，テロリストにはなんらかの精神疾患やパーソナリティ障害などがみられるとする「精神疾患説」がある（Corrado, 1981）。テロリストは，自らが理想とする社会や思想，あるいは信奉する大義・教義の実現のために，多くの無関係な一般市民を殺害する。このような行ないから，自己中心的で共感性の乏しい反社会性パーソナリティ障害（サイコパス）との関連性が見いだされる。他にも，自らを他人よりも優れた特別な存在だとみなす自己愛性パーソナリティ障害の人物が，挫折やネガティブな自己評価を回避するために，テロ活動を行なうという考え方や，妄想性パーソナリティ障害との関連性を指摘した研究もある（越智，2004；Victoroff, 2005）。

　しかしながら，現在までにおいて，精神疾患とテロリズムにはなんら関連性はみられないという見解が主流を占めつつある（Borum, 2010；Crenshaw, 2000；Ruby, 2002；Martens, 2004）。たとえば，北アイルランドのリオンとハービンソン（Lyons & Harbinson, 1986）は，1974～1984 年までの間に，殺人犯 106 名（47 名が政治的動機に基づく殺人犯，すなわちテロリスト）に刑務所内でインタビューした。その際，104 項目からなる質問紙調査（犯罪経歴，精神疾患の既往歴，精神科医の診断，事件や被害者の詳細，殺害方法，最終的司法処分等）への回答を求め，また病院の症例記録や本人の供述などの精査，近親者からの聞き取りなども行ない，政治的動機に基づく殺人犯（多くの者が IRA のテロリストと考えられる）と，それ以外の非政治的動機に基づく殺人犯を比較した。その結果，政治的殺人犯と比べ，むしろ非政治的殺人

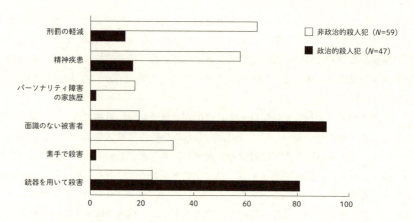

図 5.4　政治的殺人犯と非政治的殺人犯の比較（Lyons & Harbinson, 1986 より作成）

犯のほうが，精神疾患と診断されている者が多く，その家系にも精神疾患の者が多くみられた（図 5.4）。このことから，政治的動機に基づく殺人犯のほうがむしろ精神的に安定していると述べている。

　同様の研究が，ドイツの精神科医 ラッシュ（Rasch, 1979）により行なわれており，ドイツ赤軍のメンバーを含む 11 名のテロリストと，また指名手配された 40 名の別のテロリストについて調べたところ，いずれの者にも精神疾患を示す証拠は見いだされなかったことを明らかにしている。

　では，現在活発に活動しているイスラム過激派組織のメンバーではどうなのであろうか。セイジマン（Sageman, 2004）は，エジプトのイスラムジハード団（EIJ），インドネシアのジェマ・イスラミア，アルジェリアのサラフィスト・グループ（現イスラム・マグレブ諸国のアルカイダ；AQIM）などのイスラム過激派組織のテロリスト 172 名について，オープンソース情報に基づき分析したところ，自己愛性パーソナリティ障害も，妄想性パーソナリティ障害も，また過去の情動的トラウマなども一切みられず，イスラム過激派組織のメンバーがなんらかの精神疾患であることを示す証拠を見いだすことはできなかったと述べている。

　このように，民族主義組織，左翼過激派組織，そしてイスラム過激派組織のメンバーがなんらかの精神疾患であることを示す研究は，調べる限りでは見いだされていない。そもそもテロ組織のメンバーは，組織内のメンバーと同じ思想や原理などを共有し，一定の人間関係や信頼関係なども構築している。しかしながら，たとえば，反社会性パーソナリティ障害や自己愛性パーソナリティ障害のように，自己中心的傾向が著しい者は，他人との協調が困難であるし，また自爆テロのように，信念のために自分自身を犠牲にすることも難しい（Martens, 2004）。

このことを裏づけるかのように，最近では，テロリストは，他者との協調性があり，円滑な人間関係を構築でき，合理的な思考を行なう人物だとする見方が多くなされている。たとえば，ミラー（Miller, 2006）は，テロリストと精神疾患に関する研究やテロリストの心理学的類型研究をレビューし，テロリストは，反社会的パターンが特徴とされる多くの常習的犯罪者とは異なり，他のメンバーと協調しながら組織を形成し，利他的な意思決定や行動を行なえると述べている。さらに目標達成のための手段を合理的に思考し，選択できる者であることも指摘している。

同様にルビ（Ruby, 2002）も，テロリストの心理学的モデルのレビュー研究において，テロリストは，知的機能障害や精神疾患などの問題を抱えているわけではなく，合理的かつ明快に物事を考えることができる存在としてとらえている。そのうえで，テロリストは政府の兵士となんら変わることはないものの，目標の達成のために，正規軍のような装備や兵站（物資の調達や補給・整備など）などを利用できないことから，やむを得ず，テロという非合法的手段を利用しているにすぎないとしている。

しかしながら，テロリストの典型的人物像あるいは心理的特徴を扱った研究結果の解釈にあたっては，たとえば，リーダーと末端のメンバー，創設当初のメンバーと新規参入メンバー，またイスラム過激派組織とカルト・テロ組織などのように，同じテロリストを対象にしたとしても，組織内におけるメンバーの立場や与えられた役割，またメンバーが所属するテロ組織の目的，規模などにより大きく左右される可能性があることにも留意する必要があるだろう。

(3) テロと社会・経済的要因についての研究

これまで述べてきたとおり，テロリストに固有の心理的特徴を見いだす試みは，十分なコンセンサスを得るまでにはいたっていない。こうした現状から，ヴォーロム（Borum, 2010）は，「テロリスト像」を正確に描くことについて，心理学者は「諦めをつけている」と述べている。その言葉を裏づけるかのように，近年注目されているのは，テロリストとなる原因を社会的要因や経済的要因から明らかにしようとする研究である。

テロが生じる社会・経済的要因としては，これまで貧困と教育が最も重要な要因であると考えられてきた。しかしながら，すでに述べたとおり，実際のテロリストには，貧しい者よりも，比較的恵まれた社会的階層出身者が多いことも知られており，社会・経済的指標を用いた研究によってもそのことが実証されている。

たとえば，クルーガー（Krueger, 2007）は，アメリカ国務省「国際テロリズムの動向」などに収録されたデータに基づき，1973～2003年までの間に発生した国際テロ事件（外国人が犯人のテロ事件）956件を調査した。テロリストの出身国と攻撃ターゲットになった国，またそれぞれの国における一人あたりのGDPや，識字率，主たる宗教，

市民的自由度（表現や報道，集会の自由など），政治的権利（複数政党制や秘密選挙制など）などが集計・分析された。

その結果，テロリストによる攻撃回数は，テロリスト出身国の所得水準（一人あたり GDP）とは関係なく，ターゲット国の所得水準のほうが重要であり，物質的に恵まれた国ほどターゲットにされやすかった。またテロリストの出身国と標的国における政治的権利と市民的自由を比較したところ，テロリストは，サウジアラビアのように政治的権利や市民的自由が低い国の出身者が多いことが示された。つまり，テロリストは，貧しい国の出身者ではなく（中所得階層や高所得階層出身者が多いことも示されている），経済的には恵まれているものの，政治的権利や市民的自由が制限された国に生まれた者が多いことが示された（Krueger & Laitin, 2008；Krueger, 2007）。

また，一般人がテロリストとなる過激化のプロセスにおいても，絶対的な貧困が問題なのではなく，むしろ重要なのは，自分自身を他人と比べた際に生じる不平感や不満感であるとする考え方もある。これを「相対的剥奪理論（relative deprivation hypothesis）」という（Gurr, 1970；松本，2008；越智，2012；Victoroff, 2005）。この理論によると，仮に比較的裕福な家庭の出身者であったり，あるいは高い学歴を有していたとしても，社会的な差別や疎外などによって，相応に満足できる生活レベルを伴わない場合には過激化しテロリストになるという。この相対性剥奪理論に従えば，社会における差別に苦しみ，テロ行為を行なうようになるホームグロウン・テロリストや，共同体内の富裕層が，同胞に対する差別や貧しさに憤り，テロに関与するようになる「ロビンフット・テロリズム」（Krueger, 2007）なども説明可能である。

しかしながら，テロの原因を説明する社会・経済的モデルは，大きな問題を抱えている。それはたとえ同じ貧しい境遇，あるいは社会的に差別されるコミュニティに属していたとしても，そのすべての者がテロリストになるわけではなく，ごく限られた者のみがテロリストになることである。この問題を，社会・経済的モデルでは十分に説明することができず（Victoroff, 2005），そのような状況に対する反応の個人差，つまり個人的要因による説明がやはり求められる。

(4) テロリストへの過激化研究

一般人がテロリストになる過激化のプロセスについても説明が試みられている。代表的なものは，バンデューラ（Bandura, 1973）の社会的学習理論に基づいた説明や，ニューヨーク市警察本部が報告した（Silber et al., 2007）ホームグロウン・テロリストの過激化モデルがあげられる（図5.5）。

社会的学習理論の立場では，暴力や攻撃行動は，他人による攻撃行動を観察することにより獲得・強化されると考える。つまり，テロリストは生まれつき攻撃的・暴力的なのではなく，彼らの人生において，テロリストとの交流やテロリストの行動を目

の当たりにする機会があり，自らもテロリストになってしまったと考えるのである（Victoroff, 2005）。

社会的学習理論に基づき，ビクトロフ（Victroff, 2005）は，暴力的政治闘争がくり広げられている地域で育った若者は，テロリストの活動を目撃し，それらを模倣するだろうと述べている。実際にフィールズ（Fields, 1979）は，北アイルランドにおいて，テロによる破壊行為や虐殺を間近で見て育った子どもたちを調査した。それによると，自分たちの本来の文化が剥奪され，他国の文化を強制されるような社会で育った経験や，自分の家が燃やされ，また両親や兄弟・姉妹が拷問・殺害されるなど，テロの被害者となった経験などは，将来的にその子どもがテロリストになる可能性を高めるとしている。

社会的学習理論は，暴力的な映画と犯罪の関係のように，メディアが犯罪へ及ぼす影響についての説明理論としても用いられてきた（越智，2012）。他の犯罪と同様に，テロの過激化プロセスにおいても，メディアが影響を及ぼしていることが示唆されている。たとえば，レバノンやパレスチナの難民キャンプなどには，イスラエル軍との戦闘や自爆テロで亡くなった者を讃える殉教者ポスターがいたるところでみられる。その結果，テロが英雄的行為であると，子どもたちが学習してしまう可能性が指摘されている（Victoroff, 2005）。

また，古くから，テロの思想や戦術あるいは武器製造に関するマニュアルなどが地下出版されており，左翼過激派によるテロ活動などに多大な影響を及ぼしている。よく知られたマニュアルとしては，ブラジル人テロリストであるカルロス・マリゲーラ（Carlos Marighella）による『都市ゲリラ教程（*Minimanual of the urban guerrilla*）』，中南米ゲリラ戦士セルバンテスなる人物による「バラの詩」，また東アジア反日武装戦線による爆弾闘争の指南書「腹腹時計」などがある。

近年でも，アラビア半島のアルカイダ（AQAP）により，オンライン・マガジン「インスパイア（Inspire）」がリリースされており，潜在的テロリストの過激化に影響を及ぼしている。同誌2014年春号には，アメリカ出身アルカイダ幹部であるアンワル・アウラキ（Anwar al-Awlaki；2011年9月にCIA無人機による爆撃で死亡）によるテロのQ＆A，イスラエル軍の攻撃により亡くなった子どもたちの写真，図解による爆弾製造方法，また効果的な自動車爆弾テロのアドバイスが攻撃対象国（米，英，仏）別に掲載されており，通読することにより，テロ技術を独学することも可能な内容となっている。

インスパイア誌がインターネットを通じて配信されていることからもわかるように，インターネットは，現在のテロ組織が用いる中核的な宣伝メディアとなっている。アメリカにおけるホームグロウン・テロリストを調査したアメリカ上院国土安全保障・政府問題委員会によると，これまでアメリカは物理的境界や文化的障壁によりテロの脅威から護られていたという。しかしながらインターネットはそれを容易にく

図 5.5　ニューヨーク市警によるホームグロウン・テロリストへの過激化モデル

ぐりぬけてしまう。その結果，過激なイスラム思想を求める若者らが自律的に過激化し，ホームグロウン・テロリストの脅威が増大していると報告している（Lieberman & Collins, 2008）。

平凡な生活を送っていたイスラム系アメリカ人がホームグロウン・テロリストへと過激化するプロセスについて，ニューヨーク市警は過激化の4段階として（松本，2008；Lieberman & Collins, 2008；Silber et al., 2007），①過激化前（pre-radicalization），②自己同定（self-identification），③教義教化（indoctrination），そして④ジハード化（jihadization）を想定している（図5.5）。

①過激化前

過激なイスラム思想を信奉する前の段階である。海外で生活するムスリムは，社会的孤立を感じ，また文化や宗教による紐帯を求める。ムスリム・コミュニティはそうした者たちの受け皿であり，思想的な「聖域」とみなされている。また純度が高く，孤立したコミュニティほど過激な思想が普及・浸透しやすい。

②自己同定

しばしば経済的な問題（失業），社会的問題（疎外や差別），政治的問題（イスラム諸国との国際紛争），あるいは個人的問題（近親者との死別，改宗）に直面し，アイデンティティの確立や，また人生における岐路の選択を迫られている際に生じる。その際，彼らは，過激なイスラム思想やそれを信奉する仲間たちを探し求めるようになる。

③教義・教化

イスラム過激思想に対する信念をなんら疑うことなくさらに強める段階である。この段階では同じ考えを抱く仲間と出会い，グループを形成し，さらに教化を深めていく。

④ジハード化

最終的段階であり，「聖戦」参加が個人的義務であるとメンバーが受け入れ，自らを「イスラム聖戦士」と名乗る。また「聖戦」のための準備や計画立案などを行なうようになる。なお，①〜③までの過激化は，2年や3年以上の期間で徐々に進行するのに対し，この段階においては数カ月，場合によってはわずか数週間というごく短期

間のうちに進行する。

5. テロ捜査とその支援

　効果的なテロ対策は，実行前の封じ込めと，事件が発生した場合の事後の捜査であるとされている。事前の封じ込めとは，情報の収集・分析により，テロの準備行為をとらえ，犯人らの身柄を事前に確保することである。一方，事後の捜査とは，テロが発生した場合，実行グループや実行犯を特定・検挙し，それ以上のテロ活動を抑制することである（松木，2006）。

　テロの封じ込めの要諦は，あらゆる情報収集手段を用いたテロリストの行動監視やテロ組織のネットワーク解明であるとされている。

　しかしながら，近年では，監視対象者が増大していることから，徹底的な行動監視が困難になりつつある。たとえば，イギリス内務省保安庁（MI5）は，2007年時点でアルカイダ関係者だけでも2千人以上を監視対象としており（Gardner, 2007），全員を24時間監視下に置くことは不可能であると考えられている。またドイツにおいても同様の問題が指摘されているという（松本，2014）。

　この問題への対処としては，監視対象者の優先性を順位づけし，それにしたがいリソースを振り分けることが考えられる。その際，犯罪心理学的アプローチが大きく貢献するだろう。たとえば，これまで検挙されたテロリストについて，日頃の行動や言動，SNS上での発言や引用内容，また通信販売の購入履歴などを大量に集積し，データマイニング的手法（たとえば，ロジスティック回帰分析やコレスポンデンス分析など）を用いて解析すれば，対象者の行動や言動から，さらなる過激化やテロ実行の危険性を判定することも可能であると考えられる。

　また，同じく封じ込めの要諦であるテロ組織のネットワーク解明についても，テロの組織形態や連絡・通信手段の変化などにより困難になりつつあるとされている。松本（2014）によると，まず，これまで主流であったピラミッド型テロ組織（集権型構造組織）では，内部に協力者を養成し，そこから情報を得ることも可能であった。しかしながら，現在主流となりつつあるネットワーク型テロ組織（非集権型構造組織）は，個人間あるいは，緊密な関係にある少人数グループ（家族や友人など）がゆるやかに結ばれており，組織内部の協力者獲得が難しくなりつつあるという。さらに，これまで組織内における情報伝達は，接触して行なわれることが多かったが，近年では電子メールやインターネットなどを通じて行なわれることが多くなり，監視対象者の行動を観察するだけでは，ネットワークを解明することは難しい。

　こうした状況においても，欧米諸国は，これまで長きにわたって，国内や植民地でテロと闘ってきた歴史があることから，自国の諜報機関や捜査機関に対し，通信傍受や

電子通信の監視，信書開披などのさまざまな情報収集手段を付与しており，それらを駆使することにより，テロリストの行動監視やネットワークの解明につなげている（松本，2014）。

しかしながら，日本警察の情報収集手段については，これまでの公安・外事捜査で磨かれた対象組織への協力者獲得工作や，秘匿追尾による対象者への視察（竹内，2011；Preobrazhenskii, 1994）などに留まっており，欧米諸国と比べると大きな制約がある（松本，2014）。今後，日本においてもテロ捜査における通信傍受や電子通信監視などの是非については本格的に議論・検討する必要があるだろう。

テロ対策におけるもう一方の柱である事後の捜査については，先に述べたとおり，犯人の身柄を速やかに拘束することにより，それ以上のテロ活動を抑制するとともに，潜在的テロリストに対する警告と抑止，また捜査の過程によりテロ組織の実態解明や犯行手口などの知識も得られる（松木，2006）。

事後捜査においても，事前の封じ込めと同じく，日頃からの情報収集とその分析が重要である。特にテロ組織の思想的背景や戦術（犯行パターン）をあらかじめ把握しておくことは，テロ組織の追跡（Steven, 2010），テロ活動の予防，警備（Steven, 2010；Bolz et al., 2011）には欠かせない。

IRA暫定派が自作の迫撃砲を好んで用いたように，テロ組織には独自の署名的戦術がある（Nance, 2013；大上，2013；Yokota et al., 2007）。なぜならばテロ事件におけるターゲットや攻撃戦術，使用する武器の選定などはすべて組織的意思決定に基づいて行なわれるからである（越智，2004）。したがって，テロ組織の思想的背景や戦術等をあらかじめ把握できていれば，事件発生後に実行組織を速やかに特定することが可能となるだろう（大上，2013）。

実際にそうした試みは古くから行なわれており，たとえば，東アジア反日武装戦線による連続企業爆破事件捜査では，鑑識作業とテキスト・マイニング的手法（文章型データを分析することで，執筆者固有の言い回しや表現の傾向などを明らかにする手法）により，その思想的背景が明らかになり犯行組織特定につながった。この事件では，鑑識作業の結果，爆弾闘争の指南書「腹腹時計」通りの爆弾が使用されていたことが明らかになったことから，警視庁公安部がマニュアルの内容と過去の左翼系論文を比較対照し，思想的背景「窮民革命論」にたどり着き，犯行組織特定にまで結びついた（門田，2013）という。

同じようにテキスト・マイニング的手法により，犯行声明文の内容から犯人逮捕につながった事例もある。ユナ・ボマーこと，セオドア・カジンスキーによる爆弾テロ事件では，新聞社に犯行声明文が送付された。新聞に掲載された犯行声明文中に，カジンスキーの母親の口癖（「食べてしまったケーキはとっておくことができない」）とまったく同じレトリックが使用されていることに弟が気づきFBIに通報したことが逮捕の端緒となったとされる（藤川，2005）。

図 5.6　爆発現場を検証する捜査員：警視庁寮多発ゲリラ（1990 年 11 月 2 日撮影，毎日新聞社提供）

　これらのテロ事件捜査では，事件現場にわずかに残された爆弾の破片や爆薬の残滓，あるいは犯行声明文などの物的証拠を丹念に観察・分析し，それらから得られた手がかりを重ね合わせて犯人を特定するというオーソドックスな捜査手法が行なわれている（図 5.6）。その一方で，物的証拠とは異なり，形としては決してとらえられないものの，組織の特徴が現れやすいテロ戦術（犯行パターン）から組織を特定する試みも行なわれている。

　大上（2013）は，テロ事件の犯行パターンには犯行組織の特徴が反映されていることを実証するために，1990～2010 年までの間に日本国内で発生した左翼過激派，右翼・新右翼およびオウム真理教による 377 件のテロ事件を収集した。収集したデータを多重コレスポンデンス分析により解析したところ，各テロ組織には，犯行時間帯や，攻撃対象，攻撃方法などに一定の傾向がみられることが明らかになり，組織固有の犯行パターンがあることが実証された（表 5.1 を参照）。この研究は，テロ組織の戦術から実行組織を推定可能であることを示しており，テロ捜査に新たな視座を提供している。

表 5.1　左翼過激派・右翼などの行動パターン（大上，2013 より作成）

犯行組織	犯行時間帯	攻撃対象	攻撃方法
中核派	午前 0～午前 4 時	成田空港関係者・皇室と関連深い神社など	接近して発火装置
革労協主流派	午前 0～午前 4 時	防衛省・公安施設など	離れた位置から飛翔弾
革労協反主流派	午前 8～午前 0 時	米軍基地など	離れた位置から飛翔弾
オウム真理教	午前 8～正午	教団運営を妨害する人物・組織	化学兵器，暴行・殺害
右翼	日中の時間帯	国会・省庁，報道機関，外国公館，企業など	車両突入，火炎瓶，発砲・器物損壊
新右翼	日中の時間帯	国会・政党本部，報道機関など	侵入して立てこもり・器物損壊など

6. テロが社会に及ぼす影響

　近年のテロは，イスラム過激派組織による事件に代表されるように，ターゲットの無差別化や被害甚大化が顕著になっている。その結果，無関係な多くの市民がテロの被害者となり，その物質的・精神的ダメージは大事故や大災害にも比肩する（松本，2014）。したがって，テロ事件は，社会的に大きな不安や対立・混乱などを招き，また政府に対する信認をも揺るがすことになる。

　たとえば，2001年のアメリカ同時多発テロ事件後，アメリカ全土において，PTSDや抑うつの報告が増加していた。ブラホフら（Vlahov et al., 2002）によると，特にワールドトレードセンターがあったマンハッタンでは，PTSDや抑うつのみならず，タバコ，アルコールおよびマリファナの「物質使用」も増加しているという。このうち，タバコとマリファナを多く使用している者は，PTSDか抑うつのどちらかであることが多く，またアルコールを多く使用している者は抑うつである可能性が高いことも示された。

　この研究は，テロによる精神的ストレスは，PTSDや抑うつなどの深刻な後遺症を残すとともに，アルコールやタバコなどの物質使用増加ももたらし，身体的健康面にも重大な影響を及ぼすことを示唆している。

　テロは交通事故や自殺などにも影響を及ぼすことが指摘されている。ステクロフとゴールドシュタイン（Stecklov & Goldstein, 2004）は，2001年1月から2002年6月までの間にイスラエル国内（ヨルダン川西岸地区およびガザ地区除く）における，交通量，交通事故による重軽傷者・死者数，そしてテロによる死者数について調査した。その結果，テロ事件から3日後に，交通事故による死者数が35％上昇することが明らかになった。

　テロと交通事故の因果関係は明らかになっていない。しかしながら，いくつかの仮説による説明が試みられている。一つは，一般的には，テロ発生後，3日目あたりから日常生活が再開されると考えられる。しかしながら身体的にも精神的にも完全には回復していないことから，不注意などにより事故が生じるという説明である。もう一つは，形式的には，交通事故として扱われているものの，その実態は，後追い自殺であるという考え方である。自殺研究の領域では，3日後に後追い自殺が増加することが知られているという。テロ事件がきっかけとなり，3日後に，たとえば車道に身投げするような自殺を行なう者が増えるとするものである。

　また，テロが政治に及ぼす影響については，スペインの事例が知られている（松本，2014）。2004年3月にマドリードで発生した列車同時多発爆破事件では，その直後に行なわれた総選挙において，事件に対する政府の姿勢に国民が反発し，当初優勢とみられていた与党が敗北し，政権交代が生じたとする見方が一般的であるとされる。

その一方で，2015年のイスラム過激派組織「IS」による日本人人質事件では，日本政府の毅然とした対応が国民に評価され，内閣支持率が上昇したと分析されている（読売新聞，2015年2月8日）。このように，テロ事件では，対応次第によっては，政府に対する国民の信頼を大きく揺るがしかねず，日頃からのテロ対策への取り組みが問われることになる。

7. おわりに

本章で紹介したように，テロ研究の裾野は広く，テロの組織論や，テロリストの典型的人物像や特性論，またテロリストになる過激化のプロセス，テロ捜査の支援などさまざまな領域があり，それぞれの領域において，心理学・犯罪心理学が多大な貢献をしている。

しかしながら，欧米と比べると，日本では心理学者によるテロ研究は必ずしも活発ではない。もちろん欧米では，イスラム過激派組織やホームグロウン・テロリストの脅威に直面しており，それらの対策については，喫緊に取り組むべき社会的要請となっている点で日本と大きく異なる。しかしながら，他にもいくつかの理由が考えられる。

まず，日本の犯罪心理学は，犯罪・非行の原因を個人の心理的問題などに帰属させる犯罪原因論が主流である。したがって，そこで取り上げられる犯罪も，殺人や放火のような個人的犯罪が多くなり，組織的犯罪であるテロが俎上に載せられる機会はこれまで少なかったのかもしれない。

また，日本の犯罪心理学研究を支える研究者のうち，捜査系研究者の大半が科学捜査研究所の研究員であることも影響しているとみられる。全国の科学捜査研究所は，刑事部の附置機関であり，所属する研究員も刑事警察の一員として鑑定・研究に携わっている。その職務として研究する限り，警備・公安部門の捜査対象であるテロは，研究対象として取り上げにくいという事情があるのかもしれない。

このようなテロ研究の現状がある一方で，我々の想像を超えるようなテロ事件が発生している現実を忘れてはならない。たとえば，「ISによる日本人人質事件」（2015年1月）や「チュニジア博物館襲撃テロ事件」（2015年3月）では，イスラム過激派組織により邦人が殺害され，これまで以上にイスラム過激派組織の脅威を痛感することになった。また，政府の原発政策に対する不満が動機となり，放射性物質（汚染土）を搭載した小型無人機を用いた「首相官邸ドローン事件」（2015年4月）のように動機も手法もこれまでにない新たなタイプのテロ事件も発生している。おそらく，テロ研究に対する政策的・社会的ニーズは今後さらに高まり，犯罪心理学に携わる者は傍観しているだけではいかなくなるだろう。

Column 2　PTSD

　心的外傷後ストレス障害（posttraumatic stress disorder：PTSD）は，死の危険が迫るような恐怖体験がきっかけとなり発症する精神疾患である。アメリカ精神医学会の発行するDSM-Vの診断基準によれば，「出来事の侵入症状」「トラウマ関連刺激からの持続的回避」「認知と気分の陰性変化」「覚醒亢進」の各症状が，トラウマ的な出来事から1カ月が経過してもなお持続している場合にPTSDと診断される。「出来事の侵入症状」とは，トラウマ的な出来事を経験した当時の，感覚・知覚的な体験がありありと蘇ってくる（フラッシュバックする）ことを指す。特に，断片的な視覚イメージとそれに伴う情動が蘇ってくるケースが多い。「トラウマ関連刺激からの持続的回避」とは，トラウマ的な出来事を喚起させるような刺激を，たとえば交通事故であれば事故現場への接近や自動車への乗車などを，物理的に回避したり，そのことについて考えないように努めたりすることを指す。回避症状は関連刺激へと広く般化していくのが特徴的である。「認知と気分の陰性変化」は，トラウマ的な出来事と関連した恐怖や怒り，罪悪感といったネガティブ感情を感じること，また，自己，他者，世界に対するネガティブな信念（例：誰も信用できない）を抱くことに特徴づけられる。「覚醒亢進症状」は，トラウマ的な出来事への反応として生じる自律神経系の興奮によって，不眠，緊張，易怒性，集中困難を示すことを指す。
　PTSD患者はさまざまな面で社会生活上の困難を抱えている。主要な症状である出来事の侵入症状や覚醒亢進症状によって苦痛がもたらされるのみならず，回避症状によって，社会生活に支障をきたすこともある。さらに，PTSD患者は他の精神疾患を併発しやすいことも知られている。特に合併率が高いのが大うつ病性障害で，研究によって報告は異なるが，PTSD患者のおよそ3～4割が併発していると考えられる。他にも，広場恐怖やパニック症といった不安障害や，アルコール乱用などの物質関連障害を併発することが多い。これらの症状はPTSD患者をより苦しませることとなる。
　PTSDは犯罪被害と密接に結びついた精神疾患である。PTSDは戦争や震災，事故などの対人意図を持たない出来事が原因となり発症にいたることが多い一方で，悪意のある対人意図を伴った犯罪被害がPTSDを引き起こすことも明らかとなっている。その一つが，殺人未遂事件の被害者や殺人事件の目撃者および遺族がPTSDへと陥るケースである。我が国で広く知られているのは，1995年3月に発生した地下鉄サリン事件の被害者や遺族の多くがPTSDを発症したことである。この事件では，事件発生から20年が経過した今でも，多くの関係者にPTSD様症状がみられることが報告されている。また，性犯罪も被害者にPTSDを多く引き起こすことが示されている。キルパトリックら（Kilpatrick et al., 1987）がアメリカで実施した調査では，レイプ（強姦）が完遂された場合に，被害者の5割以上がPTSDを発症し，強制わいせつが完遂された場合にも3割以上がPTSDを発症することが示されている。最後に，虐待や家庭内暴力のように，家

庭内において長期にわたってストレスに曝された者がPTSD様症状を示すケースがある。このタイプの，反復的なトラウマ的出来事によるPTSDは複雑性PTSDともよばれる。

　これらの犯罪被害者の一部は，その被害を警察へ通報し，刑事司法制度に従って法廷に臨むこととなる。ところが，その過程における体験がさらにトラウマを深刻化させるという指摘もなされている（Parsons & Bergin, 2010）。なぜなら，被害者は警察から十分な情報提供および適切な機関の紹介を受けられなかったり，自身のトラウマ体験を法廷において再体験させられるからである。PTSD患者にみられる回避症状は，自身の感情を制御するために機能しているが，法廷における再体験は，回避症状の機能を無理に奪うことになりかねず，苦痛をもたらすことがある。

　以上のことから，PTSDへの心理的介入の必要性と，警察関係者および法廷関係者がPTSDの症状・治療についての知識を持っておくことの重要性がうかがえる。PTSDに対する心理的介入についてはこれまで多くの検討がなされている。ワッツら（Watts et al., 2013）は，PTSDに対する介入法として，持続エクスポージャー療法，認知処理療法，そしてEMDR（眼球運動による脱感作と再処理法）の効果が高いことを示している。持続エクスポージャー療法は，トラウマ関連刺激（情動，思考，イメージ，状況）からの回避や，非現実的な思考および信念がPTSDを維持させている要因であるととらえ，トラウマを回避することなく持続的な曝露を行なっていく心理療法である。認知処理療法は，PTSDに関する心理教育を施したのち，トラウマ的出来事とそれによってもたらされた自己，他者，世界に関する信念（例：安全性，信頼感，自尊感情）について筆記を求め，それをもとに認知再構成を行なっていく技法である。これらの治療法は認知行動療法の一種であるとみなされている。犯罪被害者は，トラウマ的出来事に関するネガティブ感情や，自己や他者に対するネガティブな信念を抱く傾向にあるため，それらの思考や感情を整理するための認知行動療法は有効であると考えられている。最後に，EMDRは，治療者が目の前で左右に動かす指をクライエントが目で追う作業を主要な技法とする療法である。実施の際には，リラックス状態をつくり出し，トラウマ的な出来事を思い出しながら行なう。EMDRの作用機序は明確には明らかとなっていないが，有力な示唆として，記憶の書き換えをしているのではないかという知見がある。このような心理療法に対する敷居を下げていくことが，犯罪被害者に対する支援につながるであろう。

引用文献

Kilpatrick, D. G., Saunders, B. E., Veronen, L. J., Best, C. L., & Von, J. M. (1987). Criminal victimization: Lifetime prevalence, reporting to police, and psychological impact. *Crime and Deliquency*, *33*, 479-489.

Parsons, J., & Bergin, T. (2010). The impact of criminal justice involvement on victims' mental health. *Journal of Traumatic Stress*, *23*, 182-188.

Watts, B. V., Schnurr, P. P., Mayo, L., Young-Xu, Y., Weeks, W. B., & Friedman, M. J. (2013). Meta-analysis of the efficacy of treatments for posttraumatic stress disorder. *Journal of Clinical Psychiatry*, *74*, e541–550.

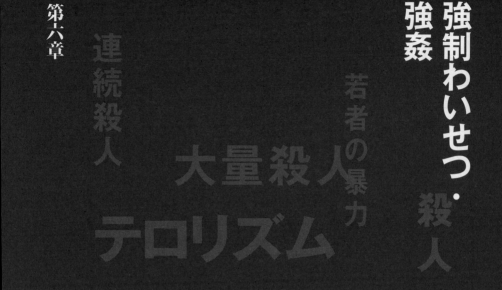

第六章 強制わいせつ・殺人 強姦 若者の暴力 連続殺人 大量殺人 テロリズム

2013年12月，アメリカ精神医学会は，精神疾患の診断・統計マニュアル（*Diagnostic and statistical manual of mental disorders*：DSM）を改訂した。いわゆる DSM-5 である。その分類中の心的外傷後ストレス障害（posttraumatic stress disorder：PTSD）の診断基準に，新たな出来事が加わった。該当部分は，「A. 実際にまたは危うく死ぬ，重症を負う，性的暴力を受ける出来事への，以下のいずれか1つ（またはそれ以上）の形による曝露」（髙橋・大野，2014）であり，DSM-Ⅳから新たに加わったのが「性的暴力」である。

実際，ケスラーら（Kessler et al., 1995）は，PTSD の有病率が強姦被害者できわめて高いことを報告している。また，子ども時代に性的被害を受けていた女性の左側海馬が，受けていない女性に比較して5％小さいという磁気共鳴画像（magnetic resonance imaging：MRI）による報告もある（Stein et al., 1997）。

これらのことから，強制わいせつや強姦（rape：レイプ）が，被害者へ与える身体的および心理的被害の深刻さ，被害者への早期および継続的介入の必要性，さらには，加害者治療の問題が重要な課題であることがわかる。また，レイプ神話（rape myth）から被害者にも問題があったのではないかという，事実とは異なる思い込みから，警察への申告率が低いという問題，あるいは，司法手続きを含めて被害後にも深刻な二次的被害を受けるという問題もある。犯罪心理学は，これらの問題改善に向けて，今後大きな役割を期待されている。

1. 強制わいせつ・強姦

(1) 性犯罪と性暴力

　刑法では，性犯罪に関わる条文は，第22章「わいせつ，姦淫及び重婚の罪」の第174条から第184条までに規定してある。項目としては，公然わいせつ，わいせつ物頒布等，強制わいせつ，強姦，準強制わいせつ及び準強姦，集団強姦等，強制わいせつ等致死傷，淫行勧誘，重婚が条文化してあり，未遂罪と親告罪についても触れてある。

　たとえば，強制わいせつ（第176条）は「13歳以上の男女に対し，暴行又は脅迫を用いてわいせつな行為をした者は，6月以上10年以下の懲役に処する。13歳未満の男女に対し，わいせつな行為をした者も，同様とする」。強姦（第177条）は「暴行又は脅迫を用いて13歳以上の女子を姦淫した者は，強姦の罪とし，3年以上の有期懲役に処する。13歳未満の女子を姦淫した者も，同様とする」。と記述されている。法律的にはそれぞれの刑罰法規に定められた構成要件に該当する違法かつ有責な行為と定義される。

　しかし，心理学的に性犯罪の防止，性犯罪被害者の支援，裁判員裁判を含む司法手続きの改善，犯罪者の矯正などを考える場合，法に基づく定義では対象が狭すぎる場合がある。たとえば，単独犯による強姦と強制わいせつは，親告罪であるため基本的に告訴がないと起訴されない。また，日本の強姦罪は，男性器の女性器への挿入が条件となっていて，肛門や口への挿入，女性器への異物挿入には強姦罪が適用されず，男性が被害者とされることもない。さらに，ドメスティック・バイオレンス（domestic violence：DV）による性的被害，子どもに対する性的虐待（sexual abuse），デートレイプ（date rape），デートDV（dating violence），セクシュアルハラスメント（sexual harassment）などの問題を含めると，法に基づく定義では対象が狭すぎ，より広い性暴力を心理学では対象とする必要がある。田口ら（2010）は，文化，時代，社会的通念といった問題に左右されない定義として，「性犯罪とは，身体的かつまたは心理的な性的被害を及ぼす行為であり，被害を受けた人がその被害を認識する必要はなく，性的な目的であれば行為自体に性的内容がともなう必要もない」と記述して，性暴力の発生と再発の抑止に向けた学際的アプローチの必要性を提言している。

(2) 統計から見る現状と暗数の問題

　平成27年版犯罪白書（法務省法務総合研究所，2015）は，副題を「性犯罪者の実態と再犯防止」として，強制わいせつと強姦について詳細に記述している。まず，1966年以降の強制わいせつの認知件数・検挙件数・検挙人員・検挙率の推移を見ると，

認知件数は1999年から急増して2003年に最多の1万29件を記録したのち，2014年は7,400件（前年比254件(3.3%)減）と減少している。また，2014年の検挙件数は4,300件（前年比333件(8.4%)増），検挙人員は2,602人（同115人(4.6%)増），検挙率は58.1%（前年比6.3ポイント上昇）であった。次に，1946年以降の強姦の認知件数・検挙件数・検挙人員・検挙率の推移を見ると，認知件数は1964年に戦後最多の6,857件を記録したのち，減少傾向にあり，2014年は1,250件（前年比159件(11.3%)減）であった。また，2014年の検挙件数は1,100件（前年比63件(5.4%)減），検挙人員は919人（同18人(1.9%)減），検挙率は88.0%（前年比5.5ポイント上昇）であった。

　最近20年間の強姦，強制わいせつの検挙件数について，被害者と被疑者の関係を調べたところ，被害者が「面識あり」および「親族」の割合が上昇傾向にあり，2014年の強姦における被害者が「面識あり」の場合は464人と，1995年（280人）に比べて約1.7倍に，「親族」の場合は60人と，1995年（7人）に比べて約8.6倍にそれぞれ増加した。また，2014年の強制わいせつにおける被害者が「面識あり」の場合は1,033人と，1995年（223人）に比べて約4.6倍に，「親族」の場合は81人と，1995年（6人）に比べて13.5倍にそれぞれ増加していた。同様に，最近20年間の強姦，強制わいせつにおける被害者の年齢層別構成比の推移を調べると，強姦では一貫して20～29歳の者と未成年者の割合が高いことがわかる（法務省法務総合研究所，2015）。

　ところで，このような犯罪統計は，暗数（dark figure）という問題を抱えている。第2章でも述べたように，暗数とは，警察などの刑事司法機関に認知されない犯罪の数のことである（田口，2010）。そして，性的犯罪は各種被害事件の中でも暗数が多いことが知られている。たとえば，法務省の第3回犯罪被害実態（暗数）調査（法務省法務総合研究所，2009）によると，性的事件（強姦，強姦未遂，強制わいせつ，痴漢・セクハラなどの不快な行為）は，強盗，窃盗（自動車盗，車上盗，バイク盗，自転車盗），暴行・脅迫，不法侵入，不法侵入未遂と比較して最も低い13.3%の被害申告率であった。法務省の調査は，強制わいせつと不快な行為が含まれているため，強姦に関する用語による日本の調査を紹介する。まず，「意に反する性交」で質問した3つの調査では（笹川ら，1998；性暴力被害少年対策研究会，1999；岩崎，2000），被害に遭った人の合計は90人で，そのうち警察へ通報したのはわずか3人（3.3%）であった。次に，「強姦」という用語による2つの調査（Dussich・篠原，2001；小西ら，2000）では，強姦被害を受けた40人中2人（5.0%），未遂を含めて117人中6人（5.1%）しか通報していなかった。これに対し，アメリカでの強姦被害申告率は，8%（Russel, 1983），16%（Kilpatrick et al., 1992），21%（Koss et al., 1988）という報告があり，日本における強姦の被害申告率はアメリカと比較して低いと考えられる。

　なお，田口（2010）は，犯罪発生から有罪判決までに認知，検挙，起訴という段階の中で，被害者の不通報のほか，被害届や告訴の取り下げ，構成要件不足などによる不送致や不起訴など，実際に発生した件数から有罪判決を受けて受刑する受刑者はさ

らに少なくなっていく濾過効果があるとしている。そして，このように受刑中の犯罪者や被疑者を対象とした研究は，その研究対象となったデータがその加害行為者全体を必ずしも代表していないという批判がつきまとうと指摘している。

(3) 性犯罪者の特徴と累犯性

　性犯罪者の特徴に関しては，年齢，性別，面識の有無，接触型と非接触型，養育における愛着欠如，被虐待経験からの説明が数多く行なわれている。強姦に関しては，動機や犯行テーマから類型化が行なわれている。たとえば，カンターとヘリテージ（Canter & Heritage, 1990）は，「親密性（intimacy）」「暴力性（violence）」「非人間性（impersonal）」「犯罪性（criminality）」「性愛性（sexuality）」の5つの犯行テーマを見いだしている。日本では，横田ら（2004）が，被害者を身体的・物理的に支配するために脅迫や暴力を使う「支配性」，性的欲求を満たすために被害者を媒体として用いる「性愛性」，被害者との人間関係を構築しようとする「親密性」の3つの犯行テーマを示している。これらの類型は，客観的指標で分類が可能であるうえ，その分類は加害者の動機や心理面と関連しており，犯罪者プロファイリング（offender profiling）に有用とされている（渡邉，2010）。

　性犯罪は累犯性の高い犯罪だと一般に考えられているが，犯罪白書や警察白書に基づく統計からは，必ずしも性犯罪者が性犯罪をくり返すという再犯率は高くない。2006年版の犯罪白書によれば，性犯罪再犯率は11.3％である。警察白書に基づく再犯率も強姦，強制わいせつともに毎年10％前後である。ただし，2010年11月に警察庁が発表した，「子ども対象・暴力的性犯罪の出所者」の再犯等に関する分析では，再犯防止措置対象者740人のうち105人が性的犯罪で再検挙されていたが，その105人のうち49人（再犯者率46.7％）は子ども対象・暴力的性犯罪により再検挙された者であった。つまり，年少者を対象とした性犯罪者は，出所後も年少者への性的指向性が強い傾向が見いだされている。なお，累犯性の統計はいずれも警察が認知した性犯罪者が対象であり，90％以上が暗数となっていると推測される性犯罪においては，累犯傾向は現在の統計資料に基づく性犯罪再犯率よりも高いことが予想される。

　したがって，性犯罪者に対しては，再犯リスクの適切な把握，それに応じた刑務所内での性犯罪者処遇プログラムの適用，さらには仮出所および満期出所後まで一貫性のある処遇や支援を実施することが望まれる。

(4) レイプ神話

　レイプ神話は，強姦の責任を被害者に転嫁したり，加害者側の正当性を主張してその責任を否定し合理化しようとする誤った信念や態度である（田口ら，2010）。たと

えば,「本気で抵抗すれば強姦されるはずがない」「本当は強引な性的アプローチを望んでいる」という考え方である。大渕ら (1985) は,先行研究をまとめてレイプ神話の構成要素を7つにまとめ,それを大きく2つに分類した。一つは,男性の条件を取り上げて強姦を合理化しようとする「(男性の強い) 性的欲求不満」「(男性の) 衝動行為」「女性の性的挑発」の3項目である。もう一つは,女性の条件を取り上げて責任転嫁しようとする「暴力的性の容認」「女性の被強姦願望」「女性のスキ」そして「(女性による) ねつ造」の4項目である (田口ら,2010)。

レイプ神話には強姦を矮小化 (被害者の心的外傷の程度を小さく推定) し,そして正当化 (加害者の責任を小さく認知) する働きがあり,それは加害者と被害者の関係が他人である場合より既知である場合に大きい (北風ら,2009)。マラマス (Malamuth, 1981) は,多くの性犯罪者がレイプ神話を信じており,それが性犯罪と関連していると述べている。また,性的攻撃性の高い男性は,レイプ神話に対する受容度が高く,被害者の責任を追及する傾向が強いことが指摘されている (Drieschner & Lange,1999)。

ところで,レイプ神話は女性が被害者の場合だけでなく,男性が被害者の場合にも存在する。男性の性的被害者を支援する"MaleSurvivor"のホームページ (http://www.malesurvivor.org/myths.html) には「少年や男性が被害者のはずがない」「もし少年が虐待時に性的興奮やオルガスムを経験したならば,それは少年が進んで関係したか,楽しんだことを意味する」など,7つのレイプ神話が紹介されている。これに対し,宮地 (2006) は,この男性のレイプ神話が事実と異なることを,統計データ,臨床事例,新聞報道などを交えて詳しく解説している。たとえば,1995〜1997年にかけて1万7,421人を対象にカリフォルニア州で行なわれた調査で,女性25％,男性16％が児童性的虐待の経験ありと答えていること,あるいは,勃起や射精は恐怖や嫌悪の中でも性器への物理的刺激によって起こることが,生理学的に明らかにされているとして,上記の2つの神話を否定している。

男性の性的被害に関する調査・研究が,アメリカで本格的に始まったのは,1980年代に入ってからのことである。岩崎 (2001) は,それ以前には,①男性が受ける性的被害は,征服した兵士を辱めることや性的な拷問・攻撃を目的とする行為,②刑務所など女性との性交渉ができない環境での性欲のはけ口としての代理的行為,③同性愛文化における暴力的行為と考えられ,性的被害の研究対象としてみられることはなかったと述べている。岩崎 (2001) は,「男性が性的被害に遭うはずがない」「もし遭ったとしても抵抗して防げるはずだ」といった神話の存在,さらに男性自身が「性的被害＝男性性の喪失」ととらえることから,女性の場合よりも被害が表沙汰にならず,被害者が必要な支援を求めない傾向が強いことを指摘している。結局,このような社会的現状や男性に対するステレオタイプな考え方が,男性の性的被害者の支援への気持ちを後退させ,男性の性的被害者に性同一性の喪失,性的指向の混乱,自己嫌悪感,

自責の念，周囲からの孤立，周囲への不信などをもたらし，回復を遅らせることになっている。日本の強姦罪は，女性のみを被害者として限定しているが，イギリスでは，1956年の制定時には男性器の女性器への挿入と限定していたが，1994年には両性に対する肛門への挿入が定義に加わり，さらに，The New Sexual Offences Act 2003（2003年性犯罪法）では，男性器の口への挿入も付加された。日本でも同様の法改正が議論されているが，このように法律面からも，男性の性的被害はあり得ないし，たいしたことではないという認識を改め，男性・女性にかかわらず等しく性的被害の防止，教育，治療が受けられる環境づくりが急務である。

(5) 性犯罪被害者の心理と支援

性犯罪は「魂の殺人」ともよばれるほど，被害者に与える心理的影響は大きい（小林，2008）。アメリカでは，ベトナム戦争の帰還兵のPTSDが社会問題になっているとき，性犯罪被害者にも急性ストレス障害（acute stress disorder：ASD）やPTSDが生じることを，バージェスとホルムストローム（Burgess & Holmstrom, 1974）が，レイプトラウマ症候群（rape trauma syndrome）と名づけて報告した。日本の性犯罪被害調査でも，「病気になった」「精神的に不安定になった」「落ち込んだ」「汚れてしまった」「自責感・無力感を感じる」「男性が怖くなった」などの重篤な心理的被害が報告されている。そして，内山（2000）は，事件を契機として転居を含むなんらかの社会生活上の変化を余儀なくされた人が，強姦被害者で約4割，強制わいせつの被害者で約3割みられたと報告している。

性犯罪被害者の精神症状は，ASD, PTSD, 解離症状，抑うつ，自殺および自傷，薬物およびアルコール乱用など多岐にわたる。ケスラーら（Kessler et al., 1995）は，15～54歳までの5,877名を調査して，生涯を通じてPTSDになる確率を7.8％（この有病率は女性が10.4％，男性が5.0％）と推定したのに対し，強姦被害者に限ると女性が45.9％，男性が65.0％ときわめて高いことを報告した。この調査では，強姦被害によるPTSDの有病率が，次に高い戦闘に従事した男性の38.8％を大きく上回っていた。この推定調査からも，強姦被害者の精神症状が重篤なことがよくわかる。また，スタインら（Stein et al., 1997）は，子ども時代にくり返し性的虐待を受けたために，PTSDや解離性同一性障害に陥った21名の成人女性の左側海馬が，健常者に比較して5％小さいことを報告した。この他，ブレムナーら（Bremner et al., 1997）は，PTSDに苦しむ虐待経験者の左の海馬は，健常者に比べて12％小さく，子ども時代に虐待を受けた年数が長いほど小さいことを見いだした。さらに，友田（2012）は，夫婦間のDVを目撃してきた，アメリカの18～25歳の男女22名と目撃した経験がない同年代30名の脳をMRIで比較した結果，DVを日常的に目撃した経験のある人は，脳の視覚野が目撃しなかった人に比べて20.5％小さくなっていることを明らかに

した。この脳の萎縮に関しては，生得性の脆弱性因子であるという説よりも，ストレッサーに暴露され続けることで，視床下部－下垂体－副腎皮質系が異常に活性化され，ステロイドホルモン（糖質コルチコイド）の過剰な分泌が脳の萎縮につながる獲得因子であるという説が強い（友田，2012）。すなわち，性犯罪被害者はPTSDの有病率が高く，過度のストレス反応からワーキングメモリに関連の深い海馬や一次視覚野への影響が報告されている。

性犯罪被害者のPTSD治療に関しては，認知行動療法（cognitive behavioral therapy：CBT）が有効とされている。佐藤（2010）は，安全な環境で恐怖が低減するまで，恐怖を喚起させる刺激に直面させる，持続エクスポージャー（prolonged exposure：PE）技法が最も有効として，強姦によるPTSDの治療事例を紹介している。PTSDの治療に関しては，眼球運動による脱感作と再処理法（eye movement desensitization and reprocessing：EMDR）も有効性が指摘されており（佐藤，2010；友田，2012），今後の研究および臨床適用が期待される。

しかしながら，強姦被害者はレイプ神話や司法手続きにおける二次的被害を恐れて，十分な支援を受けられないのが現状である。強姦被害者に関しては，妊娠や性感染症のリスクが考えられるため，産婦人科や泌尿器科の受診による危機介入も必要である。妊娠の回避に関しては，強姦後72時間以内に中用量のピルを2錠服用し，12時間後にさらに2錠服用する緊急避妊が有効である。この避妊法は，100％有効ではなく副作用も伴う。また，治療費は，警察に被害届を出した場合には公費で支援する制度があるが，個人的に治療を受けた場合は原則として自己負担となる。

なお，被害直後は被害者自身での判断が困難な状況にあるため，捜査関係者や民間の犯罪被害者支援センター等による支援も重要である。また，2004年に成立した「犯罪被害者等基本法」の基本理念に基づき，性犯罪被害者の尊厳を重んじ，犯罪被害者等が置かれている個々の状況に応じて，被害を受けたときから再び平穏な生活を営むことができるようになるまでの間，途切れない支援が必要である。そのためには2011年3月に策定された「第2次犯罪被害者等基本計画」に「精神的・身体的被害の回復・防止への取組」として示された，ワンストップ支援センターの設置促進が急務である。ワンストップ支援センターは，医師による心身の治療，医療従事者・民間支援員・弁護士・臨床心理士等による支援，警察官による事情聴取等の実施が可能なセンターのことである。性犯罪被害者は，ワンストップ支援センターを利用することで，1か所ですべての手続きを完了できることから，二次的被害による心理的負担が軽減されるメリットとともに，警察への申告率も向上することが期待されている。しかし，ワンストップ支援センターに携わる専門的スタッフの雇用と養成，センターの拠点をどこに置くか（病院拠点型，相談センター拠点型）などの課題も多く，「第2次犯罪被害者等基本計画」の最終年度である2015年において，全国に約20か所という状況である。

(6) 法的問題

　日本の強姦罪は罰則が軽く，適用範囲は国際的にみて非常に限定的であることが問題となってきた。2004年の法改正で強姦の法定刑は「2年以上の有期懲役」から「3年以上の有期懲役」に引き上げられた。また，強姦罪は親告罪であり，刑事訴訟法第235条で「親告罪の告訴は，犯人を知った日から6箇月を経過したときは，これをすることができない」とされていたが，強制わいせつ，強姦，準強制わいせつおよび準強姦に関しては「この限りではない」と2000年に改正された。また，裁判員裁判の結果をまとめた小島（2015）が，殺人，殺人未遂は重罰化と寛刑化の双方の判決であるのに対し，強姦致傷，強制わいせつ致傷に関しては重罰化傾向となっていると報告している。これは厳罰化を求める国民感情が反映されていることを示唆する。他方，親告罪は性犯罪被害者に対し，加害者の処罰を求める意思表示を要求することになる。つまり，告訴に対する決断，加害者側からの報復や取り下げ要求，親族や知人が罰せられることへの躊躇など，さまざまな心理的負担を課すことになる。被害者と加害者は，面識のある場合が増加傾向であるにもかかわらず（法務省法務総合研究所，2015），面識者からの申告率はきわめて低く（田口，2010），性犯罪が潜在化するおそれも高い。また，日本の強姦罪は，男性器の女性器への挿入が条件となっていて，肛門や口への挿入，女性器への異物挿入には強姦罪が適用さない。

　これらを受けて，2015年，法務大臣が法制審議会に対し，強姦罪の有期懲役を3年から5年に引き上げること，被害者の告訴がなくても罪に問えるようにする（非親告罪）こと，加害者や被害者の性別を問わない形に変更すること，親・教師と生徒の関係・雇用関係などの立場を悪用した性行為の処罰規定をつくることを柱とした，刑法の改正案を諮問した。性犯罪に対する罰則の厳罰化と範囲拡大は，性犯罪抑止と被害者の負担軽減，新たな性犯罪への対応，さらには加害者処遇の観点から総合的な議論が必要である。

　ところで，2009年5月21日から開始された裁判員制度においても，大きな課題を抱えている。「裁判員の参加する刑事裁判に関する法律」の対象事件は，「死刑又は無期の懲役若しくは禁錮に当たる罪に係る事件」を1つとしており，強姦致死傷，強制わいせつ致死傷が該当するが，裁判の過程での二次的被害を恐れて告訴しなかったり，傷害の部分を含めずに強姦罪や強制わいせつ罪で起訴したりする問題が起こっている。さらに，裁判での証人出廷や傍聴に伴う二次的被害も指摘されている。また，2008年12月1日から実施されている被害者参加制度は，被害者の心情を直接伝えることができることから，求刑に対する量刑判断に関与したり，加害者に反省を促して更正へ向けての処遇に積極的に関与させるメリットを持つが，被害者に対し参加しなければ処罰感情がないと思われる懸念から，意に反して参加する問題も考えられる。これらの問題に対しても，法と心理学の専門家の連携が遅れている分野であり，法制

度も含めて被害者支援，加害者治療を考えていく必要がある。

2. 加害者特性と矯正

(1) 加害者特性

　性犯罪へといたる加害者の特性とは，どのようなものであろうか。実際，性犯罪加害者は，一見普通の人であって，見た目ではわからない。そして，当然のことながら24時間四六時中性犯罪をしているわけではなく，日常生活を送っている人がほとんどである。一般の人と同じく，学業や労働を行ない，日常生活の機能は損なわれていないが，こと性犯罪の側面においては，見た目ではわからないが，ふとしたきっかけで性犯罪加害の空想が起こり，それが自然と性犯罪の計画にまでなっており，性犯罪行動へと引き寄せられてしまう人が多い。実際，性犯罪へといたる人たちの中に，医者や弁護士，裁判官，教師，研究者，大学院生など，知的に高く，社会的地位のある人も少なからず見受けられる。他方で，刑務所に複数回入っており，収入や就労が不安定で日常生活が崩れており，金銭管理も十分にできておらず借金をしていたり，就労が可能であるにもかかわらずうつ病であると偽って生活保護受給をして社会生活を何とか過ごしている者もいる。そのような人たちも，表面的な様子や日常生活からは，この人がはたして性犯罪を指向しているのか判別はできない。

　その表面からは知ることができない心理・社会的要因を知ることは，性犯罪加害からの離脱を促す糸口となりうる。その心理・社会的要因は，性犯罪のリスク要因とよばれている要素であり，現在にいたるまで，多くのリスク要因が特定されている。しかし，性犯罪のリスク要因のみを見るだけでは，正確な再犯予測はできない。なぜならば，性犯罪のリスクがあったとしても，それを打ち消すだけの肯定的要因があれば，性犯罪へはいたらないと考えられるからである。それを保護因子という。これらの観点から，まず性犯罪の起源（原因）となりうる要素を外観したあと，性暴力加害の連続体として性加害行動がエスカレートする可能性について解説する。その後，より詳細なリスク要因を確認し，そのうえで性犯罪から遠ざかる保護因子を示す。保護因子は，むしろ性犯罪から離脱している人たちの特徴であるが，それらの特徴をふまえると，性加害にいたる人たちの特徴も見えると考えた。

① 性犯罪の起源，犯行動機，計画性

　人は，なぜ性犯罪へと駆り立てられるのであろうか。この問いに対して，藤岡（2006）は，性犯罪が性的欲求にのみ動機づけられるものではないと指摘している。藤岡によれば，性犯罪は「支配や優越，復讐や依存などのさまざまな欲求によって行われる」。

支配やパワーにまつわる問題，女性や性に対する価値観の歪み，他者との関係性における認知の誤りなどの心理的要因が背景にあるのである。こと「性」がつくと欲求に原因を帰属させがちかもしれないが，むしろ性を用いた「暴力」の側面に着目する必要がある。

性犯罪の起源に関して，藤岡（2008）は，性犯罪行動を示す子どもの背景要因について，フレデリックとデイビスら（Friedrich et al., 2003）の知見を一部改変した枠組みを示している（図6.1）。

図6.1は，子どもの脆弱性と家族の逆境，強制のモデリング，性行動（性暴力）のモデリングが重なったときに，性犯罪へといたりうることを示している。つまり，これら一つの要素だけでは性犯罪へと動機づけられることは稀であるといえる。ゆえに，臨床現場においては，これらの要素を特定していくことが求められる。特に，暴力や性暴力刺激に触れることが，性犯罪行動化に大きな影響力を持つと考えられている。つまり，暴力を見て，学習して，真似をする（モデリング）わけである。

性問題行動の発現時期について，藤岡（2006）は，子どもを被害者とする場合，早ければ前思春期にあたる9～10歳頃であり，成人を被害者とする場合は，早くて15～16歳頃であると示唆している。より早期の段階で，なんらかの性的な問題行動の起源をたどることができることが多い。

また，性犯罪者が，「つい魔が差して」「どうかしてた」「たまたま触れた」「性欲が高ぶって」「衝動的に」と言うことは臨床的に多く見受けられるが，実際は計画的である場合がほとんどである。もし，ある性犯罪者が，交番の前やパトロール中の警察官の前で性犯罪を犯したならば，それは衝動的といえるかもしれない。しかし，ほとんどの性犯罪は，人目につかないように，あるいは人ごみにまぎれて行なわれることから，性加害者は，冷静に状況をふまえて行動していることになる。性犯罪者自身が

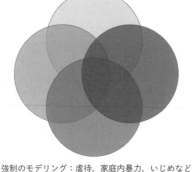

図6.1 性犯罪の背景要因（藤岡，2008）

自覚していないことが多いが，性犯罪行動を惹起するまでに，性犯罪に関連する性的空想をめぐらせていたり，あるいは，ポルノを見て空想することが，自然と犯行計画を練る作業になっていることが多い。そして，性犯罪をくり返すことで，よりばれにくい方法，手際の良い手口や場所などを考案して学習し，より巧妙に素早く性犯罪行動へといたるようになりうる。あるいは，まるで狩りのように，被害者や下着などを物色するようになりうる。

②性暴力加害の連続体と性暴力行動変化の可能性

ロス（Ross, 1994；藤岡，2006）は，性暴力加害の連続体として，性犯罪行動がエスカレートしていく可能性を示唆している（図6.2）。

この性暴力加害の連続体のように，暴力性の程度が比較的低い，日常でもさほど珍しいことではないような性的からかいやセクシュアル・ハラスメントから，覗きや性器露出のような非接触型の性犯罪へ，そして，痴漢や強制わいせつのような接触型の犯行，ついには強姦や快楽殺人のような攻撃性がきわめて高い性犯罪へと変化していく可能性がある。しかし，必ずしも性暴力加害行動は一方向的にエスカレートしていくものではなく，ある加害行動にとどまることや，あるいは逆に，日常的状況の好転，逮捕・拘留や受刑，治療教育による回復プログラム受講といった契機から，より暴力性の低い加害行動へと変化する場合もある。

また，性暴力の連続体をふまえると，加害者が逮捕されるにいたるまでに，他の性暴力を行なっていたり，あるいは，性的な問題行動をしている可能性がある。一説によれば，性犯罪者は生涯で，平均380人以上の被害者を出すといわれている（Barbaree et al., 1993）。このことから，より早期の段階で，性犯罪から離脱するための手立てを打つことが重要であるといえる。

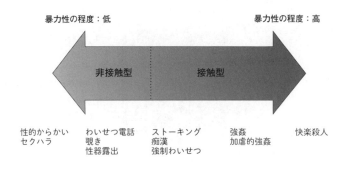

図6.2　性暴力加害の連続体（Ross, 1994；藤岡，2006を一部改変）

③リスク要因

　リスクとは，ある行動の結果，何か有害な事象が起こりうる可能性のことを指す（Douglas, 1992）。ゆえに，性犯罪のリスク要因とは，性犯罪にいたる危険性がある事柄を指す。これは，危険性の度合いであるため，リスク要因が当てはまるからといって100％性犯罪にいたるわけではない。この影響度合いは再犯予測の観点から算出されている。性犯罪のリスク要因は，犯因論的ニーズ（criminogenic needs）ともよばれる。客観的に見てリスクとなりうることは，その裏返しで，加害者からの主観で見るとニーズとなりうる。

ビッグ4・セントラル8：基盤となるのは，アンドリューズら（Andrews et al., 2006）が提唱している「ビッグ4・セントラル8」とよばれる要因群である。すなわち，ビッグ4とは，再犯に最も影響度合いが高いとされる4つの要因のことであり，「犯罪経歴」「反社会的パーソナリティパターン」「反社会的態度・認知」「不良交友」からなる。そのビッグ4に，「家族・パートナー関係の問題状況」「学校・職場への適応状況」「余暇時間の不健全さ」「物質濫用（薬物濫用）」の4つを加えて，セントラル8とし，再犯予測の中核的要因としている。ビッグ4・セントラル8は頑強な再犯予測要因である。これに，各犯罪種に特殊，固有な再犯予測要因群を加える。

　詳細な性犯罪リスク要因は，過去の犯歴によって規定される静的リスク要因と，心理・社会的な状況要因から規定される動的安定的リスク要因と動的急性的リスク要因に分類される。静的リスクのほうは，過去の犯歴という過去にあった事実に基づくため，変えることは不可能である。しかし，静的リスクは，保険統計的解析の結果，動的リスク要因と比べてより頑強な再犯予測力を持つことが示されている。一方，動的リスクは，「動的」の字のごとく，治療教育や努力によって変化可能なリスクである。そのため，治療教育のターゲットとなる。

静的リスク要因：静的リスク要因として特定されている要因には，年齢が若いこと，恋人と一定期間以上の同棲歴がないこと，性犯罪以外の有罪判決があること，過去の逮捕・有罪判決数，被害者が不特定多数であること，同性の被害者がいること，などである。Static-99とよばれるアセスメントツールを用いたカナダのデータでは，6点以上が高リスクとされ，高リスクの者は，5年以内で39％，10年以内で45％，15年で52％の再犯率を示している。

動的安定的リスク要因：再犯者は，非再犯者と比較すると，逸脱した性的関心，子どもに対する性的関心，性嗜好異常（フェティシズム：強姦，痴漢，性器露出，盗撮，覗き，SM，特定の服装などへの逸脱した執着），性的とらわれ（性的活動にかける労力，時間，費用の多さ）を強く示すことが明らかにされている（Kafka, 2003）。性犯罪行

動にいたらない人であっても，いわゆる「普通」の成人男子が覗きや痴漢，少女との性行為に対して興味を持つことは少なくないが，性犯罪へといたらない人たちの逸脱した性的関心についての興味は弱く，うつろいやすい一方で，性犯罪者は，逸脱した性的関心についてとらわれており，犯行前は常に性的な空想計画で頭がいっぱいであることも珍しいことではない。筆者の臨床的印象としてではあるが，性犯罪者の性的とらわれの程度は驚異的なものがある。たとえば，何時間も，場合によっては一日中，被害者を物色して歩き回っていたり，あるいは，家族とともに行動していても，ずっと性犯罪をすることを考えていて，家族の目が離れたわずか10分の空白の時間に性犯罪を起こしていたり，1日に5回以上も自慰行為を行なっていたり，文字通り四六時中ポルノや出会い系サイトを見たりしていることが多い。

　また，性的な自己制御の問題は，一般的な自己制御や反社会的態度といったことにつながっていることが示唆されている。ゴットフレッドソンとハーシ（Gottfredson & Hirschi, 1990）は，一般的な自己制御力の低さが，犯罪の原因そのものであると考えている。犯罪へといたる人たちのライフスタイルは不安定であることも多く，転々と職業や住居を変えたり，将来に対する非現実な計画を立て挫折をくり返したり，ルール違反（飲酒運転やスピード違反，駐車禁止，遅刻常習，禁止区域での喫煙・ポイ捨てなど）をくり返したり，リスクのある刺激を追求したりいやすい。反社会的態度の大きな指標として，カスピら（Caspi et al., 1994）は，敵意の強さを指摘している。これは，社会や他者に対する慢性的な不満として表現されることが多い。また，性犯罪者において，女性に対する敵意が示されることがある。女性に対する脅威感（例：女は怖い，嘘つき，裏表がある，ねちっこいなど）や男尊女卑的価値観（例：女の言うことなんか聞けない，女性の上司や女性が社会的に高い地位に就くことに反感を持っている）がこれに当てはまる（カナダ矯正局SONARを参照のこと）。ハンソン（Hanson, 2006）によると，逸脱した性的関心を持つ人たちにとって反社会的態度の影響力は重要である。たとえばある人が性的に魅力的な男児に出会ったとしても，十分な自己統制力と判断力を持っていれば，その魅力に引き込まれることはないが，反社会的態度を持った人の場合，自分の衝動を抑えることができないか，あるいは，なぜ抑え込まなければならないのか，自分は世間からひどい扱いを受けてきたのではないか（あるいは筆者の臨床経験から，男児との性交を禁止している社会のほうが理不尽であると考える男児わいせつ犯は多い）と考え，性犯罪へといたる可能性が高くなる。

　性犯罪に寛容な態度は，性犯罪の再犯と効果量は比較的小さめであるが，有意な関連性が示されている。性犯罪を犯してもかまわないという信念と，性犯罪を犯した責任を最小化しようとする態度とを区別することは重要である。性犯罪を犯してもかまわないという信念は，性犯罪をすることが悪いことであるとわかっていないということであり，問題意識を持てないため，より深刻である。一方，性犯罪を犯した責任を否認したり最小化しようとする態度は，より一般的にみられる態度であり，自己防衛

的な責任回避の手段としての言い訳であると考えられるため，性犯罪が悪いことであると少なくともわかっていることが示唆されるためである。具体的には，「女性は強姦されることを心のどこかで望んでいる」「相手は喜んでいた」「嫌よ嫌よも好きのうち」「相手の方から誘ってきた」「いざセックスするときになって拒否するほうが悪い」「隙があった被害者のほうが悪い」「ちょっと触っただけ」「(非接触型の性犯罪の場合)触れなければ，被害者が気づかなければ問題ない，傷つかないからかまわない」などといった言葉で表現される。なお，このような責任回避のための言い訳をする人たちであっても，自分以外の他者が性犯罪行為をした場合に，それが受け入れられないものであると考える人は多い。

　親密さの欠如（lack of intimate relationship）は，最も頑堅な動的リスク要因の一つである。ハンソンら（Hanson & Bussiere, 1998；Hanson & Morton-Bourgon, 2004）は，親密な関係性がなく孤立した状態も親密な人との不仲も同様に再犯リスクを高めることが示唆されている。多くの人は，自分と性的パートナーとの親密な関係性が，お互いに魅力的であり，対等であることを望んでおり，そこに喜びや幸福を感じる。性犯罪は，そのような相互的な親密な関係はなく，一方的な欲求のはけ口となっている。主に強姦犯が示す親密さの欠如に関する特徴には，家族や仲間関係における暴力的な関係性の延長としての性的関係性における暴力性があるのかもしれない。一方，子どもへの情緒的同一視（子どもに感情的になじみやすい，成人よりも子どもと一緒にいるときのほうが安心すること）は，小児わいせつ犯が持つと考えられる最もわかりやすい指標の一つである。ウィルソン（Wilson, 1999）は，小児わいせつ犯が，未熟で子どもっぽい関係に魅かれ，子どもに非常に近い感覚を持っている可能性を示唆している。

動的急性的リスク要因：急性リスク要因は，性犯罪の直前の状況的リスクであるため，測定することが困難であり，他の要因と比べ研究は未発達であるといえる。そのような研究の方法論上の問題に対して，ピザースら（Pithers et al., 1988）は回想的面接を用いて，フェリペ・ピネル刑務所の研究者ら（Proulx et al., 1996）は性的空想の記録を用いて検討した結果，否定的な気分状態が逸脱した性的空想や自慰行為の頻度を増加させることが明らかになっている。また，ハンソンとハリス（Hanson & Harris, 2000）は，保護観察官の記録から再犯時と再犯の6カ月前を比較したところ，性犯罪再犯の前兆となる要因として，否定的な感情状態，敵意，物質使用，被害者（犯行のターゲット）となりうる対象への接近，性的なとらわれ，対人関係の問題，指導監督への非協力的態度が特定されている。

④**保護因子**

　他方，再犯リスク要因に対して，再犯率を減らすような心理・社会的要因を保護因

子という。デ・ヴライズ・ロベら(de Vries Robbé et al., 2015)は，犯罪離脱(desistence)研究（犯罪から離脱し続けている人が，犯罪をしている人とどこが違っているのかを調べる研究）から，保護因子を抽出している。

専門家のサポート：指導監督や見守り，治療教育サービスを利用する中で，加害当事者が専門家に自分のことを知ってもらい，コミュニケーションを取ることは，犯罪離脱の一因となりうる。

社会的ネットワーク：情緒的に親密さがあり，問題への対処や向社会的態度などのモデルとなりうる集団に属することは，犯罪離脱の一因となりうる。

決まった集団活動への参加：ここでいう集団活動とは，余暇活動，就労，教育を受けることを含む。集団活動への参加は，加害当事者を監督し，犯罪をする時間を減らす効果があることが示唆されている。また，集団活動において肯定的な体験を積むことで，その大切さを理解し，自分が他者や集団に貢献できる存在である体験も得ることができる。

生活に向けた目標：これは，主体性（agency）の感覚を含み，現実に即した長期的目標を持つことで，短期的な困難に耐える力を伸ばし，また，目標に向けて問題を解決するためのスキルを獲得することにつながることが示唆されている。

希望を持つことと一貫した犯罪離脱への態度：これは，困難に直面しても，困難に挑戦し，乗り越える価値があることを見いだすということを意味する。困難な状況の中でも，物事の良い側面を見つけることができるレジリエンスを含む。また，過去の向犯罪的な自己アイデンティティ（例：自分は狭い人間だ，自分は社会から逸脱した人間だ）から，向社会的なアイデンティティ（例：自分は良い人間だ，自分は人から必要とされている）へと変化する過程も含んでいる。

　性犯罪からの離脱については，ローズとウォード（Laws & Ward, 2010／津富・山本監訳, 2014）に詳しい。

(2) 矯正と性犯罪加害者の回復可能性

　性犯罪から離脱し，回復できる可能性はあるのだろうか。近年の科学的知見からの答えは「ある」である。

①性犯罪加害者に対する治療教育の発展の歴史
　20世紀前半までは，精神分析療法とよばれる手法を用いて，「性嗜好」つまり性的

な好みの治療の試みが行なわれていたが，その効果は不明瞭であった。1960年代に入ると，知覚刺激と行動や身体反応の連合に着目した行動療法的手法が世に登場し，その流れから，性犯罪者に対して逸脱した性的興奮を減らすことを主眼に置いた行動療法的介入が始まった。具体的には，男性器測定器（男性器の勃起度合いを測定するメジャー）を装着させ（ファロメトリック・テスト），たとえば小児性愛者である場合は，小児性愛のポルノ画像などを見せ，男性器が勃起していると判定されたときに，嫌悪刺激（電気ショックやアンモニア臭を嗅がせるなど）を与え，小児性愛の刺激を不快感であると学習させ，性犯罪から離脱させる試みであった。また，性犯罪を犯す人たちにおいて，対人関係が苦手な人が多かったことも知られていたため，対人関係の訓練（対人スキル訓練）もあわせて行なわれていた。しかし，これら行動療法的介入によっても，性犯罪からの回復効果は不明瞭であった。なお，嫌悪刺激を用いた行動療法的介入は，現在は人道的疑義があるとして用いられていない。また，この頃，連続強姦犯などに対して物理的去勢（男性器切除）が施行されることもあったが，去勢刑は重大な人権侵害であると規定されており（国連勧告），しかも効果が不明瞭であるばかりか，男性器がなくても性犯罪は可能であることから，現在では行なわれることはない。化学的去勢（ホルモン剤による去勢）は，本人同意のうえで行なわれるが，施行されることは世界的にも稀である。

　1970年代に入ると，うつ病治療の観点から，アーロン・ベック（Aaron T. Beck）やアルバート・エリス（Albert Ellis）によって認知療法が開発された。この認知療法の特色は，人の認知（受け取り方，考え方のパターン）に焦点を当て，うつ病などの疾患原因が「認知の歪み（cognitive distortion）」とよばれる歪んだ考え方のパターンから生じるととらえ，その認知の歪みを正すことで疾患の原因が解消され治癒するという発想である。この認知療法の手法が，性犯罪者の治療にも用いられることになり，一定の効果があることが示された。また，あわせて被害者に対する共感性教育も行なわれるようになった。それまで，性犯罪者や薬物依存症者には，「nothing work（何をやっても効果がない）」（Martinson, 1974）との考えが主流であったが，ここに来て，数々の研究の効果評価を総合的に検証するメタ分析の結果から，介入に一定の効果があることが示され，「something work（何か効果がある）」という考え方に転換したことによって，性犯罪者に対する矯正教育が広く展開していった。

　1980年代になると，リラプス・プリベンション・モデル（rerapse prevention model）とよばれる問題行動を抑制するための手法が開発された。このリラプス・プリベンション・モデルは，薬物依存からの離脱という観点から考案されたものであり，薬物使用にいたる認知的・行動的ルートを特定し，そのいくつかの岐路において，薬物使用を回避するための対処法を見いだし，習得し，薬物使用にいたらないように過ごすことを目的としている。性犯罪をくり返す人たちに薬物依存症者との共通点があることが注目され，性犯罪者にもリラプス・プリベンション・モデルを適用する試み

がなされ，効果があることが確認されている。このリラプス・プリベンション・モデルについては，後述する回復実践の箇所で詳述する。

　我が国における治療教育的介入の歴史をみると，2006（平成18）年までは，一部の刑務所および少年院において散発的に実施されていたが，奈良小1女児殺害事件（2004年11月）を契機として，時の法務大臣の指示により刑務所および保護観察所において性犯罪者処遇プログラムの実施が義務づけられた。刑務所における性犯罪者処遇プログラムは，カナダ矯正局のプログラムを参考に，保護観察所のプログラムはイギリスの保護局のプログラムを参考に構成されており，現在もその形をとっている。その効果検証結果は，2012（平成24）年12月に公表され，一定の効果があることが示されている。この結果は，後述する。

　全体的な流れとして，過去において，性犯罪者の治療教育は，「性嗜好」の治療という位置づけであったが，現在では，性犯罪につながる性的興奮のパターンを変えるという着想に変わっている。人間の性的欲求は，本能に根ざす生命体にとって不可欠なものであり，性的欲求を否定することは人権を否定することにつながりかねず，また，数々の試みから性的欲求を消し去ることはできないと考えられており，より健全な性的欲求への方向づけのほうが回復に効果的であると考えられるようになっている。

②性犯罪者処遇の流れ

　性犯罪者処遇の流れを図6.3に示した。規定の調査センターにおいて処遇プログラムの必要性を判定されたあと，プログラム実施まで各施設に移送され待機，その後，プログラム実施施設に移送されたあとに定められた期間プログラムを受講し，再犯防止計画を作成する。それが終了すると，各施設に移送され，出所日まで受刑する流れとなっている。また，仮釈放期間が与えられた者は，出所後保護観察所に出頭し，計5回のプログラムを受講し，社会内での状況に合わせた再犯防止計画を再検討する。

③動機づけ面接

　性犯罪者に対して，支援者側がいくら改善更生の働きかけを行なっても，本人がやる気がいまひとつで，うまくいかない場合もある。これは，性犯罪加害当事者の変化への動機づけが不十分な状態であるためであると考えられる。事件の否認も，この動機づけの問題から生じている場合が多い。この問題に対して援用されているのが，ミラーとロルニック（Miller & Rollnick, 2002）によって医療領域において健康的な行動に動機づけられない人たちを対象として開発された動機づけ面接法とよばれる手法である。

　動機づけ面接法では，正論の押しつけや説得という方法はとらない。このような方法を取ると，かえって当事者が頑なになってしまって，変化が遠くなってしまうこともしばしばありうる。動機づけ面接法では，むしろ良識的な価値観は置いておき，支

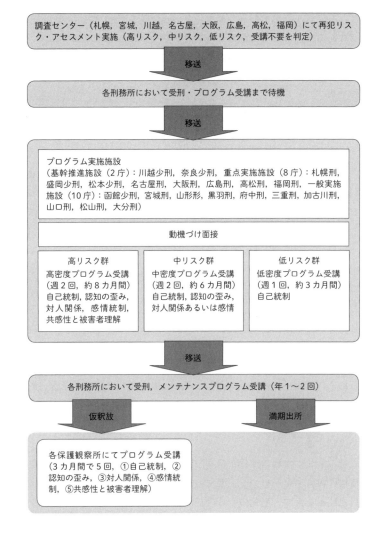

図 6.3 性犯罪者処遇の流れ

援者側が被支援者に共感しつつ進めていく。動機づけ面接法を行なうにあたって支援者側に必要とされる関わり方には，4つの原理が示されている。

①共感を示す：支援者側は，被支援者を正確に理解しようとし，その内容を共有する。
②矛盾を拡大する：被支援者がこうありたいと望む生き方と，現実の生き方との間の矛盾やギャップを探ることで，今現在問題となっている行動を変えることの価値を被支援者が自ら気づくように支援する。

③抵抗とともに転がる：変わりたくないという気持ち，迷いは病的なものではなく，誰にでもある自然なことであると支援者側が受け入れるようにする。

④自己効力感を支援する：被支援者の自己決定（時には，現状維持を選ぶときさえ）を尊重することによって，被支援者が自信を持って，うまく変わっていけるように支援する。

また，動機づけ面接法において，今現在，被支援者がどのような状態にあるのかを見定めて，その状態に合わせて関わり方を変えることが推奨されている。これは，1980年代はじめに，プロチャスカとディクレメンテ（Prochaska & DiClemente, 1984）が開発した行動変容モデル（transtheoretical model of change）に基づいている。我が国における性犯罪者に対する行動変容モデルについては藤岡（2006）において示されている。行動変容モデルでは，変化に対する状態を次の5つの段階で示している。

①全考慮段階：本人は変わろうとはまったく思っていない。問題について積極的な発言はない。内心，性犯罪行動を続けるほうが自分にとってプラスになると考えている。この段階にある場合，行動変化に焦点を当てると逆効果である場合が多い。必要であるのは変化への動機づけを高めることである。うまくいくと，問題を認め，問題行動をとり続けることで生じうるマイナス面に気づく。

②考慮段階：行動を変えようかと考えはじめる段階である。問題に関する情報を求めはじめる。変化に伴うプラス面とマイナス面を比べて秤にかける。この段階で必要な関わり方は，適切な情報提供をすること，問題意識を高めること，これまでの自分自身や環境について見直すことである。うまくいくと，変化することを自分で決定する。

③準備段階：変化のための準備が整う段階である。引き続き，問題意識を高めることと自他の再評価を進めつつ，変化のための行動に焦点を移していく。率直な発言と自己開示を促す。変化のための目標設定とその優先順位づけを行ない，今後の計画を立てると次の段階へと移る。

④実行段階：変化のための行動を実践する。問題行動への逆戻りを防ぐスキルを学ぶ。この段階にいたると，認知・感情の変化，ソーシャルスキルの習得，ソーシャルサポートの活用，高リスク状況への気づきと対処法の習得など，行動変化のための具体的な関わりが効を奏する。行動が変化し，自信がついてくる。

⑤維持段階：変化した状態の維持に努める。逆戻りや再発を防ぐために注意を払う。この段階で必要な支援は，新しい生活スタイルの支援，決意や自己効力感の確認，新たな対処法の習得支援，支持的関わりなどである。

性犯罪者処遇プログラムに参加するにあたっては，最低限でも②考慮段階に達して

いる必要があると考えられる。やる気がまったくないメンバーがいると、グループワークの進展を阻害するおそれがあるし、せっかくプログラムを実施しても内容が入らない可能性が高いためである。プログラム実施前に、個別で動機づけ面接を行ない、プログラム受講への動機づけを高めておくことが推奨されている。

④性犯罪再犯防止指導の構成

　このプログラムの構成は、第1科：自己統制、第2科：認知の歪みと変容方法、第3科：対人関係と親密性、第4科：感情統制、第5科：共感性と被害者理解からなる。プログラムは基本的に6～8名程度のグループワークとなっている。似た境遇の仲間とともに取り組むことで、安心感が高まり自分の犯行を開示しやすくなったり、自分の誤りを指摘されても受け入れやすくなったり、他のメンバーの問題点や強みとなるところを見て学んだりしやすくなるためである。その概要について山本（2012）が報告している。第1科の「自己統制」は、全26単元（低リスク者用凝縮版では12単元）となっており、プログラム受講者に自らの性犯罪につながる要因について幅広く検討させ、それらの要因が再発することを防ぐための再発防止計画を作成させるとともに、対処スキルを身につけさせる。第2科の「認知の歪みと変容方法」は全11単元となっており、認知が行動に与える影響について理解させ、性犯罪につながる認知の歪みを修正し、適応的な思考スタイルを身につけさせる。第3科の「対人関係と親密性」は全9単元となっており、望ましい（対等な）対人関係について理解させることで、本人の対人関係上の問題に気づかせ、その改善のため対人関係の構築と維持に必要なスキルを身につけさせる。第4科の「感情統制」は全8単元となっており、感情が行動に与える影響を理解させ、自己の感情状態への気づきを促し、怒りや気分の落ち込みなどの否定的な感情をコントロールする術を身につけさせる。第5科の「共感性と被害者理解」は全10単元となっており、共感するということを理解させたうえで、被害者や他者の心情を推し量ることを学び、それを適切な形で表現する方法を身につけさせる。なお、メンテナンスプログラムは、本科プログラムを終了後、刑期が1年以上ある者を対象として、本科プログラムの復習と再検討をさせるものである（本書第28章も参照されたい）。

⑤リスクーニーズー反応性原則

　性犯罪者に対する矯正的働きかけにおいて、性犯罪につながる問題について取り扱っていかなければ、性犯罪行動は止まらないだろう。そうした矯正に関する原則が、リスクーニーズー反応性原則（risk-need-responsibility principle）とよばれるものである。リスクーニーズー反応性原則の考え方は、カナダにおいて1980年代に発展し、1990年にアンドリューズら（Andrews et al., 1990）によって形式化され、その後発展し、矯正界ではゆるぎない原則となった。

リスク-ニーズ-反応性原則におけるリスクとは、科学的に明らかにされている性犯罪につながる問題性について働きかけるということであり、既述のとおりである。ニーズとは、変化する可能性がある現在当事者が抱えている問題を標的とするということである。現在は解消されている問題や、いくら働きかけても変わらない問題について働きかけても、徒労に終わるためである。反応性とは、当事者の能力や発達の程度、性格特徴をふまえて、改善する反応を示すように行なうということである。いくら周囲からみて簡単そうに見えることであっても、当事者の目線からするとハードルが高すぎることが往々にしてある。そうでなければ、犯罪行為という躓きにはいたらなかったであろう。当事者の目線に合わせた目標設定と介入が必要になってくるのである。この原則によって、当事者のアセスメントが重要な基盤となる。

我が国における性犯罪者処遇プログラムも、このリスク-ニーズ-反応性原則に則って実施されている。

⑥性犯罪者処遇プログラムによる再犯抑止効果

現在にいたるまで、さまざまな研究結果により、性犯罪者に対する治療教育的介入の効果が示されている。

海外におけるプログラムによる効果：海外の研究において、性犯罪者に対する治療教育プログラムの介入効果を示した知見は数多い。北米の研究結果では、おおむね15～30%の再犯率低減効果を示している。ワシントン州報告書（Washington state institute for public policy, 2006）では、さまざまな矯正処遇や治療アプローチの効果をメタ分析により総合的にわかりやすく比較している（表6.1）。この結果によれば、認知行動療法を基盤としたプログラムを実施すると、実施しない群と比べて再犯率が

表6.1 矯正処遇や治療アプローチの効果（Washington state institute for public policy, 2006）

介入方法	再犯低減率	論文数
性犯罪者に対するプログラム		
精神分析療法	0.0%	3
刑務所における認知行動療法	14.9%	5
保護観察下の低リスク者に対する認知行動療法	31.2%	6
行動療法	0.0%	2
中間処遇		
集中的監視：監視志向プログラム	0.0%	24
集中的監視：治療志向プログラム	21.9%	10
成人のブートキャンプ（軍隊式訓練）	0.0%	22
電子監視（GPS監視）	0.0%	12
低リスクの成人に対する修復的プログラム	0.0%	6

およそ 15 ～ 30% 低下するが，他の介入，たとえば単純な監視や電子監視，軍隊式訓練などは効果がないと考えられる。

我が国におけるプログラム効果：我が国における性犯罪者処遇プログラムの効果検証の結果，一定の効果があることが示されている。

刑務所における性犯罪者処遇プログラムの効果：性犯罪者処遇プログラムの実施を開始した 2006 年から 2012 年にいたるまで，5 年間の再犯率追跡調査を行なっている。計 2,147 名（プログラム受講群：1,198 名，非受講群：949 名）をサンプルとして，3 年後の推定再犯率を生存分析（カプラン・マイヤー推定法）した結果，性犯罪以外の再犯も含む再犯率は，受講群が 21.9%，非受講群が 29.6% であり，プログラムの効果が実証された。強姦事犯者の性犯罪以外の再犯を含む再犯率は，受講群が 11.9%，非受講群が 19.4% であり，効果が実証されている。一方，性犯罪の再犯率は，受講群が 12.8%，非受講群が 15.4%，強制わいせつ事犯者の性犯罪以外の再犯も含む再犯率は，受講群が 22.6%，非受講群が 27.9% であり，受講群のほうが非受講群よりも再犯率が低かったが，統計学的な有意差はみられなかった。また，迷惑防止条例違反者の性犯罪以外の再犯も含む再犯率は，受講群が 60.0%，非受講群が 51.7% となっており，統計的に有意ではなかったが，受講群のほうが非受講群よりも再犯率が高かった結果となっている。

　全般的にみると，性犯罪者処遇プログラムは，反社会的態度を低減する効果があると考えられ，特に強姦犯など暴力性の程度が高い群には比較的効果が高いと考えられる。しかし，強制わいせつや迷惑防止条例違反など，比較的暴力性の程度が低いまたは中程度の対象のうち，性犯罪がアディクション（嗜癖）となっている人に対しては，効果が薄いか，逆効果になっている可能性があると考えられ，今後，改善の余地があることを示している。また，北米の結果と比較すると，我が国におけるプログラムによる再犯率低減率は約 7.5% となっている。単純には言えないが，我が国におけるプログラムは，北米と比べて受講期間が 3 分の 1 程度と少なくシステムが違っていることが，再犯率低減効果の違いとなって現れているのかもしれない。

保護観察所における性犯罪者処遇プログラムの効果：保護観察所で性犯罪者処遇プログラムを受講する者は，仮釈放を与えられた者であり，満期釈放者と比べて，向社会的傾向が強い人たちであると推測される。保護観察所におけるプログラムの効果評価では，仮釈放者 2,813 名（受講群：2,528 名，非受講群：285 名　※本プログラムが未導入の時期であったために保護観察所のプログラムも施行されなかった者）を対象として 4 年後の推定再犯率を生存分析を用いて分析した結果，性犯罪以外の再犯を含む再犯率は，受講群が 22.6%，非受講群が 30.0% で（7.4% の低下）有意であった。また，性犯

罪の再犯率は，受講群が15.5%，非受講群が21.6%で有意差がみられ，強制わいせつ事犯者の再犯率も，受講群が22.5%，非受講群が35.0%であり9.1%の有意な低減がみられている。他方，強姦事犯者では受講群9.5%に対し非受講群12.6%と再犯率は低減しているものの有意差はみられなかった結果となっている。

保護観察所におけるプログラムでも，一定の効果が示されている。

(3) おわりに

性犯罪へといたる人たちは，いわゆる「普通の」人たちであり，モンスターではない。日常，社会生活を送っている彼らの特徴は，性犯罪のリスク要因とよばれる心理・社会的な要素である。そのリスク要因をアセスメントすることが，性犯罪へといたる可能性を判断する手段となる。

性犯罪へと水路づけられた人たちでも，その人が持つリスクやニーズ，反応性に即して治療教育すれば，性犯罪から離脱する可能性はある。現状，治療教育による回復プログラムの効果は一定範囲にとどまっているため，今後も調査研究により発展させていく余地がある。これまで，治療教育で主要な方法として用いられてきたリラプス・プリベンション・モデルは一定の効果を示しており，その性質は性犯罪にいたらないよう回避的目標を設定することにある。近年になり，ウォードら (Ward, 2002など) が，向社会的な接近目標を指向するグッドライフ・モデル (Good Lives Model：GLM) を開発し，経験論的な効果が示唆されており，新たな再犯防止支援策として脚光をあびている。また，現状，リスクとストレングスを総合的に判定するアセスメントツールが確立されているとはいえないが，グッドライフ・モデルに基づいたアセスメントツールが開発されつつあり，より統合的で正確な性犯罪の再犯予測と回復支援法の確立が期待されており，今後の発展が望まれる。

Column 3　痴漢

　いわゆる「痴漢」とは，電車内や店舗内，路上などで体に触ったり，性器を露出してみせるなどの性的行為をさす。車内での痴漢行為は，都や県の迷惑禁止条例違反で検挙されることが多いが，悪質な場合には刑法の強制わいせつ罪で検挙される。我が国，特に大都市圏においては痴漢は非常にポピュラーな犯罪となってしまっており，大きな社会問題になっているのが現状である。

　痴漢被害に関しては，そのような被害に遭ったとしても警察に届け出たり，通報したりするのはごく一部であり，多くの暗数が存在すると思われる。実態を明らかにする方法の一つは一般の人々を対象とした被害者調査を行なうことである。このような調査として，岡部（2004）のものがある。彼女は，福岡市の電車の女性利用者の28.4％が過去1年以内に電車内での痴漢被害に遭っていることを報告している。また，大髙ら（2015）は，郊外の大学の女子学生39名に対して聞き取り調査を行なったところ，そのうちの25名（64.1％）が今までに一度以上の痴漢被害に遭っており，そのうち，被害経験が1回の者は11名，2回の者は10名，3回以上の者は4名いた。警察庁痴漢防止に係る研究会の報告（2011）は，通勤通学で電車を使用している大都市圏の16歳以上の男女合計3,256人を対象にしてウェブ調査を行なっているが，その結果，女性の13.9％が痴漢に遭ったことがあると解答している。ただし，これらのデータは実際にはかなり控えめなデータであるようにも思われる。

　痴漢被害の形態については，鈴木（2000）が愛知県内の市部に居住する18～29歳の女性600人を対象に過去3年以内の痴漢被害について調査を行なっている。これによると，電車・バス等の中での被害が被害総数の66.5％を占めた。警察庁の調査では，電車内の被害の中で最も多いのは体を触るタイプであるが，自分の体を密着させてくるタイプや鏡などを使用してスカートの中を覗いたり，携帯電話などで盗撮するタイプも存在した。また，大髙ら（2015）は，半構造化面接により，痴漢被害45件の犯人や被害者の特徴や行動を聞き取り，それを，コレスポンデンス分析によって分析したところ，犯行は，混雑した車両で体に触れる「混雑車両型」，座席の上などで体を触ってくる「座席上型」，路上で体を触る，あるいは性器を露出する「路上型」に分類できることを示している。痴漢行為に対しては，犯人を捕まえるあるいは，周囲の人に助けを求める，警察・駅員への通報などの積極的な対応が行なわれることは少なく，多くの被害者が，我慢する（52.6％），その場から逃げる（45.1％）などの消極的な対応しかとっていない（警察庁，2011）。犯人はそのほとんどすべてが男性であり，被害者もそのほとんどは女性である。ただし，男性の被害者も存在している。

　警察庁の調査では，痴漢で検挙された犯人に対する調査も行なわれている。年齢は，30代（33.8％），40代（26.9％）の順で多く，職業は，半数以上（51.1％）が会社員，つい

で無職（10.5%）であった。犯人の多くは，通勤などでいつも使用している路線で，その日もたまたま乗った車両で，その日に見つけた対象に対して痴漢行為を行なっていたが，一部に以前から目をつけていた女性を狙ったものも存在した（10%程度）。

　痴漢行為の原因として，性的な行為の代償行動である，つまり「性欲がたまっていたのでやってしまった」などととらえられることも多いが，半数程度の加害者はその動機として「痴漢をすると興奮するから（49.1%）」をあげていて，代償行為というよりは痴漢という行為形態を志向している者も多いと思われる。

　痴漢は日本特有の犯罪であると指摘されることも多いが，海外でも満員電車や満員バスなどの人々が密接した状況では，生じることがあるし，また，露出犯もあらゆる地域に存在する。ただし，多くの国や地域ではこれらは明確に犯罪化されていなかったり，警察などの司法機関も取り締まっていなかったりすることも多い。その場合にはもちろん統計なども存在しない。そのため，この種の犯罪が我が国に特有の犯罪だと断言するのは早計であろう。

引用文献

警察庁　痴漢防止に係る研究会 (2011). 電車内の痴漢撲滅に向けた取り組みに関する報告書　警察庁
岡部千鶴 (2004). 女性専用車両に関する一考察 ――痴漢被害の実態とともに　久留米信愛女学院短期大学研究紀要，*27*, 57-66.
大髙美奈・喜入 暁・越智啓太 (2015). 制服のスカート丈は痴漢被害を予測するか　日本心理学会第79回大会発表論文集（名古屋大学）
鈴木眞悟 (2000). 資料 若年女性における痴漢被害の実態　科学警察研究所報告 防犯少年（編），*40*(2), 137-145.

第七章

子どもに対する犯罪

強制わいせつ・殺人
強姦
連続殺人
若者の暴力
大量殺人
テロリズム

　警察の統計によれば，子どもが被害に遭う犯罪は多岐にわたることが理解できる。たとえば，2003～2007（平成15～19）年までの5年間における刑法犯のうち，20歳未満の少年が被害者となる割合は16～19％までの2割弱を占めていた（警察庁，2005，2006，2007，2008）。少年被害が多い罪種の認知を年間平均5,000件以上とした場合，窃盗が最多の2万8,000件台，傷害と暴行がそれぞれ6,000件台，恐喝と強制わいせつがそれぞれ5,000件台であった。また，少年被害の割合が全体の3割を超える罪種は，割合の高い順に，略取・誘拐（75％），強制わいせつ（57％），公然わいせつ（53％），恐喝（46％），強姦（43％）であった。2007（平成19）年における少年被害者のうち，未就学・小学生の被害率が高い罪種は，略取・誘拐（53％），強制わいせつ（21％），公然わいせつ（17％）の順であり，略取・誘拐については，未就学被害の割合が16％を占めた。

　連続略取・誘拐事件に関する我が国の研究では，19歳以上の被害者に対する犯人の動機は性犯罪目的が7割弱であったが，未就学の被害者に対する犯人の動機はすべてが性犯罪目的であった（横田ら，2004）。また，被害者と面識のない犯人による連続略取誘拐事件に関する研究では，96％が性犯罪目的による犯行であった（横田ら，2007）。このように，子どもが被害に遭う割合が相対的に高い刑法犯の多くは，性犯罪であるといえよう。

　次に，警察の統計では，17歳未満の子どもが被害者となる児童虐待事件の罪種は，殺人から自殺教唆まで21種に分けられている（警察庁，2015）。このうち，検挙件数は，傷害と暴行で全体の7割弱を占め，加害者と被害者の関係は，親族などの面識関係が

あるものがほとんどであった。また，福祉犯の法令別送致件数を見ると，子どもが被害に遭う犯罪は，児童売春・児童ポルノ禁止法（33%），青少年保護育成条例（34%）などの性犯罪に関連するものであった。

ところで，子どもに対する性犯罪や児童虐待は，すべてが把握されているわけではない。なぜなら，警察に届出がなされない，あるいは被害に遭った子どもが，その行為を犯罪として認識できないなどのためである。これらの犯罪は，表沙汰にならない暗数が多い事件といわれており，現実には数値以上に発生していると考えるのが自然であろうが，実際の発生件数を把握することは容易ではない。また，これら子どもが被害者となる犯罪の中には，犯人と被害者の接点にサイバー犯罪（詳細は，本書第14章「サイバー犯罪」を参照）が関連することもある。

以上のことをふまえ，本章では，子どもに対する性犯罪について，強姦，強制わいせつ，略取・誘拐などの犯罪行動と犯罪者特徴，防犯，精神病理，児童虐待，代理ミュンヒハウゼン症候群（MSBP），乳幼児ゆさぶられ症候群（SBS），司法における子どもの役割を取り上げる。

1. 子どもに対する性犯罪と性犯罪者の特徴

子どもに対する性犯罪が，どのような人物によって行なわれているのかを知るためには，犯罪者プロファイリングに関する研究知見が役立つと考えられる。これらの研究は，性犯罪の事件パターンを把握し，事件パターンや特定の行動に結びつく犯罪者の特徴を明らかにすることで，犯人の発見，検挙を支援することが目的である。ここでは，子どもを対象とした性犯罪を，強姦およびわいせつ，略取・誘拐に分けて取り上げる。

(1) 強姦およびわいせつ

13歳未満の子どもを対象とした連続強姦犯に関する研究では，犯人像および犯行地と居住地の関係などが分析されている（渡邉ら，2000）。主たる犯人像としては，20代以下が7割弱，有職者6割弱，親と同居の独身者が7割という若年者に多い犯行であることが示された。また，30代以上の犯人であっても，親との同居率は4割を占めた。犯人の居住地から1km以内の近隣で犯行する者は1割であり，3.5km圏で5割，5km圏で7割であった。犯人の犯行圏は犯行件数が増えるほど拡大するが，犯行集中エリアが生じることも示された。

被害者と面識がない単独犯による強姦に関する研究では，性犯罪の再犯や連続犯行と関連した犯人，被害者，犯行，および犯行後の特徴が分析されている（田口・荘島，

2005）．その結果，通報や指紋への配慮等の警察対策を示す行動が多く認められた犯人は，性犯罪の余罪件数が多い連続犯であることが示された．また，警察対策を示す行動が認められない犯人のうち，少女対象に変態性が強い場合には，連続犯が多く，子どもを対象とした性犯罪と連続犯との関連の高さを示していると考えられる．

13歳未満の子どもを対象とした強姦および強制わいせつの連続犯に関する研究では，強制わいせつ犯9割，強姦犯1割という内訳であった（渡邉ら，2001）．このうち，女児のみを犯行対象に選択した犯人は9割弱，男児もしくは男女問わずを犯行対象とした犯人は1割程度であった．検挙時の犯罪経歴は3割強の犯人に認められ，罪種は多岐にわたるものの，同種事件の再犯者率が最も高く4割であった．特に，子どもに対する犯行割合が高く，犯罪経歴がある犯人の6割が，以前に男児を犯行対象にした再犯者であった．なお，表7.1は，性犯罪の検挙後5年以降における犯人の再犯状況を罪種別に示したものである（渡邉ら，2001）．

性犯罪の前歴者が行なう子ども対象の強姦，強制わいせつ事件のタイプについても研究されている（岩見，2013）．その結果，子どもが被害に遭う強姦のうち，性犯罪前歴者の割合が最も高いのは，「路上で追尾をせずに子どもと接触して，被害者について個人的な質問をする」犯行の場合で，6割強であった．子どもが被害に遭う強制わいせつでは，性犯罪前歴者の割合の高さは，犯人の年齢層が関連していた．最も高い年齢層は30〜50代，次いで20代と60代，最も低いのが10代と70代であり，逆U字の関係が認められた．また，性犯罪前歴者の割合が最も高い強制わいせつの犯行は，「自転車に乗った30代から50代の犯人が，住宅・宿泊施設・店舗・乗り物・屋外ではない場所で子どもと接触し，脅迫的な言葉を用いるような事件」のときに7割弱であった．

表7.1 性犯罪の検挙後5年以降における再犯実態（渡邉ら，2001より作成）

犯行対象	初犯者		犯罪経歴者		全体
	男児	女児	男児	女児	
N	30	303	31	189	553
性犯罪 ***	10.0%	11.6%	29.0%	22.8%	16.3%
強姦・強制わいせつ ***	10.0%	10.6%	29.0%	21.7%	15.4%
12歳以下 ***	10.0%	7.9%	32.3%	12.7%	11.0%
13歳以上 ***	0.0%	3.0%	6.5%	11.1%	5.8%
わいせつ	0.0%	0.0%	3.2%	1.1%	0.5%
略取・誘拐	0.0%	1.3%	0.0%	1.1%	1.1%
色情盗	0.0%	0.7%	0.0%	1.6%	0.9%
住居侵入	0.0%	2.0%	3.2%	8.5%	4.2%
窃盗犯	6.7%	3.6%	12.9%	12.2%	7.2%
粗暴犯	6.7%	2.0%	3.2%	3.7%	2.9%
凶悪犯	0.0%	0.3%	0.0%	0.5%	0.4%
薬物犯	0.0%	0.0%	0.0%	1.6%	0.5%
知能犯	0.0%	0.7%	0.0%	1.6%	0.9%

***$p<.01$

男児に対する男性わいせつ犯に関する研究では，犯行および犯人特徴が明らかにされている（宮脇, 2013）。犯人の特徴は，すべてが単独犯であり，犯罪経歴を持つ者は 5 割認められ，性犯罪の経歴は 4 割弱を占め，独身や知的障害者の割合が高かった。犯罪経歴者の割合は 30 代以上が高かった。初犯者は前歴者に比べると，屋内で犯行に及び，性器を舐める，肛門に指や陰茎を挿入するなど，同性愛傾向を示す性的行為を行なう者が多かった。犯罪経歴者の割合が高い犯行は，面識のない男児を対象とし，性器を舐めるなどのわいせつ行為がなく，女児も犯行対象とする場合が多いと指摘している。一方，性器を舐める行為があり，屋外で接近する場合は，犯罪経歴者の割合が低かった。

　子どもを対象としたわいせつ犯の再犯リスクについて評価した研究もある（渡邉ら, 2007）。この研究では，犯罪者の犯罪経歴から読み取れる要因のみで再犯性を評価する Static-99 という尺度が用いられ，尺度の評価結果と実際の再犯結果とが比較された。我が国では，子どもに対する再犯者率は全体で 25％程度であった。犯人が 18 歳以上で被害者が親族以外であった 3,060 例では，性犯罪の前科前歴で 2 回以上有罪判決を受けた者，もしくは性犯罪で 3 回以上逮捕された者は，他の者に比べて再犯リスクが 4 倍高いという評価であった。実際のところ，この条件に該当した 5 割の者が再犯したと指摘されている。

(2) 略取・誘拐

　我が国における幼小児の誘拐事件，もしくはわいせつ事件で検挙された事件を分析した研究では，この種の犯罪は 13〜18 時までの時間帯に集中し，子どもの下校や余暇，習い事など，屋内外で活動する時間帯であることが大きな特徴といえる（渡邉・田村, 1997）。

表7.2　年少者誘拐・わいせつ犯の類型と犯罪経歴（渡邉, 2004 より作成）

		年配累犯タイプ		若年タイプ	
		性犯弱	性犯強	性犯弱	性犯強
人数		47	69	81	41
犯罪経歴あり		83.0%	98.6%	3.7%	36.6%
性犯罪以外の犯罪経歴あり		83.0%	59.4%	3.7%	4.9%
性犯罪経歴あり		14.9%	97.1%	1.2%	36.6%
子ども対象の性犯経験あり		12.8%	89.9%	2.5%	56.1%
性犯経験は子ども対象のみ		6.4%	65.2%	1.2%	41.5%
犯罪経歴	強姦	6.4%	30.4%	0.0%	12.2%
	強制わいせつ	6.4%	75.4%	0.0%	26.8%
	粗暴犯	29.8%	20.3%	0.0%	0.0%
	窃盗犯	51.1%	47.8%	3.7%	7.3%
刑務所入所歴あり		25.5%	43.5%	4.9%	0.0%

また，犯人は，年齢や犯罪経歴，性犯罪傾向の強さによって，類型化できることが示された。年配の犯人には，性犯罪傾向が強いタイプと弱いタイプがいるが，いずれも犯罪経歴を有する傾向が認められた。若年の犯人には，犯罪経歴を有する傾向はなく，性犯罪傾向の強いタイプと弱いタイプが存在することが明らかにされた（渡邉，2004）。

表7.2のとおり，「性犯罪傾向が強い年配累犯者」に多い特徴は，20代以上の累犯，中卒，無職，経済状態の悪さ，性犯罪の前歴があり，うち9割近くが子どもを対象とした前歴者であった。このタイプは，子どもに対しての再犯性が強い性犯罪者であり，再犯防止の施策が最も必要と考えられる。「性犯罪傾向が強い若年者」に多い特徴は，学生，親と同居，社会適応は良いというもので，彼らは若年者の犯人のうち，性犯罪をくり返す可能性が高いと考えられる。

連続の略取・誘拐事件に関する研究では，被害者が6歳以下の場合と19歳以上の場合とでは，犯行パターンに大きな違いが認められた（横田ら，2004）。特に，6歳以下の子どもが被害者の場合，単独犯による性目的の犯行であった。犯行時間の8割弱は昼間の犯行であり，8割弱の犯人は子どもを欺くような方法で接触した。性的行為以外の暴力行為は，成人被害者の場合と比べれば少なかった。また，犯人の特徴は，被害者が19歳以上の場合と18歳以下の場合とで大きく異なっていた。特に，子どもが含まれる18歳以下が被害者となった場合，子どもを対象とした犯罪経歴者の割合が相対的に高く，16％であった。逆に，誘拐の犯罪経歴は低く，5％であった。

その後の連続略取・誘拐事件に関する研究によれば，連続事件では被害者年齢層の一貫性が高いことが明らかになった（横田ら，2007）。被害者年齢層によって事件特徴が大きく異なることは，以前の研究と同じであった。12歳以下の未就学および児童を含む被害者の場合，犯人はすべて単独犯であった。また，強姦にまでいたったのは2割，自動車を利用した犯人は6割であった。犯人の半数は無職であり，窃盗や対人犯罪に関する犯罪経歴は1割程度認められ，性犯罪と未成年者誘拐が中心であった。

2. 子どもを対象とする犯罪の抑止

子どもが犠牲となった凶悪犯罪としては，1999（平成11）年に発生した京都日野小学校における殺人事件，2001（平成13）年に発生した大阪教育大学付属池田小学校における殺人事件があげられる。これらの事件を契機に，学校に対する不審者侵入対策に力が注がれるようになった（岡本，2011）。また，2004（平成16）年に発生した奈良県における小学1年生被害の殺人事件，2005（平成17）年に広島県，栃木県において相次いで発生した小学1年生被害の殺人事件によって，子どもの登下校や放課後の安全対策も急務となった。

2000〜2004（平成12〜16）年にかけての幼児および小学生を対象とした性犯罪の

発生実態に関する研究では，被害者の年齢，犯罪の時間と場所などについて顕著な特徴が示されている（渡邉・樋村，2006）。この研究における性犯罪には，強盗強姦，強姦，強制わいせつ，公然わいせつ，性目的の住居侵入が含まれていた。被害者の年齢分布は，7歳が最多の18%であり，次いで8〜11歳の各年齢，6歳，12歳の順であり，5歳以下の子どもは5%と少なかった。つまり，子どもが6歳以降になれば，性犯罪のリスクが高くなることが理解できる。幼児と小学生では発生月も異なり，全体では11〜2月の寒い時期の発生は少ないが，幼児は3月と8月がピークであった。小学生は5〜7月にピークがあり，夏休み期間中である8月の発生が少なかった。発生曜日は，幼児の場合は土日が3割を占め，平日に比べると多かった。小学生では，逆に通学する月曜から金曜の平日が，土日よりも多かった。発生時間帯は，幼児，小学生いずれも15〜18時の時間帯がピークであり，次いで12〜15時となり，お昼から夕方までの発生が，全体の6〜7割を占めた。つまり，犯人が子どもと接触できる機会は，子どもが自宅，あるいは保育所・幼稚園，学校などの施設外にいる時間帯に限られていることを示している。実際，幼児の被害は，住宅などの居住空間，商業施設が，それぞれ3分の1を占めていた。特に，商業施設での被害は，保護者が目を離した隙の犯行であったことを示唆する。小学生の被害も3分の1は居住空間における発生であり，幼児と異なるのは道路上の被害が4分の1を占めていることであった。

環境犯罪学の分野で有名な日常活動理論（routine activity theory）によれば，犯罪は，「動機づけられた犯罪者（motivated offender）」「ふさわしい犯行対象（suitable target）」「有能な守り手の不在（absence of capable guardian）」という3つの条件が，同じ時間・空間に収束した場合に発生する（Cohen & Felson, 1979）。先ほど述べたように，子どもが被害となる犯罪の多くは，昼から夕方の時間帯に，住居などの居住

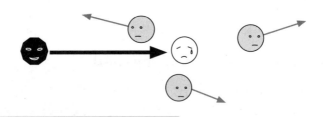

図7.1　日常活動理論における犯罪発生の3要因と犯罪抑止対策

空間や商業施設，道路上などで，目撃者となる通行人や居住者が不在のときに生じることを示していた。この3条件のうち，子どもの行動は通園・通学に関連した日常行動であり，そのコントロールには限界がある。したがって，子どもの性犯罪被害が多い時間帯と場所に対する監視力の強化が，犯人の犯罪行為を未然に防ぐ最も効果的な方法と考えられる（図7.1）。

東京都では，犯罪原因論，犯罪機会論を理論背景とした「地域安全マップづくり」を推進している。これは地域住民である大人と子どもが，不審者や犯罪者が入り込みやすい場所，監視者たる住民の目がとどきにくい場所をフィールドワークによって把握し，地図を作成する活動である。こうした「犯罪者が目をつけやすい場所」の把握と対策は，割れ窓理論や防犯環境設計（crime prevention through environmental design：CEPTED）に基づいた活動である。この活動をとおして，地域の大人と子どもたちが自ら防犯意識を高め，安全対策を講じるようになるのが狙いである（小宮，2005）。

子どもを犯罪から守るためには，最終的に家庭，保育所・幼稚園・学校，地域の協力が不可欠であり，そのためのネットワークづくりが重要と考えられている（岡本・岡本，2006）。行政を中心に，地域防犯対策のためのネットワークづくりが推進されているが，親たちはこうしたシステムを十分に活用しきれていないことも指摘されている。多くの地域では，「こども110番」を掲示した家庭，「防犯パトロール中」を掲示した自動車，登校時の子どもに対する声かけが実施されているが，犯罪発生の実態は下校時の住空間や商業施設が主であり，現実の防犯対策が対応しきれていないとも考えられる。

表7.3は，保育所・幼稚園・学校への不審者侵入に対する危機管理体制として，諸機関に期待される役割である。これらの危機管理体制を整備するためには，関係機関の特性や実態に即したものにすること，子どもの安全確保を最優先にすること，教職員が不在の場合でも対応できること，さまざまな事態にも柔軟な対応ができることに配慮し，体制を確立することが重要と考えられている（渡邉・樋村，2006）。

また，犯罪や犯罪の前兆となる出来事に遭遇したときに，子どもが保護者に被害状況を報告できるよう，絵本を活用した教育も提言されている（岡本・桐生，2006）。「ちゃんと おうちのひとに つたえましょう」（岡本，2006）という絵本には，公園などで子どもを見つめる不審者，路上での声かけ，留守番時の訪問者や電話，商業施設での声かけ，恐喝，わいせつ行為といった，子どもが被害に遭う割合が高い犯罪や前兆事案が，それぞれ見開き1ページで取り上げられている。これらの事態に遭遇したときの対処方法や保護者に対する報告の仕方が，子どもにも理解できるように書かれている。

住空間や商業施設，道路上における子どもに対する犯罪の発生実態，連続事件に発展する可能性を考慮すれば，建造物およびその周辺，通学・通園路を監視する防犯カメラの設置は，地域ぐるみで取り組むべき対策の一つである。犯罪自体の記録化はもと

表 7.3 園・学校への不審者侵入危機管理ネットワークに期待される役割（渡邉・樋村，2006 より作成）

機関	役割
保育所 幼稚園 学校	○子ども，教職員などの安全確保 ○施設整備・施設周辺の点検 ○防犯教育（安全教育）の推進 ○不審者への対応方法などの検討 ○教職員，子ども，保護者への危機意識の啓発
保護者など	○子どもへの安全指導 ○通学路の安全点検・通学時の安全指導 ○パトロール ○不審者の情報提供 ○事件発生時における保護者間の支援・協力 ○事件に関する園・学校への要望・意見の提示・集約
地域	○不審者の情報提供 ○パトロール ○事件発生時における避難場所の確保（こども110番の家など） ○事件発生時の安全確保と通報
行政	○保育所・幼稚園・学校への支援 ○危機管理に関する指導・助言 ○情報収集・整理・提供 ○必要に応じた警備員などの人的配置 ○心のケアの支援や専門家の派遣 ○教職員などの資質向上 ○危機管理の専門家（教職員）の育成 ○関係機関との連絡調整 ○地域住民への啓発活動 ○施設設備の整備
警察	○不審者の情報提供 ○パトロール ○防犯訓練，啓発活動，防犯教室などへの指導・助言 ○不審者の保護・逮捕 ○危険物への対応
消防	○救急救命 ○病院への搬送 ○消火活動 ○保育所・幼稚園・学校への応急手当の指導
医療機関	○治療・カウンセリング ○園・学校への保健指導・衛生管理への指導・助言
近隣の保育所 近隣の幼稚園 近隣の学校	○不審者の情報提供 ○他の保育所・幼稚園・学校への支援

平成24年5月，東京都内の地下鉄副都心線渋谷駅校内において，通行中の男性が背後から刃物で刺されて重傷を負う事件が発生した。

警察で直ちに駅構内に設置された多数の防犯カメラを精査した結果，犯行状況および電車を乗り継いで逃走する被疑者の画像を確認した。これらの画像をテレビ等を通じて一般に公開した結果，多くの情報が寄せられ，発生から2日後に被疑者の検挙にいたった（警視庁）。

図 7.2 防犯カメラ捜査の象徴的な効果事例（警察庁，2014 より作成）

より，防犯カメラを駆使した犯罪捜査によって，図7.2の首都圏の例のように，犯人の逃走経路，犯人の居住地域までを割り出すような例も報告されている（警察庁，2014）。これらの対策は，犯罪抑止だけでなく，被害が発生した際に犯人を割り出し検挙することにも貢献するため，連続事件への発展を防ぐ強力な武器となると考えられる。

3. 子どもを対象とする犯罪者の精神病理と処遇

　我が国では，強姦および強制わいせつで検挙された成人犯の性嗜好についても研究されている（渡邉ら，2012）。その結果，強姦や強制わいせつをくり返す累犯者には，「女性をいたぶりながらの性行為」「13歳未満に対する性行為」を嗜好とする者が多かった。特に，犯行時の行動と性嗜好との関連を分析した結果，犯行対象である被害者選択と性的行為の選択には，性嗜好や性情報との強い関連が示唆された。つまり，子どもを性犯罪の対象とした者は，児童ポルノなどの性情報と頻繁に接触していた背景があり，それらの媒体で表現されていた行為が，実際の犯罪において実行されていたことを示している。また，子どもを対象とした強姦および強制わいせつ犯の犯罪経歴に関する数々の研究結果は，子どもに対する再犯性の高さを強調してきた。つまり，この種の性嗜好には難治性があることを示しているといえよう。

　人間の性的な関心の異常性は，精神医学の分野において，性嗜好異常（paraphilia）とよばれている。アメリカ精神医学会による精神疾患の診断・統計マニュアル最新版（DSM-5）では，性嗜好異常は，パラフィリア障害（paraphilic disorders）と名を改めている（松澤，2014）。パラフィリア障害は，性嗜好が一般的でないことだけでなく，本人や周囲に深刻な事態をもたらしていることが診断の基準になっている。性嗜好が一般的でない診断基準は，強い性的興奮が6カ月以上持続していることである。また，深刻な事態の診断基準とは，本人が苦痛と感じていること，社会に実害を与えていることである。社会への実害は，犯罪との関連を意味する。

　子どもを対象とするパラフィリア障害は，小児性愛障害（pedophilic disorder）とよばれている（及川，2014）。診断基準は，6カ月以上にわたり，思春期前の13歳未満の子どもに対して，強い性的興奮を与える空想，性的衝動，行動がくり返される状態であること，それによって著しい苦痛や対人関係上の問題を引き起こしていることである。また，診断がつけられる年齢は，本人が16歳以上，かつ，子どもより5歳以上年長であることが必要で，青年期における12，13歳の子どもとの性的関係は除かれている。

　DSM-5では，上記診断のほかに，小児性愛のタイプを3段階で特定することになっている。第1段階は，「専従型」と「非専従型」の識別である。「専従型」は，子どものみに魅惑されるタイプである。「非専従型」は，子どもと大人の両方に魅惑される

タイプである。第2段階は，魅惑対象の性別の識別であり，男性型，女性型，両性型の3タイプに分かれている。第3段階は，近親姦に限定されたものか，近親者以外にも及んでいるかの識別である。さらに，小児性愛障害と反社会性との関連が重視されており，男性で両特徴をあわせ持つことは，子どもに対して性的な問題行動を実行に移す大きな要因と考えられている。

また，マサチューセッツ治療センターでは，子どもに対する性犯罪者の行動パターンから，性犯罪者を「固執型」「退行型」「搾取型」「攻撃型（サディスト型）」の4タイプに分類している（Bartol & Bartol, 2005）。

表7.4のとおり，「固執型の性犯罪者」は，成人との対人スキルが低く，社会的に未熟，依存的であり，臆病なタイプである。子どもを友人とみなし，女児だけでなく男児をも犯行対象として選択する。性交および身体的な危害を加えることは稀とされている。「退行型の性犯罪者」は，なんらかの失敗や自信喪失が発端となり，子どもに対して性犯罪に及ぶ。一見すると，社会的に問題を抱えているようには見えず，既婚者も含まれる。女児を性的な対象とし，性交を試みるタイプである。「搾取型の性犯罪者」は，反社会的なパーソナリティと関連し，円滑な対人スキルに乏しく，犯罪経歴との関連が深いタイプである。誘拐や監禁を伴い，子どもの人格を理解することがなく，子どもは欲求を満たすためだけの対象として扱われる。「攻撃型の性犯罪者」も反社会的なパーソナリティと関連するが，加えてサディスティックな動機が伴うタイプである。誘拐や監禁によって，暴力性の高い性的行為に及ぶため，被害者の死亡

表7.4 マサチューセッツ治療センターにおける小児性愛者の分類とその特徴（Bartol & Bartol, 2005 より作成）

	犯行行動	人物特徴および治療可能性
固執型	子どものみに長期にわたり嗜好を示す。子どもを触る，愛撫するなどの接触を望み，性交までは考えていない。身体的な強制力，攻撃は考えていない。	知的レベルは平均，能力よりも低いが安定した仕事に就く。未婚，大人の友だちがいない。大人と成熟した関係が築けない。社会的に未熟，臆病，多くの人に依存。治療困難で，再犯性が最も高い。
退行型	性的能力を脅かすストレスが発端。拠点から遠い場所で面識のない子どもを選択。女児対象，性交を求める。犯行後に後悔する。	正常な青年期，良い人間関係，異性との交際経験もある。後に男性としての自信を喪失。アルコール依存，離婚，不安定で低収入の職業。ストレス対処法を学習することで，再犯性は予防できる可能性がある。
搾取型	子どもは性的欲求を満たす道具。面識のない子どもを対象，欺いて接触，連れ去ろうとする。状況によって子どもに身体的な強制力や攻撃を用いる。	犯歴や反社会的な行動歴がある。激しい性格，周囲からも疎まれ避けられている。非常に衝動的，短気，気まぐれ，対人スキルがない。日常生活全般の欠陥により，治療は困難。
攻撃型	別名サディスト型。性的および攻撃の刺激を得る対象として子どもを選択。同性の子どもを好む。思いやりはない，意地悪い。子どもをサディスティックに襲う。子どもに危害を加え，苦痛を見て性的に興奮する，誘拐や殺人を伴う。	長期にわたり反社会的行動がある。環境への適応力が悪い。非常に稀なタイプ。報道で取り上げられる子ども対象の凶悪犯のイメージ。治療は最も困難。

率が高い。4類型の中で出現率は最も低いが,最も危険なタイプである。このうち,「退行型の性犯罪者」は,ストレス対処の適切な方法を学習させることによって,再犯リスクを低減できることが期待されている。その他の類型に属する犯罪者は,基本的に治療が難しく,再犯性が高いとされている。

なお,マサチューセッツ治療センターでは,子どもに対する性犯罪者の類型の改訂版である MTC: CM3 (Child Molester, Version 3) を出している。改訂版では,退行型と固執型が,「子どもに対する固執度」「社会的能力の水準」「子どもとの接触度」という3要因によって分類され,新たに自己陶酔型が設けられ,暴力については身体的な負傷程度とサディスティックな要素の有無によって細分化されている。

ところで,アメリカの調査によれば,男性の5～10%が,一生に一度は子どもに性的虐待を行なったことがある。あるいは行なう可能性があると推定している (Finkelhor & Lewis, 1988)。レイプ神話に代表されるように,小児性愛者にも,性に関する認知の歪みがあると指摘されている (Abel et al., 1984)。表7.5は,小児性愛者が示す認知の歪みである。これらは犯罪行為を正当化するものであり,犯罪に対する罪悪感や内的抑制を低減させ,実際に犯罪を促すものであると考えられる。

先ほど述べた DSM-5 は,再犯防止の観点によって,特に小児性愛を見逃さないように配慮されている。これにはアメリカにおける深刻な犯罪情勢が背景にあると考えられている。アメリカでは,子どもに対する性犯罪の再犯が問題となり,1990年代に性犯罪者の登録が開始,性犯罪者情報の公開が実施されている。2000年代には性犯罪者の監視が強化され,毎年7万人の子どもに対する性犯罪者が逮捕されている状況であった (原田,2009)。

我が国では,2000年代に発生した女児誘拐殺人事件に端を発し,法規制強化が進められ,13歳未満の子どもを対象とした暴力的な性犯罪者に限って,帰宅予定地情報を管轄警察署に伝達する体制ができた。また,性犯罪者再犯防止プログラムが更正施設で実施されている。

そのうち,保護観察所におけるコアプログラムは,性犯罪者処遇プログラムの中核であり,認知行動療法を基礎においたものである (田代,2011)。同プログラムは原則として,男女各1名の保護観察官と性犯罪等の対象者3～5名のグループワークで

表7.5 小児性愛者の認知の歪み (Abel et al., 1984 より作成)

1. 性器に触れることはセックスとは違うので,何の害もない。
2. 子どもたちは言わないが,セックスを楽しんでいる。
3. セックスによって,子どもと仲良くなれる。
4. やがて社会も,子どものとのセックスを認めるようになるだろう。
5. セックスについて知りたがる子どもは,それを体験してみたいと思っている。
6. 子どもにセックスが何か教えるよい方法は,実際にしてみせることだ。
7. 子どもが抵抗しないのは,セックスを望んでいるからだ。

実施される。セッションはA〜Eの5つに分かれている。セッションAでは,「性犯罪のプロセス」を対象者に整理させ,性犯罪にいたるサイクルから脱却する方法を本人に習得させる。セッションBでは,先ほど述べた「認知の歪み」について気づかせ,これを変容させる方法を学習させる。セッションCの「自己管理と対人関係スキル」では,認知行動療法における問題解決訓練などを利用し,主として行動面や対人関係面に焦点を当て,サイクルからの脱出方法を習得させる。セッションDでは,「被害者への共感」として,被害者の心身の傷について理解させ,認知の歪みを変化させ,再犯防止の動機づけを高めることを目的としている。セッションEでは,これまでのセッションの結果,行動療法に基づいた再犯防止技法を教示し,各自に最終的な「再発防止計画」を立てさせる。コアプログラムは,保護観察中に受講義務があり,正当な理由なくして欠席・遅刻した場合は違反となり,仮釈放などが取り消され,刑事施設に収容される可能性がある(第28章も参照)。

4. 児童虐待

児童虐待には,保護者が子どもに対してあらゆる種類の危害を与えること,危害の可能性にさらすこと,危害を及ぼすと脅すことなどが含まれる。虐待の種類は,身体的虐待,性的虐待,ネグレクト,心理的虐待に分類される。こうした虐待を受けた子どもは,重篤な身体障害,知的な発達の阻害,対人関係や低い自己評価,粗暴な行動,多動,心的外傷後ストレス障害(PTSD),解離性同一性障害など,心身に深い影響を残し,その回復に長期間の治療が必要になることが知られている(厚生労働省,2013)。

厚生労働省によれば,2014(平成26)年度に全国の児童相談所に寄せられた児童虐待相談の対応件数は8万8,931件であった。児童虐待防止法が施行される前の1999(平成11)年度に比べて,7.6倍増えている(厚生労働省,2016)。2009〜2013(平成21〜25)年度までの間で,心中を含めた児童虐待による死亡人数は,年間平均90名近くにのぼっている。2014(平成26)年度における児童虐待種別は,心理的虐待が44%,身体的虐待が29%,ネグレクトが25%,性的虐待が2%であった。虐待者は実母が最も多く52%,次いで実父が34%であった。虐待を受けた子どもの年齢は,小学生が最多の36%,3歳から学齢前児童が24%,3歳未満の幼児が20%であった。

最も割合が高い「心理的虐待」には,子どもに対する言葉による脅し,無視,兄弟姉妹間での差別的扱い,子どもの目の前で家族に対して暴力をふるう(domestic violence:DV),兄弟姉妹に虐待行為を行なうなどが含まれる。

次に割合が高い「身体的虐待」は,子どもに打撲,あざ,骨折,頭蓋内出血などの頭部外傷,内臓損傷,刺傷,たばこなどによる火傷などの外傷を与える行為である。

具体的には，首を絞める，殴る，蹴る，叩く，投げ落とす，激しく揺さぶる，熱湯をかける，布団蒸しにする，溺れさせる，逆さ吊りにする，異物を飲ませる，食事を与えない，戸外に閉め出す，縄などで一室に拘束するなどの行為によって生じる。また，意図的に子どもを病気にさせるなどの行為もある。

「ネグレクト」には，子どもを家に残して出かける，食事を与えない，ひどく不潔にする，自動車内に放置する，重病でも病院に連れて行かないなどの行為が含まれる。また，ネグレクトには，「消極的ネグレクト」と「積極的ネグレクト」がある。「消極的ネグレクト」とは，保護者が子どもの養育知識や実行能力に乏しい場合であり，両親が知的障害や精神疾患などの例があげられる。一方の「積極的ネグレクト」とは，保護者に子どもの養育知識や実行能力があるにもかかわらず，それを行なわない場合である。

最も少ない「性的虐待」は，子どもに対してさまざまな性的行為に及ぶことである。具体的には，子どもとの性交，子どもの性器を触る，子どもに性器を触らせるなどの性的行為，それらの行為の教唆がある。また，子どもに性器や性交を見せる，子どもをポルノグラフィーの被写体にするなども含む。要するに，義理の関係を含む親子間における性犯罪のほとんどが含まれよう。

特に，「身体的虐待」は，実母が加害者となる割合が高い。また，加害者となった母親の多くは，衝動的に暴力を振るったあとにいったん反省し，自己嫌悪感を抱くが，再び虐待を行なうことが知られている。こうした背景には，生活上のストレスが存在すると指摘されている。育児が思うようにいかないという直接的な理由よりも，子どもとは直接関係のないさまざまな種類のストレスが原因であることが多いとされる。具体的には，経済的理由，人間関係の問題，夫との関係といった問題があげられる。こうした事情を考慮し，行政機関では，さまざまな子育て支援，経済支援，虐待を行なわないようにする支援や相談の窓口を設けている。しかしながら，加害者となる親ほど，公的機関の各種サービスについての知識に乏しいのが現状であるという（越智，2012）。

5.「代理ミュンヒハウゼン症候群」と「乳幼児ゆさぶられ症候群」

代理ミュンヒハウゼン症候群（Munchausen syndrome by proxy：MSbP）および，乳幼児ゆさぶられ症候群（shaken baby syndrome：SBS）は，いずれも子どもに対する身体的虐待に含まれる（厚生労働省，2013）。

代理ミュンヒハウゼン症候群は，親が子どもの症状を偽ったり，親が手を下したりして症状を起こさせて，医療機関を何度も受診し，治療行為を求めるものである。実

母が加害者である場合がほとんどである。犯行動機は医師などの専門家から注目を受け，診断を受けさせ，子どもと医療機関を支配するという充足感を得ることである。また，たいへんな子どもを懸命に育てている献身的な保護者というイメージをつくり，医療行為を受けるという目的があると考えられている。我が国でも，子どもの点滴に汚物や細菌を混ぜて投与し，子どもが被害となる傷害，傷害致死事件が起きている。

一方，乳幼児ゆさぶられ症候群は，アメリカにおいては，虐待やネグレクトによる幼児・児童の死因の10～20％を占めると見積もられている。乳幼児ゆさぶられ症候群は，親を含む保護者が怒りを感じたり，動揺したりして重い頭部損傷を引き起こすくらい子どもを強く揺さぶる場合に生じる。その結果，子どもに嘔吐，意識混濁，けいれん，呼吸困難や呼吸停止の状態が生じ，重篤な場合は死にいたる。後遺症として，視力低下，失明，知的障害，四肢麻痺などが残る場合がある。特に，加害者には幼児の発育に関する知識に乏しい若年者が多く，子どもを泣き止ませる方法として，強く揺さぶるなどの不適切な行為に及んだ結果として生じることが多い。乳幼児ゆさぶられ症候群には，「硬膜下血腫やくも膜下出血」「眼底出血」「脳浮腫」の3症状が主に認められる。また，ゆさぶった際に生じた圧迫痕，軽い外傷，肋骨骨折，四肢骨折がみられる場合がある。家庭内における転倒や転落などを理由に硬膜下血腫を負った乳幼児を受診した場合には，乳幼児ゆさぶられ症候群を第一に考え，その発見には，MRI，CT，全身骨撮影，眼底所見，出血傾向の検査などが必要となる。

6. 司法における子どもの役割

子どもを対象とした犯罪では，犯罪捜査から裁判までの刑事司法の過程において，被害に遭った子どもはもとより，犯罪を目撃した子どもが大きな役割を担うことがある。子どもの証言が，犯行の詳細を把握し，本格的な犯罪捜査に着手するためにきわめて重要な情報となるためである。しかしながら，子どもの証言は脆弱なものとして，裁判においてたびたび問題にされてきた。裁判において問題にされるのは，子どもの証言能力と証言内容の信用性である。これには，子どもの発達という観点が関連している。特に年齢が低い子どもの証言については，空想と現実が記憶の中に混在している，成人に比べると嘘を言うことが多い，記銘能力が低いので証言は信用できないなどと思われてきた（渡邉ら，2005）。その後，心理学的研究の蓄積によって，こうした俗説はすべて否定された。実際には，子どもはいろいろなことを記憶しており，聞き出し方に十分配慮すれば記憶している情報を歪めずに引き出すことが可能であることが明らかにされている。

つまり，子どもの証言の信用性を高めるためには，子どもの能力に応じた適切な証言の引き出し方が重要となる。子どもから事件の詳細を聴取する際には，子どもの被

表 7.6　子どもに対する面接で面接者が犯しやすい失敗 10 項目
(Memon & Walker, 1999 より作成)

1. 面接の目的について説明し忘れる。
2. 面接の基本ルールについて説明し忘れる。
3. 信頼関係の形成に失敗する。
4. 自由回答方式で尋ねることを忘れる。
5. はい・いいえで答える質問に頼ってしまう。
6. 5W1H での質問を使わないで質問してしまう。
7. 誤った方向に誘導する質問をしてしまう。
8. 間を置くことを忘れてしまう。
9. 子どもの話を中断させてしまう。
10. 面接の終了を説明するのを忘れてしまう。

暗示性に対する配慮が最も重要である。子どもの被暗示性とは，面接者が子どもに与えた情報によって，子どもの供述が影響されることである。面接者が与える情報には，言語的な情報だけではなく，態度や表情の変化といった非言語的な情報も含まれている。表 7.6 は，子どもの被暗示性の問題を最小限に抑え，信憑性のある証言を得る際に，面接者が失敗しがちな 10 項目を示している（Memon & Walker, 1999）。これらの項目は，信頼関係の構築，聴取における基本ルールの説明，間の取り方，質問の技術，面接終了のやり方を意味する。こうした子どもの特性に配慮した面接方法は，認知心理学の成果をふまえたものであり，代表的なものとして「司法面接」があげられる。たとえば，アメリカの NICHD プロトコルに基づく司法面接方法は，北海道大学による司法面接研修などの活動をとおして，我が国においても，児童相談所を中心に普及が進んでいる（仲，2011）。現在では，警察，検察，弁護士，裁判所などの司法関係者に広がりつつある。

一方，児童虐待の加害者と被害者の関係は，義理の関係を含めて親子関係が多いため，表面化しにくいと指摘されている。それゆえ，子どもが性的虐待を受けているかどうかの識別も難しいといえる。性的虐待を受けている可能性がある未就学から小学校低学年までの子どもが，実際に性的虐待を受けているかどうかの識別方法についてまとめた研究がある（越智，2006）。識別方法として，直接的な面接方法，アナトミカルドールという人形を用いた方法，心理テストを用いた方法を比較した。結果的に，直接的な面接方法が最も実用的で効果があったと認められた。ここでは，子どもの被暗示性の影響を最小限にする手段として，「耐誘導トレーニング」が実施された。「耐誘導トレーニング」とは，被害事実と無関係な内容について，故意に誘導的な質問をして，誘導されなかったからほめることをくり返す訓練である。面接前に耐誘導トレーニングを実施した結果，子どもが誘導質問に耐えられるようになることが示されたという。

司法面接を含む子どもの証言や取調べについての詳細は，第 23 章「1. 子どもの目撃証言」，第 24 章「1. 認知面接」を参照されたい。

Column 4　我が国の女子犯罪の動向

　我が国の一般刑法犯[*1]の女子の検挙人員は，年間8万人を超えた時期もあるが，2014年は5万人台になっている。14歳以上の女子10万人当たりの検挙人員は戦後の動乱の時期を含めて200人を超えたことはなく，平成になって以降150人を超えずに推移しており，2014年は100人を割っている。男子に比べて女子の犯罪件数が少ないことが犯罪白書からは読み取れる。一般刑法犯の検挙人員に占める女子比は，戦後から1978年まで上昇傾向にあり，それ以降はおおむね2割程度で推移している。刑事司法手続きが進むにつれて，女子比はいっそう低くなっていく。刑事施設の入所受刑者のうち女子比は増加傾向にあるものの1割には達しておらず，少年院入院者の女子比も1割前後にとどまっている。なお，出所受刑者の再入率および少年院出院者の再入院ないし刑事施設への入所者率は，男子に比べて低くなっている。

　犯罪のピークは10歳代で，加齢につれて減少するといわれている（Gottfredson & Hirschi, 1990）が，一般刑法犯の検挙人員で見てみると，男子に比べて女子は，未成年時を基準とした場合の20歳代の減少率が大きい。また，30歳代に比べて40歳代，50歳代，60歳代の比率は微増ないし横ばいになっている[*2]。また，近年は高齢者の検挙人員の増加が目立っている。

　罪種については，女子犯罪における粗暴化が注目された時期もあったが，傷害，暴行，恐喝の女子比は低い。男女いずれも一般刑法犯の検挙人員のうち窃盗の占める割合は最も高いものの，女子はより高率であり，中でも万引きの占める割合が高い。また，殺人の比率も低くなく，特に生後12カ月未満の嬰児殺の大半は女子が行なっている。ちなみに，女子の殺人については，子育ての悩みや介護・看病疲れなどの女性が担うと期待されている家庭生活にまつわる人間関係におけるあつれき・もつれから起こす場合が多いとされている。この他，交通法例違反を除く特別法犯中，覚せい剤取締法違反の占める割合が高い。

女子犯罪についての理論　従前，女子の犯罪については，月経や産後うつとの関係など，生物学上の性に帰する説明がなされていた。女子の犯罪を社会学的見地から説明しようとの試みは，アメリカでフェミニズム運動が盛んになる状況下，アドラー（Adler, 1975）とサイモン（Simon, 1975）によって始められた。従前，女性は，家庭中心の生活をしていたため行動半径が狭く，社会に出て多くの階層の人や異なった生活文化と接触するこ

[*1]　一般刑法犯とは，刑法犯から自動車運転過失致死傷等を除いた刑法犯を指す。
[*2]　平成27年版犯罪白書（法務省法務総合研究所，2015）のデータをもとに，平成26年までの過去20年を計算した。

とが少なかったために犯罪に走る機会が少なかったのであって，女性の社会的地位が向上して女性の社会的進出が多くなるほど，女子犯罪も多くなる，との主張である。

この主張が提示された当時から，女性の社会的活動が活発である社会主義国でも女子犯罪は多くないとの反証があり，この主張がなされたアメリカでも支持されずにきている。我が国においても，平成4年版犯罪白書の特集「女子と犯罪」(法務省法務総合研究所，1992)で検討しているが，女性の社会進出が進行する前の段階のそれと比較して大きな変化はみられず，当時増加傾向にあった薬物犯罪や少年非行についても，「弱い立場から抜け出せない」女性や「家庭環境に問題をもつ」少女によって引き起こされるとの見解が示されている。

女子の粗暴犯の少なさは，男性に比べて体力面で劣るなどの生物学的特性として説明できるかもしれないが，女子犯罪の大半は，家族や異性との関係を含めて弱い立場に置かれた女性が，適法内で葛藤を適切に処理したり打開したりできない結果であるとみなせる。アドラーやサイモンの主張自体は支持されなかったものの，女子の犯罪に対して，生物学的な性にとどまらず，女性を取り巻く社会・文化に注目する必要があるとの意識を喚起させた功績は大きい。

男性よりも女性のほうが犯罪に走りにくいことの説明としては，社会化の過程で犯罪に対する学習機会が男性よりも少ない，犯罪は女性らしくないとして社会からの否定的ラベリングが男性よりも強い，社会化の過程での周りからの働きかけが男女では異なり，たとえば，男性よりも女性の言動のほうが周囲から規制・監視されやすいなど絆が強く作用する，社会における地位獲得よりも身近な他者との関係性の中で適応していこうとする心理的特徴を女性は有しており，これが犯罪抑止作用となる，などがあげられる (Schwartz & Steffensmeier, 2008) が，統一見解は得られていない。生物学的要因と社会学的要因がどのように影響し合っているのかも含めて，さらなる検討をしていくことが求められている。

一方，公式統計に示される女子犯罪が少ない一因として，万引きや売春，あるいは被害者が身近な人であることなどから，暗数化されやすいことも考えられる。また，刑事司法過程に関わる男性が女性には丁重に接しようとの「騎士道精神」を有するがために，女子犯罪者の取り扱いが寛大になるとの解釈もある (Belknap & Holsinger, 2008)。しかし，その取り扱いが女性であるがゆえなのか，それとも女性の犯行そのものが軽微であったり犯行態様が受動的であったりすることを勘案した結果なのかを，一概に論じることは難しい。

女子犯罪者の処遇　犯罪に走るまでの過程が男女では異なり，その立ち直りにはジェンダーに応じた働きかけを提供するのが適当であるとされている (Bloom et al., 2003)。

女子犯罪者は，児童虐待等の被害歴を有する比率が高い。虐待被害から逃れようとして家出をして，不安定な生活状況下，不純異性交遊をする中で犯罪にも加担していくこ

とがある。また，快楽を求めるために薬物を用いる男性が多いのに対して，女性では被害に伴う精神的苦痛を緩和しようとして違法薬物を使用している場合が多い。また，うつ，不安障害，PTSD，摂食障害などの精神疾患を抱える比率も高く，情緒の安定を図ることを含めて精神健康の改善を図ることが社会適応に欠かせないことも少なくない。

依存状態から自立性を獲得することが男性の成長とみなされるのに対して，女性においては，他者との関係性をいかに築いていけるかが重要であると主張するミラー（Miller, J. B.）やギリガン（Gilligan, C.）の視点を犯罪者処遇においても取り入れるのが適当だとする意見もある（Covington, 2008）。実際，女性は男性よりも他者との関係によって動機づけられたり支えられたりする。処遇者側の立ち直らせたいとの熱意が伝わると，それに答えようとの気持ちが喚起されるなど，何を標的に処遇していくかと同時に，処遇者側がどのように処遇を提供していくかで，その効果が異なるともいわれている。加えて，引受人等の周囲の人との維持・調整をいかに図っていくかが社会復帰後の生活の安定に密接に関わっているとされている。

引用文献

Adler, F. (1975). *Sisters in crime: The rise of the new female criminal*. New York: McGraw-Hill.
Belknap, J., & Holsinger, K. (2008). An overview of delinquent girls: How theory and practice have failed and the need for innovative changes. In R. T. Zaplin (Ed.) *Female offenders: Critical perspectives and effective interventions, 2nd ed*. MA: Jones and Bartlett Publishers. pp.3-41.
Bloom, B., Owen, B., & Covington, S. (2003). *Gender-responsive strategies: Research, practice and guiding principles for women offenders*. Washington DC: National Institute of Corrections.
Covington, S. (2008). The relational theory of women's psychological development: Implications for the criminal justice system. In R. T. Zaplin (Ed.) *Female offenders: Critical perspectives and effective interventions, 2nd ed*. MA: Jones and Bartlett Publishers. pp.135-164.
Gottfredson, M. R., & Hirschi, T. (1990). *A general theory of crime*. Stanford: Stanford University Press. （ゴットフレッドソン，M. R. 松本忠久（訳）(1996). 犯罪の基礎理論 文憲堂）
法務省法務総合研究所 (2015). 平成 27 年版 犯罪白書
法務省法務総合研究所 (1992). 平成 4 年版 犯罪白書
Schwartz, J., & Steffensmeier, D. (2008). The nature of female offending: Patterns and explanation. In R. T. Zaplin (Ed.) *Female offenders: Critical perspectives and effective interventions, 2nd ed*. MA: Jones and Bartlett Publishers. pp.43-75.
Simon, R. J. (1975). *Women and crime*. Lexington: Lexington Books.

第八章 ドメスティック・バイオレンス

強制わいせつ・殺人　強姦　若者の犯罪　大量殺人　子どもに対する暴力　連続殺人　テロリズム

　近年注目されている犯罪の一つとしてドメスティック・バイオレンス（domestic violence：DV）があげられる。DV に関する法律が制定されたのは 21 世紀に入ってからであり，今後もさらに注目される犯罪であろう。

　DV に特徴的な問題点として，警察および司法の介入が困難であることがあげられる。夫婦間または交際しているカップル間における暴力などに関しては民事不介入という意識があり，介入がはばかられるからである。しかし，DV はストーカー（Douglas & Dutton, 2001；Melton, 2007）や殺人（Nicolaidis et al., 2003）などに発展する可能性が示されており，対処すべき公衆衛生上の問題（public health problem）である。

　第 1 節では，ドメスティック・バイオレンス（DV）についての概要を述べる。そして第 2 節では，DV を含む親密なパートナー間暴力（intimate partner violence：IPV）について概説する。IPV は近年さまざまな問題点が浮き彫りにされているデート DV（デーティング・バイオレンス：dating violence）も含む。しかし，第 2 節で詳しく紹介するようなこれまでの研究アプローチだけでは，今後の研究におけるパートナーに対する暴力のさらなる理解や，これらの予防・治療介入プログラムへの応用といった点で十分であるとはいえない。そこで第 3 節では，これを促進する一つのアプローチとして進化心理学的視点による研究を紹介する。

1. ドメスティック・バイオレンス

(1) DVとは

　ドメスティック・バイオレンス（Domestic Violence：DV）の明確な定義づけはなされておらず，家庭内暴力と直訳されるため，広義には児童虐待や子から親への暴力，嫁姑問題などというような，家庭というコミュニティで発生する暴力全般を包含すると考えられる。しかし近年問題となっているDVは配偶者からの暴力であり，一般的な認識も同様であるため，本章ではDVを"配偶者による暴力"として扱う。DVとその他の暴力行為との特徴的な違いは，基本的には加害者と被害者との間のなんらかの愛着関係に加えて，性的に親密な関係があること，くり返しの暴力に曝されながらも，その相手と日常生活をともにすることである（桝田，2011）。

① DV防止法

　世界的にDVが法律によって定められ，明確に犯罪として位置づけられたのは，近年になってからである。我が国においては，2001年4月13日に初めて「配偶者からの暴力の防止及び被害者の保護に関する法律（DV防止法）」としてDVを取り締まる法律が公布され，同年10月13日から施行された。その後4回の改正（それぞれ，2004年，2007年，2013年，2014年）がなされており，DVに対する法律は徐々に充実してきている。具体的には，DV行為の範囲，対象者，被害者支援などの範囲の拡大である。

　近年にいたるまでDV防止法や，これに準ずる法律が制定されてこなかったのは，時代背景による影響が大きいと考えられる。DVが法律として制定される以前は，民事不介入の原則に基づき，家庭内または配偶者間の対立に関して警察や司法は原則として介入しなかった。また家庭内の暴力，特にDVのような配偶者間で発生する暴力は，それが愛ゆえの行ないであるという認識がなされていたこともあり，第三者の介入の余地はないという考えが一般的だった。しかし，桶川ストーカー事件などが発生し，親密な関係間であっても警察の介入が行なわれてしかるべき状況が存在することが契機となり，ストーカー行為等の規制等に関する法律（ストーカー規制法，本書第9章を参照）やDV防止法などの法律の制定がなされた。

　しかし，このような婚姻関係のない二者間での事件が発生しているにもかかわらず，DV防止法の適用範囲は婚姻関係や実質的婚姻関係がある，もしくはあった場合に限られている。2010年に未成年カップル間で発生し，他者を巻き込んだ殺傷事件にいたった石巻事件，同じく他者を巻き込んだ殺人にいたったストーカー事件である2011年の長崎ストーカー殺人事件でも，カップル間で暴力が頻繁であったことがわ

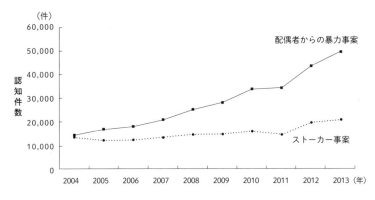

図 8.1　ストーカー事案および配偶者からの暴力事案の認知件数の推移（警察庁，2014）

かっている。このようなことから，親密な二者関係間における暴力に積極的に介入可能な法律の制定および警察や司法関係組織による実質的な介入が必要であると考えられる。

②現状の DV 被害率

　2001 年に DV 防止法が制定されてから DV の認知件数は徐々に増加しており，2004 年の段階で 1 万 4,410 件であった DV 事案の認知件数は，2013 年には 4 万 9,533 件となっている（図 8.1）。ただし，この数字は DV が単純に増加しているということを意味するわけではない。なぜなら，警察の認知件数には含まれない，暗数（警察が認知していない件数）が存在するためである。特に，DV やストーカー，強姦などの犯罪は，その被害者のプライベートに関わる側面が大きかったり，被害者自身が犯罪を犯罪と認識していないなどのことから，警察に通報されるケースが実際の発生率よりもかなり少ない。2001 年の DV 防止法の制定や，女性の社会進出や男女平等の考え方が広く浸透したこともあり，それまで犯罪としてあまり認知されていなかったDV が徐々に認知されはじめたために，数字上 DV 被害の増加がみられたと考えられる。言い換えれば，配偶者間の暴力の絶対数は変わっていない可能性がある。

③警察や自治体の対応の変化

　DV が犯罪として広く認知されることによって，警察や地方自治体の対応はどのように変化したのだろうか。警察や司法が介入する最も一般的な犯罪は，窃盗や侵入窃盗などといったいわゆる盗む行為である（本書第 11 章）。その他，対人関係のもつれによる暴力，傷害などであろう。DV，特に身体的暴力は，行為の質としては暴力や傷害と同質であるが，このような行為が明らかに敵対関係にある人物間で起こる

か，それとも配偶者間というある程度信頼し合う仲であると思われる人物間で起こるかという点において大きな違いがある。一般的な傷害，暴力，殺人などの場合には犯罪であることが自明であり，警察に通報があればすぐに取り締まることが可能であるが，DV の場合は単なる痴話喧嘩の延長であるというように重篤性を軽く見積もられたり，カップル間のプライベートな問題として処理されてしまう可能性もある。さらに，DV の加害者や被害者が，その当該行為を DV であると認識していない場合も多い。これも，警察による DV への介入を困難にしている大きな原因の一つであると考えられる。

　このような背景から，警察では，交際している二者関係間の問題であっても介入を積極的に行おうとする動きがみられる（警察庁，2014）。またこのような積極的な DV の取り締まりに加え，DV 防止法は被害者の保護や相談室のための費用の支弁を定めている。それに伴いさまざまな自治体で相談機関が設けられ，メンタルヘルスケアや相談室の充実が取り組みとしてなされている。このような司法および行政の変化に加え，それぞれの自治体では DV の認識そのものを浸透させるような試みがなされている。

　しかし，DV 防止法の適用範囲はいまだに共同生活をしている交際関係に限られており，一般的なカップル関係，特に青年期以前でのカップル関係での暴力に関しては範囲外であることは大きな問題であると考えられる。さらに，このような関係での暴力は，加害者・被害者ともに DV に準ずる行為であるという認識がなされていない場合も多い (Ohnishi et al., 2011)。大西ら (Ohnishi et al., 2011) の調査では，認識がなく暴力の加害者となっている大学生は男女ともに半数以上であることが示されている。特に侮辱などの言語的暴力，行動範囲の制限などといった支配・管理に関するものにおいて顕著である。また，被害者の相談がされにくかったり，予防セミナーや相談所があまりうまく機能していないことも示されており，これも被害者側の認識が欠けていることに起因すると考えられる。そのため，DV やこれに準ずる行為の認識を浸透させたり，より相談をしやすい環境をつくる取り組みは，今後も積極的に行なわれるべきであろう。

(2) DV のメカニズム：被害化，継続（ループ）

　DV の大きな問題点として，他者に相談しにくい，法的介入が困難であるということは上述したとおりである。これに加えて，DV そのものが継続的に行なわれているにもかかわらず，パートナーとの関係が解消されないことも，DV の大きな問題の一つである。直感的には，継続的な暴力は破局を招くだろうと推測できるにもかかわらず，それがなされない場合がある。これについて図 8.2 のような DV の継続メカニズムのモデルが提案されている（Walker, 1979／齋藤監訳，1997）。このモデルによれ

ば，カップル間の暴力関係は3相からなる。第1相は緊張形成期，第2相は爆発期，第3相は開放期（ハネムーン期）といわれる（暴力のサイクルモデル）。暴力のサイクルモデルからわかるとおり，DVは常に行なわれているわけではない。それぞれの相手は次のとおりである。

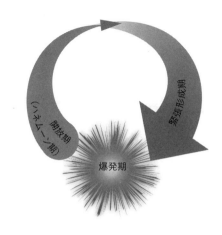

図 8.2　暴力のサイクルモデル（Walker, 1979／齋藤監訳, 1997 より作成）

緊張形成期：パートナーとの関係に緊張，緊迫感が持たれはじめる。加害者には些細なことでの苛立ち，些細な暴力や暴力的言動が示される。この段階にある被害者は，加害者であるパートナーをできるだけ刺激しないような行動，言動をとる。加害者に迎合的になり，加害者の八つ当たりによる被害を受けても，これくらいで済んでよかったと思うようになる。また，第2相（爆発期）を予期して怖れることが心理的ストレスとなる。

爆発期：第1相で高まった緊張が，なんらかのきっかけによって激しい暴力として発生する。この暴力は抑制が効かないものであり，この段階での抵抗は無意味である。第1相の暴力との違いとして抑制の欠如と重篤性があげられ，またどのようなきっかけで第1相から第2相に移行するのかという予測ができないことも，第2相の性質である。ウォーカー（Walker, 1979／齋藤監訳, 1997）によれば，一般的に第2相の持続時間は2～24時間程度だが，1週間以上続く場合もある。

開放期（ハネムーン期）：加害者は自身が悪かったとはっきり認め，後悔し，謝罪する。また，これを償おうとする姿勢や愛情深く優しい態度をとる。そして，このような暴力を二度と振わないというような約束をしたりする。または，被害者がいなくなると生きていけないなどの関係を修復しようとする行為や言動を示す。被害者はこれを自身に信じ込ませ，結果として関係は持続するのである。

ウォーカー（Walker, 1979／齋藤監訳, 1997）は，開放期を犠牲化の完了する相であると指摘しており，被害者が加害者との暴力関係から離脱しないことの大きな理由の一つであると考えられる。被害者女性の多くは，基本的には離婚などはありえないと考えるタイプであることが指摘されており，開放期のパートナーが本来のパートナーの姿であることを信じ込む。また子どもがいる場合や，経済的にパートナーに依

存している場合には物理的にも離脱しにくい。一方で別れた場合の復讐を怖れるため，別れることができないというケースもあることが指摘されている。

2. 親密なパートナー間暴力

　本章では，IPV（intimate partner violence）を，"親密なパートナー（一般的には交際しているパートナー）間暴力"と定義する。前節でも述べたとおり，DV 防止法の最大の問題点として，実質的な配偶関係や共同生活歴がある，もしくはあったという関係でないと適用できないということがあげられる。つまり，DV 防止法では婚姻関係のない場合であっても適用される可能性があるが，それでも青年期以前のカップル関係は一般的には適用範囲外である。しかし DV に準ずる暴力は，中学生や高校生などであっても同様に発生する。しかも，この暴力の発生因や行為の内容は，配偶関係の有無にかかわらずほぼ同質である。また当然のことながら，配偶関係を持つ前に暴力関係が形成されていれば配偶関係を持ったあとにも暴力関係が持続するだろう。これらのことからパートナー間暴力は，配偶関係の有無にかかわらず包括的に考える必要がある。そのため，本節では IPV として研究されたパートナー間暴力に関する知見を紹介する。また，IPV の中でも特定の概念を示すものについては必要があればその都度言及する。

　ヴェイジャイら（Vagi et al., 2013）によれば，IPV の中でも青年期の暴力に焦点を当てた研究（この研究では，adolescent dating violence というワードを用いている）は 1980 年代頃に行なわれはじめた比較的新しい領域である。初期の研究では横断的研究が多くを占めたが，近年では縦断的研究も多くなされており，発達的視点や環境による影響などの継時的な検討もなされるようになっている。

(1) IPV 加害者の分類

　同一の犯罪であっても，犯人像や犯行形態はさまざまである。そのため，さまざまな犯罪を類型化する試みも多くなされている。類型化は，犯人の捜査や臨床的介入のためにも有効である。IPV においても類型化がさまざまな側面からなされている。

①精神病質に注目した分類

　ホルツワース＝マンローとスチュアート（Holtzworth-Munroe & Stuart, 1994）によって，暴力の重篤性，暴力の一般性（暴力を，家族に対して振るうのか，家族以外に対しても振るうのか），精神病質（psychopathology）の側面から，男性の IPV 加害者の分類が試みられた（この研究では DV を対象としている）。「家族限定型（family

表 8.1　ホルツワース-マンローとスチュアートによる IPV の分類（Holtzworth-Munroe & Stuart, 1994, p.482 より作成）

側　面	家族限定型	不快気分・境界型	一般暴力・反社会型
重篤性	低い	中程度	中程度 – 高い
心理的／性的虐待	低い	中程度	中程度 – 高い
暴力の一般性			
家族以外への暴力	低い	低い – 中程度	高い
犯罪行動, 法的関与 　（legal involvement）	低い	低い – 中程度	高い
精神病質／パーソナリティ障害			
パーソナリティ障害	なし／受動的・依存的	統合失調症傾向／境界性傾向	反社会性／サイコパシー
アルコール／ドラッグ乱用	低い – 中程度	中程度	高い
うつ	低い – 中程度	高い	低い
怒り	中程度	高い	中程度

only）」「不快気分・境界型（dysphoric/borderline）」「一般暴力・反社会型（generally violent/antisocial）」の 3 パターンが明らかになった（表 8.1）。

家族限定型（family only）：暴力は一時的であり，重篤性は低く，精神的・性的虐待も少ない。家族にのみ暴力を振るい，家の外では暴力やその他法律に触れる問題は起こさない。また，精神病質やパーソナリティ障害を持たない。このタイプは男性の IPV 加害者の 50% 程度であると推測される。

不快気分・境界型（dysphoric/borderline）：中程度から重度の暴力を振るい，精神的・性的虐待も行なう。しばしば家族以外にも暴力を振るったり犯罪行動をとる。このタイプの男性 IPV 加害者は，不快気分（dysphoric），心理的ストレス，感情的不安定さ（emotionally volatile）を持つ。また，統合失調症傾向特徴や境界性パーソナリティ特徴（schizoidal/borderline）を持つ可能性があり，同時にアルコールや薬物の乱用といった問題を抱えている場合がある。このタイプは，男性の IPV 加害者の 25% 程度を占めると推測される。

一般暴力・反社会型（generally violence/antisocial）：中程度から重度の暴力を行ない，精神的・性的虐待も行なう。また，家族以外の他者に対しても一般的に暴力を振るい，ほとんどが法に触れる犯罪行動歴がある。アルコールや薬物乱用に関する問題を抱えており，反社会性パーソナリティ障害もしくはサイコパシー傾向を持つ場合が多い。このタイプは，男性の IPV 加害者の 25% 程度を占めると推測されている。

ただしこの分類について，IPV加害者男性を実際の暴力レベルやパーソナリティ障害の特徴を用いてクラスタ分析（複数の特徴を用いてデータをいくつかのグループ（クラスタ）に分類する分析）によって検証した研究では，この3つのサブタイプに加えて準一般暴力・反社会型（low-level antisocial）も抽出された（Holtzworth-Munroe et al., 2000）。このタイプは，暴力の重篤性やパーソナリティ障害特徴の強度が不快気分・境界型や一般暴力・反社会型と家族限定型の中間に位置するものであった。また，不快気分・境界型と一般暴力・反社会型の間には，家族に対する暴力に関しては統計的な差はなく，家族以外の他者一般に対する暴力が大きな違いであることが示された。

② IPVのレベルをベースにした分類

モーリシオとロペス（Mauricio & Lopez, 2009）は，IPV加害者への治療介入プログラムに参加しているIPV加害者男性を対象に，潜在クラス分析（量的な得点から実質的なカテゴリ数を推定する分析）によるIPVのレベルを指標とした分類を行なっている。この分類の結果，IPV高レベル，中程度レベル，低レベルの3カテゴリに分類することが最も妥当であることが示されている。また，それぞれのレベルにおいて，どのような種類の暴力であっても高レベルになるほど発生率が高いことが示されている。

③日本における類型化

日本においてもIPV加害者の類型化が提案されている。越智（2013）では動機の観点から大きく2タイプに分けられ，さらにそれぞれのサブグループが提案された。この分類で示されたタイプは，主に物理的な暴力などを行なう「パワー型」と，主に行動の制限などを行なう「コントロール型」である。

【パワー型】
男性優位思想型：このタイプの加害者は男性であり，恋人や配偶者である女性が被害者となる。加害者である男性は，男性が女性よりも優位な立場にあるという信念の持ち主であり，女性を男性の支配下にある存在として扱う。レイプ神話を信じていたり，女性蔑視的な態度を形成している。このタイプのIPVは，主に男性の優位性や，それによる支配のために行なわれる。同時に性的暴力も行なわれるが，これも性欲によるものであるというよりも男性の優位性を示すための暴力の手段の一つであると考えられる。

補償的暴力型：このタイプは，日常生活においてたまったストレスや不満をパートナーに対して暴力としてぶつけ，うっぷんを晴らそうとするタイプである。加害者は周囲

からはおとなしい人，対人関係に長けている，などの評価がされることも多い。しかし，被害者は加害者のストレスがすべて向けられる，いわばはけ口であるためその被害は決して軽いものではない。また，交際初期にはこのような側面が見えにくく，交際を続けているうちに徐々にその片鱗を見せはじめる。男女ともこのタイプに分類される可能性があるが，男性が大半を占める。

【コントロール型】
心理的支配型：このタイプは，パートナーの行動を監視または支配したり，過度に介入するというようなことで特徴づけられる。パーソナリティ特徴として，プライドが高く，一方で自分自身にあまり自信を持っていないということがあげられる。対人関係においては，全般的に，見捨てられるという不安が極端に強い。この不安はパートナーに対しても同様であるため，パートナーが自分を見捨てるのではないかという極度の不安感や恐怖心から，パートナーの行動を常に監視したり，パートナーが自分から離れないように脅迫をするというような行動がみられる。このタイプも補償的暴力型と同様，交際初期においては問題点が見えなかったり，またはこのような行為の原因を，愛しているから，というようなことに帰属し，問題視されない場合が多い。このタイプには男性も女性も当てはまることがあるが，多くは男性であると考えられる。

不安定型：このタイプは，パートナーを含む対人関係の形成が適切にできないというような特徴がある。具体的には，完全に支配している立場，もしくは完全に依存している立場といった，極端な関係を築く傾向にある。しかし，実際の人間関係における立場は微妙で複雑なものであり，完全にどちらかの立場をとるということはほぼないだろう。そのため，この人間関係を維持できずに極端な関係を揺れ動く。このタイプは，過度な甘え，愛情などを示す一方，過度に排斥，暴力的行為などを行なったり，自殺をほのめかして自身に注意が向くように仕向けたりするようなタイプである。この変動は短時間で発生するため，パートナーは振り回されやすい。"過度な理想化とこき下ろしをくり返す"ことを特徴とする，境界性パーソナリティ障害として診断されることもある。交際初期にもこのような不安定な感情や態度を見せるが，それも魅力の一つだと判断されてしまい，問題視されない場合が多い。このタイプも男女ともに当てはまる可能性があるが，女性のIPVの加害者にはこのタイプが多いと考えられる。

ただし，越智（2013）の日本におけるIPV加害者の分類は，統計的な手法を用いた分類ではない，仮説的な分類であるため，今後のさらなる研究が望まれる。

(2) IPV 行為の分類

①一般的な分類

　最も広く一般に普及しているIPV行為の分類は、身体的暴力、精神的暴力、性的暴力の3つに分類するものである。海外においてもこの分類は広く用いられている（Leen et al., 2013；ただしこの分類の定義を行なったSaltzman et al., 2002の報告では、身体的・性的脅迫を含む4パターンであるが、Leen et al., 2013ではこれを身体的暴力および性的暴力にそれぞれ含めている）。日本においてもこの分類は広く用いられ、内閣府の調査においてもこの分類に基づいてなされている。日本の研究の文脈においてもこの分類が用いられることが多い。ただし、深澤ら（2003）では、IPVは"冷静－興奮"と"身体的傷害"の2軸で表現できることを示しており、さらに、暴力のエスカレートの方向として、直接的暴力と間接的暴力の2パターンの進路を示唆している。サルツマンら（Saltzman et al., 2002）によれば、それぞれの暴力は次のように定義されている。

身体的暴力：被害者に危害を加える（死、身体障害、傷害などの可能性のある）物理的な力の意図的な使用によるもの。代表的なものには、殴る、ひっかく、首を絞める、噛む、武器の使用、物理的な拘束などがある。また、このような行為を他者に強要することも含まれる。

精神的暴力：トラウマを誘発する行為、恐怖を誘発する行為、強要など。これらは被害者や加害者の認知（気づかない、または冗談の範疇であると判断するなど）によっては軽いものとみなされてしまう。代表的なものには、恥をかかせる、意図的に自尊心を傷つけることを言う、行動を管理する、友人や家族との連絡を取らせない、物にあたる、お金をせびるなどがある。精神的暴力はIPVの中でも最も一般的に行なわれる可能性の高いものである。同時に、これに該当すると考えられる行為の範囲が広く、共通した定義が困難である。そのため、さまざまな知見が示されているにもかかわらず、身体的暴力や性的暴力に比べて一貫していない（Leen et al., 2013）。

性的暴力：性的暴力には3つのサブカテゴリがある。①身体的な力による、意思に反する性行動の強制、②状況や性質が理解できない、拒絶できない、性行動が不本意であることを伝えられない者に対して性行動をする、③虐待的な性行動である。

② IPVを測定する尺度

　IPVの分類や、リスク要因の検討をするためには、IPVを定量的にとらえることが不可欠である。また、サンプルサイズが大きかったり、横断的にさまざまな地域のデー

タを収集する際には質問紙調査が多く用いられることが考えられる。そのため，IPVを測定する尺度を構成し，それが妥当性と信頼性を擁している必要がある。

これらのニーズに対してIPVの尺度作成に取り組んだのがシュトラウス（Straus, 1979）である。シュトラウス（Straus, 1979）によって，葛藤戦術尺度（conflict tactics scale：CTS）が開発され，さらにその後，これを改良した，改訂葛藤戦術尺度（revised conflict tactics scale：CTS2）がシュトラウスら（Straus et al., 1996）によって開発されている。そして，より少ない項目で測定が可能なCTS2の短縮版も開発されている（Straus & Douglas., 2004）。

CTS：家族内の対立にどのように対処するのかを測定する尺度として初めて作成されたものである。シュトラウス（Straus, 1979）では，葛藤戦術（二者間の対立状態の解決方略）について3つの概念が想定されている。すなわち「冷静，合理的な話し合いによる解決（reasoning）」「言語／非言語での脅迫的行為による解決（verbal aggression）」「物理的な暴力による解決（violence）」である。この尺度は配偶者間というよりも家族内のすべてのパターンを考慮するものであった。そのため夫婦間はもちろん，親と子の間の対立や，兄弟間の対立に関しても測定できるように作成されている。

CTS2：シュトラウスら（Straus et al., 1996）によるCTS2は，主にカップル間の対立を対象に測定するものである。CTSの改訂版として発表されたものであり，葛藤戦術として既存の3概念である「交渉（negotiation）」「精神的攻撃（psychological aggression）」「身体的暴力（physical assault）」に加え，パートナー暴力の概念である「性的管理（sexual coercion）」と「暴力による結果（損傷：injury）」が含まれている。また，交渉以外のそれぞれの概念を反映すると考えられる項目には，命に関わるかどうかという観点に関して「深刻なレベルの項目（severe）」と「深刻ではない項目（minor）」とがある（交渉の概念に関しては認知的側面と感情的側面で構成されている）。そのため，それぞれのIPV概念を測定するとともに，その深刻度も同時に測定が可能である。一方で項目数が39項目と多く，回答者に負担がかかる可能性がある。なお，ここでの深刻度は命に関わるかどうかそのものに関しての言及であり，深刻度が低いから軽い，許されるということではない。

CTS2s：CTS2はさまざまな言語に訳され，世界各国で用いられている。しかし項目数が多く，回答者に大きな負荷がかかる。また質問紙調査によるIPVの研究は，自身についての回答に加えてパートナーについても回答することが一般的な手続きとなっている。つまり，39項目の尺度を自身とパートナーについて回答することになり，回答者の負担はきわめて大きいことが予測される。そのためCTS2のそれぞれの概念

を反映すると考えられる項目が2項目ずつ（深刻度が高いレベルと低いレベルのそれぞれ1項目ずつ，交渉の概念に関しては，認知的・感情的側面から1項目ずつ）選定され，全10項目の短縮版が作成された。つまり，自身に加えてパートナーに関して回答を行なっても20項目であり，回答者の負担は大きく減るだろう。それにより同時に別の尺度を測定することが可能となるため，この尺度は今後のIPV研究においても広く用いられることが予想される。

③ IPV行為を広くとらえる試み

　葛藤戦術尺度の日本語版は研究論文として発表されておらず，CTS2をベースにIPV（DV）のスクリーニングを目的として開発されたドメスティックバイオレンス（DV）簡易スクリーニング尺度（DVSI：石井ら，2003）には極端な項目が多い。これまでの日本におけるIPVの研究で主に用いられる尺度の一つは，小泉と吉武（2008）の考案した項目を，それぞれの研究で因子分析をして用いるという形をとっている。基本的には小泉と吉武（2008）の項目は，「身体的暴力」「精神的暴力」「性的暴力」の3因子構造からなることが，いくつかの研究から示されている（赤澤ら，2011；上野ら，2012）が，その妥当性や信頼性の正確な検証はなされていない。その他にもさまざまなIPVに関する質問項目が考案され，これを使った調査研究が実施されている（野口，2009；深澤ら，2003）が，いずれも尺度作成や尺度の信頼性および妥当性を検証しようとする試みはなされていない。

　日本においても系統的なIPVの研究を行なうためには，尺度の整備が不可欠であり，上記のような現状からも，これに関しての研究を行なうことには大きな意義がある。これに加えて，嫌がらせ（ハラスメント：harassment）を含めてこれらの行為を包括的にとらえることも必要だろう。ハラスメントの中には，物理的な傷害がないために気づかれにくい一方で，大きな心理的ダメージを与える可能性があるものもあるからだ。これらの問題に対して，越智ら（2014）はIPV行為（この研究では，デートバイオレンス・ハラスメント，というワードを用いている）の種類についての新たな分類を提案し，これらの行為を測定する尺度の作成を行なっている。この研究では，600人の女性参加者に対して，IPVに関するさまざまな行為の加害および被害がどの程度あったかを調査した。これらの行為を因子分析した結果，IPV行為の6つのタイプが見いだされた。「直接的暴力」「間接的暴力」「言語的暴力」「支配・管理」「経済的暴力」「つきまとい」である。

直接的暴力：顔面を拳で殴る，身体を平手で打つなどの行為である。このタイプの暴力は身体的傷害を与える可能性がある物理的なものである。越智ら（2014）の研究では，このタイプの暴力の生起率はきわめて低いことが示されているが，裏を返せばこのような暴力がなされる場合，かなり危険な状態であることが予想される。

間接的暴力：殴るそぶりや物を投げつけるふりをして脅かす，机や壁を殴る蹴るなどして脅かすなどの行為である。直接的暴力と異なり身体的障害を与えるわけではないが，これに対抗するまたは従わない場合に，物理的な身体に対する暴力を予期させる行為や脅迫である。

言語的暴力：人前で恥をかかせたり馬鹿にする，「ブサイク」などとわざと相手が嫌がる呼び方で呼ぶなどの行為である。これらの暴力は精神的ダメージを意図的に与えるタイプの暴力である。また身体的傷害を与えるわけではないため，外部からの介入はより困難であろう。

支配・管理：交友関係や行動をチェックする，勝手に携帯のメールや着信履歴を見るなどの行為である。常にパートナーより優勢であろうという行為であり，このような行為が物理的な暴力に発展する可能性がある。

経済的暴力：貸したお金やものを返さない，お金やものを貢がせるなどの行為である。これらも交際関係にある二者の関係性や価値観によると推測されやすい内容であるため，これまで見過ごされてきた行為であろう。

つきまとい：相手の実家やアパートに押しかける，別れるなら死んでやると言ったことがあるなどの行為である。これらの行為は支配・管理と共通する点も多いと考えられるが，支配・管理は加害者が相手よりも直接的に優位に立つことを目的とするような行為であるのに対し，つきまといは結果として拒否できないようにするという間接的な側面を持つ。

　また，これらのIPVタイプは相互に強く関連していることが示されている（越智ら，2014）。越智ら（2015）は高次因子分析を行ない，これらのIPVがさらに上位の因子（DV行動因子）によって説明されることを示している。これは，どのような種類のIPVであってもその頻度の総合得点でその個人の全体としてのIPV頻度レベルを測定可能であるということを示す。同時に，これらのIPV行為のどれかを行なう者は，そのほかのIPV行為も行なうということが示される。
　しかし越智ら（2014）で対象としたのは女性大学生のみであり，作成した尺度には性的暴力に関する項目が含まれていない。性的暴力はIPV研究などさまざまな研究で用いられており，IPV行為を定義する際には不可欠であると考えられる。今後，性的暴力を含めたより包括的な尺度の開発が必要だろう。

表 8.2 ヴェイジャイらによる加害リスク要因のパターン（Vagi et al., 2013 より作成）

加害リスク要因カテゴリ	例
メンタルヘルス	うつ，不安
攻撃的思考／認知	交際関係での暴力受容
若い時の暴力	喧嘩，全般的な反社会行動
薬物使用	アルコール，マリファナ
危険を伴う性行動	8年生で性経験あり，セックスパートナーが多い
恋愛／友人関係の質が悪い	敵意的なカップル関係，反社会的友人との関与
家族の質が悪い	両親の対立，子どもの頃の身体的虐待
個人の属性	子どもの性別，人種
暴力的なメディア	―

(3) IPV のリスク要因

　IPV のリスク要因に関する研究は，海外において精力的に行なわれている。ヴェイジャイら（Vagi et al., 2013）は，アメリカおよびカナダにおける IPV 加害に関する研究の詳細なレビューを行ない，53 パターンの加害リスク要因をあげ，9 カテゴリにまとめている（表 8.2；なお，Vagi et al., 2013 では同時に 6 パターンの加害予防要因（protective factor）もあげている）。本項ではこのようなさまざまなリスク要因に関して，まず，個人的な要因としての過去の経験，現在の状況，個人の特性（態度やパーソナリティ）の観点から概説する。次に，IPV は加害者個人の要因だけでなく，カップルである二者の関係性も同様に重要であるため，IPV とカップル関係に関して説明する。また，これらは必ずしも単独で IPV に影響するわけではなく，相互に影響しあい複雑に関連しあっている。この項の最後ではこのような複雑な関連性に関して触れる。

①過去の経験

　IPV のリスク要因としてまず考えられることは，過去に暴力を見たり受けたりした経験があり，これによって IPV という行動を学習しているということである。これは学習理論を基盤とする最も単純な仮説であるが，実際に，過去の経験が青年期の IPV を予測することが示されている。たとえば，ニコデモら（Nicodemus et al., 2011）の研究では，身体的 IPV の加害は，過去の身体的 IPV の被害，心理的 IPV の加害の程度と正の関連があり，心理的 IPV の被害の程度とは負の関連があることが示された。

家族：学習理論をベースに IPV のリスク要因を明らかにしようとする研究では，バンデューラによって提唱された社会的学習理論が大きく注目されている。社会的学習理

論は，"モデルを観察することによってその行動を学習し習得する" というものであり，このような学習は子どもの頃にすでに始まっている。またその頃に学習した行動パターンは，青年期やその後にもある程度持続していることが考えられる。

　行動パターンが学習，特に社会的学習理論におけるモデリングによって成り立っているならば，IPV などの暴力的な行動も他の行動と同様，なんらかのモデルを観察し，学習し習得した行動であると考えられる。また社会的学習理論の重要なポイントは，学習者が学習する行動を自ら実行せず，その行動を実行しているモデルを観察することだけでその行動を習得する，という点にある。つまり，IPV の学習は，自らが暴力的な行動をとることは必要ではなく，それを行なっている者を観察するだけで成立することが考えられる。具体的には，家族内での両親同士の暴力行動を目撃しているだけで学習が成立している可能性がある。実証的研究としてテンプルら（Temple et al., 2013）は，この観点からさまざまな研究を行ない，母親から父親への暴力はその子どもの身体的暴力加害を予測することを示した。

友人：家族や両親の影響は重要であると考えられるが，同様に友人環境も重要であると考えられている。特に青年期やそれ以前の年代での暴力行動をはじめとする少年非行においては，家庭環境よりも友人や非行少年を取り巻く環境が大きく関わっていることが示され，分化的接触理論（本書第 10 章）をはじめとするさまざまな理論化がなされている。IPV においてもこの枠組みを当てはめることが可能である。マクドネルとミッチェル（McDonell & Mitchell, 2010）の研究によれば，女性の加害リスク要因の一つとして，加害経験のある男性友人を知っていることがあげられている。一方で男性が加害者となるリスク要因として加害経験のある友人の存在はあげられていないが，男性本人の 6 カ月以内での逮捕歴の有無が加害の確率に大きく影響した。ただし，このような少年非行は友人の影響が大きいことから，単純に友人の IPV への影響がないとはこの結果からはいえないだろう。

　ミラーら（Miller et al., 2009）の研究では，親による監視，親の非暴力的解決志向，親の暴力的解決志向，友人の非行が身体的な IPV 加害の程度と関連するかどうかが検討された。その結果，性別による影響の違いが示された。まず，親の監視は男子の加害のみ抑制できるが女子ではこの影響は示されない。また，親の非暴力的解決志向は，女子の加害のみ抑制できるが男子ではこの影響は示されない。また，男女差のなかった項目として，親の暴力的解決志向加えて友人の非行が IPV 加害に関連した。

イベント：親や友人の影響に加えて，さまざまなイベントに関しても研究が行なわれている。ウリツキー＝テイラーら（Wolitzky-Taylor et al., 2008）では，12 〜 17 歳を対象に重篤な IPV の予測因を明らかにする研究を行なった。この研究では潜在的トラウマイベントとストレスフルなライフイベントを測定している。潜在的トラウマイ

ベントには，パートナー以外による性的暴行（sexual assault），薬物・飲酒強姦（drug/alcohol-facilitated rape：DAFR），身体的暴力，交通事故，火事，自然災害などのイベント，親密な友人や恋人を殺人や飲酒運転事故で亡くしたことなどがある（この研究では自身の属するコミュニティでの暴力の目撃，両親の暴力の目撃なども潜在的トラウマイベントとして扱い検討を行なっている）。ストレスフルライフイベントには，1年以内に起きた，両親もしくは友人の死，自身・兄弟・親の命が脅かされるような病気，親の離婚や別居などがある。分析の結果，潜在的トラウマイベント，ストレスフルライフイベントともにIPVリスクを上げることが示された。これに加えて，12〜14歳よりも15〜17歳が，また，男性よりも女性であることがIPVリスクを高め，人種や民族は無関連であることが示された。

②現在の状況

薬物・アルコール：IPVのリスク要因として最も言及されるもののうちの一つが薬物およびアルコール問題である。たとえばテンプルら（Temple et al., 2013）が縦断的な研究を行なっている。この研究によると，身体的IPV加害をしていると1年後でも身体的IPV加害を行なうことに加え，アルコール乱用およびマリファナを除く違法薬物（コカイン，シンナー，エクスタシー，覚せい剤など）の乱用も1年後の身体的IPV加害を予測することができた。さらに，薬物乱用とその1年後の身体IPV加害の関係は，薬物乱用時の身体的IPV加害の有無にかかわらず関連していることが示された。また，この関連に性差は示されなかった。つまり，IPVは男女どちらであっても同様に行なう可能性が示された。ただし，テンプルら（Temple et al., 2013）は，友人関係など第3の要因が影響している可能性についても言及しており，因果関係を決定づけてはいない。

一方でフォーランとオリアリー（Foran & O'Leary, 2008）のメタ分析では，飲酒とIPVの関連は大きなものではないことが示されている。具体的には，アルコールは，男性から女性へのIPVでは低から中程度，女性から男性へのIPVでは低い程度の関連しかない。ただし男性から女性へのIPVでは，飲酒の量や頻度ではなくアルコール乱用やアルコール依存の大きな影響が示されている。そのため，少なくとも現段階では治療・介入プログラムや予防において，アルコールの使用問題にアプローチすることは意味があると考えられる。一方で女性から男性へのIPVに関しては，対象にした研究が少なく，アルコールの使用方法によるIPVへの関連を検討するには不十分であった。

怒り：犯罪行動，特に攻撃行動に関連したもの全般に共通するリスク要因として，怒りの表出があげられる。IPVも怒り感情表出と関連する。アッパーライトナーら（Oberleitner et al., 2013）は，IPV加害と薬物・アルコール依存の治療介入プログラ

図 8.3　家庭内の暴力・目撃経験，怒りの表出スタイル，IPV 加害の関係
注：家庭内の暴力・目撃経験が IPV に直接的に関連するというよりも，怒りの表出スタイルを介して間接的に関連する。媒介分析はこのような関係を検討する分析である。

ムに参加している男性を対象に，怒りを表出しやすい群とそうでない群のさまざまな比較を行なった。この研究の結果，怒りを表出しやすいほうが暴力で逮捕される回数が多く，身体的暴力をより行なうことが示された。また怒り表出の程度が一般的な群は，治療介入プログラムにおいて時間を経るごとに問題行動を示す人物は減っていったが，怒りを表出しやすい群においては時間を経ても問題行動を示す人物が減らないということが示されている。さらに，怒りを表出しやすい群はそうでない群よりも治療プログラム中にアルコールおよび薬物を使用することが示されている。

また，ウォルフとフォシー（Wolf & Foshee, 2003）は，家庭内の暴力経験や目撃の IPV 加害への影響を，怒りの表出スタイルが媒介することを示した。この研究では怒りの表出スタイルを 3 パターンに分類し，それぞれがどのように IPV に影響するかを検討している。怒りの表出はそれぞれ「建設的（constructive）」「破壊的・間接的（destructive indirect）」「破壊的・直接的（destructive direct）」に分類される。建設的な怒りの表出は，自分を落ち着かせ，なぜ自分が怒っているのかを相手に伝えるスタイル，破壊的・間接的な怒りの表出は，文句を言ったり相手を傷つけることを想像するスタイル，破壊的・直接的な怒りの表出は，実際に怒鳴って侮辱したり，物を投げたり傷つけるスタイルである。媒介分析の結果，男女ともに，破壊的・間接的な怒りの表出，破壊的・直接的な怒りの表出が，家族内の暴力経験およびその目撃と IPV 加害の関連を媒介することが示されている（図 8.3）。

③パーソナリティ／態度

過去や現在の経験や，IPV の被害者および加害者を取り巻く環境と密接に関わり，相互に影響しあう重要な要因として，パーソナリティや信念・態度があげられる。このような特徴は遺伝・経験によって形成され，それが行動パターンや対人関係でのコミュニケーションなどに応用さる。

暴力に対する態度：暴力への態度，受容，支持が，IPV の加害に加え，被害にも関連することが示されている（Leen et al., 2013）。中高生程度の年齢を対象にしたマクドネルら（McDonell et al., 2010）の研究では，暴力には外的原因（external causes）があり，また暴力は正当化されるものであるという信念を持っている女性は，そうで

ない女性よりも被害者にも加害者にもなる確率が高いことが示されている。さらに，暴力は学習された反応であるという信念を持っている女性は，加害者になる確率が高くなることが示されている。一方男性では，家族の暴力行動の受容によって被害者となる確率が高まり，また，パートナーに暴力行動を受容されている場合に加害者となる確率が高まることが示されている。

反社会性パーソナリティ：IPVのリスク要因として，反社会性パーソナリティは重要な特徴である。IPVの加害者分類を行なったホルツワース＝マンローとスチュアート（Holtzworth-Munroe & Stuart, 1994）も，このパーソナリティ特徴に言及している。実証研究においても反社会性パーソナリティがIPVリスクを高めることが示されている。ウィリアムズら（Williams et al., 2005）の研究では，男性の反社会性パーソナリティ障害と飲酒がIPVのリスクを上げるかどうかが検討された。この研究の結果，反社会性パーソナリティ障害の男性はそうでない男性に比べて飲酒をしていなくてもIPVリスクが高く，飲酒によるIPVリスクの上昇率は，反社会性パーソナリティ障害の男性でより大きいことが示された。

境界性パーソナリティ：潜在クラス分析による加害者分類を行なったモーリシオとロペス（Mauricio & Lopez, 2009）は，加害治療介入プログラムに参加するほどの加害者においては，反社会性パーソナリティ特徴は暴力のレベルに関連せず（つまり，そもそもこの傾向では高いIPVレベル），むしろ，不安・回避アタッチメントと境界性パーソナリティ特徴によって特徴づけられることを示している。また一般人を対象に研究を行なったヴァインシュタインら（Weinstein et al., 2012）も，反社会性パーソナリティ特徴ではなく境界性パーソナリティ特徴がIPVに関連することを示している。さらにこの関連には性差があり，女性の場合にのみ境界性パーソナリティ傾向が高いとIPVをする確率が高い。

サイコパシー傾向：犯罪行動に関連するパーソナリティ特徴として，サイコパシー傾向がある。このパーソナリティは「対人操作性（interpersonal manipulation）」「冷淡さ（callous affective）」「不安定なライフスタイル（erratic lifestyle）」「反社会行動（antisocial behacior）」の4側面からなる。反社会性パーソナリティ特徴とオーバーラップする側面も多いが，大きく異なるのは先の2側面である（感情的側面）。また，これらの高次因子としてサイコパシー因子が仮定されているため，全側面の得点の合計をサイコパシー得点として扱うこともある。

スウォガーら（Swogger et al., 2007）は，反社会性パーソナリティ，サイコパシー傾向，IPV加害の関連について研究を行なっている。研究の参加者は刑務所の男性で，全員反社会性パーソナリティ特徴を示す者であった。IPV加害者とそうでない加

害者の反社会性パーソナリティ特徴に差はなく，そのためIPV加害を行なったことがあるか否かをサイコパシー特徴によって予測できれば，サイコパシー傾向が反社会性パーソナリティから独立した予測因となることが示される。分析の結果，サイコパシー傾向の全側面を合計したサイコパシー得点では予測できなかったが，それぞれの側面に分けた場合に，サイコパシー傾向の感情的側面が一貫してIPV加害に正の影響を示した。つまり，感情に起伏がなく，共感性が欠如しているほどIPV加害を行なうということである。総合得点では影響が示されなかったものの，サイコパシー傾向の中核となる感情的側面が影響することは興味深い。これらのことから，サイコパシー傾向もIPVを予測するパーソナリティ特徴としてあげられ，研究することが必要であると考えられる。

ナルシシズム（自己愛）：IPVのリスク要因として，ナルシシズム傾向も関連する。ナルシシズムの特徴として，尊大な自己イメージ，特権意識（entitlement），称賛欲求などがある。一方，ナルシシズムの不安定な自己概念が，常に称讃を必要としているという指摘もある。つまり，ナルシシズムの持つ尊大感は自己虚栄を守るためであるということであり，ナルシシズムが過剰な尊大さと極端な脆弱性の両方を示すことからも裏づけられる。このようなパーソナリティは自己イメージを守るために自己概念が脅かされるような状況に対して過剰に反応する。具体的には，侮辱，社会的排斥，無視などである。ナルシシズムはこれらの状況に対して怒り，復讐として暴力を行なう。ライアンら（Ryan et al., 2008）の研究では，意識や行動として搾取性・特権意識（exploitativeness/entitlement）や自身の尊大な自己イメージを持つ顕在的ナルシシズムと意識的には自尊心などが低いが無意識的にはそのような自己イメージを持つ潜在的ナルシシズムに加え，性行為に関してのみこのような自己イメージを持つ性的ナルシシズムに注目して研究を行なった（この研究では，courtship violence というワードを用いている）。その結果，男性の潜在的ナルシシズム傾向はその男性の暴力を促すことが示された。また，男性の性的ナルシシズムは女性パートナーの性的支配を促し，女性の搾取性・特権意識は，女性自身や男性パートナーの性的支配を促すことが示されている。

嫉妬：男性のIPV加害に特徴的なリスク要因として，嫉妬（Jealousy）の影響が指摘されている。プエンテとコーエン（Puente & Cohen, 2003）が，北アメリカの大学生を対象として行なった研究によって，嫉妬がどのように暴力につながっていくのかということが明らかにされた。この研究によれば，嫉妬は愛によるものであるという信念によって，嫉妬に関連する暴力を暗黙のうちに受容してしまい，これが精神的暴力や性的暴力に発展していくという。また，10代を対象としたジョルダーノら（Giordano et al., 2010；この研究では teen dating violence というワードを用いている）の研究

では，愛の大きさと IPV 加害との関係は示されないが，パートナー・自分自身の嫉妬や浮気が IPV 加害に関連することが示されており，これは性別や年齢などの影響を考慮しても示された（ただし，自身の浮気の影響を考慮すると明確な関連が示されなくなった）。

嫉妬に関しては進化心理学的観点による研究が多くなされている。進化心理学的観点による IPV の考察については後述する。簡単に言えば，男性はパートナーに別れを切り出されたり他の男性にパートナーを奪われるのを防ぐために配偶者保持行動（mate retention behavior）を行なうが，（たとえば，プレゼントを贈る，他の男に対して交際していることをアピールするなど），この行動の一つとして IPV が行なわれるというものである（Buss & Duntley, 2011；Shackelford et al., 2005）。

④カップル関係

ここまでは個人やそれを取り巻く環境の要因に目を向けてきた。しかし，カップル間の関係も重要な要因であるということが明らかになっている。また青年期の場合，パートナーは一定ではないことも多く，したがってカップル関係も流動的であるため，カップル関係に注目する研究が重要になる。

このような背景から 10 代の IPV のリスク要因に関して研究を行なったジョルダーノら（Giordano et al., 2010）は，口論（verbal conflict）や嫉妬の影響に加えて，カップルのパワーバランスが IPV のリスク要因となることを示している。つまり，カップルのどちらかがパワーバランスが好ましくないと認知している場合，特に男性が自身のことを劣っていると考える場合に IPV を行なう。そしてこの影響は，これまで IPV と関連すると考えられてきた属性（年齢，性別，親の学歴，民族，家族構成），予測因（親の監視，親の口論，親から子への暴力，友人の暴力，学力（GPA））の影響を考慮しても示される。

一方で，カップル関係において力を持っているほうが IPV を行なうという結果も示されている。32 地域を対象としたシュトラウス（Straus, 2008）もカップルの関係での優越性（dominance；二者の意見が食い違う場合に最終決定権はどちらが持つか，などの質問による）に注目して研究しており，お互いが IPV を行なうというカップル関係の場合，男女どちらであっても優越性が高いほど IPV が発生する確率が高まることが示された。ただし，男性のみまたは女性のみの IPV の場合，優越性と IPV 発生率の関係に若干の違いがある。具体的には，男性のみが IPV をする場合，男性の優越性と同様に女性の優越性も IPV 発生率と相関するが，女性のみが IPV をする場合，男性の優越性と IPV 発生率に相関はなく，女性の優越のみが関連する。

カップル関係に関する知見のための重要な手法として，さまざまな地域や学校での縦断的研究があげられる。それまでの一般的な手法である横断的研究では，かなり大きなサンプルであってもそれぞれの個人の長期的な要因について言及することが困難

であった。これに対して縦断的研究では，カップル関係の発展を長期的にとらえることができることはもちろん，測定初期のカップルが破局し次のカップル関係を形成していた場合，同一個人の異なるパートナーとIPVの関連を検討することも可能である。さらに，2つの排他的なIPVリスクモデルのどちらが正しいかといった問題を検討する場合に，一時点での測定ではどちらのモデルでも解釈できてしまうことが多い。一方，縦断的研究を行なうことによってこの問題が対処可能な場合もある。そのため，IPVのリスク要因を探索するにあたって縦断的研究を行なうことには大きな意味がある。このような背景から，ウィリアムズら（Williams et al., 2008）はパートナーが異なる場合での，IPVリスク要因の評価を行なった（なお，この研究では異なるIPVリスクモデルの評価も行なっている）。この研究の結果，暴力に対して受容的ではない場合には，予想通りカップル関係がネガティブであるほどIPVが発生することが示された。ネガティブなカップル関係とは，パートナーとの対立やパートナーに対する敵意のある関係であり，具体的には，よく意見が合わず口論をしたり，お互いがお互いの行動に対して不快に思ったりというような内容である。このような関係での加害者および被害者は，パートナーが変わるとIPVも発生しなくなる可能性がある。一方，暴力に対して受容的な場合，カップル関係はあまり関連がなく，むしろ友人の非行や友人に暴力を振るうまたは振るわれるというような，攻撃的な友人の存在が大きく影響することが示されており，IPVのリスク要因は単なる個人的特徴だけではないことを示唆している。

⑤複雑な関連

　縦断的研究の発展に加えて，統計解析ツールの発展により複雑なモデル構築が可能になったことも近年の研究の特徴であろう。これまで見てきたようにIPVにはさまざまなリスク要因が存在することが示されている。しかし同時に，リスク要因は単独でIPVに関連するわけではなく相互に影響しあい，その結果としてIPVが発生するという複雑な関係も示されている。海外では，このような複雑な関係を包括的にとらえようという提案もなされている（Bell & Naugle, 2008）。実際に，さまざまな要因が複雑に関連しあうことを想定し，それを表現するモデル構築が行なわれている。たとえば，シェイファーら（Schafer et al., 2004）では，子どもの頃の被虐待経験，アルコールに関連する問題行動，衝動性が，IPV加害と被害にどのように影響を及ぼすのかを，多母集団同時分析を用いて民族ごと（アフリカンアメリカン，ヒスパニック，白人）に検討を行なっている。この研究では，子どもの頃の被虐待経験が衝動性に影響し，それがアルコール関連問題行動に影響することによってIPV加害や被害が発生する，というモデルを想定した。この分析の結果，民族による違いはあるが，想定した3つのリスク要因が関連してIPVの加害および被害を予測できることが示されている。

また、アタッチメント、パーソナリティ、IPV の統合的なモデルも提案されている。これまでのアタッチメントに関する研究では、回避性アタッチメントや不安性アタッチメントが、また、パーソナリティに関する研究では、反社会性パーソナリティ障害や境界性パーソナリティ障害が、身体的・心理的 IPV のリスク要因であることが示されてきた。これを統合して研究をしたのがモーリシオら（Mauricio et al., 2007）である。この研究では、アタッチメントがパーソナリティ障害を規定し、それが IPV を規定するというモデルが示され、アタッチメントが直接 IPV 発生を規定するわけではなく、パーソナリティ障害を介して間接的に影響することが示された（ただし、不安性アタッチメントは精神暴力に直接の影響もある）。

(4) IPV の性差

DV や IPV は男性がパートナーである女性に対して暴力を振るうという構図が一般的であると考えられてきた。また、特に男性の支配や優越性が重要な意味を持つということも同時に議論されてきた。そのためそれまでの研究では、主に男性加害者に関する研究や、女性被害者に関する研究が多くなされている。日本においても基本的には男性の加害者および女性の被害者を想定した研究や報告書が提出されている。

一方で現在は、女性も男性も同様に IPV を行なったり、または男性よりも女性のほうがより IPV を行なうということが、アーチャー（Archer, 2000）を筆頭にさまざまな研究をとおして明らかになってきた。IPV の男女の同質性について、32 地域の大学生を対象に研究を行なったのがシュトラウス（Straus, 2008）である。この研究でのリサーチクエスチョンの 1 つは、IPV の方向性を明らかにすることである。具体的には、IPV は一般的に男性から女性に向けられるのか、女性から男性に向けられる

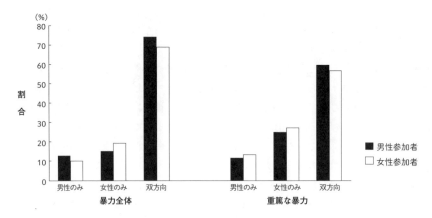

図 8.4　男女参加者の回答ごとの暴力の方向性（Straus, 2008, p.259 より作成）

のか，それとも双方向的に行なわれるのか，を明らかにすることである。2つ目のリサーチクエスチョンは，優越性がIPVに及ぼす影響は，男女でどのように重要であるのかを明らかにすることである。この研究の結果，地域によるIPV率はさまざまであるが，それぞれの地域での暴力の男女差はあまりみられなかった。またどの地域においても男性のみまたは女性のみがIPVを行なうよりも，双方向的に行なわれることが示され，その比率は圧倒的に高いものであった（図8.4）。さらにIPVの発生のリスク要因である優越性についても，男女で同様のパターンが示されることを明らかにしている（本節（3）④）。

また，オリアリーら（O'Leary et al., 2007）ではパートナー暴力の予測因に関する探索的検討を行ない，複雑なモデルを提案している。ここでも男女に共通する加害予測因子として「優越性（dominance）・嫉妬（jealousy）」「パートナー責任帰属（partner responsibility attributions）」があげられ，カップル満足度が加害を抑制することが示された。これに加えて，男性では家族の暴力の目撃，怒りやすさ，ソーシャルサポート知覚が低いことが，また，女性では子どもの頃の身体暴力加害経験がパートナー暴力加害と直接的に関連することを示している。

ただし，暴力の重篤性やその暴力を受けた場合の認識には性差があると報告する論文も存在する。モリドーとトールマン（Molidor & Tolman, 1998）では13〜18歳の学生を対象に調査を行ない，暴力の頻度に関しては性差がみられないことを示している。しかし，重篤度の高い暴力（物を投げる，殴る，首を絞める，武器で脅す）は男性の加害者が，重篤度が中程度の暴力（髪を引っ張る，ひっかく，はたくなど）には女性加害者が多いことが示されている。さらに，男性被害者は身体的な傷害を受けたのは10%に満たないが，女性では90%以上に達することを示している。

3. 進化心理学的研究

さまざまな心理的現象を明らかにするために，進化的な視点を取り入れた心理学の考え方（進化心理学）が発展してきている。IPVについても例外ではなく，進化心理学的な観点からそのメカニズムを探るという研究アプローチがとられることがある。進化心理学とは，ヒトの行動メカニズムや心理メカニズムは進化の過程で形成されたものであると考える立場である。これまでさまざまな研究分野において，さまざまな心理的・行動的現象が示されてきたが，その現象の根本的な発生メカニズムに関して不十分な点が多かった。特にこれまで扱ってきたIPVなどは顕著である。たとえば，IPVは嫉妬によって引き起こされることがわかったが，では，なぜ嫉妬がIPVを引き起こすのか，という疑問が浮かぶだろう。このような疑問に対して，進化心理学的なアプローチは説明の幅を広げることができる。この節では，進化心理学的観点から

IPVを考察する研究を紹介する。

まず，ヒトを含むすべての生物は，子孫を遺し繁殖する確率を最大化するように方向づけられている。ヒトでいえば，自身の子どもをいかに多く，かつ確実に成長させるか，という点に集約される（ただし，これは意識的な心的過程によるものではなく，"たまたま"，"結果的に"発現している行動パターンや心理メカニズムであり，我々は"繁殖する"という意図的な目的を持っているわけではない）。ここで，繁殖のための戦略（strategy：ただしこの文脈の戦略とは進化の過程で形成された行動パターンや心理メカニズムであり，意図的な目的のあるものではない）は，性別によって異なる。そして，基本的に性差のある戦略は両立せず，どちらかの性の戦略が優先されれば，もう一方は，繁殖という意味で不利な戦略を強いられることになる。どちらの性も，自身を最も有利な状況に置くように行動しようとするため，ここで性的葛藤（sexual conflict）が生じる。このようなものは適応問題（adaptive problem）といわれるが，これに対してさまざまな戦術（tactics：各々の状況での具体的な行動。この行動も適応問題への対処についての意図的な目的のあるものではない）が用いられる。バスとダントレイ（Buss & Duntley, 2011）はIPVもこの戦術のうちの一つであるという立場から，IPVが発生する問題状況について詳しく論じている。

(1) IPVは適応問題解決方略の一つ

バスとダントレイ（Buss & Duntley, 2011）は，性的葛藤におけるIPVに関して考察している。性的葛藤は，交際や結婚などというような配偶の文脈で，配偶前，配偶中，関係解消後の3段階でそれぞれ生じる。

配偶前：お互いに相手の能力や資源を査定する段階である。男性は騙し（deception）や性への固執（sexual persistence；性関係を求める）などの戦術を，女性は性的注意をそらす・先延ばしにする，コミットメントのサイン（自分にのみ目を向ける，具体的にはプレゼントなど）を要求するなどの戦術をとる。

配偶中：性関係の頻度，経済的資源の投資，他者に比べて親族に愛情を注ぐ，親としての子への投資，本命のパートナー以外へのアプローチなどといった面で性的葛藤が生じる。

関係解消後：片方が関係を修復しようとする場合，別れた相手が他者と交際するのを防ごうとする場合，生殖資源を得ようとする場合などに生じる。これは，ストーカーの進化心理学的説明でもある（Duntley & Buss, 2012）。

バスとダントレイ（Buss & Duntley, 2011）では，主に男性が女性に IPV を行なう場合について論じている。男性における適応問題は次のとおりである。配偶者略奪（mate poach），不倫（sexual infidelity），他の男性の子どもに投資してしまうこと，資源の欠如，配偶価のカップル間不一致，継子（stepchildren），配偶関係解消，よりを戻す／以前のパートナーとよりを戻すのを阻止，である。このほとんどは，配偶者略奪と不倫を阻止することに集約される。また，配偶価のカップル間不一致も同様に集約されるが，若干異なる方略であるので合わせて説明する。

①配偶者略奪，不倫

　男性にとっての重要な適応問題の一つは，パートナーである女性が他の男性の子どもを産むこと，またその子どもに投資してしまうことである。これを阻止するためには，パートナーが他の男性に略奪されたり，パートナーに不倫されることを防がなければならない。パートナーがもし他の男性の子どもを妊娠してしまった場合，自身の繁殖につながらない。さらに，その子どもが他の男性の子どもだと気づかずに投資してしまった場合，"その女性と別れて別の女性との子どもをつくる"という時間を失うことになる。加えて，本来であれば別の女性との間の自身の遺伝子を受け継いでいる子どもに投資されるはずだった資源も失うことになる。したがって，男性の心理メカニズムはライバルの男性の存在やパートナーの性的な浮気に敏感であり，この表出の一つとして嫉妬がある。この適応問題を解決するためにさまざまな方略がとられる。この方略は，配偶者保持行動（mate retention behavior）とよばれる。配偶者保持行動は，パートナーへの定期的な投資（たとえば，プレゼントを贈るなど）といったポジティブな方略から，パートナーの行動の監視（束縛）といったネガティブな方略まで，多岐にわたるものである（Buss, 1988）。そして，IPV もこのような方略の一つであると考えられる（Buss & Duntley, 2011）。

　配偶者保持行動としての IPV の機能は，主に女性の自立性を制限すること，また女性の性的・非性的資源を支配することである。つまり，脅威を与えたり物理的に傷害を与えることで，女性が不倫する確率を下げる。これは言い換えれば，男性は生まれてくる子どもの父親が自身であるという確率を高めることになり，したがって生殖成功率は高まる。実際に，女性が不倫しそうだという男性の認知が高まっている場合に，配偶者保持行動および IPV が増加することが示されている。カイオバディら（Kaighobadi et al., 2008）の研究では，女性の浮気に関する男性の認知が非暴力的な配偶者保持行動を促し，さらにそれが IPV を促すことが示されている。

　ただし，バスとダントレイ（Buss & Duntley, 2011）は配偶者保持行動としての暴力はあくまで複数の方略のうちの一つであることを強調している。またこのような支配的戦術（暴力の脅威を与えるなど）は，暴力的な男などのレッテルを張られ社会的に排斥される可能性もあるため積極的な選択はされにくい。基本的に用いられる配偶

者保持行動は非暴力的なものである。そして，配偶者保持行動の一つとしての IPV 研究ではしばしば IPV 行為の有効性が指摘されるが，これはあくまで人間理解の文脈での話であり，良い・悪いといった価値判断や，IPV を許す，もしくは当然であるといった肯定をするものではない。

②配偶価不一致

　不倫そのものを阻止することは，適応問題を直接的に解決するものである。一方で，間接的に不倫を阻止するために IPV が用いられることがある。

　これらを考えるにあたり，自身とパートナーそれぞれの配偶者としての価値（配偶価；mate value）を考える必要がある。配偶価は，子どもを産み繁殖するという文脈においてどの程度その能力が高いかを示すものである。具体的には，生殖能力が高いこと，資源供給ができることなどさまざまある。配偶価が高い個体はどのような個体とも配偶できる可能性は高いが，そうなった場合おそらく同様に配偶価が高い個体を配偶相手として選択するだろう。一方，配偶価が低い個体は配偶価が高い個体には配偶相手として選ばれず，配偶価が低い個体としか配偶できない。しかし，場合によっては配偶価が同等でないカップルが成立する可能性は十分にある。たとえば，交際前に配偶価以上の自身のディスプレイを行なう（配偶価が高いと見せかける）ことによって，自身の配偶価よりも高い配偶価のパートナーと配偶するなどである。このような場合，時間経過に伴って，自身の配偶価が低いということがパートナーにも露呈しはじめ，それに伴ってパートナーの不倫や別れのリスクが上昇するだろう。そこで，パートナーにパートナーの配偶価を実際よりも低く認識させるために IPV が行なわれることが考えられる。IPV を行なうことによって，被害者は自尊感情などが低下するため，認知的には配偶価は加害者と同等もしくはそれ以下となる。つまり，パートナーが配偶価を低く認識するようにし，それによって間接的に不倫や別れのリスクを下げるというものである。

　グラハム＝ケヴァンとアーチャー（Graham-Kevan & Archer, 2009）の研究では，自己報告およびパートナー報告による支配行動（経済的暴力，強制，脅迫，感情的虐待，孤立させるなどの物理的ではない暴力），攻撃行動（物理的な暴力），配偶価（身体的魅力，パーソナリティ，評判，学歴，知能，キャリア）を測定し，それぞれが関連するかどうかを検討した。この研究の結果，パートナー報告による測定結果で，配偶価がパートナーに比べ低いほどより支配的な行動を行ない，身体的暴力も行なうことが示されている。またこれに関しては男女差は示されないことも興味深い点である。ただし支配的行動の内容によって性差があり，経済的暴力では女性よりも男性に多く，孤立させることについては女性に多い。

(2) 今後の展望

　これまでの研究では，IPV とその他のさまざまな変数との関連が明らかにされてきた。特に，ある個人もしくはカップル関係が IPV をするかどうかの具体的な要因が示されてきたことは，予防・治療介入プログラムに有効に働くと考えられる。しかし見方を変えれば，これらは言わば関連の現象を示しているにすぎない。たとえば IPV の表出について，次のようなことが考えられる。根本的な原因は同一であるが，IPV の加害（被害）者の置かれる環境や関係性によって異なる形で表れるかもしれない。一方，根本的な原因は異なっていても，同様の IPV の形で表れるかもしれない。そのため，根本的な IPV 発生の原因を明らかにしていくことも重要であろう（Kaighobadi et al., 2009）。

　重要なことは，これまで示された要因が不要であるということではなく，今後の IPV 研究において進化的要因にも注目して検討することである。さまざまなアプローチによる研究知見が蓄積されれば，IPV に関してより理解が深まるとともに，予防・治療介入プログラムを行なうにあたってもより効果的な方略を模索することができる可能性もあるだろう。

Column 5　テストステロン：男性の攻撃性と性的魅力

　暴力的な犯罪や殺人事件の犯人は，男性であることが多い。このような攻撃性には男性ホルモンであるテストステロンが影響しているかもしれない。

　テストステロンとは男性ホルモンの一つであり，テストステロンのレベルが高い人物ほど男性的である。男性的とは，内的な面には攻撃的であるなどの特徴があげられ，外的な面には筋肉質，ひげ（体毛）が濃いなどの特徴があげられる。このようにしてみると，テストステロンレベルの高い男性は，単に攻撃的で好ましくないもののように思うかもしれない。しかし，進化的な文脈では，男性的であることが有利に働いた可能性がある。本コラムでは配偶者選択に注目し解説する。

配偶者選択　ヒトを含む動物の多くは，メスがオスを選り好みしたり，一部のオスがハーレムを形成し，複数のメスを独占するという配偶形態をとる。このような配偶形態では，オスは必然的に他のオスとの競争に勝たなければ配偶相手のメスを獲得することができず，配偶相手を獲得できないということは，自身の遺伝子を遺すことができない。したがって，弱いオスや競争を好まないオスは，配偶相手であるメスを獲得することができずに淘汰される（ただし個体ごとのさまざまな戦略によって，このようなオスが遺伝子を必ずしも遺せないわけではない）。一方，メス側からすると，配偶相手が自分以外のメスに資源を投資することはできるだけ避けたい。なぜならば，本来であればすべて自分に投資される資源が自分以外へも割かれることによって自身の取り分が少なくなるからである。現代に生きるヒトであればまだしも，狩猟などを行なっていた時代には，生存できない可能性も出てくる。この観点からみると，メス側からすると自分のみに誠実で，他に資源を割かず，自分をずっと守ってくれるオスが理想的な存在となる。現代におけるヒトの場合には，経済力が狩猟による資源の代替的な役割を担っており，配偶している女性からすれば，その経済力をすべて自身や自身との間の子どもにのみ割いてくれる男性が，そうでない男性よりも好ましいだろう。

　一方で，配偶相手の遺伝子が，"良い遺伝子"であるということも，メスがオスを選択する際に重要な点である。良い遺伝子とは，健康的で他のオスと競争しても勝ち抜き遺伝子を遺せるという強い遺伝子である。ここでの"強い"は，物理的な強さであり，身体が大きく筋肉質であることである。これはテストステロンレベルが高いということを意味する。しかし，このような強い個体との配偶はリスクを伴う。テストステロンレベルの高いオスの暴力が，自分自身に向く可能性もあるからだ。また，そのような個体であれば，他のメスも性関係を持つ可能性は十分にあり，資源は自分だけでなく他のメスにも分配される可能性は高まるだろう。

　良い遺伝子を手に入れることは，自分に向く攻撃や，資源が投資されないというリス

クを伴い，逆に，自身にのみ投資される資源を確保することは，良い遺伝子ではないというリスクを伴う。つまり，良い遺伝子と自身の安全確保はトレードオフの関係にあり，ここでメスには葛藤が生まれる。このような状況にある場合，メスにとっての最も有利な選択は，良い遺伝子を持つ個体とは短期的な配偶関係（short-term relationship），つまり一時的な性関係を持って遺伝子だけを確保し，長期的な配偶関係（long-term relationship）は，安全確保が可能な個体と結ぶことである。

実験・調査研究 実際の研究は，このトレードオフ仮説を支持する結果を示している。フレデリックとハセルトン（Frederick & Haselton, 2007）では20歳程度の参加者を対象として複数の研究が行なわれている。まず，女性参加者は，より筋肉質である男性は他の男性に対して優位性があり，攻撃的な気質を持っており，パートナーへのコミットメントは少ないと判断した。しかし，女性が短期的な性関係を持った相手の男性は，現在の恋人に比べてより男性的で筋骨たくましく，性関係を持つ前のデートの期間も短いことが示されている。一方で，感情的な親密さやロマンティックな感情は現在の恋人よりも低く，誠実ではないと判断された。この結果から，ここまで説明してきたトレードオフ仮説が正しいということが示唆される。つまり，筋肉質で男らしい男性と性関係を持つことの本質は，良い遺伝子を得るためだけであるため，誠実性や感情的な親密さは必要ないということである。この実験に加え，男性参加者を対象に，男性の筋肉質レベル（他者評価）とこれまでの性的パートナー数の関係を調べた。その結果，やはり筋肉質な男性のほうが性的パートナー数が多いことが示された。さらに，同様に男性参加者を対象に行なった調査では，自身の筋肉質レベル（自己評価）とこれまでの性的なパートナー数に加え，自身がどの程度女性にセクシー（性的に魅力的）だと判断されるかの推測，短期的な性関係を持ったパートナー数，他にパートナーがいる相手との短期的な性関係（人数）を測定し，それぞれの関連を検討した。その結果，やはり筋肉質であるという自己評価が高いほど性関係を持ったパートナー数が多く，他にパートナーを持つ女性との性関係も多かった。これらの結果は，すべてトレードオフ仮説を支持する結果である。

このようなことから，攻撃や社会的に認めてはならない行動には，進化的に備わった心理メカニズムがあるのかもしれない。ただし，そのような行動を進化的に説明することの意義は人の本質的な理解のためであり，このような行動を許すということではない。むしろ，このような側面があることを知ったうえで，我々はどのように行動すべきであるのかを考えていくことが重要であろう。

引用文献

Frederick, D. A., & Haselton, M. G. (2007). Why Is Muscularity Sexy? Tests of the Fitness Indicator Hypothesis. *Personality and Psychology Bulletin, 33*, 1167-1183.

第九章 ストーキング

　1980年代以降の犯罪心理学において,「忍び寄ること」といった語源をもつ「ストーキング (stalking)」や,その行為者である「ストーカー (stalker)」が重要な研究テーマとなっている。

　たとえば恋愛において,一方的に相手を好きになり継続的にアプローチするような現象は,いかなる国にも存在し,古くから知られていた。しかしながら,近年,その行為が相手を脅かしたり心身への損害を与えたりする犯罪として現れはじめている。精神医学的診断においては,行為者は妄想性障害に該当することが多い(村上・小田,1997)といった指摘もなされ,犯罪心理学の分野にて多くの研究がなされるようなってきている。

　そこで本章では,ストーキングに関する法的動向,事例,研究などを概観しながら,ストーキングとは何かを明らかにし,今後の研究課題を検討していくものとする。

1. ストーキングに関する法律と定義

　1980年初頭からアメリカにおいて,有名人に対しストーキング(悪質なつきまといなど)が関与するいくつかの凶悪事件が発生している。

　たとえば1980年には,ミュージシャンのジョン・レノンの熱狂的なファンであったマーク・ディビッド・チャップマン (Mark D. Chapman) が,ジョンの近年の言動に幻滅したとの理由で,つきまとい殺害した。また1981年には,女優ジョディ・

フォスターにストーキングを働いていたジョン・ヒンクリー・ジュニア (John W. Hinckley, Jr.) が，彼女の気を引くために当時の大統領レーガンを狙撃している。その後も，1982年の女優テレサ・サルダナ殺傷事件が発生し，また，前妻を殺害したとされるTVタレントのO. J. シンプソン (Orenthal J. Simpson) が，以前から前妻をつけ回し脅迫電話をかけ続けるストーキングを行なっていたことも明らかとなっている。加えて，このような有名人が関与する事件に限らず，一般人の日常生活にもストーキング被害が多発していたことが，次第に明らかとなってきたのである。

これら情勢を受け，国内外にてストーキングに関する法律が成立してきた。この節では，まず法的な動向を説明していきたい。

(1) 海外の動向

アメリカにて，法的にストーキングが強く注目され，規制法ができるきっかけの一つとなった事件が，1989年の女優レベッカ・シェイファー射殺事件である。

この事件は，すでに複数人にストーキングの経験を持つロバート・バルド (Robert J. Bardo) が，テレビ番組に出演していたレベッカに対しストーキングを行なったことから始まる。彼は，ファンレターのやりとりやプレゼントを渡すことから，シェイファーも自分を愛してくれていると思い込むようになるが，彼が意図しない「大人の女優」としての彼女の成長に憤りを感じ，彼女のアパートに侵入して射殺したものである。

1990年，この事件を契機に，アメリカにおいて世界初の反ストーキング法である「ストーキング防止法」がカリフォルニア州にて制定される。その後，全米刑事司法協会がストーキング防止法のモデルを1993年に策定し，各州に立法作業を促すこととなり，翌年には全州に同様の法律が制定される。これらアメリカ州法における典型的なストーキングの定義は，「相手の死の恐怖や重大な損傷を受けるという恐怖に陥れる意図を持って，明白にと暗にとを問わず，確実に威す（行為パターンを示す，個人による）他者への意図的，犯意のある反復的つけ回し，嫌がらせ」といったものである。1996年には，州をまたぐ合衆国連邦ストーキング防止法が制定され，この中でストーキングを「人を身体的損傷や死の恐怖に陥れる意図を持って，殺人や身体的損傷を与える脅迫（明白にと暗にとを問わず）を意味する行為（パターン）」と定義している（村上・小田，1997）。

イギリスでは，1997年に「嫌がらせ行為防止法」が成立しストーカーを嫌がらせ行為の一つとして取り締まりを始めている。この法律では，ストーキング，人種ハラスメント，セクシャルハラスメント，隣人の反社会的行為など，その形態を問わずハラスメント行為を禁止するものとなっている（斎藤，1997）。また，ストーキングの特徴を示す定義として，「個々の行為の性質に関わりなく，その執拗さの故に被害者

の心にたいへんな負担となり，脅威を感じさせる行為」としている。なお，2012年にはストーカー罪を新設している（福井，2014）。

　アメリカ，イギリス以外の国では，ベルギーが1998年，オランダが2000年，オーストラリアでは2006年に，ストーキングに関する犯罪構成要件が刑法典上に，それぞれ定められている。

(2) 日本における動向

　日本では，1995年に秋岡により翻訳されたグロス『ストーカー——ゆがんだ愛のかたち』（Gross, 1994／秋岡訳，1995）が紹介されて以来，1996年9月の枚方女子高生殺人放火事件，同年10月の福島大学女子大生ストーカー事件，翌11月の京都専門学校生放火殺人事件が立て続けに発生し，社会的な問題としてストーカーによる犯罪が取り上げられた（桐生，1998）。

　有名人に対するストーキングは，1996年のミュージシャン松任谷由実（通称ユーミン）に対する電話，手紙，つきまとい等が高じた住居侵入・器物損壊事件，1995年，妄想的な手紙，事務所への来訪等のストーキングに耐えられずアイドルの千葉麗子が芸能界を引退した事案などがある（福島，1997）。

　日本の法整備に大きな影響を与えた事件は，1999年の桶川女子大生ストーカー殺人事件である。被害者の女子大生Sさんとその家族が，久保田祥史とその仲間から執拗な嫌がらせ，脅迫を受け続けたため，警察に何度も相談に行ったものの，民事不介入などの理由から適切な対応をとってもらえなかった。その対応の遅さも遠因となり，桶川駅付近にてSさんは刺殺されてしまった事件である。

　その後，「ストーカー行為等の規制等に関する法律（ストーカー規制法）」が，2000年11月24日から施行される。この法律はストーカー行為等を処罰するなど必要な規制と，被害者に対する援助等を定めており，規制の対象となるのは，「つきまとい等」「ストーカー行為」の2つとなっている。法律では「つきまとい等」は，「特定の者に対する恋愛感情その他の好意感情又はそれが満たされなかったことに対する怨恨の感情を充足する目的で」，その特定の者またはその家族などに対して行なう行為，と規定している。その内容は，①つきまとい・待ち伏せ・押しかけ，②監視していると告げる行為，③面会・交際の要求，④乱暴な言動，⑤無言電話，連続した電話，ファクシミリ，⑥汚物などの送付，⑦名誉を傷つける，⑧性的羞恥心の侵害，がある。そして，同一の者に対し「つきまとい等」をくり返して行なうことを「ストーカー行為」と規定している。

　2013年には，改正ストーカー規制法が成立している。ここでは，拒まれたにもかかわらず，電子メールを連続して送信する行為が「つきまとい等」に追加され，同一の者に対して当該行為を反復して行なった場合には「ストーカー行為」として処罰対

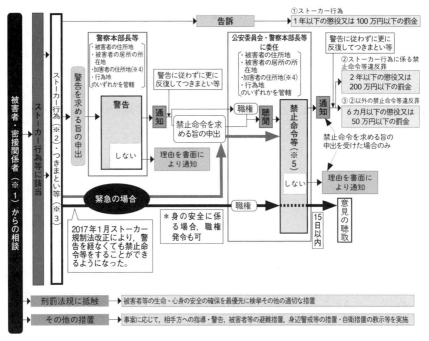

※1 「密接関係者」とは、被害者の配偶者、直系又は同居の親族その他当該特定の者と社会生活において密接な関係を有する者をいう。
※2 「ストーカー行為」とは、同一の者に対し、つきまとい等を反復してすることをいう。
※3 「つきまとい等」とは、特定の者に対する恋愛感情その他の行為の感情又はそれが満たされなかったことに対する怨恨の感情を充足する目的で、次の行為をすることをいう。

> 1 つきまとい・待ち伏せ・押し掛け・住居等の付近をみだりにうろつく
> 2 監視していると告げる行為
> 3 面会・交際の要求
> 4 乱暴な言動
> 5 無言電話、または拒まれたにもかかわらず、連続電話・FAX・電子メールの送信等
>   イ) SNSを用いたメッセージ送信等を行うこと、ロ) ブログ、SNS等の個人のページにコメント等を送ること
> 6 汚物などの送付
> 7 名誉を傷つける
> 8 性的羞恥心の侵害（電磁的記録やその記録媒体を送りつける等）

※4 日本国内に住所がないとき又は住所が知れないときは居所
※5 禁止命令等の有効期間は1年間。1年ごとに、聴聞を経て更新可。

図9.1 ストーカー事案に対する警察対応の流れ
（法務省法務総合研究所, 2016；参議院法制局, 2016；警察庁, 2016a より作成）

象となった。図9.1は、ストーカー事案に対する警察対応の流れを示したものである（法務省法務総合研究所, 2016；参議院法制局, 2016；警察庁, 2016a）。

さて、この日本のストーカー規制法が、アメリカ・イギリスと異なる点は、規制対象が特定の者に対する恋愛感情の場合に限定されているところである。アメリカ・イ

ギリスでは，いかなる形でも相手への執拗な嫌がらせ警告はストーキングとなるが，日本の規制法では，たとえば職場内での人事担当者に対するストーキングは対象とならない（福井，2014）。実は，規制法が施行される前の我々の研究（岩見，1998；桐生，1998；長澤，2002；高村，1998；横井，1998）でも，対人関係の中にストーキングがあることが明らかとなっている。たとえば，横井（1998）は，隣人関係間のストーキングを報告しており，日本においても恋愛関係に限らず，対人関係全般において派生するストーキングを対象とすることが今後の検討となろう。

なお，2017年1月3日のストーカー規制法改正では，「ストーカー行為等に係る情報提供の禁止」（7条）が設けられ，「ストーカー行為等をするおそれがある者であることを知りながら，その者に対してその行為の相手方の氏名，住所等の情報を提供すること」が新たに禁止対象となった（参議院法制局，2016；警察庁，2016a）。

2. ストーキングの実態

2013年，日本のストーカー規制法が改正されたわけだが，その前後においてもストーカーに関連する凶悪事件の発生は後を絶たない。

たとえば，新橋「耳かき店員」ストーカー殺人事件（2009年，女性従業員とその祖母が耳かき専門店に来店していた男性に殺害），長崎ストーカー殺人事件（2011年，被害女性の元交際相手である男性が，彼女の母親と祖母を殺害），逗子ストーカー殺人事件（2012年，詳細は後述），三鷹女子高生ストーカー殺人事件（2013年，被害者の女子高生を元交際相手の男性が路上で刺殺），市川市ストーカー殺人事件（2013年，元交際相手の男性が，被害者女性を路上にて刺殺），館林市ストーカー殺人事件（2014年，元交際相手の男性により，被害女性が射殺），大阪平野スナック店員ストーカー殺人事件（2014年，客として訪れ，一方的に好意を寄せていた男性が，店員女性を刺殺）などが発生している。

このように発生し続けるストーキングの実態を，統計的視点と事例から，次に概観していきたい。

(1) 統計からみたストーキング

初期のアメリカにおけるストーキングの統計的研究報告として，まずハーモンら（Harmon et al., 1995）がある。彼らは，1987～1994年の間，ニューヨーク刑事最高裁で司法精神鑑定がなされ，ストーキングとみなされた強迫的ハラスメントの事例48例を分析している。その結果，ストーカー犯罪の加害者は，男性（67%），白人（67%），大卒者（40%）が多く，平均年齢は40歳であった。また，その方法は，電話（41%）

が最も多く，待ち伏せ，追跡，対面が次に多かった。他の犯罪と比較しての特徴は，自身の行為を認めながらも，21%の加害者はその罪をまったく認めず，46%が自分のせいではないと信じていたというものであった。ハル（Hall, 1998）の報告では，ストーキング被害の女性は，未婚者が最も多く（34%），離婚者（28%），初婚者（15%），別居中の者（12%）と続いている。年齢は，18～25歳が最も多く（24%），41～50歳（20%），26～30歳（15%），36～40歳（15%）と続いていた。

その後の北米における研究では，たとえばモハンディら（Mohandie et al., 2006）の調査結果によると，1,005事例中，加害者は男性（64%），白人（54%），独身（48%）であった。また，カタラノ（Catalano, 2012）は，2009年の全米データより，ストーキングの被害者は男性よりも女性が多く，人種としてはアメリカ・インディアンやアラスカ・ネイティヴが最も多く，被害年齢は24歳以下がほぼ半数を占めること，また加害者との関係では，元夫や元ボーイフレンドといった以前に親密な関係があった場合が多いことを報告している。

一方，ストーカー規制法の施行前の日本では，まず，当時警察庁刑事局にいた中川（1997）が，以下のような調査結果を報告している。この報告は，1997年1月から4月の間，全国警察に設置された「性犯罪被害110番」への相談のうち悪質つきまとい行為などがあった相談事案を検討したものである。その結果，面識のない者，ないしはつきあった経験はないが面識がある者による悪質なつきまといの相談は24道府県で92件があった。そして，同時期に検挙解決された刑事事件のうち，殺人3件，強姦や強制わいせつなど16件を含む54件に，事件過程で悪質なつきまとい行為があった。

我々の研究グループの調査（岩見，1998；桐生，1998；長澤，2002；高村，1998；横井，1998）では，まず全米刑事司法協会の策定モデル法案に倣い，ストーキングを「特定対象者の意向を無視して，意図的に違法な方法によって，同人に対して損害を負わせる行為を2回以上継続すること」と定義して，35事例の事件資料を収集し分析した。まず，属性としては性別では男性（85.7%），年齢は20～30代（77.1%），独身（71.4%），同居者あり（68.6%）であった。犯罪歴あり（25.7%）のうち窃盗が最も多く，次に傷害，性的犯罪の順であった。

(2) ストーカー規制法施行後の統計

ストーカー規制法の施行後の動向は，次のとおりとなる。

警察庁（2016b）の報道発表資料によれば，まずストーカー事案の相談等の状況として，2001～2011年の間は1万2,000～1万6,000件台にて推移していたが，2012年以降は2万件前後の件数となっている。また，ストーカー事案の検挙数も，刑法犯・特別法犯の適応にて検挙したのは2011年までは1,000件未満であったものが，2012年以降は1,500件を超える件数となっており，ストーカー規制法違反にて検挙したの

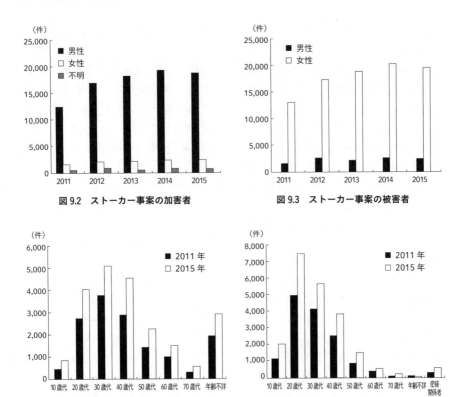

図 9.2　ストーカー事案の加害者
図 9.3　ストーカー事案の被害者
図 9.4　ストーカー事案の加害者年齢
図 9.5　ストーカー事案の被害者年齢

は，それまで 200 件前後で推移していたものが 2012 年以降は 300 件を超え，2015 年には 677 件となっている。

　2011〜2015 年までのストーカー事案の加害者の性別を見ると，いずれも男性が圧倒的に多く（たとえば，2015 年は 85.7%），一方，被害者は圧倒的に女性が多い（たとえば，2015 年は 89.3%）。（図 9.2，図 9.3）。

　2011 年と 2015 年のストーカー事案の加害者および被害者の年齢を見ると，いずれの年も，加害者は 30 歳代が最も多く，被害者は 20 歳代が最も多い（図 9.4，図 9.5）。両年間の年も同様の状況である。なお，図 9.5 の密接関係者とは，友人や勤務先の上司など社会生活において密接な関係を有する者を指している。

　2011 年と 2015 年のストーカー事案の加害者と被害者との関係を見ると，いずれの年も，交際相手や元交際相手の関係が最も多い（図 9.6）。両年間の年も同様の状況である。なお，密接関係者とは，友人や勤務先の上司など社会生活において密接な関係を有する者を指しており，その他は近隣居住者，客と従業員，教師と生徒などを指している。

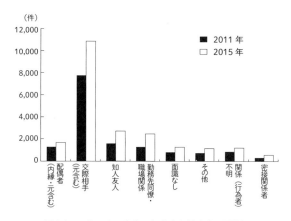

図 9.6　ストーカー事案の加害者と被害者の関係

　ストーキングの形態としては，2011 年以降「つきまとい・待ち伏せ等」が最も多い。たとえば 2015 年は，「つきまとい・待ち伏せ等」が 1 万 1,352 件，「面会・交際の要求」が 1 万 426 件，「無言電話・連続電話・メール」が 6,608 件，「乱暴な言葉」が 4,166 件，「監視していると告げる行為」が 1,362 件，「性的羞恥心を害する行為」が 1,134 件，「名誉を害する行為」が 861 件，「汚物などの送付」が 136 件であった。また，ストーカー規制法にて規制されていない嫌がらせ行為などが，528 件あった。なお，これらの件数は複数計上となっている。

　最後に，ストーキングの動機である。ストーカー規制法に抵触する動機として，2015 年は「好意の感情」が 1 万 9,755 件であり，「好意が満たされず怨恨の感情」が 1 万 5,419 件となっている。また，ストーカー規制法に抵触しない動機として，2015 年は「精神障害（被害妄想を含む）」が 85 件，「職場・商取引上のトラブル」が 42 件，「その他怨恨の感情」が 193 件，「その他（離婚に伴うトラブルや金銭貸借のトラブルなど）」が 42 件となっている。2011 年以降も，「好意の感情」が最も多い動機となっている。

　島田（2014）は，これら警察統計から，日本の警察が取り扱うストーカー事案は「別れ話」型と「片思い」型に大別されると指摘している。また，動機に関し統計上は「好意の感情」と「好意が満たされず怨恨の感情」とを区別しているが，そもそも対人関係における行為と怨恨の表出は単純ではないことから，この統計をもって議論することは難しい旨を述べている。

(3) 事例によるストーキング

　次に，日本においてストーカー規制法改正のきっかけとなったストーカー事例であ

る「逗子ストーカー殺人事件」をみていきたい。2012年11月6日午後、フリーデザイナーの被害女性（33）が住む神奈川県逗子市の集合住宅内に、2004年頃から2年間ほどつきあっていた加害者小堤英統（40）が侵入、被害者を刺殺後、自らも自殺した事件である。まず、この事例を時系列的に記すと、以下のとおりとなる。

逗子ストーカー殺人事件

① 2006年頃、小堤は嫌がらせや脅迫メールを送りつけはじめた。2008年、被害者が結婚し逗子市に転居した。2010年12月、被害者が逗子警察署に相談し、同署が小堤に勧告しメールが止まった。

② 2011年4月頃から、小堤は「ぜってー殺す」「刺し殺す」などの脅すメールを1日に80～100ほど送りつけた。

③ 被害者が逗子警察署に相談し緊急通報装置を借り、2011年6月に小堤が脅迫罪容疑で逮捕された。同年9月に懲役1年、執行猶予3年の有罪判決となった。なお、逮捕の際に警察官が被害者の住所氏名を読み上げたことにより、後日、小堤が被害者の生活状況や集合住宅を突き止めることとなった。

④ 2011年7月、警察は小堤に対しストーカー規制法に基づく警告を出し、9月に監視カメラを設置した。

⑤ 小堤は、2012年3月下旬から4月上旬に合計1,089通のメールを送りつけた。

⑥ メールには「結婚を約束したのに別の男と結婚した。契約不履行で慰謝料を払え」など書いてあり、被害者は警察に相談したものの、脅迫的内容がないことから、警察は立件を見送った。

⑦ その後、メールはなく、7月に警察が被害者に再確認した際も、「メールがないので大丈夫」と被害者は話していた。

⑧ 2012年11月6日、小堤は無施錠の窓から被害者の部屋に侵入し、被害者を刃物で殺害した。

これは、ストーカーの異常な執拗さが、容易にうかがい知ることのできる事例だといえよう。

精神科医の福井（2014）は、ストーカーに関わる因子として、反社会性パーソナリティ障害、自己愛性パーソナリティ障害、発達障害傾向をあげているが、この「逗子ストーカー殺人事件」の加害者に対しては、自己愛性パーソナリティ障害の可能性があるのではないかと指摘している。「結婚を約束したのに別の男と結婚した。契約不履行で慰謝料を払え」といった文面から、自分の好意を正当化し、強い被害者意識により、身勝手な恨みを募らせている心理的状態を推測している。加えて福井（2014）は、「恨みを募らせながらも、相手にすがる。写し鏡である相手を失うことは、自分の全てを失うに等しいからだ。だが、追えば追うほど求めるものは遠のいていく。そんな相手に苛立ち、怒りを募らせ、それが臨界点に達した時、事件は起こるのだ」と説明を行なっているが、ストーカーの心的過程をうかがい知るうえでは興味深い指摘だと

いえよう。

　なお，前述したように，この事件をきっかけにストーカー規制法が改正され，電子メールを連続して送信する行為が「つきまとい等」に追加され，同一の者に対して当該行為を反復して行なった場合には「ストーカー行為」として処罰対象となった。また，同種事案にて，逮捕状に被害者の住所や氏名を書かず，加害者に対し顔写真にて被害者を確認させるなどの措置がとられるようになった。この「逗子ストーカー殺人事件」は，ストーカーの新たな行為を浮き上がらせ規制の対象を広げたと同時に，凶悪な犯行へ結びつく心的過程を知るうえで重要な事例であると考えられる。

　さて，統計的な視点からストーカー事件をみた場合，恋愛に基づく交際相手ないしは元交際相手の男性加害者が，女性被害者に悪質なつきまとい等をくり返し，時として身体へ危害を加えるものと想定される。特に日本の場合，ストーカー規制法は規制対象が特定の者に対する恋愛感情の場合に限定されていることから，ストーカー事件と恋愛との関係性が高く感じられよう。しかしながら，会社関係や隣人関係で発生した犯罪の中にも，ストーキングを見いだすことはけっして難しくない。ストーキングという行為を知るためには，個々の犯罪事例を丁寧に読み解くことが重要となる。

　アメリカにて法律を制定するにあたり，ストーキングとは何かを具体的に示すめ，いくつかのストーキング形態が報告されている。アメリカ連邦機関の法務省刑事司法協会のモデル法案に関するセミナーにて，紹介されている仮想ストーキング事例は，a.被害者と加害者が職場関係である事例，b.被害者と加害者が夫婦関係である事例，c.被害者と加害者が互いに面識のない事例の3事例であった（United States Department of Justice, 1996）。

　事例aは，大手都市銀行の支店長（被害者）が出納係（加害者）の勤務評定を「不満足」とし，その後，終日決算の金額が足りないことにより，その出納係を解雇したことがきっかけとなったものである。ストーキングは，つきまとい，電話，脅迫めいたメモ書きなどであった。事例bは，大学に復学した妻（被害者）に対し，クラスメートとの仲を疑った夫（加害者）が，妻が不在の間の家事や育児にストレスを感じ，つきまといや暴力を行ない，別居後は電話や手紙をくり返したものである。事例cは，スポーツ記者の男性（被害者）に対し片思いをしてしまったドライクリーニング店の女性副店長（加害者）が，数回話しかけたものの断られたことを恨み，電話をしたり，面会を求め，男性の妻に対してつけ回し，待ち伏せ，罵詈雑言をあびせるなどを行なったものである。これらの事例は，どの時点でいかなる介入が可能かを議論するためのモデルとなっているが，事例aのように恋愛関係ではないものもある。

　社会に強い印象を与えるなどした国内外のストーカー事件について，越智（2013）は10事例をあげ詳細に説明している。それら事例は，「レベッカ・シェイファー殺害事件」「リチャード・ファーレイ事件」「逗子ストーカー殺人事件」「桶川女子大生ストーカー殺人事件」「秘書を追い回した憎悪型ストーカー事件（ミューレンの事例）」「栃

木隣人トラブル殺人事件」「デビッド・レターマン　ストーカー事件」「藤田博さん宅ストーカー殺人事件」「耳かきショップ店員ストーカー殺人事件」「モニカ・セレシュのストーカー傷害事件」であるが，この中に恋愛関係とは異なる関係からのストーキングがみられた事例が3例紹介されている。「秘書を追い回した憎悪型ストーカー事件（ミューレンの事例）」は，偶然に遭遇した秘書である女性に逆恨みし，尾行し彼女の素性を調べ，無言電話，脅迫電話，悪質な手紙の送付などを1年間，くり返したものである。「栃木隣人トラブル殺人事件」は，隣家同士が20年以上も憎しみ続け，お互いに嫌がらせをくり返し，加害者の男性が，被害者の隣家の主婦およびその義理の妹に散弾銃を撃ち，加害者が自殺したものである。「藤田博さん宅ストーカー殺人事件」は，藤田家の長女の高校時代の同級生であった大学生が，具体的な理由もなく投石，自動車への傷つけなどをくり返し，包丁を持って襲撃したものである。

　先のアメリカ連邦機関モデル法案セミナーにて紹介されていた仮想ストーキング事例も含め，会社での人間関係や近隣における人間関係の間で発生した犯罪にも，ストーキングが内在していることが，種々の事例を検討することで知ることができる。今後，日本のストーカー規制法を再検討する際，重要なテーマとなろう。

(4) 女性，高齢者のストーカー

　ストーカー加害者は，若い男性というイメージが強い。しかしながら，司法精神科医の福井（2014）は，自らの診断経験から，「ストーカーも，男女半々か，むしろ女性ストーカーがやや上回るといったところ」と述べている。そして，ストーカーの対象は元交際相手だが，その関係の出発点が，相手男性に妻子がいることを承知で交際していたり，何人もの彼女がいるうちの一人としてつきあっていたり，といった通常の恋愛関係ではなかったケースが多いことを指摘している。ただ，警察庁（2016b）の報告をみると，ストーカー全体における女性の比率は，2011年は10.15%，2012年は10.33%，2013年は10.17%，2014年は10.78%，2015年は11.06%である。警察が認知する件数から，男性に比べ女性ストーカーの比率が高いとはいえない。

　精神科医である福島（1997）は，自らの女性ストーカーによる被害を紹介している。彼の診断を2年ほど受けた女性が，8年後に診断ではなく面談をもとめたため断ると，その後，つきまといや待ち伏せが数カ月続いた恋愛妄想によるストーキング事例である。古山ら（1997）は，妻（加害者）が，夫が以前つきあっていた看護師である女性（被害者）に対して行なったストーキングを報告している。夫の帰りが遅いことに不信感を抱き，被害者女性とつきあっているのではないかと疑い，無言電話，器物損壊などをくり返した事例である。

　これらの女性ストーカーの事例報告より，男性ストーカーとは異なる特質があることが予測される。トンプソンら（Thompson et al., 2010）の質問紙調査では，女子大

学生によるストーキングにおいては，男子大学生よりも中程度の暴力を振るう割合が高いとの報告がある。先の福井の指摘も考慮すれば，男性が女性からストーカー被害を受けても，あまり重篤ではないことから，面子や世間体も相まって警察に届けない可能性も考えられる。今後のストーカー被害に関する案数調査などの研究が待たれるところである。

次に，高齢者によるストーキングである。日本の高齢者の受刑者率は，他の先進国と比較しきわめて高いことが指摘されている。また，高齢者の人口増加以上に，高齢者の犯罪が増加していること，その増加率は他のどの年齢層よりも高くなっていることも明らかにされている（太田・警察庁，2013）。このことにより，高齢者におけるストーキングを検討することも重要となろう。

2013年10月19日付け読売新聞の，「60歳以上のストーカー増える」の記事にいくつかの事例が紹介されている。たとえば，「かつて交際していた70歳代の女性宅に押しかけたとして住居侵入容疑で逮捕され，その後，ストーカー規制法違反容疑で追送検された80歳代の無職男は調べに『妻に先立たれ，さみしかった』と供述。男は妻の死亡後，以前，不倫関係にあった女性に何度も復縁を求め，『一緒に死んでくれ』と迫っていた」といったものや，「飲食店の30歳代の女性店員に交際を拒否され，2日間に計62回も電話をかけた男（76）」といったものである。そして，これら事例を担当した「捜査幹部によると，死別や離婚で独り身になった男性が，年下の女性に執拗に交際を迫るケースが目立つという」というコメントを紹介している。この記事の中で，ストーカー被害者の支援を行なうNPO法人「ヒューマニティ」の小早川明子氏の意見として「競争社会を生き抜いてきた団塊の世代を中心とする男性には，今なお『男性優位』の考え方が残っている」ことがストーキングの要因の一つであることをあげている。同法人が設立された1999年以降，受け付けたストーカー相談約1,500件のうち，加害者の2割が男性高齢者であり，「『老い先短いから』と自暴自棄になったり，『青春を取り戻したい』と思ったりした時に独善的な考えに陥り，そのはけ口を女性に求めてストーカー行為に及ぶ人が多いようだ」と分析していることを紹介している。

なお，警察庁（2016b）の報告では，ストーカー全体における60歳代以上の比率は，2011年は8.86％，2012年は9.21％，2013年は9.10％，2014年は9.64％，2015年は9.67％であった。図9.4で示したように，他の年代と比較し多いとは言い難いものの，他の年代とは異なるストーキングの特質を，女性ストーカーと同様に有することが推定される。

3. ストーカーに対する犯罪心理学の研究

アメリカの犯罪心理学者バートルとバートル（Bartol & Bartol, 2005）は，ストー

キングを「理性的な人間に恐怖を感じさせるに十分な、反復的な物理的または視覚的接近、合意のないコミュニケーション、言葉や文書による、または暗示的な脅迫を含む、特定の人物に向けられた一連の行動」とする犯罪心理学的な説明を試みている。これまで、犯罪心理学の分野では、犯罪捜査や精神病理学の観点に立ち、ストーカーのタイプ、エスカレーションや危険性について研究がなされている。それらの研究は、研究者の立場、研究目的によって異なり多様であるが、おおむねストーカーの人格特性に焦点を当てるか、ストーカーの行動に焦点を当てるかに大別できる。

(1) ストーカーの類型，分類

ストーカーの類型や分類に関しては、まず精神医学の分野から研究が始められている。

福島（1997）は、行為による類型として「イノセント・タイプ」「挫折愛タイプ」「破婚タイプ」「スター・ストーカー」「エグゼクティブ・ストーカー」の5タイプと、精神医学的な分類として「精神病系」「パラノイド系」「ボーダーライン系」「ナルシスト系」「サイコパス系」の5タイプを提案している。そして、行為による類型と精神医学的な分類とを組み合わせ、ストーカーの全体像をとらえようと試みている（図9.7）。

まず、行為による類型では、「イノセント・タイプ」は被害者にとって加害者が見知らぬ人であるタイプ、「挫折愛タイプ」はかつて両者の間になんらかの関係や交渉があったタイプ、「破婚タイプ」は両者が実質的な婚姻生活を送っていたが、その関係を打ち切ろうとしたタイプ、「スター・ストーカー」は被害者が有名なスターであるタイプ、「エグゼクティブ・ストーカー」は被害者が社会的地位の高い人や他者の話を聞き相談に乗ってくれる人のタイプ、とそれぞれ定義している。また、精神医学的な分類では、「精神病系」は統合失調症などの精神病が発病し恋愛妄想などが動機となるもの、「パラノイド系」は統合失調症の軽症型と、ある性格特性にストレスが加わることで起こる心因性パラノイドの2種類から動機が生じるもの、「ボーダーラ

	イノセント・タイプ・ストーカー	挫折愛タイプ・ストーカー	破婚タイプ・ストーカー	スター・ストーカー	エグゼクティブ・ストーカー
精神病系	A	C	C	A	A
パラノイド系	A	B	C	A	B
ボーダーライン系	C	A	B	C	C
ナルシスト系	B	A	C	B	C
サイコパス系	A	B	A	C	C

図9.7 福島のストーカー分類とタイプ発生頻度のモデル（福島，1997より作成）
注：Aは「しばしばみられる」，Bは「時にみられる」，Cは「稀にしかみられない」をそれぞれ示す

イン系」は境界性パーソナリティ障害からの動機によるもの,「ナルシスト系」は自己愛性パーソナリティ障害からの動機によるもの,「サイコパス系」は反社会性パーソナリティ障害からの動機によるもの,とそれぞれ説明している。

　これらを組み合わせることで,ストーカーの説明を試みているが,たとえば,精神病系のストーカーは自己と現実に関係の薄い対象を関心の標的とするところから,「スター・ストーカー」「エグゼクティブ・ストーカー」「イノセント・タイプ」が多いとする。この福島の分類は,ストーキングの対象や行為から精神病理学的な推定を行ない,対処を検討するうえで有益なものと評価される。なお,他の精神科医による分類としては,影山(1997)が,「古典型」「現代型」「未練執着型」「誇大自信過剰型」「ファン型」と分類している。また,福井(2014)は,相手との関係性と目的から「執着型」「一方型」「求愛型」「破壊型」と分類し,それぞれの分類の因子として「執着型」には自己愛性パーソナリティ障害が,「一方型」には統合失調症や妄想性障害などの精神病が,「求愛型」には発達障害傾向が,「破壊型」には反社会性パーソナリティ障害が,それぞれあるものと推測している。

　さて,ストーカー研究の第一人者であるミューレン(Mullen, 2000)は,ストーキングが発生した際の対人関係,ストーカーの行動や特徴,それに伴う被害者のダメージや行為の発展性などを手がかりに,分類を行なっている(表9.1を参照)。

　このミューレンの分類が有用であると評価する越智(2015)は,その分類をもとに日本の特質に見合った分類を提案している。それらは,元交際相手や元配偶者によって行なわれる悪質なつきまといである「拒絶型」,ちょっとしたきっかけで日ごろの不満を爆発させ嫌がらせを始める「憎悪型」,恋愛妄想に基づいてストーキングを行なう「親密希求型」,一方的に自分勝手な愛の押しつけをくり返す「一方的な求愛者型」

表9.1　ミューレンのストーカー分類(Mullen, 2000より作成)

タイプ	対象者	行動・特徴	危険性
拒絶型 (rejected)	元恋人,元妻	別れを切り出され,その報復。よりを戻す行為から復習へ。	殺害,障害などの危険性は高い。
憎悪型 (resentful)	偶然関わった人	ストレスなどのうっぷん晴らし。隠れて犯行。	暴行,傷害への移行は少ない。
親密希求型 (intimacy seeking)	恋愛対象者	妄想的な関係をつくり上げる。精神疾患(統合失調症,妄想性パーソナリティ障害,自己愛型パーソナリティ障害など)の場合あり。	嫉妬から攻撃する可能性もある。
無資格型 (incompetent)	交際や恋愛対象者	的外れでしつこい接近,強引に交際を迫り続ける。反社会性パーソナリティ障害,発達障害の場合あり。	反社会性パーソナリティ障害のタイプは危険性は高い。
略奪型 (predatory)	レイプなどの対象者	他の犯罪の準備段階,情報収集のための追跡など。被害者は気づかない。	レイプなどの性的犯罪が目的だが,犯行に及ばない場合もある。

である。そして,「一方的な求愛者型」には,「暴力的求愛型」「恋愛未熟型」「発達障害型」の3つの下位分類があるとしている。

　一方,犯罪捜査の観点からストーカーの分類を試みた,いくつかの報告もある。
　アメリカFBIの専門家が提唱した分類としては,ライトら（Wrigth et al., 1995）による3分類,「Non-domestic stalker（見知らぬ者を対象とする）」「Domestic stalker（元の交際者など既知の者を対象とする）」「Erotomania stalker（マスメディアに登場する者に妄想的に恋愛感情を抱く）」がある。この分類とともに,ストーキングのターゲット,武器の所持,自殺などを検討し,データ収集による特徴抽出の重要性を説いている。なお,FBIのプロファイラーとして活躍していたレスラー（1997）が日本の雑誌にて紹介した分類は,「リジェクション・センシティブ・タイプ（拒絶に過敏な人）」「境界性パーソナリティ障害タイプ」「エロトメニア（関係妄想）タイプ」「スキゾフィニア（分裂病質）タイプ」であった。これに対して,福島（1997）は精神医学的に不適切な分類と批判している。
　犯罪者プロファイリングによるストーカー分類においては,収集された事件データを用いて多変量解析などの統計処理を施した分類が報告されている。長澤（2002）は,ストーカーの属性などを変数とし,数量化理論Ⅲ類にて分析したところ,「孤立型」「社会的地位不安定型」「社交型」「社会的地位安定型」の4類型を得ている。横井（1998）は,この長澤と同じ事件資料を用いて,ストーキングの行為を変数とし数量化理論Ⅲ類により分析した。その結果,「対物－獲得」型,「対人－獲得」型,「対人－攻撃」型,「対物－攻撃」型の4類型が得られ,長澤の結果との関連を検討し,属性と行動によるストーカー像の記述を試みている。なお,これら2つの研究は,ストーカー規制法が施行される前の事例であり,データ数も40に満たないものであるため,探索的研究による結果との評価となろう。
　島田と伊原（2014a）は,2012年に警察に相談があった200のストーカー事案を分析データとし,多重コレスポンデンス分析にて4類型を得ている。これらは,①元交際相手である行為者が,面会や復縁を求めて連続電話や大量のメールを送付する類型,②比較的若年の行為者が被害者に対して身体的暴力を振るう,あるいは凶器を見せる類型,③50歳以上の行為者が,相手との交際を求めてつきまとう類型,④行為者が被害者に対して手紙や文書を送る,プレゼントを贈るといった電話やメール以外の手段によってストーキングを行なう類型,の4類型である。警察が相談を受けた実際のストーカー事案を分析したこの類型は,犯罪捜査場面においての有用性は高いものと考えられる。
　以上,精神医学的な観点や犯罪捜査の観点からみた,これまでに研究報告されているストーカーの類型を記した。国や法律の違い,類型を行なう目的の違いによって,それら類型は異なるものの,ストーキングの実際を整理し把握するためには必要であると考えられる。ストーカーは法的には歴史の浅い犯罪であることから,今後も,よ

り多くの資料を収集し収斂された類型の作成が望まれよう。

(2) ストーカーのエスカレーション，危険性

　表9.1に示したように，ストーカーのタイプによって将来の危険性の程度，すなわちエスカレーションの可能性が異なることが予測される（Mullen, 2000）。たとえば，元恋人や元妻を対象者とする「拒絶型」や，反社会性パーソナリティ障害の加害者による「無資格型」の場合，エスカレーションの可能性は高いものと考えられる。また，先に紹介した横井（1998）では，「孤立型」の場合，ストーキングの対象が特定の人物からその周辺の複数被害者に拡大する傾向がみられたことが報告されている。

　ハーモンら（Harmon et al., 1998）は，ストーキングの中で暴力的行為が出現したか否かを，被害者との以前の関係性にて分析している。その結果，親密な関係であった場合は65％が，単に知人であった場合は37％が，まったくの他人だった場合は27％が，それぞれ暴力行為を行なっていることが明らかとなった。また，パーソナリティ障害と薬物中毒とが併発している場合に暴力行為が多いことも示している。また，ローゼンフェルド（Rosenfeld, 2004；Rosenfeld & Lewis, 2005）は，ストーカーの暴力危険評価について研究を行なっているが，ストーカーの年齢や教育水準が低いこと，動機が復讐であること，親密な関係性があったことなどを危険予測の指標として明らかにしている。ストーカーにおけるエスカレーションの検討を行なったマッケワンら（McEwan et al., 2012）も，以前の親密な関係性があることが影響することを指摘している。

　犯罪捜査の現場においても，ストーカーの危険性に関する評価の試みが始まっている。

　たとえば，兵庫県警では，男女間のもめごとに関する相談を受けた際に，「ストーカー行為確認表」というリスク評価チェックシートを用い得点を出し，その後の警察対応を決定する材料としている。悪質性が高いと評価されれば，ストーキングから殺人などに凶悪化する前に，積極的に警察が介入することとなる（2013年10月22日（火）NHK放送　クローズアップ現代）。

　福井（2014）は，警察庁の依頼を受け「ストーカー・DV加害者危険度判定プログラム」を作成し，2013年12月より警察への導入がなされたことを報告している。その内容は，加害者に関する項目が26項目，被害者に関する項目が8項目，警察官に関する項目が6項目となる判定プログラムであり，データの分析は，人間の情報処理をモデルにしたシステムであり学習機能を有し知識が蓄積されていく「ニューラルネットワーク」を用いたものだとういう。危険性を「極めて高い」「高度」「中度」「低度」の4段階にて判定する。

　島田と伊原（2014b）は，1つの警察本部で2012年8月から10月の間に受理した

ストーカー事案に関する相談記録248件を，計量テキスト分析という手法で分析している。まず，それぞれの出来事（イベント）を7つのステージに分類しており，それらは，①出会い，②トラブル発生からメール，手紙，電話など危険性が伴わない接触，③つきまとい・待ち伏せ・押しかけや脅迫など身辺への危機，④警察への相談・通報，⑤相手方への指導警告，⑥検挙，⑦釈放，となっている。そして，ステージ②のみを「慢性型」，ステージ②から③に発展したものを「エスカレート型」，ステージ③のみを「急迫型」とした。分析の結果，交際ありの場合のほうが交際なしの場合よりも，「メールや電話による接触」「粗野な言動」「脅迫内容の言動・メール」の発現率が高かったことが，また交際なしでは「慢性型」に，交際ありでは「急迫型」に，それぞれなりやすいことが明らかとなった。加えて，「急迫型」のうち，交際があった者の3割が，警察による指導警告を受けたあともつきまといなどを行なっていることから，この場合のストーカーの特質としてセルフコントロールの乏しさを示唆している。

　以上，ストーカーのエスカレーションや危険性に関する研究から，交際関係を有していた場合のストーキングが概して重篤であることが示唆された。日本の場合，交際相手や元交際相手によるストーキングが多いことから，エスカレーションや危険性の推定に関する研究は有用性がきわめて高いものである。ストーカー被害者にとっては，エスカレートするのか否か，その時期は何時なのか，その見極めとなる手がかりは何か，そしてどの程度の危険性なのか，などは切迫した問題である。犯罪心理学が，この問題に肉薄していくことはきわめて重要なことである。

4．さいごに

　ストーキングに対する今後の犯罪心理学の課題について少し記したい。
　まず，ネットストーカー（サイバーストーカー）についてである。井出（2006）は，①個人が個人に攻撃を仕掛ける類型，②個人が集団を攻撃する類型，③集団が個人に攻撃を仕掛ける類型，④集団が集団に攻撃を仕掛ける類型，の4類型を提案している。まず，①個人が個人に攻撃を仕掛ける類型とは，典型的なサイバーストーキングの事案であり，2013年の改正ストーカー規制法以後，電子メールを連続して送信する行為が「つきまとい等」に追加されたことにより処罰の対象となったものである。②個人が集団を攻撃する類型とは，個人が企業や社会的マイノリティが属する集団へ攻撃するパターンである。日本においては，前者はクレーマーとしてストーキングの一つとしてとらえられはじめているが（桐生，2013），後者はストーキングの問題とはとらえられていない。③集団が個人に攻撃を仕掛ける類型とは，ネット上で個人の発言が集団によって非難される，いわゆる「炎上」などの事例である。④集団が集団に攻撃を仕掛ける類型とは，集団が企業や社会的マイノリティが属する集団へ攻撃する，

前述の②と③の特質を持つパターンである。恋愛関係におけるストーキング以外にも，仕事関係や近隣関係におけるストーキングを検討する必要があることは前述したが，このサイバーストーカーもまた，今後の犯罪心理学において重要な研究課題としなければならないだろう。

　次に，ストーカー加害者に対する直接的なアプローチについてである。警察庁は，ストーキングをくり返す加害者に対し，専門機関で治療を受けるよう促していく方針を決定した（読売新聞，2013年5月4日）。2013年夏に一部の警察本部で試行し，その効果を検証したのち，協力を求める全国の専門機関を選定し，実施する計画を立てている。これまでの犯罪被害者対策と同様に，精神医学的な見地からの犯罪事象に対しアプローチすることは重要である。その際，犯罪心理学の役割として，ストーカーを客観的に評価，査定できる質問尺度の作成や解析に関するアルゴリズムの提供が求められよう。

　最後に，多くの問題を抱えた典型的なストーカーを，恋愛との対比で考えてみたい。「ストーカーと恋愛の違いは何か」という課題を与え，大学生に自由記述で小レポートを作成させ分析を行なった（桐生，2013）。それにより，恋愛においては，相手との性交も含め「自己所有」とする認識が目立つ男子大学生と，独占欲は愛情ではないと否定する女子大学生との間に差異がうかがわれ，この差異はストーカー事案の背景要因として内在していてもおかしくはないものと考えられた。他のハラスメントと同様に，これまでの社会通念や文化に根差した恋愛関係や人間関係の構築やあり方を，疑い見直し再構築していくことが，現代社会において求められている。その再構築に際し犯罪心理学は，可能な限り，客観的でゆるぎない研究成果を社会に提示していくことが責務となろう。

Column 6　悪質クレーマー

　業種を超えた企業や事業者団体の消費者関連部門の消費者対応責任者・担当者が集まる公益社団法人消費者関連専門家会議（ACAP）による調査にて，近年の消費者の苦情内容や行動の変容が指摘されている（幸山, 2009）。たとえば，苦情の生起要因を多くの人が有していること（「これまでに，日常生活において自分が買った商品やサービスに，問題や気になることがあったり，不満をもったことがありますか」との問いに対し，「ある」と回答したのは89.1%），また，苦情内容も多岐にわたる（「モノ・サービスに関すること」「接客に関すること」「情報に関すること」「金銭に関すること」「システムに関すること」「法律に関すること」）こと，などが報告されている。
　その苦情行動の中に，いわゆる悪質クレーマーと称されるものがある。たとえば，2013年10月札幌市の衣料店で，購入した商品に穴が開いていたとして，店までの交通費を支払うよう要求するとともに，従業員2人に土下座をさせ，その写真をSNSにて公開していた女性が，強要の疑いで逮捕されている。弁護士である横山氏は，それまで扱った事案をもとにクレーマーのタイプを，「性格的問題クレーマー（反省することなく不当要求を繰り返す）」「精神的問題クレーマー（心の欠損を埋めるために執着する）」「常習犯的悪質クレーマー（少数の金銭や利益を求める）」「反社会的悪質クレーマー（巨額の金銭・利益を得るのが目的）」に分類し，犯罪性の高い苦情行動があることを指摘している（横山, 2008）。
　この消費者の苦情やクレームに関する心理学的研究として，次の研究がなされている。池内（2010）は，苦情行動の生起メカニズムの検討を行なうにあたり，欲求不満−攻撃仮説を取り上げて研究を試みている。その結果，「欠陥商品（サービス）に対する苦情生起傾向」「物品・謝罪請求に対する正当化傾向」「接客対応に対する苦情生起傾向」「金銭請求に対する正当化傾向」といった4つの因子が抽出された。また，苦情経験のある群は，ない群と比べて商品の不具合や接客対応の悪さなどの状況で苦情を生じやすく，物品や謝罪，金銭などの請求を正当化しやすいことが見いだされた。そして，性格特性と苦情に対する態度との関係をみたところ，①自尊感情が高い人ほど，②自分の情動を自分で調整できると思っている人ほど，それぞれ苦情に対して肯定的な態度を持つ傾向があることを指摘している。
　田中ら（2013）は，大学生のクレーム行動の実態を把握し，クレーム体験後の行動を分析している。その結果，半数近くの学生にクレーム体験がなく，クレーム体験後の行動においての性差が示唆された。なお，この研究におけるクレームとは，「問題解決を求めている場合の要求・主張」と定義し，苦情とは区別している。
　これら一般消費者による苦情行動を分析した研究に対し，犯罪性の高い計画的な苦情行動や，理不尽で突発的な苦情行動の検討を桐生（2014）が試みている。まず，苦情に

関する企業の消費者窓口対応での事例，出版などで公表されている事例，インターネット上での事例を任意で収集し，過度な苦情行動を表していると思われる表現を抽出し，それらを用いて先行研究と照らし合わせながら，過度な苦情行動の発現モデルを試作している。そして，「商品やサービス，性能，補償などに関し，お客・消費者が不満足を表明したもののうち，そのお客・消費者が必要以上に攻撃的であったり，感情的な言動をとったりしたもの，または悪意が感じられる過度な金品の要求があったもの」を悪質クレームとし，その行為者を悪質クレーマーと定義して，大学生の悪質クレームの被害事例を分析した。その結果，①アルバイト先の店舗などの業務形態，店内の構造，業務上のシステムにより生じた過失，アルバイトの手違いや説明不足が苦情発動のトリガーとなっていること，②店員が若い，店内の立場が低い，店員が女性である，といった状況が苦情発動の誘因となる傾向があること，③苦情を受けた店員は，苦情行動を行なう客を，悪意のある者，攻撃性が高い者，なんらかの劣等感を持つ者，社会的立場の優位性を保ちたい者，といった印象でとらえていること，が示唆された。また，悪質クレーマーの3タイプが大別され，それらは「店に過失有りタイプ」「女性－不満発散タイプ」「男性－被害意識タイプ」と命名された。

次に桐生（2016）は，接客業者に対するインターネット調査を行なった。その結果，クレーマーの人数は「1名」が78.2%，「2名以上」が21.8%であった。性別は「男性」が57.1%，「女性」が42.0%であり，年齢（推定を含む）は，「50歳代」が26.0%，「40歳代」が18.6%，「60歳代」が17.9%，「30歳代」が17.9%であった。悪質クレームの状況は，対面でのクレーム（71.8%），電話でのクレーム（23.1%）であった。また対面の場合「他のお客も居る店舗内」（77.7%）が最も多かった。クレームのきっかけとなった具合的な理由としては，「店側の対応ミス，悪さ」（オーナーの態度が悪い，レジの打ち間違いなど），「お客の勘違い」（千円札のみの両替機に誤って1万円札を入れたことを店のせいにした，など）の順で多かった。また，クレーマーの要求としては，「不手際などに対する謝罪の要求」が最も多かった。このように，クレーマーの属性や様態などが明らかとなった。

今後，犯罪心理学の研究を進めるうえで，経営学的研究（たとえば，Souiden & Ladhari, 2011 ; Robertson, 2012）にて重要視している「企業や店舗・商品のイメージや評価」「対応する店員の属性，態度」「消費者の属性，ライフスタイル」「苦情行動の要因，要求・目的」「苦情の発動要因」「対応者や店員と消費者との関係性」といった変数を用いての分析が必要と考えられる。

引用文献

池内裕美 (2010). 苦情行動の心理的メカニズム　社会心理学研究, *25*(3), 188-198.
桐生正幸 (2014). 悪質クレーマーの検討（1）――消費者による苦情行動について　犯罪心理学研究, *52*（特別号）, 174-175.
桐生正幸 (2016). 犯罪心理学による悪質クレーマーの探索的研究　東洋大学21世紀ヒューマン・インタラクショ

ン・リサーチ・センター研究年報, 13, 45-50.
幸山常男 (2009). 科学的苦情対応に関する一考察——3つの苦情キーワードと5つのアプローチ ACAP研究所ジャーナル, 3, 76-82.
Souiden, N., & Ladhari, R. (2011). The differential effect of acculturation modes on immigrant consumers' complaining behavior: the case of West Affican immigrants to Canada. *Journal of Consumer Marketing*, 28, 321-332.
田中泰恵・渋谷昌三・西川千登世・吉田正穂 (2013). 大学生のクレーム行動について——「クレーム体験の頻度」と「クレーム体験後の行動」について総合科学研究, 9, 71-79.
Robertson, N. (2012). Self-service technology complaint channel choice: Exploring consumers' motives. *Managing Service Quality: An International Journal*, 22, 145-164.
横山雅文 (2008). プロ法律家のクレーマー対応術 PHP新書

第十章 少年非行

強制わいせつ
強姦
若年者の暴力
連続殺人
ドメスティックバイオレンス
対する量
テロリズム
殺人
ストーキング

　遠藤（1974）は，ジョンソン（Johnson, 1959）の「少年非行は，人類がある社会的な行動規範を確立することによって，人類自身を教化しようと試み始めたときに始まった」という記述を引用し，その歴史は人類の発生とともに始まったとしている。ソクラテスやプラトンが当時の若者の生活態度などを嘆いていることからも，非行を含む青少年の問題への社会的関心はいつの時代でも高いことがわかる。その背景には，次代を担う世代を健全に育成し，社会をよりよいものとしたい思いとともに，大人が大人の視点や価値観に基づき若者を教化したいという構えがうかがえるが，その思いや構えは，現象の一側面のみを見て全体を理解したつもりになったり，かくあるべしとの固定観念からの偏った評価につながりかねない危うさを持つ。

　犯罪心理学には，個々の事例に関しても，少年非行全体に関しても，そうした危うさを排除し，客観的かつ多角的視点から状況を把握・分析することにより，非行および非行少年をできるだけ正確に理解し，有効な非行対応策を考案し，さらにその対応策の効果検証を持続的に行なっていくことが求められる。

1．少年非行の概念規定

(1) 少年とは

　最初に，少年非行研究の特殊性について確認しておきたい。

第1に，少年ないし子どもという概念であるが，これが明確化されたのは近世以降とされている。

　アリエス（Aries, 1960）によれば，中世までのヨーロッパでは「子ども」という概念はなく，子どもは「小さな大人」であったとされる。当然，少年の犯罪は犯罪として裁かれ，年少者には量刑上の配慮がなされるにすぎなかった。平場（1963）によれば，少年に関する特別の法制度は，1899年のアメリカ・イリノイ州における少年法（An act to regulate the treatment and control of dependent, neglected and delinquent children）の制定とシカゴの少年裁判所の創設に始まるとされる。

　それ以前にも，たとえば，唐律においても，大宝律令，江戸時代の公事方御定書においても，罪を犯した年少者を大人とは分けて扱う制度は存在していたが，それらは責任を問えるかどうかを主たる問題としており，犯罪行為を行なった少年を国または社会としてどう扱うかまでを考えたものではなかった。この歴史は，少年概念もそれに対する社会的対応も，国または社会によりつくられることを示している。日本でも旧少年法（1922［大正11］年制定）では成年年齢が18歳であったのが，現行少年法（1948［昭和23］年制定）では20歳に引き上げられている。2015年現在の政権政党である自由民主党の特命委員会は，少年法適用年齢を20歳から18歳に引き下げる提言をしている。今後，政治・経済・文化の諸情勢の変化によって成年年齢が上下することは大いにあり得る。

　また，児童の権利に関する条約（Convention of the Rights of the Child，国際連合1989年採択）では，第1条において，児童（Child）を「18歳未満のすべての者」と定義している。児童福祉法では，第4条において，児童とは「満18歳に満たない者」をいうとしたうえで，同第3号において，少年を「小学校就学の始期から，満18歳に達するまでの者」としている。このように少年ないし子どもの概念は確定的なものではなく，法律等により操作的に決められるものとして理解せざるを得ない。

　刑事責任を問う年齢の少年と，問わない少年の区別に関しても同様のことがいえる。守山（2005）は，「欧米では，早くから7歳未満の児童には刑事責任能力（doli capax）がないことは認められていた。古代ローマでは法制上7歳以下，19世紀初頭のバイエルン刑法典では8歳以下の不処罰が規定されていた。他方，14歳以上を完全な成人とみなし，7歳から14歳までの中間層については，個別に検討される傾向がみられた」としている。

　我が国でも，律令制度では7歳以下には責任能力を認めず，1870（明治3）年の新律綱領では8歳未満の者を絶対責任無能力，1880（明治13）年の旧刑法では12歳未満，1907（明治40）年の現行刑法で14歳未満を刑事責任無能力としている。こうした法制には，国や社会が少年の精神的・社会的成熟をどのように評価するか，または期待するかという歴史的・文化的背景が影響しているといえる。

(2) 非行とは

　非行概念も，少年概念と同様に法律等により操作的に決められるものである。
　堀内（1995）によると，「『非行』という言葉は，もともと，『よくない行い，不道徳な行為』などという意味，内容をもち，年齢にかかわりなく，一般に用いられてきた言葉である。ところが，昭和23年頃，少年法の改正作業がすすめられているなかで，国が社会福祉のために，親にかわって，すすんで保護教育に関与することが望ましいと考えられる子どもたち，すなわち，neglected child（放任されている児童），dependent child（扶助を要する児童）などとならぶものとして，delinquent childという言葉を翻訳するにあたり，これを「非行のある児童」としたことから，主として，少年に用いられる言葉となったもののようである」とされる。放任されている少年と扶助を要する少年は，前述のイリノイ州で制定された最初の少年法に犯罪少年のほかに審判対象として含んでいたものである。この他，堀内は，「非行少年という言葉も，日常よく使われているが，旧少年法はもちろん，現行少年法にも，非行少年という言葉はない。現行少年法では『非行のある少年』という言葉を用いている。非行少年という言葉をとりあげているのは，少年警察活動要綱（昭和35年3月18日警察長通達）である」ことも指摘しているが，これは，少年法が，「非行のある少年」を常態的または本態的存在ではないととらえていることを象徴するといえる。
　また，遠藤（1974）は，少年非行の定義について，1955年の国際連合の第2回犯罪防止および犯罪者の処遇に関する世界会議で検討されたが，「①対象について未成年（non-adult）という地位を与えられていること，②上記の地位にあるものについて，その所属する国の法律によって非行とされている行為を行なっていること，という2点のほか，共通点を明らかにし得なかった」と紹介したうえで，「このように各国が法律によって未成年（少年）の非行をとりあげようとする意図には，共通した一つの基底となる思潮がある。それは少年が次の世代をになう重要な資源であり，人格形成の途上にあるのだから，その社会的に望ましくない，承認できない，規範から逸脱した行為に対しては，刑罰による矯正よりはできる限り福祉的保護教育的な立場から取り扱い，健全な育成が行なわれるべきであるという思潮である」としている。

2. 研究対象としての少年非行

(1) 少年非行の特徴と犯罪傾向

　非行研究においては，研究の対象とする非行および非行少年をどのように規定するかを強く意識する必要がある。つまり，①刑罰法令に触れる行為はあるがそれが発覚

しないか，または発覚しても通報等がなされないもの（暗数），②発覚し，被害者は特定できても行為者の特定がなされないもの（認知件数），③事件送致され，少年保護手続きには乗ったが不処分または不開始となるもの，④保護処分のうちの保護観察等の在宅処遇処分となるもの，⑤少年送致等の収容処分となるもの，⑥刑事処分となるもののうちのどこを対象とするか，ということである。これに加えて，刑事責任年齢に達していないまたは精神障害があるなどのため少年保護手続きからはずれるものや，非行の前段階の不良行為により補導されるもの，家庭内暴力やいじめといった家庭内や学校内での逸脱行動なども研究の対象に含むことがある。

2014年の司法手続き上の流れと，それぞれの段階での人数は，図10.1のとおりである。ちなみに，同年における10〜19歳人口中の比率を見ると，少年検挙人員は人口の約6.8％，観護措置人員（少年鑑別所送致人員）は約0.9％，保護観察処分人員は約1.9％，少年院送致人員は約0.25％，少年刑務所入所人員は0.003％となる。それぞれに該当する少年の様相は大きく異なる。

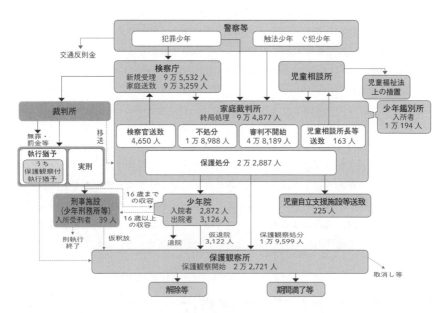

図10.1　非行少年に対する手続の流れ（法務省法務総合研究所，2015, p.113 より作成）

(2) 非行抑止策と少年観・非行観

　少年非行抑止策もまた，その時々の国ないし社会の少年観や非行観に左右される。バートルとバートル（Bartol & Bartol, 2005）によれば，アメリカでは，少年司法制度が国親思想を背景とする福祉を重視する立場から始まっているが，のちにデュー・プロセスの重視に自由主義に対する保守主義的反発も加わり，いわゆる厳罰化が進行したという歴史があるとされる。日本でも2000年（刑事処分可能年齢の16歳から14歳への引き下げ，16歳以上の故意により被害者を死亡させた者の原則検察官送致等），2007年（少年院送致年齢のおおむね12歳への引き下げ等），2014年（18歳未満の無期刑の緩和における有期刑の上限の引き上げ，不定期刑の刑期の引き上げ等）と続いた少年法・少年院法の改正は，厳罰化の方向であるし，先に示した2015年の自由民主党の特命委員会による少年法適用年齢を20歳から18歳に引き下げる提言も厳罰化の流れの中にあるといえる。特に，少年法適用年齢引き下げの提言は，少年非行が減少の傾向にあり，かつ殺人等の凶悪犯罪も以前に比べて格段に減っている状況の中で行なわれていることは注目に値する。

(3) 非行の3層構造

　非行少年は図10.2のように3層で表すのがわかりやすい。

　最下層の持続型と中間の青年期一過型は，それぞれモフィット（Moffitt, 1993）の提唱する生涯持続型（life-course-persistent）と青年期限定型（adolescent-limited）に相当する。すなわち，持続型は，幼少期から問題行動を頻発させ，非行少年を経て犯罪者にいたる可能性の高い一群であり，その多くが資質的または家庭環境・生育環境的に大きなハンディキャップをもっている。重要なことはそうしたハンディキャップに応じた適切な指導や支援が得られないままに問題行動を起こすようになり，その問題行動により問題少年または非行少年というラベルを貼られたり，周囲から疎外されたりし，さらに適切な指導や支援を得にくくなるという相互作用を伴う連鎖が認められることである。このような持続型の少年は少年院には常に一定割合で存在する。青年期一過型は，思春期における第二次性徴，自意識の亢進，アイデンティティの確立という心理社会的な課題の解決の失敗，受験やスポーツでの挫折体験などにより，一時的に非行化する少年たちであり，検挙される少年の大多数

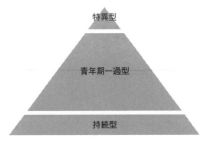

図10.2　少年非行の3層構造（川邉, 2013）

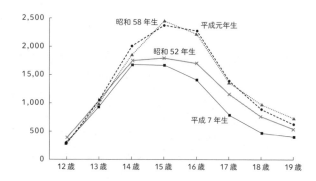

1　警察庁の統計，警察庁交通局の資料及び総務省統計局の人口資料による。
2　犯行時の年齢による。ただし，検挙時に20歳以上であった者を除く。
3　「非行少年率」は，それぞれの年齢の者10万人当たりの一般犯罪検挙（補導）人員をいう。

図10.3　少年による一般刑法犯非行少年率の推移（法務省法務総合研究所，2015より作成）

を占める。彼らが非行件数を大きく押し上げているのは，図10.3を見れば一目瞭然である。そして，特異型は個人的資質に大きく依存する了解困難な事例であり，代表例は1997年に起きた「神戸連続児童殺傷事件」である。

当然，少年非行抑止策も層ごとに応差的になされる必要がある。持続型に関しては，早期に発見し，問題に応じた手当を行なうことが重要である。モフィットの指摘する神経学的な要因は非常に重要であり，特に問題行動や不適応の初期的段階では，児童精神医学的対応が必要かつ有効である。

青年期一過型に関しては，これをその名のとおり一過型となるよう非行を終息させること，否定的アイデンティティを持たせないことが重要となる。問題行動を契機として，家庭，学校，職場，地域が連携して指導・支援することが必要かつ有効である。彼らにこそ，「非行はSOSサイン」であるという標語がふさわしい。また，彼らのもつリスクとニーズを，不良行為に関する警察補導段階，家庭裁判所係属段階，観護措置における鑑別段階などの各段階において，適切にアセスメントすることが重要となるが，これについては改めて述べる。

特異型に関しては，個人的資質に依存する割合が大きいため，処遇はその資質的問題に応じて個別的になされることとなる。また，特異型にみられるような特徴を非行少年全体または一般少年を含む同年代の少年全体に一般化することは適当でない場合が多い。特異で重大な少年事件が起きるたびに，加害少年のもつ諸特性が一般少年にも希釈された形であるのではないかとか，背景に日本社会の病理があるのではないかといった論評がなされるが，客観性のあるものは多くない。それらの論評は，現状の問題点の洗い出しやその改善の契機になる一方で，保護者や社会の不安を過剰に高めたり，子どもの指導の一貫性を無用に揺るがせたり，少年保護政策へのポピュリズム

の影響を過度に大きくする危険性もはらむといえる。

(4) 少年による殺人

　少年による殺人（未遂を含む）は，1951年の448件をピークとしてほぼ一貫して減少し続け，1975年に100件を切ったのち，最近では年間50件前後となっている。数の多少はともかくとして，少年による殺人等の重大事件が世間の関心を集めやすく，必ずしも妥当な理解がなされないことは前述のとおりである。

　家庭裁判所調査官研修所（2001）は，殺人，傷害致死等の重大少年事件15例（単独10例，集団5例）をそれぞれ詳細に事例検討し，単独非行群については，以下の3つの類型を見いだしている。

① 幼少時から問題行動を頻発していたタイプ
② 表面上は問題を感じさせることのなかったタイプ
③ 思春期になって大きな挫折を体験したタイプ

　①を前述の持続型，②を特異型，③を青年期一過型と対応させて見ることが可能である。少年による重大事件においては特殊な個別要因が強く関与するので，こうした事例研究は重要である。また，重大事件に関しては，マスコミ等から多くの情報を得ることができるが，それらの情報は必ずしも正確とは限らないので，少年法第61条に抵触しない範囲内とはいえ，確定・確認された事実に基づく詳細な事例研究は貴重な資料でもある。

　一方，近藤（2009）は，非行時14歳以上の少年で，殺人または強盗殺人によって全国の少年鑑別所に観護措置をとられた男子少年73人を数量的に分析し，家庭環境や養育スタイルに問題あり，早期からの非行歴，感情統制不良などの特徴をもつ「外在化型」，いじめ被害，不登校，精神的問題等などの非社会的不適応状態が目立つ「内在化型」，青年期限定型に近似する「遅発型」に分類できること，「内在化型」に広汎性発達障害（疑いを含む）の者が多く含まれることなどを明らかにしている。事例研究で得られた知見を統計的研究により裏づけていくこともまた不可欠である。

3. 少年非行の様相

(1) 時代と非行

　先に述べたように，少年非行は種々の社会情勢の影響を受けやすいが，この状況

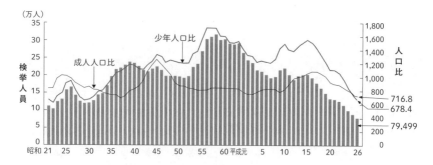

図10.4 少年の刑法犯検挙人員・人口比の推移 （法務省法務総合研究所，2015, p.104 より作成）

1 警察庁の統計，警察庁交通局の資料及び総務省統計局の人口資料による。
2 犯行時の年齢による。ただし，検挙時に20歳以上であった者は，成人として計上している。
3 触法少年の補導人員を含む。
4 昭和45年以降は，自動車運転過失致死傷等による触法少年を除く。
5 「少年人口比」は，10歳以上の少年10万人当たりの，「成人人口比」は，成人10万人当たりの，それぞれ刑法犯・一般刑法犯検挙人員である。

は非行の時代ごとの様相の違いにも表れている。戦後の日本における少年刑法犯の検挙人員は，昭和の時代には1951（昭和26）年の16万6,433人をピークとして1954年に底となる第1の波，1964（昭和39）年の23万8,830人をピークとして1972（昭和47）年に底になる第2の波，1983（昭和58）年の31万7,438人をピークとしては1995（平成7）年に底になる第3の波がある。第3の波は検挙人員数も10～19歳の少年人口に占める比率も最大であり，人口比は約1.7％であり，最大の山となっている。その後，1998（平成10）年と2003（平成15）年の2つのピークをもつ第4の小さな波がある。検挙人員から見れば第4の波は小さく，少年非行は第3の波から見て一貫して減少しているともいえるが，少年人口比で見れば第4の波もかなり大きい。

第1の波の特徴は，戦後の混乱，貧しさ，さまざまな価値基準や秩序の崩壊を背景とした窃盗と強盗の多さ，18～19歳の年長少年の多さ，実父母健在家庭の少なさ，貧困家庭の多さ，知的障害が疑われる少年の多さなどであり，貧しさゆえの非行，生活型の非行と総括できる。また，殺人も多かった。なお，第1の波は他の波よりも小さいが，そこには，犯罪発生数に対して警察力が追いついておらず，重大な犯罪の捜査等が優先され，比較的軽微な非行には手が回りにくかったという事情がある。

第2の波は経済の高度成長期と重なり，その特徴は，粗暴非行の比率の高さにある。この時代は，非行少年だけでなく，学園紛争に代表されるように若者世代全体が権威等に対し攻撃的な抗議をしていた時代である。粗暴型の非行の一方で，睡眠薬遊び，鎮痛薬遊び，シンナー遊びの順に逃避型・非社会型の非行も出現している。非行の低年齢化傾向，非行少年中の学生生徒の比率の増加，実父母健在家庭の増加，経済状態が「中」以上家庭の増加などの非行の一般化現象もみられるようになっている。

第3の波の特徴は，いっそうの一般化・低年齢化のほか，万引きや乗り物窃盗といった初発型非行の増加と，女子比率の増加である。また，家庭内暴力，校内暴力，いじめ，不登校などの保護領域内の非行も増えている。ただし，総務庁青少年対策本部（1999）は，一般化については，自動車や電化製品はそろっていても，家にある辞書冊数に代表される文化的環境については，該当しない可能性を強く示唆する調査結果を示している。また，岡邊（2013）は，警察庁統計と司法統計を用いて，学歴の点において，比較的軽微だと考えられる窃盗群を含めて，各種非行群と一般群との間に有意差があることを指摘している。これは，非行の一般化とは，第1の波に比べた際の一般化であって，非行群と一般群がほぼ等しいと理解してはいけないという警鐘といえる。

　そして，平成の第4の波の特徴としてはおやじ狩りなどと称される路上強盗が多かったことがあげられる。彼らの中に前歴がなくいきなり重大な結果をもたらす非行を行なう者が目立ったことから「いきなり型」ともよばれた。当時は，少年非行の凶悪化がとりざたされたが，土井（2003）は，凶悪というよりも稚拙な犯行であるとし，河合（2004）は，警察が従来はひったくり（窃盗）として扱っていたものを強盗として扱うように方針変更した影響であるとの見解を示している。しかし，同種犯罪が増加したり死傷者が出るなどの重大な結果が伴ったからこそ警察の対応が厳しくなったという側面もある。また，岡邊と小林（2005）は，強盗，暴行，傷害，恐喝の「粗暴的非行」の検挙人員に占める初犯者の比率のピークは1996年にあり，「いきなり型」の名称が流布することには比率は減少傾向にあったことから，当時の「粗暴的非行」の特徴を「いきなり型」で説明するのは適切でないと考えられるとしている。

　なお，福島（1985）は，第1の波の主流の非行を「生活型」「生きるための非行」，第2の波の主流の非行を「反抗型」「価値観の葛藤や文化葛藤による非行」と総括し，第3の波の特徴として「一過性非行」の増加，「非行の一般化」「非社会的非行」の増加を指摘している。また，川邊（1999）は，非行少年が求めていたものという視点から，第1の波を「物質的経済的価値を求めた非行」，第2の波を「社会的価値を求めた非行」，第3の波を「情緒的又は生理的刺激という価値を求めた非行」，第4の波を「自己存在を求める非行」ということができるとしている。

　また，時代を通じて非行件数を大きく左右しているのは非常に暗数が大きい窃盗であるため，検挙件数は警察などの対応方針により大きく影響されることにも留意が必要である。たとえば，1990年代以降に少年院や少年鑑別所の収容者数が検挙人員の増加以上に増加した要因について，近藤（2010）は，警察が身柄付送致を増やしたことにあるとしている。それ以外にも，重大な事件や国家的な行事があれば，警察の捜査や警備がそれに集中する結果，軽微な少年非行が見逃されがちになるなどの現象はよくみられる。

(2) 自閉症スペクトラム障害と非行

このように時代ごとに非行の様相は異なり，時代ごとの社会情勢の反映があり，非行の原因とされる要因も変化してきている。この変化は，単一またはいくつかの要因の単純加算で非行をとらえることはできないことを示している。

たとえば，知的問題に関する要因は第1の波の際には目立っていたが，最近では保護処分にいたらないレベルの少年非行については該当しない。これは，知的問題は非行のリスク要因の一つではあっても，決して原因ではなく，知的問題のある少年に対する社会的なケア・指導に関する諸施策の不備が相まって初めて彼らの非行化が説明できることを示している。同様のことは昨今マスコミ等で話題に上りがちな自閉症スペクトラム障害（発達障害）の少年による非行にも該当する。自閉症スペクトラム障害であること自体は非行の原因ではないが，一次障害による不適応などへの適切な配慮を欠いた結果生じる二次障害の一つが非行であるといえる。先に述べた持続型非行も一次障害が別の要因の追加ないし欠落により二次障害化したものとしてとらえることが重要である。

また，同障害と非行化とは直結はしていないが，その非行内容や態様には同障害特有の特徴，すなわち対人関係の問題，コミュニケーションの問題，こだわりの強さが反映されることが多い。たとえば，不適応，被いじめ体験，疎外体験などからくる不満や緊張の不適切な解消が放火等につながったり，対人関係の緊張不安からくる突発的な行動や護身用の道具の準備が傷害や銃砲刀剣類所持等取締法違反につながったり，不自然な異性へのアプローチが性非行やストーカー行為につながったりする場合がある。

十一（2004）は，DSM-Ⅳ-TR（American Psychiatric Association, 2000）に基づく診断名である広汎性発達障害をもつ者の非行を，①従来型，②性衝動型，③理科実験型，④高次対人過負荷型の4類型に分類している。2003年に発生した中学1年男子生徒による長崎幼児誘拐殺人事件や，2005年に発生した17歳女子高校生によるタリウム事件は，理科実験型の典型といえる。

(3) 素行症と非行

非行少年のうちの一部には，素行症／素行障害（conduct disorder：CD）の診断名がつき，精神科領域の治療の対象ともみなされる者がいる。「素行症」は，DSM-5（APA, 2013／染谷ら訳，2014）において conduct disorder に対して付された訳語で，DSM-Ⅲ（1980／訳1982）以降 DSM-5発表までの間，すなわち DSM-Ⅳ-TR（2000／訳2002）の訳までは「行為障害」とされていたものである。18歳未満の者のうち，人および動物に対する攻撃性，所有物の破壊，虚偽性や窃盗，重大な規律違反の各領

域にわたる15の診断基準に該当する行動のうちの少なくとも3つが過去12カ月以内にあり，そのうちの一つは6カ月以内にあることが診断基準となっており，非行性がある程度進んだ少年のほとんどが該当する。近藤ら（2004a, 2004b, 2004c）は，2003年6月1日から15日の間で調査可能であった全国の少年鑑別所入所者の全数（1,481人）を対象とした調査において，DSM-Ⅳ-TRの行為障害（素行症）に該当するもの（DSM-5と診断基準は同じである）は，少年鑑別所入所者が56％（男子57％，女子52％）に上ること，小児期発症型（10歳になるまでに発症）が35％（男子のうちの35％，女子のうちの33％）で，青年期発症型（10歳までにその症状がみられない）が65％で，前者が後者に比べ少年院歴のある者が多いことおよび問題行動の内容を問わず問題行動歴が多いこと，被虐待経験を含む家庭の問題や交友関係での問題をより多く抱えていることなどを見いだしている。これは，前述のモフィットの生涯持続型と青年期限定型に符合する結果である。また，法務省式態度検査の各尺度，DSM-Ⅳ-TRをもとに作成されたAD/HD（注意欠陥／多動性障害）傾向尺度，ODD（反抗挑戦性障害）傾向尺度の得点の因子分析結果から，Ⅰ型（不良感染型），Ⅱ型（対人関係障害型），Ⅲ型（衝動型），Ⅳ型（演技・自己愛型），Ⅴ型（不定型）に類型化できることを導き，そのうちⅢ型（衝動型）は，齊藤と原田（1999）の提唱する破壊的行動障害マーチ（DBDマーチ）のモデルに合致する可能性を指摘している。

　DBDマーチとは，注意欠陥／多動性障害 の一部には，反抗挑戦性障害や素行症を併有する者がいて，注意欠陥／多動性障害を起点として，DSM-Ⅳ-TRでは同じ破壊的行動障害（disruptive behavior disorders：DBD）に含まれていた反抗挑戦性障害を経て素行症となり，さらにはその一部に反社会性パーソナリティ障害にまでいたる者がいることを指摘し，その展開過程を説明したものであり，注意欠陥／多動性障害の早期発見と早期対応によりその二次障害としての反抗挑戦性障害等を発症させないことの重要性を示すものであるといえる。この過程は，いろいろな事情で育てにくい子どもと，育てにくさを生み出している子どもの特性に応じた育て方・指導ができない保護者・指導者等の相互作用が悪循環を呈する場合があることとして一般化できるだろう。

　また，素行症は，DSM-Ⅳ-TRでは，反抗挑戦性障害とともに「通常，幼児期，小児期または青年期に初めて診断される障害」の大分類の下の「注意欠陥および破壊的行動障害」の下位分類として，注意欠陥／多動性障害などと並んでいたが，DSM-5では，「秩序破壊的・衝動制御・素行症群」の大部分類の下に，反抗挑戦性障害，間欠性爆発性障害とともに並んでいる。そして，診断基準にⅣ-TRにあったものに加え，追加診断として，後悔または罪責感の欠如，冷淡－共感の欠如などの向社会的な情動が限られているかどうかを特定することが求められるようになった。この追加部分は，行為のみではなく資質的特性をも含んで診断することとなり，これにより，反社会性パーソナリティ障害に発展する可能性の高い中核群とそれ以外とを区別しうる可能性

が示されるといえる。

　このように，法律的な概念である非行を精神医学的概念でとらえなおすことは，一部に存在するDSM-5における注意欠如・多動症傾向のある者や衝動性の強い者に対し，薬物療法をはじめとする有効な精神医学的対処ができるメリットを生むといえる。

4．犯罪非行理論と非行

(1) 緊張理論と非行

　犯罪非行理論には多くのものがあるが，2つに大別するとすれば，緊張理論の系列と統制理論の系列となるであろう。そして，緊張理論の代表はマートン (Merton, 1957) のアノミー理論 (anomie theory) で，統制理論の代表はハーシ (Hirschi, 1969) の社会的きずな理論 (social bond theory) であろう。

　少年非行の生起に深く関係するのは，生育環境であり，わけても家庭的問題と学校適応の問題は非常に大きい。ここでは，緊張理論に基づき，学校と非行の関係を見てみたい。

①コホート研究

　まず，学歴または学歴志向と非行の関係を視野に入れたコホート研究を見てみたい。
　麦島と松本 (1973) は，東京都内の1942年度生まれと1950年度生まれの2つのコホートの研究により，非行少年はブルーカラー出身階層に多いことなどのほか，低学歴であるほど非行化すること，1942年度生まれコホートと1950年度生まれコホートを比較すると，後者のほうが学歴と非行化の関係が強いことを見いだした。麦島(1990)は「日本社会の中で大部分の子が高校以上に行くようになるに従い，中学までにとどまる子は，家庭状況等の面で特に恵まれない，ごく少数の者に大きく偏ってきている」としている。
　いわゆる学歴社会といわれるようになって久しいが，学歴という指標に種々の非行化要因が含まれていると見ることができよう。

②学歴アノミー

　米川 (1991, 1995, 1996) は，こうした学歴志向と非行の関係について，マートンのアノミー概念を枠組みとして新たに構成した学歴アノミーという概念により，ダイナミックに説明し，また，その実証研究を行なっている。米川 (1991) は，日本では，「高学歴化の傾向とともに学歴価値の二分化がみられるようになり，一方では，手段価値の高い学歴が目標価値に転化されるほどに高く価値づけられながら，その達成がいっ

そう制約されるような状況が存在し、同時に他方で、比較的に容易に獲得できる学歴の手段的価値としての低下傾向、つまり学歴に付与された社会的地位の配分機能の低下傾向が存在しているような、一種のアノミー状況が生み出されている。こうした学歴にかかわるアノミー状況は、……『落ちこぼれの』の児童・生徒から生活目標を剥奪し、その非行化を促進している」と指摘している。米川（1995）は学歴アノミーを「より高くより良い学歴（ないしは学校歴）の達成が、けっしてすべての生徒にとって可能ではないにもかかわらず、すべての生徒に対し、最大の努力をもって追求すべき目標として文化的に——特に社会の集合意識や常識によって——価値づけられ、強調されているような学校社会を中心に形成された社会状況」と定義づけている。

　この状況は、家裁に係属する少年たちの学歴にも強く反映されており、家裁係属レベル、保護観察処分のレベル、少年院送致処分のレベルの順で、少年の教育歴は低くなる。

　米川（1995, 1996）は、大学進学希望を指標とした「学歴アスピレーション」について、首都圏の一般中学生、高校生群と関東甲信越の11都道府県の警察署で補導・検挙された中学生、高校生、有職および無職少年群との間で比較し、前者において有意に高いことを示し、「大学進学目標の内面化は、逸脱行動を一般的に抑止するだけでなく、非非行少年の非行少年化を抑止したり、非行少年のいっそうの非行化を促進する」ことを見いだしたほか、大学進学目標放棄の要因として、教師の評価、出世の見込み、親の評価などについての否定的認知などを識別し、さらに否定的自己評価の非行促進作用を認めるなどしている。また、親の大学進学への期待が大きいにもかかわらず、子どもが大学進学を希望していない場合に犯罪が促進されやすいことも実証している。

　アノミー理論をいわゆる2008年に起きた25歳の青年による「秋葉原無差別殺傷事件」に適用すれば、同事件において犯人の攻撃性が恨みをもっていたはずの母親や派遣会社にではなく、無差別殺人の形で放散した理由が理解できるものと考えられる。

(2) 統制理論と非行

①社会的きずな理論

　森田（1995）によると、統制理論を代表すると考えられるハーシの提唱した社会的きずな理論（social bond theory）では、非行の抑止要因として、①アタッチメント（attachment／愛着：家族や友人あるいは学校という集団への情緒的なつながりの糸）、②コミットメント（commitment／投資：価値や行為目標への功利的なつながりの糸）、③インボルブメント（involvement／巻き込み：日常生活のさまざまな活動への「巻き込み」であり、活動への参加により社会や集団とのつながりの糸をもつことになる）、④ビリーフ（belief／規範信念：規範に対して疑問をもたない態度ないしは

規範への素朴な信頼感）を見いだしており，この4要因は時代と文化を超えて安定して認められる。

　これらの要因は，家庭や学校における指導方法や地域活動のあり方とも呼応する。具体的には，いわゆる荒れた学校の立て直しにあたって，全生徒をクラブに加入させ指導を強化する手法が多く用いられるとすれば，それは，教師と生徒のアタッチメントの強化，クラブ練習をたくさん行なうことによるコミットメントの強化，放課後の暇な時間をなくすというインボルブメントの強化が図られているものと理解することができる。また，地域の祭りなどの行事を活性化し，これに子ども向けの出しものを企画したり，子どもにも役割を与えたりすれば，地域へのアタッチメントの強化とインボルブメントの強化につながると考えられる。

　なお，ハーシは，第一要因であるアタッチメントについて，非行仲間へのそれが強い場合には両親等へのそれを弱体化させ，抑止要因として機能しないのではないかという疑問に対して，カリフォルニアの公立中・高校生を対象としたリッチモンド青少年プロジェクトのデータ分析に基づき，非行少年は一般の少年に比べて非行歴のある友だちを多くもっているとしても，非行仲間へのアタッチメントは，健全な友人同士の結びつきに比べて弱いものであり，その影響力は下位文化理論や分化的接触理論などでいわれているほどではないと反論している。

②中高校生のアルバイトと非行

　山本（2005）は，ハーシがインボルブメントを測定する変数の一つに位置づけている中高校生のアルバイトについて，6府県各3校ずつ計18校の高校2年生（一般群）のアルバイト状況と，全国で検挙された高校2年生（非行少年群）のそれとを比較し，男女とも非行少年群のほうがアルバイト経験が多いことを示し，ハーシにより合法的な活動と規定されるアルバイトは，日本においては，①抑止要因ではなく促進要因として作用する可能性，②非行少年は一般少年よりもお金を多く使うので必要的にアルバイトをしているという逆の因果関係がある可能性，③たとえば親がアルバイトを許容する背景にある社会経済的特性等の第3項を介在させて説明する必要があることを提示している。

　山本も指摘するように，もし②③の可能性が正しいとするのならば，アルバイト禁止といった校則をつくるなどの指導は非行防止には無意味となり，中高校生がアルバイトをする背景にあるメカニズムにアプローチする必要が出てくることになる。先に述べたアタッチメントも反社会的人物へのそれが強い例もあるなど，理論がすべての事例には当てはまらないことには留意が必要である。

　なお，この研究では高等教育への志向性との関連も検討しており，こちらは，非行少年のほうが低いことが示されている。

5. 再非行の抑止とリスク・ニーズ・アセスメント

(1) 非行化に関与する要因

　瀬川（1998）によれば，戦後から 1960 年代にかけては，家族と犯罪・非行との関係は，欠損家庭・葛藤家庭・犯罪家庭・貧困家庭の 4 類型による説明が主であったが，その後家庭の相互作用に研究の関心が移ったとされる。しかし，従来指摘されていた欠損・葛藤・犯罪・貧困は，非行化の原因ではないとしてもリスク要因（risk factor）であることには違いなく，最近の研究は，このように単純な原因論から離れて，再非行・再犯に関する大規模な長期追跡研究をもとに，リスク要因，保護要因（protect factor）などを探る研究やそれらの低減または強化を図る処遇プログラム開発・処遇効果検証のための研究に向いている。

　高橋（2015）によれば，リスク要因探求のための実証的研究は，1980 年代後半からカナダを中心として積み上げられてきている。高橋は，リスクアセスメントは，1990 年代以前の第一世代のものは専門家の経験や勘に基づくもので，1990 年代前半に登場した第二世代は，多数の変数と再犯指標との関連から統計的な手法を用いて最適な予測がなされるよう開発されたものだが，前歴等可変性のない静的リスク要因によって構成されていたため対象者の変化を測定できなかったとされる。そして，1990 年代半ばから後半に登場した第三世代にいたり，働きかけによって低減可能な動的リスク要因を多く含んだり，理論的な背景も重視するようになり，2000 年代以降の第四世代では，査定から処遇までを一貫して視野に入れる構成になったとされる。

　アンドリューズら（Andrews et al., 2006）は，再非行や再犯にいたるリスク要因を前歴などの静的リスク（static risk）と，介入によって変化する可能性のある動的リスク（dynamic risk）に分けてとらえている。後者は，再犯防止のための治療ターゲットであり，犯因性ニーズ（criminogenic needs）となる。そして，リスクやニーズを査定したうえで，リスクやニーズの高さに応じた適切な密度の処遇プログラムを実施するというリスク原則，動的リスク（すなわちニーズ）の低減のために効果的な処遇をするというニーズ原則，処遇の効果を高めるために対象者の認知上，学習上の特性に合わせて処遇方法を工夫するという応答性（responsivity）原則を提唱し，それに基づく処遇の有効性を確認している。リスク，ニーズ，応答性の 3 原則に基づく処遇モデルは，RNR（Risk-Need-Responsivity）モデルとよばれる（Bonta & Andrews, 2007）。

　アンドリューズとボンタ（Andrews & Bonta, 2010）は，再犯に特に大きな影響力を持つ，「犯罪経歴」「反社会的パーソナリティパターン」「反社会的態度・認知」「不良交友」を，ビッグ 4 とよび，ビッグ 4 に次いで影響力の大きい，「家族・パートナー

関係の問題状況」「学校・職場への適応状況」「余暇時間の不健全さ」「物質濫用（薬物濫用）」の4つを加えてセントラル8とよんでいる。また，彼らはその一連の研究をもとにしてLSIシリーズとよばれるリスクアセスメントツールを構築し，改良を重ねているが，その少年版（12～17歳）として YLS/CMI（Hoge & Andrews, 2002, 2004）が開発されている。ホッジとアンドリューズ（Hoge & Andrews, 1996）は，その特徴を①理論や先行研究に基づいていること，②対象少年のニーズ，すなわち介入が望ましい点を明らかにすること，③問題を悪化させる要因と軽減させる要因を効率的に収集できること，④実務家が少し研究を受けるだけで使いこなせることをあげている。

また，イギリス（イングランド・ウェールズ）の少年非行対策チームYOT（youth offending teams）では，少年司法委員会（Youth Justice Board, 2000）が開発したアセット（ASSET）というリスク・アセスメントツールを用いている。その内容については，菅野（2003）が具体的に紹介している。

日本でも，家庭裁判所関係者や法務省関係者によりそれぞれのデータを用いて，2000年前後からリスクアセスメントの研究が行なわれるようになった。森と花田（2007）は，少年鑑別所入所少年の追跡調査を行ない，生存分析によりリスク要因の抽出を行ない，年齢，知能といった要因がリスク要因となることを示した。また，森ら（2007）は，YLS/CMIを少年鑑別所入所少年に適用し，その適用可能性や妥当性を検討し，その後，森ら（2015）にいたるまでサンプル数を増やすなどして研究を発展させている。

公的なものとして，西野（2007）は，法務省矯正局が2007年時点で資質鑑別の充実に向けてのリスクアセスメントツールの開発に取り組んでいることを紹介しているが，同局は2008年度からは予算措置を得て正式に開発作業に着手し，全国の少年鑑別所に入退所した少年の追跡データをもとに暫定的に作成したツールの精度を向上させる作業を経て，2013年8月から，生育環境や過去の問題行動歴・非行歴等これまでの出来事等に関する項目（5領域24項目）と再非行を防止するための教育や処遇を行なう必要性に関する項目（4領域28項目）の計52項目により構成されている法務省式ケースアセスメントツール（MJCA）を運用している（法務省矯正局，2013）。西岡（2013）は，MJCAの開発過程を詳細に説明しつつ，その信頼性や運用の方針などを解説するとともに，静的領域には，①生育環境，②学校適応，③問題行動歴，④非行・保護歴，⑤本件態様があり，動的領域には，①保護者との関係性，②社会適応力，③自己統制力，④逸脱親和性があるなどの具体的内容を紹介している。

このうち，動的領域のアセスメント結果は，数値化・グラフ化され，教育目標の設定や教育効果の確認などにも活用されている。さらに，法務省矯正局（2015）によれば，MJCAの精度向上のための検討作業のほか，MJCAの一部を活用した性非行に特化したアセスメントツール（MJCA（S））の試行，少年の伸長すべき長所等を把握

するためのアセスメントツール（MJAR）の開発作業も行なっているとのことである。

　リスクアセスメントツールの作成にあたっては，追跡調査の積み重ねとともに，質問の流れを適切に構造化すること，その使用にあたって評定者間の評定一致度を一定水準で維持するためのマニュアルの整備，質問の仕方や評定の仕方に関する事前研修を実施することなどが不可欠であるが，それらの精度をどれだけ上げても，ツールの説明力には限界がある。また，リスクアセスメントは，アウトカムを再非行・再犯の有無においているが，再非行等をしないことをのみ効果とすることは，特に少年非行に限定して考えた場合には，十分ではないと考えられる。現行少年法が少年の健全育成を目的としている以上，少年時代の一時期に非行をくり返したとしても，長い目で見た場合に社会人として自立的に生活できていることが重要であるとの見方もありうる。ツールの予測力には限界があることをあわせて考えれば，実際の運用にあたっては，ツールにより得られた結果をふまえたうえでのより多面的な判断が求められるといえる。特に保護要因（protect factors）と個々の少年のもっている長所，資源を最大限に伸ばし活かすといったことと，アウトカムに社会人としての自立の基礎となる精神的・社会的成長要素を取り込むことは考慮されるべきものと考えられる。

　一方，RNR原則に基づく処遇は，認知行動療法に基づいて作成された処遇プログラムに基づいて行なうことが求められており，その効果について，再犯率などを指標として検証することになる。検証を正確に行なうには，処遇がプログラムに忠実になされていること，すなわち，処遇の実施にあたって用意されているプログラムに含まれない要素が含まれないようにしなければならないのだが，これは個別的処遇を推進することと方向性を異にする。処遇プログラムの妥当性の検証と処遇実践のバランスをどのようにとっていくかが処遇現場の課題として残るといえる。

第十一章 窃盗

2013（平成25）年中の刑法犯認知件数に占める窃盗の割合は74.7％であり（警察庁, 2014），窃盗は依然として刑法犯の大部分を占める犯罪である。認知件数の多さは，その司法手続に割かれる人的・物的資源が大きいことを示すと同時に，過去の事件や犯人に関するデータが豊富なことを意味する。したがって窃盗は，行動科学的な研究によって犯人の特性や行動を理解し，さらには応用的な知見を蓄積していくことが比較的容易な罪種であると考えられる。窃盗に関する研究では，再犯率の高さや検挙率の低さといった理由から特に研究数が多い侵入盗を中心として，多様な研究が展開されている。

1. 窃盗犯の分類

一口に窃盗犯といっても，その犯人属性（年齢，職業，犯罪経歴など）や手口などの特性は，非常に多様性に富んでいる。したがって，窃盗犯についてさまざまな視点からの分類を検討することは，その特性を理解するうえで有効な方法といえる。これまでに報告された窃盗犯の分類に関する研究には，警察の分類ごとに特性を比較したもの，犯行動機や特定の属性の観点から分類を試みたもの，さらには，複数の特性間の関連を含めて検討したものがある。

(1) 警察による分類

　日本の警察による分類では，窃盗犯は侵入盗，乗り物盗，非侵入盗の3つに分類され，それぞれがさらに細かい下位分類に分けて定義されている。

　窃盗犯の中でも，特に住宅を対象とした侵入盗（以下，住宅侵入盗）の分類に注目したものとして，財津（2014）の研究がある。この研究では，住宅侵入盗の3種別（空き巣，忍込み，居空き）に関する基礎的な研究として，富山県内の住宅侵入盗で検挙された350名について，種別ごとの犯行特徴と犯人属性を比較検討している。犯行特徴については，犯行時間帯や破壊侵入の有無などの13変数を用いたカテゴリカル主成分分析（categorical principle components analysis：CATPCA）により，複数の犯行特徴に潜在する特性として「窃盗過程における悪質性」と「窃盗目的の指向性」の2つが見いだされた。また，種別ごとに2つの潜在特性との関連を比較することで，忍込み，空き巣，居空きの順に「悪質性」が高く，空き巣の「目的指向性」が忍込みと居空きに比べて高いことが示された。犯人属性については，3種別と10の属性についてχ^2検定を行ない，忍込み，空き巣，居空きの順に年齢が高く，最終学歴が低いこと，および知人宅を対象として犯行に及んだ割合の低いことが示された。

(2) 動機に基づく分類

　窃盗犯の動機については，古くから「犯罪生活の退屈な日々」（福島，1975），「性格学的無特徴」（福島，1975），「道具的犯罪：instrumental crime」（Blackburn, 1993）などと表現されるように，ほとんどが金銭的な動機によるものであると考えられ，殺人や強姦，放火のような凶悪犯罪に比べて研究は多くない。しかし近年では，物質的な報酬である外的な強化に加え，自己満足や達成感などの内的強化も強い動因となることが指摘されている（Bartol & Bartol, 2005／羽生監訳，2006）。

　たとえば，住宅侵入盗について犯人と被害者との対人関係的側面から考察を加えた研究として，メリーとハーセント（Merry & Harsent, 2000）の研究がある。この研究では，住宅侵入盗における各犯行特徴を「対人関係」と「熟練度」の2つの要素を背景に解釈できるという仮説を立て，最小空間分析（smallest space analysis：SSA）を用いた検証を行なっている。SSAでは，南イングランドで発生した60件の住宅侵入盗における35の犯行特徴を，特徴間の関連の強さをもとに平面上にプロットした（図11.1）。その結果，犯行特徴の分布を「対人関係（表出的・潜在的）」と「熟練度（高・低）」の2つの尺度上で解釈することで，住宅侵入盗において，被害者への攻撃性が高く熟練度の低い「乱入者（intruders）」，被害者への攻撃性も熟練度も低い「こそ泥（pilferers）」，被害者への攻撃性が低く熟練度の高い「急襲者（raiders）」，および被害者への攻撃性も熟練度も高い「侵略者（invaders）」の4つのテーマを見いだ

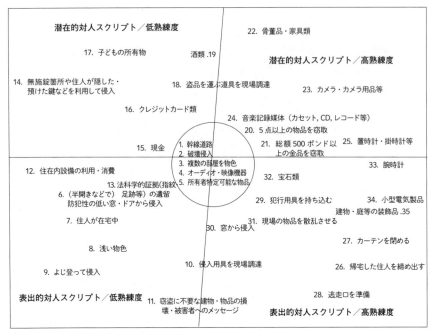

図 11.1　住宅侵入盗の犯行特徴における SSA プロット（Merry & Harsent, 2000, p.47 より作成）

している。

　日本の窃盗犯については，高村と徳山（2003）が，住宅を対象とする窃盗犯を対象に犯行動機ごとの犯人特性を検討しており，窃盗犯の動機の大半を占めると考えられる金銭動機に加えて，性的動機を有する色情盗（下着を盗む窃盗犯。現在は住宅に侵入する者を除いて「色情ねらい」に名称が変更されている）に着目した研究を行なっている。この研究では，住宅を対象とする窃盗犯（168名）の犯人属性や犯行特徴，取調べに関する項目を，金銭動機の犯人群と性的動機の犯人群の間で比較し，動機の違いによって年齢や犯罪経歴の有無などの複数の犯人属性が異なることを指摘している。

(3) 特定の属性に着目した分類

　窃盗犯に関する分類研究では，特定の属性の観点から犯人の分類を検討した研究もみられる。たとえば，犯人属性について特に犯罪経歴に注目した分類を検討したヴァーンら（Vaughn et al., 2008）は，属性の類似度に基づく侵入盗（456名）の分類を潜在クラス分析（latent class analysis）により行なった。その結果，過去の犯罪経歴

表 11.1　交通手段ごとの住宅侵入盗の犯人像（Haginoya, 2014 より作成）

	犯人像
徒歩	・両親や兄弟と同居している若い犯人に選択されやすい。 ・居住地周辺の狭いエリアで犯行に及ぶ。
自転車	・ある程度の移動能力と維持のしやすさを兼ね備えた交通手段として，多様な犯人に選択されやすい。 ・徒歩と同様に自宅周辺の狭いエリアで犯行に及ぶが，徒歩では時間のかかる数 km 程度の移動が比較的多い。
自動車	・有職で配偶者・子どもと同居している犯人に選択されやすい。 ・自宅周辺から遠方までの広いエリアで犯行に及ぶ。
オートバイ	・若い犯人によって長距離移動の手段として選択されやすい。 ・自宅周辺から遠方までの広いエリアで犯行に及ぶ。
公共交通機関	・定住せず，犯行エリアや被害者に関する知識の無い地域で犯行に及ぶ，高齢の職業犯罪者に選択されやすい。 ・自宅周辺からある程度離れた地域で犯行に及ぶ。

の傾向が異なる，気まぐれな若者（young versatile），浮浪者（vagrant），薬物指向（drug-oriented），性的略奪者（sexual predator）の4類型を見いだすとともに，性的略奪者について，過去に最も暴力的で深刻な犯罪経歴を持つグループであることを指摘している。

また，犯人属性を犯罪行動の地理的な側面との関連で論じたものとして，萩野谷（Haginoya, 2014）の研究があげられる。この研究では，犯人が犯行時に使用する交通手段の観点から犯人属性を分類し，犯行の地理的特徴と関連づけた解釈を行なうことで，交通手段ごとの犯人像を提示している（表11.1）。

(4) 特性間の関連に着目した分類

前述の高村と徳山（2003）は，金銭動機による窃盗犯の属性が，性的動機による窃盗犯に比べて多様性が大きかったことを報告している。そこで高村と徳山（2006）は，金銭動機によって住宅から金品を盗んだ侵入盗について，犯人属性，犯行特徴および犯人を同時に多変量解析で分析することで，侵入盗における包括的な分類を検討した。この研究では，各特性と犯人について数量化理論Ⅲ類を用いた平面上でのプロットを行ない，犯人をクラスタ分析により分類することで，犯人属性と犯行特徴の傾向が異なる4つの犯人群（初犯有職群，少年群，累犯広域群，累犯非広域群）を見いだしている（表11.2）。

また，フォックスとファーリントン（Fox & Farrington, 2012）は，侵入盗（380名）の犯人特性（人種，性別，年齢，身長等），犯行特性，および犯罪経歴の3つの特性について，潜在クラス分析による被疑者の分類を行なっている。この研究では，特性ごとに4つの類型を見いだし（表11.3），特性間の関連についてχ^2検定を行なうことで，

表 11.2　金銭動機による住宅侵入盗の分類 （高村・徳山，2006 より作成）

	犯人属性	犯行特徴
初犯有職群	・20 代中心 ・住居と同居者を有する有職者 ・車等で親しい被害者宅に接近 ・犯歴なし ・余罪なし	・未明に地方部の住宅街で犯行 ・非破壊侵入 ・犯行の反復性[*1]・一貫性[*2]が低い ・保管物（財布・封筒）のまま窃取 ・食料品を対象にする者は含まれない
少年群	・未成年中心 ・住居と同居者を有する学生 ・近隣の知人宅に徒歩等で接近 ・無犯歴または犯歴単数 ・余罪なし	・過疎部で犯行 ・非破壊侵入 ・玩具類を窃取 ・連続犯行は少ない
累犯広域群	・30 歳以上中心 ・住居と同居者を有していない無職者 ・盗みやすい建物に JR 等で接近 ・4 群の中で最も熟練性が高い ・犯歴複数 ・余罪あり	・都市部のワンルームで犯行 ・被害者の在宅時に破壊侵入 ・犯行の一貫性[*2]が高い ・連続犯行に及ぶ
累犯非広域群	・30 歳以上中心 ・住居と同居者を有していない無職者 ・拠点から少し離れた被害者宅に徒歩等で接近 ・犯歴単数 ・余罪あり	・農漁山村で犯行 ・当割以外の破壊により侵入 ・食料品を窃取 ・犯行の反復性[*1]・一貫性[*2]が高い

[*1] 犯行の反復性は，同一被害者宅での犯行があることを指す．
[*2] 犯行の一貫性は，侵入方法等の犯行特徴に一貫性があることを指す．

表 11.3　住宅侵入盗における特性ごとの類型 （Fox & Farrington, 2012 より作成）

	類　型
犯人特性	年長の白人男性（older White males），若年の白人（younger Whites），年長の黒人男性（older Black males），若年のマイノリティ（younger minorities）
犯行特性	機会型（opportunistic），秩序型（organized），無秩序型（disorganized），対人型（interpersonal）
犯罪経歴	初心者（starters），低技能者（low rates），高技能者（high rates），常習者（chronics）

年長の黒人男性に対人型の犯行が多く秩序型の犯行が少ないこと，若年の白人に初心者タイプの犯罪経歴が多く常習者タイプの犯罪経歴が少ないことなどを報告している．

2. 窃盗犯における犯行の一貫性と移行性

　犯罪種別や手口といった犯行特性の一貫性は，複数の事件について犯人の同一性を評価する際の有効な情報となる．また，犯行特性の移行性は，犯罪者が犯行をくり返すことで学習し，専門化していく過程を理解するうえで重要なテーマである．これら

のテーマに関する研究は多くはないが，現在までのところ，大きな枠組みとしての犯行特性である犯罪種別と，より詳細な犯行特性としての手口について，いくつかの研究が行なわれている。

(1) 犯罪種別の一貫性と移行性

日本の警察による窃盗犯の分類は，侵入盗，乗り物盗，非侵入盗の下位分類を合わせると40種類以上にもなる。したがって，多様な犯罪種別が含まれる窃盗犯罪では，同じ犯人の中で一貫性の高い種別や移行しやすい種別，さらには移行性のパターンを把握することが重要なテーマといえる。

これまでの窃盗犯を対象とした犯罪種別の一貫性に関する研究は，いずれも侵入窃盗を対象としたものである。たとえば，犯罪経歴を有する侵入窃盗犯（271名）の種別の反復性について検討した渡辺（1982）は，1つの種別を一貫して反復する傾向がある被疑者が全体の半数にも満たなかったこと，および各種別の中で空き巣の反復性が比較的高かったことを報告している。

また，横田とカンター（Yokota & Canter, 2004）は，侵入盗における15種類の犯罪種別について，心理学的な観点から，分類と特定の種別に専門化する過程を検討している。この研究では，250名の侵入盗について，被疑者ごとに集計した各種別の選択頻度を用いて種別間の関連度を平面上に表現し，関連度の高い種別のグループに共通する潜在的なテーマの抽出を試みた（図11.2）。その結果，侵入盗について「住宅

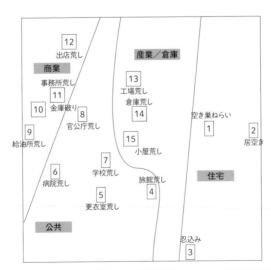

図11.2 侵入盗の15種別におけるSSAプロットと領域の解釈
(Yokota & Canter, 2004, p.160より作成)

(residential)」「商業（commercial）」「産業／倉庫（industrial/storage）」「公共（public）」の4つのテーマが見いだされ，特に「住宅」に属する空き巣，忍込み，居空きの3種別の中でも，忍込みが他の2つと区別される可能性が指摘された。「住宅」における種別選択の傾向については，住宅侵入盗累犯者の手口の移行性に関する研究でも検討されている（倉石ら，2010；財津，2014）。これらの研究では，犯人ごとに最も新しい検挙事件と最も古い検挙事件の種別を比較することで，忍込みと空き巣の一貫性が高いこと，および居空きが高い割合で空き巣へ移行することを示しており，横田とカンター（Yokota & Canter, 2004）の知見とおおむね一致する結果が得られている。

さらに，横田とカンター（Yokota & Canter, 2004）は，テーマの移行性を検討するため，犯行件数を基準としてサンプルを5つの群（5件，10〜19件，40〜49件，90〜199件，200件以上）に分け，全犯行の50％以上が特定のテーマに属する（専門化した）犯人の割合をテーマごとに算出した。その結果，各群においてほとんど（90％前後）の侵入盗が「住宅」と「商業」のいずれかに専門化しており，犯行件数の多い群ほど「商業」に比べて「住宅」に専門化している割合の高いことが示された。

(2) 手口の一貫性と移行性

窃盗犯の手口については，横田と渡辺（1998）が，侵入盗（1万2,468名）について，犯行回数の増加に伴う反復性の推移と，反復性の高い手口の種類を検討している。この研究では，被疑者ごとにランダムに抽出した過去の2件の犯行において同じ手口が選択された割合を反復性の指標として，手口ごとの反復性を評価した。その結果，過去の犯行回数が少ない被疑者の場合には過去の犯行で反復されている手口を新たな事件で選択する確率は低いが，犯行回数の増加に伴って被疑者が選択する手口の組み合わせが固定化することにより，過去の事件で選択した数種類の中から手口を選択するようになることを示している。また，手口の中でも，犯行以前に選択されるため状況依存性が低い車両利用や犯行地（都道府県別）などが反復されやすいことを見いだしている。

住宅侵入盗（倉石ら，2010）および住宅以外を対象とした侵入盗（大塚ら，2010）の累犯者について手口の移行性を検討した研究では，最も新しい検挙事件と最も古い検挙事件の手口を比較して，「被害住宅周辺の環境（たとえば，「幹線道路・表通り」「裏通り・路地」）」等の手口について，新しい検挙事件で手口が移行する場合は古い検挙事件で選択された割合の最も高い手口へと移行する傾向があること，および，侵入手段や移動手段，共犯者の有無については手口が移行する割合が低く，一貫性が高いことを指摘している。

さらに近年，欧米の侵入盗を対象とした研究では，手口の一貫性と識別性（ある犯人を他の犯人と区別できる程度）に関する基礎的な研究が報告されている。たとえば，

ボウハナら (Bouhana et al., 2016) は，イギリスのドーセット (Dorset) で5件以上の住宅侵入盗を行なった被疑者 (153名) を対象として，手口の種類 (犯行エリア，侵入口，侵入方法，建物の種類，居住者の有無，犯行時間帯) ごとに一貫性と識別性を検討した。この研究では，被疑者ごとに一貫性の指標として simpson の多様性指数 (simpson's index) を算出し，手口項目 (たとえば侵入口の場合，「ドア」「窓」「高窓」など) をランダムに選択させたシミュレーションデータの多様性指数の分布と比較した。その結果，被疑者データにおける多様性指数の平均値はシミュレーションデータの平均値に比べて優位に大きく，各種の手口について一貫性は確認されたが，有意に多様性指数が大きかった被疑者の割合を算出したところ，ほとんどの手口では有意となった被疑者が3分の1程度であり，犯人を識別できる可能性を示したのは犯行エリアのみであったことが示された (表11.4)。

また，フォックスとファーリントン (Fox & Farrington, 2016) は，前述のフォックスとファーリントン (Fox & Farrington, 2012) が犯行特性について見いだした4類型 (機会型，秩序型，無秩序型，対人型) を侵入盗の犯行スタイルとして利用し，アメリカの連続侵入盗 (58名) における犯行スタイルの一貫性を，Jaccard 係数，前方特化係数 (forward specialization coefficient：FSC)，多様性指数 (diversity

表11.4 一貫性指標の要約 (Bouhana et al., 2016, p.83 より作成)

	一貫性の指標				
	項目数	Mean	SD	被疑者/MC	有意な被疑者(%)
犯行エリア (153)	79	.28	.25	8.80*	78
建物の種類 (145)	7	.37	.23	1.71*	37
侵入方法 (136)	11	.49	.25	1.42*	28
犯行時間帯 (139)	2	.70	.28	1.32*	27
居住者の有無 (148)	2	.72	.25	1.28*	22
侵入口 (146)	5	.53	.24	1.26*	25

*$p < .0001$，MC：モンテカルロシミュレーションによるデータの平均値
注：( ) 内は各手口に利用可能な被疑者データの数である。多様性指数は0〜1の間で変動する。

表11.5 指標ごとの侵入盗の犯行スタイルの一貫性 (Fox & Farrington, 2016, p.1145 より作成)

	Jaccard 係数	多様性指数	FSC
秩序型	.52	.87	.78
無秩序型	.49	.83	.68
機会型	.56	.76	.35
対人型	.38	.50	−
係数の平均値	.52	.82	.60

注：各指標の値は，いずれも0〜1の間で変動する。

index）の3指標を用いて検討した。その結果，指標間で各犯行スタイルの一貫性の評価には差がみられたが，特にFSCと多様性指数において，秩序型と無秩序型の一貫性が高かったことが報告されている（表11.5）。

3. 窃盗犯の空間行動

窃盗犯の空間行動に関する研究では，犯行地選択に関する基礎的な研究として，活動拠点からの距離や方向（角度）といった観点で特徴をとらえようとする研究が行なわれている。また，近年では経済学などの分野で発展した数理モデルを応用することで，犯行地選択行動に影響する環境的な要因が検討されている。

(1) 活動拠点からの移動距離

犯罪者の空間行動については，代表的なモデルとして，環境犯罪学の観点から提唱された犯罪パターン理論（crime pattern theory；Brantingham & Brantingham, 1984）があげられる。犯罪パターン理論では，日常的な活動空間（activity space）を内包する，犯罪者がなんらかの知識をもつ意識空間（awareness space）で，犯罪者と適当な犯行対象が交錯したときに犯罪が発生すると仮定する。この理論に従えば，犯人の活動拠点（自宅，職場，友人宅など）からの距離が離れるほど対象を探索する頻度は減衰するため，犯行の発生頻度について，活動拠点を中心とした距離減衰が生じると仮定される。犯行頻度の距離減衰は，窃盗犯を対象とした各国の研究で確認されており（表11.6），日本の窃盗犯についても，交通手段ごとの犯行頻度の分布として距離減衰が確認されている（Haginoya, 2014）。

表11.6 窃盗犯における犯行頻度の距離減衰を示した研究

	対象国	対象罪種
Rhodes & Conly (1981)	アメリカ	侵入盗
Rengert et al. (1999)	アメリカ	住宅侵入盗
Emeno & Bennell (2013)	アメリカ	住宅侵入盗，非侵入盗，自動車盗
Snook (2004)	カナダ	侵入盗
Hammond & Youngs (2011)	イギリス	住宅侵入盗
Bernasco (2009)	オランダ	住宅侵入盗
Block & Bernasco (2009)	オランダ	住宅侵入盗
Laukkanen et al. (2008)	フィンランド	住宅侵入盗
Rattner & Portnov (2007)	イスラエル	窃盗全般，強盗
Sarangi & Youngs (2006)	インド	侵入盗
Haginoya (2014)	日本	住宅侵入盗

(2) 活動拠点に対する方向の一貫性

　活動拠点に対する方向の一貫性は，連続事件の犯人が活動拠点に対して同じ方向に位置する場所で犯行をくり返す場合に生じるものである。コクシスら（Kocsis et al., 2002）は，オーストラリアの連続侵入盗（58名）について，犯行地点が拠点から一定の方向に向かって回廊（corridor）のように分布する傾向を指摘し，犯行地選択における方向の一貫性を報告している。

　方向の一貫性については，活動拠点（頂点）と2つの犯行地点をつなぐ直線の間の角度を指標として，複数の研究が行なわれている。たとえば，グッドウィルとアリソン（Goodwill & Alison, 2005）は，殺人（35名），強姦（41名），侵入盗（30名）の3罪種における連続犯の一連の事件について，時間的に連続する2つの犯行地点間の角度を計測（sequential angulation；順次角度測定）し，測定した角度の平均値を罪種間で比較したところ，殺人，強姦，侵入盗の順に角度が大きかったことを報告している。

　また，オランダの住宅侵入盗（268名）について方向の一貫性を検討したヴァンダーレとベルナスコ（Van Daele & Bernasco, 2012）は，グッドウィルとアリソン（Goodwill & Alison, 2005）が用いた順次角度測定やランドリガンとザノムスキ（Lundrigan & Czarnomski, 2006）がニュージーランドの性犯罪者について角度の計測に用いた最大角度測定（maximal angulation：2つの犯行地点間の角度の中で最大の角度を指標とする）では方向の一貫性を十分にとらえられないと主張し，新たな角度の計測法を提案している。彼らが提案した計測法では，時間的に連続する2地点や角度が最大となる2地点の間の角度のみを用いる他の方法に対して，全犯行においてありうるすべての犯行地点の組み合わせにおける2つの犯行地点間の角度の平均値を計測する（mean angulation；平均角度測定，図11.3）。

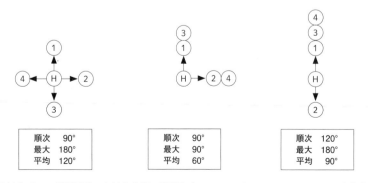

図11.3　3つの連続事件における角度の計測法（Van Daele & Bernasco, 2012, p.139より作成）

(3) 犯行地選択の影響要因

　地域のどのような要因によって犯罪者が犯行に及ぶ可能性が高まるのかという問題については，これまでにオランダ法執行研究所（Netherlands Institute for the Study of Crime and Law Enforcement：NSCR）のウィム・ベルナスコ（Wim Bernasco）らを中心として，経済学の分野で発展したランダム効用理論（random utility theory）を犯罪者の犯行地選択行動に応用した研究が展開されている。ランダム効用理論は，人の選択行動において選択者は効用が最大の選択肢を選ぶと仮定する理論であり，一連の研究では，犯人 i の犯行地選択行動において，潜在的な犯行対象 j の周辺で観測可能な環境的要因 z（拠点からの距離，住居数，住民の所得など）が対象の効用 U に与える影響度 β を定数項として設定し，観測不可能な要因の誤差項 ε を加えた多項ロジットモデルを構築することで，各研究が取り上げた要因について，犯行地選択に与える影響度 β を推定している。

$$U_{ij} = \beta z_{ij} + \varepsilon_{ij}$$

　たとえば，オランダのハーグにおける 89 の住宅街（residential neighborhoods）について住宅侵入盗（290 名）のデータを用いた研究を行なったベルナスコとニューベルタ（Bernasco & Nieuwbeerta, 2005）は，犯人の居住地域に近い地域，地域内の民族的な複雑性が高い地域，住宅ユニットの数が多い地域，戸建て住宅が多い地域が犯人に選択されやすいことを示している。

　また，ベルナスコ（Bernasco, 2009）は，ハーグについてより小さな地域の単位で精密な検討を行なうために，郵便番号区画による 2 万 3,894 の街区（block）について住宅侵入盗（1,023 名）のデータを用いた研究を行なった。その結果，犯人が居住する街区に近い街区，不動産の数が多い街区，不動産価値が高い街区が犯人に選択されやすいこと，および，外国人人口が多い街区ほど，外国人の犯人に選択されやすく，オランダ人の犯人に選択されにくいことを示している。

　さらに，クレアら（Clare et al., 2009）は，環境要因として地理的な障壁（barrier）や結合（connector）を追加して，西オーストラリア州のパースにおける 291 の郊外住宅地について住宅侵入盗（1,761 名）のデータを用いた検討を行なった。この研究では，犯人の居住地への近接性，地域内の民族的な複雑性，住宅ユニットの多さについて他の研究と一致した結果を示すとともに，犯人の居住地域との間に川や幹線道路といった障壁のある地域が犯人に選択されにくいこと，および，犯人の居住地域と線路でつながっている地域が犯人に選択されやすいことを示している。

4. 窃盗における応用的知見

　犯罪の行動科学的な研究は，その成果が犯罪と対峙する現場に対してどういった貢献をするのかという議論を避けられない分野である。そうした状況を背景として，窃盗に関する研究においても，近年，現場への応用を見据えた研究が数多く行なわれている。そこで本章の最後では，特に犯罪捜査の応用場面に関する研究を取り上げて紹介する。

(1) 複数の事件における犯人の同一性

　前述の犯罪行動の一貫性や識別性を前提として行なわれるのが，複数の事件における犯人の同一性の推定（言い換えれば，犯行の連続性の推定）であり，犯罪者プロファイリングの分野では，事件リンク分析とよばれるものである。事件リンク分析に関する研究の多くは窃盗犯を対象としたものであり（Bennell et al., 2014），これまでに，住宅侵入盗（Bennell & Jones, 2005；萩野谷，2014；Markson et al., 2010；Melnyk et al., 2011；Tonkin, Woodhams, Bull, Bond, & Santtila, 2012；Tonkin, Santtila et al., 2012），商業施設侵入盗（Bennell & Canter, 2002；Bennell & Jones, 2005），自動車盗または自動車エンジンキーの窃盗（Davies et al., 2012；Tonkin et al., 2008；Tonkin, Woodhams, Bull, & Bond, 2012；Tonkin, Woodhams, Bull, Bond, & Santtila, 2012）に関する研究が報告されている。

　窃盗犯の事件リンクに関する研究で最も多く扱われているテーマは，事件リンクに有効な犯罪行動に関する情報は何か，というものであり，これまでに，手口の類似性，事件間の地理的近接性および時間的近接性が比較検討されている（Bennell & Canter, 2002；Bennell & Jones, 2005；Davies et al., 2012；萩野谷，2014；Markson et al., 2010；Tonkin et al., 2008；Tonkin, Santtila et al., 2012）。これらの情報の有効性については，研究間である程度の一貫した傾向が示されており，手口に比べて地理的・時間的近接性のリンク精度が高いとされている。

　これらの事件リンク分析に関する研究の多くは，手口の類似度の指標としてJaccard係数を使用し，ロジスティック回帰分析とROC分析を併用した方法での精度評価を行なっている。しかしながら，これらが類似度の指標や予測に用いる統計モデルとして最適であるかは明らかになっていない。そのため近年では，複数の類似度指標や統計モデルを比較した研究がいくつか報告されている。たとえばメルニックら（Melnyk et al., 2011）は，海洋生態学の分野で階層的な情報の類似度として利用されている分類学的類似性指数（taxonomic similarity index：Δs）をJaccard係数と比較した。この研究では，過去の分類研究（Merry & Harsent, 2000）などを参考

に構築した侵入盗の手口（28変数）の階層構造から Δs を算出することで，Jaccard 係数と同程度のリンク精度が得られたことを報告している。また，予測の過程が視覚化できるためロジスティック回帰分析に比べて理解しやすいことが利点である分類木（classification tree）に着目したトンキンら（Tonkin, Woodhams, Bull, Bond, & Santtila, 2012）は，分類木とロジスティック回帰分析のそれぞれについて予測モデルを構築し，モデルの構築に用いていない新規の事件データに対する精度を比較した。その結果，分類木はロジスティック回帰分析に比べて低い精度となり，ロジスティック回帰分析に対する予測精度の優位性は示されなかった。

(2) 犯人像推定

　犯人の年齢層や職業，犯罪経歴といった犯人属性の推定（犯人像推定）については，前述のような犯行特性の類型（たとえば，Merry & Harsent, 2000；高村・徳山，2006）を応用した予測が考えられ，そうした犯人像推定を行なうためには，分析対象事件をいずれかの類型に分類する必要がある。しかしながら，類型への分類基準に関する研究は，殺人（Salfati & Bateman, 2005；Salfati & Canter, 1999）や放火（Häkkänen et al., 2004）についてはいくつかの方法が提案されているものの，窃盗犯について検討した研究は見当たらず，その有効性については未検証である。

　こうした状況において，明確に犯人属性の予測を志向した研究として，サンティーラら（Santtila et al., 2004）や萩野谷ら（2014）の研究があげられる。これらの研究では，手口の情報から窃盗犯の犯人属性を予測するため，ロジスティック回帰分析を用いた予測モデルの構築を検討している。

　たとえば，サンティーラら（Santtila et al., 2004）は，フィンランドの住宅侵入盗（244名）の 85 の手口について主成分分析を行なって抽出した 14 の主成分を説明変数として，54 の犯人属性について，それぞれを目的変数としたロジスティック回帰分析を実施した。その結果,「年齢」「現場への訪問歴あり」「犯行地域に居住」「単独犯」「盗品の転売先の想定」「無職」「窃盗の犯罪経歴」「暴行の犯罪経歴」「交通違反歴」の 9 つの属性で，比較的有効性の高い予測モデルが構築されたことを示している。

　また，萩野谷ら（2014）は，日本の住宅侵入盗（305 名）について，手口の情報から犯人属性の予測を検討した。この研究では，手口（50 変数）についてサンティーラら（Santtila et al., 2004）が行なった主成分化のような加工を行なわずにロジスティック回帰分析を行ない，各犯人属性(17変数)の予測モデルを構築した。その結果,「犯行時年齢」「共犯形態」「空き巣の犯罪経歴」「忍込みの犯罪経歴」の 4 つの犯人属性について，他の属性に比べて有効性の高いモデルが構築されたことを示している。

(3) 犯人の拠点推定

窃盗犯の拠点推定に関する研究では，基礎的なモデルとして研究者の間で広く受け入れられてきたサークル仮説について，多くの研究で「拠点型（marauder）」と「通勤型（commuter）」の比率が報告されている（表11.7）。これまでの研究が示した窃盗犯における拠点型の比率にはばらつきがみられるが，おおむね40〜60％前後であり，70％以上の報告が多い放火や性犯罪といった罪種に比べて低い傾向にある。

一方で，日本の犯罪捜査においては，サークル仮説や疑惑領域モデルといったモデルについて現在も実務への応用が続けられている。そこで萩野谷（Haginoya, 2014）は，犯行地点の選択パターンとの関連が強い犯行時の交通手段の情報を用いて，サークル仮説と疑惑領域モデルの推定規則の洗練化を検討した。その結果，犯行地点間距離の最大値から，犯人を，徒歩または自転車のみを使用する「近隣型」の群と，自動車やオートバイ，公共交通機関を使用する「広域型」の群に分類することで，近隣型に分類された犯人について，狭い推定エリアと高い拠点型の比率を両立できることが示された。

また，近年の新たな拠点推定モデルの増加と発展に伴い，欧米の窃盗犯を対象とした拠点推定研究では，モデルの種類と犯行地点の数が推定精度に与える影響の評価が主要なテーマの一つとなっている。たとえば，複数のモデルを比較したこれまでの研究では，モデル間の精度に差があると報告したもの（Canter & Hammond, 2007）と，明確な差はないと報告したもの（Snook et al., 2005；Hammond & Youngs, 2011）が混在しており，モデルの種類が推定精度に与える影響について明確な結論は出ていない。犯行地点数に関する研究では，ロスモ（Rossmo, 2000／渡辺監訳, 2002）が主張した「拠点推定には，少なくとも5つの犯行地点が必要である」こと，および「分

表11.7 窃盗犯における拠点型／通勤型の比率

	n	拠点型／通勤型
Block & Bernasco (2009)	62	61.3%／38.7%
Emeno & Bennell (2013)：Burglary	16	75.0%／25.0%
Emeno & Bennell (2013)：Auto theft	15	53.3%／46.7%
Emeno & Bennell (2013)：Theft	131	55.7%／44.3%
Haginoya (2014)	103	59.2%／40.8%
Kocsis & Irwin (1997)	27	48.1%／51.9%
Laukkanen et al. (2008)	78	44.9%／55.1%
Meaney (2004)	83	34.9%／65.1%
Tonkin et al. (2010) [1]	141	13.5%／86.5%
Tonkin et al. (2010) [2]	100	13.0%／87.0%

[1] 自動車の窃取場所
[2] 盗んだ自動車の投棄場所

析に使用する犯行地点が多くなるほど,推定の精度が向上する」ことを検証する形で検討が行なわれている。前者の主張については,トンキンら(Tonkin et al., 2010)がイギリスの自動車盗(145名)を5地点未満の群と5地点以上の群に分けてU検定を行なった結果,群間に有意差はみられなかったことを報告している。後者の主張については,スノックら(Snook et al., 2005)が犯行地点数の増加に伴って精度が向上する傾向を示したのに対して,トンキンら(Tonkin et al., 2010)の研究では犯行地点数と精度の間に有意な相関がみられなかったことを報告しており,今後の研究が待たれている。

第十二章 強盗

強制わいせつ・強姦 少年犯罪 窃盗 連続殺人 ドメスティックバイオレンス 若者の暴力 殺人 ストーキング テロリズム

「強盗」という言葉からは，どのような事件が連想されるであろうか。古い映画のファンならば，西部劇に登場するような列車強盗のシーンが，まずは頭に浮かぶかもしれない。覆面姿で拳銃を手にした男たちが銀行に押し入り大金を奪っていくといった事件を，強盗の典型例と考える人もあるだろう。一方，ニュースでよく見かけるのは，コンビニ店員が果物ナイフを突きつけられて売上金を奪われたり，帰宅の遅い会社員が夜道でいきなり殴りつけられて財布の入ったバッグを奪われたりといった，市民にとって身近な時と場所で発生する事件である。

本章では，まず日本における強盗の法的定義と発生状況について述べる。次に，強盗事件の犯行および犯人の特徴について，類型論的研究を概観する。また，強盗犯が行使する暴力と被害者が死傷する危険性に関する研究を紹介する。さらに，強盗犯の空間行動，強盗発生の季節変動について，いくつかの研究例が示すところを解説する。

1. 日本における強盗の定義と近年の発生状況

我が国の刑法に規定されている強盗罪は，暴行または脅迫によって被害者の抵抗を抑圧し，財物を奪ったり不法利益を得たりすることである（刑法236条）。また，窃盗を目的とする犯人が盗品を取り返されるのを防いだり，逃走したり，証拠を隠滅したりするために暴行や脅迫を行なった場合は，事後強盗罪に問われる（刑法240条）。さらに，被害者を昏睡させて財物を奪った場合には，昏睡強盗（刑法239条）が成立

する。

　強盗は財物を目的とする財産犯ではあるが，被害者に対して暴行や脅迫を加える点では身体犯でもある。特に，被害者に対する暴力が抵抗の抑圧の範囲を超えた場合，被害者の生命をも危険にさらすことになる。警察庁の統計でも，強盗は殺人，放火，強姦とともに「凶悪犯」に分類されている。

　強盗というカテゴリーにはさまざまな犯行形態が含まれる。セキュリティが強固な銀行をターゲットにして，十分な準備期間を費やして計画を練り，凶器や変装用具を準備し，警備の盲点や逃走経路を調べ上げて，多額の現金を強奪するプロフェッショナル的な事件も含まれる一方で，年少者が遊ぶ金欲しさやゲーム感覚から，目についた通行人を襲って所持金を奪うといった刹那的な犯行も，強盗に分類される。さらには，万引き犯が制止しようとした店員を突き飛ばして逃げるといったケースでさえ，刑法上の定義からすれば事後強盗罪に問われる。

　警察庁発表の犯罪統計によると，日本で発生した強盗事件の認知件数（110番通報や被害届の提出によって公的機関が把握した犯罪の件数）は，2014（平成26）年中では3,056件であった。また，2004～2013年までの10年間で比較すると，7,295件から3,328件と5割以下に減少している。ただし，こうした減少傾向は刑法犯全体について認められるものであり（図12.1），強盗事件の認知件数のみが減っているわけではない。犯罪抑止のための施策や取り組みが，強盗を含めさまざまな罪種に効果を及ぼしたと考えるのが妥当であろう。

　これらの強盗の発生件数を態様別に比較すると，住宅・商店・金融機関などに侵入しての強盗が4割，路上や車内など侵入を伴わない強盗が6割であり，この比率は10年間で大きく変わってはいない。より詳しく比較すると，最も多いのは路上での

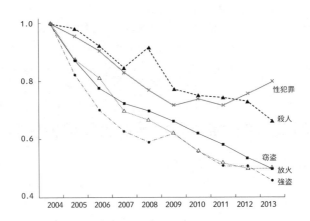

図12.1　日本における犯罪認知件数の推移（警察庁「平成16年～25年の犯罪情勢」より作成）
注：警察庁「犯罪情勢」https://www.npa.go.jp/toukei/index.htm

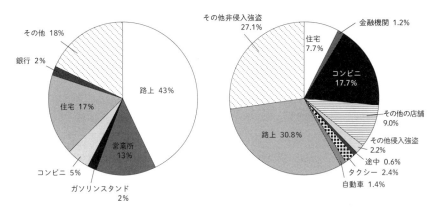

図 12.2　日本（右）とアメリカ（左）における 2013 年の強盗認知件数の内訳（警察庁「平成 25 年の犯罪情勢」および FBI "Uniform Crime Report：Crime in the United States", 2013 より作成）

注：警察庁「平成 25 年の犯罪情勢」　https://www.npa.go.jp/toukei/seianki/h25hanzaizyousei.pdf
　　FBI "Crime in the United States", 2013　https://www.fbi.gov/about-us/cjis/ucr/crime-in-the-u.s/2013/crime-in-the-u.s.-2013/cius-home

強盗であり，強盗全体の認知件数に占める割合は，ここ 10 年間で若干減ってきているものの，2014（平成 26）年でも 3 割を占めている。その次に多いのはコンビニエンスストアを対象とする強盗であり，強盗全体に占める割合は，2004（平成 16）年に 11％であったのが，2014 年には 18％と徐々に高くなってきている。いずれも，我々の日常生活の中でいつ発生してもおかしくない犯行形態であり，強盗被害は対岸の火事と言っていられない状況である。

　参考までに，アメリカでの発生状況をみてみよう。FBI の犯罪統計である Uniform Crime Report によれば，アメリカにおいて 2013 年に発生した強盗の認知件数は 30 万 1,235 件であり，内訳ではやはり路上強盗が最多である（43.2％）。発生場所のカテゴライズの仕方が違うため単純な比較は難しいが，日本と傾向が異なる点として，コンビニエンスストア強盗の割合がさほど高くないこと（5％），住宅強盗の割合が高いこと（16.6％）が指摘できる（図 12.2）。

2．強盗事件および犯人のタイプ

　強盗事件は，どのような人々によって，どのように敢行されているのであろうか。強盗という犯罪カテゴリーにはさまざまな犯行形態が含まれるため，典型例を示すことは容易ではないが，さまざまな研究が強盗事件の犯行行動および犯人の属性について整理している。

　まず，海外の研究例をみてみよう。アリソンら（Alison et al., 2000）は，事前の計

画性と犯行現場での行為の衝動性という2つの次元から，強盗犯を分類できると考えた。彼らによれば，計画性が高く衝動性が低いタイプは，経験豊富な犯罪者であり，入念に犯行を計画し，現場における状況の変化にも対処することができる。また，計画性と衝動性がともに高いタイプは，事前に計画を立ててはいるものの，不測の事態を考慮に入れていないため，状況をコントロールできなくなると過度に暴力的になる。さらに，計画性が低く衝動性が高いタイプは，初心者の向こう見ずな犯行で，ドラッグの購入資金を得るための犯行が多く，やたらに凶器を振り回して被害者に攻撃を加える。アリソンらは，これらの類型を'Robin's Men' 'Bandits' 'Cowboys'と命名した。イギリスにおいて発生した持凶器強盗事件144例について犯人の行動を分析したところ，これらの分類を支持する結果が得られたという。

　ギル（Gill, 2001）は，金融機関，商業施設，現金輸送車を対象とした強盗犯341名について，プロフェッショナルとアマチュアという2つの類型を見いだした。ギルによれば，プロフェッショナルは信念を持った犯罪者であり，計画と準備が入念で，逮捕される可能性を考慮したリスク管理を行なっている。一方，アマチュアは，アルコールやドラッグの影響下にあることが多く，計画や準備がおろそかで，逮捕されるリスクに関心を払っていない。

　マシューズ（Matthews, 2002）は，服役囚340名にインタビューした結果から，商業施設対象の持凶器強盗犯を'amateur' 'professional and persistent' 'intermediates'という3タイプに区分している。これらのうちの2つはギルが見いだしたものと同様の類型であり，残りの1つは両者の中間的な類型である。最も数の多いamateurタイプに分類される強盗犯は，犯罪経験の少ない人物が借財の返済や薬物購入のため切羽詰って小金を奪うものであり，計画性に乏しく結果の重大性を認識していない。このタイプの強盗犯は，単独で犯行に及ぶか，複数犯であっても寄せ集めのグループであり，近づきやすい対象を狙い，暴力や凶器の行使を特徴とする。以前にも強盗を試みて失敗したり未遂に終わったりしたことがある。犯行時は薬物やアルコールの影響下にあり，無計画かつ不手際で，取るに足らない程度の金品しか手に入れられないことが多い。また，このタイプには，自暴自棄になったりドラッグ乱用から必要に迫られたりすることにより短期間で何件もの犯行を重ねる，集中型ともいうべきサブタイプが存在するという。

　これに対し，professional and persistentタイプに該当する強盗犯は，強盗全体の中で占める割合は低いものの，強盗を生業とする職業的な犯罪者であり，捕まれば長期刑が宣告されることも覚悟のうえで，大金の獲得を狙って計画と準備を周到に行なう。このタイプの強盗犯は，顔見知りの仲間同士の複数犯で行動し，銃や暴力を活用して被害者を効率的にコントロールする。

　intermediatesタイプは，amateurとは異なり，豊富な犯罪経験を有し，入念に計画を立てて犯行に及ぶ。その一方で，professional and persistentのように強盗犯罪

を専門とするわけではなく，他の犯罪も行ないながら強盗にも手を染めている犯罪者である。intermediates タイプには，サブタイプとして，多様な犯罪経験を持つ人物が機会犯的に強盗を行なうケースと，窃盗などからより凶悪な犯罪へとシフトする途上にあるケースが含まれるという。

この他に，ウッドハムズとトイ (Woodhams & Toye, 2007) は，商業施設や金融機関を対象とした強盗80名の犯行行動を，クラスタ分析（多変量解析法の一種であり，多数のサンプルを類似性の高いもの同士にグループ分けするのに用いられる）によって3タイプに分類した。1つ目のタイプ (violent opportunists) は，衝動的で，小売店など犯行に失敗したり逮捕されたりするおそれの小さな対象を襲い，現金以外の物も手当たり次第に奪っていく。このタイプの強盗は，凶器を携行してはいないが，暴力を振るって被害者を傷つけることが多い。2つ目のタイプである (organized risk taker) は，よりプロフェッショナル的であり，事前に計画を立て銀行を襲撃する。現金のみを目的としており，銃を携行しているが被害者が負傷する危険性は低い。3つ目のタイプ (bladed nocturnal planners) は，リスクの小さい対象を狙うが，覆面をするなど計画性も垣間見え，他の2つの中間タイプにあたる。このタイプには，攻撃的で刃物を突きつけて脅迫する者もいるが，実際に被害者を負傷させることはほとんどない。

これら海外の強盗犯類型は，それぞれ示唆に富んでいるものの，我が国で発生している強盗事件にそのまま当てはまるとは考えにくい。そこで，日本の強盗犯・強盗事件について類型化を試みた研究例をいくつか紹介する。

横井と山元(2001)は，金融機関強盗50例の犯行行動と人物特徴を多変量解析によって分析し，犯行行動には「犯行の計画性」と「現場支配の効率性」という成分を，人物特徴には「社会性」と「活動性」という成分を，それぞれ見いだした。彼らによれば，犯人の「活動性」と犯行の「計画性」には正の相関，犯人の「社会性」と犯行の「効率性」には負の相関が，それぞれ認められたという。つまり，活動的な犯人はより計画性の高い犯行に及び，社会性の低い犯人はより現場支配に長けているという傾向がみられたというのである。この他，連続店舗強盗犯の人物特徴にも社会的安定性・自立性という軸が見いだされており（佐藤ら，2006；花山，2011），横井と山元（2001）の結果と部分的に一致している。さらに，高村ら（2002）は，金融機関，店舗，事務所，個人宅に対して敢行された侵入強盗263件の犯行行動を，犯行の計画性と現場支配の効率性によって3タイプに分類し，先に紹介したアリソンら(Alison et al., 2000)に倣って「日本型 Robin's Men」「日本型 Bandits」「日本型 Cowboys」と命名した。日本型 Robin's Men は，計画性も現場支配性も高く，周到な事前準備により民家を襲うが，中には被害者を傷つけるケースもある。日本型 Bandits は，計画性は高いが現場支配性は低く，金融機関強盗に多いタイプであり，銃を用意するなど事前準備は比較的周到で，犯行時にも人質を獲得するなどするものの，多くは現場支配に失敗する。日本

型Cowboysは，計画性も現場支配も低く，周到な事前準備をすることがなく，コンビニなどの店舗に変装しないまま押し入り，被害者に身体接触せず多くは言葉で脅すまでにとどまり，現場支配に失敗することが多い。

吉本ら（2004）は，強盗犯の犯行時の行動と人物特徴との対応関係を調べている。彼らは，単独で住宅強盗を敢行した1,860名のデータを3種類の犯行スタイルに分類し，それぞれ「脅迫タイプ」「性犯タイプ」「襲撃タイプ」と呼称した。脅迫タイプは，昼間に一戸建て住宅の無施錠箇所から侵入し，刃物を用いて脅迫する。性犯タイプは，夜間に偽計（宅配業者を装って玄関を開けさせるなど，被害者を欺くこと）を用いて集合住宅に侵入し，被害者を緊縛，そのまま性犯罪に及ぶこともある。襲撃タイプは，夜間に一戸建て住宅の施錠設備を破壊して侵入し，過剰な暴力を振るうこともある（時に殺害にいたるケースもある）。これらのタイプと人物特徴との対応は必ずしも明確ではなかったが，性犯タイプに30代以下，有職者，性犯罪の犯歴者が多く，襲撃タイプに窃盗犯歴者が多い傾向がみられたという。

福本ら（2004）は，服役中の成人強盗犯92名に面接した結果から，強盗事件に下記のような5つのタイプを見いだした。

① プロ的な集団による犯行で，多額の現金が得られそうな対象を狙い，道具や凶器を準備し，実力行使で被害者の抵抗を抑制する
② 少人数か単独での犯行で，高額な対象を狙い，実力行使により抵抗を抑圧し，暴力よりも言葉で巧みに現場を操作する
③ 金銭的動機では説明できない犯行で，犯人は被害感・不信感・敵意・攻撃性など鬱屈した感情を有し自己統制力に乏しく，性欲解消を兼ねての犯行や特定の人物に対する恨みによる犯行が含まれる
④ 不良集団による，集団内での自己顕示欲求の発露としての路上強盗であり，刑罰経験が少なく罪の重さがわからないため過剰な暴力に発展しやすい
⑤ 単独での上がりこみ強盗であり，ギャンブルなどで金銭に窮し，頼れる相手がないため自暴自棄になっての犯行である

これらのうち，③の犯人は資質のゆがみが激しく，強盗以外の凶悪事件の前歴者が含まれていて，特に危険なタイプであると，福本らは指摘している。

この他，越智（2010）は，新聞データベースを利用して銀行・郵便局強盗198件の犯行スタイルを分析し，夜間金庫の利用客や通用口にいる職員を素手や棒などで襲って現金を強奪し逃走にも成功する群，窓口で応対した職員にカッターナイフ，液体，爆弾があるというメモを突きつけて脅迫するが，現金は手にできず現場で取り押さえられる群，女性職員やフロアにいる利用客といった脆弱な対象に刃物を突きつけ，現金強奪後は逃走するがすぐに逮捕される群に分類した。特に，夜間金庫の利用客が襲

われたケースが検挙されにくいことから，こうしたスタイルの犯行に対する対策を重視すべきであることが指摘されている。

以上の各研究による強盗類型を表12.1にまとめておく。注意しなければならないのは，こうした研究で使用されたデータの素性である。多くの研究が用いているのは，収監された強盗犯に対する聞き取り調査の結果や，司法機関が保有している犯罪捜査や裁判の記録であり，現行犯として取り押さえられた者から長期間の捜査を経て容疑者として浮上した者まで幅があるものの，いずれも検挙された事件，およびその犯人に関するものである。もし，強盗事件の手口の熟達度や犯人のパーソナリティと検挙可能性との間になんらかの関係が存在するならば，データに偏りが生じている可能性は否定できない。

なお，現に路上強盗を行ないながらも司法当局に身柄を拘束されていない犯罪者たちをサンプルとした研究には，ライトとデッカー（Wright & Decher, 1997）やミラー（Miller, 1998）がある。彼らが対象としたのは，享楽的なストリートカルチャーに染

表12.1 強盗の分類に関する主な研究知見

著者（発表年）	分析対象	類型
Alison et al.（2000）	持凶器強盗	・Robins'men（計画的で理性的） ・Bandits（計画的で衝動的） ・Cowboys（場当たり的で衝動的）
Gill（2001）	金融機関，商業施設，現金輸送車強盗	・professional（計画的で逮捕のリスクを回避する） ・amateurish（無計画で逮捕のリスクを考慮しない）
Matthews（2002）	商業施設対象の持凶器強盗	・amateur（犯罪経験に乏しく無計画） ・professional and persistent（職業的強盗犯） ・intermediates（手際が良いが強盗専門ではない）
Woodhams & Toye（2007）	商業施設強盗 金融機関強盗	・violent opportunists（衝動的で暴力的） ・organized risk taker（プロ的で被害者が負傷する危険性は低い） ・bladed nocturnal planners（両者の中間）
横井と山元（2001）	金融機関強盗	・犯行行動の成分：「計画性」と「現場支配の効率性」 ・人物特徴の成分：「社会性」と「活動性」
高村ら（2002）	金融機関，店舗，事務所，住宅強盗	・日本型Robins'men（計画的で現場支配も上手） ・日本型Bandits（計画的だが現場支配は下手） ・日本型Cowboys（無計画で現場支配も下手）
吉本ら（2004）	単独での住宅強盗	・脅迫タイプ（昼間，一戸建てに無施錠から侵入） ・性犯タイプ（夜間，集合住宅に偽計を用い侵入） ・襲撃タイプ（夜間，一戸建てに施錠を壊し侵入）
福本ら（2004）	成人強盗犯	・集団によるプロ的犯行 ・単独か少人数での手馴れた犯行 ・鬱屈した感情や性欲，怨恨による犯行 ・不良集団による自己顕示欲からの犯行 ・単独での自暴自棄な犯行
越智（2010）	銀行，郵便局強盗	・夜間金庫の利用客を襲い強奪と逃走に成功する ・窓口の職員を脅すが現場で取り押さえられる ・女性や利用客を脅し強奪するがすぐに捕まる

まり，強盗以外にも多様な犯罪に関与している集団であり，犯行対象も一般市民に限らずドラッグの密売人や濫用者などの犯罪者が多く，強盗犯全体，特に日本のそれを代表するものとは言い難い。しかしながら，犯行実施にいたる意思決定プロセスなどに関して犯人自身の言葉で語られており，興味深い知見といえるだろう。

3. 被害者に対する暴力

　前述のように，強盗は財産犯であると同時に身体犯でもあり，被害者にとっては財物を奪われることによる金銭的損失だけでなく，犯人が暴力を行使した場合には，それがもたらす身体的ダメージも深刻である。

　ポーターとアリソン（Porter & Alison, 2006）は，強盗のタイプによって被害者に対する攻撃性が異なることを示した。彼らは，イギリスで発生した商業施設対象と個人対象の強盗事件における犯人の対人行為を，多変量解析の一種である最小空間分析（smallest space analysis：SSA）によって分析し，犯人の行動に共通する「犯行テーマ」を抽出した。その結果，商業施設強盗よりも個人対象強盗のほうが，より敵対的な対人スタイル（暴力行使，殺傷，侮辱，逃走したら捕まえる）をとる傾向にあった。個人対象強盗の場合には，被害者が自分の財物を簡単には手放そうとせず抵抗する傾向がより強いことに加え，犯人と被害者との身体的接触も多くなる。また，個人対象強盗の犯人は，人数で圧倒するつもりで準備もせず犯行に及んだものの，予想に反して被害者のコントロールに失敗し，暴力に訴えざるをえなくなることがあるという。一方，商業施設強盗では，現金の保管場所を聞き出したり金庫を開けさせたりするなど，被害者の協力が犯行達成に不可欠である。さらに，被害者側の人数も多いため，犯人は現場を効率よくコントロールする必要がある。これらの理由から，被害者に対する行為も個人対象強盗とは異なっていると考えられた。

　また，商業施設強盗犯が金銭的動機によって犯行に及ぶのに対し，個人を対象とする路上強盗の多くでは，金品の獲得よりも，仲間に自分の強さを誇示することが主要な目的であることも，被害者に対する行動が相違した一因と考えられた。人間の攻撃行動は，その心理的機能の相違によって，目標達成のための手段としての攻撃（道具的攻撃）と，否定的感情の表現としての攻撃（敵意的攻撃）とに大別される（Krahé, 2001）。金銭目的の犯行なら，被害者に対する犯人の攻撃行動は，目的物を手に入れるための手段としての道具的攻撃であり，抑制された最低限の範囲の暴力にとどまるだろう。一方，不良集団内での自己顕示，怒りや不満に動機づけられた犯行であれば，攻撃行動はより敵意的な色合いの強いものとなり，被害者を傷つけ苦痛を与えること自体が犯人の目的の一つとなりかねないため，金品入手に必要な程度を超えた暴力が被害者に加えられる可能性が高くなるだろう。この点については，日本における強盗

事件データでもうかがい知ることができる。前述の福本ら（2004）による，服役中の強盗犯をサンプルとした強盗事件の類型のうち，「不良集団による，集団内での自己顕示欲求の発露としての路上強盗，刑罰経験が少なく罪の重さがわからないため過剰な暴力に発展しやすい」というタイプ（福本らはこれを「不良集団準拠型」と名づけている）では，被害者に対する暴力は道具的攻撃ではなく敵意的攻撃と解される。実際，少年鑑別所入所者を対象とした調査結果では，強盗事犯少年の多くが，自身が想定していたよりも犯行内容がエスカレートしてしまったとの認識を持っていること，金品を奪うことよりも被害者に暴力を振るうこと自体や共犯者との仲間関係の維持に主たる関心があったことが示されている（藤野，2004）。また，こうした犯行では，単独犯よりも複数犯であることが一般的であり，3人以上のグループで犯行に及ぶことも多い。仲間の手前で強いところを見せたいという欲求と同時に，人数が多いことによる責任感の希薄化も，被害者への攻撃性を高めているかもしれない。

　ところで，強盗犯の多くは，被害者を制圧するために凶器を携帯している。警察庁発表の犯罪統計によれば，2013～2014（平成25～26）年に発生した強盗事件のうちの半数で，犯人は銃器や刃物などなんらかの凶器を所持していた。犯人が凶器を所持している強盗事件では，そうでない場合に比べ，被害者が死傷する可能性は高くなるのであろうか。ロバート（Lobato, 2000）によると，多くの研究が示しているところでは，犯人が凶器を所持することは合目的な行動であるという。つまり，犯人にとって凶器は被害者の抵抗を防ぎ現場をコントロールするためのものであり，かえって被害者の死傷の危険性を低減させるというのである。たとえばウォルシュ（Walsh, 1986）は，服役中の強盗犯69名へのインタビューから，犯人が凶器を所持していたケースのほうが，被害者との身体接触と，それによる被害者の負傷割合が低かったという結果を得ている。

　しかしながら，犯人が所持している凶器と，被害者が死傷する危険性との関係は，さほど単純なものではないようだ。クック（Cook, 1987）は，アメリカの犯罪統計データにより，被害者が無事であった（無傷だったということではない）強盗事件と，強盗殺人事件とを比較した。その結果，強盗殺人事件では犯人が銃を所持していたケースの割合が刃物やその他の凶器が使用されたケースの割合より高くなっていたが，一方で被害者の死亡にまでいたらなかった事件では，銃以外の凶器のほうが身体被害の深刻さに強く関連していた。この結果は，凶器の種類によって強盗の手順が異なるためと解釈された。つまり，素手や警棒程度の凶器による強盗は，まず被害者への身体的攻撃から始まるのに対し，銃などの致命的な凶器による強盗は，脅迫や凶器の提示から始まり，その後は言葉で脅すだけで十分であるので，実際に被害者が身体被害を受ける可能性は小さい。しかしながら，被害者が犯人に抵抗したり第三者が介入したりするなど，不測の事態が発生して被害者が攻撃を受ける場合には，強力な武器が使用されているほど被害者が死亡する可能性が高くなる。同様の結論として，クレック

とディローン（Kleck & DeLone, 1993）は，使用された凶器のタイプに関する先行研究をレビューし，一般に凶器を持った強盗よりも素手の強盗のほうが被害者を負傷させやすいが，怪我の程度については素手よりも凶器を持った強盗のほうが重篤である（ただし銃と刃物では差はない）と述べている。

強盗事件の結果として被害者が受ける身体的被害は，犯人がどのような凶器を所持しているかだけでなく，被害者が犯人に対して抵抗したかどうかによっても相違する。クレックとディローン（Kleck & DeLone, 1993）は，先行研究のレビューおよびNational Crime Survey（アメリカ）のデータの分析によって，個人を対象とする強盗における，被害者の抵抗と事件の結果との関連について検討した。その結果，銃などの武器による抵抗は，犯人の犯行達成を阻止するとともに被害者の受傷の危険性も低減させるが，素手で抵抗したり叫び声をあげたりすると，かえって受傷の危険性を高めてしまうことが示された。彼らはまた，被害者の抵抗と受傷には正の連関が認められたものの，抵抗が犯人の暴力を誘発するというよりも，むしろ犯人から攻撃され受傷したためやむを得ず抵抗したケースが目立ったと述べている。

さて，日本に暮らす我々が強盗に遭遇した場合，こうした知見を適用することは妥当だろうか。クレックとディローン（Kleck & DeLone, 1993）が示しているように，強力な武器によって反撃すれば犯人を怯ませることができるかもしれないが，日本では一般人が日常生活の中で武器となる物を（ましてや銃を）携帯している可能性はきわめて低い。また，都市部での強盗被害者の負傷や死亡の危険性について調べた研究は（Zimring & Zuehl, 1986），犯人の要求に対する拒絶や反撃といった積極的抵抗が，被害者の死亡と結びついていることを指摘している（ただし，抵抗したから殺されたのか，殺されそうになったので抵抗したのかはわからない）。やはり，強盗に対して抵抗を試みるのは危険であると言わざるを得ないだろう。万が一，読者諸兄が強盗に遭遇した場合は，蛮勇を奮って撃退を試みるよりも，できるだけ冷静になり，犯人の人相着衣や車のナンバーなど早期検挙に結びつく情報を少しでも多くかつ正確に記憶しておくよう努めることのほうが肝要である。

4. 強盗犯の空間行動

犯罪者がどのくらいの距離を移動して犯行に及ぶかについては，主に犯罪者プロファイリングの一分野である地理的プロファイリングの観点から，盛んに研究が行なわれている（代表的な文献としてRossmo, 2000がある）。犯人の活動拠点（居住地，勤務先，行きつけの飲食店など，犯行移動の発起点または終着点となる場所であり，アンカーポイントともいう）から犯行現場までの距離は，犯行移動距離とよばれる。一般に，犯行移動距離の分布曲線は歪度が高く，距離の増大に伴い度数が急激に低下

する距離減衰（distance decay）傾向を示す。つまり，犯罪者はさほど長距離は移動しない。これは罪種によらずかなり頑健な傾向であり，強盗事件にも当てはまることが知られている（Capone & Nichols, 1976；Van Koppen & Jansen, 1998）。

カポネとニコルス（Capone & Nichols, 1976）は，マイアミの都心部で発生した強盗の犯行移動距離を集計した。その結果，武装強盗は凶器を持たない強盗よりも，また商店や住居などの建物に対する強盗のほうが路上での強盗よりも，それぞれ距離減衰が緩やかであることを見いだした。また，ファン・コッペンとヤンセン（Van Koppen & Jansen, 1998）は，オランダで発生した商業施設強盗の犯行移動距離を集計し，警戒が厳重でアクセスの容易ではない対象を狙った事件や，重武装・多人数で役割分担がされている事件のほうが，そうでない事件よりも犯行移動距離が長いことを報告している。これらの結果は，計画性が高く事前に入念な準備が必要な強盗は，場当たり的に敢行される強盗よりも，犯行移動距離が長くなることを示している。

日本のデータでは，横井ら（2003）が同様の結論に達している。彼らは，金融機関，店舗，住居を対象とした侵入強盗事件を分析し，銃（モデルガンを含む）の携行，現場の下見，車かバイクの使用，盗難車両の準備やナンバー偽変造などの準備行為，共犯者の存在といった要素のある事件では，犯行移動距離が長くなる傾向にあることを示し，犯行の計画性と移動距離との関連を示唆している。

こうした傾向が認められることには，たとえば次のような理由が考えられる。犯人がまとまった額の現金を手に入れようとするなら，犯行対象はおのずと限られるが，それが犯人の活動拠点から離れた地域に位置する目標であるなら，移動手段を準備したり入念な下見をしたりする必要が生じるだろう。一方，日常生活の中で目についた標的に対して機会的に敢行される路上強盗などは，ほぼ無計画であると同時に，犯人の普段の活動圏内で発生するため拠点から遠くなることは少ないだろう。前者は必要に迫られて長距離を移動した場合であり，後者は結果的に長距離を移動しなかった場合である。この他にも，さまざまなケースが想定されうるだろうが，強盗事件における犯行の計画性と犯行移動距離との関連性自体は明らかに存在するように見受けられる。さらに詳細な検討が加えられれば，強盗犯人の早期検挙の一助となりうるかもしれない。

5．強盗事件発生の季節変動

犯罪に対する季節の影響は，犯罪の種類によって異なる。一般に，暴行，傷害といった対人暴力犯罪は夏季に，強盗や窃盗などの財産犯罪は冬季に多くなることが知られている。前者は，気温や湿度などの気候条件による人間の攻撃性の昂進，アルコールを摂取する機会の増加，長期の休暇があり日照時間が長いことによって屋外での活動

機会が多くなり，人々の間の接触が増加することによって説明される。一方，冬季における財産犯罪の増加についても，いくつかの説明が試みられている。

たとえば，ランドーとフリードマン (Landau & Fridman, 1993) は，イスラエルにおける強盗事件の月別発生件数を殺人事件のそれと比較し，殺人には明瞭な季節変動が認められないが，強盗は10月から3月にかけて増大することを報告している。彼らによれば，寒い季節は路上に出ている人が少なく日照時間も短いため，目撃され検挙されるリスクが低くなることが，特に路上での強盗事件の増加につながるという。また，冬季は防寒着，暖房用の燃料，暖かいねぐらなど生存のためのコストが高く，同時に就業機会が減少するため失業状態の人が多くなり，これらの要因も強盗事件の発生を促進すると説明した。

一方，ファン・コッペンとヤンセン (Van Koppen & Jansen, 1999) は，1988～1994年にかけてオランダで発生した商業施設（金融機関，商店，サービス業など）を対象とする強盗について，月別，曜日別，時間帯別に件数を比較した。その結果，やはり冬季（11月から2月）に発生件数が増大する傾向が認められたが，季節と時間帯とのクロス集計を行なうと，季節間で強盗の発生件数に明確な違いが生じているのは，夕方から夜半にかけての時間帯だけであった。つまり，冬季における強盗の増加は，単に日没が早いため夕方以降に暗い時間帯が多くなることに起因していると考えられた。この結果から，ファン・コッペンとヤンセンは，強盗発生の季節変動に関してはあまり複雑な要因を考慮する必要はないと結論づけている。また，トンプソンとバウアーズ (Tompson & Bowers, 2012) は，ロンドンとグラスゴー（スコットランド）における路上強盗発生数と気温，日照時間の関連を調べている。彼らは1日を6時間ずつ4区間に分け，路上強盗件数を従属変数，気温と暗さ（日没状態の時間的割合）を独立変数とする回帰分析を行なった。その結果，いずれの地区でも暗さの回帰係数が大きく，気温は強盗件数にほとんど影響していなかった。

これらの知見からすれば，強盗発生数の季節変動については，暗い時間帯が犯行に好適な環境となるという解釈が妥当であるように思われる。ただし，ファン・コッペンとヤンセンは自身の研究について，気候の穏やかなオランダでのデータであることに注意を促してもいる。彼らの指摘のように，強盗事件における季節変動は，国や地域ごとの気候風土に左右されているかもしれない。さらに，生活習慣や社会経済的状態の相違といった要因が影響している可能性もあり，これらについて考慮した研究が必要とされる。

6. おわりに

以上，強盗に関して得られている行動科学的知見の一端を紹介した。日本でも海外

でも，強盗は犯罪心理学の研究対象としては比較的マイナーな罪種である。強盗が心理学的関心の対象となりにくいのは，金銭目的で人を襲うという犯行形態が，一見すると非常に単純明快であるためとの指摘もある（Bartol & Bartol, 2005）。しかしながら，強盗にもさまざまなタイプがあり，さほど簡単な理解ではすまないことは，本章で述べたとおりである。最悪の場合は人命が失われることもあり，なおかつ我々の身近で起こりうる，この強盗という犯罪について，さらに多くの研究知見が生み出されることを願って結びとしたい。

Column 7　災害時の犯罪

　　災害時の犯罪現象は，犯罪が加害者と被害者と犯罪を抑制しようとする者との動的関係の中で発生するという事実を如実に示す。過去の災害時の犯罪発生の報告（足立，2002；Harper & Frailing, 2010；細江・小林，2013；細江ら，2014；警視廳，1925；岡本ら，2014；小野，1924；斎藤ら，2001；斎藤，2013）は，災害の様態，規模，既存社会の防犯・防災対応などの違いによって，多くの特異性があることを示している。災害時の犯罪への接近は，被災者・被災地の被災の程度，救護・復旧対応の差異およびこれらの時間的推移に対応して行なわれなければならない。

災害時の犯罪研究の方法　災害とその復旧の過去の研究の多くは自然科学からの研究である。しかし，物理的人的被害はそれによる対人的社会的機能の喪失により問題となるのである。災害の諸研究に心理学を含む社会科学が関わることの必要性は大きい。災害時の犯罪は社会的秩序・規範・制度，より具体的には通常の人間関係の混乱・変化・不全が関わる。災害も"人災"と叫ばれるように，多くの人的過誤が背景にあるが，犯罪はまさに人為による加害行為であり，それを抑制する人的，社会的，制度的な機能の低下・衰退に誘発される事象である。実際，犯罪は災害発生後，警察力の空白や地域社会の監視力の損傷を基底として，被害の対象とされる多くの人的物的対象が既存の保護的処置が不全の中，晒され放置されているところに起きる。そこでは，被災者も含む加害者による多様な犯行や，その機会を意図的に利用しようとする外部者などによる犯行が発生する。その関係性は発災直後の混乱期から公権力や地域社会の抑制力が回復していくプロセスに応じ，まさに時々刻々変化していく。このことはルーチンアクティビティ理論（Cohen & Felson, 1979）や社会心理学的アプローチ（安倍，1978）が指摘するように，加害者・被害者・抑制者との動的な関係を綿密にたどる研究の必要性を改めて再認識させる。この対象の力動性や時間的変動を見ていこうとすると，方法上さまざまな困難さを伴う。災害時にかかわらず犯罪データの取り扱いの難しさは，過去の研究はもちろん現在も変わるものではない。研究者はそうした困難を抱えながらも罪種や地域差，時間的経過に沿いながら，より具体的に犯罪の発生過程を探究することが求められる。

災害時の犯罪

① "災害−デマ暴動" 図式は？：暴動が災害時に発生しないわけではない。過去の研究では「災害に続く略奪は稀である」と「災害後略奪は起きる」という異なった見解があるが，これは対立するものではない。起きる状況と起きない状況の精査が必要である。災害発生以前に発生地域が抱えていた社会的状況の問題性や各下位集団が置かれた特殊性を背景に，抑制力の空白と，発災直後の大量破壊や死者の発生がつくり出し

たパニック的心性を背景に，短期間ではあるが暴動は起こりうる。地域の脆弱な部分が，災害で増幅し，一時的な社会的解体（social disorganization）が生じる可能性はある。しかし，実際には内外の多くの援助行動の出現と治安や抑止力の早急な回復によって先進社会では，混乱は容易に抑制される。関東大震災時に問題とされたデマは，情報化の進展と迅速な援助が可能となった現代では起こりにくい。阪神淡路大震災でも東日本大震災でも混乱や暴動の情報は"噂"にとどまり，影響力はほとんどなかった。

②初期段階の混乱：東日本大震災の被災3県（岩手・宮城・福島）とも震災初年度の刑法犯認知件数は18.2％減少した。罪種別でもほとんどが減少し，特に非侵入盗は21.8％減少する中，福島県の窃盗犯が35.0％と増加した。屋外財物の損傷した津波被災地と，空家が放置された原発被災地といった災害被災形態による差異を反映しているといえよう。このような罪種，地域での差異は岩手県の沿岸署の事例調査（細江ら，2014）や上記文献の各種災害時でも調査確認されている。ライフラインの崩壊や食料等の生活必需品がまったくない状態で，「生きるため」の行為が始まる。崩壊した商店や民家等の財物が利用される。抑止力である警察自体も初期には，被災による一時的な空白とともに，救助に主力が置かれ，犯罪抑止への余力がない状態が起きる。保護能力のない個人的財産が，共通の利益のために共用されることが当然視されるなど，法規範が，災害地域の部分的社会の特殊状況に合わせ，変化し，その許容幅が拡大する。警察力の極度の低下は，関東大震災で問題とされた自警組織も生み出し，単なる警備から私刑的な活動にまで及ぶことがあった。しかし，阪神淡路大震災や東日本大震災では，自警ではなく自治組織として基本的に共同援助組織の特徴を持っていた。

③初期混乱以降の犯罪：直後の短絡的犯罪の後に続く罪種の変化も指摘されている。窃盗は，発生以前から非行を行なっていた少年などから始まり，一部の一般人が参加し，さらに，援助が遅延すると生存のために多くの人が加わる「困窮型」が起きる。避難生活等による「ストレス型」ともいわれる暴力行為も報告されている。回復期では，災害を利用し，被災者を被害者とする犯罪者（悪徳商法，不当不法利得行為など）が跋扈し，さらに公的機関がからむ贈収賄等「便乗型」が現れる。交通網の損壊により，減少した交通事故は，復旧工事により増加に転じる（長澤ら，2014）。初期の混乱時は主として個人的なレベルの犯行であるが，以後，この災害を利用しようとする組織的なレベルの犯罪が発生する。被災物資の組織的窃盗や横流し，詐欺的販売さらに，既存の各種差別などの問題性が拡大強化されるなど，組織のレベルの犯罪の影響は大きい。災害後被災者は弱者となり，加害者への抵抗力がいっそう低くなる。加害者にとって対抗力の落ちた被災者は好餌である。二重被害，再被害を生み出すことになる。

引用文献

安倍淳吉 (1978). 犯罪の社会心理学　新曜社
Cohen, L. E., & Felson, M. (1979). Social change and crime rate treads: A routine activity approach. *American Sociological Review, 44,* 588-608.
足立昌勝 (2002). 関東大震災おける警備体制と犯罪　刑法雑誌, *42*(1), 65-78.
Harper, D. W., & Frailing, K. (ed.) (2010). *Crime and criminal justice in disaster.* Academic Press.
細江達郎・小林由依 (2013). 研究ノート：災害と犯罪——Frailing, K. & Harper, D. W. 著 "Crime and Disaster in Historical Perspective" の紹介を中心に　岩手フィールドワークモノグラフ, *15,* 23-36.
細江達郎・細越久美子・プリマ オキ ディッキ, A.・鈴木 護・小林由依・長澤秀利 (2014). 震災と犯罪——岩手県大船渡警察署管内の平成 23 年 3 月 11 日以降の経過から　岩手フィールドワークモノグラフ, *16,* 19-36.
警視廳 (1925). 大正大震火災誌　警視廳
長澤秀利・小林由依・鈴木 護・細江達郎 (2014). 災害と交通事故発生との関連　犯罪心理学研究, *52*（特別号）, 170-171.
小野清一郎 (1924). 震災後の犯罪現象——大正大震災誌　改造社　pp.243-246.
岡本英生・森丈弓・阿部恒之・斎藤豊治・山本雅昭・松原英世・平山真理・小松美紀・松木太郎 (2014). 東日本大震災による被害が被災地の犯罪発生に与えた影響　犯罪社会学研究, *39,* 84-93.
斉藤豊治・西田英一・中井久夫・岡本英生・西村春夫・前野育三・足立昌勝・山上博信・土井政和・林 春男・田中康代・松原英世・平山真理 (2001). 阪神大震災後の犯罪問題　甲南大学総合研究所叢書, *63.*
斉藤豊治 (編) (2013). 大災害と犯罪　法律文化社

第十三章

放火

　放火は，着火という単純行為によって，家やその近辺に多大な被害をもたらす凶悪犯罪の一つである。そして，古くから主要な研究テーマとして，犯罪心理学が扱っている犯罪事象でもある。
　中田（1977）は，この放火を「弱者の犯罪」や「夜の犯罪」と表現している。
　古来より，社会的弱者であっても容易に犯行が可能であることが「弱者の犯罪」とよばれる所以である。川邉（1987）は，社会的な弱さ以外に，人格の中心である自我そのものの弱さが放火犯に多くみられることも指摘している。一方，「夜の犯罪」とは，放火の多くがこの時間帯に発生していることから由来する。発覚しにくい夜間に犯行が多いのは他の犯罪にも当てはまるが，放火の場合，夜間の飲酒が心理的抑制を解除し放火を誘発することや，火事騒ぎや炎の燃え上がる様が日中より際だつ効果があることなどの理由もあると考えられている。
　放火にて，犯行道具として用いられる「火」の持つイメージや象徴性も，放火の心理を考える際に重要となる。たとえば，古来より火は神聖であり清浄であるとし，不浄を嫌うものととらえられていた。日本の王朝時代は，唐，渤海の使者が入京した際には，火によるお祓いをしたという。また，当時の裁判では神意裁判を行なっていたが，その手段には鉄火神判とよばれるものもあった。焼き火箸（鉄火）で原告と被告の手をしごき，焼けただれたほうを敗訴とする方法である（この鉄火神判の名残として，あの事件には「手を焼いた」と言うが，この表現には鉄火神判の敗訴のイメージがあるとされたり，お寿司の鉄火巻は焼けただれた際の色と似ているから，ともされている）。

中世においては，犯人の家を焼く行為があった。これは，犯人の家に「犯罪」がこもる，という観念から，災気を除去する手段として行なわれていたといわれる。なお，この頃からの迷信として，火事の燃え広がりを防ぐため，女性の腰巻きを振り回すというものがある。これは，女性の腰巻きは不浄であり，火は不浄を嫌うから火がやってこない，という言い伝えからきているといわれている。

このような前近代的なイメージや象徴性は，たとえば「火」の美しさや「火」の持つ強大な力への憧憬とも相まって，現代の放火犯人の動機にひっそりと内在しているかもしれない。そのような可能性も含め，放火が犯罪心理学の主要な研究テーマとなっているゆえんとも考えられる。

さて，この放火に関する日本の犯罪心理学的研究の進展は，精神科医である中田修に負うところが大きい。中田は，1945年に東京大学医学部を卒業後，東大精神科助手，法務技官，梅ヶ丘病院医長，東京医科歯科大学教授などを歴任しながら，精神鑑定や責任能力に関する研究などを行なった。中でも，「犯罪生活曲線」で有名な吉益脩夫から放火の研究をすすめられて以降，精力的に研究を行なっており，その成果は，1977年刊行の『放火の犯罪心理学』（金剛出版）にまとめられている。この『放火の犯罪心理学』の章立ては，「戦後における海外文献の展望」「わが国の放火研究の歴史」「放火犯人の犯罪学的調査研究」「放火と累犯の研究」「連続放火犯人の研究」「放火犯人の社会的予後」「放火犯人の精神鑑定」「あとがき——放火狂とはなにか」であり，広範囲な研究内容となっている。第二次世界大戦前の国内外の研究紹介や，戦後の国内データを用いた社会学的基礎統計による分析，実際の精神鑑定書の掲載など，第一級の研究資料といえる。

一方，犯罪捜査の研究にて使用された資料としては，ライダー（Rider, 1980a, 1980b, 1980c）が活用したルイスとヤーネル（Lewis & Yarnell, 1951）の研究がある。FBIによる犯罪者プロファイリング構築の初期段階では，彼らの放火犯の分類である，「ねたみに動機づけられた成人男性」「ヒーロー志向」「興奮放火犯」「放火狂」を参照するなど，以後の放火犯タイプの研究に大きな影響を与えている。また，放火犯の身体障害，精神疾患，社会適応などを分析し，それらがパーソナリティ形成に影響を与え放火の動機に関与することなども指摘している。以後の犯罪者プロファイリングの放火研究に，重要な情報を提供した研究ともいえる。

1. 放火の基礎的研究

まず，犯罪情報が高度な統計処理にて分析されだした1990年代頃までの初期の研究を中心に概観してみたい。この時期までの研究は，精神医学的な見地からの事例分析や，社会学的な手法による単純集計により，放火の形態や犯人属性を丁寧に記述す

るものが多い。

(1) 放火犯の属性

　田村と鈴木（1997），鈴木と田村（1998）は，日本における連続放火の特質を，基礎統計にて明らかにしている。彼らは，1989～1995 年の 6 年間において，東京都，神奈川県，埼玉県，千葉県，大阪府にて 5 件以上犯行を行ない検挙された 107 名の連続放火事件を分析した。

　その結果，まず属性としては，①男性の比率が高く女子は全体の 12.1％，②平均年齢は 35.5 歳であり 30 歳代が全体の約 30％を占めていた。③無職が約 30％であり，最終学歴は中学校卒業が約 40％であった。④男性の場合，配偶者がいたのは 1 割程度であった。⑤親と同居している者，独居の者が，それぞれ 40％であった。⑥全体の半数以上になんらかの前歴を有していた。⑦精神障害を有する者は約 20％，先天性および後天性の身体障害を持つ者は 22.4％，重度の慢性病を持つ者は約 10％であったなどが明らかとなっている。放火対象に対する複数回答の結果では，家屋が全体の約 60％を占めていた。次いで，自動車やバイク，小屋やガレージなどが対象となっていた。

　我が国にけるその後の分析としては，財津（2010a）による報告がある。1975～2008 年までの間，27 府県から抽出された 5 件以上の連続放火事件で検挙された 125 名の事件資料を分析している。それによると，①男性が 87％，女性が 13％，②平均年齢は 35.0 歳であり，20 歳代が 27％，30 歳代が 23％，40 歳代が 20％であった。③無職者は 35％，最終学歴は中学校卒業以下および高校中退が 59％であった。④親と同居している者が 44％であり，⑤既婚者は 28％であった。⑥過去に検挙された者は 49％であり，窃盗歴が 39％と最も多かった。⑦精神疾患を有していた者は 19％であった，などが明らかとなった。

　一方海外研究を見てみると，アメリカのライダー（Rider, 1980a, 1980b, 1980c）の分析結果では，①男性が 89.3％，女性が 10.7％，②年齢は，20 歳以下が 65.8％，そのうち 13～19 歳までが 42.8％であった。③無職か単純労働につく者が多かった。④他の罪種としては財産犯が多いが，25 歳以上は暴力犯にシフトする者もいた，というものであった。その後の調査としては，ブランコら（Blanco et al., 2010）が，放火経験者 407 名のパーソナリティ障害などに関する面談調査を 2001～2002 年の間に行なっている。彼らによれば，一般人との比較から，放火行為のリスク要因として，①白人（80.5％），男性（82.1％）であること，②30 歳未満（37.7％）であること，③結婚していないこと，などが指摘されている。なお，オーストラリア・ヴィクトリア州にて 2004～2005 年の間に調査された放火犯 207 名と非放火犯 197 名との比較結果においても，男性が 80.6％であり，犯行時の平均年齢は 30.5 歳であった（Ducata et al.,

2013)。

　国内外とも，一般的な放火犯の特徴としては，男性，30歳代，無職，そして独身といったものがあげられよう。

(2) 動機に関する研究

　放火の動機は，他の罪種と比べて多様といわれ，先行研究でもさまざまな動機が指摘されている。

　放火に関する精神医学や臨床心理学を応用したFBIの犯罪者プロファイリングでは，「秩序型」「無秩序型」に加え，動機に基づいた6つの放火タイプ，すなわち，「破壊目的」「興奮を得る目的」「復讐目的」「利益目的」「他の犯罪隠蔽目的」「政治目的（政治的過激主義）」を提唱している（Douglas et al., 1992）。

　桐生（1996a）は，日本とアメリカの先行研究から類似する動機をまとめ，放火の動機を「不満の発散」「怨恨・憤怒」「悪戯・遊び」「性的動機」「営利目的」「犯行隠蔽・容易化」「自殺」「その他」に整理している。

　上野（1982a）や中田（1983）は，日本の放火は，「恨み，嫉妬，怒り」などの動機による対人的放火から，「うっぷん晴らし，不満の発散」といった動機による対社会的な放火に変容していることを指摘している。「不満の発散」による放火には，連続性，被害者と犯人の対人関係の希薄さ，衝動的な着火，といった特質があり，都市部に限らず農業を主体とした地域でもこの変容がみられる（桐生，1995）。動機は複合して現れる場合が多く（中田，1977），また，日本で比較的多い「放火による自殺」は欧米ではあまりみられないといった文化差も指摘される（Barker, 1994）。

　基礎統計および事例からみた動機については，以下のような報告がある。

　鈴木と田村（1998）によれば，連続放火犯の動機として，家庭に対する不満が13.1％，職場や学校に対する不満が11.2％，近隣やその他に対する不満が36.4％と，不満の発散による動機が多かったことを指摘している。また，スリルを求める，興奮する，消火活動が見たいといった放火の面白みが動機であったのは15.0％，恨みが4.7％，痴情のもつれが1.9％，保険金目的が0.9％，妄想が2.8％であった。また財津（2010a）によれば，うっぷん晴らしが67％，逆恨みが18％，証拠の隠蔽が8％，愉快犯が6％であったと報告している。

　アルコールと放火との関連の重要性を指摘する研究は多く，たとえば上野（1978）は，他の罪種の飲酒率と比較して単一放火犯の飲酒率が高いことを明らかにし，アルコールによる心理的抑制の解除効果を指摘している。福島（1999）も，放火は酩酊犯罪の場合が意外に多いことを指摘し，酩酊時の無目的で遊び的と見えるこの行為に，人間が持つ火への関心や衝動が内在すると示唆する。

　放火における精神鑑定としては，アルコール中毒者（遠藤・恩田，1979），精神遅滞（石

井・中田,1983),躁状態や躁うつ病（増田・柴田,1981；原ら,1985),精神分裂病者（山上,1987）などがあり，その報告は少なくない。なお，ヘンケ（A. Henke）によって樹立されたピロマニア（pyromania；放火病）の概念は，その存在について多くの論争を生んだが反対論が圧倒的となり，今日否定されている。しかしながら，放火そのものを目的とする放火，動機のきわめて薄弱な放火は稀にあり，ピロマニアという命名は，このような場合に用いられることがある（加藤ら,1993）。なお，蓄膿症と放火の関係について中田（1983）は,「そのような疾患が放火に本質的に重要であるとは思えない」と記している。

さて越智（2013）は，前述のような国内外の先行研究を参照し，実際の放火事件と照らし合わせた動機分類を提示している。それらは,「性的興奮を得るための放火」「英雄志向による放火」「復讐のための放火」「うっぷん晴らしのための放火」「他の犯罪の隠蔽のための放火」「利得のための放火」「テロ行為による放火」「組織犯罪と関連した放火」であり，また子どもによる放火として「好奇心タイプ」「クライシスタイプ（クライ・フォー・ヘルプタイプ）」「ヴァンダリズム・非行タイプ」「逃避タイプ」「病理タイプ」となっている。なお，この放火動機については，放火の類型化において再度言及していきたい。

(3) 未成年者の放火

社会的弱者と考えられる未成年者の放火の特質について言及したものに，ライダー（Rider, 1980a, 1980b, 1980c),上野（1982b),淵上ら（1992）の研究がある。

上野（1982b）は，1976～1979年の間に神奈川県で発生した放火で補導された未成年者18名（87件）を，淵上ら（1992）は，1988～1991年の間に医療少年院に放火事件によって入院した15名を，またライダー（Rider, 1980a, 1980b, 1980c）は，ルイスとヤーネル（Lewis & Yarnell, 1951）の研究から17歳以下の放火犯を，それぞれ分析し知見を得ている。

上野（1982b）は，小学生の放火事例から,「火」が人格の危機を示した一種の「危険信号」の意味を持つ場合があることを紹介している。淵上ら（1992）は，放火を犯した青少年に共通する性格として，劣等感が強く自我が萎縮している，傷つきやすく不満や怒りを内部にため込みやすい，論理的思考や抽象的な思考力洞察力に乏しく，視野が狭く固執的な思考をしやすい，などの傾向があることを指摘している。一方，ライダー（Rider, 1980b）は，非行歴があること，高い攻撃行動，低い社会適応，学業不振といった特徴を指摘している。また，彼らが父親不在もしくは父親の影響力の少ない家庭環境で育っていること，全員が性的葛藤を抱いていたことを報告している。

いくつかの先行研究から，19歳以下の割合を算出してみると，植田（1979）の分析（1972～1976年の間，福岡県内で発生した放火の181人）では24.9%,上野（1982a）

の分析（1971〜1980年の間，神奈川県で発生した放火の109人）では15.6％，山岡（1978）の分析（1977〜1978年の間，全国で発生した放火の1,050人）では23.8％，桐生（1995）の分析（1973〜1990年の間，山形県で発生した放火の69人）では8.7％になる。

一方，1969〜1987年のFBIの犯罪統計を資料としたライダー（Rider, 1980b）の分析結果では，19歳以下の全体（12万5,513人）に占める割合は62.8％であった。また，アメリカ司法省司法統計局の1992年の放火データを分析したホームズとホームズ（Holmes & Holmes, 1996）の分析結果では，18際未満が全体の49％であった。アキヤマとフェイファー（Akiyama & Pfeiffer, 1984）は，未成年者と成人との比率を算出しているが，たとえば1965年は未成年者が成人の3.3倍であったのに対し，1975年では2.6倍，1983年では1.5倍にまで減少している。なお，イギリスでは，1987年では20歳以下が全体の77.0％，1987年では48.1％との報告がある（Barker, 1994）。

これら研究を単純に比較することは難しいが，まず，日本における未成年者の割合が，英米と比べると多くないことがうかがわれる。アメリカの放火データ（Icove & Estepp, 1987）を見ると，未成年者の度の過ぎた悪ふざけ（ヴァンダリズム；vandalism）による放火の多さが読み取れる。ライダー（Rider, 1980b）の分析では，学校への放火は12〜14歳のグループが多く，公共物損壊の放火に占める少年の割合は80％で，2人組や集団での犯行が多いと指摘されている。このようにアメリカでは，複数の未成年者がヴァンダリズムの中で放火する件数が多いと考えられるが，日本の未成年者の放火にはヴァンダリズム的なものは少ない（桐生，1996b）。近年の日本の未成年者による放火は，2014年において80件の検挙があり，その年齢の割合は，14歳は17.5％，15歳は21％，16歳は19％，17歳は12.5％，18歳は20％，19歳は10％であった（警察庁，2015）。同年の刑法犯認知件数が837件であることから，近年においても未成年者の割合は多くないことがうかがわれる。

なお，アキヤマとフェイファー（Akiyama & Pfeiffer, 1984）やブランコら（Blanco et al., 2010）の調査結果から，近年のアメリカにおける未成年者の比率が，低くなっている傾向がうかがわれる。今後とも，未成年者の放火の動向に注意を払う必要があろう。

(4) 女性の放火

放火犯全体の女性の割合を，単一放火の先行研究における全体での割合を見てみると，11.8％（上野，1978），11.6％（山岡，1978）であった。ホームズとホームズ（Holmes & Holmes, 1996）のアメリカにおける放火の分析結果でも13.4％である。そのためか中田（1977）以後，女性による放火研究の報告は多くなく，研究も少数データによる分析が多い。たとえば，山上（1986）は，東京都と埼玉県にて発生した女性による放火47例を分析している。それによれば，①正常な人格を有する事例は3例のみ，②

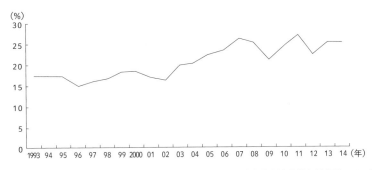

図 13.1　1993 年から 2014 年までの放火における女性の割合（法務省法務総合研究所，2015）

犯行時に精神病状態であったものが 18 例，③アルコール酩酊時による放火が 16 例であったという。また，桐生と佐藤（2004）は，同一の建物に対し複数回にわたって放火された連続放火事件の分析を行なっている。その結果，連続放火では「前歴を持つ無職の男性が，不満の発散のために火を付ける」といった犯人像が想定されるのに対し，同一場所に連続放火する事例の場合は，「女性」や「怨恨」の可能性もあることが示唆されている。また事例分析から，個人的な怨恨から火をつけて世間を騒がせることが目的になったことを報告している。

さて「平成 27 年版犯罪白書」（法務省法務総合研究所，2015）に基づき，日本の放火における女性の比率を算出してみると，近年，増加傾向であることがうかがわれる（図 13.1）。

この傾向は，女性による放火犯研究が，今後，数多く為されるべきことを示唆するものと思われる。

たとえば，2006 年 4～5 月にかけて長野県諏訪地方の諏訪市・下諏訪町で 8 件発生した連続放火事件では，当時 20 歳であった女性が，自ら放火したあとに自身のブログで火災写真を掲載していた。中学校体育館，資材小屋や自動車に放火した理由として，「（いじめによる）母校への恨み」「地元（諏訪市）を有名にしたかった」「ワクワクして面白かった」と供述している（毎日新聞，2006 年 8 月 6 日）。これまでは，独身男性による犯行と考えられたこのような愉快犯的形態の連続放火に，女性加害者が出現してきたことは，日本における近年の特徴とも考えられる。

この状況に応じ和智ら（Wachi et al., 2007）は，女性の連続放火犯 83 名を資料とした研究成果を発表している。彼らの分析結果から，女性連続放火の 2 つのタイプ，すなわち「道具型放火」（報復などが主たる目的，計画性が高い）と「表出型放火」（うっぷん晴らしなどが主たる目的，機会的，感情的に行なう）が大別された。そして，7 割が「表出型放火」であったことを明らかにしている。先の長野県における連続放火は，「表出型放火」に分類されるものと考えられよう。

なお，未成年者の女性による放火では，女子生徒間の争いが高じ嫌がらせの一つとして学校の下駄箱に放火した事例（桐生，1996b），男子2名，女子3名による学校への恨みの感情による放火事例（佐藤，2007）などが報告されている。成人女性による放火としては，保険金目的により家族が経営する旅館へ長女が放火した事例，愛人へ復縁を迫ったものの受け入れられず放火した事例，借金苦と将来への不安から主婦が自宅に放火した事例（桐生，1992）などが報告されている。

2. 放火の分類

　中田（1983）は，日本の放火が農村部を中心とした「田舎型放火」から，都市部を中心とした「都市型放火」に変容してきたことを指摘している。そして，それぞれのタイプの特徴として，恨みなどによる単一放火が多いのが「田舎型放火」，不満を発散するための連続放火が多いのが「都市型放火」であると指摘している。この中田の研究ように，放火の分類においては，動機や行動，形態，犯罪捜査などの視点からのさまざまな検討が行なわれている。
　本節では，犯罪捜査に寄与する「犯罪者プロファイリング」黎明期である1980年代以降の研究，FBIによる経験的分類やカンターらによる多変量解析を用いた統計的分類（Canter, 1989）を中心に放火研究を概観してみたい。

(1) 放火の犯罪捜査

　FBIが犯罪情報を行動科学的に分析し，実際の犯罪捜査に活用する「犯罪者プロファイリング」を構築する以前にも，放火の捜査には心理学的な知見を散見することができる。
　たとえば，江戸時代末期，江戸町奉行与力であった佐久間長敬が，1858年に記した「吟味の口伝」には，放火犯の心理状態をふまえ，以下のような，拷問に頼らない高度な取調べテクニックが記されている（小野，1998）。

　　「拷問者の内，火附は証拠少きものにて，最上の難獄に候。多く幼者愚者にて，
　　毎度掛かり役人失策致せし先例もある故，注意尤も肝要に候」

　まず，放火においては証拠が少ないこと，そして子どもや知能に関する問題を有する者が多いことが述べられている。また，社会的弱者の犯罪といわれるように，力の弱い者が火の力を借りて物事を為す，といった状況も多いことを指摘している。続けて，容疑者の当日の行動，平日の行動や性格を，捕まえた役人以外から確認せよ，と

述べ,先入観のある行動分析を避けるよう注意している。そして,「取急ぎ吟味候時は,冤罪に落し申し候」とし,脅しのような取調べは良くないことを指導している。放火事件は,証拠が消失して残らない犯罪であり犯罪捜査は難しいが,ここには現代の放火事件捜査にも十分通用する内容が記述されているといえる。

さて,FBIにおける犯罪者プロファイリングでは,犯行現場に犯罪者の性格が反映されると仮定し,「秩序型」と「無秩序型」の分類による特徴が記される。すなわち「秩序型」の放火現場は,手の込んだ放火の仕掛け,物的証拠の少なさ,整然とした着火方法といった特徴がみられるのに対し,「無秩序型」の放火現場は,たまたま入手された材料の使用,マッチやタバコといった簡易な着火方法,物的証拠の多さといった特徴がみられるという (Douglas et al., 1992；Holmes & Holmes 1996)。なお,FBIによる放火犯の形態として,日本の放火ではあまりみられない職業的な放火犯や,性的な暴行・殺人の証拠を隠滅するため被害者の性器部分に放火する犯人(DNAトーチとよばれている)があげられている。

なお前述したように,放火に関する精神医学や臨床心理学を応用したFBIの犯罪者プロファイリングでは,「秩序型」「無秩序型」に加え,動機に基づいた6つの放火タイプ(「破壊目的」「興奮を得る目的」「復讐目的」「利益目的」「他の犯罪隠蔽目的」「政治目的(政治的過激主義)」)が提唱されている (Douglas et al., 1992)。

これに対し,カンターとフリッゾン(Canter & Fritzon, 1998)は,多変量解析の統計手法を用いて4つの犯行テーマを見いだしている。それらは,「表出的/対人放火」「道具的/対人放火」「表出的/対物放火」「道具的/対物放火」である。「表出的」とは感情的解放感を得るための放火を意味し,「道具的」とは復讐や証拠隠滅のための放火を意味する。彼らが見いだした4つの犯行テーマと放火犯の特徴との関連について,たとえば「表出的/対人放火」では精神疾患による通院歴を有する者が多いこと,「道具的/対物放火」では若年層が多いこと,などが指摘されている。

これら類型分析は,犯罪行動による分類と犯罪者特徴との間に関連性があると仮定して研究が進められている。その際,放火の発生形態から,1箇所で1回の放火を行なう「単一放火」と,複数の離れた箇所で異なる日に放火を行なう「連続放火」とでは,類型が異なることが指摘されている(財津,2016)。そこで,「単一放火」「連続放火」のそれぞれにおける特性と分類について,次に概観する。

(2) 単一放火と連続放火における特性と分類

桐生(1995)は,1973〜1990年の間に山形県にて発生検挙された放火犯のうち,分析項目が得られた69名の放火事例を分析している。それら事例は,分析者自らが放火現場を観察し放火犯に面接したものであった。その結果,年齢は「31歳から35歳」,「無職」(31.9%)がそれぞれ最も多く(17.4%),「21時から0時」(17.4%),「0時から

3時」(31.9%) の犯行であり典型的な放火の特徴を示していた。これら事例は，ほぼ単一放火であり(88.4%)，動機としては「怨恨・憤怒」(27.9%)，「痴情のもつれ」(18.0%)，「保険金目的」(18.0%) であり，これらの傾向を「田舎型放火」の特徴としている。

次に桐生 (1998) は，1987～1998 年の間に発生し犯人検挙まで 24 時間以上かかった放火事件 25 件を資料とし数量化理論Ⅲ類にて分析している。これらは，実際に現場を観察したものや，現場の状況が一定の項目にてチェックされた放火事件に限られた。その結果，青少年が集団で学校やその関連施設に火をつける「ヴァンダリズム型」，殺人や窃盗を行なったあとに犯行隠滅や犯行失敗のうさ晴らしのため火をつける「副次型放火」，都市部に多く，不満の発散などの理由から連続的に火をつける「対社会型 (都市型) 放火」，特定の相手に対する恨みや恋愛関係のトラブルによる「対人型 (田舎型) 放火」，保険金詐欺をもくろむ「利欲型放火」の5つに分類された。これらは，FBIの分類「破壊目的」「興奮を得る目的」「復讐目的」「利益目的」「他の犯罪隠蔽目的」にそれぞれ対応するものと考えられたが，「政治目的 (政治的過激主義)」に対応するものは見いだされなかった。

この分類において，「対人型 (田舎型) 放火」と「利欲型放火」では単一放火が多く，「ヴァンダリズム型」「副次型放火」「対社会型 (都市型) 放火」では連続放火が多いと予測されるが，その検証までにはいたっていない。またこの5タイプと，放火現場にて客観的に確認できる可能性が高い「家屋への侵入形跡の有無」および「媒介物準備の有無」との関連を見たところ，たとえば「対社会型 (都市型) 放火」「利欲型放火」とも媒介物の準備を行なっているが，「対社会型 (都市型) 放火」は家屋への侵入が少ないのに対し，「利欲型放火」は家屋への侵入が多い傾向がうかがわれている。

単一放火のみを分析したものとしては，財津 (2016) による研究がある。財津 (2016) は，「単一放火」と「連続放火」のそれぞれにおいて，放火犯が供述した動機に関する文章をテキストマイニングにて分析し，分類を行なっている。その結果，単一放火では，「怨恨型」「自殺型」「不満の発散型」「犯罪副次型」「保険金搾取型」「火遊び型」「人生悲観型」の7類型が見いだされている。一方，連続放火では，「不満の発散 (雑多要因) 型」「不満の発散 (就業要因) 型」「火事騒ぎ型」「逆恨み型」「犯罪副次型」の5類型が見いだされている。単一放火と連続放火の類型が異なるこの結果は非常に興味深く，今後の重要な研究課題になるものと考えられる。

連続放火のみを分析資料とした研究は多く，前述した田村と鈴木 (1997)，鈴木と田村 (1998) 以外にも，和智ら (Wachi et al., 2007)，和智ら (2011) などがある。和智ら (Wachi et ai., 2007) は，女性による連続放火犯の犯行テーマを分類したところ，「道具型放火」と「表出型放火」を見いだしている。「道具型放火」は，復讐が主な動機であり，計画性が高く自宅から遠方で放火する傾向があった。一方，「表出型放火」は，うっぷん晴らし，火への興奮など，機会的・衝動的な放火であった。そして，女性による連続放火の7割が，表出型放火であったと指摘している。また和智ら

(2011) は,「道具型放火」の下位分類に「都市型」「農村型（田舎型）」が，また「表出型放火」の下位分類に「個人的復習」「犯罪隠蔽」があると指摘している。

　財津（2010a）は，1975～2008年までの連続放火事件にて検挙された125名の資料を用いて，カテゴリカル主成分分析を実施している。その結果，放火犯の属性から社会的な自立性と犯罪深度といった特性に対応する次元が抽出され，「高自立性・深犯罪深度群」「高自立性・浅犯罪深度群」「低自立性・深犯罪深度群」「低自立性・浅犯罪深度群」の4つの群が得られている。この結果は，先行研究が放火形態を中心とした分類であったのに対し，犯罪者の特徴で分類し犯人像推定が示唆されたものである。

　以上，これらの研究では，それぞれの分類の観点，変数，手法によって多様な結果を示しているものの，それらの類似点は多いものと考えられる。今後は，動機，行動形態，犯罪捜査上の観点などを軸とした分類の整理や，メタ分析的研究による分類の収斂が望まれるところである。

(3) 新たな放火分析

　財津（2010b）は，連続放火のベイジアンネットワークモデル（本書第18章を参照）を構築し，犯罪者プロファイリングを想定したモデル制度の検討を行ない，放火犯の窃盗歴は放火後の通報行動などの変数と関連性を見いだしている。今後の放火事件における犯罪者プロファイリング精度の向上の可能性が示されたものとして評価できよう。また，和智ら（2011）は，放火累犯者の一貫性について，犯罪手口のデータベースを活用する被疑者検索システムを用いて評価・検討している。しかしながら，一貫性はある程度の高さしか示されず，今後の検討が必要であることが考察されている。以上のように，現在，高度な統計分析やデータ解析システムを用いた放火研究が進行している。

　一方，他の罪種との関連を検討した研究も行なわれている。

　桐生（2000）は，横井（1998）が分析したストーキング事例の中から，放火があった6事例（男4人，女2人，平均年齢28.3歳）を抽出し分析している。その結果，1事例における放火の平均回数は4.1回（1～16回）であり，対象物は，自動車が16回，事務所が4回，民家が3回，物置が1回，ビニールハウスが1回であった。ストーキングの動機は，顔見知りの対象者に対する恋愛関係のトラブルが5事例，加害者の一方的な恋愛感情によるものが1事例であった。また，被害者がストーキング対象者（恋愛関係対象者）とは異なる者（恋愛関係を修復したい対象者の実家，勤務先，元恋人）である場合が3事例（6回の放火）であった。同一被害者の自動車への連続的な放火や，各被害者の間になんらかのつながりがある放火の場合，なんらかのストーキング行為の有無を確認することは重要であると指摘している。

　岩見ら（2003）は，放火殺人，殺人放火に該当する232名の事件資料を数量化理論

Ⅲ類を用いて分類している。それにより事例は,「高犯罪性－公的空間」群,「低犯罪性－公的空間」群,「低犯罪性－私的空間」群,「高犯罪性－私的空間」群の4つに分類されている。各要因の特徴としては,①「高犯罪性」は殺害後の犯行隠蔽による放火,すなわち副次的側面が強い,②「低犯罪性」は多人数が犠牲となり,対人関係のもつれや痴情関係のもつれなど強い情動的動機が背景にある,③「公的空間」は日中に仕事中の被害者が犠牲になり,動機は多様であるが犯行の計画性は高い,④「私的空間」は心中や精神疾病などの情動的側面が強い,といったものであった。

　それら以外として,コクシス(Kocsis, 2004)は,犯罪者プロファイリングの精度などについて,現役のプロファイラー,火災捜査官,警察捜査官,科学専攻の大学生に対し連続放火を分析材料として与え,放火の特質と推定との関連などを検討している。

3. 放火の環境心理学的アプローチ

　鈴木ら(1995)は,1989～1994年6月までの間に神戸市で発生した放火を分析し,発生分布に明らかな地域差がみられたことを報告している。また,各放火現場に赴き,自作のチェックリストにより周辺環境の評価を行なったところ,放火多発地域は犯行が目撃されにくく,着火物の多い環境であったことを報告している。このような,人間と環境との結びつき,相互作用を心理の面から分析していく環境心理学的観点から検討した放火研究も多い。

(1) 放火の対象物

　消防庁による「平成27年消防白書」(総務省消防庁, 2015)によれば,2014年の放火は4,884件でありその対象は,建物が2,021件,車両が368件,林野が36件などであった。放火の4割ほどが建物を対象としており,また建物火災による死者の数が75.6%であった。このデータが示すように,放火の対象物としての建物と放火の関連に関する研究は重要といえる。

　中田(1977)によれば,ヨーロッパ圏内にて1965年に発刊された犯罪学辞典の放火の項に,自宅に放火する「自家放火」と他家に放火する「他家放火」の比較があると紹介している。以下,中田の文章を引用する。

　　「自家放火の大部分は利欲にもとづく放火,とくに保険金詐欺放火である。自家
　　放火者は他家放火者に比してずっと慎重な準備をし,利欲目的の達成,犯罪発覚
　　の防止などにつとめる。時限放火の装置を用いたり共犯のある場合が比較的多い。

これに反して，他家放火者は短絡的に行動し，もっぱら単独犯である。連続放火犯には他家放火者が多い」

この分類は，単純ながらも放火現場と犯人の動機や行動を関連づけた初期の試みとして興味深い。

山岡（1978）は，現住建造物への放火，非現住建造物への放火，自動車やその他への放火の割合を，単一放火と連続放火にて比較している。これによれば，単一放火では「現住」と「非現住」と「自動車・他」との比率が64.5：25.3：10.2であるのに対し，連続放火では35.8：41.9：22.3であった。現住建造物への放火は単一放火が多く，それ以外の対象物への放火は連続放火が多いものと推測される。また単一放火の場合，屋内への着火が多く，油類などの用意といった犯行準備の傾向も強いと指摘している。

桐生（1998）は，着火箇所や対象物のあった場所と放火犯のタイプとの関連を検討している。現住建造物の家屋内への放火ならば，保険金詐欺目的や犯行の隠蔽による可能性が大きく，現住建造物の敷地内ならば，不満の発散や愉快犯，ヴァンダリズムによる可能性が高い，といった指摘である。

犯罪捜査の観点から，放火された建物の種別，着火箇所の環境要因などにより放火犯の特徴を見いだす研究も，今後は必要であろう。

(2) 放火における地理的プロファイリング

地理的プロファイリングとは，同一犯と判断された連続犯行の犯行地点などから，その犯人の行動パターンを分析し，犯人の生活拠点を推測する手法である。カンターとラーキン（Canter & Larkin, 1993）により提案されたサークル仮説は，地理的プロファイリングの可能性を犯罪捜査場面に初めて示し，以後，多くの罪種にて仮説の検証が試みられている。なお，このサークル仮説とは「最も遠く離れた犯行地点の2つを直径とし円を描くと，その円内に犯人の居住が含まれる」というものである。

田村と鈴木（1997）は，東京都，神奈川県，埼玉県，千葉県，大阪府における連続放火事件の分析結果において，住居と現場の平均距離が300m以内であったのが全体の4分の1，1,000m以内で過半数に達することを報告している。そして，このサークル仮説を用いて検証したところ，50.5%がサークル内に，21.1%がサークルと近接した場所に，それぞれ犯人が居住していたことが明らかとなっている。また，三本と深田（1999）も連続放火事件の分析において71.4%の成立があったことを報告している。他方，三本と深田（1999）は同じ研究で，地理的重心（中央点）と犯人居住地との関連を検討している。重心付近にすべての居住地があったわけではないが，円内の一定のエリア（疑惑領域）に位置していたことを明らかにしている。

羽生（2005）は，連続放火時事件にてすべての放火場所が特定できた37事例を分

析資料とし,サークル仮説の妥当性と重心との関係性を検討している。その結果,サークル仮説の成立は75.7%であった。ただ,円の中心付近に居住地があるとは言い切れなかった。仮説成立の場合の居住地と犯行地点との平均距離は3,002m(SD:5,405)であり,不成立の場合は2,767m(SD:2,307)であった。また,サークル仮説が成立するとき,重心と犯行地点との平均距離が短い場合には,居住地は犯行地点を含む円の中心付近で重心付近にあるが,重心と犯行地点との平均距離が伸びるにつれて,犯行地点の距離はばらつき,犯人の居住地は重心や円の中心部分に位置しない傾向が見いだされている。

　なお,地理的プロファイリングに関しては,第19章を参照されたい。

Column 8　交通ひき逃げ

　交通ひき逃げ事件とは，人の死傷を伴う道路上の交通事故に係る救護措置義務違反のことであるが，犯罪心理学からみた研究は多くない。警察庁（2015）によれば，最近20年間の発生件数は2000（平成12）年以降急増したが，2005（平成17）年から9年連続で減少し2013（平成25）年は9,699件であった。この決して少なくない発生件数を持つ交通ひき逃げに対し，今後，犯罪心理学の役割は高まるものと考えられる。

　交通ひき逃げ事件と通常の交通事故とを比較した場合，最も異なる点は，事故を起こしたあとのドライバーの態度や行動である。通常，人身交通事故の場合，ドライバーは事故現場に残り，被害者を助け，警察などの関係機関に連絡する，といった行動をとるのだが，ひき逃げの場合，なんらかの理由によってその一連の行動を行なわない。これまでの交通事故に関する研究は，事故にいたるまでの各種要因を明らかにしているものの，その後の行動に関する要因については直接的に言及していない。

　クレベルスベルク（Klebelsberg, 1982）は，飲酒運転違反者とひき逃げ犯は，優良運転手と比べ一般的犯罪行為の回数がより多いことを紹介している。由利（1995）は，刑務所内のひき逃げの罪を有する者30名に対し，面接調査を行なった結果を報告している。主な結果を見てみると，当時無免許や酒気帯びだった者は24名，事故の直接原因として前方不注意など漫然とした運転による者が23名，事故時の行動として衝突後停止しなかった者は20名，また被害者を確認しなかった者は22名だったと報告している。また桐生は，人体頭部が轢過されたひき逃げ事件を再現し，その際にドライバーが感じる衝撃を検討するため，実験を行ない，外部情報が制限されると衝撃認知は鈍くなる，との結果を報告している。

　桐生（2005）は，1990〜2004年の間に発生したひき逃げ事件において，事故現場を観察し，関係者に面接を行なった16事例を分析している。まず，全体をみると，ドライバーは男性が多く，歩行者およびドライバーとも飲酒者は少なかった。また，両者とも帰宅時の衝突が多く，このことは発生時間帯が午後から深夜にかけて多いこととも結びつくと考えられた。歩行者は高年齢層が多いこともうかがわれた。

　各事例を見てみると，ドライバーと歩行者の双方の認知能力や判断，行動が低下していた事例，同乗者がドライバーにひき逃げを促した事例，環境の悪さなどが自動車と歩行者との衝突を誘発し衝突直後のドライバーの事故認識に悪影響を与えたと考えられる事例などがあった。これらより，まず衝突の要因として，事故に巻き込まれやすい（起こしやすい）特性的傾向および状態的傾向が，身体と心理の両面にあることが十分に予測された。また，衝突時では，歩行者に身体的ダメージが与えられ，ドライバーには強い感情の喚起がもたらされていた。つまり，歩行者には死にいたるような大きな怪我から軽傷までの傷害が，ドライバーには強い感情が認知判断を歪ませるようなパニック状態が，それぞれ発生していたものと予想された。

衝突時に注目すべきは，ドライバーの動的な心理変化であろう。たとえば，大規模災害時における個人的反応として，①驚愕，茫然自失の状態，②反射的な過剰爆発反応，③恐怖反応，④情報探索，⑤逃避行動などが考えられている 。交通ひき逃げにおける衝突時，およびその後のドライバーの精神状態も，大規模災害時の状況に比することで，一種の個人内パニックと考えることができよう。歩行者との衝突への驚き，恐れ，状況判断のための情報収集，救護か逃避かの選択，といった感情や認知的判断が入り交じった変化の激しいドライバーの心的状態が予測される。

　衝突後は，ドライバーと環境の関係性が強調される段階と考えられる。被害に遭った歩行者を救護すべき事態において，逃走を促すようなさまざまな悪影響がここでは指摘された。物理的環境や人的環境においては目撃されにくい状況になっていたり，極度の興奮状態において事実判断が的確になされなかったり，ドライバーの社会的地位や性格特性が自己保身を促したり，といった影響である。事例によっては，同乗者がドライバーに逃走を促すような言動を与える場合もあった。この段階での交通心理学研究における課題は，ドライバーの「救護か，逃走か」の判断過程に，特に焦点が当てられよう。個人内パニックを起こしているであろうドライバーの心理的内容について，たとえば①人を轢いたという知覚とその認知的評価について，②事故現場の人的－物理的環境（目撃者の有無や監視性の程度など）が以後の行動にもたらす影響について，③偽装工作などにいたる過程について，などを明らかにする必要があると考えられた。

　交通ひき逃げの防止については，フジタら（Fujita et al., 2014）の研究がある。彼らは，古典的経済モデル（cost-benefit approach），すなわち「起訴を逃れる利益と逮捕後のコスト」を天秤にかけ行動するだろうひき逃げ犯を想定し，2001～2010年までの日本における交通ひき逃げ事件と，ひき逃げではない交通事故のデータを，ロジスティック回帰モデルなどにより詳細に分析している。その結果，法的厳罰化はドライバーの事故現場からの逃走を防ぐには不十分であることが示唆された。そして，現場からの逃走を防ぐためには，目撃されていると知覚させることが最も重要であり，たとえば車内のドライブレコーダーなどが発見の知覚リスクを増加させ，警察の事故捜査のコストを削減させるものと提言している。今後，この観点からの研究進展が強く望まれるところである。

引用文献

Fujita, G., Okamura. K., Kihira, M., & Kosuge, R. (2014). Factors contributing to driver choice after hitting a pedestrian in Japan. *Accident Analysis & Prevention, 72*, 277–286.

法務省法務総合研究所（2015）．平成26年版　犯罪白書

桐生正幸（2005）．歩行者とドライバーの交差（衝突）——交通ひき逃げの事例検討と研究の提言　国際交通安全学会誌，*30*, 110-117.

Klebelsberg, D. (1982). *Verkehrspsychologie*. Berlin: Springer-Verlag.（クレベルスベルク，D.　長山泰久（監訳）　蓮花一己（訳）1990．交通心理学　企業開発センター交通問題研究室）

由利幸一（1995）．ひき逃げ事犯の発生過程について　犯罪心理学研究，*33*（特別号），158-159.

第十四章 サイバー犯罪

1. はじめに

　コンピュータそしてインターネットの大ブレイクは，犯罪の世界にも深刻な変化を起こしている。インターネットの発達が我々の社会に無限の恩恵を与える一方で，方法を熟知した犯罪者もキーボードに手を置いている。インターネットを舞台に実行される犯罪行為は国境を越え，国内法としての刑法とインターネットとの確執も表面化している。今や「犯罪」と「戦争」の境界すらあいまいとなっている。

　コンピュータによる情報処理の妨害を目的とした犯罪行為，あるいはコンピュータやコンピュータ・ネットワークを手段とした犯罪行為については，従来から「コンピュータ犯罪」や「ネットワーク犯罪」（「ネット犯罪」）あるいは「サイバー犯罪」といった言葉が用いられてきた。一般的には，1980年代までは「コンピュータ犯罪」という言葉が，そしてインターネットが大ブレイクした1990年代半ばからは「ネットワーク犯罪」という言葉が用いられ，現在では「サイバー犯罪」という言葉が一般的である。これらの言葉に必ずしも明確な共通認識があるわけではないが，警察庁はサイバー犯罪を「インターネット等の高度情報通信ネットワークを利用した犯罪やコンピュータ又は電磁的記録を対象とした犯罪等の情報技術を利用した犯罪」という意味で使用している。すなわち，「サイバー犯罪」という言葉では，①不正アクセス行為の禁止等に関する法律違反，②コンピュータ，電磁的記録対象犯罪（刑法に規定されているコンピュータや電磁的記録を対象とした犯罪），③ネットワーク利用犯罪（②以外で，

犯罪の実行にネットワークを利用した犯罪，犯罪行為そのものではないものの，犯罪の遂行に必要不可欠な手段としてネットワークを利用した犯罪）の3類型が理解されている。本章では，これらのサイバー犯罪に対する立法的対応について見ていきたいと思う。

2. サイバー犯罪の現状

「平成27年版警察白書」によると，2014（平成26）年中のサイバー犯罪の検挙件数は7,905件と，前年より208件（2.6%）減少した（表14.1）。

不正アクセス行為の禁止等に関する法律（以下，「不正アクセス禁止法」という）違反（2014［平成26］年中）については，検挙件数が364件と，前年より616件（62.9%）減少した。

不正アクセスの動機としては，2010（平成22）年の警察庁の調査（「平成22年版警察白書」p.74）によると，「不正にお金を得るため」が全体の88.6%を占め，ネットワークに障害を起こしたり，あるいは情報の不正入手のためといった目的など，ネットワークの機能を妨害するというよりも，犯罪による収益手段としての不正アクセス行為の全体に占める割合が多い。しかし，インターネットが国民生活や社会経済活動に不可欠な社会的インフラとして定着する中で，政府機関や民間の大企業を対象にして，そのコンピュータシステムの破壊や麻痺を手段として社会を混乱に陥れるサイバーテロ

表14.1　サイバー犯罪の検挙件数の推移（平成22〜26年）（警察庁，2015，p.127より作成）

区分　　　　　　　　　　　　　年次	22	23	24	25	26
合計（件）	6,933	5,741	7,334	8,113	7,905
不正アクセス禁止法違反	1,601	248	543	980	364
コンピュータ・電磁的記録対象犯罪等	133	105	178	478	192
ネットワーク利用犯罪	5,199	5,388	6,613	6,655	7,349
児童買春・児童ポルノ禁止法違反（児童ポルノ）	783	883	1,085	1,124	1,248
詐欺	1,566	899	1,357	956	1,133
うちオークション利用詐欺	677	389	235	158	381
わいせつ物頒布等	218	699	929	781	840
著作権法違反	368	409	472	731	824
青少年保護育成条例違反	481	434	520	690	657
児童買春・児童ポルノ禁止法違反（児童買春）	410	444	435	492	493
脅迫	67	81	162	189	313
商標法違反	119	212	184	197	308
出会い系サイト規制法違反	412	464	363	339	279
その他	775	863	1,106	1,156	1,254

の脅威も高まってきている。サイバーテロの手口としては，セキュリティ上の脆弱性を狙って攻撃対象のコンピュータシステムに不正に侵入したり，不正なプログラムに感染させて管理者の意図しない動作をコンピュータに命じるものなどがある。

　2014（平成26）年中の刑法典に規定されている不正指令電磁的記録に関する罪（コンピュータ・ウイルスに関する罪）およびコンピュータまたは電磁的記録を対象とした犯罪の検挙件数は192件と，前年より286件(59.8%)減少した。このうち，コンピュータ・ウイルスに関する罪の検挙件数は28件であった。

　2014（平成26）年中のネットワーク利用犯罪の検挙件数は，7,349件と，前年より694件（10.4%）増加している。特徴としては，詐欺の検挙件数が1,133件であり，うちネットオークションに関連した詐欺の検挙件数が381件と目立っている。詐欺という古典的な犯罪がネットワーク上で行なわれているということは，それだけ日常生活がネットワークに依存している証拠であり，今後もこの傾向は続くと思われる。

　また，「児童買春，児童ポルノに係る行為等の規制及び処罰並びに児童の保護等に関する法律」（以下，「児童買春・児童ポルノ禁止法」という）違反，児童福祉法違反や青少年保護育成条例違反の検挙件数が増加傾向にあり，児童の性犯罪等の被害も依然として深刻な状況にあるといえる。他方で，出会い系サイト規制法違反の検挙件数は279件と，前年より60件（17.7%）減少している。

　以下では，これらのサイバー犯罪に対する立法的対応を時系列に従って検討する。

3. サイバー犯罪に対する刑事法的対応

(1) 1990年代まで

　1946年に完成した「ENIAC」（電子式数値積分計算装置）が人類が初めて手にしたコンピュータだといわれているが，1960年代の終わり頃にはもう犯罪の道具としてのコンピュータが問題となっている。タイムシェアリング・システム（多数の端末から回線を使って多数の利用者が独立に大型コンピュータを利用する方式）の普及で，他人のパスワードを収集・解析するプログラムをシステム内に仕掛け，他人のIDでコンピュータを不正に使用する〈トロイの木馬〉型の不正行為が多発した。自動作動するプログラムをシステム内に潜入させる現在のコンピュータ・ウイルスも，基本的にはこの類型に属する。

　1970年代に入ると，日本でも情報化の流れが速まり，情報犯罪も目立つようになる。購読者名簿の磁気テープを不正コピーし，同業他社に売却した「リーダースダイジェスト事件」(1971年)，有名俳優の子どもを誘拐し，身代金を預金口座に振り込ませる事件（1974年）などが発生した。特にこの事件は，1960年代後半からのオンライ

ンバンキングによる銀行大衆化の隙を狙った犯罪だった。

1970年代から80年代にかけてはキャッシュカードと情報処理システムをターゲットとして，銀行の金融システムがさらに狙われた。この頃の暗証番号照合システムが稚拙なことやセキュリティに関する意識の低さも，この種の犯行を助長した。テレホンカード偽変造も急増した。犯行形態としては，銀行の情報処理システムを巧みに利用した銀行員の内部犯行や情報処理技術者によるキャッシュカードの偽変造などの犯行が目立つが，手口としてはそれほどの技術的な複雑さはなかったといえよう。

日本の刑法典は，このような新しい犯罪現象に対処するために，1987年にコンピュータ犯罪に関する大きな改正を経験している。当時はネットワークの利用も限定的であり，単体で使用されているコンピュータや，金融機関のオンラインシステムの保護などを想定した議論がなされ，コンピュータ不正操作とコンピュータに関連した業務妨害行為に関して処罰規定が整備されたのであった。コンピュータ情報の無権限入手とコンピュータの無権限使用についても議論はなされたが，それらの犯罪化は将来の検討課題だとして見送られたのであった。このときに改正された犯罪類型は次のとおりである。

①電磁的記録の定義規定（刑7条の2）

本条は，文書偽造罪，詐欺罪，損壊罪等の各章に共通するコンピュータのデータ処理に用いる記録媒体上の記録を的確に示す用語を定める必要から設けられた規定である。「電磁的記録」とは，「電子的方式，磁気的方式その他人の知覚によっては認識することができない方式で作られる記録であって，電子計算機による情報処理の用に供されるものをいう」（刑7条の2）。電子データそのものではなく，電子データがなんらかの媒体に記録されている状態を意味するから，たとえば通信中のデータは電磁的記録ではない。

②公正証書原本不実記載罪関係（刑157・158条）

「公務員に対し虚偽の申立てをして」，「権利若しくは義務に関する公正証書の原本として用いられる電磁的記録に不実の記録をさせた」場合は，5年以下の懲役または50万円以下の罰金に処せられる（刑157①）。また，この「電磁的記録を公正証書の原本としての用に供した者」も，同様に処罰される（刑158①）。

③電磁的記録不正作出罪関係（刑161条の2）

本罪は，文書偽造罪の客体である文書が，人に対して呈示されるものであり，可視性を要件とすることから，人が視認することのできない電磁的記録が「文書」か否かについて疑義があったために設けられた。電磁的記録毀棄罪や公正証書原本不実記載罪の改正も同様の趣旨である。「人の事務処理を誤らせる目的で，その事務処理の用

に供する権利,義務又は事実証明に関する電磁的記録を不正に作」る行為および実際に人の事務処理の用に供する行為が処罰され（刑161条の2①③，5年以下の懲役または50万円以下の罰金），それが公務員によって作られるべき電磁的記録であった場合は加重される（刑161条の2②，10年以下の懲役または100万円以下の罰金）。

④電子計算機損壊等業務妨害罪関係（刑234条の2）

特に業務用のコンピュータや電磁的記録を損壊したり，虚偽の情報や不正な指令を与えて，その正常な機能を妨害することによって，社会的に大きな損害が発生するおそれが高まったことから設けられた規定である。通常の業務妨害行為よりも重く処罰されている(5年以下の懲役または100万円以下の罰金)。通常の業務妨害罪の場合は，妨害行為があれば具体的な妨害の結果は証明する必要はないが，本罪では，電子計算機をして使用目的に沿わないか使用目的に反する動作をさせるという中間的な結果が生じたことが要件である。

⑤電子計算機使用詐欺罪関係（刑246条の2）

本罪は，「人の事務処理に使用する電子計算機に虚偽の情報若しくは不正な指令を与えて財産権の得喪若しくは変更に係る不実の電磁的記録を作り，又は財産権の得喪若しくは変更に係る虚偽の電磁的記録を人の事務処理の用に供して，財産上不法の利益を得，又は他人にこれを得させ」る行為を処罰する（10年以下の懲役）。詐欺罪は人を「だます」ことが要件であるので，コンピュータに虚偽の情報を入力してその処理を誤らせても詐欺罪は成立しない。したがって，たとえば，銀行のオンライン端末を不正に操作して，入金の事実がないのに虚偽の情報を入力して預金口座の残高を増加させた場合は，現金（財物）を得たわけではなく，事実上の預金債権（利益）を得ただけであるので，窃盗罪も詐欺罪も成立しなかった。本罪は，このような処罰の間隙を埋めるために設けられた規定である。

⑥電磁的記録毀棄罪関係（刑258・259）

紙の文書の場合は，意思表示の主体である名義人と意思表示が明記されている必要があるが，電磁的記録の場合はそれらの可視性に欠け，また原本とコピーの区別が原理上存在しない点などにおいて，紙の文書と大きく異なる。しかし，電磁的記録が社会生活で果たす役割は紙の文書に劣らず重要であるから，公用文書毀棄罪（刑258）と私用文書毀棄罪（刑259）の客体の中に電磁的記録が加えられた。法定刑は，公務所の用に供する電磁的記録を損壊した場合は，3カ月以上7年以下の懲役であり，その他の権利または義務に関する他人の電磁的記録の場合は，5年以下の懲役である。

(2) 1990年代以降

①違法行為の特徴

　インターネットは，コンピュータを相互に接続することによって，情報を分散・共有し，システム全体の安定性を高めることを目的としている。そこではインターネットが自己増殖的な自律分散システムとして設計され，インターネット全体の情報の流れを規範的にコントロールする「管理者」がどこにも存在しないことも大きな特徴となっている。そのため，インターネットに「匿名性」「無国境性」「非対人性」「無痕跡性」といった特徴が生まれ，それらが犯罪対策を困難にする要因にもなっている。つまり，ネットワークの利点そのものを裏返したものが，ネットワーク犯罪の特徴といえるのである。

　1987年に刑法典に導入されたいくつかの新しいコンピュータ犯罪類型は，行為手段や犯行の場がインターネットであっても基本的には適用可能であるが，その後，インターネットが社会に普及し，重要な社会的インフラとなるにつれて，新たな違法行為に対処するための刑事実体法を整備する必要性が高まった。以下に見るように，20世紀の終わり頃から，ネットワークを悪用する行為や不正に利用する行為ないしはネットワークそのものを攻撃対象とする違法行為に対応すべく刑事実体法に関する立法作業が着実に積み重ねられていくのであるが，これらの立法は，1987年の刑法改正においてペンディングとなっていた課題にいかに応えるのかという点を念頭に行なわれていったものといえよう。

②著作権法（1997年，2010年，2012年）

　情報は，物質のパターンとして紙や石などの物理媒体上に記録されてきたのであるが，電磁的に記録されたデジタル情報は，純粋に0と1の記号の組み合わせであることから物理的な制約を受けず，完全に同一の複製を作成することを可能とする。さらに，複製作業がきわめて容易であり，かつコピー・コストがゼロに等しいことから，デジタル情報は自ずと拡散する傾向にある。このことが著作権による保護を著しく困難にしている。

　1997年の著作権法改正に際して導入された，公衆送信権（著23①）の保護は，インターネットという新たな情報伝達手段に対応して著作権を保護することを目的としている。公衆送信権とは，「公衆によつて直接受信されることを目的として無線通信又は有線電気通信の送信を行うこと」（著2①7の2）であり，著作権者および著作隣接権者によって専有されている権利である（著23・92条の2・96条の2）。そして，音楽や映像などの著作物をインターネット上にアップロードし，不特定多数の者がダウンロードできる状態にする行為が「送信可能化」（著2①九の五）であり，これを無断で行なうことが処罰されている（著119①，10年以下の懲役もしくは1,000万円

以下の罰金，または併科）。

　最近における摘発事例としては，いわゆるP2P型ファイル交換ソフト（最近では特に「Winny」）を使用したケースが目立つ。P2Pソフトとは，インターネット上でユーザー同士の音楽ファイルなどの交換を支援するアプリケーションであり，一般に，ファイルのアップロード機能とダウンロード機能の2つをもっている。無許可で行なうアップロード行為が，著作権法上の「送信可能化」行為に該当することにはもちろんであるが，ファイル交換ソフトを使用してダウンロードしたファイルがそのまま送信可能となるような仕組みをもっている場合，当該ダウンロードは私的使用のための複製には該当しないので複製権の侵害になる。

　また，2009年の著作権法改正により，有償著作物（録音され，または録画された著作物または実演であって，有償で公衆に提供され，または提示されているもの）に関して，違法コンテンツと知りながらダウンロードする行為が違法とされた。このときは，罰則化は見送られたが，2012年の改正では，私的使用の目的であっても，有償著作物等の場合には，「著作権又は著作隣接権を侵害する自動公衆送信（国外で行われる自動公衆送信であつて，国内で行われたとしたならば著作権又は著作隣接権の侵害となるべきものを含む。）を受信して行うデジタル方式の録音又は録画を，自らその事実を知りながら行つて著作権又は著作隣接権を侵害した者は，二年以下の懲役若しくは二百万円以下の罰金に処し，又はこれを併科する」（著119③）という罰則規定が導入された。

③不正アクセス禁止法（1999年，2012年）

　1999年に制定された不正アクセス禁止法は，ネットワークに接続されているコンピュータ（「特定電子計算機」）が，IDやパスワード等の「識別符号」を用いて利用者を認証し，識別することによって利用が制限されている場合（「アクセス制御」），①当該コンピュータに対してネットワークを通じて他人の識別符号を入力したり（識別符号窃用型），②アクセス制御機能を免れるデータまたはプログラムを入力して（セキュリティ・ホール攻撃型），コンピュータを不正に利用する行為を「不正アクセス」として処罰している（不正アクセス2④1～3）。

　個人や企業がネットを通じて預金残高の確認や振り込みを行なうインターネットバンキングが普及してきているが，不正アクセスの多くはこれらを狙う財産犯罪の手段であることが特徴である。しかし，最近は個人情報の不正取得を目的としたサイバー犯罪も現実に発生しており，外部に対して閉ざされたネットワークの保護をより強化する必要性が生じた。そこで，2012年に不正アクセス行為の禁止の実効性をより高めるために，①他人の識別符号の不正取得行為の禁止（不正アクセス4），②他人の識別符号の不正保管行為の禁止（不正アクセス6），③識別符号の入力不正要求行為の禁止（不正アクセス7）の罪が罰則つきで新設された（不正アクセス12，1年以下

の懲役または50万円以下の罰金)。また,従来から規定されていた不正アクセス助長行為の禁止(不正アクセス5)についても処罰範囲が拡大され,不正アクセス罪そのものについても,法定刑の引き上げが行なわれた(3年以下の懲役または100万円以下の罰金)。

①不正取得罪と②不正保管罪は,不正アクセス行為につながる危険性を有する行為を処罰するものであり,③識別符号の入力不正要求罪は,(ターゲットを偽のサイトへと誘導する)フィッシング行為の禁止規定である。フィッシング行為については,偽のサイトに誘導する類型と,電子メールを送信して誘導するというメール送信型の類型とがある(不正アクセス7①②)。なお,偽サイト誘導型においては,企業の偽のホームページを作成して公開した段階で,著作権法違反の罪も成立している。

④児童買春児童ポルノ禁止法(1999年,2004年)

1999年に制定された児童買春児童ポルノ禁止法は,18歳未満の児童との対償の供与やその約束を前提とした性交や性交類似行為(児童買春)を禁止するとともに(児童買春4),児童を被写体とした児童ポルノの製造や提供等を禁止している(児童買春7)。この法律における児童ポルノ規制は,従来のわいせつ規制とは異なった観点からの規制である。成人のポルノの公然陳列や流通が処罰されるのは,それが社会の善良な性風俗を侵害するからであるが,児童ポルノの場合は,その制作過程で児童に対する性的虐待や性的搾取が行なわれていることから,被写体とされた児童の保護が直接的な目的とされている。つまり,法律は,「児童ポルノ」を児童に対する性的虐待の記録として位置づけ,それを取り締まりの対象としているのである。したがって,表現されているものそれ自体が必ずしも刑法上のわいせつでなくとも取り締まり対象となる(児童買春2③)。

現在,インターネット上で流布される児童ポルノ(サイバーチャイルドポルノ)が世界中の懸念事項となっている。1999年の本法制定当時,立法者はサイバーチャイルドポルノについては特別な規定がなくとも対応可能であるとして,法律の中には特別な規定は置かれておらず,実務においても「頒布・販売」「陳列」といった従来から用いられてきた概念が適用されてきた。しかし,そのような法の解釈については学説からの反対も強く,また,サイバーチャイルドポルノに対する世界的な取り組みが求められていたこともあり,立法的な対応が大きく進展した。

2004年の法改正では,インターネットに対応した改正が行なわれ,児童ポルノの媒体として,児童との性交や性交類似行為,児童の全半裸の姿態で性欲を興奮させるものなどを描写した写真やDVD,電磁的記録などが追加され,これらの公然陳列(5年以下の懲役もしくは500万円以下の罰金,または併科)や,有償無償を問わず,また特定少数人か不特定多数人かを問わず,およそ他人への提供行為,さらに提供を目的とした児童ポルノの製造,輸入などの行為(特定少数人に対する場合は,3年以下

の懲役または300万円以下の罰金（児童買春7①），不特定多数人に対する場合は，5年以下の懲役もしくは500万円以下の罰金，または併科（児童買春7④））が処罰されるようになった。また他人へ提供する目的がなくとも，児童との性的行為の場面などを撮影し，それを記録する行為（児童買春7③，単純製造罪，3年以下の懲役または300万円以下の罰金）も処罰対象とされた。

⑤支払用カード電磁的記録に関する罪（カード犯罪）（2001年）

　クレジットカードの発行枚数の増加とともに，不正使用も急増している。以前は紛失や盗難カードをそのまま不正に使用するケースが中心だったが，近時，複数のカードから「スキマー」とよばれる機器を使って磁気情報を不正にコピーし，その情報をもとに大量偽造する「スキミング」(吸い取り)とよばれる手法が使われるようになった。

　クレジットカードの磁気情報には，偽造を防止するための暗号化がなされている。しかし，磁気情報の暗号化は，磁気情報を丸ごとコピーして貼りつけてしまうスキミングの前ではほとんど意味がなくなっている。カードの外観上の真正を担保するカード会社のロゴホログラムも作成可能である。デジタル情報はオリジナルとコピーの判別が原理的に不可能であるから，上記のような方法で偽造されたカードは，視覚によるチェックをくぐり抜けて，完全に真正なカードとして通用する。

　現行法上，クレジットカードは私文書であり，その磁気情報部分は私電磁的記録であるから（郵便局発行カードは公文書又は公電磁的記録），クレジットカードを不正に作成する行為は，私電磁的記録不正作出罪（刑161条の2①），有印私文書偽造罪（刑159①）などに，また，それを使用して買い物などを行なう行為は詐欺罪（刑246）（場合によっては，電子計算機使用詐欺罪）に該当する。問題となるのは，クレジットカードの磁気情報を不正に入手する行為であるが，従来それを独立に処罰する規定は存在しなかった。しかし，スキミングの被害が多発し，不正使用を目的としたカード磁気情報の取得・提供そのものを刑法的に規制する必要性が高まった。

　そこで，電磁的記録を構成要素とする支払用カードの機能や性質に照らして，カードの可視的な部分（外観）に着目したものではなく，カードの電磁的記録そのものに着目した罰則を整備すべきであるとの刑法改正法案が2001年に成立した（刑法第18の2章「支払用カード電磁的記録に関する罪」の新設）。新規定では，不正に作られたカードの所持が「5年以下の懲役又は50万円以下の罰金」，電磁情報の不正取得・提供が「3年以下の懲役又は50万円以下の罰金」とされ（刑163条の4），クレジットカードの偽造や偽造カードの使用についても，「10年以下の懲役又は100万円以下の罰金」へと刑罰が加重された（刑163条の2）。

　さらに，今回の改正でプリペイドカードが新規定に取り込まれたため，テレホンカードについて，カードの外観と電磁的記録を一体のものとして有価証券性を肯定し，テレホンカードの偽造に有価証券偽造罪を適用してきた従来の判例の見解（一体説）が

今後は主張できなくなったという点が重要である。

⑥個人情報保護法（個人情報の不正入手）(2003年，2015年)

　個人情報の流出事件があとを絶たないがその背景には，情報の圧縮技術の進化，ハードディスクやUSBに代表されるモバイル記録媒体の大容量化，ファイル共有ソフト（たとえば「Winny」が有名）のウイルス感染などがその背景にある。

　情報の不正入手については，刑法典の中に一般的な処罰規定があるのではなく，さまざまな法律の中に情報の侵害態様に応じて個別的な処罰規定が置かれている。個人情報に限らず，およそ情報は，同じ内容であっても人によって価値が異なり，時間の経過によってもその価値が変動する。このような客体に対して，一律に刑罰による保護を設定することには無理があり，個別的に保護せざるをえない。そもそも情報の流出は，一般に「探知」と「漏えい」という行為によって生じるので，現行法は，それぞれの行為類型に応じて処罰規定を設けている。

　まず，「探知」は，それがネットワークを介して行なわれる場合は，不正アクセスという形で行なわれる。しかし，不正アクセス禁止法は，上述のようにあくまでもアクセス制御を不正にかいくぐる行為が処罰対象であり，それが結果的に情報の不正入手の防止に働いている。したがって，ネットワークにつながっていないスタンドアローンのコンピュータに対しては，パスワードを不正に入力して起動させて，中の情報を不正に入手したような場合であっても不正アクセスではない。ただし，スタンドアローンのコンピュータであっても，たとえばコンピュータを一時的に外に持ち出すなどして，いったん自己の支配下に置いたうえで，中の情報をコピーし，そのコンピュータを元の場所に戻すような場合は，判例は行為態様に応じて，窃盗罪や横領罪の成立を認めてきている（覗き見た情報を，その場で，自己所有のUSBなどの記憶媒体にコピーして持ち出したような場合には，物を盗んでいないために，窃盗罪にもならず処罰されないことになる）。

　次に，漏えいについても，情報そのものを保護するという形ではなく，情報を扱う一定の者に守秘義務を課し，漏えいがあった場合に，その義務違反という形で刑事責任が問われる。典型的なものは，公務員に対して職務上知り得た他人の秘密を漏らす行為を処罰する，国家公務員法（国公100，1年以下の懲役または50万円以下の罰金）や地方公務員法（地公34，1年以下の懲役または3万円以下の罰金）にある守秘義務違反の罪や，医師や弁護士などによる秘密漏示罪である（刑134，6カ月以下の懲役または10万円以下の罰金）。他にも，さまざまな職種において守秘義務違反の罪が規定されている。

　なお，2003年個人情報の保護に関する法律（個人情報保護法）が成立し，個人情報保護の法制度は新たな次元に移行した。同法は，個人情報の漏えいや悪用を防ぎ，個人情報の適正な取扱いに関する一般的なルールづくりを目指すものである。この法

律によって，今後本人の同意のない個人情報の流用や売買，譲渡が規制され，国の定める一定数以上の個人情報をデータベース化（デジタル化されているか否かを問わない）する「個人情報取扱事業者」に対して一定の制約が課せられた。また，事業者には不正流用防止のための管理義務も発生し，これを守らない場合，情報主体の届け出や訴えにより，最高で事業者に刑罰が科されるという強力な制裁も規定された（個人情報56以下）。

また，個人情報保護法は，2015年に改正され，罰則がいっそう強化され，個人情報取扱事業者やその従業者またはこれらであった者が，その業務に関して取り扱った個人情報データベース等を不正な利益を図る目的で提供し，又は盗用したときは，1年以下の懲役または50万円以下の罰金に処せられることになった（第83条）。名簿業者への個人情報データが記録された記録媒体の交付やネットからダウンロードできるようにする行為，あるいは個人情報データベース等を利用した架空請求などの行為である。

今後，金融や情報通信，医療など，特に慎重な取り扱いが求められる個人情報を侵害する悪質な行為については，個別法においてさらにそれぞれの情報の「質」に配慮したきめ細かい刑事法的保護の体制がとられていくだろう。なお，公的部門に関しては，1989年に制定された旧行政機関個人情報保護法に新たに53条から57条までの罰則を設けた新行政機関個人情報保護法案が国会に提出され，個人情報保護法案と同じく2003年に可決された。

⑦出会い系サイト規制法（2003年）

「出会い系サイト」（インターネット異性紹介事業）とは，見知らぬ人同士をネット上で仲介するサイトであって，明らかに性的関係を目的としたものが大半である。「出会い系サイト」では，まったく見ず知らずの男女が出会うことから，殺人や売買春，強盗，恐喝などのさまざまな犯罪を生むきっかけとなっている。特に児童買春など性犯罪の温床となっていたテレホンクラブについて，18歳未満の青少年の利用禁止を盛り込んだ風営法改正案が2001年6月に成立し，未成年者がテレクラから「出会い系サイト」に流れるという現象が生じた。

そこで，2003年に出会い系サイト規制法が制定され（2008年に一部改正），児童の性犯罪被害防止を目的に，犯罪者に利用されやすく児童にとって危険な役務を提供している事業者に対して一定の規制が課されることとなった。その内容は，次の4点である。①出会い系サイトを運営する者に対して，届出義務（出会い系サイト規制法7），削除義務（出会い系サイト規制法12）と児童でないことの確認義務（出会い系サイト規制法11）などを課す。②一般国民（児童を含む）に対して，出会い系サイトの利用に関して，掲示板などにおける一定の書き込み行為，すなわち児童を性的行為の対象となるように誘引する書き込み（「禁止誘引行為」）が禁止され（出会い系サイト

規制法 6)，違反行為には 100 万円以下の罰金が科せられる（出会い系サイト規制法 33)。③禁止誘引行為に係る異性交際情報を収集し，事業者に提供を行なう（登録誘引情報提供機関制度）（出会い系サイト規制法 18 以下）。④関係者の責務に関するもので，フィルタリング・サービスの提供義務等である（出会い系サイト規制法 4）。

ところで，児童買春児童ポルノ禁止法は，児童に対する性的虐待・性的搾取の禁圧という文脈で児童買春をとらえたのであった。金銭的利益を背景に行なわれる性的虐待は，強い影響力・支配力をもち，巧妙に行なわれるから，それを特に処罰することについては合理性が認められる。この点で，本法と同様に男女の性的関係について規制する売春防止法が，性道徳ないし社会の善良な性風俗という性的秩序維持を目指している（売春防止法 1）のと対照的である。つまり，児童買春の問題は，売買春の是非という倫理的・道徳的問題とは次元の異なる，あくまでも児童の権利保護の問題として位置づけられたのであった。しかし，本法においては，禁止誘引行為の処罰は児童に対しても適用される。この点で，本法については児童買春児童ポルノ禁止法との整合性が問題となっている。

⑧わいせつ物頒布等の罪（サイバーポルノ）（2011 年）

2011 年に刑法 175 条についての大きな改正が行なわれた。

わいせつ情報がインターネットに進出し（「サイバーポルノ」），誰でも簡単にわいせつ情報にアクセスできることから，大きな社会問題となった。しかし，改正前の刑法 175 条が規制対象とする「わいせつ物」は有体性が要件であり，無形の情報として流通するサイバーポルノに対しては適用上の問題があった。

2003 年には，大阪高裁が，児童ポルノ禁止法上の「児童ポルノ」とは有体物を意味するから，画像データなどの情報はこれに当たらないとして無罪を言い渡した判決（大阪高判平 15・9・18 高裁判例集（刑）56・3・1）も出された。そして，この判決などがきっかけとなり，上記のように 2004 年に児童ポルノ禁止法の改正が実現し，電磁的記録としての児童ポルノを電気通信回線を通じて提供する行為が明確に処罰されることになったのであった。このような流れの中で，刑法 175 条についても，単なる電子データそのものや電磁的記録は，わいせつ「物」ではないとする判決（札幌高判平 21・6・16 研修 737・127）が出されたのであった。

こうして実務では，わいせつな情報の提供を処罰することが解釈的にも困難な状況となったのであった。このような事情が刑法 175 条の改正を促したのである。改正後の刑法 175 条では，規制の範囲がわいせつ物からわいせつ情報へと拡張され，サイバーポルノに解釈上は対応できるようになった。しかし，インターネットが普及するにつれて，日本で違法だが海外では合法な画像も事実上規制されることなく見られるようになり，わいせつな性情報を取り締まる刑法 175 条の存在自体について疑問を呈する見解は多くなっている。

⑨不正指令電磁的記録に関する罪（コンピュータ・ウイルス作成罪）（2011 年）

　たとえば，電子メールの添付ファイルとして他人にコンピュータ・ウイルスを送りつけ，他人のデータを改ざんしたり，消去し，あるいはディスクを初期化してしまうなどの行為は，電磁的記録毀棄罪や電子計算機損壊業務妨害罪などによる処罰が考えられる行為である。しかし，電磁的記録毀棄罪の対象は，「公務所の用に供する」電磁的記録（刑 258）および「権利，義務に関する」電磁的記録（刑 259）であり，この点において条文の適用に制約がある。「権利，義務に関する」とは，権利・義務の存否・得喪・変更などを証明しうることであるから，一般のユーザーのハードディスク内には，そのようなデータがあることは少なく，また破壊されるファイルが画像ファイルや音声ファイルなどの場合には，本条の適用は困難となる。また，電子計算機損壊業務妨害罪においては，上記のように，電子計算機をして使用目的に沿わないか使用目的に反する動作をさせるという中間的な結果が生じたことが要件であり，予備や未遂行為は処罰されていない。したがって，特定の日時に動作するように設計されたコンピュータ・ウイルスをメールに添付して送付し，受け取った者がクリックして起動させたとしても，その指定の日時以前にその行為を処罰することはできなかった。2011 年の改正は，このような意味で，コンピュータ・ウイルスの問題を早い段階で取り締まるという意味がある。

　刑法 168 条の 2 第 1 項では，コンピュータ・ウイルスの作成と提供が，第 2 項では，供用が処罰されている（法定刑は，3 年以下の懲役または 50 万円以下の罰金）。第 3 項では，供用の未遂も処罰されている。

　ここでいうコンピュータ・ウイルスとは，「人が電子計算機を使用するに際してその意図に沿うべき動作をさせず，又はその意図に反する動作をさせるべき不正な指令を与える電磁的記録」である（刑 168 条の 2 ①一・二）。「不正指令電磁的記録」とは，当該プログラムの機能内容やその説明，想定される利用方法などを総合的に判断して，一般的な利用者の予想を超える動き方をするようなプログラムであって，その動き方がおよそ社会的に許容されないようなプログラムのことである。そして，このようなコンピュータ・ウイルスを「正当な理由がないのに」（違法に），「人の電子計算機における実行の用に供する目的で」作成した場合に，作成罪が成立する。「実行の用に供する」とは，コンピュータ・ウイルスであることを知らない者に対して，そのコンピュータで実行させることである。したがって，データを完全に削除するようなプログラムであっても，たとえば個人情報保護のためであることを適切に説明したうえで普通に公開されているような場合は，使用者はそのような機能を知ったうえで使うので，「（使用者の）意図に反する」ものではなく，作成罪にはならない。しかし，それをたとえば信頼できる機関からの通知文書であるかのように装うなどの虚偽の説明を付し，またアイコンを偽装するなどして，何も知らない者にメールで送りつけて実行させる目的で作成した場合には処罰対象となる。また，何も知らない者のコンピュー

タで，これを実際に実行できる状態にすれば，供用罪が成立する。

　提供罪における「提供」とは当該プログラムがコンピュータ・ウイルスであることを知っている者にそれを渡すことである。しかし，たとえばコンピュータ・ウイルスを発見した者が，研究機関やコンピュータ・ウイルスの対策を行なっている企業などに，コンピュータ・ウイルスであることを明らかにしたうえで提供する行為は，「正当な理由」があるので提供罪に該当しないし，相手方がコンピュータ・ウイルスであることを知っているので供用行為でもない。また，研究のためにコンピュータ・ウイルスを作った場合も，知らない者のコンピュータに実行させる目的がないので，同様に作成罪や提供罪の成立はない。

　問題は主観的な要件である。コンピュータ技術は常に悪用可能であるが，そのような危険性は社会的に許容されているといえる。それは，自動車が犯罪に利用される危険性をゼロにすることは不可能だが，自動車の製造は許されているのと同じことである。したがって，誰かが自分の作ったプログラムを悪用するかもしれないという認識で公開する場合，その認識はこのような意味で，社会的に認められている危険性の認識といえるので，犯罪目的があったとはいえない。

　また，プログラミングの過程で知らずに発生するいわゆるバグ（プログラミングの不具合，ミス）が問題となるが，本罪はそもそも故意犯であるので，バグは処罰の対象とはならないし，一般にプログラミングにはバグは不可避であるから，その限りでは社会的に許容されているといえ，「不正な」という要件にも該当しないことになる。ただ，重大なバグのあることを知った者が，不特定多数の者に対する公開を中止しようと思えば容易にできるのに，あえてそのままにしてダウンロードさせたような場合には，供用罪（刑168条の2②）が成立する可能性はある。

　刑法168条の3では，正当な理由がなく，人のコンピュータに実行させる目的で，コンピュータ・ウイルスを，コンピュータ・ウイルスと知ったうえで取得する行為や保管する行為が処罰されている（法定刑は，2年以下の懲役または30万円以下の罰金）。

4．まとめ

　遅くとも1980年頃，一人のSF作家の脳細胞からその言葉は弾け飛んだ。
「サイバースペース」。
　世界的規模で拡散したコンピュータ・ネットワークと人の脳とが直結された状態，それは物質性の縛りから解放された純粋情報・純粋イメージの最終的進化段階。時空を支配する一切の物理的制約から精神が解放され，しかも物理空間に代わるものでありながら，三次元の現実空間と同様に殺人すら起こりうる居住可能なイメージ空間。「ニューロマンサー」の著者，ウィリアム・ギブスンは，ネットワーク内で共有され

るそのような「共感覚幻想」を「サイバースペース」とよんだ（『*Neuromancer*（ニューロマンサー）』Gibson, 1984／黒丸訳，1986）。

　この斬新なアイデアに満ちた SF 小説が発表された 1984 年当時，このような擬似空間はあくまでも空想の域を出なかったが，1990 年代に入り，情報技術の驚異的な進化によって「サイバースペース」がにわかに現実味を帯びてきた。しかし，幸か不幸か我々の周りにはまだ真の「サイバースペース」は存在しない。

　過ぎ去った 100 年間をふり返るとき，かなりスリリングで刺激的な凝縮された時間の経過を思う。おそらく 20 世紀は，人類が誕生して以来，その生存環境が最も激変した時代でもあった。産業革命の成就は，先進工業国の多くで「物（商品）の生産・分配・消費」というサイクルの回転数を一挙に高めた。そして 20 世紀の半ば，人類がコンピュータを手にしてからというものは，我々の活動エネルギーのベクトルは明らかに「情報処理」の次元へとシフトしてきているし，CPU の処理能力も驚異的なスピードで進化している。

　ギブスンの「サイバースペース」はまだ夢の中にある。しかし，現代の情報テクノロジーの多くは，発展途上にある「サイバースペース」を構成する基礎的な要素であることは確実であるし，部分的にはすでにサイバースペースと現実社会にリアルなつながりもできている。すでに，あらゆる情報がデジタル化の洗礼を受け，我々はコンピュータを世界の「窓」として，複雑な自然を，社会を，人をモニタリングし，その結果が社会に構造的な影響を与えている。犯罪についていえば，インターネットのインフラ化が進めば進むほど，特別な専門的技術も要せず，犯される犯罪の質も，基本的には詐欺や業務妨害，名誉棄損や情報の不正入手，ポルノなど，むしろ古典的な内容になってきているが，ヴァーチャルな世界で行なわれる違法行為に対する規範的抵抗力はますます弱くなっているように思われる。従来の「物」中心社会を規制してきたさまざまな伝統的ルールでは，今の，そしてこれからの高度情報化社会をうまく記述できなくなっていることだけは確かなことではないだろうか。

第十五章 マインドコントロールと犯罪

　マインド・コントロールとは，広義には本人の自覚のないところで意思決定や行動が他者に誘導されることである。つまり，他者による心理操作（psychological manipulation）といえる。それは，個人に入力される情報を偏って提供したり，偽って提供したりすることと，もう一つは意思決定のための心理的装置である「知識」や「信念」を集積したビリーフ・システム（belief system）を支配者にとって都合のよい内容に説得的に変化させて，入れ替えてしまうことによって実現する（西田，1995a）。図 15.1 に示したように，これに成功することで意思決定に用いられる 2 方向の情報，すなわちトップダウン情報とボトムアップ情報の両処理を操作可能となる。実際には，社会環境の操作によって，感覚受容器からの入力情報を支配し，疲労や課

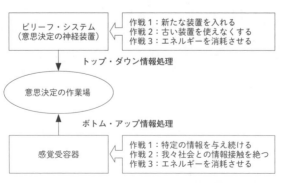

図 15.1　マインド・コントロールの基本原理

題への集中で他の情報に接触できないような作戦をとる。また，新たなビリーフ・システムにおいても課題に集中させたり，疲労が長期に及んだりすることによって，古いビリーフ・システムを駆動させないようにする作戦をとるのだ。

　このようにして，操作者は他者を強い依存的な心理状態に陥らせて無抵抗に支配し，金銭搾取したり，心身への暴力被害や性的被害を与えたりする。またそれらにとどまらず，操作者は自らの欲望の充足のために，その他者を加害者に駆り立て，第三者の殺害，略取，傷害，金銭搾取などといった犯罪行為へと誘導する。

1．マインド・コントロールとは何か？

　犯罪行為へと誘導するこのような心理操作による心理支配の手法は，程度の差はあるものの，具体的には，詐欺，DV，児童虐待，性的ハラスメント，傷害，殺人などの事件における加害者個人や組織の背景にみられることがある。しかし，捜査現場での認識，裁判での実証の困難さがある。その疑惑があっても，一般には現象が記述されたり議論されたりしないままであることも多いと思われる。

　また，この概念の使われ方はあいまいになりやすい。ある特定の人物を崇拝するほどに信じてしまい，指示に従うということは，あちこちに偏在するものともいえる。「洗脳」された状態とか，「マインド・コントロール」された状態，つまり他者に自分の意思が誘導されたと自覚したり，誰かに心理操作されている知人がいると指摘されたりする状態は，どの程度の影響を他者が与えた結果なのかを精査することが求められてしまう。よって，粗雑に扱えば，広告，宣伝，プロパガンダなどの影響を受けた場合にも当てはまるところがあり，社会心理学者が社会的影響とよぶ現象のすべてを意味することに近くなってしまうこともある。また，他者によってなんらかのトラブルに巻き込まれた人がその自己責任を放棄したいための便法ではないかととらえている人もいる。

（1）破壊的カルトのマインド・コントロール

　マインド・コントロールは，1990年代にマスメディアを通じて広がり，専門的な語用を超えて一般に使われるようになった。これは，破壊的カルト（略してカルト）とよばれる集団において，あこぎなまでに駆使されて，極端に強い心理的な拘束が与えられ，深刻な人権侵害を引き起こす現象をひとことで言い表したいためにつくられた。つまりカルト・マインド・コントロールの問題であったし（Hassan, 1988），それは，洗練された社会的影響の体系的な操作であった（Singer, 1995）。ちなみにカルトの語源は，儀礼や崇拝の意味をもつせいか，宗教的な集団がイメージされやすい。しかし

実際にはカルトは，宗教のみならず，政治，心理セラピー，ビジネス，教育や自己啓発など，さまざまな領域の集団に存在している。

たとえば，そんなカルトのマインド・コントロールは，批判者やその関係者を襲撃して殺害したり，傷害を負わせたり，化学兵器を開発・使用した無差別殺人さえも引き起こしたオウム真理教信者の心理（西田，2001）や，詐欺的な霊感商法や強制的な合同結婚を正当化する統一教会信者の行動（西田，1993；西田，1995b）を説明した。これらの集団が引き起こしてきた問題は，たいへん深刻である。オウム真理教の一連の事件では，教祖以下13名の死刑が確定し，霊感商法での被害総額はこれまでに1,100億円を超えている（霊感商法被害救済対策弁護士連絡会）。こうした集団のメンバーの多くは，組織の反社会的問題が明るみになっても受容せず，自らの正義を主張し続けて集団内にとどまる人も多い。これらの団体の他にも，死亡さえも起きるメンバー間の虐待ないし暴力や殺人事件，詐欺や献金による金銭トラブル，職業や婚姻の選択権利への侵害，家族の崩壊などといったさまざまな基本的人権侵害と，民主主義を否定することで論議を引き起こす集団が数知れず世界には存在しており，ときおり事件となって表層に現れてきた。

このような重大な社会現象を理解し被害をなくすために，マインド・コントロールは，重要な鍵をにぎっている。しかし，その影響の総力は，心理学者の好む実験的手法で確証することは難しいことは言うまでもない。実験は操作する要因数や刺激の強さ，そして操作にかける時間コストなどという技術側面から考えても複雑である。また調査研究にしても，強力なマインド・コントロールを駆使して集団管理をしている集団は，当然にして閉鎖的であり，簡単にサンプルを抽出することは難しい。このような事情が研究発展を大きく阻んできたと考えられるし，またそれが心理学理論として司法や社会の人々に提供する根拠を十分に与えることになっていない主原因と思われる。しかし，くり返し関係する事件は起きていて，この現象の記述的な研究は少しずつではあるが進められてきた。それではこれまでの研究史を概観する。

(2)「洗脳」の研究

マインド・コントロール研究は，第二次大戦前から始まった「洗脳」の研究にはじまる。その一連の研究では，基本的には脱条件づけの原理を応用して人間の意思のロボット化が可能であるかどうかが研究された。たとえば，生理学的立場から，人は身体的拘禁や拷問などによって，極端に過度な刺激を与え続けられたり，極端に刺激の少ない状況下に置かれ続けられたりすると，信念の内容や「好－悪」といった評価のパターンがこれまでのものと逆転する超極限的制止（ultra maximal inhibition）という現象が説明された（Sargant, 1957）。また実験参加者のすべての知覚を奪った状態に置く感覚遮断（sensory deprivation）の研究や，薬物作用も含む催眠や極端な覚醒

状態といった変性意識状態（altered states of consciousness）の研究は，拘禁や拷問といった極限状態にある人のようになんらかの生理的剥奪状態に置かれたり，連続的な単調刺激の提示下に置かれたりすると，被暗示性が高まり，無批判的に他者の意見を取り入れやすくなることを示唆した（Anthony & Robbins, 1994）。

また，朝鮮戦争における戦争捕虜が受けていたとされる尋問と拷問の調査から，一体主義的な思想改造（thought reform）の研究や（Lifton, 1961），威圧的説得（coercive persuasion）の研究では（Schein et al., 1961），現場的な方法と効果性について論じられた。思想改造の研究では，コントロール要素として，①環境コントロール，②密やかな操作，③純粋性の要求，④告白の儀式，⑤「聖なる科学」，⑥特殊用語の詰め込み，⑦人を超えた教義，⑧存在する権利の配分の8つがあげられている。一方，威圧的説得では，「解凍」「変革」「再凍結」の3段階があると指摘され，それらの過程が約1年の期間をかけて実施されたことが報告された。しかし，彼らの研究によると，洗脳は行動上の服従をもたらすが，内面的な信念の変化にまでは影響し得なかったと報告し，当時科学的な人間ロボット化の現実については否定された。

(3) 破壊的カルトと「洗脳」：1980年前半まで

ところが，1970年代になって，排他性とエリート意識を高めた一部の「カルト」の急進的な活動が激しくなり，再び「洗脳」の言葉が社会に登場した。幾人かの臨床心理家は，カルト脱会者に共通してみられた心理的な異常性を示しながら，カルトは「洗脳」を行なっていると訴えた（Singer, 1979；Conway & Siegelman, 1979）。これらの研究と前後しながら，アメリカでは，破壊的カルトの強制的な教化を指摘する心理学的研究がなされるようになった（Ross & Langone, 1987 等）。

しかし，他方では，カルトのメンバーになることによって，主観的幸福感が増すことを主張したり（Galanter, 1989），問題視する人々が指摘された集団を反社会的であるとみなしたりするのは，少数派のグループに対する偏見であるという研究報告がなされた（Pfeifer, 1992）。また，マインド・コントロールと揶揄される統一教会の教化過程が研究された（Barker, 1984）。その研究では，ロサンゼルスとロンドンにおける被勧誘者の入信までの残存率が調査され，その結果が約3%であったことから統計的に低いと見なし，カルト批判論者はその教化法の効果性を過大視していると指摘した。しかし，その調査は教団の協力のもとに行なわれているため，サンプルに偏向がないともいえない。また比較対象群のない調査であるため，残存率を低いとみなす根拠があいまいであるし，日本と欧米における宗教事情ないし当該団体の活動事情が異なるために追認できない（西田，1998）。

(4)「洗脳」から「マインド・コントロール」へ：1980年代後半以降

1980年代後半になって，アメリカでは，この現象に対して洗脳とは異なる新たな説明理論が持ち込まれはじめた。それは社会心理学的説明である。研究者らは，それまでの主張の基礎としていた洗脳のような非日常的な状態での強制についての理論を改め，社会心理学を基礎とした発展的な統合を目指したのである。この理論的説明では，カルトに関与する個人の心理過程を，説得的コミュニケーション研究の文脈でとらえる。古典的には，政治的なカルトに誘拐された女性が数カ月の間に全人格的な変容を生じさせて銀行強盗の罪を犯した「ハースト事件」や宗教的なカルトの勧誘活動についての考察にはじまるといえよう（Zimbardo et al., 1977）。この流れを汲んで，ある研究では，このカルト関与現象を「破壊的説得（destructive persuasion）」と命名し，その方法は欲求の操作と方略的な情報コントロールによるとしている（Keiser & Keiser, 1987）。また別の研究では，この現象をカルト・マインド・コントロールとよび，催眠とグループダイナミクスを応用した思想，感情，行動，情報の4コントロールによってアイデンティティの変容が行なわれると説明された（Hassan, 1988；図15.2）。またさらに別の研究者も，この現象を心理的・社会的影響の体系的操作として定義し，①コントロール意図の隠蔽，②時間と環境のコントロール，③無力感，不安感，依存心の惹起，④古い行動と態度の抑圧，⑤新しい行動や態度の形成，⑥論理の閉鎖的回路の打ち出し，といった6条件を提示した（Singer, 1995）。

　これらの論は，洗脳研究を基礎としながらも，物理的な身体拘束を強制しない点を重視して，根本的にはそれとは不連続なものであり，状況と現実性の心理操作を強調する論となっている。実際のところ，社会心理学では，承諾誘導の研究をはじめ（Cialdini, 1988），社会的認知や説得過程の研究が，個人は当人の認知しない状況で

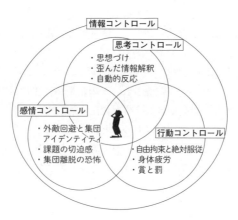

図15.2　アイデンティティ変容の4つのコントロール

社会的影響を受けている場合もあることを示している（Gilovich, 1991；Pratkanis & Aronson, 1991）。

2. 現在のマインド・コントロール理論

　マインド・コントロールは，情報コントロール，思想コントロール，感情コントロール，行動コントロールの4要素がある（Hassan, 1988）。これらを詳細に検討した実証的研究に従って（西田，1993；西田，1995b），それらの関係を以下に説明する。

(1) 一時的マインド・コントロール

　西田（1995a）は，一時的マインド・コントロールと永続的マインド・コントロールに区別したが，前者は，破壊的カルトがメンバー勧誘時の初期接触に用いる手法であり，詐欺や悪質商法によく用いられる手法である。当該の集団へのネガティブ態度や望んでいなかった契約や購入を説明するのに有効である。なお重要なことは，破壊的カルトの場合，初期接触ではこのような承諾誘導の手法を用いない集団もある。オウム真理教でそういうケースが多くみられた。ほとんどのオウム真理教の信者は，入信のときにカルトという存在も知らなかったし，犯罪行為さえも善として受け止めて指示に従うようになるといった現象にも知識がないまま入会したからである。つまり，これも情報操作であり，マインド・コントロールの一部とみなすことができる。

　さて一時的なマインド・コントロールでは，ターゲットが勧誘を断りにくい状況や場面を故意につくり上げる承諾誘導の技法（Cialdini, 1988）を駆使する。カルトによっては，入信に導く手法として駆使される。具体的には，断ると親切な相手に失礼だと思わせるという方法（返報性の原理），ターゲットを賛美したり高く評価する方法（好意性），信頼できる専門的知識がある人を装う方法（権威性），毎回のアポイントメントにおいて執拗に念を押したり期待をかけたりする方法（コミットメントと一貫性の原理），今回の出会いが最高で最後のもののように装う方法（希少性の原理）などが組み合わせて用いられる。また，彼らは，本当の目的を告げず，嘘をついて，ほめまくり，とことん誠意を尽くして近づいてくる。あるいは，家族や友人のようなすでに信用している人を使って近づいてくる。一般に，人は自分をわざわざ悪い人には思われたくない自己呈示の心理があり，話だけは聞くなどの，つい彼らの意図通りの反応をしてしまいやすくなる。このような状況で，一方的な説得メッセージが効力を発揮する。ターゲットは他の情報源から遠ざかり，隠ぺいや欺瞞に気づかなくさせられる。

　詐欺への応用の場合には，この一時的なマインド・コントロールに成功すれば，犯人は，影響力の受け手から金銭を騙し取ることができる。オレオレ詐欺の場合でも，

先入観から息子本人からの電話だと誤って認知し，つじつまの合うシナリオから息子が緊急事態に陥っているという切迫した話にリアリティを感じてしまうのだ。犯人は息子に迷惑をかけられているが，好意性をもって接してくれているという認知が与えられる。被害者はそれに報いる返報性の心理で対応する。このとき，弁護士，警察官，銀行員といった権威も登場する。しかも，緊急事態の回避は，金銭次第だということで，支払いを約束したうえで，経費，時間や労力などのコストを支払いながら，代理人のいるところまで金銭を運ぶのであるから，コミットメントの心理も働いているのである。よって，被害者は周囲から詐欺を疑えと諭されても騙されていることへの確信がなく，マインド・コントロールから抜け出すことはできない。

(2) 永続的マインド・コントロール

　強力なマインド・コントロールは，アイデンティティの根幹に関わるようなビリーフ・システムの全体的変容を秘密裏に成功させようとする。ビリーフ・システムとは，神経的ネットワークであるともいえる。完全にターゲットを支配しようとするマインド・コントロールでは，①自分を含む人間がいかなる存在か（自己），②完成された個人や社会の像（理想），③理想へといたる個人の歩むべき道筋（目標），④歴史や出来事の摂理・法則や世界観（因果），⑤誰が正しいことを言っていて誰が間違えているのか（権威），という5種類のビリーフ群を新たに抱かせ，一方，それまで用いていた古いビリーフ・システムにおけるこれら5種類を使えなくさせるように操作するのである（西田，1998）。

　初期接触で一時的マインド・コントロールに成功したり，あるいは別の対人スキルが功を奏したりして温かで信頼のおける対人関係が構築されたのち，以下の操作手順で新たなビリーフ・システムを変容させていく。

①解決困難な問題をターゲットに突きつけ，不安や恐怖を煽り，依存心を高める。病気や怪我の苦悩，罪意識，相対的な不幸感，孤独感，親しい人との葛藤，自己啓発，社会への不満，自信喪失感，将来への不安など，たまたまそのときに抱いていた悩みや，悩みとまではいわなくとも多少気がかりな人生の問題が，今こそ解決しておくべき課題として突きつけられる。
②団体の思想や行為ないし商品で解決してみせ，団体の全体に魅力を感じさせる。その解決困難な問題をすっきりと解いてみせ，思想の全体を受容してメンバーになると獲得できる利益を説く。これには実際は大きな矛盾や欠陥があってもターゲットには気づかせず，解決しがたかった人生の問題において，とても有効に働く意思決定の道具として実感させられるのである。
③思想が真理であるように見せかけて，以前からの確信を揺るがせる。人が抱いて

いる知識の確信というのは，もともと現実感に支えられている。現実感は，一般には幻想とみなされることでも自分で体験すること，表面上もっともらしい論理にすることで成り立つ。言われたとおりにしたら思いどおりのことが起きたとか，指導されたとおりに行動していたら，科学的には説明のつかない神秘的な超常体験をしたとかといったものである。これらの体験はもちろん偶然を必然とみるだけでも成立するし，極端に強烈な身体活動や催眠などの異常な生理状態を導いても起きる現象であるが，団体ではそれに精神向上的な特別な意味を付与するのである。また社会的権威や合意のある情報を見せかける心理操作などで可能となる。

④今までの生活を放棄させたり，財産を投じさせたりして思想の実践行動をさせることで新たな確信をつくり上げる。ターゲットは，認知的不協和による自己説得効果によって今の行動を正当化させられる。また新たに団体によって提供されたビリーフ・システムを四六時中用いていると，今まで用いていた古いシステムは駆動しなくなる。

以上の4ステップにかける期間は，数カ月から1年ぐらいである場合が多い。その結果，従順で自発的に，組織にとって都合のよい思考，感情や行動を生起するカルトの集団アイデンティティを持った人間が完成する。これは一種の自己封鎖システム（self sealing system）といえる。ラオリッチ（Lalich, 2004）によれば，カルト信者の自己は，①カリスマ的権威，②超越したビリーフ・システム，③支配のシステム，④影響力のシステムで取り囲まれた中に閉じ込められているという（図15.3）。

カリスマ的権威は，リーダーシップを提供する役割を果たす。リーダーは，特権を持って命令を下し，そしてメンバー全員の理想的人物像ないし神のような存在として，信者の憧れ，崇拝，畏敬の対象となる。またリーダーは，同一化すべき対象として位置づけられており，信者の一つひとつの目標に向けられた活動に合法性を与えるのだ。次に超越したビリーフ・システムの提供は，メンバーに独特の世界観をつくり

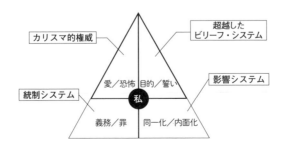

図 15.3　カルト支配による自己封鎖システム（Lalich, 2004）

出す。すなわち完全無欠の思想である。実際には実現不可能な世界観があたかも現実的なものとしてメンバーには提供され，人生の意味や目的が得られた感覚になる。メンバーは与えられた思想を内面化してビリーフ・システムに組み入れ，いかなる矛盾も自分の解釈ミスととらえてしまうようになる。また支配システムは，信者を支配するための組織構造をつくり出す。つまり，規則と制裁を手段に用いて信者の行動体系と倫理綱領を構築する。これによって，歯向かう者や指示に従えない者は，監視の目によって探し出されて厳しく罰せられ，場合によっては命をも落とすといった脅迫が行なわれるようになる。最後に影響システムは，メンバーの社会生活のシステムあるいは集団文化となって自己封鎖に作用する。それは，メンバーに期待される生活のために制度化された集団規範や構築された行動綱領となる。このシステムは，同輩ないしリーダーの影響力や模範的な行動をモデリングするなどのさまざまな方法で成し遂げられ，望ましくは，集団に同調して，これまでの自己を非難してその集団に参加し，集団目標の達成に従事するべきだと感じるようにさせる。つまり信者は，リーダーや他の信者と完全な同一化を果たすように仕組まれる。

　これらの4次元の閉鎖システムによって，メンバーの自己である「私」は，自発的な意思決定の活動を封鎖されて，当人の意識は自由の中にあっても拘束された行動選択を強制される。図15.3に示したように，カルトにとらわれた者は，まずは超越したビリーフ・システムが与えられて自己の人生の「目的」を知り，その実現に向けた「誓い」を立てる。また同時にそのような素晴らしく魅力的な人生を提供してくれるカリスマ的権威を，心から崇拝し，「愛」するとともに，その偉大さに逆らうことへの「恐怖」をも抱くのだ。これらがマインド・コントロールの核となって，命令された課題を遂行する「義務」と，それに従えないときの「罪」の意識が信者の支配システムによって与えられる。また信者は，このような卓越したビリーフ・システムを実現させた教祖などの最高のリーダーや，自分よりも実現に向けて近いところにいる信者と，完全な「同一化」を目指してそのビリーフ・システムを「内面化」するように努力するように仕向けられるのだ。

　マインド・コントロールを受けるカルト信者は，ラオリッチ理論の説明するような自己封鎖された環境で，長期にわたって，①自由拘束，②異性感情抑制，③肉体疲労，④外敵回避，⑤賞と罰，⑥切迫感といった心理操作を受け続ける（西田，1995b）。なお，オウム真理教のように，呪文，マントラや歌，詠唱のようにくり返されて音声から入力されるカルトの情報は，提供したビリーフ・システムを常に活性化させる働きがあり（つまりプライミング），代替的な思考をはばむのに促進効果をもたらすと考えられる（Srull & Wyer, 1980）。人はこのような状態に置かれ続けると，理性的な思考や直感的な情動よりも先んじて指示に服従するようになり，もともとのビリーフ・システムは一切駆動しなくなって強固なマインド・コントロールが完成する。

　このような自己封鎖状態から抜け出すことは簡単ではないといえる。しかしながら，

カルトから物理的かつ情報的に離れることができたなら，抜け出すことは不可能ではない。そして，メンバーのもともとのビリーフ・システムが駆動するように時間をかけて働きかけて反応できるようにすれば，自己封鎖は解けることになる。実際には，カルト外部の情報を得たり，内部で説明のつかない決定的な矛盾や嘘を見つけたり，指示に従えずに逃亡したりしたときなどがきっかけとなることがある。

　しかし，メンバーはカルトから脱会できたとしても，のちに厳しいアイデンティティの危機を経験する場合が多い。その事態は，いうなれば意思決定の装置を一気に失うことである。脱会者らの心理は以下のようにまとめられる（西田・黒田，2003, 2004）。

　まず情緒的問題として，カルトのアイデンティティへの喪失感や他者を信じられなくなっていること，また，長らく使っていなかったもともとのビリーフ・システムを再駆動しなくてはならなくなることから，不安と抑うつ傾向がみられる。またマインド・コントロールをまさか自分が受けていたことや騙されていたことに気づくことで自己評価の低下や自信喪失がみられる。そして自責や後悔にさいなまれ，情緒不安定になる人が認められる。また，自分が所属していたカルトに対する怒りの感情が表れる場合もあるが，それは脱会後ある程度時間を経て自己を客体視できるようなってから生起する傾向にある。

　次に，認知・思考の問題も認められる。特に，シンガー（Singer, 1979）によって名づけられたフローティングとよばれる現象がみられることがある。これは一種のフラッシュバックのようなものと考えられるが，突然，なんらかの手がかりとなる音声や言葉が刺激となってカルト信者の頃の自己に戻り，当時と同じように思考してしまうのである。特に脱会後間もない頃に多くの人が経験している。

　また，対人的問題も多く生じてくる。信者が，封鎖されていた環境から出ることは，新たな社会や文化への最適応を果たす必要に迫られることでもあるが，特に長期間，カルトに滞在していた者は，今まで否定的に評価していた世界に適応を迫られ，社会常識になじめず，居心地の悪さを経験する。また，家族は，カルトを脱会した当人の混乱した心理的状態を理解できずにいたり，またカルトへ舞い戻っていく不安から，当人の感情を無視したり害したりする言動をとることがある。さらには，カルトでは異性との親密な関係を持つことに対する厳しい禁欲制度や罰則制度などがあることが多く，異性との交際，特に性的な接近行動に反射的に拒否反応を示す場合がある。またさらには，偏見による就職，婚姻などの障害になると考えて，カルト信者であったことを明かすことができないことが多いため，対人関係に脆弱さを持ってしまうということがある。

3. マインド・コントロールと反社会的活動

(1) 集団による心理虐待を意識させないマインド・コントロール

　マインド・コントロールが完成すると，我々の常識が通じなくなる中で，集団外部の者からは虐待行為にしか見えないような行動がみえる。慢性の睡眠不足，栄養枯渇になる食生活，過酷な労働，身体的および心理的な罰，性的虐待，子どもへの人権侵害などさまざまな問題が浮かび上がっている。西田ら（2012）は，こうした活動について質問紙で調査している。その結果，カルト非経験者ではこのような経験をした者はほとんど皆無に近かったし，規範意識としても許容できるものではないと判断したが，カルト経験者においては，一般にはひどいとみなされる生活が日常的に強いられていたことを報告している。また，カルトメンバーでは，そのような活動は強制とはみなさず，自分の意志でやっていることだと主張する。つまり，マインド・コントロールは，集団を閉鎖的なものにして人権侵害を内外に見えにくくしてしまうシステムともいえよう。

(2) 違法行為に従事させるマインド・コントロール：ABCD & H 理論

　またマインド・コントロールの果てには，殺人や自殺などの事件を含む暴力行為が，社会的規範から逸脱していることを承知しながらも，命令に従って，遂行してしまう現象がある。この現象は，政治的ならびに宗教的カルトの一員などが引き起こすテロリズムなどに代表事例を見る。たとえば，1971〜1972年にかけて連合赤軍は，「総括」と称して仲間をリンチで12名も連続殺人した（植垣，2001）。またオウム真理教の信者は，数々の殺人事件を犯している。とりわけ，1994年には松本市内で毒ガスのサリンを散布し，死者8人，重軽傷者660人を，1995年には東京地下鉄の電車内で散布し，無差別に12名を殺害し，約5,500名に傷害をもたらした。これらの事件の関与者は，組織の上位からの命令を受け，殺害を正しい行為だとみなしたのだ（西田，2001）。
　その他，現在までにマインド・コントロールによって社会的に逸脱した行為を正義とみなして実行した，あるいは支配者に正当化されて被害を受けた，という疑惑のある犯罪事件は，殺人や傷害，性的虐待，DVなどいくつも報告され続けている。たとえば，ある自己啓発セミナーでの暴力事件や牧師による信者へのセクシャルハラスメントの民事訴訟では，マインド・コントロールを行使したことで原告に虐待的行為を甘受させたとして，被告側に賠償責任があると認める判決となった。また刑事訴訟では，マインド・コントロールという概念は，実質上は犯行の情状を理解するものとして判決に影響を与えていると評価できる訴訟もみられる。

筆者（西田，2012）は，違法行為の従事を可能にするマインド・コントロールの仮説として「ABCD & H 理論」を提唱している。この理論は，これまで裁判などで関わった9名の殺人・傷害事件関与者への面接からの帰納的な分析の結果導いたものである。以下ではそこから，若干の修正を加えて示すことにする。

　前提として特定の集団メンバーの活動に従事しており，その延長として暴力的行動（V：violence）を命令されたとすると，

$$V = f((A+B+C+D) \cdot H)$$

であるという。すなわち，

- A：権威（authority）：高い権威者への服従の心理は，ミルグラム（Milgram, 1965）の電気ショック実験によって研究された。また社会的勢力の研究などからも示唆される。
- B：信念（belief）：スターレスキー（Stahelsky, 2005）のテロリスト研究が示すように，被害者がみな非人格化され，さらには自分たちの善なる活動を妨害したり攻撃したりする人々を悪魔とみなす信念を形成させることによって暴力を正当化させる。
- C：コミットメント（commitment）：フェスティンガー（Festinger, 1957）の認知的不協和理論やチャルディーニ（Cialdini, 1988）の示す承諾誘導ルールにおいて示されるとおり，与えられた指示や命令は，無条件に自己の責任や義務において不退転で臨むべき自分への課題として受け止めさせられる。
- D：剥奪（deprivation）：疲労やストレスなどによって生理的に剥奪されると，熟慮できなかったり，ヒューリスティックな思考傾向が強くなる（Bargh, 2007）。

　これらの要素が単独であるいは相互作用を持ちながら，H：習慣化（habituation）されるとハル（Hull, 1943）の学習理論から予測されるとおり，習慣強度が行動のポテンシャルを高めるという図式になる。

　この理論から説明されるように，マインド・コントロールを受けた犯罪者は，それまでに獲得していた自らの道徳性や遵法性が，これらの要素間の相互作用が強まるにつれて弱まる。そのような状況の中，彼らは，無差別な殺人や家族の殺害さえも善なる行為として正当化してしまい，犯罪の遂行時においても，深く葛藤したり逡巡したりすることなく，指示されたとおりに遂行することに意識を集中させるのである。なお犯罪行為はその後くり返されると，マインド・コントロールはよりいっそう強化されて，彼らは，操作者の指示に対して躊躇することすらなく完遂することに徹するようになっていく。

Column 9 振り込め詐欺

深化する振り込め詐欺　基本的に非対面で始まる，身内になりすますオレオレ詐欺，架空の料金請求書を送付し現金を振り込ませる架空請求詐欺，融資（架空）の文書を送付し申し込み者に保証金などを振り込ませる融資保証金詐欺，税務署など公的機関の職員を名乗り，税金，保険料などを還付する手続きを装ってATMで口座間送金によって現金を騙し取る還付金等詐欺，を総称して，警察庁は特殊詐欺としている。その手法は，手口の周知，警察の対策に応じ，新たなテーマやツールを変え深化巧妙化している（金高，2009；飯利，2009, 2010；田﨑，2011；小林ら，2015；細江，2013）。

信頼感を利用する詐欺の手口　詐欺犯は暴力犯や窃盗犯とはまったく異なる犯行形態をとる。暴力犯は物理的力で，窃盗犯は対抗手段を遅延させて，加害者優位の場面をつくり出す。しかし，詐欺では，加害者は被害者の利益のための協力者として登場，擬似的信頼関係を形成し，それを利用して犯行を行なう。この「信頼関係」（擬似的）形成が最大の眼目となる。他の犯罪には，出来心やかっとなった普通の人の犯行が多く含まれるが，詐欺は基本的に職業的犯罪者により行なわれる。まず被害者の選択から始まる。個人情報は重要な素材である。周到な詐欺では被害者の事前情報は必須であるが，大量の被害予備群に電話を架け，その過程で情報を得ることも行なわれる。最初の電話だけで犯行を実行することは現在は困難であり，加害者は，初めの電話のやりとりから犯行実行可能性を探る。本番では集めた情報が活用される。信頼性は「加害者」の"役職"や"専門性"も大きな役割を果たす。"司法機関，救済機関"も登場する。複数人物からの指示のほうが，単独よりも信頼感は高い（劇場型）。"加害者"を信頼した被害者は自身や身内の窮状を助けてくれる協力者・救済者と思い込み，詐欺犯の指示に進んで従っていく。

振り込め詐欺の加害者集団　振り込め詐欺は，集団によって行なわれる。中核部分は電話やパソコンを集中管理する場所，預金口座などの犯行のツールの確保と被害候補者名簿を用意する。その下に電話を架ける「架け子」とATMからの「出し子」，金員を直接受ける「受け子」の実行犯がいる。中核部分は基本的に詐欺のプロ犯罪者であり，暴力団対策法などによって資金源を抑えられた暴力団が関わる例が増えている。闇金業者も参加している。近年暴力団には加わらない暴走族や非行集団の引退仲間などの「半ぐれ集団」などが運営の中核を担うなど，多様な例がみられる。取り締まりのリスクを回避し，拠点や手口を変化させていく融通無碍な集団形態をとり，メンバーの逮捕でも集団は離合集散しながら存続していく。中核メンバーは自ら直接犯行に手を出さず，闇サイト等で周辺メンバーを集める。周辺メンバーも中核部に近い「架け子」など犯行を自覚している者と，割のいいアルバイトとして短期間関与する者に分かれる。後者は，「物品（金

員)」を引き出し，受け取る役割をするだけで，逮捕されても，犯意がなく，中核部のことを知らないと主張する。「架け子」は被害者と直接接触せず，別な人物になりすまし電話を架けるので，罪悪感を持つことは少なく，ハイリターンがあり，犯行集団から容易に抜け出せない。

誰でも被害者となりうる　被害者に過誤があると非難されるが，プロ詐欺集団が巧妙に意図的，計画的に行なう犯罪であり，普通の人は容易に陥穽(かんせい)にはまる。被害に遭った人の多くは自分が騙されるなどとは思っていなかったという。しかし，手口によって被害者にある傾向がみられる。オレオレ詐欺と還付金等詐欺は，高齢者や女性の被害が目立ち，一人暮らしか，家族がいない状態で電話を受けることが多い。被害者は離れた親族に降りかかった危難を助けようとする心情がことのほか強い。ATMの操作は習熟していない高齢者にとっては煩雑のため，信用した加害者からの指示に従うこととなる。損害賠償，示談，保証金，還付金などの用語も耳慣れない。普通の人でも，早口で断定的な電話の声を冷静に判断することは難しい。架空請求詐欺では，さまざまなサイトの利用者が被害の中心である。大量に送付され，比較的少額の請求であるために，心当たりがなくても煩わしさから支払ってしまう。少額のため被害を公にすることを躊躇する。融資保証金詐欺は，資金繰りに窮した者の被害が中心であるが，被害者の中にはハイリスク指向の傾向があるとされる。

自分が騙されるとは　人間関係は基本的には向社会的行動によって満ちあふれている。人は反社会的で悪意に満ちた行動が自分に起こる確率を低く見積もる。加害者は電話を架けてきた人物が身内であり，信頼できる人物であることをさまざまなテクニックで誤認させる。対面による詐欺でも人物判断の錯誤は仕組まれるが，非対面の場合，電話や文書のみに依存し，錯誤はいっそう起きやすい。「信頼感」という構えが設定されれば，人はこれを強化する情報を取り入れ，抵触する情報は排除，無視していく。次に状況の切迫性などの冷静な判断を妨げる手法が登場する。身内が危機に陥っていると知らされ，その解決を直ちに迫られる。不安昂進と感情優位で単純思考となった被害者に，事態を解決する「唯一有効な」方法が，信頼した加害者から提示され，それが取りうる最善の方法として疑うことはしない。詐欺犯は最初から金銭を要求するわけではない。身内を助ける救済者の役割をとっている。被害者は，金銭を詐欺師に盗られるのではなく，身内の救済のために提供すると思っている。この間にも加害者から信用を深める情報が随時提供され，判断が強化され，自分のとる行動の確信をいっそう高める。表面的な親切や心遣いという援助も与える。これに応えようと被害者はいっそう協力的になる。被害者は詐欺犯にさらに依存することになり，他者の忠告に耳を貸すことはない。信用した詐欺犯の指示に従って多額の金員を振り込み，手渡し，さらには持参し詐欺犯に届けることにもなる。被害が確認されても，それを認めないか，過少評価することも少なくない。

引用文献

細江達郎 (2013). 振り込め詐欺　谷口泰富・藤田主一・桐生正幸（編）　クローズアップ犯罪（pp.58-67）　福村出版

飯利雄彦 (2009). 振り込め詐欺対策の経緯　警察学論集, *62*(7), 23-57.

飯利雄彦 (2010). 振り込め詐欺対策の進展と今後の課題（上）（下）　警察学論集, *63*(5), 1-25. *63*(6), 101-127.

小林 裕・相澤 優・鈴木 護 (2015). 特殊詐欺加害・被害の心理的メカニズム　犯罪心理学研究, *53*（特別号）, 294-297.

金高雅仁 (2009). 振り込め詐欺対策の意義　警察学論集, *62*(7), 1-22.

田崎仁一 (2011). 振り込め詐欺対策における「犯罪インフラ対策」　警察学論集, *64*(6), 64-82.

第Ⅱ部 捜査・防犯・矯正

第十六章 犯罪者プロファイリング 前史からFBI手法まで

　我が国では，2002（平成14）年の警察白書から犯罪者プロファイリングによる捜査支援が取り上げられており（警察庁，2002），それから10年以上経過した現在では，全国の捜査現場における支援技術として実務化されている。

　ふり返れば，我が国において，犯罪者プロファイリングが脚光をあびたのは1990年代であり，すでに20年以上も昔の話である。この分野で有名な映画「羊たちの沈黙」はFBIの全面バックアップによって制作され，当時現役であったFBI分析担当者のジョン・ダグラス特別捜査官（John Douglass）が，FBIアカデミーの教壇で講義をしているDVD特典映像まであった。また，2013（平成25）年に故人となられた元FBI分析担当者ロバート・レスラー氏（Robert Ressler）は，90年代半ばにたびたび来日し，日本のマスメディアによって「FBI心理分析官」と紹介された。メディアは，我が国の未解決事件についてレスラー氏に分析を依頼し，彼が分析結果である犯人像についてコメントしているシーンが放映された。筆者も当時，警察庁科学警察研究所において開催されたレスラー氏の講演を聴いた一人である。

　ここでは，犯罪者プロファイリングの萌芽となる歴史的なトピックスを含め，FBIによる精力的な取り組み，および，我が国におけるFBIの成果に対する位置づけについて述べ，考えていきたい。

1. 部外専門家による FBI 以前の犯罪者プロファイリング

　FBI の犯罪者プロファイリングが登場する以前，犯罪捜査や戦争において，法病理学者，精神医学者といった部外専門家が，犯人や敵国首脳の人物像，彼らの行動を推定することで，警察機関や政府を支援してきた。ここでは，歴史的に有名な4つのトピックスを取り上げる（渡邉，2006；渡邉ら，2006；財津，2011；越智，2013a）。

ホワイト・チャペル事件

　1888（明治21）年8月31日から11月9日までの2カ月半の間に，ロンドンのイーストエンドに所在するホワイト・チャペル周辺地区において，売春婦が次々と殺害される事件が発生した。いわゆる，切り裂きジャックによる連続殺人事件である。5名の被害者は20～40代であり，殺害後に身体を切り裂かれ，内臓を摘出されていた。5人目の犠牲者の検死医であったトーマス・ボンド博士（Thomas Bond）は，ロンドン警視庁に対する報告書の中に犯人の外見特徴，健康状態，職業，収入，習慣，犯行動機，性的嗜好，精神疾患などの犯人像を記載した。この連続殺人事件は今日まで未解決のままであり，その間にさまざまな識者が犯人像について述べている。切り裂きジャック事件から100年目にあたる年に，FBI が推定した犯人像はトーマス・ボンド博士のものと一致する結果となったが，未解決ゆえにその結果の検証は不可能である。

敵国首脳者に対する心理的プロファイリング

　第二次世界大戦があった1940年代，アメリカ中央情報局（CIA）の前身組織であるアメリカ戦略情報局（OSS）では，精神科医ウォルター・ランガー（Walter Langer）がナチスドイツのアドルフ・ヒトラー総統（Adolf Hitler）のパーソナリティ特徴を推定した。このときの推定材料はヒトラーに関するさまざまな資料であった。ランガーの推定結果には，敗戦時におけるヒトラーの精神状態や最終的に自殺するという行動予測が含まれていた。敵国首脳者に対するプロファイリングは，首脳者が好む戦略や思考様式の推定も含まれる。1990（平成2）年の湾岸戦争においても，イラクのサダム・フセイン大統領（Saddam Hussein）に関する性格や行動の予測がなされている。このような犯罪者以外の心理描写は，心理的プロファイリングともよばれる。心理的プロファイリングは，心理テストや精神測定に起源を持つといわれており，性癖，短所，欠点，好き嫌い，興味，長所などの幅広い行動特性について述べるものであり，犯罪特性の描写のために考案されたものではないことに留意する必要がある。

マッド・ボンバー事件

　1940～50年代にかけて，ニューヨーク市内の駅や劇場といった公共の場で発生した連続爆

破事件である。警察当局からの依頼によって，精神科医ジェームズ・ブラッセル（James A. Brussel）が犯人像を推定した。このとき，ブラッセルが分析資料としたのは，膨大な事件書類や写真，犯人が16年間送り続けた膨大な手紙であった。ブラッセルによる犯人像は，「犯人は外国生まれのローマカトリック教徒で，コネチカット州に居住する独身の中肉の中年男性であり，一人暮らしか母代わりの親族と同居，父親に敵意を抱き，母親から過度の愛情を注がれて育ったパラノイアであり，発見時はおそらくダブルのスーツをきちんとボタン掛けで着ているだろう」というものであった。1957（昭和32）年に検挙されたジョージ・メテスキー（George Metesky）の人物像および経歴は，ブラッセルの推定と多くの点が一致していた。

ボストン絞殺魔事件

　1961～1963（昭和36～38）年にかけて，ボストンにおいて13件の殺人事件，さらに300件以上の強姦事件を含む同一犯と考えられていた連続事件が発生した。同事件では，1964（昭和39）年に，精神科医を含む医師団による委員会が公式に犯罪者プロファイリングを実施した。同委員会の見解は，13件の殺人事件には性的要素があり，犯行対象として，年配の女性を選択する犯人と若い女性を選択する異なる犯人による犯行というものであった。警察当局はブラッセルにも犯人像分析を依頼，ブラッセルは男性単独犯による犯行と推定した。のちに，別件の性犯罪で検挙されたアルバート・デサルボ（Albert Desalvo）は，受刑中に自分がボストンの絞殺魔であり，単独で全犯行に及んだと自供しており，ブラッセルの推定結果が正しかったことを明らかにした。ブラッセルは，奇異な行動について分析する能力に優れ，精神医学の専門知識を捜査員にわかりやすく説明する点が，非常に効果的な捜査方法であることを示した。

2. FBIによる犯罪者プロファイリング

　1970（昭和45）年，特別捜査官ハワード・テジン（Howard Tegen）は，FBIナショナル・アカデミーの応用犯罪学課程に犯罪者プロファイリングを導入し，2年後に行動科学課が設置された。1970～80年代にかけて，行動科学課は犯罪者プロファイリングに関する組織的研究に精力的に取り組んだ。FBIの手法は，精神医学および臨床心理学の視点に基づいており，その多くの取り組みは，FBI紀要やFBI捜査官による著書で知ることができる。

(1) 行動科学課による凶悪犯罪の研究

①性的殺人に関する研究

　FBIは，全米各地の刑務所に服役中であった性的志向の強い殺人犯36名に関する公式記録を調査し，さらに殺人犯に対して面接調査を実施し，その分析結果から犯行

表 16.1 **性的殺人の類型**（Ressler et al., 1988 より作成）

類型	犯行特徴	犯人特徴
秩序型	・計画的に犯行する ・面識のない被害者を選択する ・被害者を人間として扱う ・被害者と統制された会話をする ・犯行現場は全体的に統制されている ・被害者に服従を要求する ・拘束用具を使用する ・殺害前に暴力を振るう ・死体を隠蔽する ・凶器や証拠を残さない ・被害者または死体を移動する	・平均以上の知能 ・社会的能力がある ・熟練を要する職に就いている ・性的能力あり ・兄弟の中で年長者 ・父親は定職に就いている ・子ども時代に一貫性のないしつけを受けた ・犯行中は心理的にコントロールする ・犯行時に飲酒の影響を受けている ・状況的なストレスに陥る ・パートナーと同居している ・整備された車両を所有し，移動性が高い ・報道内容をチェックする ・犯行後に転職，転居をする可能性が高い
無秩序型	・偶発的な犯行 ・見知った被害者や場所を選択する ・被害者を人間として扱わない ・被害者との会話は少ない ・犯行現場は乱雑で統制できていない ・不意に被害者へ暴力を振るう ・拘束用具の使用はほとんどない ・殺害後に性的行為をする ・発見できる場所に死体を遺棄する ・凶器や証拠は遺留されることが多い ・死体を殺害現場に放置する	・平均未満の知能 ・社会的不適応 ・非熟練の職に就いている ・性的に無能 ・兄弟の中で年少者 ・父親が定職に就いていない ・犯行中は不安な心理状態にある ・犯行時の飲酒の影響は少ない ・状況的ストレスは少ない ・独居生活をしている ・犯行現場近隣に居住，あるいは職場がある ・報道への関心は薄い ・犯行後に重大な行動変化がある（薬物，アルコールの乱用，信心深くなるなど）

形態および犯人特徴が異なる「秩序型」と「無秩序型」という類型を見いだした（表16.1）。FBIの基本的な手法は，犯行現場，襲撃方法，法科学的証拠，被害者情報などを考慮して犯罪を分類し，その犯罪分類に該当する特徴を犯人像に活用するものである。しかしながら，のちに「秩序型」と「無秩序型」の双方の特徴を有する「混合型」がつくられた（Ressler et al., 1988；Bartol & Bartol, 2005；渡邉ら，2006；岩見，2011，越智，2013b）。FBIの犯罪者プロファイリングといえば，この猟奇的殺人の部類に入る性的殺人の研究があまりにも有名であり，我が国ではそればかりクローズアップされる傾向がある。しかしながら，実際には，我が国においても発生が一般的である強姦，年少者わいせつなどの事件についてもFBIは組織的な研究を実施している。

②強姦に関する研究

1980年代半ばに，強姦犯に関する研究は凶悪犯罪分析センター（National Center for the Analysis of Violent Crime：NCAVC）のFBI捜査官によって実施された。このときの研究結果は，連続強姦犯41名に対する面接調査に基づくものである（Hazelwood & Warren, 1989a；Hazelwood & Warren, 1989b）。これらの犯人による

表 16.2 強姦の類型（Geberth, 1993 より作成）

類型	犯行動機	典型的な犯人および犯行特徴
力再確認型	・男らしさという自尊心を取り戻す ・女性との社会的，性的なコミュニケーションに自信がない ・暴力的でない	・屋内犯行 ・幼い子どもと同居の被害者を選択 ・犯人と同じ地域に住む被害者を選択 ・就寝中の被害者を襲う ・顔を見られない配慮をする ・孤独な人で，母親は支配的 ・日記などの記録を付けている ・体力に自信がない ・被害者は犯人と交渉できる ・記念品を持ち去る ・既婚者の可能性が高い ・見せて脅すだけの凶器 ・罪悪感を持ち続け，被害者に再接触する可能性が高い ・学業不振
力主張型	・男らしさを全面に押し出す ・女性より優位だと表現するために性的行為を利用する ・暴力的である	・被害者と同世代 ・被害者を探しに徘徊する ・犯行現場近隣に居住する ・被害者の選択は機会的である ・素早く襲う ・非行・犯歴により施設収容経験がある ・利己的な行動 ・軍隊経験があれば，業績に問題あり ・体を動かすのが好き ・派手な車両に乗る ・被害者の着衣を引き裂く ・口唇に対する性的暴行 ・唐突に接近する ・屋外犯行 ・酒が好き
怒り報復型	・女性への復讐 ・処罰，侮辱の手段として性的行為を利用する	・女性を殴る，売春婦や高齢者などを選択する可能性が高い ・犯行時間が短い ・急襲する ・象徴的な被害者を選択する ・被害者の衣服を引き裂く ・飲酒後の犯行 ・場当たり的な犯行
怒り興奮型	・身体的，精神的な苦痛を与え，被害者の反応を見て興奮する ・さまざまな性的行為を実験的に行ない，苦痛を与える意図がうかがえる	・共犯がいる場合もある ・精神および身体の疾患はない ・車両犯行 ・被害者を侮辱する文言が認められる ・SM的な行為 ・良心の呵責はない ・凶器を所持 ・知的能力が高い

被害者数は837名であった。表16.2は，ニコラス・グロスら（Nicholas Groth）の強姦犯の類型であるが（Geberth, 1993），FBIの調査研究では，その類型がかなり的確であったと結論づけている。各類型は犯行動機や犯行特徴，犯人像が異なっている。力再確認型の強姦犯は，その言動から暴力的な印象が薄く，男性性を主張しないタイプである。力主張型の強姦犯は，その言動が暴力的であり，男性性を全面に押し出す

表 16.3 年少者わいせつの類型 (Lanning, 1993 より作成)

類型および特徴		下位類型			
		退行型	道徳的無差別型	性的無差別型	不適応型
状況型	基本的特徴	ストレス対処技術が脆弱	支配的, 虐待的に遇する	性的な実験	社会的不適応
	動機	代償的	悪いことではない	退屈しのぎ	不安, 好奇心
	被害者選択	手に入れやすい	弱い存在で, 偶発的	目新しさ, 色々試したい	怖くない対象だから
	接近方法	強制的	誘惑, 暴力, 偽計	子どもとくり返し性的行為	体格差, 優位な立場を利用
	ポルノ収集	可能性あり	SM, 犯罪関連雑誌	多様にわたる可能性がある	可能性はやや高い
		誘惑型	内向型	サディスティック型	
嗜好型	基本的特徴	子どもに対する性的嗜好がある 子どもに関するポルノや官能作品のコレクター			
	動機	子どもと身近な関係	コミュニケーションへの恐怖	苦痛を与えたい欲求	
	被害者選択	好みの年齢と性別	面識なし, あるいは非常に幼い子ども	好みの年齢と性別	
	接近方法	誘惑	非言語的な性的接触	誘惑や強制	

タイプである。怒り報復型の強姦犯は,復讐の手段として強姦を利用し,復讐の対象と類似した被害者層を狙うタイプである。怒り興奮型の強姦犯は,いわゆるサディストであり,被害者の苦痛を見て快楽を感じるタイプといえる。

③年少者わいせつに関する研究

年少者わいせつ犯は,精神医学の分野では小児性愛(ペドフィリア:pedophilia)に該当する性嗜好異常とも関連する。しかしながら,性暴力の研究分野の権威であったグロスが年少者対象のわいせつ犯に暴力的なタイプと非暴力的なタイプがいることを指摘し,小児性愛に合致する「固着型」と,小児性愛に該当しないストレスなどの影響によって大人の代用として年少者を対象にする「退行型」に分類した。司法精神医学者であるパーク・ディーツ(Park E. Dietz)は,年少者わいせつに限らず,あらゆる性犯罪者を,飲酒やストレスによって性犯罪にいたる「状況型」と性嗜好異常に合致する「嗜好型」に分類している。FBIでは年少者わいせつ犯の捜査に,グロスおよびディーツの類型を応用し,表16.3に示した状況型と嗜好型という類型を利用している(Lanning, 1993;渡辺,2004)。状況型の下位類型として,「退行型」「道徳的無差別型」「性的無差別型」「不適応型」に,嗜好型の下位類型として,「誘惑型」「内向型」「サディスティック型」に分けられている。各類型は,犯行動機や被害者選択,被害者への接近方法が異なっている。

(2) 行動研究・指導課(BRIU)

1972(昭和47)年,FBIアカデミーに設置された行動科学課は,数回にわたる組

織改編を経て，2013（平成25）年には「行動研究・指導課（Behavioral Research and Instruction Unit：BRIU）」となっている。同課は警察機関，諜報機関，軍を支援するために，行動に基づくさまざまな戦術，技術，手続きの開発に携わってきた。特に，犯罪者の行動に焦点を当て，犯罪者，その思考，行動原理を理解することは，事件解決や犯罪抑止に役立つ手段と考えられている。

同課は凶悪犯罪分析センター（NCAVC）の専門チームであり，幅広い警察および諜報業務を支援するために，行動科学に関する最先端の研修，影響力のある研究，学術協議を実施している。課員は，上席特別捜査官，ベテランの警察官や連邦職員，犯罪学者，心理学者，犯罪捜査の教官，犯罪分析官，プログラム管理分析者などで構成されている。

(3) 凶悪犯逮捕プログラム（ViCAP）

1985（昭和60）年，連続殺人犯の犯行を識別するために元ロサンゼルス市警高官であったピアース・ブルックス（Pierce Brooks）によって，FBIにおける凶悪犯逮捕プログラム（violent criminal apprehension program：ViCAP）の運用が開始された。同プログラムは凶悪事件に関する解決および未解決事件の情報を蓄積してデータベースを更新し，発生事件とのリンク分析をするシステムである。発生事件で明らかになった事項を入力することで，類似した過去の未解決事件，解決事件とその特徴を比較して事件リンク分析を行なうという使用方法である。導入当初のViCAPの対象事件は，全米における殺人，性犯罪，年少者誘拐，行方不明事案，身元不明死体を伴う事件であり，連続殺人犯の行動を捕捉するために，これらの既決・未決事件の捜査情報を蓄積，照合，分析する集中管理システムであった。

現在のViCAPは凶悪犯罪分析センター（NCAVC）の所管であり，表16.4に示したとおり，従来とは異なり，対象事件も恐喝，異物混入，放火・爆破，国際テロ関係

表16.4 ViCAP対象事件（Douglas et al., 1992, 2013より作成）

初期のViCAP対象事件	現在のViCAP対象事件
・殺人の解決・未決事件 ・犯罪被害のおそれがある行方不明事案 ・殺人容疑のある身元不明死体事件 ・年少者誘拐 ・性的暴行の解決・未解決事件	・年少者誘拐 ・連続殺人 ・単発殺人 ・連続強姦・性的暴行 ・恐喝 ・脅迫 ・誘拐 ・異物混入 ・放火・爆破 ・大量破壊兵器 ・汚職 ・国内外のテロリズム

などに大幅に拡大し，運用されている。2008（平成20）年になると，ViCAPのデータベースにはネット回線でアクセス可能となり，5,000以上の警察機関がアクセスし，直接データ入力が行なえるようになっている。要するに，ViCAPは連続犯による凶悪事件を監視分析するシステムであり，法科学的資料，身体特徴，行動パターンなどの情報に基づいて事件リンク分析が行なわれ，現場捜査を支援するのが業務といえる。

(4) 凶悪犯罪分析センター（NCAVC）

FBIの凶悪犯罪分析センター（National Center for the Analysis of Violent Crime：NCAVC）は，1984（昭和59）年に設置され，行動科学課も組み込まれた。現在の凶悪犯罪分析センターの所掌事務は，特異あるいは連続の凶悪犯罪などの多岐にわたる事件について，FBI，国家安全保障機関，連邦，州，地方，国外の警察機関に対して，行動に基づいた捜査支援を実施することである。同センターは5課に分かれ，それぞれの所掌事務は次のとおりである。

「行動分析第一課」はテロ対策，放火および爆弾事件を担当，「行動分析第二課」は脅迫，サイバー，知能犯，汚職を担当，「行動分析第三課」は子ども対象の犯罪を担当，「行動分析第四課」は成人対象の犯罪を担当，そして最後が，先に説明した「行動研究・指導課（BRIU）」となる。

同センターの対象事件は，アメリカ国内テロおよび国際テロ，学校や職場，公共空間，建物内における銃乱射への脅威，サイバー犯罪，知能犯，汚職，子ども対象では，誘拐事件，行方不明事案，殺人事件，成人対象では，連続殺人，スプリー殺人，大量殺人，連続強姦，恐喝，誘拐，さらに異物混入，放火・爆弾，大量破壊兵器などである。

同センターの具体的な捜査支援業務は，犯罪分析，未知の犯人に関する犯人像，犯人の動機，リンク分析，捜査提言，競合事件の調整，脅迫の評価と管理，面接戦術，捜索令状および宣誓供述書の作成支援，起訴および公判戦術，鑑定証人，重大事件分析に関することである。また，法執行の観点から，同センターは他の法執行機関，政府機関，教育機関と共同で大規模な研究を実施しており，それらの研究結果は出版物，研修，セミナー，学会などで提供されている。

(5) 重大事件対応グループ（CIRG）

現在，凶悪犯罪分析センターおよび同センター内の行動研究・指導課（BRIU）は，1994（平成6）年に設置された重大事件対応グループ（critical incident response group：CIRG）に組み入れられている。重大事件対応グループは，FBIが重大事件に迅速に対応できるよう，戦術，交渉，行動分析，危機管理資機材を一手に引き受ける単一グループである。現在では，危機管理，危険物遮断，危機交渉，行動分析およ

び評価，戦略的情報の発信，戦術的および技術的作戦，地上および空中監視，航空支援，特殊事件管理，迅速な展開と後方支援といった分野の専門知識を提供するワンストップショップとして機能している。同グループにおける捜査支援および作戦支援に該当する部門が，凶悪犯罪分析センター（NCAVC）であり，同センター内の行動研究・指導課（BRIU）である。

3. 犯罪捜査における FBI の取り組みの影響力

　ここでは，FBI による一連研究の取り組みが，その後の犯罪捜査や犯罪者プロファイリングに与えた影響力の例として，犯罪類型の集大成である「犯罪分類マニュアル」と「性犯罪の行動分析で必要な情報と事例分析の方法」について取り上げる。

表 16.5　殺人の分類およびコード（Douglas et al., 2013 より作成）

第1分類（コード）	第2分類（コード）
100：犯罪目的の殺人	
101：契約殺人（第三者）	いわゆる「殺し屋」の犯行
102：集団による殺人	
103：犯罪者間紛争の殺人	
104：誘拐殺人	
105：異物混入	
106：薬物殺人	
107：保険金殺人	01：私的営利，02：商用営利
108：重罪殺人	01：無差別殺人，02：機会殺人
120：私的原因の殺人	
121：恋愛妄想の殺人	
122：家庭内殺人	01：機会的，02：偽装，03：嬰児殺
123：口論対立による殺人	01：口論，02：対立
124：権威に対する殺人	
125：復讐	
126：特定不能な動機	01：宗教・霊感
130：性的殺人	
131：秩序型	
132：無秩序型	
133：混合型	
134：サディスティック	
135：老女に対する性的殺人	
127：過激派個人による殺人	01：政治，02：宗教，03：社会経済
128：医療での殺人	01：慈悲装い，02：英雄装い
140：集団原因の殺人	
141：カルト	
142：過激派	01：政治，02：宗教
143：集団的興奮	

(1) 動機および行動パターンに基づく犯罪分類とそれに対応した捜査方針

FBI行動科学課による凶悪犯罪に関する一連研究の成果は，"*Crime classification manual*：CCM（犯罪分類マニュアル）"という形で1992（平成4）年に出版された（Douglass et al., 1992）。1995（平成7）年に，同書は『FBI心理分析官凶悪犯罪捜査マニュアル』という名称で，我が国でも邦訳が出版されている（戸根訳，1995）。

表16.6　放火・爆破の分類およびコード（Douglas et al., 2013 より作成）

第1分類（コード）	第2分類（コード）
200：いたずらによる放火 201：悪意のあるいたずら 202：仲間・集団の圧力 209：その他	01：火災爆発実験, 02：虚報, 03：悪意
210：興奮のための放火 211：スリル追求 212：注目 213：感謝 214：性的倒錯 219：その他	
220：復讐のための放火 221：私的復讐 222：組織に対する復讐 223：脅迫 229：その他	01：怨恨, 02：嫉妬
230：犯罪隠蔽のための放火 231：殺人 232：自殺 233：住居侵入 234：横領 235：窃盗 236：記録破壊 239：その他	
240：利得目的の放火 241：詐欺 242：職場 243：荷物一掃 244：競争 249：その他	01：保険金, 02：負債, 03：帳消し業, 04：在庫
250：過激主義による放火 251：テロリズム 252：差別 253：暴動・騒乱 259：その他	
260：連続放火 261：スプリー放火 262：大量放火	
270：連続爆破	

FBIでは，殺人や性犯罪，誘拐，放火などの犯罪に関して，重要な意味を持つ特徴を記述し，犯人のタイプを識別した。これらの特徴は犯罪者プロファイリングに活用されたが，その後の研究知見を含めてCCMに集録されるようになった。CCM初版では犯罪分類が「殺人」「放火」「性犯罪」の3罪種のみであったが（岩見，2002），現在のCCM第3版では分類大系も時代の流れに応じて変遷し，大幅に増えている（Douglass et al., 2013）。

　すなわち，CCM第3版の犯罪分類は，「殺人」（表16.5），「放火・爆破」（表16.6），「強姦・性的暴行」（表16.7），脅迫やストーカー，強盗，侵入窃盗などの一般的な犯罪をも含む「非致死型犯罪」（表16.8），「コンピュータ犯罪」（表16.9），「グローバル犯罪」（表16.10）の6つに大分類されている。各大分類にはそれぞれ第1コード，必要に応じて第2，第3の下位コードがある。表16.5の殺人を例にすると，第1コードは「犯罪目的の殺人」「私的原因の殺人」「性的殺人」「集団原因の殺人」の4種に分類され，下位コードは犯行特徴によって細分類されている。たとえば，「家庭内殺人」は，「機会的」「偽装」「嬰児殺」の3種に分類されている。

　CCMの基本構成は，各種犯罪を犯行動機や犯行形態，背景組織などに基づいた分類コードにしたがってカテゴリー化していることである。たとえば，表16.11は分類コード101の「契約殺人」に関する事項の要約である。各カテゴリーに属する犯罪につい

表16.7　強姦・性的暴行の分類およびコード（Douglas et al., 2013より作成）

第1分類（コード）	第2, 第3分類（コード）
300：犯罪目的の強姦	
301：重罪の強姦	01：第一級, 02：第二級
310：私的原因の性的暴行	
311：二次的犯行	01：機会, 02：嗜好, 03：遷移, 04：前兆
312：家庭内の性的暴行	01：対成人, 02：対年少者, 03：対老人
313：機会犯	01：知人から（01：対成人, 02：対青少年, 03：対児童, 04：対老人） 02：権威者から（01：対成人, 02：対青少年, 03：対児童, 04：対老人） 03：力再確認型（01：対成人, 02：対青少年, 03：対児童, 04：対老人） 04：搾取型（01：対成人, 02：対青少年, 03：対児童, 04：対老人）
314：怒り型	01：性差別 02：年齢差別（01：対老人, 02：対児童） 03：人種差別 04：対全世界
315：サディスティック	01：対成人, 02：対青少年, 03：対児童, 04：対老人
319：誘拐型	01：対成人, 02：対青少年, 03：対児童, 04：対老人
330：集団原因の性的暴行	
331：正規ギャングによる	01：1名被害, 02：複数被害
332：非正規ギャングによる	01：1名被害, 02：複数被害
333：軍隊内の性的暴行	01：セクハラ, 02：強姦・性的暴行
390：その他の性的暴行	

第 16 章 犯罪者プロファイリング前史から FBI 手法まで

表 16.8 非致死型犯罪の分類およびコード(Douglas et al., 2013 より作成)

第 1 分類(コード)	第 2,第 3 分類(コード)
400:非致死型犯罪	
401:コミュニケーションによる脅迫	01:直接脅迫,02:間接脅迫,03:条件付脅迫,04:その他
402:脅迫方法	01:視覚的コミュニケーション 02:文言によるコミュニケーション 03:文書によるコミュニケーション(01:手紙,02:象徴) 04:物理的なコミュニケーション
410:ストーキング	
411:面識の濃いストーカー	ドメスティック(元交際相手,面識の強い知人など)
412:面識の薄いストーカー	ノンドメスティック(面識なし,犯人の片面識など)
413:恋愛妄想のストーカー	エロトマニア(著名人へのストーカーが典型例)
420:強盗	
421:金融機関強盗	
422:住宅強盗	
430:侵入窃盗	
440:暴行	殺人,強姦などを伴う加重暴行を対象
450:殴打・虐待	

表 16.9 コンピュータ犯罪の分類およびコード(Douglas et al., 2013 より作成)

第 1 分類(コード)	第 2,第 3 分類(コード)
500:コンピュータ犯罪	
510:コンピュータ対象	マルウエア,スパイウエアによるデータ窃盗
511:悪意のあるソフトウエア	ウィルス,ワームなど
512:コンピュータ内のデータ対象	
513:業務妨害	
520:コンピュータのユーザー対象	
521:個人情報の窃取	
522:プライバシー侵害	
523:サイバー・ストーキング	
524:子ども対象の犯罪	01:インターネットでの勧誘(淫行,監禁目的) 02:児童ポルノ(01:オンラインでの勧誘,02:頒布,03:製造)
530:犯罪目的	
531:マネー・ロンダリング	
532:児童ポルノ	524 の動機に基づくもの
533:インターネット詐欺	01:金融機関対象(ソフトウエアでの不正送金など) 02:インターネット詐欺の決済
540:インターネット発端の犯罪	
541:インターネット経由の脅迫	電子メール,スパムなど
542:インターネット発端の殺人	チャットなど
543:サイバー犯罪集団	コンピュータ乗っ取りによる不正払出などど

表 16.10　グローバル犯罪の分類コード（Douglas et al., 2013 より作成）

第 1 分類（コード）	第 2，第 3 分類（コード）
600：グローバル犯罪	
601：不法移住	01：自主入国 02：人身売買および人身密輸（01：人身売買，02：人身密輸） 03：ビザ失効による不法滞在
602：国境をまたぐ組織犯罪	01：たばこの密輸，02：国境をまたぐ武器密輸，03：薬物密輸
603：生物攻撃とバイオテロリズム	01：生物攻撃
604：化学攻撃とテロリズム	01：化学攻撃（オウム真理教の事例）
605：人質事件	政治的に利用価値のある人質事件に限定
606：爆弾・爆破とテロリズム	01：爆破攻撃とテロリズム
607：ハイジャック	政治的に利用価値のあるハイジャックに限定

表 16.11　契約殺人の分類とその捜査に関する要約（Douglas et al., 2013 より作成）

分類コード 101：契約殺人の捜査

・契約殺人は，いわゆる「殺し屋」が第三者に委託されて路上や不意打ちによって被害者を殺害するもので，通常は，殺人犯と被害者の間には面識がない。
・被害者は邪魔者，生命保険などの財産目的，不倫，拒絶，離婚などが原因で殺害される。
・犯行現場は，殺人犯が要領よく素早く作業し，現場滞在時間も非常に短いことを示唆する。凶器はプロが使用するもので，物的証拠はほとんどなく，効率的な偽装，巧妙な死体処分，犯行前中後の手際の良さを示す現場が認められる。けん銃などの火器は窃盗被害品や未登録のものが使用される。契約殺人の痕跡を残さないように放火されることもある。仮に，被害品や性的暴行がある場合，犯人は若い素人で，知的能力が低いと考えられる。逆に，殺害動機を悟られないように，交通事故や強盗，性犯罪被害を偽装することもある。
・法科学的には，契約殺人を識別できる特徴があり，経験豊富なプロの犯人であれば，致命傷を与える武器を使用し，創傷数は最小限であり，必要以上の創傷が認められることは稀である。襲撃方法は急襲あるいは待ち伏せが一般的である。
・契約殺人の多くは，謀略や謀議，被害者へのストーキングなど，事前に周到な準備があるため，それらの痕跡を押さえるのが重要な捜査事項である。そのため，捜索差押の品目で最も重要品目は凶器であり，さらに事前準備や犯行後の報酬に関する客観的な証拠として，通話，電子メールなどの通信履歴，報酬受け取りを示す送金記録，移動記録，宿泊などの領収書となる。

ては，定義，被害者特徴，犯行現場でよく認められる特徴，偽装，一般的な法科学的証拠，捜査事項，公判維持のための押収品目，典型事例といった内容で整理されている。

　このように，CCM における犯罪分類の目的は，犯行現場の分析によって犯罪を分類し，該当する分類に記載された捜査事項などを参考に，被疑者検挙や公判維持のための資料を適切に押収するといった，捜査運営・捜査管理に関する捜査員間の共通認識の醸成にあるとも考えられる。

　また，CCM 第 3 版では犯罪分類コードのほかに，犯行現場分析において必要な概念である「犯罪手口」と「署名的行動」の違い，「署名的行動による事件リンク」「犯行の演出や偽装の見分け方」などについて述べられている。

　さらに，犯罪捜査におけるインターネットや工学，法科学的な技術の進展という章では，データマイニングなどのデータ解析技術の向上，遠距離からでも安全に武装を検知できる監視システム，GPS や GIS といった位置情報システム，ワイヤレス通信

表 16.12　強姦犯の行動分析に必要な情報（Hazelwood & Burgess, 1993 より作成）

行動側面	行動評価・視点	行動の定義
接近方法	偽計	道案内などの口実を設けて被害者に接近
	急襲	いきなり暴力を振るって制圧する
	不意打ち	待ち伏せや待機して犯行機会をうかがう
コントロール	存在感	被害者が犯人の存在自体に恐怖を感じる
	脅迫	言葉による脅迫，凶器を見せる
	暴力	叩く，殴る，蹴るなどの身体的暴力の行使
暴力レベル	最小限	暴力なし，あるいは平手打ち程度で脅迫目的のみ
	中程度	被害者の抵抗がなくても，くり返し平手打ちするなど，侮辱，虐待的な行動
	過度な	被害者が打撲や裂創を負い，入院を要するもの，被害者への中傷的な行動
	残虐な	道具を使っての拷問，身体的，精神的苦痛を意図的に加えているサディスティックな行動で，死にいたるか長期入院を要するもの
被害者の抵抗	消極的抵抗	被害者が恐怖心で言葉や身体による抵抗はできないものの，黙して犯人の要求に従わない抵抗
	言葉での抵抗	被害者が悲鳴をあげる，嘆願する，拒絶する，交渉するなど言葉による抵抗
	身体での抵抗	被害者が叩く，蹴る，引っ掻く，逃走するなど，身体を使った抵抗
抵抗への対応	要求撤回	被害者に抵抗され，それ以上要求しない，要求を撤回する犯人の対応
	妥協・交渉	被害者の抵抗に対し，譲歩や交渉によって被害者に選択させるなどの犯人の対応
	逃走	被害者に抵抗され，犯行を断念し逃走する犯人の対応
	脅迫	被害者が抵抗しても，要求を通すために脅迫する犯人の対応
	暴力	被害者の抵抗に対し，要求を通すために暴力を振るう犯人の対応
性機能	勃起不全	勃起しない，勃起困難
	早漏	挿入直前や直後に射精
	射精困難	射精できない，なかなか射精できない
	条件つき射精	勃起不全はないが，特異な状況によって射精する
性的行為の順序	ファンタジー	典型例は，キス，愛撫，性器を舐めるなどし，暴力はほとんどなく，被害者に言い訳やお世辞を使う，口淫後に肛門性交する
	性的実験	典型的には，被害者に身体的接触を要求し，侮辱的，中傷的な文言がある。異物挿入を含めさまざまな性的行為に及ぶ，口淫と肛門性交の順序は決まっていない
	処罰的	被害者に脅迫じみた侮辱，冒涜的な文言をあびせる，肛門性交の後に口淫させる
	前歴者	犯人が筋肉質で，肛門性交するなど
犯人の文言	文言表現，口調，態度	脅迫的，命令的，信用させる，内情を探る，身上を吐露，わいせつ文言，性的な反応を確認，お世辞，嫌がらせ，謝罪など。脅迫文言も「おとなしくしないと傷つけるぞ」と「おとなしくしていれば，傷つけない」では被害者に与える不安感も異なる。文言の分析によって犯人の動機を識別する
言わされたこと	要求した文言表現	「気持ちいいか」「愛していると言って」「叫べ」「許してと言え」などの文言の分析によって犯人の動機を識別する
態度の急変	態度が変わった直前の出来事がキーポイント	想定外の行動変化は，犯人の弱点や恐怖に関連することもある。性機能障害，着信音などの外的要因，被害者の抵抗，被害者に馬鹿にされた，射精したことで犯人が急に優しくなったなど
証拠への配慮	性犯前歴なし	警察の捜査手法や裁判証拠に配慮がないか，乏しいことを示す言動がある
	性犯前歴あり	警察の捜査手法や裁判証拠に詳しいことを示す言動がある
持ち去った物品	証拠品	持ち去った場合は，同種犯罪の犯歴者の可能性がある
	貴重品	金目のものを窃取，強取する場合，金銭に窮した者の可能性がある
	個人的な物品	被害者の写真，下着，運転免許証など。暴力でない犯人には記念品，虐待的な犯人には戦利品となる
前兆事案	ストーキング	本件前に覗き，監視，電話，追尾された，住居侵入があったなど，被害者となんらかの接触があって性犯対象に選択された場合，住居侵入，侵入窃盗，覗き，色情盗などの犯罪者である可能性がある

技術，情報共有，DNA 型鑑定などの法科学的技術について述べられている。

法的問題としては，「取調べ」と「無罪事件」の2つがテーマに取り上げられている。取調べでは，威圧的に自白を迫る取調べ手法ではなく，行動観察，虚偽自白に関わる要因である被暗示性の高い供述弱者の識別と注意が重要であり，オープン質問の有用性，過度な証拠による追及が供述汚染に結びつく危険性，虚偽自白にいたるメカニズムについて述べられている。無罪事件の原因については，虚偽自白のほか，ジャンク・サイエンス（junk science：理論的根拠の乏しい科学），盲目的で正義感一辺倒の起訴があげられている。

(2) 事件情報収集および犯人像推定のプロセス

表 16.12 は，強姦犯の行動分析に必要な情報である。今から 20 年前の文献であるが，現在においても性犯罪の犯罪者プロファイリングに際し，事件情報の中で収集すべき行動に関する事項であり，犯人の行動面を評価し，連続事件の発生を監視し，事件リンク分析，犯人像の推定などをするうえで，理解しておくべき有用な知見である（Hazelwood & Burgess, 1993）。表 16.12 の記載事項は，強姦を含む性犯罪全般に適用可能であると考えられる。性犯罪者の犯行時における行動は，接近方法にはじまり，被害者のコントロール方法，暴力程度，被害者の抵抗，その抵抗に対する犯人の対応，性機能，性行為の順序，犯人の言語的表現，犯人が被害者に要求した言語的表現，態度の変化，証拠に関する知識，持ち去った物品，前兆事案に細分化して各種分析に利用されている。

また，FBI の事件分析のプロセスを簡単に示すと，表 16.13 のような情報収集，犯罪分類，犯行の再構成，犯人像の作成という 4 段階に分かれている。第 4 段階で作成される犯人像に含まれる推定情報は，具体的には，年齢層，人種，仕事の熟練度，結婚，社会的地位や収入，教育レベルや知的能力，犯罪経歴，軍隊経験，家族構成，習慣や関心，犯行現場に関連する押収すべき物的証拠，車両の年式および型式，精神疾患などのパーソナリティ特徴，取調べ手法に関する助言などである。

表 16.13　FBI の犯人像推定のプロセス（Jackson & Bekarian, 1997）

推定プロセス	作業内容
第1段階　情報収集	できる限り幅広く事件に関する情報を収集する（捜査書類，解剖結果，現場写真など）
第2段階　犯罪分類	収集した情報を分析し，犯罪のタイプを分類する
第3段階　犯行の再構成	犯人の行動などを再現し，被害者行動や犯行の流れ，犯罪手口などについて仮説を立てる
第4段階　犯人像の作成	犯人の人口統計学的な特徴，身体特徴，習慣的行動，パーソナリティ特徴などを盛り込んだ推定犯人像を作成する

(3) 我が国におけるFBI手法の位置づけと再評価

　我が国において犯罪者プロファイリングの研究および実務が始まった当時，FBI手法に対する国内外の評価は，おおむね次のようなものであった（菅原ら，2005；渡邉，2005；渡邉，2006；岩見，2011）。

①臨床心理学や精神医学を背景とした手法であり，適用できる事件は，犯行現場における犯人の行動に精神病理や性的動機が示唆される殺人，放火，性犯罪である。
②秩序型・無秩序型などの類型は，限定された標本に基づいたものであり，客観性と再現性の問題を抱えた妥当性と信頼性を欠いたものである。
③科学というよりは芸術であり，従来の捜査手法に代わるものではない。
④海外の知見をそのまま，我が国に適用することはできない。
⑤臨床的な手法は，性犯罪や特異な犯罪において，犯行動機などの犯人の心理的側面を理解する際には有効である。
⑥過去に例がないような事件でも実施できるという長所がある。

などである。
　これらFBI手法に関する見解は，20年前に我が国でブームとなった猟奇的事件に対するFBIの犯罪者プロファイリングにいささか偏った見解であり，さらに，科学技術による研究活動およびそれらによる知的生産の様式を2つに類型化したマイケル・ギボンズ（Michael Gibbons）の「モード論」でいえば，科学的再現性や客観性を重視したモードⅠの科学に基づいたものとも考えられる。
　しかしながら，我が国におけるこの20年間の犯罪者プロファイリングに関する実務の経過，犯罪捜査における法科学および工学，情報工学などの捜査支援技術の進展をふり返ると，CCMの記載事項を犯罪者プロファイリングだけの枠組みで評価するのは，不適切であるといえよう。FBIは「犯罪者プロファイリング（offender profiling）」という用語ではなく，「犯罪捜査分析（criminal investigative analysis）」という用語を使用している。犯罪捜査分析とは行動科学だけではなく，捜査学的視点を加味して犯罪を分析するもので，モードⅠのように単一の学問領域だけで完結せず，複数の学問領域を融合して，実社会に問題を解決しようとするモードⅡの科学的視点に基づく過程と考えられる。それゆえ，CCMは単なる犯罪分類に基づく犯人像というよりも，分類された各犯罪で一般的に必要とされる捜査事項および公判で有罪を立証するために必要な捜索・差押えすべき証拠物件など，犯罪捜査の過程で役立つ内容を記述するという，現場目線を重視していると考えられる。我が国においても，捜査事項や捜索・差押品目に関する記述は，類似事件発生の際には参考となるきわめて現実的，実務的なものであることを，改めて評価すべきであろう。

Column 10 犯罪の熱法則

　犯罪の熱法則とは，涼しい天候よりも，暑い天候によって攻撃が生じやすいために，暴力犯罪が1年のうちで，冬季よりも夏期に起こりやすいという一般的な考えをいうもので，19世紀にケトレ（Quetelet, 1833）によってはじめて指摘されたものである。
　その後，この法則を検証しようとする試みがいろいろな研究者によって行なわれた。たとえば，カールスミスとアンダーソン（Carlsmith & Anderson, 1979）は，アメリカの犯罪白書である統一犯罪報告書を使って研究を行なった。彼らは，1967～1971年までのアメリカの数都市における都市暴動の件数とその時期におけるそれぞれの都市の日ごとの平均気温について調べた。その結果，暴動と気温の関係は直接的で直線的であることが判明し，夏の暑さや長さが，苛立ちや怒り，そして攻撃的爆発の可能性を促進するという慣習的な結果と一致することを示した。また，アンダーソンとアンダーソン（Anderson & Anderson, 1984）は，気温とアメリカの2つの都市における殺人，暴行，レイプの発生件数との間に直接的で直線的な関係があることを示した。また，気温は暴力犯罪と非暴力犯罪の比率にも影響しており，気温が高いと暴力犯罪の比率が増加した。アンダーソン（Anderson, 1987）は，1971～1980までのアメリカ全体の犯罪統計を分析し，暴力的な犯罪が他の期間に比べて，第3四半期（7，8，9月）に多いこと，非暴力犯罪もこの時期に多いが，その程度は暴力犯罪ほどではないことを示している。この効果は犯罪に関係することがすでに示されている．一人あたりの収入，年齢，教育レベルなどを統制しても明らかにみられた。
　また，アンダーソン（Anderson, 1997）の研究では，気温－攻撃性の直線的な関係が長期にわたるものであることが示されている。彼らは1950～1995年までの気温の毎年の変化と犯罪の発生件数との関係を検討した。その結果，毎年の平均気温は，暴力犯罪と関連しており，華氏90度（摂氏32.2度）を超える非常に暑い日の平均日数とその夏に発生した暴力犯罪も正の相関関係を示していることがわかった。また，平均気温が高い地域は低い地域に比べて暴力犯罪が多いということも示された。興味深いことにこれらの傾向は，財産犯罪では生じなかった。
　アンダーソンは，この効果を一般感情攻撃モデル（General Affective Aggression Model：GAAM）の枠組みで説明できるのではないかと考えている。これは，周囲の気温が適度なレベルから逸脱すると，我々は不快感情を生じ，これが，攻撃を動機づけるというものである。アンダーソンら（Anderson et al., 1995）はこの理論を実験的な方法論で検証している。この実験では，実験参加者を，適温（22～25度），温暖（26～30度），猛暑（31～35度）という3段階の環境下において，そこで，短時間のエアロビクスか，ビデオゲームの課題を行なわせた。実験の結果，気温の上昇につれて，実験参加者の心拍や生理的な覚醒の水準が上昇するとともに，自己報告による敵意感情と敵意認知のす

べてが直接的かつ直線的に上昇するということがわかった。ただし，この理論が正しいとするならば，温度が高い方向に，適温からずれるだけでなく，低い方向にずれることによっても，攻撃性が増加することが予想される。アンダーソンは，第2実験でこれについて検討した。この実験では，気温の条件は5つに区分されたが今回は，寒冷から熱暑までの条件が設けられた。その結果，温度が平均より高くなるだけでなく，低くなる場合にも敵意感情と敵意認知が上昇することがわかった。つまり，攻撃性と温度の関係は適温を最小値とするU字型曲線であることがわかった。

ただ，この理論に従うと実際には気温が低くなっても犯罪は増加することになってしまうが，このようなデータは今までほとんど報告されていない。犯罪の熱法則には一般感情攻撃モデルだけでなく，さまざまな要因が働いている可能性がある。

なお，我が国では，夏に犯罪が増加する，あるいは，凶悪犯罪が増加するという明確な傾向はみられない。

引用文献

Anderson, C. A. (1987). Temperature and aggression: effects on quarterly, yearly, and city rates of violent and nonviolent crime. *Journal of Personality and Social Psychology*, *52*, 1161-1173.

Anderson, C. A. (1997). Effects of violent movies and trait hostility on hostile feelings and aggressive thoughts. *Aggressive Behavior*, *23*, 161-178

Anderson, C. A., & Anderson, D. C. (1984). Ambient temperature and violent crime. *Journal of Personality and Social Psychology*, *46*, 91-97.

Anderson, C. A., Deuser. W. E., & DeNeve, K. M. (1995). Hot temperatures, hostile affect, hostile cognition, and arousal: Test of general model of affective aggression. *Personality and Social Psychology Bulletin*, *21*, 434-438.

Carlsmith, J. M., & Anderson, C. A. (1979). Ambient temperature and the occurrence of collective violence:a new analysis. *Journal of Personality and Social Psychology*, *37*, 337-344.

Quetelet, A. (1833). *Recherches sur le penchant au crime aux différens âges*. Hayez.

第十七章 統計的プロファイリング

1. 統計的プロファイリングとは

(1) 犯罪者プロファイリングと統計学

　ひとたび事件が発生すれば，警察は，被害者や目撃者などからの聴取，犯罪現場の観察，遺留された資料の採取と分析などを行なう。このような種々の捜査活動をとおして，犯人に迫るための多様な情報が集められる。ほとんどの事件については，これらの情報から犯人として適格性を有する個人が特定される。しかし，中には，どのような人物が犯人なのかという像すら判然としない事件も存在する。犯人の特徴に関する不確実性が高いという状況は，一般に犯人に結びつく情報が不足していることを意味し，捜査は困難をきわめる。犯罪者プロファイリングは，主にこのような事件への捜査支援を目的として，捜査活動で得られた多様な情報を犯人の犯行行動という観点からとらえ直し，そこから推定される犯人の特徴を呈示するものである。

　捜査中の事件の犯人特徴に関する確からしさを程度の問題としてとらえた場合，犯罪者プロファイリングは，犯行行動という情報を活用して，不確実性の高い状態の犯人特徴を，より不確実性の低い状態へと導くための方法とも表現することができる。このような不確実性の問題に対して，データを活用していかにアプローチできるかを研究する学問に統計学がある（Rao, 1997）。したがって，犯罪者プロファイリングの統計的アプローチの導入は自然な流れであるといえよう。

(2) 統計的プロファイリングの起こり

　イギリスの環境心理学者デヴィッド・カンター（David Canter）は，1985 年にロンドン警視庁から連続強姦事件に関する分析の依頼を受けたことを契機として，犯罪者プロファイリングの研究および実践に取り組むこととなった（Canter, 1994）。カンターは，犯罪者プロファイリングの科学的な再構築を試みる中で，「A → C 方程式」という研究指針を示した（Canter, 2004）。ここで，"A" は犯行行動（Action）を，"C" は犯人特徴（Characteristics）を，"→" は推定規則を意味する。「A → C 方程式」とは，犯罪者プロファイリングの研究課題が，犯行行動から犯人特徴への推定規則の科学的構築であることを明示化するための一つのフレームワークである（Canter, 2011）。「A → C 方程式」には，類似した犯行行動を示す犯罪者は類似した特徴を有するという暗黙の仮定が置かれている。これは，相同仮定（homology assumption）とよばれ（Mokros & Alison, 2002；Doan & Snook, 2008），統計的プロファイリングの前提の一つとして，とても重要な位置を占める。

　カンターは，「A → C 方程式」へ科学的に取り組むためにデータを重視し，犯行行動と犯罪者特徴がセットになっているすでに検挙された犯罪者のデータ（以下，検挙済み犯罪者データ）を積極的に活用した。またその中で，犯罪者の行動と特徴の間の複雑な関連性をデータから発見するため，行動科学や社会科学の領域で開発された統計的手法が導入された。カンターのアプローチは，さまざまな国においてさまざまな罪種の犯罪への研究を促進させるきっかけとなったほか，このアプローチへの批判から異なった統計的アプローチを模索する研究が行なわれるなど，犯罪者プロファイリングの研究の中心として大きな影響を与えている。

　このように，分析を依頼された事件のデータ（以下，分析事件データ）から犯人特徴を推定するにあたって，検挙済み犯罪者データから統計的に引き出された研究知見を積極的に援用するアプローチ，すなわち統計的プロファイリングの枠組みが明確に意識されるようになり，犯罪者プロファイリングの主要な流れの一つとして今日にいたる。

(3) 統計的プロファイリングの定義

　ここまで見てきたように，統計的プロファイリングとは，犯行行動から犯人特徴を推定するための推定規則を，検挙済み犯罪者データから統計的手法を用いて帰納的に構築し，それを分析事件データに演繹的に適用するものと定義できる（図 17.1）。

　本章では，統計的プロファイリングを 2 つのアプローチに大別して説明することとする。一つは，カンターによって提案された犯行テーマベースアプローチである。これは，犯行行動を犯行テーマという一種の類型に集約したあと，それをベースに犯人特徴を推定しようとするアプローチである。もう一つは，犯行行動ベースアプローチ

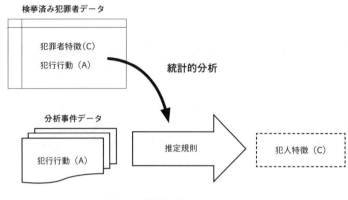

図 17.1　統計的プロファイリング

である。こちらは，犯行行動から直接犯人特徴を推定しようとする，より素朴なアプローチである。本章では，統計的プロファイリングで扱われるデータの性質を概観したのち，各アプローチの背景，手続き，利点と課題を見ていくこととする。特に，各アプローチの手続きの骨格をなす統計的手法に重点を置いて説明する。

2. 統計的プロファイリングとデータ

(1) 警察保有データの性質

　統計的プロファイリングで扱われる主要なデータは，警察によって事件捜査および犯人検挙の目的で収集，記録された資料である。これらの警察保有データは，統計的プロファイリングでの利用を見据えて作成されたものではない。このように本来の収集目的が異なる既存のデータは，非影響的測度（unobtrusive measures）として主に社会科学の分野で分析の対象とされることがある（Canter & Alison, 2003）。なお，非影響的測度とは，研究者による実験，質問紙調査，構造化面接などの統制手続きなしに生成または収集されたデータのことを指す（Lee, 2000）。
　非影響的測度の観点から，警察保有データは，学術上の特定の理論や仮説から自由であるほか，厳密に管理された実験などと比較して，得られる知見の生態学的妥当性の高さが期待される。これらの性質は，新たな知見の発見やその実践適用という面で利点になるといえよう。
　しかし，その一方で，警察保有データは，研究データとして利用するうえでさまざまな課題を抱えていることが指摘されている（Canter & Alison, 2003）。

(2) 研究データとしての課題

　犯罪者プロファイリングの研究はまだまだ発展途上の段階にあり，その大部分が探索的な研究であるといえる。このような段階において，信頼性の高い知見を得るためには，犯罪に関係する事柄がもれなくかつ正確に記録されたデータを利用できることが理想である。

　しかし，研究上必要なデータが，必要なデータ形式ですべて記録されているということはありえない。また，記録されているデータについても，欠損や歪みが潜在している可能性が非常に高い。欠損や歪みは，データの収集と記録の段階におけるさまざまな要因によってもたらされる。

　まずは，発生した事件に関する事柄が収集・記録される過程について見てみる。

　データの収集段階において，欠損や歪みをもたらす重要な要因として，情報源自体の性質があげられる。情報源は人かモノかによって大きく分けられる。強盗や性的犯罪などの対面犯罪の場合，犯人の犯行行動に関する情報は被害者の供述から直接得られる。ただし，人からの情報は，記銘・貯蔵・想起という記憶過程に依存していることを考慮する必要がある。一方，放火や窃盗などの非対面犯罪の場合，ほとんどの情報はモノからの間接的な収集にならざるをえない。情報源の性質のほかに，データの収集者，すなわち捜査員の要因も重要である。人からの情報収集の場合，聴取技能が収集される情報の質・量に影響を与えることはよく知られている（Fisher & Geiselman, 1992）。また，現場を観察する捜査員によって，収集できる情報の質・量に差が出るということも当然のことながら起こる。そして，データ記録段階においても，収集者から記録者への情報の伝達や記録者による情報の取捨選択など，欠損や歪みをもたらしうる重要な要因が存在している。ここまでの過程を図17.2に示す。

　次に，大部分の研究で用いられている検挙済み犯罪者データについて見てみる。こ

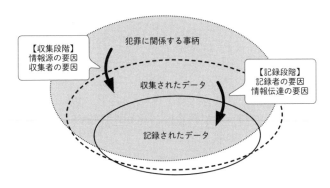

図 17.2　データに欠損および歪みが生じる過程

のデータは発生事件の情報に,その事件の犯人自身の供述から得られた情報が加わる。このことによって,記録化されていた事件情報の正確性が確認されるほか,捜査中には判明していなかった情報が補われることもある。ただし,これは虚偽なく供述を行なった犯人の場合に当てはまることであり,そのような犯人においても記憶の正確性などの問題は依然として残る。

　研究で扱われているデータは,ここまで見てきたような経過をたどって作成されたものであるということに留意しておく必要があろう。

(3) 分析用データの準備

　統計的分析を行なうにあたり,データを分析に適した形式に整理する必要がある。統計的プロファイリングの研究では,データを〈犯罪者〉×〈変数(犯罪者特徴および犯行行動)〉の行列として整理する。各変数は,該当すれば1,該当しなければ0が付与される2値変数である。なお,変数の中には,犯罪者の年齢のように連続量として扱うほうが自然なものも存在する。しかし,これらの変数についても離散化がなされカテゴリカルデータとして扱われることが多い。このように整理されたデータ行列は,多変量カテゴリカルデータとよばれる。この種のデータは,尺度水準の低さに由来する演算の制約から,適用可能な統計的手法も自ずと制約がかかる。

3. 犯行テーマベースアプローチ

(1) 背景

　犯行テーマベースアプローチは,ファセット理論を基礎とするアプローチである。ファセット理論とは,行動科学や社会科学などの研究領域において,理論構築,研究デザイン,データの統計的分析という一連の研究過程を促進するために,ルイ・ガットマン(Louis Guttman)によって提唱された体系的アプローチである(Guttman & Greenbaum, 1998)。ファセット理論の主要な目的として,多くの変数によって構成される複雑な現象から,その構造的背景を把握するうえで鍵となる主要因を見いだすことがあげられる。ガットマンは,この主要因のことをファセットとよび,複雑なデータからファセットを見いだすために活用することが可能な統計的手法も開発している(Guttman & Greenbaum, 1998)。

　カンターは,ファセット理論に則り,「A→C方程式」へのアプローチとして,個々の犯行行動の背景に存在していると仮定されるファセットの探索とその結果をベースとした犯人特徴の推定という道筋を呈示した。なお,見いだされたファセットは犯行

テーマとよばれ，本アプローチにおいて，犯行行動から犯人特徴へいたるための中心となる概念である。

カンターが個々の犯行行動よりも犯行テーマを重視したのは，警察保有データを研究データとして扱うことへの問題意識もさることながら，人間の表面的な行動はさまざまな条件の変化によって変わりうるという心理学的視点に基づくものと考えられる。このことは，個々の行動にとらわれるのではなく，行動を生起させる原理にこそ目を向ける必要があるという本アプローチの哲学を表しているといえよう。

(2) 犯行テーマベースアプローチの手続き

犯行テーマベースアプローチは次の3つのプロセスに分けられる。

プロセス1：犯行行動間の関連性から犯行テーマを見いだす
プロセス2：犯行テーマごとの犯罪者特徴を求める
プロセス3：分析事件データを犯行テーマに当てはめて犯人特徴を推定する

プロセス1・2は推定規則の構築を行なう段階であり，プロセス3は推定規則の適用を行なう段階である。ここでは，本アプローチの根幹をなすプロセス1に焦点を当てる。

プロセス1においては，多数の変数を同時に扱う必要があることから，それに適した統計的手法の選択が求められる。なお，統計的分析の結果から犯行テーマを見いだすには，先行研究による知見などをふまえた解釈という作業が重要となる。解釈に必要な知見は，一般に罪種ごとに異なることから，それは他の章にゆずることとする。

(3) 犯行テーマの探索に用いられる統計的手法

犯行テーマの探索で重要なのは，多数の犯行行動間の関連性を効率的に把握することである。このためには，データが有する本質的な情報を把握できるように効果的な情報の縮約を行なうことに加えて，その結果を視覚的に表現することが有効である。情報の縮約を実行可能な統計的手法は多く存在する。その中でも，犯罪者プロファイリングでは，データの尺度水準が低い点，変数間の非線形な関連性が存在する可能性がある点を考慮した手法が用いられている。ここでは，海外の犯行テーマ研究で多く用いられている非計量多次元尺度構成法と，日本の犯行テーマ研究の初期から用いられている数量化理論III類を取り上げる。

①非計量多次元尺度構成法

　多次元尺度構成法（multidimensional scaling：MDS）は，犯行行動間の関連性を，あらかじめ指定した低次元空間上における距離へと変換し，その結果を視覚化することを目的として利用される。この手法によって，関連性の高い行動は近くに，低い行動は遠くに布置された散布図として，データが有する構造を眺めることができる。なお，非計量 MDS は，MDS の中でも変数間の関連性の大きさを順序尺度とみなして計算を実行する方法の総称である。

　非計量 MDS を実行するためには，まず多変量カテゴリカルデータから〈犯行行動〉×〈犯行行動〉の関連性データ行列を作成する必要がある。非計量 MDS を用いた犯行テーマに関する研究のほとんどが，犯行行動間の関連性をジャッカード係数（Jaccard coefficient）とよばれる類似度指標を用いて定義している。非計量 MDS の基本的なアルゴリズムは，①指定した低次元空間上での変数間の距離を変数間の関連性に対して単調な関係となるように決定する，②決定した関連性と距離の単調性の成立・不成立具合を適合度・非適合度関数として定義する，③定義した関数の数値的最適化を図る，というものである。

　海外では，ガットマンの提案した最小空間分析（smallest space analysis：SSA）がカンターとヘリテージによる強姦の研究（Canter & Heritage, 1990）をはじめとして多く使われており，国内においても窃盗の研究（Yokota & Canter, 2004）にみられる。また，SSA のほかに，非計量 MDS の代表的なアルゴリズムであるクラスカルの方法が用いられることもある。

②数量化理論Ⅲ類

　数量化理論Ⅲ類は，各犯罪者の犯行行動パターンと各犯行行動の生起パターンに基づき，犯罪者と犯行行動を同時に分類可能な見通しの良い尺度を構成することを目的として利用される。各犯罪者および各犯行行動は付与された尺度値をもとに多次元空間上の点として表現される。その際，生起パターンが類似している，すなわち関連性の高い犯行行動ほど多次元空間上の近い位置に布置される。

　数量化理論Ⅲ類は，MDS と異なり，多変量カテゴリカルデータをそのまま分析することができる。この手法のアルゴリズムのイメージは，データ行列上において，関連性の高い犯行行動が近くに集まり，かつ同じような犯行行動をとった犯罪者が近くに集まるように，犯罪者と犯行行動を並べ換えていくというものである。数理的には，各犯罪者と各犯行行動に数量を割り振った際に，それらの数量間の相関係数を最大化するという基準を満たすような数量を求めることで達成される。

　数量化理論Ⅲ類を用いた犯行テーマ研究は海外ではみられないものの，国内においては放火（桐生, 1998），強姦（田口, 1998），窃盗（高村・德山, 2006），強盗（佐藤ら, 2006）などさまざまな罪種でみられる。なお，国内外では対応分析や双対尺度法，等

質性分析のほか，等質性分析から派生した非線形主成分分析も用いられているが，これらは数量化理論Ⅲ類を含めて本質的に同等の解にいたる点で同一の解析法と見なされている（足立，2000）。

③非計量 MDS と数量化理論Ⅲ類の比較

まず，両手法の使用上の違いを，データの入力と出力の点から比較する。

データの入力に関して，両手法は要求されるデータ形式が異なることはすでに述べた。非計量 MDS は，犯行行動の生起パターンを直接扱うのではなく，それを変換した関連性データに基づいて計算を行なう。そのため，適当な類似度・非類似度指標を用いることによって，犯行行動の生起パターンに影響を与える欠損などのデータの問題に対して，より適切に対処することができるという利点がある。ただし，関連性データに変換する過程で情報の損失が生じうる。これは，異なった生起パターン間の関連性が，変換の結果として同じ値になりうることに由来する。また，類似度・非類似度指標には多くの選択肢が存在するため，用いる指標によって得られる布置が変わることにも留意する必要がある（藤田ら，2011）。一方，数量化理論Ⅲ類は，多変量カテゴリカルデータをそのまま扱うため，データが持つ情報の損失を相対的に小さく抑えられる。ただし，データの問題による影響は受けやすくなる。このように，犯行テーマの探索という点において，数量化理論Ⅲ類を用いた分析は，非計量 MDS を用いた分析よりデータの問題に楽観的であるといえよう。なお，両手法の違いや，類似度・非類似度指標の選択の違いが，犯行テーマの探索にどの程度影響を及ぼすかは明らかになっていない。

出力に関して，解釈の観点から重要となるのは，犯行行動間の近接性への着目と，次元や軸への着目である。得られる布置は，両手法とも関連性の高い犯行行動が近接するという点で共通する。しかし，各手法で得られる次元や軸は表す意味が異なる。非計量 MDS で得られる空間座標は，任意の次元指定を行なったうえでの数値的最適化による解の一つにすぎない。したがって，各次元には特別な意味はなく，また軸同士は通常直交しない。そのため，解釈可能な次元は分析者が見いだす必要がある。一方，数量化理論Ⅲ類で得られる空間座標は一意的な解である。この手法では，低い次元ほどデータがもつ情報の圧縮率が高く，かつ各軸は直交するように求められる。そのため，得られた軸に基づいた解釈を行なうことが可能である。

次に，両手法の適用結果の違いを，変数間の構造が既知の仮想データを用いて比較してみる。仮想データは，犯罪者 100 名の犯行行動（2 値変数）について，犯行テーマが 4 つ存在していると仮定し，各犯行テーマを構成する犯行行動が 4 つ（生成確率 0.2 〜 0.4 程度），高い頻度で出現する犯行行動が 4 つ（生成確率 0.8 〜 0.9 程度）となるように，合計 20 の犯行行動を乱数生成することによって作成した。このデータに対して，非計量 MDS（次元指定 2）および数量化理論Ⅲ類による分析を行なった。なお，非計

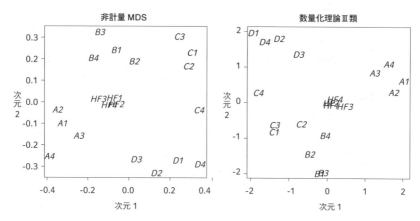

図 17.3　非計量 MDS と数量化理論Ⅲ類の分析結果

量 MDS は，犯行行動間のジャッカード係数を求めたうえで，クラスカルの方法を用いた。

　分析結果を図 17.3 に示す。図 17.3 の A～D は各犯行テーマに属する行動群を表し，HF は高頻度行動群を表す。両手法の分析結果を比較すると，犯行行動個々の布置はまったく異なっているが，同じテーマの犯行行動は近くに布置されていることが共通して見てとれる。また，非計量 MDS の布置を任意に回転させると，テーマ間の位置関係は数量化理論Ⅲ類とおおむね同じになる。なお，どちらの手法においても，高頻度行動は空間上の中心付近に布置されている。高頻度行動は，どのテーマの犯行行動とも相対的に関連性が高くなることから，このような布置は距離の最適化によってもたらされた自然なものである。

　本仮想データでは，各犯行テーマに属する行動群のまとまり具合から，非計量 MDS のほうが一見テーマをうまく分離しているようにうかがえる。しかし，異なる乱数の種によって生成したデータに対して分析を行なうと逆の結果も生じた。このことは，たとえ同じデータを対象としても，解釈に影響を与えうる変数の布置の違いが生じてしまう可能性があることを意味する。

　非計量 MDS と数量化理論Ⅲ類は，そもそもデータからなんらかの仮説を発見することを主な狙いとする手法である（朝野，2000）。したがって，どちらか一方の手法のみにこだわるのではなく，両手法を用いてデータを眺めてみることが大切であるといえよう。

(4) 犯行テーマベースアプローチの利点と課題

　犯行テーマベースアプローチの利点として，まず，犯行行動への理解の促進があげ

表 17.1　犯行テーマベースアプローチの課題

推定規則構築段階
・犯行テーマの探索手続きが未確立
・推定規則のベースとなる犯行テーマは一つの仮説にすぎない
・推定規則の分解能が低い（犯行テーマ間で推定結果に差がない犯罪者特徴が多い）
推定規則適用段階
・分析事件データを犯行テーマに当てはめる手続きが未確立
・犯行テーマが混合する場合の手続きが未確立

られる。犯行テーマという一段本質的な視点から分析事件の行動を眺めることによって，統計的な犯人特徴のみならず，事件への新たな洞察を得られる可能性がある。

　また，データの問題への対処という利点もあげられよう。データに欠損や歪みの生じやすい変数が含まれていたとしても，犯行テーマが推定のベースとなっていることから，推定結果がこれら少数の変数からの影響を受けにくいと期待される。

　しかし，これらの利点がある一方で，犯行テーマベースアプローチは推定規則構築・適用の両段階において多くの問題も抱えている（Doan & Snook, 2008；財津，2009）。主な問題点を表17.1に示す。推定規則構築段階の問題点は，このアプローチが分割規則のあいまいな単純層別分析にすぎないことを意味している。また，推定規則適用段階の問題点は，推定規則が構築されたとしても，これを実践化することが困難であることを意味する。

　このように犯行テーマベースアプローチは，実践における犯人特徴の推定という点において，アプローチ自体の限界を有すると言わざるをえない。しかし，犯行テーマの探索に関する研究からは，鋭い洞察力をもった研究者たちによって，さまざまな罪種の犯罪者の犯行行動に関する構造が見いだされている。これらの構造は，犯罪者の行動へのより進んだ理解，ひいては犯罪者プロファイリングを発展させていくうえでの手がかりになろう。

4. 犯行行動ベースアプローチ

(1) 背景

　前項において，犯行テーマベースアプローチの限界が，犯行テーマを推定のベースとすること自体に由来しているのを見た。この限界を克服するため，データの問題をいったん保留し，推定のベースとして犯行行動を直接用いたアプローチが，近年，国内外ともに目立つようになってきた。

　元来，犯行行動に着目した捜査は，各国の警察機関において古くから行なわれてい

る。日本においても，広域捜査の強化が図られる一環として，犯罪手口制度に関する規則が1956年に制定され，犯行行動に関する情報の収集・管理が組織的に行なわれている。

犯行行動に着目した国内の初期の研究の一つとして，犯罪経歴者データベースの中から数理統計的に犯人を検索する手法の提案がなされている（足立・鈴木，1993）。これは，捜査事件の犯人の犯行行動とデータベース内の犯罪経歴者の犯行行動との合致度を求め，高い合致度を示した犯罪経歴者ほど当該事件の犯人である可能性が高いとみなすものであり，被疑者検索システムとして実装・活用されている（Yokota & Watanabe, 2001）。ただし，このシステムには，犯人が犯罪経歴者であるという活用上の前提条件がある。しかし，合致度の高い犯罪経歴者集団は，捜査事件の犯人と類似した行動をとっている集団であることは注目すべき点である。岩見ら（2005）や横田ら（2005）は，相同仮定のもと，合致度上位の犯罪経歴者集団の犯罪者特徴からの犯人像推定を試み，集団全体における単純な比率であるベースレートを上回るとする結果を報告している。また，田口（2000）は，いち早く犯人像推定への犯行行動の直接的活用を試みている。その際，判別分析の一種と位置づけられる数量化理論II類という統計的手法を用いることによって，犯行行動から犯罪者特徴の推定を行ない，比較的高い判別的中率が得られたことを報告している。これらの研究は，犯人特徴の推定に犯行行動を直接用いることへの可能性を開いたといえよう。

このような背景の中，国内では近年，他の研究・実践領域で高い識別性能を示すとされている統計的手法を用いて犯行行動から犯人特徴を推定する統計的モデル，すなわち推定規則を構築しようとする研究が増えてきている。

(2) 犯行行動ベースアプローチの手続き

犯行行動ベースアプローチは，一般的なデータによる学習・予測のプロセスに従う。

プロセス1：犯行行動から各犯罪者特徴を予測するモデルを構築する
プロセス2：分析事件データをモデルに当てはめて犯人特徴を推定する

これらのプロセスは教師有り学習に分類される統計的手法の学習・予測プロセスそのものである。なお，教師有り学習とは，推定に用いる変数（犯行行動）に対して，推定対象の変数（犯罪者特徴）が既知であるデータセットを活用して，新たなデータの推定用変数から推定対象変数をできるだけよく予測できるようなモデルを構築していくことである。

教師有り学習に分類される手法は多く存在する。そして，それぞれの手法はデータに対して異なったアプローチをとることからおのずと強みや弱みも異なってくる。し

たがって，犯行行動ベースアプローチによって得られる結果は，手法の選択と直結しやすい。

(3) 代表的な統計的手法

　ここでは，犯罪者プロファイリングの研究だけでなく，多くの他の研究・実践領域での識別課題に用いられているロジスティック回帰分析，決定木，ナイーブベイズ分類器を説明したのち，それらの比較を行なう。なお，以下の説明において，ある犯罪者特徴がとりうる下位項目をカテゴリと表現する。たとえば，性別という犯罪者特徴ついては，女性と男性がカテゴリとなる。

①ロジスティック回帰分析

　ロジスティック回帰分析は，推定対象の特徴について，ある犯人が各カテゴリに所属する確率を推定することを目的に利用される。また，モデルの構築過程において，推定上価値のある犯行行動が見いだされる。

　ロジスティック回帰分析は，犯罪者特徴の各カテゴリの対数オッズを犯行行動の線形式または非線形式によって予測しようとするパラメトリックモデルである。この手法における学習とは，パラメータ値すなわち各犯行行動が予測に寄与する重みをデータに合わせて求めることである。性別を例にとると，ある犯罪者が女性であった場合，その犯罪者を女性と推定する確率ができるだけ1に近づくようにモデルのパラメータを求めるのが自然である。これを実行するアルゴリズムは，全犯罪者分の推定確率の積または推定確率の対数の和が最大化するパラメータを求めるという数値的最適化に帰着される。

　国内において，ロジスティック回帰分析を用いた研究では，殺人（Fujita et al., 2013）や窃盗（萩野谷ら，2014）に関して，性別，年齢，共犯者の有無，犯罪経歴の有無など，さまざまな犯罪者特徴を予測するためのモデルの構築が試みられている。

　これまでの研究で構築されたモデルは，推定対象とする犯罪者特徴によってはベースレートを上回る確率での推定を可能とする。また，パラメトリックモデルは，データの構造に対する分析者の仮説をモデルの構造として反映させやすいため，得られた結果も仮説に沿って解釈しやすいという利点がある。

　しかし，この手法によって十分な予測精度が得られない犯罪者特徴も存在する。一つの原因は，カテゴリ間の比率に大きな偏りのある犯罪者特徴が存在することである。このような犯罪者特徴の推定結果を劇的に改善させることは現状とても難しい。他の原因として，扱っているデータの複雑性を考慮すると，従来の研究のほとんどが犯行行動と犯罪者特徴の関係性を線形式でモデル化していることが指摘できる。よって，ロジスティック回帰分析の枠組みで，さらなる予測精度の向上を図ろうとすれば，犯

罪者特徴の予測式として犯行行動間の交互作用を含めるなど，モデルの構造を非線形式で表現するのが自然な選択肢となる。ただし，犯行行動間の高次の交互作用項まで考慮したモデルを構築しようとする場合，犯行行動の数をkとすると，求めるべきパラメータの数は2^k個と指数的に増加していく。統計的プロファイリングの研究では，少なくとも30程度の犯行行動が扱われることから，パラメータを適切に推定するために必要なサンプル数を得ることは不可能である。なお，非線形モデルは，確かに予測精度の向上をもたらしうるが，学習データに対して過剰に適合したモデルが構築されやすいという問題も有している。このような複雑なモデルの構築に関しては，統計学のほか，機械学習などのデータによるモデルの学習に取り組む領域においても研究途上の段階にある。

②決定木

決定木は，ロジスティック回帰分析と同様の目的で利用されるが，そのモデル構築過程は大きく異なる。決定木では，特定の犯罪者特徴のカテゴリをうまく分割するために，犯行行動を用いて層別の手続きをくり返していく。また，カテゴリをうまく分割できる犯行行動ほど推定上の価値は高い。

決定木には，CHAID（chi-squared automatic interaction detector）やCART（classification and regression tree）の他，C4.5やその改良が図られたJ4.8, C5.0など，さまざまなアルゴリズムが提案されている。たとえば，この中のCARTは，情報利得などを基準としてカテゴリを分割していくアルゴリズムである。情報利得は，ある犯行行動を使ってカテゴリを分割するときに，その分割によってデータ全体のエントロピーをどの程度減少させられるかを評価する指標である。なお，エントロピーとは，ある集団の中にどれだけカテゴリの違う犯罪者が混じっているかという，集団の不純度を測る尺度である。性別の分割を例にとると，女性と男性が半々の集団は高いエントロピーを示し，適切な分割によって集団がどちらかの性別に偏るにつれてエントロピーは低下していく。情報利得を用いることによって，分割後の集団が分割前の集団よりどの程度不純度が減少したかという観点から，特定の犯罪者特徴の推定に有用なモデルを自動的に構築していくことができる。

国内において，決定木を用いた研究は，強盗（吉本ら，2006）や性的犯罪（岩見，2013）にみられる。前者の研究は，犯行対象（住宅または店舗）ごとの同種犯罪経歴の有無を推定するためのモデル構築が試みられており，後者については，同種犯罪経歴の有無の推定に寄与している個々の犯行行動に着目することで，実践的なモデル活用の可能性が検討されている。

決定木は，データからのモデル構築過程で，自動的に交互作用を検出することができるという利点がある。したがって，分割の様子を眺めることで，特定の犯罪者特徴に対する犯行行動間の交互作用を含んだ関係性を把握することができる。ただし，モ

デルが自動生成されるということは，分析者のデータへの仮説を反映させることができないことを意味する。また，決定木はアルゴリズムの性質上，学習に用いたデータに対してすら構築されたモデルの最適性は保証されない（鈴川，2008）。

③ナイーブベイズ分類器

先述のロジスティック回帰分析と決定木は，どの犯行行動をどのように用いたら，特定の犯罪者特徴のカテゴリの違いをうまく識別できるのかという方向にモデル化を行なう手法であった。その一方，ナイーブベイズ分類器は，ベイズの定理を利用することによって，ある犯罪者特徴のカテゴリの違いが，どのような犯行行動を生成するのかという逆方向にモデル化を行なう手法である。

ナイーブベイズ分類器は，各犯行行動に関する生起確率を学習データから事前に計算しておくだけというアルゴリズムの単純さ，すなわちモデル構築が容易であるという利点があげられる。また，精度面に関しても，経験的に他の手法と遜色ない精度が得られるとされている（Hand & Yu, 2001）。ただし，この手法には変数間の独立性という現実を過度に単純化した数理的制約条件が課されている。したがって，構築されたモデルを解釈することによって犯行行動と犯罪者特徴の関係性についての知見を得ようとするのは無理であろう。なお，この手法で課されている制約を変数間の条件つき独立性を仮定することによってゆるめた手法が，第18章で紹介されるベイジアンネットワークである。

国内において，ナイーブベイズ分類器を明示的に用いた研究はみられない。しかし，先述した被疑者検索システムのアルゴリズムは，この手法と同等の発想に基づいている。

④3つの統計的手法

これまで見てきた3つの統計的手法を対象として，犯行行動と犯人特徴の関係構造が異なる2パターンの仮想データを用いて，精度に関する定量的な比較を行なう。

仮想データを構成する変数は，犯行行動に関する10変数と犯罪者特徴に関する1変数であり，いずれも2値変数である。ただし，実際に犯罪者特徴の推定に有意な効果を与えるのは2つの犯行行動のみで，残りの8つは偶然的な影響しかもたらさない。犯罪者特徴と犯行行動の関係としては，(A) 線形な関係，(B) 非線形な関係（Aに2つの変数間の交互作用項も加えた関係）の2パターンとした。なお，パターンA，Bのデータとも，犯罪者特徴変数が1をとるベースレートは約0.5となるように調整した。各パターンについて，1,000名分のデータを生成し，ランダムに選定した500名でモデル構築を行ない，残りの500名で精度の評価を行なった。これを100セットくり返し，各手法の精度評価指標として，感度，特異度，判別的中率，ROC曲線下面積（area under the ROC curve：AUC）の平均値と標準偏差を算出した。なお，モデル構築に関して，線形ロジスティック回帰分析については赤池情報量規

表 17.2　パターン A のデータに対する各分析手法の精度

分析手法	精度評価指標			
	感度	特異度	判別的中率	AUC
線形ロジスティック回帰分析	0.92 (0.07)	0.74 (0.04)	0.83 (0.03)	0.89 (0.01)
決定木	0.98 (0.05)	0.71 (0.04)	0.85 (0.02)	0.87 (0.02)
ナイーブベイズ分類器	0.90 (0.04)	0.76 (0.03)	0.83 (0.02)	0.89 (0.01)

注：（　）内は標準偏差

表 17.3　パターン B のデータに対する各分析手法の精度

分析手法	精度評価指標			
	感度	特異度	判別的中率	AUC
線形ロジスティック回帰分析	0.81 (0.14)	0.61 (0.04)	0.71 (0.07)	0.62 (0.03)
決定木	0.91 (0.02)	0.91 (0.02)	0.91 (0.01)	0.91 (0.01)
ナイーブベイズ分類器	0.76 (0.09)	0.58 (0.04)	0.67 (0.05)	0.61 (0.03)

注：（　）内は標準偏差

準（Akaike information criteria：AIC）の最小化によって行ない，決定木については CART を用いて複雑度指標を参考に繁った木を枝刈りすることによって行なった。これらのモデル構築は，自動化を優先した手続きであり，データとの対話をとおした最善のモデリングではないことをあらかじめ断っておく。

　パターン A のデータについての結果を表 17.2 に示す。各手法は，精度評価指標のいずれにおいても同様の値を示した。したがって，犯行行動との関係構造が線形である犯罪者特徴の推定については，精度面に限れば手法間に違いはない。手法の選択は，結果の解釈可能性とモデル構築コストのどちらを重視するかということになろう。

　パターン B のデータについての結果を表 17.3 に示す。決定木が，ほとんどの精度評価指標において他の手法を上回る値を示した。線形ロジスティック回帰分析については，ナイーブベイズ分類器と遜色のない精度しか得られなかった。この結果から，決定木は，交互作用を含んだ関係構造の自動検出に優れていることが改めて確認された。なお，試しに線形ロジスティック回帰分析を非線形に拡張した場合，決定木と同様の精度が得られることを確認できた。

　ここでは，2パターンの単純なデータを用いて比較を行なったが，実データを対象とした場合，今回最も良い成績を示した決定木が同じようにうまく機能する保証はない。実データを扱うために，クローリー（Crawley, 2005）は，決定木のデータマイニング機能を利用し，変数間の交互作用のチェックを行なったうえで，その結果を考

慮したパラメトリックモデルを構築するという方針の分析例を数多く示している。これは，決定木とロジスティック回帰分析の両欠点を補完するという点で，複雑なデータを扱う際の分析の参考となろう。

(4) 犯行行動ベースアプローチの利点と課題

　教師有り学習は，近年，複雑なデータの解析を必要とする研究領域や実践領域からの要請を受けて目覚ましい発展を続けている。犯行行動ベースアプローチは，これらの発展を直に享受することができるという意味で，非常に強みのあるアプローチである。また，このアプローチは，良いモデルをいったん構築することができれば，適切なオペレータのもとエキスパートシステムとして活用することも可能である。加えて，構築されたモデルには，推定対象とする犯人特徴と強く関係する犯行行動が何かという情報も含まれているため，これを新たな事件の考察を行なう際の手がかりとして活用することもできる。このように，犯行行動ベースアプローチは実践的な観点から多くの利点があげられる。

　しかし，どのような分析手法においても，良いモデルの構築を行なうことは試行錯誤を要する困難な作業であり，そのこと自体がこのアプローチの大きな課題であるといえる。モデルの構築は，扱うデータの性質を把握することから始まり，欠損値や外れ値などに対する前処理，データに適した分析手法の選択，モデル構造の選択や変数の選択，構築されたモデルの検証などの多くの過程からなる。したがって，分析者が異なれば，同じデータに対して異なるモデルが構築される可能性は十分にある。これは，研究領域への理解の深さや分析自体の熟練度といった分析者の経験が，分析過程における判断の重要な位置を占めるためである。それゆえ，モデル構築を含めて統計学は分析者依存のアートの側面を色濃く持つといわれている（Rao, 1997）。

　また，そもそも良いモデルがどのようなものか判断するには，モデル構築の目的が何かという視点を欠かすことができない。一般に，モデル構築の目的は，現象の説明および予測である。現象をよく説明するモデルは，同時に予測もよく行なえると考えられがちであるが，確率的現象を扱う分野においてはそう単純ではない。このことに関し，たとえば，新たなデータに対するモデルの期待予測誤差をバイアス－バリアンス分解することによって得られる数式の解釈から，良い予測モデルと良い説明モデルは異なるという指摘がなされている（Shmueli, 2010）。また，モデル選択の基準としてさまざまな研究領域で活用され成果をあげている AIC は，統計モデリングを，現象の真の構造を近似するものという視点から，新たなデータの予測を行なうものという視点へ転換することによって導かれたものである（小西・北川，2004）。このようにモデル構築の目的の違いは，モデル選択を行なう際に検定を行なうか，AIC の最小化や交差検証法による汎化誤差の最小化を基準とするかといった技術的な判断への

影響もさることながら、モデルの良さの評価哲学として大きな影響を与える。したがって、説明と予測のどちらを目的としたモデルを構築するか、分析者は自覚的である必要がある。

最後に、犯行行動ベースアプローチすなわち統計的分析によって得られた結果が実際に役に立つかどうかは、優れたデータベースの存在にかかっている（荘島，2006）。これは優れた手法、そして優れた分析者の存在だけでは限界があることを意味する。したがって、犯行行動ベースアプローチには、現状より優れたデータベースの構築という新たな課題への取り組みが求められているといえよう。

5. さいごに

(1) 2つのアプローチのまとめ

本章では、統計的プロファイリングについて、犯行テーマベースアプローチと犯行行動ベースアプローチの2つに分けて概観してきた。最後に、両アプローチの研究を俯瞰し、それぞれの性質を比較する。

犯行テーマベースアプローチは、犯行テーマという行動原理にこそ犯人の個性が反映されるという考え方のもと（Canter, 2000）、犯行テーマの探索とその考察が重視されている研究が多い。また、カンターら（Canter et al., 2003）は、既決囚に対して犯行時の内的状態に関する質問紙調査を実施することによって、犯罪者の視点から犯行行動を読み解こうとする試みを行なっている。このような一連の研究の流れは、「A→C方程式」のブラックボックスを開くことを重視するカンターの姿勢を反映している（Canter, 2011）。一方、犯行行動ベースアプローチは、すぐにでも実践活用が可能なモデルの構築を目指した研究が多い。このことは、犯行テーマベースアプローチと比較して、構築されたモデルの予測精度の定量的評価が厳密に行なわれている研究が多いことや、モデルの実践活用の方法にまで踏み込んだ考察がなされている研究がみられることに表れている。

このように、両アプローチは、「A→C方程式」に取り組むにあたって、現象の説明と予測に対する重点の置き方が異なるといえよう。この両アプローチが相まって、犯罪者プロファイリングが理論的にも実践的にもさらに発展してくことが期待される。

(2) 統計的プロファイリングの課題と展望

データへの統計的アプローチは、その手続きが妥当なものであればあるほど、分析対象のデータが持つ情報をよく反映した一般的傾向に関する知見を与える。しかし、

研究知見の実践化を図る際に，ここから逆説的に生じてくる課題が存在する。これについて，統計的プロファイリングの基盤であるデータと統計学の点から考察する。

　まず，データに関しては，バイアスの存在可能性が問題となる。統計的プロファイリングで用いられるのは，主に犯人が検挙された事件のデータである。つまり，このアプローチによって得られている犯罪事象についての知見は，未認知事件および未検挙事件の情報が欠測した状況下で得られた条件つきのものであるととらえるべきである。この点について，カンターとヤング（Canter & Youngs, 2008）は，検挙済み犯罪者データのみから見いだされた知見が，未解決事件の犯人にどの程度当てはまるかという問題として提起している。このことは，研究知見の実践適用という観点から，本質的な問題である。これに対して，横井（2009）や大塚ら（2013）は，検挙の難易度の間接的指標として検挙までに要した日数をデータ分析時に利用することで，知見の一般化可能性を探る試みを行なっている。これらの研究の精緻化という方向性として，欠測のメカニズムを考慮した統計モデリング（星野，2009）を試してみる価値があろう。その他の取り組みとして，人間一般の日常活動における移動や犯罪者の犯行地選択に関する知見および仮説からシミュレーションモデルを構築し，そこから確率的にデータを発生させることによって，マクロ的視野から実データとの乖離を考察するという研究もみられる（玉木，2013）。これは，理論面からのバイアス確認のアプローチといえよう。ただし，この種のシミュレーション研究から有意味な知見を得るためには，犯罪行動のみならず人間一般の行動に関するさらなる基礎的研究の蓄積が求められる。

　次に，統計学に関しては，先述した手続きの妥当性自体が問題となる。モデル構築の観点からみれば，特殊な推定規則は，モデルをデータに過剰適合させない限り得られない。しかし，こうして得られた推定規則を，モデル構築を行なったデータ以外に適用するのは危険である。このように，妥当な統計学的手続きは特殊な推定規則の構築を回避するが，それゆえに特殊な事件には対応できない推定規則しか構築できないという原理的問題を抱える。このことは，一般化できない犯行行動－犯罪者特徴の関係性が存在することを留意し，一般的知見の短絡的な適用は避けるべきであると指摘されている（横田，2005）。したがって，統計的プロファイリングが研究から実践へと本当の意味で脱皮するためには，従来とは異なるアプローチを模索する必要があろう。たとえば，一般的知見の適用が妥当なケースなのか否かを判断するため，これまでの研究に対するメタ的視点を含んだ新たな識別課題への取り組みがあげられる。

　以上見てきたように，日々新たな事件と対峙する刑事の捜査手法の一つとして，統計的プロファイリングを信頼に足るものへ到達させるためには，取り組むべき課題がまだまだ山積しているといえよう。

Column 11 犯罪原因への生物学的アプローチ

　犯罪原因についての科学的な研究は，チェザーレ・ロンブローゾ（Cesare Lombroso）の研究が最初のものである。彼は犯罪者と統制群（軍人など）の身体の特徴を計測比較して，犯罪者特有の身体的特徴を明らかにしようとした。結果として彼は，犯罪者には，小さな脳，厚い頭蓋骨，大きな顎，狭い額，大きな耳，異常な歯並び，わし鼻，長い腕という特有な身体的特徴，道徳感覚の欠如，残忍性，衝動性，怠惰，低い知能，痛覚の鈍麻という特有な精神的特徴が存在すると考えた。ロンブローゾはこれらは人間にみられる特徴であるというより類人猿などの獣にみられる特徴であるとして，犯罪者は，進化的に「先祖返り」してしまった人々であると考えた。ロンブローゾのこの学説はたいへんな反響をよんだが，現在ではもちろん，否定されている。実際，1913年，チャールズ・ゴーリング（Charles Goring）は，イギリスにおいて受刑者と一般人を比較した『イギリスの受刑者—統計的研究（The English convict: A statistical study）』を出版している。彼はその中で，「精密な測定を行なった結果，犯罪者とそうでない者との間には有意な差は認められなかった」と結論づけている。その後，ロンブローゾの学説は一種の疑似科学であったとして扱われることになる。

　さて，ロンブローゾの時代，我々が客観的に人間を測定しようとする場合，その方法はものさしで身体パーツの長さを測るという方法しかなかった。しかし，現在は，身体内外のさまざまな構造や機能を測定するためのテクノロジーが発展してきた。また，人間の生理的なメカニズムについてもさまざまなことがわかってきた。このような知識やテクノロジーを使用して，犯罪者とそうでないものとの間に存在するなんらかの生物学的な「違い」を発見し，犯罪のメカニズムを明らかにしようとする「ニュー・ロンブローゾ」的なアプローチが近年再び脚光をあびている。この種のアプローチで，取り上げられるものとしては，脳の機能，構造，ホルモン，神経伝達物質，条件づけなどの反射機能，摂取した栄養分，体内の微量金属などがある。

　たとえば，エイドリアン・レイン（Adrian Raine）は，41人の殺人犯人と41人の統制群を PET（ポジトロン断層法）を使って比較し，殺人犯人の場合，前頭前皮質の活動に問題があることを明らかにした（Raine et al., 1997）。前頭前皮質は事故などでこの部分に障害を負った場合にも衝動性が高まることなどが知られており，この部位の活動性が犯罪と関連している可能性がある。ただし，レインは，秩序型の連続殺人犯人などは，前頭前皮質の活動に問題がないということも示しており，この部位の異常が犯罪と関連しているのは衝動的な犯罪に限られたものである可能性がある。

　神経伝達はニューロンとニューロンをつなぐ重要な化学的なメカニズムであるがこれを担う化学物質の量やその機能が犯罪と関連しているという指摘もある。そもそも神経伝達物質は，さまざまな精神疾患と密接に関連しており，それから考えても犯罪との関

連が有力視される生物学的な要因であろう。ただし、神経伝達物質は生体で直接それを測定するのが困難なことから、明確な結論はでていないのが現状である。現在最も研究されているのはセロトニンという抑制性の神経経路に関係している神経伝達物質であり、たとえば、ブラウンら（Brown et al., 1979）は兵士を実験参加者として、彼らの喧嘩や暴行の頻度が脳脊髄内のセロトニン関連物質の濃度と密接に関連していることを明らかにしている。

また、摂取栄養分との関連で、興味深い研究を行なっているのは、ヒベリンら（Hibbeln et al., 2004）のグループである。彼は日本を含む多くの国の殺人率と魚の消費量には非常に高い相関があることを示し、魚に含まれる DHA などのオメガ3脂肪酸が我々の衝動的で暴力的な行動を抑制する働きがあるのではないかと指摘している。

この種の研究アプローチは、医療や脳イメージングなどの医学的テクノロジーの発展とともに大きく進展する可能性を秘めており、今後期待される研究分野となっている。

引用文献

Brown, G. L., Goodwin, F. K., Ballenger, J. C., Goyer, P. F., & Major, L. F. (1979). Aggression in humans correlates with cerebrospinal fluid amine metabolites. *Psychiatry research*, *1*(2), 131-139.

Hibbeln, J. R., Nieminen, L. R., & Lands, W. E. (2004). Increasing homicide rates and linoleic acid consumption among five Western countries, 1961–2000. *Lipids*, *39*(12), 1207-1213.

Raine, A., Buchsbaum, M., & LaCasse, L. (1997). Brain abnormalities in murderers indicated by positron emission tomography. *Biological psychiatry*, *42*(6), 495-508.

第十八章 犯罪者プロファイリングの実際と展開

統計的前史からFBI手法まで

1. 犯罪者プロファイリングの運用

(1) 日本における犯罪者プロファイリングの誕生

　我が国の科学警察研究所において犯罪者プロファイリングに関する研究が開始されたのが1994年とされているので（警察庁, 2014），おおむね日本の犯罪者プロファイリングも，すでに成人式を迎えた年頃と考えられる。最初は暗中模索状態であった犯罪者プロファイリングも，20年間を経て実際の捜査に導入され，特に，ここ最近の実施件数の増加は目覚ましく2013年版の警察白書によると2012年の1年間に実施された犯罪者プロファイリングの件数は573件である（図18.1）。なお，この数字には，都道府県警察から依頼を受けて科学警察研究所が実施した件数が含まれていないので，実際の実施件数はさらに多いであろう。

　本章では，日本の捜査実務における犯罪者プロファイリングの運用に関して，その実施機関や具体的な実施状況，警察庁等の関連機関から公布された文書や施策，さらにはユーザーとなる捜査員のとらえ方などを書籍や学会等で公表された資料に基づき，その黎明期からの経緯を紹介したい。

　まず，我が国にプロファイリグ的な捜査手法が必要であると痛感させた事件は，1988～1989年にかけて埼玉県など首都圏で発生した連続幼女誘拐事件であると田村（2000）には記されている。このような経緯もあり，先に述べた1994年から当時の科

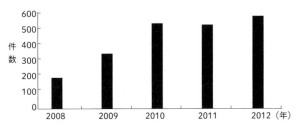

図 18.1　都道府県警察が実施したプロファイリング件数の推移
（警察庁，2013 より作成）

学警察研究所防犯少年部環境研究室の田村雅幸を中心に犯罪者プロファイリングの準備が行なわれた。その後，科学警察研究所の防犯少年部環境研究室と法科学第1部心理研究室が，2003年4月に行なわれた警察庁の組織改変により合流して犯罪行動科学部捜査支援研究室となり，さらに強力な研究体制が構築され（渡辺，2005），同研究室が現在も日本の犯罪者プロファイリングの中枢となっている。

日本の犯罪者プロファイリングを捜査実務に応用する試みは，この科学警察研究所（以下，科警研）だけでなく，都道府県警察本部の科学捜査研究所（以下，科捜研）の心理担当者も積極的に参加して行なわれた（渡辺，2005）。科警研で犯罪者プロファイリング研究が開始された翌1995年からは科捜研の有志も研究に参加し，犯罪者プロファイリング研究会が発足，日本の犯罪者プロファイリングの組織的研究が開始されることになる。

その当時には，まず海外で実施されている犯罪者プロファイリングを把握し，先行研究を収集して，日本に適した犯罪者プロファイリングの方法論を決定する必要性があった。その当時の犯罪者プロファイリングの具体的な方法としては，1970年代のアメリカのFBI行動科学課（その当時の名称であり後に何回かの名称変更が行なわれている）が開発した手法と，1985年から犯罪者プロファイリングを開始して，その当時はイギリスのリバプール大学で捜査心理学の主任教授を務めるデヴィッド・カンター（David Canter）らの研究グループ（カンターは1995年までサリー大学に勤務していたので，同年までの研究はサリー大学名で公表されている）によって開発された手法が世界の2大潮流であった。

これらの手法に関してFBIの手法は，単に「FBI方式」と表現されることが多いが（たとえば，田村，1996），カンターらの研究グループに関しては「リバプール方式」（たとえば，田村，1996），時に「カンターの手法」という形式（たとえば，岩見，2006）で表現されることもある。本章では今後，「リバプール方式」という表現を採用する。

また，田村（2000）は，犯罪者プロファイリングには，臨床的プロファイリング，統計的プロファイリング，地理的プロファイリングの3手法があるとしている。これは心理学的視点から，田村が独自に犯罪者プロファイリング手法を簡易に分類した

ものであるが，他の研究でもこれに類似する表現が認められる（Ainsworth, 2001；Farrington & Lambert, 2000；Jackson & Bekerian, 1997／田村監訳, 2000）。臨床的プロファイリングとは，精神医学者や臨床心理学者が，犯人の言動や行動を材料に，その臨床的知識をもとに犯人像を推定する手法とされていた。一方，統計的プロファイリングは，過去に発生した同種事件のデータベースを基本として，その統計的分析から犯罪行動パターンを抽出し，当該の犯罪行動と類似パターンを持つ犯人群の特徴から犯人像を推定する方法とした。最後の，地理的プロファイリングは，連続事件の発生場所をもとに犯人の住居地など連続犯行の拠点を推定する手法とした。

臨床的プロファイリングも統計的プロファイリングも，年齢層，有職か無職，住居の有無といった社会属性，また，犯罪歴など犯人のさまざまな犯人属性を推定することがその目的である。地理的プロファイリングは，当然ながら推定対象が犯人の地理的情報に重点が置かれる。しかし，統計手法が分析によく使用されるため，統計的プロファイリングと共通性の高い手法とみなすことができよう。臨床的プロファイリング，統計的プロファイリングとは，推定の中心手法に重点を置いた方法論的名称と考えられる。

一般的に，FBI 方式の手法が，臨床的プロファイリングの色彩が強く，リバプール方式の手法が統計的プロファイリングの代表とされている。なお，初期の段階からリバプール方式では地理的プロファイリングが盛んに研究されているが，日本の捜査実務においては，単に犯人の自宅や職場など犯行の拠点となる場所を推定するという視点だけでなく，その後は連続事件の次なる犯行地点の予測に活用されることも多い（龍島・成田, 2003）。

そのような背景もあり，プロファイリング研究会では，世界の犯罪者プロファイリングの2大潮流といえる外国文献として，まず，アメリカFBIの"*Law Enforcement Bulletin*"などに連載された 'Criminal investigative analysis: Sexual homicide'，その次にイギリスの犯罪者プロファイリング文献であるサリー大学報告書 'A facet approach to the offender profiling'（サリー大学はカンター教授の前任地である）を，それぞれ「犯罪捜査分析と性的殺人」，「犯罪者へのプロファイリングのファセットアプローチ」として翻訳（高村, 2006a），その後，日本の犯罪者プロファイリングがどのような方法論を選択するかの重要な参考資料として活用されることになる。

表18.1に示されているように，これら2つの犯罪者プロファイリング手法の詳しい比較は，田村（1996）により行なわれている。彼によるとFBI方式の推定方法は経験的であり，職人芸的であるとしたうえで，罪種が性的殺人や強姦などが中心であり，比較的罪種が限定されることや，インタビューという方法論があいまいであること，さらに「秩序型」「無秩序型」（犯行現場の様相から犯行に秩序性を有しているかいないか二分化する）という類型論を導く手続きが不明確なことを指摘している。一

表 18.1 犯人像推定の 2 つのアプローチ（田村，1996, p.53 より作成）

	FBI 方式	リバプール方式
データ	事例	調査データ
研究方法	インタビュー	多変量解析
分析主題	犯行の動機	犯罪の主題（テーマ）
キーワード	Fantasy（空想）	Facet（多面的アプローチ）
学問的背景	臨床心理	行動科学
対象罪種	性的殺人，強姦	凶悪犯罪，暴力犯罪，その他
類型	秩序型・無秩序型	罪種で異なる（テーマ分析）
		強姦：攻撃性・親密性・犯罪性・性愛性
		強盗：合理的・衝動的・計画的・反応的
分析者	捜査員	行動科学者
推定手法	経験的	系統的
	職人芸的	行動科学的
導入可能性	低い	高い
	対象が限定される	限定されない
	追試しがたい	追試が可能

方，リバプール方式は系統的，行動科学的で，対象罪種に制限がない，また，多変量解析を中心とした分析など方法論が確立されているために，日本のデータによる追試が可能であるなど行動科学的な側面を強調している。

田村（1996）は，科学者としての視点に立って，FBI の機関誌に掲載された「犯罪者プロファイリングは厳密な科学ではない。堅実な捜査手続きにとって代わるものではない」「（プロファイリング作成の）このアプローチは一種のブレーンストーミングであり，直感的洞察であり，経験に裏打ちされた推定である」を引用して，FBI の捜査官自身が経験主義を自覚しているのと同時に，FBI 方式が捜査官主体による犯罪者プロファイリング手法であることを強調している（田村，1996, p.52）。

リバプール方式に関しては，田村自身が「調査データから実証的に事件項目と犯人項目の相関を見いだしていこうとする方法で，我々がこれまで行ってきた犯罪学の方向と同様であり，（中略），着実に一定の成果が期待できると思われる」（田村，1996, p.53）と表現し，科学的手続きや再現性を重視するリバプール方式に強い期待が込められている。このような経過を経て，日本におけるその後の犯罪者プロファイリングの方向性として，リバプール方式を中心とした統計的プロファイリング研究が盛んに行なわれることになった。

ここで紹介した田村（1996）は，科学警察研究所の「科学警察研究所報告防犯少年編」に総説として掲載された。一般にこの雑誌は，その性質上，警察関係者を中心に編集，購読されているもので，他の学会誌に比べると，公共性は低いと思われる。しかし，その後の，日本の犯罪者プロファイリングが進む方向性を定めたという点では，非常に意義深い論文である。

このように田村（1996）により，日本の犯罪者プロファイリングの中心となる手法や方向性は，比較的早い段階で決定がなされることになる。同時にその当時から，犯罪者プロファイリングが科捜研の心理担当者によって試験的，かつ手探り的に行なわれていることがうかがわれる。所属する都道府県の事件との関わりが深い科捜研のほうが実務応用は早かったといえよう。
　まず，北海道警察で当時は少年課に所属していた龍島（1997）は，連続性犯罪事件の実務プロファイリングを実施している。同じく北海道警察科捜研の岩見（1999a）も連続侵入窃盗事件のプロファイリングを実施している。また，この時期，福島県警察科捜研の三本と深田（1998）により提唱され，その後，日本の地理分析の中心となる「疑惑領域モデル」という地理的プロファイリングに関して，彼らが独自に開発した捜査支援システム Power Plot Professional を用い，過去に発生した連続放火事件を分析して，そのモデルの有効性が検証されている（三本・深田，1999）。
　そして，2000年には，記念すべき日本で初めてとなる犯罪者プロファイリングの専門機関が設置された。その機関は，北海道警察本部科学捜査研究所の特異犯罪情報分析係（以下，分析係）である。その後の捜査実務における犯罪者プロファイリングの具体的な活用方策に関しては，この分析係の功績によるところが大きい。同分析係は，科捜研心理担当者2名と警察官1名の3名体制で構成され，係が発足した2000年から2004年までの5年間で分析をした総事件数は1,134件（この事件数は，連続発生した事件が10件であれば10件と計上）に及び，事件に関する犯罪者プロファイリングの報告書は110件とされている（岩見，2006）。
　その当時は，北海道警以外にも山形，群馬，愛知の警察本部にもこのような専門機関が構築されている（桐生・渡邉，2005）。また，他にも警視庁犯罪捜査支援室，京都府警察犯罪情勢支援室などの機関も設置されており，これらの機関には犯罪者プロファイリングの担当者が含まれている（渡辺，2005）。なお，警視庁と京都府警の機関は，犯罪者プロファイリングだけでなく，後述する犯罪情報分析にも重点を置いた専門機関といえよう（その後の組織改革等でこれらの専門機関は，別の所属に異動・合併されたり，その名称も改変されていることが多い）。
　一方では，当然ながら，科警研と科捜研により，さまざまな犯罪の基礎研究が行なわれた。ここでは研究開始の初期から取り組まれ，比較的継続性のある罪種別研究の一部を紹介する。具体的な罪種に関しては，殺人（渡邉・田村，1998），放火（桐生，1998；鈴木・田村，1998ab），年小児・誘拐わいせつ（田村，1992；渡邉・田村，1999），強姦（田口・猪口，1998；岩見，1999b），強制わいせつ（長澤，1999），ストーカー（横井，1998），窃盗（高村，1996）と強盗（横井，2000a）など多岐にわたり，海外の研究と比較しても遜色がない。
　なお，初期の犯罪者プロファイリング研究においては，罪種や分析手法だけが対象ではなく，当然ながら犯罪者プロファイリングに対する捜査員の評価も早い段階から

表 18.2 日本にもプロファイリングは必要？（横井, 2000b, p.33 より作成）　（回答総数 49 名）

選択肢	回答者数
なるべく早く導入すべき	32
将来的には必要だが今は必要ない	3
将来的にもまったく必要はない	1
わからない	8
その他	5

検証されてきた。表 18.2 に示された横井（2000b）の調査研究では，我が国の 49 名の捜査員に対する「日本の捜査にもプロファイリングの導入は必要か？」という質問に，65.3％にあたる 32 名が「なるべく早く導入すべき」と回答していることが示されている。この結果は，久保と横井（1999）の時点での調査に基づいているが，犯罪者プロファイリングへの期待の高さが早い段階から読み取れる結果である。

　一般的に日本の捜査員の世界では，犯罪者プロファイリングの事例分析で求められるような事件の筋読能力は，聞き込み・取調べ技術などの捜査手法（綱川, 1990, 1994）と同様に，ベテラン捜査員からの指導と経験を重ねて高められることが多いとされている。しかし，横井の調査で示されたように，捜査員の多くは犯罪者プロファイリングのような新しい科学的手法に期待を寄せていたことは興味深い。日本に犯罪者プロファイリングなどの，新しい心理学的捜査支援手法を導入して，さらに有効活用するためには，まず，捜査員がこれらの手法に関心を持ち，理解することが必要不可欠である。特に，ポリグラフ検査（本書第 20 章を参照）を中心として日常的に捜査員とのコミュニケーションをとり，警察学校等の警察の研修機関で捜査員に授業を続けてきた日本の科警研・科捜研というシステムが，犯罪捜査にプロファイリングが円滑に導入されるのに有効に機能した可能性は否定できないであろう。

　しかし，どのような科学的鑑定あるいは捜査手法に関しても該当することではあるが，犯人の検挙のために科学捜査を効率的に活用したい捜査員と，科学的視点を失わずに犯罪捜査に従事する科学者の間には立場的な違いが存在する。この点に関しては，カンターにより，「心理学者と捜査員の文化差」という表現で述べられている（Canter・鈴木（訳），2000）。当時カンターが教鞭を執るリバプール大学には，1986 年に捜査心理学センターが設立され，内外の警察からの依頼を受けて，研究をしたり実際の事件に対するコンサルテーションを実施するようになっていた（Canter・鈴木（訳），2000）。表 18.3 に示された比較図は，警察組織に属さない科学者カンターとして心理学者と捜査員の違いを示したものであり，現実に警察組織に属する日本の科警研・科捜研職員などの心理学者にとっても示唆に富んだものである。

　一般的に，凶悪事件や連続事件が発生すると非常に膨大な人員と予算が投入される。渡邉ら（2006）によると，捜査の方向づけを行ない，このコスト面に関する削減を行

表18.3 心理学者と捜査員の文化差(カンター・鈴木, 2000, p.157 より作成)

心理学者	重視するもの	捜査員
過程	重視するもの	結果
傾向・趨勢	対象	個別事件
長期間	時間単位	短期間
知識獲得	目的	有罪判決
出版物	成果の蓄積	職人芸
論証	ロジック	証言
データ	論拠	証拠
比較的自由	体制	階層的
思考	スタイル	行動

表18.4 犯罪者プロファイリングについて記した関連文書

(1) 2002年5月31日：警察庁
　　重要凶悪事件の捜査におけるプロファイリングの活用について
(2) 2003年7月25日：自由民主党
　　治安強化に関する緊急提言
(3) 2003年8月26日：警察庁
　　緊急治安対策プログラムの策定について
(4) 2003年12月18日：犯罪対策閣僚会議
　　犯罪に強い社会の実現のための行動計画

なうことも犯罪者プロファイリングの重要な役目だとされている。捜査員は，短期間で有効な結果を出す方法論を求めるという点では，イギリス，日本に限定することなく世界中の捜査員に変わりはないのが現状であろう。特に，日本におけるポリグラフ検査の積極的な活用は，ポリグラフ検査がそのような捜査員の要請に対応していると考えられる。捜査実務で犯罪者プロファイリングに従事する担当者は，科学的視点を失うことなく，できるだけ捜査の要請に応えなければならないが，同時に，現段階では分析が不可能なことは不可能と捜査員に告げる勇気も必要である。

　ここ約10年間は，我が国の治安の目安とされる刑法犯の認知件数は減少傾向を示している。しかし，日本で犯罪者プロファイリングが試行錯誤的に検討されていた時代は，治安の悪化が著しく，1998年には刑法犯認知件数が200万件を突破する一方で，検挙率は急激に低下し2001年には検挙率が19.8%と戦後最低を記録した(参考までに，2011年の刑法犯の認知件数は約148万件で検挙率は31.2%である)。皮肉なことではあるが，ある意味，日本の治安状態の悪化が犯罪者プロファイリングの導入を加速させたといえるかもしれない。

　表18.4は治安を回復させるために警察庁などから施行された施策である。これらの中でも，2002年5月31日付「重要凶悪事件の捜査におけるプロファイリングの活用について」は警察庁刑事局捜査第一課長，同庁同局鑑識課長，科学警察研究所総務

部長の連名による文書であり（岩見，2004），犯罪者プロファイリングの利用に関する具体的な指針が重要凶悪事件に関する活用として文書化されている。この文書によって1995年に科警研と科捜研有志によって開始された日本の組織的な犯罪者プロファイリング研究は，7年後の2002年に警察庁から正式に認められた形になる。

この文書では，この種の分析による効果が特に期待される犯罪として，

①連続して発生している性犯罪，放火，通り魔事件
②殺人事件のうち，性的な犯行動機が強く推認される犯罪

また，上記犯罪に関する犯罪者プロファイリングによって得られる捜査支援情報として，

①可能性の高い被疑者像
②犯行地と居住地との関連性の推定
③連続発生している事件のうち，同一犯人による可能性の高い事件の抽出
④連続犯行がエスカレートする可能性
⑤連続発生エリアの予測

があげられている。なお③の「連続発生している事件のうち，同一犯人による可能性の高い事件の抽出」とは，通称リンク分析とよばれる活用方法である（Canter・鈴木訳，2000）。

この文書をもとに具体的活用方法を解説した岩見（2004）によると，当面は，このような犯罪に関して，犯罪者プロファイリングが実施可能であると解釈されているのだろうと示唆している。事実，実際の捜査実務に関しては，連続性のある強姦，放火などが特に犯罪者プロファイリングに適している。しかし，現実問題としては，さまざまな犯行手口の窃盗や強盗，器物損壊，ストーキング事件など，性犯罪や放火に限定されることなく，各都道府県で実際に発生している事件の実情に応じて，犯罪者プロファイリングが実施されているのが現状である。

(2) 犯罪者プロファイリングの具体的運用方法

犯罪者プロファイリングの先進国の実施運用方法，つまり，分析担当者に関しては，藤田（2006）によると，まず，FBIなどアメリカでは，現職の捜査員に大学院などで心理学的な教育を施して犯罪者プロファイリングを担当させることが多い。一方，イギリスでは，大学などで心理学を専攻した人間を，警察に採用することが多いとされている。日本では，大学・大学院で心理学を専攻した科捜研の心理担当者と捜査経験

の豊富な捜査員で専門チームを組む場合，科捜研の心理担当者が中心的に犯罪者プロファイリングに取り組む場合，および都道府県警察において犯罪関連情報を分析することに専従する係に所属する捜査員等が中心的に犯罪者プロファイリングに取り組む場合がある（渡邉，2004）。この運用方法に関しては，各都道府県の現状に応じて一様ではないと思われる。

犯罪者プロファイリングの運用に関して，今世紀初頭の特筆すべき大きな流れを2点紹介したい。まず，2005年から法科学研修所で，犯罪者プロファイリング課程の研修が開始されている（岩見，2006）。法科学研修所とは，科警研の付属機関であり，鑑定人の養成・研修機関である。現在，警察庁では犯罪者プロファイリング技術の高度化・専門化が唱えられている。ここでいう高度化とは専従者の育成と体制の整備が意図されている。専従者の育成に関しては捜査員も含まれており，この研修の実施により犯罪者プロファイリングを担当する捜査員が毎年輩出され，全国的な体制整備が試みられている。

次なる大きな展開は2006年に警察庁が犯罪者プロファイリングを担当する情報分析支援室を設置して，それ以降，都道府県警察においての体制の整備が進められているということである（警察庁，2014）。

犯罪者プロファイリングの具体的な実施方法であるが，ジャクソンとベカリアン（Jackson & Bekarian, 1997／田村監訳，2000）で紹介されているFBI方式を例にあげると，まず，第1段階が「データ収集」であり，できる限り分析事件に関する情報を収集し，次に第2段階としての「犯罪分類」では，たとえば，収集したデータに基づき，「秩序型」「無秩序型」などの犯罪のタイプ分類が行なわれる。そして，第3段階の「再構成」では，犯行を再現し，被害者の行動や犯行過程，犯罪手口に関する仮説が構築され，最終的に第4段階の「プロファイル作成」つまり，犯人の具体的属性や習慣的行動，地理情報などに関するプロファイルが作成されるのである。

データ収集から始まる犯罪者プロファイリングの実施過程は，基本的にどの国でも共通性が認められる。参考までに，北海道警察の分析係の分析プロセスを表18.5に示した。なお，犯罪者プロファイリングの結果は，たとえば捜査意見書（岩見，2004）などの名称で捜査員に報告書形式で回答されるのが一般的である。

ポリグラフ検査（本書第20章を参照）に関しても，表18.5に示されている第1段階，第2段階のような作業を経て，検査対象の事件に関する質問表が作成され検査が実施

表18.5 特異犯罪情報分析係の分析プロセス（岩見，2006, p.39より作成）

第1段階：分析対象事件に関する捜査資料の収集，現場観察
第2段階：事件・捜査資料の整理，比較，効果的プレゼンテーション
第3段階：事件リンク分析，犯人の属性・犯行行動・活動拠点に関する推定，犯人の行動予測など
第4段階：各種分析による推定結果の統合・要約，捜査提言

表 18.6　事件捜査への活用パターン（龍島・成田，2003より作成）

①よう撃，密行等に活用：「犯行場所」「犯行日時」の予測
②容疑適格者の割出：「被疑者像」「活動拠点」の推定
③容疑適格者の順位付：「被疑者像」「活動拠点」による捜査の優先順位

されることになる。しかし，この2つの心理学的捜査支援法の大きな違いは，比較的少ない日数で検査に対応可能なポリグラフ検査と異なり，犯罪者プロファイリングは，先に述べた警察庁の「重要凶悪事件の捜査におけるプロファイリングの活用について」では，「回答まで概ね3ヶ月程度を要する」とされていた（岩見，2004）。しかし，先に述べた研修制度の充実や分析担当者の増加により，事件の概要や分析する事件数にもよると思われるが，現在はさらに効率化，スピードアップされていると思われる。

　犯罪者プロファイリングに関する効果的な活用方策は，北海道警の龍島と成田（2003）により表18.6のように示されている。まず，①「よう撃，密行等に活用」は，連続事件の次なる「犯行場所」「犯行日時」を予測することにより，現場に現れた真犯人を「よう撃」「密行」することである。この手法は，現場付近に待機する捜査員を有効的に配備して，犯行直後の現行犯逮捕や，逮捕にいたらずとも職務質問や車両ナンバーのチェック等により具体的な容疑者を浮上させる手法である。このパターンが最も効果的に活用されていると龍島と成田（2003）では紹介されている。

　次なる②「容疑適格者の割出」は，過去の事件データの統計分析や行動科学的な知見に基づく事例分析などから，可能性の高い具体的な「被疑者像」を示すことである。また，連続事件であれば地理的犯罪者プロファイリングの併用によって被疑者の家や勤務先などの活動拠点を推定するなど「犯人像推定」という言葉に近く，一般的なイメージで犯罪者プロファイリングととらえられている作業といえよう。

　最後の③「容疑適格者の順位付」は，日本の捜査実務で伝統的に行なわれている犯罪手口捜査に類似した方法である。具体的な容疑者が複数名浮上している事件に関して先に述べた「被疑者像」「活動拠点」から捜査を行なうべき容疑者の優先順位を定める手法である。犯罪者プロファイリングは通常，特定の具体的な個人を指摘することはあり得ないのだが，この容疑適格者の順位付はそういう意味でも特殊な活用方法といえよう。

　また，犯罪者プロファイリングに限定することなく，各種情報を統合して効果的に捜査に応用する犯罪情報分析とよばれる視点の必要性が，渡辺（2004）により提唱されていた。渡辺（2004）では，犯罪情報分析の定義として「行動科学等を応用して，犯罪に関連する情報を分析し，犯罪捜査や犯罪予防等の警察活動に寄与する知見を得る技術」とされている。日本には従来から犯罪手口捜査という世界に誇れる情報分析手法が存在していたが，犯罪情報分析とはそれ以外の犯罪統計や被疑者写真などの各

種データベースの情報を効率的に集約・分析し，犯罪者プロファイリングだけでなく通常の捜査にも犯罪情報を迅速に応用することである。

まさにその期待に応えるべく，2009年1月には情報分析支援システム，通称CIS-CATS（criminal investigation support-crime analysis tool & system）が導入された。同システムは，「犯罪発生状況のほか犯罪手口，犯罪統計等の犯罪関連情報を地図上に表示し，その他の様々な情報とも組み合わせることで，犯罪の発生場所，時間帯，被疑者の特徴等を総合的に分析することが可能」（警察庁, 2014, p.27）とされている。このシステムを活用し，的確な捜査指揮や効率的な捜査の支援を行なうことにより，事件解決に役立てているとされているが，何よりも正確で豊富な情報が必要な犯罪者プロファイリングにおいて，この情報分析支援システムの導入は鬼に金棒と評しても過言ではないだろう。

警察庁（2014, p.27）による最新のプロファイリングの説明として「プロファイリングとは，犯行現場の状況，犯行の手段，被害者等に関する情報や資料を，統計データや心理学的手法等を用い，また情報分析支援システム等を活用して分析・評価することにより，犯行の連続性の推定，犯人の年齢層，生活様式，職業，前歴，居住地等の推定や次回の犯行の予測を行うものである」と表現されCIS-CATSの積極的な活用が盛り込まれている。

このことは，現在，取り組まれているプロファイリング技術の高度・専門化および一般化，つまり捜査員に対する指導徹底および有効活用の推進（警察庁, 2014）において，CIS-CATSの導入が大きな役割を果たすことを示唆していると考えられる。すなわち，CIS-CATSの積極的な活用が，犯罪者プロファイリングの活用の幅をさらに拡充していくのに有効であろう。以上，当初は手探り状態であった我が国の犯罪者プロファイリングの運用は，約20年の歳月を経て，大きく飛躍したことがご理解できたと思う。

(3) さいごに

初期のプロファイラーの間では有名な言葉であるが，日本の犯罪者プロファイリングの生みの親，故田村雅幸（2000）による「FBIから遅れること20年，カンターから遅れること10年，（中略）プロファイリング研究がスタートした」という言葉がある。田村は2002年に志半ばで病魔に倒れたが，その9年後の2011年8月に神戸市で開催された「国際犯罪学会第16回世界大会」において日本犯罪心理学会企画シンポジウム「犯罪者プロファイリングの現状と課題」が開催された。この企画では，我が国のベテランプロファイラーに加えて，イギリスの警察業務改善庁（NPIA）行動科学捜査助言（BIA）のチーフであるリー・レインボウ（Lee Rainbow），リバプール大学教授ローレンス・アリソン（Laurence Alison）といった，そうそうたるシンポ

ジストが海外から参加していた。

　桐生（2012）は，その前夜の懇親会にてイギリスと日本のシンポジストの歓談において，両国のプロファイラーの悩みが同じであることにやや驚き，ひるがえるならば，この現象は，日本より10年も前に研究と実践がスタートした先進国であるイギリスに，日本が追いついたことを意味するのではないかと評している。この懇親会には，田村とともに手探り状態の時代を過ごした我が国のプロファイラーも数多く出席していたが，同じような感想をもったのは桐生一人ではないであろう。

　犯罪捜査におけるプロファイリングの運用は今までに紹介したとおりであるが，研究面に関しても日本の各種学会では早い段階から学会企画等が開催され，研究に協力的な研究者ネットワークも構築されていた（高村，2006b）。その後も，日本心理学会や日本犯罪心理学会等を中心として犯罪者プロファイリングに関する個人発表はもちろん，学会企画は継続して行なわれている。そのことは研究者の世代間の交代が順調に進んでいる証しともいえるだろう。

　その理由の一つとして，犯罪に関する研究は，その性質上，法務省や警察関係者を中心に発展してきたという経緯があった。しかし，最近は，大学生や大学院生が犯罪者プロファイリングを含んだ犯罪研究を行なうことも少なくない（たとえば，亀川・越智，2013；池間ら，2013）。また，桐生（2012）では，プロファイリング的犯罪研究を卒業研究などで行なう方法論のヒントが示されている。

　いくつかのヒントを紹介すると，1つ目がインターネットを用いて，FBIやリバプール大学のホームページをはじめ，世界各国の犯罪者プロファイリングの現状を把握して，さらに文献や公的資料を収集して調査を行なうという方法である。2つ目のヒントは，過去に実施された罪種や犯罪のテーマを対象とする研究を有効に活用するという方法である。具体的には，過去に発生した有名な特異的犯罪等をピックアップして多くの文献を収集し，それらを整理して犯罪者プロファイリングの先行研究で明らかにされている犯罪者類型などと照らし合わせて考察するという研究方法である。3つ目のヒントは，殺人などの重要事件に関しては，新聞社のデータベースに記事が蓄積されており，キーワードの入力により収集ができる。もちろん具体的な犯罪情報は制限されるが，実際の犯罪者プロファイリングで使用されている分析変数を入手することも可能であり，ある程度，大量データによる考察も期待される。そのため，過去に行なわれた研究の追試だけでなく，新たな視点からの分析も可能であろう。

　このように大学時代から犯罪者プロファイリング研究に取り組んだ学生が，卒業後に科警研，科捜研へと進むケースも増えつつあり，実際の捜査における運用だけでなく研究面でも世代交代の運用がスムーズに行なわれていると考えられよう。

2. ベイジアンアプローチ

　次に，ベイズ理論を用いて分析した実例を紹介する。
　事件には犯人が存在し，その犯人が犯罪を敢行することで事件は生じる。これを異なる観点から表すと，犯人が原因であり，その原因によって生じる犯行現場（被害者の状況なども含む）が結果といえる。犯人像推定とは，犯行現場の状況などから，犯人に関する情報を分析することであることから，結果から原因を推定するいわば逆問題を解く課題である。ただし，この逆問題の課題は確率といった要素を含んでいることから，正確には逆確率の問題である。そこで，そのような問題を解決する鍵となるのが確率におけるベイズ理論なのである。今日までさまざまな統計手法によって犯人像推定が行なわれてきたが，上記のとおり，結果から原因を追究するといった課題形式が犯人像推定であるならば，ベイズ理論による分析は最も自然な形であるといえよう。
　本節では，ベイズ理論の概要を説明し，犯人像推定に応用する利点を述べたあとに，実際の分析例を紹介する。

(1) ベイズ理論の概要

　近年ベイズ理論は，人口知能や医療診断，カーナビゲーションなどさまざまな応用分野で活用されている。そのベイズ理論の始祖トーマス・ベイズ（Thomas Bayes：1702-1761）は，イギリスの牧師であるとともに，アマチュア数学者（当時は自然哲学者と呼称されていた）であった。ベイズ理論は，ベイズの定理を基礎としているが，ベイズの定理自体はトーマス・ベイズの死後に友人であったリチャード・プライスによってイギリスの国立科学アカデミーに提出されたトーマス・ベイズの論文'An essay towards solving a problem in the doctrine of chances.（偶然の理論における一問題を解くための試み）'にさかのぼる（詳細については，McGrayne, 2011 や Mlodinow, 2008 を参照）。
　ベイズの定理は，次の公式で表される。

$$p(A|B) = \frac{p(B|A)\ p(A)}{p(B)} = \frac{p(B|A)\ p(A)}{p(B|A)\ p(A) + p(B|\bar{A})\ p(\bar{A})}$$

　$p(A|B)$ は，あるデータ（または情報）B が得られた場合に事象 A が生じる確率を示しており，事後確率とよばれる。また，$p(B|A)$ は「尤もらしさ」という意味で「尤度」とよばれ，事象 A が発生した場合に，データ B が得られる確率を意味し

ている。$p(A)$ は，もともと事象 A が生じる確率で，事前確率とよばれる。

　後述の分析例に合わせて爆破予告事件を例にあげる。たとえば，爆破予告事件に関する先行研究や解決済の事件データから，「爆破予告犯の性別」と「爆破対象」の間に関連性が見いだされたとする。また，これとは別に，新たに爆破予告事件が発生し，この犯人に関する性別を推定するとしよう。もし，この新たな事件で，民間企業を爆破対象にしているのであれば，次のようなベイズの定理をもとに，本事件の情報（民間企業対象）を使って犯人（性別「男性（または女性）」）に関する確率分布を求めることができる。つまりは，「p（男性｜民間企業）：民間企業を対象とする場合に，犯人が男性である確率」を，「p（民間企業｜男性）：爆破予告犯が男性の場合に，民間企業を爆破対象とする確率」と「p（男性）：もともと，爆破予告事件を敢行する者が男性である確率」の積から求めるのである。

$$p(男性｜民間企業) = \frac{p(民間企業｜男性)\,p(男性)}{p(民間企業｜男性)p(男性)+p(民間企業｜女性)p(女性)}$$

　改めて言及すると，「性別」は本事件の犯人に関する情報であるので「原因」が該当し，「爆破対象」といった情報は犯行状況に関するものであることから「結果」が該当することから，「結果」から「原因」を推定することとなる。加えて，先行研究や解決済事件のデータから得られた関連性については，過去の情報をもとに得られるものであり，新たに発生した事件とは別の情報である。したがって，ベイズ理論を用いた犯人像推定では，過去の解決済事件の情報と新たに発生した事件の情報を融合した形で分析が可能となるのが特徴である。さらに，「爆破対象」以外にも，「性別」と関連する情報があるのであれば（たとえば，「金銭の要求」など），それらの関連性も取り込んで分析が可能である。なお，これまでに述べた関連性は，通常「モデル」といわれることから，以降は「モデル」と呼称する（または，上記の公式を指す）。

　以上のとおり，モデルを使って事前知識と新しい情報を結合させ，事後知識を得るための公式が，ベイズの定理といえる。また，ベイズ理論は情報の更新といった特徴を有している。いったん得られた事後知識は固定されるものではなく，それ以降得られる客観的情報によって，順次更新されるのである（つまりは，過去の事後知識は事前知識から始まり，再度書き換えられるのである）。

(2) 犯人像推定への応用

　以上のベイズ理論であるが，ベイズ理論を基礎とした分析手法となるとさまざま存在する。ただし，財津（2011）は，犯人像推定で扱う犯罪データが，①大量のデータを含んでいる，②多変量を扱う，③カテゴリカルデータを扱う，④欠損値を含む，⑤

複数の変数が因果的，確率的に連鎖しているといった特性を持つことから，ベイジアンネットワークを用いることが最適であるとして，犯人像推定におけるベイズ方式を提唱している。

　ベイジアンネットワークとは，データマイニングの一種であり，事象の依存関係を条件つき確率の連鎖したネットワークにより表す確率モデルのことである（本村・岩崎, 2006；繁桝ら, 2006）。後述の分析例でも述べるが，ベイジアンネットワークを用いることで，解決済事件データをもとに，犯行変数（爆破対象など）と犯罪者に関する変数（性別, 年齢など）との関連性を自動的に探索することができるため，実務上の利点は大きい。そのほか，財津（2011）は，ベイズ方式の13の利点を言及している。たとえば，全国規模で方法の標準化が可能になること，また推定結果が確率で表されることから，予測妥当性の指標としてそのまま用いることができるといった点をあげている。

　諸外国では1990年代から，ベイジアンネットワークを用いた犯人像推定研究が大学などで検証されている（Aitken et al., 1996a；Aitken et al., 1996b；Baumgartner et al., 2005, 2008；Ferrari et al., 2008；Stahlschmidt et al., 2013）。たとえば，先進的にベイジアンネットワークによる犯人像推定研究を推し進めたのが，アメリカデューク大学のLISC（laboratory for intelligent systems and controls）である。LISCでは，ベイジアンネットワークとニューラルネットワークのモデル精度の比較やさまざまなモデル探索アルゴリズムを使ったモデル間の推定精度の検討を行なっている（Baumgartner et al., 2005, 2008；Ferrari et al., 2008）。最近では，ドイツのフンボルト大学で，性的殺人に関するベイジアンネットモデル構築とその検証が行なわれている（Stahlschmidt et al., 2013）。

　我が国を鑑みると，屋内強姦事件を対象としてモデルを構築し，新たな事件が発生した場合を想定して，就業状態に関する的中率を検証したもの（財津ら, 2008）や連続放火事件を対象として同様の検証を行なった研究（財津, 2010）があげられる。これらの研究結果をみると，的中率は，推定する犯罪者に関する変数（性別など）や事前確率（検挙済の事件データ内における割合）などによって異なるものの，ベイジアンネットワークは情報を更新し，的中率の高いモデルを再構築することが容易であることから，その有用性には期待できる。

　さらに，実務上ベイジアンネットワークが最も効果を発揮するのは，犯行変数と犯罪者変数の関連性を自動的に探索することができる点である。たとえば，検挙済のある事件データにおいて，それぞれの犯罪者の性別をみたところ，9割が男性であったとすると，新たに発生した同種事件の犯人も男性である可能性は高いといえる。このような場合はあまり問題とはならない。ただし，事件データ内の男女比がそれぞれ50％であった場合はどうであろうか。この場合，これだけの情報では，男性である可能性と女性である可能性は等しいことから，新たな同種事件の犯人が男性なのか女性

なのかといった判断がつかなくなる。このような場合，性別と関連する犯行特徴（前述の例でいえば，「爆破対象」など）をデータから探索できるのであれば，新たな事件における犯行の情報（「民間企業が爆破対象」など）を用いて，さらに精度の高い犯人像を推定することが可能となる。犯罪者プロファイリングでは，罪種によって100変数以上もの事件データを扱うことから，それらの変数の組み合わせは莫大となる。したがって，事件データをもとに自動的に変数間の関連性を探索することができる機能は非常に有用といえる。

続く分析例はあくまで架空の爆破予告事件であるが，この架空の事件を題材に，実務上犯人像を分析するうえで，ベイジアンネットワークをどのように活用しているのか紹介しよう。

(3) 分析例

> **爆破予告事件**
> 2カ月間に3件発生した爆破予告事件である。いずれの事件も，他人の名前を語り，手書きの郵便はがきを送りつけるといった手口である。
> 1件めは，□□市役所に対して，「○月△日に爆弾を仕掛ける」「現金1,000万円を○月△日までに届けろ」といった内容のもの。2件めは，□□警察署に対して，「□□警察署の刑事課，生活安全課を爆破する」との内容であった。3件めは，再び□□市役所に対して，「現金は準備できたか，爆弾の準備はできている」といった内容のものであった。

犯人像の分析：連続事件の場合，犯罪者プロファイリングではまず事件リンク分析を実施し，連続発生している事件が同一犯人によるものかどうかを分析する。これらの事件については，すでに事件リンク分析を実施済で，すべての事件を同一犯人によるものと結論づけられたものとする。したがって，これら3件の爆破予告を敢行した犯人に関して犯人像を推定することとする。

実務において実施する作業は，大きく分けて，①解決済の事件情報を収集し，データセットを作成する，②データセットをもとにモデルを構築する，③構築したモデルに，未解決事件の情報を入力して，犯人像を推定するといった3つの工程に分類することができる。続いて，これらの工程について順次説明する。

なお，ベイジアンネットワークに関するソフトウェアは現在複数あるものの，②のモデル構築と③の既知の情報をモデルに入力して未知の情報を推定するといった両機能を実装したものは少ない。以降の分析は，両機能を実装した株式会社NTTデータ数理システム製のベイジアンネットワーク構築支援システムBAYONET ver.6.0の使用を想定している（現在は，BayoLinkに名称変更）。

まず，分析例の3事件と同種でかつ解決済である事件の情報を収集することから始

	爆破対象	金銭の要求	...	性別	年代	...
爆破予告犯1	官公庁	なし	...	女性	20代	...
爆破予告犯2	民間企業	なし	...	男性	40代	...
爆破予告犯3	民間企業	あり	...	男性	10代	...
爆破予告犯4	官公庁	なし	...	女性	20代	...
爆破予告犯5	民間企業	あり	...	女性	30代	...
.	.	.	.	.	.	.
.	.	.	.	.	.	.

図18.2　爆破予告事件に関するデータセットの例

める。情報収集の段階については，情報の信頼性が高いことはもちろんであるが，警察で保有する情報に限らず，新聞やテレビ，インターネットなどを駆使して収集することも有用である。本分析例についても，インターネット検索によって，過去に爆破予告事件を敢行して検挙された爆破予告犯のデータを用いることを想定した。続いて，図18.2のようなデータセット（各行は過去に検挙されたそれぞれの犯罪者が該当し，各列は犯行変数が該当）内の，各セルに収集した情報を入力していく。犯人像推定で扱うデータの多くはカテゴリカルであるため，性別であれば男性または女性，爆破対象であれば官公庁もしくは民間企業といったように入力する。年齢の場合は，10代・20代のようにカテゴリカルデータに区分する必要がある。

　続いて，作成したデータセットをもとに，モデル探索アルゴリズムと情報量基準を設定し，モデルを自動的に構築する。モデル探索アルゴリズムとは，データセットをもとに変数間の依存関係を探索して，最適なネットワーク構造を選択するための機能のことである。なお，株式会社NTTデータ数理システム製のBAYONET ver.6.0では，モデル探索アルゴリズムとして，Greedy Search（欲張り法）やStingy Search（けちけち法），全探索といった設定が可能である。情報量基準とは，モデルの評価基準のことで，数値が低いほどよりよく予測する最適なモデルといえる。情報量基準については，AIC（赤池情報量基準）やMDL（最小記述長）などが設けられている。モデルは，ノード数の増加などに伴い既存のデータへの適合度は高くなるが，同時にモデルの複雑さも高くなり，新たな事象に関する予測力が低下する傾向がある。そのため，既存データへの適合度と新たな事象の予測を考慮した評価基準が必要であり，AICやMDLは両者を考慮してモデルを評価するといった特徴がある。

　犯人像推定については，前述したとおり，犯罪者に関する変数が原因であり，犯行に関する変数が結果となる。ベイジアンネットワークでは，原因と結果の因果関係が重要であり，事前にそのような制約を設ける必要がある。加えて，犯行変数の中でも時系列的に順序が逆になるような関係は避ける必要がある。たとえば，窃盗事件についていえば，時系列的にあとになるはずの逃走方法が原因（ベイジアンネットワーク

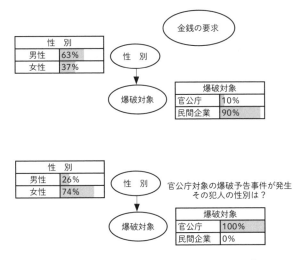

図 18.3　爆破予告事件に関するベイジアンネットワークモデルの例

でいうところの親ノード）となり，侵入方法が結果（子ノード）となるようなことは避けなければならない。因果関係に関する制約を設け，自動的に構築したモデル例を図 18.3 に示す。図 18.3 の円形部は個々の変数を示しており，ノードと呼称する。ベイジアンネットワークでは，ノード間が有向リンクとよばれる一方向の矢印でつながっており，これにより変数間の定性的な因果関係を表している（有向リンクの元を原因，有向リンク先を結果として解釈が可能）。また，図 18.3 上のモデルに示すように，「性別」に関するノード内のカテゴリをみると，「男性」が 63％，「女性」が 37％となっている。これは，データセット内の爆破予告犯の男女比を示しており，事前確率に該当する。これら「性別」と「爆破対象」は有向リンクによってつながっており，両変数が関連性のあることを意味すると同時に，両ノードは条件つき確率によって定量的にも関連している。一方，「金銭の要求」については，どのノードともリンクしていない。これは，「性別」や「爆破対象」といった変数と関連性がなかったことを意味している。このように，ベイジアンネットワークでは，データセットから自動的にモデルを構築し，定性的または定量的に変数間の関連性を探索することが可能となるのである。

　最後に，構築したモデルを利用して，新たに発生した類似事件の分析を行なう作業に入る。新たな事件の犯行情報をモデルに入力し，犯人の情報（性別など）に関するノードの確率分布を求めるといった計算のことを確率推論とよぶ。分析例でいえば，モデル構築によって，「性別」と「爆破対象」がリンクしたことから，新たな類似事件である「爆破対象が『官公庁』（確率で 100％）」という情報をモデルに入力し，「爆破

対象が『官公庁』であった場合に，爆破予告犯が『男性（または女性)』である確率」を求めるのである。このとき，「性別」とリンクしなかった「金銭の要求」については，確率推論を行なっても「性別」に関する確率分布は変わらないことから，確率推論を実施する意味はない。つまり，確率分布を推定したいノードとリンクした犯行に関わるノードの情報を入力し，確率推論を実行する必要がある。以上の分析から，「爆破予告犯が『男性』」である事前確率が63％であったものが，確率推論によって「男性」の確率が低くなり，「爆破予告犯は『女性』」である確率（74％）のほうが高くなるといった結果が得られている（図18.3下のモデル）。つまりは，過去の検挙済事件の情報と新たに発生した類似事件の情報を総合的にかつ合理的に考慮すると，新たに発生した事件の犯人は「女性」である可能性が高いといった結論が得られるということである。

　このようにベイズ方式では，性別や年齢などさまざまな犯人に関する情報について，より精度を高く推定することが可能となるのである。ただし，ベイズ方式に限らないが，統計手法はあくまで一道具にすぎず，犯人像推定は統計手法による分析に加え，現場観察や分析者の経験などをふまえたうえで，総合的に結論を出すものであり，それが最も有効な方法である。

Column 12　殺人の進化心理学的アプローチ

　世界的に見て，殺人は 20 ～ 30 代の加害者が最も多い。しかし日本においては，この年代の殺人率が減少しており，これが日本全体の殺人率減少の大きな原因となっている。なぜ 20 ～ 30 代の殺人が多いのか，また，なぜ日本においては 20 ～ 30 代の殺人率が下がっているのか。進化心理学的視点からの考察を紹介しよう。

競争の進化　進化心理学の観点から，殺人を含む攻撃性は男性間の競争の名残であるという考え方がある。ヒトを含む生物は，自身の遺伝子を遺す確率を最大化するような心理メカニズムが淘汰によって形成されたと考えられている。この意味で，オスは一般的にできるだけたくさんのメスと交配するほうが合理的である。そして，その一つの方略として，他のオスを圧倒してメスを独占することがあげられる。攻撃性はこの点に関連する。つまり，相手と競争し，勝ち上がってきた個体の遺伝子が残ると考えられ，必然的に競争の心理メカニズムが受け継がれる[*1]。

　一方で，ヒトの男性には攻撃のリスクも存在する。負けてしまう可能性に加え，特に現代では，犯罪として取り締まられ，それまで積み上げてきた地位や財産などをすべて失う可能性がある。地位や財産は年齢と正の関係があるため，攻撃のリスクも同様に年齢と正の関連がある。若いほどリスクは少なく，攻撃行動などのリスキーな行動を選択可能である。そのため男性の殺人率は，生殖可能で，かつリスクも少ない年代，つまり，思春期から 20 代前半に最も高いと考えられる。実際に海外のデータでは，男性の 15 ～ 24 歳での殺人率が急激に上昇し，年齢を重ねるごとに下がっていくという傾向が示されている（図 1：Daly & Wilson, 2001）。このようなことから，殺人は進化によって形成さ

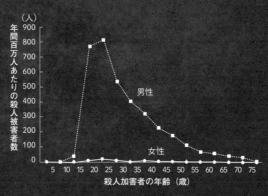

図 1　1965 年から 1989 年のシカゴにおける殺人率（Daly & Wilson, 2001, p. 17 より作成）

[*1]　ただし，実際の配偶はこのような単純な形ではない（日本生態学会，2012）。

れたメカニズムであり，現代においてもそのリスキーな行動をとることが可能な場合に顕在化するのではないかと考えられている。また，世界的にもこの傾向は普遍的であり，進化心理学的解釈の妥当性を裏づける。ただし，殺人は過剰な攻撃による副産物的なものであるのか（"副産物としての殺害"説；killing-as-a-by-product hypothesis），または殺人そのものを目的とするメカニズムが進化したのか（"進化した殺人モジュール"説；evolved homicide module hypothesis）については，いまだ議論がある。

日本における殺人率　日本における殺人率の傾向について，長谷川（Hiraiwa-Hasegawa, 2005）は興味深い現象を示している。それは，年代を経るごとに日本人の殺人率が普遍的な傾向から逸脱しているというものである。具体的には，まず，1955年，つまり戦後10年頃は，思春期から20代前半に急激に殺人率が上がるという普遍的な殺人率の様相を呈している。しかし年代を経るごとに，その突出したピークが徐々に平坦になり，1990年，つまり戦後45年頃には完全にそのピークは消失している。また，1980年以降，

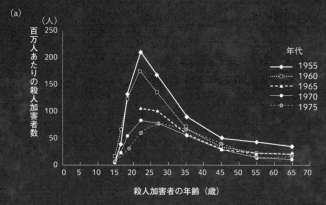

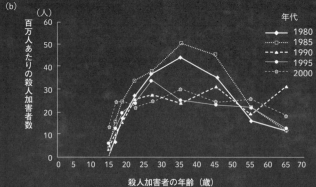

図2　1955年から2000年の，5年ごとの日本における殺人率
(a) 1955年から1975年，(b) 1980年から2000年（Hiraiwa-Hasegawa, 2005, p. 336 より作成）

思春期から20代の殺人率よりも，それより上の年齢の男性による殺人率が上回っている年代もある。たまたまこの年代が殺人率の高い年代であるという可能性もあるが，思春期から20代前半の殺人率が高いという世界的な現象と比較すると，やはり日本は特殊なケースであるといえるだろう（図2）。実際に，コホート分析を行なった結果では，それぞれのコホートで20代の殺人が最も多いことが示されており，年齢の影響がまったくないわけではないことを示している。

これについて，長谷川（Hiraiwa-Hasegawa, 2005）は進化心理学的観点から，年齢，資源，リスクテイキングとの関連に注目した研究を行なった。まず，男性の殺人の動機についてわかったことは，1950年代前半と，1990年代のケースでほぼ変わらないということである。具体的には，殺人は口論などの些細な対立によって起こる。

しかし，年代を経るごとに，日本人の若者男性を取り巻く環境がかなり異なってきている。特に，長谷川（Hiraiwa-Hasegawa, 2005）は，戦後の3つの大きな変化があったと指摘している。①GDPが上がることによって，格差が減り，一般的に資源を十分に持つようになったこと，②家庭ごとの子どもの数が減り（戦前5.2人，戦後1.8人），一人ひとりに分配される資源が多くなったこと，③大学進学率が急激に伸びる，つまり，将来のより大きな資源獲得の可能性が増えたこと，である。実際に，Gini係数（所得の格差の指標で，0から1までの値をとり，1に近いほど格差が大きい），大学進学率と殺人率との関連を検討した結果，大学進学率が増加するほど，また，Gini係数が低下するほど殺人率が低下するという関連が示されている。

このように，進化心理学的視点を導入することによって，複雑怪奇であると考えられるような犯罪行動にも，ある一貫した傾向が演繹的に導き出せるかもしれない。またそういった知見によって，犯罪行動の防止や矯正の根本的な原因にアプローチすることも可能になるだろう。

引用文献

Daly, M., & Wilson, M. (2001). Risk-taking, intrasexual competition, and homicide. *Nebraska Symposium on Motivation, 47*, 1-36.

Hiraiwa-Hasegawa, M. (2005). Homicide by men in Japan, and its relationship to age, resources and risk taking. *Evolution Human Behavior, 26*, 332-343.

日本生態学会（編）(2012). 行動生態学　共立出版

第十九章 地理的プロファイリング
―前史からFBI手法までの実際と展開―

1. 地理的プロファイリング

(1) 定義と歴史

　地理的プロファイリングとは「逮捕されていない同一の犯罪者による連続犯罪の犯行地点の地理的位置やその場の物理・社会環境の特徴に基づき，その犯罪者の居住地を推定する捜査支援のための手法の総称」である。居住地だけではなく，次の犯行地点の予測に適用されることもある。犯行の手口や遺留品などから犯人の人物像や性格，あるいは行動傾向を推測する「犯人像推定」のプロファイリングと並ぶ，もう一つの犯罪者プロファイリングである。英語での表記は統一されておらず，イギリスを中心とするヨーロッパでは geographical profiling あるいは geographical offender profiling が主に用いられ，北米では geographic profiling が主に用いられている。

　歴史的には，ジョン・スノウ医師（John Snow）が19世紀にロンドンで行なったコレラの発生地点と井戸の場所分布の分析によるコレラの感染源の推定などがその起源とされることもあり，またカインド（Kind, 1987）によるヨークシャ・リパー連続殺人事件の分析などの犯罪の行動分析の前例もあるが，現在の手法と直接つながる研究活動は，20世紀末に始まる環境心理学者，カンターの研究グループの活動（Canter, 1994, 2003；Canter& Gregory, 1994；Canter & Larkin, 1993）である。連続殺人事件解決への協力を警察に依頼されたカンターたちは，犯罪記録から連続犯の犯行地点の

分布の内側，正確に言えば，最も離れた犯行地点を結ぶ線を直径とする円の内側に犯人の居住地が存在する確率が非常に高いことに気づき，その知見を警察に提供することで，犯人逮捕に役立てた。この知見がのちにサークル仮説として知られるようになり，犯行地点の空間的分布を分析する手法の先駆的な仮説になる。当時，カンターはイギリスのリバプール大学に所属していたため，日本では地理的プロファイリングをリバプール方式の犯罪者プロファイリングとよぶことがある。一方，犯人像を推測するプロファイリングは，アメリカのFBIの捜査官たちによる脅迫犯の心理分析に起源を持つため，FBI方式とよばれる。また，ほぼ同じ時期に，当時はカナダの警官であり，現在は犯罪学者のロスモ（Rossmo, 2000）も地理的プロファイリングの一つであるCGT（criminal graphic targeting：地理的犯罪者探索）を発表している。ロスモのアイデアは，カンターたちとは異なり，犯行地点の分布から最も確率の高い犯罪者の居住地を推定するのではなく，犯行地点に基づく犯罪者の空間行動を推定することで，捜査範囲のすべての地点において居住地である確率を計算するという方法を用いている。CGTでは結果として，居住地である確率を示した等高線のようなものが地図上に示されることになる。CGTは，一点で推定する空間分析と並ぶ，捜査・捜索範囲の各地点における確率を計算する現在の地理的プロファイリングの代表的な方式の起源と考えられる。

地理的プロファイリングは，このようにしてイギリスとカナダで開発と実務への適用が始まったが，その後世界各国で研究と実践が行なわれており，日本でも2000年頃から導入と研究が盛んに行なわれるようになっている。諸外国と比較して連続殺人事件の少ない日本では，連続放火（羽生，2006a；三本・深田，1999；田村・鈴木，1997）や窃盗・住宅侵入盗（Haginoya, 2014）などへの適応事例が多い。

(2) 理論的背景

地理的プロファイリングが成立する背景には次のような理論が仮定されている。

①合理的選択理論

合理的選択理論とは犯罪行動に合理性があるとする理論である。経済学などにおける本来の合理的選択理論はすべての選択肢の中から最大の利得（利益や満足）を得られる選択肢を選ぶというものである。しかし，犯罪学や犯罪心理学などの犯罪諸科学における合理的選択理論はこのように合理性の強い意味を持つわけではない。犯罪行動の説明において使われる際の合理的というのは最適であるという意味ではなく，一定の思考的論理性があるという弱い意味に使われている。つまり，犯罪者の思考にも法則性があり，理解が可能であるということである。つまり，でたらめではなく，法則性があるために，推定も可能であるということである。

そして，犯罪者の犯行地点選択における論理は逮捕につながる危険性と犯行に必要な労力やコストを最小限にしながら，同時に犯行の動機を最大限に満たすことである。逮捕につながる危険性は，たとえば知人に犯行を目撃されることで犯人として同定される確率の判断や目撃される危険を最小にするために速やかに犯行対象を定めたり，逃走経路を発見する効率の判断などで判断される。こうした確率や効率は犯罪者の居住地からの距離に影響を受ける。つまり，一番重要な居住地である自宅付近では知人に遭遇する確率が高いが，自宅から離れすぎた場所では，土地鑑がなくなり，犯行対象や逃走経路を速やかに見つけることが難しくなる傾向がある。犯罪者がこうした相反する効果を合わせて犯行地点を決定すると仮定できることから，地理的プロファイリングでは自宅と犯行地点の間の距離を推定することができる。

②空間行動

　こうした犯人による犯行地点選択は，空間行動の一つである。そして空間行動は過去の経験によって得られた環境の知識とその場における環境の影響を受ける（羽生，2005，2006b）。過去の経験によって得られた環境の知識は認知地図（あるいはメンタルマップ）とよばれる。認知地図は頭の中にある環境や空間に関する表象であり，経験を重ねることで精緻で正確になっていく。精緻で正確な認知地図がある場所では，適切な方向の定位や経路の判断などの空間行動が可能になる。先に自宅からの距離が離れるにしたがって土地鑑がなくなる傾向があると説明したが，これは離れた場所は，自宅に近い場所よりも訪れる機会が少なくなるために，経験することが少なくなる傾向があるためである。しかし，同じ距離が離れている場所であっても，訪れる機会は異なることがある。たとえば，同じ距離にあっても職場，友人・知人宅，繁華街などを訪れる機会は，知人のいない住宅街や田畑，あるいは山林などよりも多いだろう。したがって空間における環境の経験は不規則になるため，自宅を中心とした認知地図は，自宅から均等には広がらず，異方性を持つ歪んだ形になる傾向がある。空間行動に影響する環境としてはこうした土地利用のほかに，交通網や地形が考えられる。たとえば，道路の整備されている経路では，整備されていない経路よりも，移動のための身体的あるいは経済的負担も時間もかからないために，利用頻度も移動距離も増加する傾向がある。また，移動を妨げる川や崖，大きな建物や移動の負担の大きい上り坂や階段などの影響もある。こうして形成された歪んだ認知地図が犯人の犯行地点選択に影響を与える，特に犯行地点は認知地図の範囲内にあることが多いと地理的プロファイリングは仮定している。

③活動空間と意識空間

　認知地図はこのように経験の積み重ねにより形成されていくが，こうした日常的に利用する環境は特に活動空間といわれることがある。そして，活動空間がくり

返し利用されることで，その空間に重なるように意識空間が形成されるとされる (Brantingham & Brantingham, 1981)。しかし，活動空間と意識空間は完全に重なるわけではない。活動空間の中にほとんど意識されない空間が残ることがあり，一方で活動空間の外にも強く意識が広がることもある。それは意識空間が実際の経験の頻度のほかに，場所の持つ重要性や意味にも影響を受けるからである。そうした場所の重要性や意味は都市における商業的・行政的（たとえば，繁華街，役所や公共施設）機能のように多くの人々に共有されるものもあるが，一人ひとりに独自のもの（たとえば，友人知人宅やお気に入りの場所）もある。地理的プロファイリングにおいては，活動空間だけではなく，空間行動に対して意識空間も影響することが仮定されている。

④距離による犯行の減衰

捜査・捜索範囲の各地点における確率を計算する地理的プロファイリングにおいては，犯人の居住地からの距離と犯行地点として選択される確率の関係に関して，自宅からの距離が遠くなるにつれて犯行地点として選択される確率が減少することが仮定されている。この仮定は距離による犯行の減衰（distance decay：距離減衰）とよばれるが，「合理的選択理論」で説明したように，自宅付近では目撃された際に同定される確率が高まるために自宅の周辺も犯行の確率が減少するという仮定も付け加えられることがある。この自宅周辺での犯行確率が減少するという仮定はバッファーゾーンの仮説とよばれる。距離による犯行の減衰が起こる理由としては，距離が遠くなるにつれて移動のための負担が大きくなるために，犯行動機を達成できる最短の距離の犯行地点が選択されるという身体的な理由である最小努力の法則，また認知地図あるいは意識空間は自宅から離れるにつれて不正確になるために，適切な犯行地点の選択や逃走経路の判断などができにくくなるというような心理的理由による性質が考えられる。しかし，犯罪発生の確率を考えた場合では，自宅からある距離 (a) にある円周よりも，その距離の2倍 (2a) の距離の円周は，2倍の長さになるために，距離 2a の円周上で，距離 a の円周上と同じ犯行数が行なわれた場合でも，単位あたりの犯行確率は半分になるということにも注意が必要である。

(3) 地理的プロファイリングの手法

現在の地理的プロファイリングのアプローチは大きく2つに分類することができる。すでに「定義と歴史」で示した，犯行地点の空間的分布の分析から犯罪者の居住地として可能性の高い領域あるいは地点を推定するアプローチと捜査・捜索範囲の各地点における犯罪者の居住地の確率を計算するアプローチである。一点を推定するアプローチは空間分析法（spatial distribution strategy）と，各犯行地点からの距離の分析から各地点の確率を推定するアプローチは確率距離法（probability distance strategy）とよばれることがある（Snook et al., 2005）。

①空間分布法

　空間分析法とは，まだ見つかっていない同一犯による複数の犯行地点の2次元座標の幾何的性質のみから犯罪者の居住地として一番可能性が高い領域や地点を推定するアプローチの総称である。このアプローチの代表として，①サークル仮説，②空間平均法，③総距離最小中心点法がある。

サークル仮説（circle theory）：すでに説明したように現代的な地理的プロファイリングの創始者の一人であるカンターが提唱した仮説であり，手法である。その方法は，複数の犯行地点の中で最も距離が離れた2点を見つけ，その2点を直径とする円を描く，というものである。こうして描かれた円の中が犯罪者の居住地の存在する可能性が高いと推定される。その理由は以下のとおりである。①住居のような居住地の近くは意識空間であり，詳しく正確な認知地図を持っているが，知人が多く目撃された際に同定されやすいために犯行は行なわれない。しかし居住地から離れすぎると意識空間ではなくなるため，認知地図は不正確になり，効率的に犯行対象を見つけたり，逃走経路を判断することが難しいと感じられるようになる。したがって，最初の犯行は同定される可能性が十分に低くなるだけ距離が離れているが，適切な空間行動ができる程度に詳しい認知地図がある程度には近い，犯罪者にとっての最適距離で行なわれる。②第1の犯行地点の付近では，すでに行なわれた犯罪の結果として住民の警戒心が高まっていたり，警察の捜査が行なわれている可能性が高いために，犯人にとっては逮捕される危険性が高いと感じられる地域になっている。したがって，逮捕の危険を避けながら，空間行動の効率を保つために，第2の犯行地点は第1の犯行地点とは別の方向の犯人の最適距離で行なわれる。③第3犯行地点は，第2犯行地点の選択と同じ理由で，第1，第2犯行地点とは別の方向の居住地から犯人の最適距離の場所で行なわれる。第4以降の犯行地点も同じ法則に従って，居住地からさまざまな方向の最適距離で行なわれる。④このような犯行地点選択の結果として，犯行地点は居住地を中心とした円状に分布することになり，その直径は最も遠い犯行地点を結んだ線となることが仮定される。そして，この理論的仮定に従えば，この円の中心が最も犯人の居住地としての可能性が高いと推定されることになる。

　これまでの研究はサークル仮説が連続性犯罪（Canter & Larkin, 1993；Kocsis & Irwin, 1997）や連続放火（羽生，2006a；田村・鈴木，1997）において高い確率で成立することがわかっている（Canter, 1994；Canter & Larkin, 1993；羽生，2006b；田村・鈴木，1997）。サークル仮説が成立する事件は襲撃型（marauder）とよばれ，成立しない事件は通い型（commuter）とよばれる（Canter & Larkin, 1993）。

空間平均法（centroid）：2次元座標上に布置された同一犯による連続犯罪の複数の犯行地点に対して，次元ごと（x次元とy次元の座標の値それぞれ）の座標の平均値を算出し，その平均値が示す座標を犯人の居住地として最も疑わしい地点として推定する方法である。平均値の算出には算術平均が用いられるが，幾何平均や調和平均を用いることもある。また，少数の極端に離れた犯行地点の影響を過大評価しないという考え方から中央値を用いることもある。

総距離最小中心点法（center of minimum distance：CMD）：同一犯による連続犯罪の各犯行地点からの総距離が最小になる地点（geometric median）を，犯罪者の居住地として推定する方法である。この中心から一定の半径の円内を疑惑領域とするアプローチも存在する（三本・深田，1999）。

連続犯罪の複数の犯行地点のうちの2地点の座標（最も離れた2地点）の情報しか利用しないサークル仮説による円の中心の推定とは違い，空間平均法と総距離最小中心点法ではすべての犯行地点の情報を用いる。推定地点と実際の犯人の居住地の差という推定においては大差はないが，相対的にはCMDの精度が高いことが示される傾向がある（Paulsen, 2006；Snook et al., 2005）。

②確率距離法

犯行地点の位置情報のみを分析に用いる空間分布法とは異なり，確率距離法では犯罪者の空間行動の特性に関する仮定を含んでいる。すでに説明した距離による犯行の減衰（distance decay：距離減衰）の仮定である。距離による犯行の減衰とは空間行動における最小努力の法則を意味しており，つまり犯行地点は十分に離れている限りにおいてなるべく，自宅から近い距離で選択されるというものである。多くの犯罪は自宅からそれほど離れた距離で行なわれるわけではないと表現されることもある。

すでに述べたように，確率距離法を用いた現代の地理的プロファイリングの源流はロスモ（Rossmo, 2000）によるCGT（地理的犯罪者探索）である。CGTの基本的なメカニズムは以下のとおりである。①距離減衰関数に基づいて，同一犯による連続犯罪の各犯行地点を頂点とする山を描く。山の高さが犯人の居住地である確率を示す。つまり，犯行地点から離れるにつれて，犯罪者の居住地が存在する確率が減少すると仮定され，その確率は犯行地点からすべての方向において，同一距離では同じであることが仮定されている。②しかし，CGTにおいては，その山の頂上付近はとんがっていない。犯罪者の空間行動のもう一つの仮説である，自宅のごく近くでは犯罪を行なわないというバッファー仮説に基づき，犯行地点から一定の距離内では犯行地点に近づくにつれて犯罪者の居住地が存在する確率が減少すると仮定する。したがって，CGTによる確率を示す山は，犯行地点付近を中心にした逆三角錐状の深い噴火口を

持つ。③こうして各犯行地点に対して描かれた山が示す犯罪者の居住地がある確率を，捜索範囲内のすべての点において加算（合計）する。つまり，近くに複数の山が集まる領域では，頂点以外でも，その付近の地点における確率は大きくなり，山が重ならない領域では，頂点から少し離れた噴火口の周辺部付近以外の確率はそれほど大きくならないことになる。④このようにして描かれた，犯罪者の居住地である加算された確率は等高線を示すことになるが，そこには複数のピーク，つまり犯罪者の居住地として疑わしい場所が複数表示されることがある。この点が，1カ所しか疑惑点や領域を示さない空間分布法との一番の相違点である。

　CGTにおいては，距離による犯行の減衰を表現するために，マンハッタン距離を用いて，指数関数の逆数（負の指数関数）を採用する。マンハッタン距離は街路距離ともよばれるが，ニューヨーク市のマンハッタンのような格子の街路を持つ街においての移動距離を意味する。つまり，2点間の距離を直線距離ではなく，街が東西と南北に進む街路で区切られている場合には東西と南北の移動の合計距離とする方法である。数学的には，2点間の距離をピタゴラスの定理で計算するのではなく，x座標の差とy座標の差の合計として計算する。CGTがマンハッタン距離を採用する理由は，都市部における移動距離は，街路をたどるために2点間の直線距離よりも長くなる傾向があると考えるためである（Rossmo, 2000）。

　現在，CGT（分析ソフトウエア名はRigel）以外にもいくつかの確率距離法に基づく地理的プロファイリングのソフトウエア，（代表的なものはCrimeStatとDRAGNET），が存在する，基本的な仮説と分析過程はCGTと同じである。ただし，CGT（RIGEL）と違い，その他の確率距離法に基づくソフトウエアでは，マンハッタン距離ではなく直線距離を採用することが多く，また距離による犯行の減衰のための関数（距離減衰関数）として，負の指数関数だけではなく，複数の関数を採用できるようになっていることが多い。負の指数関数以外の距離減衰関数としては，①1次関数，②2次関数，③自然対数，④正規分布，⑤対数正規分布が用いられることがある。ただし，こうしたそれぞれの関数には，空間行動やその他の心理・行動的理論的な仮説が存在するわけではなく，さまざまな距離減衰を示す関数が採用され，犯罪現象への適用の試行錯誤が行なわれているのである。

　近年，こうした確率距離法に，既存の犯罪データを組み入れる試みが行なわれるようになっている。こうした試みは，ベイジアンアプローチとよばれている。基本的な形のベイジアンアプローチでは，捜索範囲の各地点において，確率距離による犯罪者の居住地の確率推定値に①過去の犯罪データにおいてその場所で犯罪が行なわれた場合における各地点に犯罪者が住んでいた確率を掛け，②各地点において犯罪者が居住していた確率で割る。つまり，過去の犯罪者が犯罪のために移動した傾向が高いほど疑惑の確率は上がり，また犯罪者が住んでいる確率が低い場所が疑わしいと判断された場合には疑惑の蓋然性が高いと判断することになる。その連続犯罪を行なった犯罪

者の過去の過去の行動傾向を用いているわけではないので，厳密な意味でのベイジアンアプローチにはなっていないとも考えられるが，住宅侵入盗や強盗，万引き，乗り物，車上荒らし等などの犯罪者群の集団的な居住地選択傾向や空間行動傾向が仮定できる犯罪においてはベイズ的であると理解できる。

(4) その他の論点

①事件リンク分析

　地理的プロファイリングでは，まだ逮捕されていない同一の犯罪者の連続犯罪の犯行地点を分析するが，犯行声明でもない限り，どの犯罪が同一犯によるものかはすぐには判断できない。そのため犯行の方法，手口から同一犯罪者による犯罪を結びつける必要がある。この方法を事件リンク分析といい，犯行手口は MO（*modus operandi*；ラテン語で「実行の手段」）という。地理的分析において重要な MO の要因としては，犯行手段そのものや選択された犯行対象に加えて，犯行時間帯，犯行間隔，犯行場所の環境，犯行地点間の距離などがある。

②方法の比較

　これまで紹介してきたように地理的プロファイリングでは，紙の上に示された犯行地点に円を描くだけで可能な単純なアプローチから，犯行地点データに既存の犯罪データをあわせて，専用のソフトウエアで分析しなければ実行できない複雑なアプローチまでが存在している。現在，世界各国の法執行機関は複雑なアプローチを採用する傾向がある。しかし，各アプローチを比較した研究は，実はこうしたアプローチの精度の間に大きな差がないことも示している（Snook et al., 2005；Paulsen, 2006）。そこには，単純な方法にも十分な理論的根拠がある，コンピュータプログラムの進歩が十分ではないなど，いくつかの理由が考えられるが，最も大きな理由は，どのような方法でも通い型犯行においては，推定が大きく誤るということにある。すでに説明したように，通い型犯行とは，犯罪者の住居が犯行地点の分布する範囲の内側に存在しない事件のことである。ほとんどのアプローチは，基本的に犯行地点の分布の内側に犯罪者の住居を推定するために，通い型の場合には，既存のどのアプローチでも犯罪者の住居をうまく推定することができない。理論的には，ベイジアンアプローチにはこの問題を解決できるポテンシャルがあるが，現在までのところ，制度において他のアプローチと大差はない。地理的プロファイリングの研究において最も必要とされていることの一つは，通い型と襲撃型とを弁別する方法の開発である。

2. クライムマッピング

(1) クライムマッピングと犯罪研究における意義

　クライムマッピングとは，犯罪や非行に関連する空間的要素を地図やチャートを用いて図化することで，犯罪現象を理解し，犯人検挙や犯罪予防方策の立案・実施といった実務的問題を解決するプロセスである。

　犯罪や非行は空間的要素を多くもっている。犯罪を個別の事件としてみた場合，その空間的要素には，犯罪現場（犯罪発生地点）のほかに，加害者・被害者の住居・職場・学校といった生活拠点やそれを結ぶ空間移動，さらには，犯意を形成した加害者が，犯行対象を探索し定める，犯行対象に接触して犯行を遂行する，現場から逃走する，といった犯行に伴う一連の空間移動がある。事件単位のクライムマッピングは，犯罪者の特定や検挙だけではなく，その事件がなぜ発生したか，なぜ防げなかったかを事例的にふり返ることで，同種の犯罪防止に役立てることができる。図19.1は，夜間における街頭での犯罪発生過程の模式図である。この図では，加害者が自転車で犯行対象を探索し，徒歩で帰宅する被害者を発見し，人通りが少なく照度が低い裏通りで被害者を待ち受けて襲撃したものである。この模式図からは，加害者に対する職務質問の実施，犯行を容易にする環境要因の改善，歩行者のより安全な経路選択といった対策を考えることができる。

　一方，人口集団単位でみた場合の犯罪の空間的要素には，犯罪発生地点の空間パター

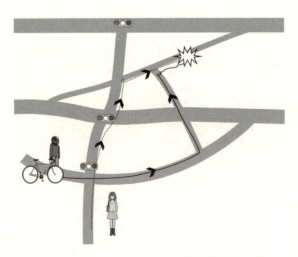

図19.1　クライムマッピングの例（路上犯罪の発生過程）

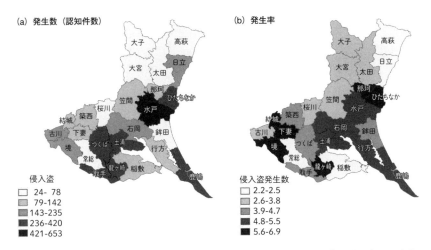

図19.2 クライムマッピングの例：茨城県における住宅侵入盗の発生数（認知件数）と発生率

ンや，地区別の犯罪発生率の違いがあげられる。人口集団単位のクライムマッピングは，犯罪対策の実施地区の優先順位づけに利用されるほか，犯罪ホットスポット（多発場所）や高リスク地区の特徴から，犯罪発生のメカニズムを考えることができる。図19.2は，ある年の茨城県における地区別の住宅侵入窃盗の発生数（認知件数）と，認知件数を世帯数で割った発生率を示している。発生数でみると，県庁所在地である水戸市が最も顕著だが，発生率でみると，東京に近い県南部でのリスクが高いことがわかる。この県南部での発生率の高さを説明するために，人口が多い首都圏中心部からの交通アクセスの良さや，通勤による昼間時間帯の留守など，複数の仮説を考えることができる。

クライムマッピングで扱われる犯罪地図は，ピンマップ，コロプレス地図，密度地図に大別される（図19.3）。ピンマップは，犯罪1件の場所が1つの点として地図上に表現され，犯罪の種類や発生時間帯といった位置情報以外の属性変数によって色分

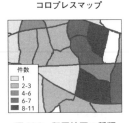
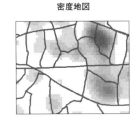

図19.3 犯罪地図の種類

けして表示することもできる。コロプレス地図は，市区町村や警察署管轄区域といった空間集計単位で集計された犯罪発生件数や犯罪発生率を，色やパターンの差異で表現した地図である。密度地図は，犯罪発生地点の分布に格子状の正方形（セル）を重ねあわせ，その正方形ごとに算出された犯罪発生密度を色やパターンで示す地図であり，詳細は後述する。

(2) クライムマッピングの歴史と発展

クライムマッピングの起源は，実証的な犯罪心理学のスタートと同じく19世紀のヨーロッパに遡ることができる。アンドレ＝ミシェル・ゲリー（André-Michel Guerry）やアドルフ・ケトレー（Adolpht Quetelet）らの地図学派の研究者らは，フランスの県単位の犯罪発生率のコロプレス地図から，南部の地方部では暴力犯が多く，北部の都市部では財産犯が多いことを見いだしている。

20世紀前半のアメリカでは，シカゴ学派の研究者らが，地図を用いて都市病理を記述し，その原因を探求した。非行少年の居住地を示すピンマップ（図19.4）や，少年総人口に占める非行少年の割合を示すコロプレス地図からは，都心周辺の推移地帯への非行少年の集中が示され，社会解体論や同心円理論が提起された（Shaw & McKay, 1942；Shaw et al., 1969）。

そして，日本でも第二次世界大戦の混乱期に，シカゴ学派と同じ考えに基づき，東京23区における非行少年居住地のピンマップが作成されている（最高裁判所事務総局，1958）。

1970年以降の欧米では，治安が悪化するとともに，公衆の犯罪不安が顕著にな

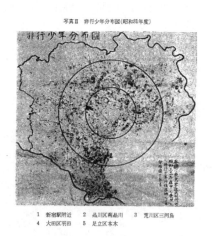

図19.4 シカゴ（左）と東京（右）における非行少年居住地
（Shaw & Mckey, 1942；最高裁判所事務総局，1958）

り，刑務所や少年院での犯罪者処遇や，教育や住宅に関する社会政策といった犯罪原因論に基づく犯罪対策とは異なる対策が求められるようになり，環境犯罪学や犯罪機会論が発展した。環境犯罪学では，犯罪事象を犯罪者，被害者（被害物），法律の三者に分けて考え，犯罪者と被害者（被害物）との空間関係に特に注目する（Brantingham & Brantingham, 1981）。そこでは，犯罪発生地点の地図化のみならず，犯行行程（Journey to crime；Rengert, 1992）や犯罪パターン理論（Brantingham & Brantingham, 1993）など加害者・被害者の空間移動に基づく犯罪理論が提唱された。

1990年代以降のアメリカでは，GIS（geographic information system：地理情報システム）を用いたクライムマッピングが隆盛を迎えた（Harris, 1999）。GISとは，データベースとデジタル地図をコンピューター上で統合する仕組みであり，データベースには，犯罪発生地点の座標や住所といった空間参照情報が含まれ，発生日時や被害者の性別・年齢といった非空間的な属性情報を含めて，デジタル地図上に表現される。

最初期のクライムマッピングのためのGISには，アメリカ・イリノイ州刑事司法情報局のSTAC（Spatial and Temporal Analysis of Crime）があげられる（Block, 1995）。また，全米各地の警察で，警察活動を分署単位に分権化して，直近の犯罪発生状況を地図や表にして，会議で討議して活動内容を決定するCOMPSTAT（コムスタット）が広く普及した（Henry & Bratton, 2002）。

日本でクライムマッピングが普及するきっかけになったのは1995～2004年にかけての治安悪化である。街頭犯罪や侵入犯罪の増加に旧来の警察活動が追いつかなくなったために，GISによる犯罪情勢分析に基づく犯罪抑止対策や，市民に対して犯罪地図を公開することによる，犯罪予防行動や防犯ボランティア活動参加の呼びかけが広く行なわれるようになった（島田，2004）。

(3) 犯罪の空間的集中

犯罪発生地点を地図上にプロットすると，その分布はランダムに散らばるのではなく特定場所に集中する。スペルマンとエック（Spelman & Eck, 1989）によると，アメリカの犯罪のおよそ60%が，地理的には10%の場所に集中していた。また，アメリカ・ミネアポリスでの警察への緊急通報の約半数が，市内全域の3.3%の地点に集中していた（Sherman et al., 1989）。日本でも，ある市区の侵入犯罪の2割が，全体の5%弱の領域に集中することが見いだされている（原田・島田，2000）。

このような犯罪多発場所がホットスポットである。ホットスポットとは，「犯罪が頻繁に発生し，少なくとも1年以上にわたり集中が予測される狭い場所」と定義される（Sherman, 1995）。場所とは，「利用目的が限定された狭い空間」であり（Eck & Weisburd, 1996），具体的には建物，店舗や駅といった施設，街区（道路に囲まれた一区画），交差点，道路セグメントがあげられる。犯罪発生率が高い市区町村や学校区，

表 19.1　犯罪ホットスポットの分類

	犯罪発生数	犯罪発生率	原因
犯罪誘引場所（Crime Attractor）	高	高	犯罪企図者に対する場所の魅力性
犯罪生成場所（Crime Generator）	高	低	犯行対象の集中
犯罪可能場所（Crime Enabler）	低/高	高	監視や保護の不足

警察署管轄区域といった面的な区域は，場所よりもスケールが大きいために，ホットスポットとは区別して考える。

クラークとエック（Clarke & Eck, 2003）は，犯罪ホットスポットを，表19.1 に示す3種類に分類している。

①犯罪誘引場所（crime attractor）は，場所特有の特徴によって犯罪企図者が誘引される場所である。日本では，繁華街での粗暴犯や，犯罪企図者間の口コミやネット情報による街角での薬物取り引き，商業施設における盗撮，飲食店での賭博などがあげられよう。

②犯罪生成場所（crime generator）は，犯行対象が多く集まり，結果として犯罪発生数が多くなるが，犯罪発生率は必ずしも高くない場所である。日本では，混雑した店舗や施設における置き引き，混雑した電車内での痴漢などがあげられる。

③犯罪可能場所（crime enabler）は，監視や被害対象の保護の不足によって犯行が容易になる場所であり，特定の店舗での万引きや強盗，特定の道路セグメントにおけるひったくりなどがあげられる。なお，日本で過去にあった犯罪可能場所の実例には，ロードサイドに展開する飲食チェーン店が，深夜時間帯の店員の一人配置による犯行の容易性のために，選択的に店舗強盗の被害に遭った例（読売新聞，2011年10月14日）がある。

犯罪の空間的集中は，カーネル密度推定法とモランのI（Moran's I）を用いて評価することができる。

カーネル密度推定法は，犯罪発生地点のようなポイントデータから，連続的で滑らかな密度分布を得る方法であり，地図上でホットスポットを的確に表現できるため，多くの都道府県警ホームページの犯罪地図で用いられている。潜在的な犯罪分布パターンから犯罪が確率的に発生すると考え，その発生地点から潜在的な分布を推定する。具体的には，以下のような考え方で作成される。

①犯罪の1件1件の発生地点について，発生地点から一定のバンド幅（500m～3km程度）で，発生地点からの距離に応じて減衰する値を割り当てる。分析対象領域を断面で示した図19.5 では，5つの犯罪発生地点にそれぞれ4次関数が割

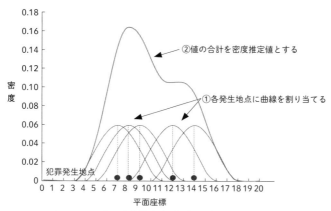

図19.5 カーネル密度推定法の概念図（Levine, 2010より作成）

り当てられている。
② 各犯罪発生地点から生成した値の合計を密度推定値とする。
③ 分析対象領域に50～200m程度のセル（細密な四角形）を重ね合わせ、セルごとの値を算出する。セルの1辺の大きさをセルサイズという。

　カーネル密度推定法は多くのメリットを持っている。一つは、点に依存せずに犯罪の空間パターンを表現可能な点である。ホットスポットをピンマップで表現すると同一住所で発生した犯罪発生地点が重なるため、その場所で何件の犯罪が発生したか判別できない。これに対し、カーネル密度推定法では、ホットスポットでの犯罪の多寡を密度で表現可能である。次に、犯罪地図を一般市民に公開する場合には、被害者や被害世帯が特定されない配慮が重要であり、この点でも点表現に依存しないカーネル密度推定法は有効である。さらに、カーネル密度推定法は、セル単位の犯罪発生数の単純集計よりも犯罪発生パターンが理解しやすい。単純集計法では、ホットスポットを含むセルでの発生数は多くなるが、隣接セルでも同様に犯罪が多発しているとは限

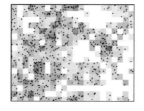
単純集計法

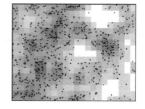
カーネル密度推定法

図19.6 単純集計法とカーネル密度推定法との比較

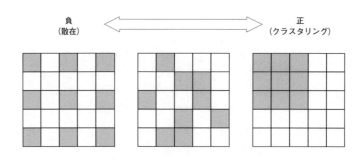

図19.7　空間的自己相関の概念図

らず，パターンにムラができる。これに対して，カーネル密度推定法では，セルサイズよりも大きなバンド幅を用いて平滑化することで，直感的に理解しやすい犯罪密度分布を得ることができる（図19.6）。

　コロプレス図で表現される地区別の犯罪発生パターンは，モランのIを用いて評価できる。モランのIにはグローバルな指標（Cliff & Ord, 1973）とローカルな指標（Anselin et al., 1995）とがあり，グローバルな指標は，地区全体の犯罪率の空間的自己相関（近接した地区間で同じ犯罪率がみられる傾向性）を示し，犯罪率が高い地区が空間的に集積している（クラスタリング）場合には正の値，散在している場合には負の値をとる（図19.7）。犯罪を含む多くの社会現象では一般にモランのIは正の値をとる，すなわち空間的な集中がみられるが，モランのIの高低によって，犯罪の集中度合いを評価することができる。一方，ローカルなモランのIは地区ごとに算出され，当該地区の犯罪率を周辺地区と比較して，その特異性を評価することができる。

　東京の2特別区における犯罪15種類のうち，乗物盗，車上ねらい，侵入窃盗は他の犯罪類型に比べてクラスタリングの傾向が強かった（島田ら，2002）。また，東京23区でピッキングによる住宅対象侵入窃盗が急激に増加した1996～2000年にかけて，ローカルなモランのIで判定された高犯罪率地区は年ごとに移動していた（Shimada, 2004）。また，2001年以降は犯罪の減少に伴いグローバルなモランのIが低下し，高犯罪率地区が分散傾向にあることが示されている（雨宮・島田，2013）。

(4) オープンデータ時代のクライムマッピング

　日本におけるクライムマッピングを用いた犯罪研究には，これまでデータの入手可能性や高価で難解な分析環境といった大きな制約があった。しかし，近年，犯罪データや背景地図用の各種空間データの公開，フリーソフトの普及などで研究が容易になっている。

　分析用の犯罪データを入手するためには，①警察本部や都道府県のホームページな

どでの公開情報を利用する，②新聞記事データベースを検索する，といった方法が考えられる。①に関しては，現在，ほぼすべての都道府県の警察本部で，市区町村や町丁目単位で集計された犯罪発生件数のデータが公開されており，社会経済要因との関連を分析することができる。また，大阪市ホームページ「大阪市の犯罪発生情報」では，ひったくりや車上ねらい，乗物盗等の発生場所の町丁目や発生時間帯，被害者の年齢層などの個票がCSV形式で公開されており，そのまま統計分析が可能である。

背景地図のための，あるいは犯罪との関連分析のための空間データも，近年，無償公開が進んでいる。総務省統計局の「地図で見る統計（統計GIS）」では，国勢調査町丁目集計や対応する町丁目ポリゴンデータが公開されており，犯罪発生と社会経済状況との関係を検討することができる。また，国土交通省の国土数値情報ダウンロードサービスでは，警察署や交番の位置や，警察署管轄区域の空間データが公開されており，警察のホームページで公開されている警察署別の犯罪発生件数の集計データと合わせることで，コロプレス図が簡単に作成できる。

インターネットの地図関連サイトでは，犯罪発生地点の住所から x, y 座標を求めるアドレスマッチングや距離計測が可能である。犯罪データのほとんどは発生地点が住所で表現されているため，GISで集積性の評価や空間分析を行なうためには，アドレスマッチングによって住所を座標に変換する必要がある。東京大学空間情報科学研究センターで提供されている「CSVアドレスマッチングサービス」は，住所情報を含むCSVファイルに，街区符号単位での座標を付与することができる。

デスクトップGISは，犯罪発生地点のピンマップや犯罪密度地図，犯罪発生率のコロプレス地図などが簡便に作成可能である。また，子どもに対する声かけの発生地点と小学校の距離や，ひったくり発生地点と街頭防犯カメラの位置関係など空間分析が可能である。デスクトップGISはこれまで，アメリカでのクライムマッピングで実績を有する ArcGIS Desktop（ESRI社）などの有償ソフトが主流だったが，近年は，無償のデスクトップGISソフトQGISが急速に普及している。また，心理学で広く使われている統計分析環境Rにも，地図作図や空間分析・空間統計用のライブラリが公開されている（谷村ら，2010）。

地区集計データに特化した無償の空間分析ソフトには，アメリカの計量経済学者アンセリン（Anselin et al., 2006）が開発したGeodaがある。Geodaはコロプレス図を簡便に作成可能であり，空間的自己相関や空間回帰分析などの高度な多変量解析も可能である（中谷ら，2004）。

図19.8には，「大阪市の犯罪発生情報」で取得したひったくりの個票データに，「CSVアドレスマッチングサービス」で座標を与えたのちに，QGISにインポートして作成したピンマップと密度地図を示す。これらは一般公開されたデータと無償のソフト・サービスを利用したものである。

欧米では，クライムマッピングや犯罪分析手法が大学で教育され，輩出された人材

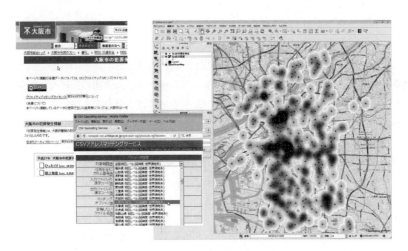

図 19.8 犯罪のオープンデータとフリーソフトを用いたクライムマッピングの例

が警察機関に採用され実務に貢献している（島田, 2015）。その背景として，アメリカの ICSPR（Inter-University Consortium for Political and Social Research）など教育研究用の犯罪データアーカイブがあげられる。

　加えて，近年，政府や公共機関が作成したデータを，第三者の分析や加工を前提に公開することによって，コストをかけずに新たな社会的価値を創出しようとするオープンデータ運動が盛んになっている。イギリス政府は，オープンデータの理念に則って犯罪地図や個票を公開し，公衆からの信頼獲得と犯罪対策への市民関与の増進を企図している（Chainey & Tompson, 2012）。

　日本でも，大阪府警が犯罪抑止目的で行政や事業者に個票を提供する「安まち」アーカイブを運用しており，先述の「大阪市の犯罪発生情報」は，オープンデータとして公開され二次利用が許諾されている。また，千葉市では，市民が通報した落書きやゴミの放置などの秩序違反を地図で共有して，問題への迅速対応や落書き消しなどの市民参加活動を企図している。

　クライムマッピングは，地域での犯罪非行問題を理解すると同時に，適切な犯罪対策を選択し実行することによって地域に安寧をもたらすことができる。公開されたデータを研究に用いるだけではなく，科学者としての専門性を生かした社会への貢献が期待される。

Column 13 犯罪原因への社会学的アプローチ

　心理学者や精神医学者は犯罪や非行の原因を明らかにしようとするとき，その犯罪を犯した個人のパーソナリティの要因や生育史，養育環境，精神病理などに注目することが多かった。しかしながら，彼らの分析の多くは，事後的な分析，つまり，すでに犯罪を犯してしまった犯人を前にしてその原因について，あれこれ後づけの理由を考えていくといった方法論をとっており，科学性という意味では大きな問題をはらんだものであった。

　犯罪の原因について，科学的な議論に耐えるような理論構築や仮説検証的な研究を行なってきたのは，むしろ社会学者であり，特にシカゴ大学の社会学者「シカゴ学派」を中心として，数多くの優れた理論が生み出された。

　まず，ショウとマッケイ（Shaw & Mckay, 1942）は生態学のアプローチを都市に応用した理論をつくり上げた。彼らはシカゴの町を中心から同心円状にいくつかの領域に区切ってそれらの地理的な特性を分析した。都市の最も中心部の円内には，オフィスや繁華街などがつくられていたが，そこに隣接する外側の同心円内は，軽工業の工場街や独身者や低所得の労働者，移民家族などが住むスラムになっていた（ちなみにそのさらに外側には，より裕福な人々が住む「郊外」がひろがっていた）。彼らが非行の発生地域をプロットしたところ，それはほとんどがこのスラム地域で発生していることがわかった。また興味深かったのは，この土地の住民が長い年月を経て入れ替わっても，このパターンが変化しなかったことである。シカゴでは，当初この地域には，ドイツ人とスウェーデン人が住んでいた。その後，この地域に住んでいるのは，イタリア人とポーランド人にほぼ完全に入れ替わったのだ。このような現象から彼らは，パーソナリティなどの個人的要因ではなく，都市の構造が非行や犯罪の発生に密接に関係しているということを示したのである。

　マートン（Merton, 1968）は非行についてのアノミー理論を提案した。アメリカは当時から「アメリカン・ドリーム」の国であるとされていた。つまり，誰でも勤勉に努力さえすれば，金や名誉，場合によっては大統領になるチャンスさえある国だということである。「アメリカン・ドリーム」という概念は貴族制度の存在など生まれながらの出自によって将来の成功が左右されてしまう国々に育った者にとっては確かに夢のような制度であった。ところが，このアメリカン・ドリームは実はすべての人々に均等に夢を与えるものではなかったのである。金や名誉，名声を得るという「文化的な目標」は万人に共有されていたのだが，そこにいたる「制度的な手段」は均等に分配されていなかったのだ。たとえば，大統領になるためには高度な大学教育を受けることが必要だが，そのために必要な教育機会や資金を持っているのは一部の人々に限られている。このような「文化的目標」と「制度的手段」の不均衡は人々をアノミーという状態にさせる。こ

の状態の中で,「制度的手段」が与えられていない人々が,制度的に認められていない非合法な方法で,「文化的目標」を達成しようとすることが犯罪であると彼は考えたのである。

ハーシ(Hirschi, 2002)は,絆理論という理論を提唱した。彼は,そもそも,犯罪の原因を探求するとき「なぜ人々が犯罪を犯すのか」を考えるという問題設定の立て方に問題があると考えた。彼はむしろ,「なぜ,多くの人々は犯罪を犯さないのか」ということを説明すべきだとしたのである。いわば,性善説でなく,性悪説的な観点である。そして彼は,多くの人々が犯罪者や非行少年にならないのは,彼らがそのような不法行為を行なうことを妨げるような大きな4つの社会的絆が存在するからだと考えた。この4つの絆とは,愛着(家族や学校,友人などへの愛情),投資(自分の将来などに対する今までの努力),巻き込み(犯罪や非行などを行なうための時間的な余裕),規範意識(ルールや法律,司法システムへの信頼や尊敬)である。そしてこれらの絆が弱まったときに犯罪や非行が生じるとしたのである。事実,非行少年の多くは学校や両親との関係が悪く,将来への希望がなく,暇で,ルールを尊敬も重視もしていないということが示されている。

これ以外にも,犯罪や非行は,身近で親密な集団との接触によって学習されていくというサザランドの分化的接触理論,ある人間を「少年院帰り」や「前科者」といったラベルづけを行なうことによって,かえってその人間を犯罪に動機づけてしまうというベッカーのラベリング理論,複数の文化が混じり合う環境では,規範が衝突し葛藤が生じ,犯罪が生じやすくなるというセリンの文化葛藤理論,非行は順社会的行動様式と反社会的行動様式の間をさまよう青年によって引き起こされるものであるというマツァとサイクスの漂流理論などさまざまな理論が提唱されている(Lilly et al., 2011)。

引用文献

Hirschi, T. (2002). *Causes of delinquency*. Transaction publishers.
Lilly, J. R., Cullen, F. T., & Ball, R. A. (2011). *Criminological theory : context and consequences. 5th ed.* Sage Publications.(リリー,J. R.・カレン フランシス,T.・ボール,R. A. 影山任佐(監訳) 藤田眞幸・小林寿一・石井利文・小畠秀吾・岩井宜子・安宅勝弘・鈴木 護(訳)(2013).犯罪学(第5版)――理論的背景と帰結 金剛出版)
Merton, R. K. (1968). *Social theory and social structure*. Simon and Schuster.
Shaw, C. R., & McKay, H. D. (1942). *Juvenile delinquency and urban areas*. Chicago, Ill.

第二十章 ポリグラフ検査

犯罪者地理統計的プロファイリング 前史からFBI手法までの実際と展開

1. ポリグラフ検査の実務と運用

(1) 実務で利用されているポリグラフ検査

　ポリグラフ検査とは，呼吸運動や心拍数など複数の生理反応を同時に計測・記録する装置（ポリグラフ装置）を使った検査のことである。犯罪捜査場面でポリグラフ検査という場合には，事件に関係する質問に対する生理反応を計測して行なう検査を指す。犯罪捜査場面で用いられるポリグラフ検査には，大きく分けて2つの方法がある。一つは嘘を検出する方法で，もう一つは隠している情報を検出する方法である（Ben-Shakhar, 2012）。前者の代表的な方法は，対照質問法（Comparison Question Test または Control Question Test：CQT）である。この方法は，1947年にリードが考案したもので（Reid, 1947），現在世界中の国々で最も利用されている。後者の代表的な方法は，1959年にリッケンが発表した有罪知識検査（Guilty Knowledge Test：GKT）である（Lykken, 1959）。この方法は，現在では隠匿情報検査（Concealed Information Test：CIT）という呼称が一般的になっている。現在，日本で行なわれているポリグラフ検査は，CITのみである（詳細は後述する）。

　ポリグラフ検査は，「嘘発見」や「虚偽検出検査」などとよばれたりすることがある。専門書や法律書でも，ポリグラフ検査＝嘘発見検査という理解が定着している（小林ら，2009）。しかし，日本のポリグラフ検査で行なわれているCITは，被検査者（検

査を受ける人）が質問に対して嘘の返答をしているかどうか直接調べるための検査ではない。CIT は，被検査者が事件事実を認識しているかどうか，すなわち，被検査者が事件に関する記憶を有しているかどうか調べることを目的とした検査である。以下では，CQT と CIT という 2 つの手法についてさらに詳しく解説したうえで，日本におけるポリグラフ検査について説明する。

① CQT（対照質問法）

　CQT は，被検査者の返答が真実なのか嘘なのか調べることを目的とする検査である（中山，2001）。CQT は，無関係質問と関係質問，対照質問という 3 つの質問から構成される。無関係質問とは事件とはまったく関係のない事柄に関する質問である。たとえば，「あなたの名前は，××さんですか？」などといった質問である。関係質問は，捜査中の事件に関する質問である。「あなたは，△△駅の駐輪場で自転車を盗みましたか？」などの質問がこれにあたる。対照質問は，関係質問と比較するための質問である。対照質問は，捜査中の事件とは直接関係ないが，それと同等の価値を持ち，かつ，被検査者が虚偽の返答を行なうことが予想される事柄に関する質問である。たとえば，「あなたは，今までに窃盗をしたことがありますか？」などといった質問である。CQT では，検査を始める前に対照質問を強調して説明し，被検査者の注意を対照質問に向けさせる。このため，もしも被検査者が事件に関与していない場合には，関係質問よりも対照質問に対して大きな生理反応が生じると考える。一方で，被検査者が事件に関与している場合には，検査者が対照質問を強調しても，被検査者の注意は対照質問よりも関係質問に向くため，関係質問に対して大きな生理反応が生じると考える。すなわち，関係質問よりも対照質問に大きな反応が認められれば関係質問に対する被検査者の返答は真実，対照質問よりも関係質問に大きな反応が認められれば虚偽と判断する。

　CQT は，現在多くの国で主たるポリグラフ検査の方法として利用されている（Vrij, 2008）。CQT には，偶然確率を上回る正確性があるとされ（National Research Council, 2003；Vriji, 2008），また，CQT の研究者や実務家はその利用価値を高く評価している（Vrij, 2008）。しかし一方で，CQT の科学的妥当性に関してはいくつかの批判がある（National Research Council, 2003）。特に，なぜ事件に関与した人ならば必ず関係質問に大きな反応を示し，関与していない人ならば必ず対照質問に大きな反応を示すのか科学的に説明可能な理論がなく，また，この問題に科学的理論や根拠を持って明確に反論することも容易ではないことがあげられる（田辺，2009a）。

② CIT（隠匿情報検査）

　CIT は，被検査者が事件事実を認識しているかどうか，すなわち，被検査者が事件事実を記憶しているかどうか調べる検査である。CIT は，犯人しか知り得ない事

件内容に関する項目（裁決項目）と，それと同じ範疇に属するが事件とは無関係な内容に関する項目（非裁決項目）を組み合わせた質問表を用いて行なう。質問表は，事件事実を知らない人であれば，いずれの項目が事件事実であるかわからないよう構成する。たとえば，ある窃盗事件で5万円が盗まれた場合，「盗まれた金額は，1万円ですか…2万円ですか…中略…5万円ですか」などと質問し，裁決項目（この場合であれば，5万円）に対して他の質問項目と異なる生理反応がみられるかどうか判定する。裁決項目に対して他と異なる生理反応がみられた場合，検査者は，被検査者は盗まれた金額が5万円であるという事件事実について認識を有すると推定する。ここでいう反応については，次節を参照してほしい。

CITは，しっかりとした科学的基盤を持った検査であると考えられている（Ben-Shakhar, 2012；Verschuere & Ben-Shakhar, 2011）。CITでは，被検査者が事件事実と一致する質問項目を知っている場合と知らない場合に，どのような生理反応が生起するか，明確かつ合理的に説明できる。また，アイアッコノとリッケン（Iacono & Lykken, 1997）の調査によって，専門学会の会員もCITの科学的信頼性を認めていることが明らかにされている。彼らは，アメリカ心理学会（APA：American Psychological Association）と精神生理学会（SPR：Society for Psychophysiological Research）の会員に対し，CQTとCITの科学的信頼性について調査を行なった。調査の結果，APAとSPRの会員の約7割がCITに心理学の理論に基づく科学的信頼性があると回答した。一方，CQTに科学的信頼性があると回答した会員の数は，APAとSPRのいずれも約3割にとどまった。

③日本のポリグラフ検査

日本では，1956（昭和31）年から実務でのポリグラフ検査が始まった（今村，2000）。現在，全国では，年間4,000～6,000件のポリグラフ検査が実施されている（中山，2003；Osugi, 2011）。警察組織においてポリグラフ検査を実施する検査者は，科学警察研究所での研修を経て検査に必要な知識や技術を習得した各都道府県警察に勤務する科学捜査研究所の専門職員である。日本におけるポリグラフ検査は，2006（平成18）年以降，科学的根拠がしっかりしていて，かつ，しかるべき学会の承認も受けた方法であるCITに限って実務検査を実施することとされ，現在CQTは実施されていない（田辺，2009a）。かつては日本でもCITとともにCQTが用いられていた。ただし，前述したとおり，CQTの科学的妥当性には批判がある。

世界的に見ると，現時点でCITを標準的なポリグラフ検査の方法として日常的に活用している国は，日本だけである（Ben-Shakhar, 2012）。海外では，CITの科学的妥当性は認めながらも，実務的・文化的な問題から，CITの実務利用は進んでいない（詳しくは，Ben-Shakhar, 2012；Krapohl, 2011）。こうした中，CITだけで実務検査を行なっている日本のポリグラフ検査には，海外の研究者から高い関心が寄せられている

(Matsuda et al., 2012；小川・松田，2013)。また，日本へは諸外国の研究者も視察に訪れているという（平，2005）。日本のポリグラフ検査に対する海外からの関心の高さは，海外で出版されたポリグラフ検査に関する書籍の中で，日本のポリグラフ検査について論じた章（Nakayama, 2002；Osugi, 2011）が設けられていることからも明らかである。

(2) 実務での運用

　CITは実務場面において，どのように運用されているのだろうか。ここでは，実務場面におけるCITの運用について概説する。説明をわかりやすくするために，たとえば，次のような仮想事例を考えてみよう。

> **仮想事例**
> 　アパートで一人暮らしをしているAさんは，小銭だけを持って近くのコンビニまで買い物に出かけた。すぐに戻るから大丈夫と思い，玄関の鍵はかけなかった。買い物を済ませてアパートへ戻ると，こたつの上に置きっぱなしにしていた財布がなくなっていた。財布の中には，現金3千円が入っていた。Aさんは警察に被害届を出した。Aさんからの被害届を受理した警察は所要の捜査を行ない，事件に関与していると思われる人物を浮上させた。警察は，この人物に事情を聴いた。すると，この人物は「事件のことなどまったく知らない」と言って事件への関与を否定した。

　この人物は本当に事件について何も知らないのだろうか。これを確かめるために，CITを実施してみよう。

①事前打ち合わせと質問表の作成

　CITを実施する場合には，事件に関わった者しか知り得ない質問をする必要がある。事件に関わっていない無実の人でも知っているようなことについては，質問しない。たとえば，新聞やニュースで報道された情報や取調べで取調べ官が被疑者に伝えた情報などは質問しない。なぜならば，仮に検査によって被検査者がこれらの事件内容について知っていることを明らかにできたとしても，事件に関わっているから知っていたのか，報道や話で聞いたから知っていたのか判断できないからである。そこで，検査者は，事件について詳細な調査をし，事件に関わった者しか知り得ない情報を収集して質問項目を作成する。ここで重要なことは，無実の人であれば，いずれの項目が事件事実であるかわからない質問項目を作成することである。そこで，検査依頼を受けた検査者は，質問項目作成に必要な情報を収集するため，はじめに事件の概要について調査する。必要があれば，実際に事件現場へ赴くこともある。

②ポリグラフ装置と事前面接

　次に，実際の検査の様子を見ていこう。検査では，科学警察研究所が主体となって2003年に開発した装置（廣田ら，2005）を原型とするデジタル式のポリグラフ装置またはキーラー型ポリグラフ装置を原型とするアナログ式のポリグラフ装置を用いる。キーラー型ポリグラフ装置とは，1932年にアメリカのレナード・キーラー（Leonarde Keeler）が開発した呼吸と脈波，皮膚電気活動を同時に測定する装置である（倉持，2000）。現在，全国ではデジタル式ポリグラフ装置が主として用いられている。いずれのポリグラフ装置も，携帯可能である。検査を行なう環境は，静かで空調設備の整っていることが望ましい。一般に，検査は警察署の中の空調設備のある静かな部屋で行なわれることが多い。

　検査は，検査を受けることに同意した被検査者に対して行なわれる。はじめに，検査者は，被検査者と面接を行なう。面接では，検査について説明をしたり，被検査者の心身の状態を尋ねたりする。また，被検査者が事件についてどの程度知っているか確認する。前述したとおり，CITでは犯人しか知り得ないことを質問する必要があるため，被検査者が事件について何をどこまで知り得たか確認する必要がある。この段階で被検査者が知っていると答えた内容は，検査では質問しない。たとえば，被検査者が，「刑事さんから，C地区のアパートの部屋から財布が盗まれた事件だと説明を受けましたが，それ以外のことはわかりません」と答えた場合には，「C地区」や「アパート」「財布」が裁決項目となる質問は作成しない。

③模擬検査

　面接が終わると，被検査者に装置を取りつけ，模擬検査を実施する。模擬検査とは，実際に事件に関するCITを実施する前に行なう，事件とは無関係な事柄に関するCITである。模擬検査は，被検査者に検査手続きを理解してもらうこと，被検査者の生理反応パターンを確認すること，装置が正常に機能するか確認することを目的として行なわれる（Osugi, 2011）。模擬検査では，数字のカードを用いたカード検査がよく用いられる。カード検査では，被検査者に5枚のカードの中から1枚を選んでもらい，検査者に見えないようにカードの数字を記憶してもらう。検査者は，5枚のカードについて1回ずつ質問することを1セットとし，質問の呈示順序を変えながら，これを何回かくり返す。各質問は，20〜30秒ごとに呈示する。被検査者には，すべての質問に対して「いいえ」など否定の返答をするよう教示し，選んだカードが何であったか検査者にわからないようにしてもらう。

④本検査

　模擬検査が終わると，事件に関する質問を行なう。事件に関する質問では，先の例では，たとえば，盗まれた財布はどこにあったか質問することができる。この場合の

質問表は，右のように作成することができる。財布はこたつの上に置いてあったということがわかっているので，この質問表では「こたつ」が裁決項目となる。このように，裁決項目が含まれる質問表を使った検査を裁決質問法とよぶ。

> **盗まれた物が置いてあった場所**
> ①ソファー
> ②こたつ（裁決項目）
> ③本棚
> ④テレビ台
> ⑤机

質問は，質問表内の項目を1回ずつ呈示することを1セットとし，これを3～5セットくり返す。質問の呈示順序は，セットごとに変える。質問の呈示間隔は，20～30秒が一般的である。1質問表にかかる時間は，10～15分ほどである。通常の検査では，複数の質問表を実施する。4～7質問表程度実施することが多い。すべての検査手続きが終了するまでに要する時間は，2～3時間ほどである。

別の質問表も作成してみよう。被検査者が，「財布が盗まれた事件であることは説明を受けたので知っていますが，財布にいくら入っていたかは知りません」と言っているのであれば，財布に入っていた現金の額について次のような質問表を作成することができる。裁決項目は，「3千円」である。

> **盗まれた現金の額**
> ①1千円
> ②3千円（裁決項目）
> ③5千円
> ④7千円
> ⑤9千円

質問は，図面や文字を視覚的に呈示して行なうこともできる。たとえば，被検査者に図 20.1 のような図面を見せて，被害に遭ったという C 地区のアパートは1番から5番のどこであったか質問することができる。被害者のアパートが4番であれば，4番が裁決項目となる。

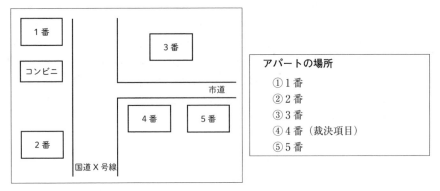

図 20.1　質問表で使用する図面の例

CITでは，事件事実が判明していない事項についても質問することができる。この場合，質問項目の中に犯人であれば必ず知っているだろう項目が1つ存在すると仮定される質問表を作成する。すなわち，探索的に被検査者がなんらかの事実を知っているかどうか確認するのである。この方法を探

> **財布の処置**
> ①隠し持っている
> ②捨てた
> ③売った
> ④人に渡した
> ⑤その他のことをした

索質問法という。犯人であれば，盗んだ財布をどうしたか知っているはずである。そこで，次のような質問表を作成することができる。

⑤反応の評価

　これらの質問に対し，被検査者が否定の返答をしているにもかかわらず，裁決項目あるいは探索質問法の場合であれば，特定の質問項目に他の質問項目と異なる反応が認められた場合，この被検査者は事件事実を認識していると推定される。ただし，裁決項目や特定の質問項目に対して他の質問項目と異なる反応が生じたからといって，即座に被検査者が事件事実を認識していると結論づけることはできない。小林ら（2009）は，事件事実の認識の有無を結論づけるためには，「質問表が事件に関与した者でなければ知り得ない事柄の裁決項目と裁決項目とは異なる事柄の非裁決項目で構成されていること」「事件事実の認識以外に明確な弁別的反応の惹起要因が存在しないこと」「検査中の被検査者の生理活動水準および生理反応特性が適切であること」という3つの条件を満たす必要があるとしている。

　ここで重要な点は，日本のCITは，質問表単位で認識の有無，すなわち，質問した事項を知っているか否かを判定するということである（小川・松田，2013）。日本のCITでは，複数の質問表の結果を総合して，被検査者が犯人であるか否か判断することはしない（高澤，2009）。

⑥結果の運用と証拠価値

　ポリグラフ検査の結果は，DNA型や指紋の鑑定結果と同様，捜査や司法の判断を補う材料の一つとして提供される（小川・松田，2013）。ポリグラフ検査の結果は，取調べに活用されるだけでなく，各種令状請求の際の疎明資料や裁判における証拠として活用される（清水，1992）。ポリグラフ検査の結果をどのように活用するかは，検査を依頼した側が判断する。なお，このポリグラフ検査の結果には，証拠能力が認められている。1968（昭和43）年2月8日の最高裁決定は，次の要件が満たされていたことを根拠にポリグラフ検査結果回答書の証拠能力を認めた原審（昭和42年7月26日東京高裁控訴審判旨）の判決を正当と判断している。その要件とは，ポリグラフ検査結果回答書は検査者が自ら実施したポリグラフ検査の経過および結果を忠実

に記載して作成したものであること，検査者は検査に必要な技術と経験とを有する適格者であったこと，検査に使用された器具の性能および操作技術からみて，その検査結果が信頼性あるものであることの3要件である。なお，1966（昭和41）年6月30日の東京高裁判例では，これら3つの要件のほかに，被検査者が当該検査を受けることを同意したこと，被検査者の心身の状態が正常であったことという2つの要件があげられている。

　このように，上記要件が満たされていると認定されれば，ポリグラフ検査の結果には証拠能力が認められる。一般に，ポリグラフ検査はこれらの要件を満たしたうえで行なわれている（中山，2003；山岡，2000；財津，2014a）。現状ではポリグラフ検査の結果が積極的に証拠請求されることは少ないが，前記最高裁決定以降，ポリグラフ検査の結果が証拠として提出された場合，ポリグラフ検査の証拠能力が争点となった例はなく，むしろその証明力が争点となっている（田辺，2009b）。証明力とは，「証拠が裁判官の心証を動かす力」である（「法律学小辞典」2004年，有斐閣）。刑事訴訟法318条には，「証拠の証明力は，裁判官の自由な判断に委ねる」と明記されている。つまり，ポリグラフ検査の結果を価値のある証拠だと判断するかどうかは，裁判官の裁量次第となっている。過去の判例や学説では，ポリグラフ検査の証明力の判断に対して慎重な意見が多い（中山，2003；田辺，2009b）。こうした慎重論の背景については，CQTを中心としたアメリカの報告が日本の判例の根拠となったり，CQTとCITが区別されずに解釈されたりしていること（平，2005）や日本で行なわれているポリグラフ検査がいまだに嘘発見検査と誤解され，事件事実に関する認識の有無を調べる検査として理解されていないこと（中山，2003）が原因だと指摘されている。

(3) CITの正確性

　ここまで述べてきたように，CITは被検査者の認識の有無を調べるための鑑定手法として実務場面で運用されている。また，日本ではポリグラフ検査の結果に証拠能力が認められている。では，CITはどの程度正確なのだろうか。最後に，CITの正確性について解説する。

　先に述べたとおり，CITは質問表単位で判定を行なうため，以下では質問表単位でCITの正確性を調べた研究について紹介する。なお，ここでは小川ら（2013）に倣い，質問対象となった事象を記憶していた場合にそれを正しく判定できた割合を感度（sensitivity），記憶していなかった場合にそれを正しく判定できた割合を特異度（specificity）とする（表20.1）。また，アナログ式の装置とデジタル式の装置では測定している指標の種類や数が異なるため，それぞれの研究を分けて紹介する。

表 20.1 質問表ごとに正確性を調査した研究の感度と特異度

	感 度	特異度
横井ら（2001）[*1]		
裁決質問法	90.7%（634/699）	71.1%（54/76）
探索質問法	81.7%（272/333）	48.3%（14/29）
Hira & Furumitsu（2002）[*2]	74.0%（233/315）[*3]	95.2%（179/188）[*4]
小川ら（2013）[*5]	86.4%（57/66）[*6]	94.5%（52/55）[*7]
小川ら（2014）		
裁決質問法[*8]	95.3%（262/275）	96.0%（94/98）
探索質問法[*9]	86.2%（125/145）	98.1%（102/104）

*1 結果が不明であった質問表は反応がなかったものとして扱っている
*2 裁決質問法と探索質問法の別については記載がない
*3 結果が不明であった質問表が含まれていたか否かについては記載がない
*4 結果が不明であった記憶なし群 6 質問表を含む
*5 裁決質問法である
*6 結果が不明であった 14 質問表は含まない
*7 結果が不明であった 17 質問表は含まない
*8 結果が不明であった 26 質問表は含まない
*9 結果が不明であった 47 質問表は含まない

①キーラー型ポリグラフ装置

まず，アメリカの Lafayette 社が製作したキーラー型ポリグラフ装置を使った横井ら（2001）と平と古満（Hira & Furumitsu, 2002）の実務研究の結果を紹介する。横井ら（2001）の実務研究では，自供等から犯行への関与を確認できた被検査者のうち，質問対象となった事柄に関する記憶の有無を確認できた 217 事例 1,137 質問表を分析している。ただし，横井ら（2001）の分析対象には，無実の被検査者は含まれていない。この研究の感度は，裁決質問法で 90.7%（699 質問表中 634 質問表），探索質問法で 81.7%（333 質問表中 272 質問表）であった。また，特異度は，裁決質問法で 71.1%（76 質問表中 54 質問表），探索質問法で 48.3%（29 質問表中 14 質問表）であった。平と古満（Hira & Furumitsu, 2002）は，被検査者が事件に関与していたことが確認できた被検査者 52 名 315 質問表と被検査者が無実であったことが確認できた被検査者 32 名 188 質問表について質問表ごとの正確性を調べている。この研究の感度は 74.0%（315 質問表中 233 質問表），特異度は 95.2%（188 質問表中 179 質問表）であった。

②デジタル式ポリグラフ装置

次に，科学警察研究所が主体となって行なったデジタル式ポリグラフ装置を使った CIT の正確性に関する実験研究の結果を紹介する。小川ら（2013）は，167 名の実験参加者を犯人群と無実群に振り分けて模擬窃盗課題を行ない，裁決項目に対する反応の有無を調べた。この実験では，実際に実務でポリグラフ検査に従事している 36 名の検査者がそれぞれ実験および判定を行なった。実験の結果，最終的に有効データとして利用した 152 名分 152 質問表のうち，記憶あり群では 14 質問表，記憶なし群で

は17質問表が不明と判定された。不明と判定された質問表を除いて分析を行なった結果，感度は86.4％（66質問表中57質問表），特異度は94.5％（55質問表中52質問表）であった。

また，小川ら（2014）は，実務事例170名分695質問表（裁決質問法：記憶あり289質問表，記憶なし110質問表；探索質問法：記憶あり170質問表，記憶なし126質問表）を分析している。この研究では，裁決質問法で26質問表，探索質問法では47質問表が不明と判定された。これらの質問表を除いて正確性を調べたところ，感度は裁決質問法で95.3％（275質問表中262質問表），探索質問法で86.2％（145質問表中125質問表）であった。また，特異度は，裁決質問法で96.0％（98質問表中94質問表），探索質問法で98.1％（104質問表中102質問表）であった。

③感度と特異度の評価

以上より，感度は平と古満（Hira & Furumitsu, 2002）を除き，いずれも80％を超えていることがわかる。特異度も横井ら（2001）を除き，いずれも90％を超えていることがわかる。また，現在実務検査で主として使われているデジタル式ポリグラフ装置を用いた調査研究の結果は，キーラー型ポリグラフ装置を用いた実務研究の結果よりも，実験（小川ら，2013），実務（小川ら，2014）とも比較的一貫して高い正確性が得られている。

このように，CITは感度，特異度とも高い正確性を有している。特に特異度は，横井ら（2001）を除き，いずれも感度より正確性が高い。ただし，横井ら（2001）では，無実の被検査者を分析対象としていなかったり，事件事実を記憶していなかったことが明らかとなった質問表の数が少なかったりしたため，特異度が低くなった可能性も考えられる。CITの特異度が感度よりも高いことは，従来から指摘されてきた（Ben-Shakhar & Furedy, 1990）。上記の結果は，質問表単位で分析を行なった場合でも同様にCITの特異度が感度よりも高いことを示している。すなわち，CITは，質問されている事件事実について実際には知らないにもかかわらず，事件事実を認識していると誤って判断する確率の低い検査といえる。

なお，この節のはじめで述べたように，これらの研究は，いずれも質問表単位でCITの正確性を調査したものである。したがって，これらの結果を犯人もしくは無実の人を正しく判定できる割合と誤解しないよう注意が必要である。小川ら（2013）が指摘しているように，たとえば特異度が95％であるということは，残り5％の無実の人が犯人であると間違われることを意味しない。通常，実務検査では複数の質問表を実施する。また，一般に無実の人は質問項目として選ばれるような事件事実を知らないと想定できる。したがって，仮に無実の被検査者に対して4質問表を実施したとすれば，この無実の被検査者がすべての質問表で裁決項目に認識があると推定される確率は，5％の4乗（0.000625％）にすぎない（小川ら，2013）。これは，ほとんど起

こり得ない確率である。

2. 自律神経系のポリグラフ検査

(1) ポリグラフ検査の原理

　ポリグラフ検査（polygraph test）の原理は弁別である。弁別とは，あるものを他とは異なるものとして認識することである。しかし，弁別という過程は外からは見えない，内的な心理的プロセスである。ヒトでは自らの内的な過程を内観として表現・報告することができるが，弁別が実際に生じたか否かをどのように客観的に検証できるだろうか。

　例をあげて説明しよう。信号無視でつかまった人が，実は私は赤と青の信号の色がわからず，そのために赤信号で進んでしまったのだと主張したとする。この主張の真偽をどのように検証できるか。生体には「慣れ」という基本的な現象がある。同一の刺激を生体に与えると，最初のうちはその刺激に対してなんらかの生理的反応が生じる。たとえば，手指先の汗腺の活動を電気的にとらえる（皮膚電気活動）と，刺激に対して一過性に活動の高まり（反応）が生じることがその波形から見ることができる。しかし，同じ刺激をくり返し呈示していると，最初に生じた反応が，刺激回数とともに徐々に弱く，小さくなり，最終的には刺激を呈示してもなんらの反応も示さないようになる。この現象が慣れであり，生体が環境に適応するための一つの重要な機能と考えられている。ところで，その段階で，先程の刺激とは異なる刺激を呈示したとする。すると慣れていたはずの反応がまた生じるようになる。これは生体が刺激の違いを認識して，すなわち弁別することによって，その新たな刺激に対して反応が生起したと理解される。この生体の基本的な現象をもとにして，先程の主張の真偽を確かめることができる。皮膚電気活動を記録しつつ，一定の時間をあけながら，青ランプをくり返し点灯する。最初のうちは点灯時に一過性の反応が生じるが，慣れによって，徐々に反応が小さくなり，最終的には青点灯時でも反応は生起しなくなる。その段階でランプの色を青から赤に切り替えたとする。もしもその者の主張が真実で，青と赤の色の違いがわからなければ，ランプの色を赤に変えてもその違いがわからず，慣れはそのまま継続して反応は生起しないはずである。しかし，赤ランプに切り替えたとたん，反応が生じるようになったならば，この現象が色の違いを認識，すなわち弁別したことを証明することになる。

　この例に示されるように，異なる刺激（青と赤）に対して生じる反応の違いを弁別的反応とよぶ。目に見えない内的な過程である弁別が実際に生じたか否か，つまり弁別の有無は，客観的な現象として観察することができる弁別的反応の有無から判断が

できる。

　ポリグラフ検査は，これと同様の判断原理に基づいて行なわれている。すなわち，質問間に弁別的反応が生じているか否か，すなわちある質問を他の質問と異なるものとして認識しているか否かを判定する。

(2) ポリグラフ検査の方法と判定の原理

　あるところで女性が首を絞められて殺害されたという事件が発生したとする。そこで使用された凶器はネクタイであったが，その内容についてはマスコミ等では報道されなかったとする。
　この事件の被疑者を被検査者としてポリグラフ検査が実施された場合，犯罪に関わった者しか知らない事実である，絞殺に使用した凶器について質問が構成され，検査が実施される。犯罪事実に関する事柄で，当該の犯罪に関わった者であれば知っている事柄を裁決項目とよぶ。この例では「ネクタイ」が裁決項目であり，これについて尋ねる質問を裁決質問とよぶ。これに対して，裁決項目と同じカテゴリーに属する事柄で，この例では「首に巻きつけ締めるのに使える物」で，実際の事件事実ではない事柄（この例では，ベルトや電気コード，スカーフなど）を非裁決項目とよび，それを尋ねる質問を非裁決質問とよぶ。検査では，複数の非裁決質問に1つの裁決質問を混ぜて質問表を構成し，適当な時間間隔をあけながら順次質問をして，そのときの生理反応を計測する。実際の検査では，質問表は質問の呈示順序をランダムにして，複数回くり返し尋ねて反応を記録する。もし，被検査者が事件とは無関係の無実の人であるならば，どの質問の内容が実際の絞殺に使用した凶器かわからないので，反応はどの質問に対してもランダムに生じる。しかし，実際に犯行に関わった真犯人であれば，どの質問が実際に使用した凶器であるかが容易に認識され，弁別されるので，反応は「ネクタイ」に集中して生じるようになる。この反応の違いが，犯罪事実を認識しているかどうかの鑑別の手がかりになる。
　このようにポリグラフ検査は，犯罪捜査のための特殊な原理に基づく検査ではなく，弁別の有無によって生理反応に弁別的反応が生じるという，生体の基本的現象に基づいた検査である。当該の犯罪に関係した者でなければ知り得ない事柄を，被検査者が認識し，弁別しているかどうかを調べるものである。このことから，ポリグラフ検査は一種の記憶の検査と位置づけることができ，ウソを見破る「ウソ発見」ではない。

(3) ポリグラフ検査の要：弁別の前提

　ものの大小，長短，軽重を判断するためには，その判断のための基準が必要である。あるものが大きい（小さい）と判断するためには，その判断をするための比較となる

対象・基準が必要となる。ある薬に含まれる特定の成分が3,000mgであると呈示されたとしても，その事実だけで，その成分が多い薬とは判断できない。同種の他の薬の成分と比較したところ，他の薬でもその成分が同量含まれているならば，決して「多い」との判断はできない。他の薬では数百mgしか含まれていなかったならば，「多い」と判断しても差し障りないだろう。

　ポリグラフ検査では，弁別的反応の有無を判定の原理としているが，弁別的な反応が生起したか否かは，各種生理反応の大小比較によってなされる。ある質問に対する反応が「有る」と判断するためには，その判断をなしえるための比較の対象が必要となる。裁決質問に対する反応を比較対象である非裁決質問の反応と比べることで，有意な反応の生起を確認し，その結果として，弁別的反応の有無を検証することができる。

　しかし，非裁決質問が比較の対象となるためには，質問間の等質性が重要となる。つまり，比較しようとする事柄以外のものはすべて等しいことを前提として，はじめて正確に比較をすることができる。等質性ということは，別の言い方をすれば同じ枠組みにあるということである。先の例でいえば，ネクタイという裁決項目に対して，その比較の対象として設定するベルト，電気コード，スカーフは，どれも首に巻きつけて絞殺のための凶器として使用できるという意味において等質であり，「絞殺で使用できる凶器」という同じ枠組みの中にある項目ということができる。

　このようにポリグラフ検査は，単独の質問だけでは結論することはできない。ネクタイという質問をして，そこで生じた反応が，見た目どんなに大きな反応が生起していたとしても，その反応だけでは，犯罪事実を認識し，弁別しているとの結論はできない。また複数の質問により検査を実施したとしても，その質問項目の内容に等質性がなく，同じ枠組みではない場合には，真の検査としては成立しない。

　適正なポリグラフ検査の実施のためには，このように質問の等質性の確保，同じ枠組みでの質問構成が非常に重要かつ必要条件となる。

(4) ポリグラフ検査に使用されている自律神経系反応

　実務で行なわれているポリグラフ検査では，複数の自律神経系反応を指標として検査が行なわれる。現在日本では，皮膚電気活動，心臓血管系反応，そして呼吸運動が検査指標として用いられている。

①皮膚電気活動

　皮膚電気活動はその測定法の違いにより各種に分類されるが，ポリグラフ検査では通電法に基づく皮膚コンダクタンス変化を指標として活用している。通電法とは，一般的には第2指・第3指末節腹側部に装着した電極間に微弱な電流を流し，電極間の抵抗あるいは抵抗の逆数であるコンダクタンスの変化を記録する方法である。皮膚電

気活動は，アメリカ精神生理学会から勧告された方法（Fowles et al., 1981；SPR Ad Hoc Committee on Electrodermal Measures, 2012）があり，それに準拠して計測することが求められている。現在の実務のポリグラフ検査では，推奨電解質濃度（NaCl 0.05mol）を有した粘着ゲル付の安定性の高い銀-塩化銀（Ag-AgCl）使い捨て電極が使用されている。また，勧告に従い0.5V定電圧回路を有した装置により皮膚コンダクタンス変化が計測されている。

　皮膚コンダクタンス変化には刺激に対する一過性の反応（response）と，持続的な緩徐な反応（level）があり，それぞれ皮膚コンダクタンス反応（skin conductance response：SCR）と皮膚コンダクタンス水準（skin conductance level：SCL）とよばれる。ポリグラフ検査の質問に対する典型的反応としては，質問呈示後に反応が立ち上がり，数秒内にピークに達して，その後もとのレベルまで低下してくる反応パターンを示す。このSCRの反応振幅について比較を行なうことで，裁決質問と非裁決質問間の弁別的反応の有無について判定を行なう。裁決質問と非裁決質問間に統計的に有意な反応振幅の差がみられることが多くの研究で示されている（廣田ら，2009；小林ら，2009；財津，2014b）。

　なお，被検査者が過度の緊張にある場合には，自発性の皮膚電気活動が多発し，皮膚コンダクタンスが安定せず，質問に対応した反応を適正に評価することが難しくなる。そのような場合には，検査中の面接で被検査者の緊張や不安を取り除き，安定した記録ができるよう対応すること等が必要となる。

　皮膚コンダクタンスをポリグラフ検査の指標として活用する利点は，この反応が精神性発汗という現象を鋭敏に反映するからである。実際，皮膚コンダクタンスの変化は皮膚表面への汗の拍出が生じる前から示される。また，その反応が，電位法として測定する皮膚電位活動では時に陰陽二相性の反応を示すのと異なり，常に一相性の変化として生じるため，その反応振幅の計測・評価が容易であるという利点もある。さらに，SCLの変化を見ることで，被検査者の覚醒レベルを推測することができ，適正な検査を実施するために被検査者の覚醒状態を把握し，覚醒レベルに応じた対処が可能となる。

　一方，皮膚コンダクタンス変化には個人差があり，計測中一貫してほとんど変化がみられないケースもある。また，計測開始当初ではみられていた反応が，途中から変化が生じなくなるようなこともある。汗腺の活動性や皮膚面の状態，汗腺活動を支配する発汗運動神経の特性等における個体差が，そのような個人差の原因と考えられるだろう。皮膚コンダクタンスに反応がみられない場合には，ほかの検査指標に基づき判定をすることになる。

②心臓血管系反応
　日本におけるポリグラフ検査では，現在，2つの心臓血管系の指標が活用されてい

る。心拍数と規準化脈波容積である。両指標ともに各心臓の拍動ごとに評価することができ，質問呈示後の20～30秒程度の時間の中で変化を示し，裁決質問と非裁決質問での反応の違いを見ることができる。

　心拍数は心電図から求める。心電図のR波を検出し，連続するR波の時間間隔を求め，その値から各拍動ごとに1分あたりの心拍数（beats per minute：bpm）の瞬時値（瞬時心拍数）を算出し，その変化を分析する。瞬時心拍数を指尖光電式容積脈波の波形から求める方法もあるが，脈波は血管の緊張度の変化に伴い脈波伝搬時間（速度）が変化する。末梢血管の緊張度は，裁決・非裁決という質問の差異ばかりでなく，血管運動等の自発的な周期性変化によっても経時的に変動することから，脈波から求めた瞬時心拍数と心電図から求めたそれとの間には差が生じることになる。したがって，より正確な心拍数の評価を行なうには，心電図からの計測が必要となる。なお，R波の正確な検出には，サンプリング周波数500～1,000 Hzでの計測が必要とされている（Berntson et al., 1997）。R波が明瞭に得られるため，ポリグラフ検査では第II誘導により心電図の計測が行なわれる。右足首にアース電極を，右手首（－）と左足首（＋）にそれぞれ各極の電極を装着して計測する。

　瞬時心拍数変化の検討に際しては，呼吸性洞性不整脈現象を考慮した分析をする必要がある。心臓は交感神経と副交感神経（迷走神経）により拮抗的に支配されている。一般的に交感神経の賦活により，心臓の拍動は速まり，心収縮力が高まる。一方，副交感神経の賦活により心臓の拍動は遅くなる。そして，心臓副交感神経は呼吸の吸気と呼気の各相で異なる活動を示す。吸気時には一過性に心臓副交感神経がブロックされ，その結果として心臓の拍動は速まる。呼気相になると再び心臓副交感神経の活動が復帰するため，心臓の鼓動は遅くなる。このように，瞬時心拍数は呼吸に伴って増減をし，この現象を呼吸性洞性不整脈（respiratory sinus arrhythmia：RSA）とよぶ。したがって，ポリグラフ検査時の心拍数の変化には，RSAの結果としての反応変化が重畳しているため，RSAの変化ではない，裁決・非裁決質問の相違を反映した変化を分析しなくてはならない。そのために，瞬時心拍数の分析には，呼吸周期以上の時間幅を持った分析時間単位を設定し，その中での平均値等を求めて，RSA現象を抑える必要がある。特に，実務のポリグラフ検査では，群の平均にもとづく実験的研究とは異なり，データは1個体のデータであるため，RSA現象が顕著に示される可能性があるので，判定には注意が必要である。

　ポリグラフ検査時の典型的な反応は，質問呈示後数秒後から始まる心拍数の低下反応である。裁決質問時に非裁決質問時よりも大きな低下反応が生じる（廣田ら，2009；小川ら，2007）。このようにポリグラフ検査では，心拍数は裁決質問に対して増加するのではなく，低下が生じる。RSA現象ではない，この心臓のゆっくりとした減速反応は，主に延髄の背側運動核由来の変化と考えられる（廣田ら，2009）。

　心臓血管系の反応は，その時々の適正な血圧値の確保のために変化していると考え

られている（澤田, 1990）。また, 心臓血管系には, 以下に示す血行力学的関係が存在している（澤田, 1997, 1998）。

平均血圧　＝　心拍出量　×　総末梢抵抗

平均血圧は, 1心周期内に生じた血圧波形を時間積分してその平均値として求めたものである。心拍出量は心臓が1分間に送り出す血液の量であり, 総末梢抵抗は全身性に評価した血液の流れにくさの指標である。また, 心拍出量は, 心臓が1回の拍動により送り出す血液量（1回拍出量）と1分あたりの心臓の拍動数（心拍数）の積として求まる。1回拍出量はその時々であまり変化をしないため, 実際的な心拍出量の変化は心拍数の変化に依存する。このように血圧の調節という観点からすれば, 心臓血管系の反応は心臓側の調節と末梢側の調節に分けて考えることができる。心拍数は心拍出量側の調節の指標と考えられる。

総末梢抵抗側の指標として考えられるのが規準化脈波容積である。総末梢抵抗は, 末梢各部位での血管の収縮・拡張の状態により決まる。交感神経活動の賦活により, その神経終末からノルアドレナリンが放出され, 血管にあるα_1アドレナリン作動性受容体に作用して, 血管平滑筋が収縮することで血管径が狭まり, その結果として血液が流れにくくなり, 血管抵抗が増加することになる。末梢の血管部位としては, 内臓・皮膚と骨格筋とに大別される（澤田, 1998）。ポリグラフ検査時には, 一般的に内臓・皮膚も骨格筋もともに血管は収縮する方向へ変化を示すと考えられる（廣田ら, 2009）。したがって, ポリグラフ検査における末梢側の反応は, 総末梢抵抗の一過性の増加反応としてとらえることができる。

脈波は, 心臓が収縮して動脈に血液を拍出することによって生じる動脈系圧波動の伝播である。動脈血管は弾性管としての特性を有するため, 左心室から大動脈に血液が拍出されることで, 血管壁が引き伸ばされて膨らみ, それが波動となってすべての動脈分岐へ伝播していく。波動を血管の容積の変化からとらえたものを容積脈波（plethysmogram）とよぶ。

生体組織は近赤外帯域の光を透過するが, 血液中のヘモグロビンによりある程度吸収される。その吸収される光量の変化を波形として描かせたものを光電式容積脈波（photoplethysmogram）とよぶ。血管が拡張して血液量が多ければ吸収される光量は大きく, 血管が収縮して血液量が少なければ吸収される光量は少ない。心臓の拍動ごとに, 血管の容積が変化し, それに対応して光量の増減が生じ, 脈動状の波形が記録される。

光電式容積脈波の計測の方法は, 発光部と受光部の位置関係から, 透過型と反射型に分類される。指尖部や耳朶等, 光が透過することのできる薄い身体部位に対して, その部位を挟むように一方に発光部, 他方に受光部を装着して計測する方式を透過型

とよぶ。反射型は，発光部と受光部を同一表面部位に置き，組織から反射される光量の変化をとらえる方式である。特に，光電式容積脈波は装着の容易さや，波形の変化が顕著に示されることから，指尖部から計測されることが一般的であり，指尖光電式容積脈波（finger photoplethysmogram：FPG）とよばれる。FPG は，受光部信号の増幅器の時定数を変えることで異なる波形が得られる。時定数とは，回路の応答の速さを表す一つの指標であり，フィルターとして機能する。3 秒以上の長時定数（あるいは直流増幅）で記録した場合，緩徐な基線変動をとらえることができ，血液量（blood volume：BV）を反映したものと考えられる。時定数を 0.1 秒前後と小さく設定して記録した場合，脈動状の波形とその振幅の変化が描かれ，脈波容積（pulse volume：PV）とよばれる。

　交感神経が賦活すると指先の血管においては，血管が収縮をするが，それにより血管壁が硬化するため，血管の弾性は低下する。その結果として，BV は低下し，PV も低下する。末梢部の血管は交感神経にのみ支配されているため，交感神経活動が低下することにより，その逆の機序により，BV は増加し，PV も増加する。

　脈波は鋭敏な反応性と慣れを生じにくいという特性から，かつては多くの心理生理学的研究の指標として活用されていた。しかし，明確な単位がなく，絶対量として数量化ができないという欠点があった。さらには，指の太さや皮膚の色等の差により，吸収される光量が個人間や部位間でも変化してしまうため，交感神経活動を正確に評価することができないという問題が指摘されていた。こうした従来の脈波の欠点を解決した指標として規準化脈波容積（normalized pulse volume：NPV）が開発された（Sawada et al., 2001）。NPV は透過型の FPG と同様に，指を挟んで，発光部を指の爪の付け根部に，受光部をその腹側に装着して計測する。発光部には波長 810 nm（ナノメートル：10 億分の 1 メートル）の赤外線 LED を，受光部にはフォトトランジスタを用いる。透過光変化によって得られた受光部の電圧出力を，0.1 秒の短時定数で増幅した交流成分（PV に相当）と，直流増幅した直流成分（透過光量に相当）とに分けて導出する。そして，各脈動ごとに，交流成分の振幅値電圧（ΔI）を，同じ区間の直流成分電圧の平均値（I）で除算して求めた値が NPV（NPV $= \Delta I / I$）である。NPV は瞬時心拍数と同様に，各拍動ごとに変化する。

　従来の脈波で指摘されていた前述の各種の誤差要因は，ΔI を I で除算するという演算処理によって相殺することができるため，NPV は交感神経活動をより高い純度で反映することができる。また，ΔI も I もともに電圧値（V）として求まるので，NPV は V/V という絶対量として扱える単位を有し，演算処理による統計解析が可能である。

　ポリグラフ検査時の NPV の典型的反応は，質問に対して生じる一過性の低下反応である。その低下量が非裁決質問時よりも裁決質問時に大きく生じる（廣田ら，2003, 2009）。

NPVは従来のFPGと同様に，発光部・受光部を装着する指尖の位置（高さ）が波形に影響を与える。指尖部が心臓よりも高い位置にある場合，指尖部では虚血が生じ，血液量の低下によるBVの低下と，その結果として生じる血管壁の弾性の増加によりPVは増加する。このときNPVでは，ΔIは増加し，透過光量は増加するためIも増加するが，ΔIの増加量のほうがIよりも大きいため，結果的にNPVは増加することになる。これに対し，指尖部が心臓よりも低い位置にある場合，指尖部ではうっ血が生じ，血液量の増加によりBVは増加し，その結果として血管壁の弾性が低下することによりPVは低下する。NPVでは，ΔIは低下し，透過光量は低下するためIも低下するが，ΔIでの低下量がIよりも大きいため，結果的にNPVは低下することになる。このように，NPVにおいても，指尖部の位置による変化が生じるため，検査時には指尖部が心臓位に位置するようにして計測をする必要がある。また，指尖部を机や肘掛け等に押しつけることにより，指尖部の厚みが変化して発光部と受光部の距離が変わり透過光量が変化したり，指尖部への外圧が変わることにより血管の弾性が変化することで，いずれも結果としてNPVに影響することになるため，指尖部に影響がないよう手掌面を上にして計測することも必要である。

③呼吸運動

　呼吸は「虚偽検出」という技術が考案されたごく初期から指標として活用されてきた。吸気と呼気の時間比率（inspiration/expiration ratio）により高い確率で正しい判定をしたとの報告もある。現在のポリグラフ検査においても，呼吸の変化は重要な指標として活用されている。実務のポリグラフ検査では，呼吸に伴う胸腹部の運動を波形として計測している。吸気時には胸腹部が拡張し，呼気時には縮小するので，それを胸腹部に装着するピックアップの長さの変化としてとらえて記録する。ピックアップにはさまざまな方式があるが，重要なことは，その変化を直流増幅により計測することである。ポリグラフ検査時の呼吸は，一般的に抑制方向への変化として生じる。呼吸数の低下，呼吸振幅の低下が生じ，時には，呼吸の周期的な変化が一定時間消失することもある。そのため，時定数をかけた交流増幅により計測した場合，たとえ数秒程度の長い時定数で計測したとしても，胸腹部の状態が一定期間変化しないような持続的な呼吸の状態を正しく計測することができない。また，呼吸ピックアップには，そのような呼吸の変化を正確にとらえ，出力していく特性が求められる。

　質問呈示後の一定期間内の呼吸について，その周期性（呼吸数）の変化，呼吸振幅の変化，その変化として生じる記録器上でトレースされた呼吸波形上の変化に対して，変化パターンの比較やさまざまな呼吸測度を求めて解析し，判定が行なわれる。

　ポリグラフ検査時の呼吸の変化については，その変化の成分ならびにその発現機序について検討がなされている（黒原・梅沢，2009）。特に，裁決質問時に一般的に生じる一過性の抑制反応は，注意レベルの上昇に起因しているとの考察もあるが，より

生理学的な機序からの検討が望まれる。

(5) ポリグラフ検査時の反応特性と生起機序モデル

　ポリグラフ検査で指標として活用されている皮膚電気活動，心拍数，規準化脈波容積，呼吸について，それぞれその反応特性等について記してきたが，これらの指標がどのような時間的順序で生起し変化するのか，またその生起の仕組みについては，皮膚交感神経の生理学的特性と血行力学的関係構造から検討されている（廣田ら，2009）。ポリグラフ検査時のこれら指標に加えて，特に血行力学的指標として，連続血圧の変化および指尖部末梢皮膚血流量の変化を同時に記録した検討が行なわれた。

　ポリグラフ検査時の典型的な反応変化パターンとしては，裁決および非裁決質問呈示後，まず皮膚電気活動（皮膚コンダクタンス）の増加反応が生じ，次いで末梢血管の収縮に起因した皮膚血流量と規準化脈波容積の低下反応が生じる。その末梢血管の変化と同時期に血圧（収縮期・拡張期血圧ともに）が増加し，その後に心拍数の低下反応が生じる。この変化の順序と変化の方向（増加あるいは低下）は，裁決質問時も非裁決質問時も等しく，両質問時のこれら生体反応の発生機序は同じと考えることができる。裁決質問と非裁決質問の相違は，あくまでもそれぞれの指標ごとの反応性（反応変化量）が，裁決質問時に非裁決質問時よりも大きいということである。この結果は，これら反応生起のもととなる自律神経系活動の賦活レベルの相違に起因していると考えることができる。裁決質問時では，非裁決質問時よりもより自律神経系活動の高まりが生じる。

　これら各種の反応の生起順序が裁決・非裁決質問時で一定であることについては，次のような生起機序を考えることができる。裁決・非裁決質問時に一過性の皮膚交感神経の賦活が生じる。皮膚交感神経には血管収縮神経と発汗運動神経が含まれ，前者は末梢皮膚部位での血管収縮を引き起こし，それが皮膚血流量や規準化脈波容積に反映され，後者は指先での皮膚電気活動としてとらえることができる。また，発汗運動性神経の伝導速度は，血管収縮神経のそれよりも速く，その結果として手指先では皮膚電気活動の生起ののちに血管収縮を反映した指標の変化が生じると考えられる。また，末梢血管の収縮は末梢抵抗の増加を引き起こし，血行力学的関係式から，結果として血圧の増加を引き起こす。生体にはホメオスタシスという，生体内部の状態を一定に保とうとする特性・仕組みがある。血圧が増加した場合，生体としては，その増加を低下方向へ引き戻す生体機序が働くことになる。血行力学的関係式から判断すると，血管の収縮により末梢側である総末梢抵抗は増加した状態であるので，血圧の低下を導くには，心拍出量の低下を生じるより他はない。1回拍出量は安静時もストレス時も実質的な変化は示さないため，実際的には心拍数を低下することにより血圧は低下方向へ変化することができる。実際，ポリグラフ検査時の心拍低下反応は，血圧

増加以降（質問呈示後5秒前後）に顕著に示される。

　なお，呼吸については，既述のように裁決質問時に特徴的な呼吸の変化が示されることもあるが，心臓血管系との関係からみるとRSA現象に基づく心拍数の変動要因としてとらえることができる。しかし，実際のところ，ポリグラフ検査時に一般的に確認される心拍数のゆっくりとした低下反応は，RSAに重畳するように生じる。そして，この心拍数の低下は，延髄の背側運動核由来の反応と理解することができる。深呼吸や呼吸停止のような反応がなければ，検査時の他の指標への影響は実質的にはないものと理解できる。

　このように，ポリグラフ検査の指標として計測している各種自律神経系反応の変化は，皮膚交感神経の賦活を端緒として，心臓血管系の血行力学的関係構造とホメオスタシスという生体の基礎的生理学的調節メカニズムに従って，玉突き動作のように心拍低下反応まで次々と生起するものと考えることができる。皮膚交感神経活動の裁決・非裁決間の賦活レベルの相違については，弁別という主要因と，それに与えるなんらかの心理学的影響要因を想定できるが，ひとたび皮膚交感神経活動が生じた以降の一連の生理学的反応には，なんらの心理学的な説明要因を必要としない。

　以上，ポリグラフ検査は，弁別という基本的な心理生理学的現象をもとにして，同じ「枠組み」として適切に構成された質問を用いて行なう，基本的な実験計画法に則った科学的なテストである。弁別的反応をいかに明瞭に惹起させるかということ，そしてその弁別的反応をいかに明確にかつ効果的に判読するかといったことが，ポリグラフ検査の最も重要かつ中心的な課題である。

第二十一章 中枢神経系のポリグラフ検査

犯罪者地理統計的プロファイリング前史からFBI手法までの実際と展開

　現在のポリグラフ検査（polygraph test）は，末梢神経系（peripheral nervous system）の活動を指標としている。末梢神経系の活動は，心拍・脈波・皮膚電気活動・呼吸に代表されるように電位や運動そのものが大きく，比較的測定しやすいメリットがある。したがって，1890年頃からポリグラフ検査の指標として取り上げられ，多くの研究や検査の蓄積があり，反応の解析方法や生起した反応の判定方法が確立している。

　一方，中枢神経系（central nervous system）のポリグラフ検査は，知覚・再認から返答までの情報処理過程を対象とするため，記憶に基づくポリグラフ検査の指標として末梢神経系よりも直接的で，より精緻に分析できる可能性がある。これまでにポリグラフ検査への応用を考えて研究が行なわれてきた中枢神経系の指標は，脳波（事象関連電位を含む），機能的磁気共鳴画像法（functional magnetic resonance imaging：fMRI），脳磁図（magnetoencephalography：MEG），ポジトロン断層撮影法（positron emission tomography：PET），機能的近赤外線分光法（functional near-infrared spectroscopy：fNIRS）である。この中でも研究例が多く，実際のポリグラフ検査として適用可能性が高いのは脳波とfMRIである。本章の第1節では，この両指標に関する研究成果を中心に紹介する。

1. 脳波を用いたポリグラフ検査

ヒトの頭皮上に2つの電極を装着すると，その2点間にμV（マイクロボルト；1μVは100万分の1V）単位のわずかな電位差が生じる。これを脳波計で増幅して，横軸を時間軸，縦軸を振幅として書き出したものが脳波である。脳波は特定の事象に関係なく常に揺らいでいる自発的な電位であり，覚醒水準といった持続的な脳の状態を表す。この自発的な脳波は，背景脳波とよばれる。これに対し，なんらかの事象の生起に関連して出現する一過性の脳電位変化であり，感覚・知覚・認知といった脳の情報処理に関わる神経集団の同期的活動で生ずる電場電位を事象関連電位（event-related potentials）とよぶ（沖田，1989）。ここでは背景脳波および事象関連電位によるポリグラフ検査について紹介する。特に，後者の事象関連電位は，ポリグラフ検査の有効な指標として1980年代後半から現在にいたるまで多くの研究がある。

(1) 背景脳波によるポリグラフ検査

背景脳波の代表的な分類方法は，1秒間に何回のサイクルがあるかという周波数（Hz）による分類である。有名なのは1929年にハンス・ベルガー（Hans Berger）が報告したα波（8～13 Hz）であり，健常成人の閉眼安静時に後頭部優位に出現する。α波よりも遅い帯域は徐波とよばれ，δ波（0.5～3 Hz），θ波（4～7 Hz）と分類される。α波よりも速い帯域は速波とよばれ，β波（14～30 Hz），γ波（31 Hz～）と分類される。一般に，徐波は睡眠に移行した際に出現，速波はリラックスした状態から緊張・興奮した際に出現する。したがって，犯人であれば裁決質問に対して心理的変化が生じ，α波が減衰すると予測される。

この仮説に基づき，オーバーマン（Obermann, 1939）は，標準的なカード検査と仮想犯罪課題による隠匿情報検査（Concealed Information Test：CIT）を実施した。まず，カード検査では，5名の判定者に90回のカード検査を個別に実施させ，返答後約20秒間の背景脳波を比較する実験を行なった。裁決質問に対する最大のα波減衰を基準とした視察判定の結果，正確に検出できたのは平均41.4回（判定者5名の平均で46.0%）であった。次に，仮想犯罪課題では，19名の被検査者が別々の仮想犯罪を描写した5枚のカードから1枚を選択して，選んだカードに書かれた文章を読んだあとに検査を受けた。カード検査と同じ5名の判定者が，仮想犯罪事実とそれ以外の質問に対する返答後約15秒間のα波減衰を視察で比較した結果，正確に判定できたのは19名中9名（判定者5名の平均で47.4%）であった。また，同じくα波減衰を視察判定した大西ら（1963）でも，カードテストの正判定は12名中2名（16.7%）のみであった。

このように両研究ともに，正検出率は50%以下にとどまり，実際の犯罪捜査への適用は困難であることから，その後，α波減衰を視察判定する研究は公刊されていない。つまり背景脳波は，特定の事象に関係なく常に揺らいでいる自発的な電位であり，覚醒水準といった持続的な脳の状態を表すのに適しているため，カード検査やCITのような特定の刺激に対する情報処理過程の分析には適していないと結論できよう。

なお，上記の研究は1カ所の導出部位から得られた背景脳波を，ペン書き記録して視察判定した研究である。現在は脳波計測技術と解析手法がデジタルベースで飛躍的に発展しており，128カ所や256カ所の多チャネル化と高サンプリング化により，MEGに匹敵するような時間分解能と空間分解能を達成できるデジタル脳波計が開発されている。このような高密度脳波計を利用すれば，時々刻々と変化する脳電位活動部位を特定し，脳内ネットワークの処理過程も明確になることが予想される。背景脳波によるポリグラフ検査の新たな可能性を検討する研究が期待される。

(2) 事象関連電位によるポリグラフ検査

背景脳波中に観察される事象関連電位は，通常数μVの電位であることから，数10μVの背景脳波に埋もれてしまい，原波形から視察で観察することが困難である。そこで，事象関連電位の研究では，同じ刺激をランダムに反復呈示して，刺激呈示時点で時間軸を揃えて加算平均する処理を行なう（入戸野，2005）。その結果，背景脳波は刺激呈示とは無関係に出現しているので，加算に伴い上下への揺らぎが相殺し合って平坦化する。一方，刺激に対応して生起する電位活動は，一定の潜時をおいて同じ極性へ出現するため，加算することで電位が増加する。この加算平均処理によってS/N比の改善が可能となり，さまざまな事象関連電位を明確にとらえることができる。

このような加算平均処理によって得られた事象関連電位は，処理対象となる感覚刺激呈示以前から行動反応出力後にいたるまで連続的に記録されるという利点がある。さらに，各情報処理に対応する変化（成分）は，処理の順に，時系列に沿ってms（ミリ秒：1 msは1000分の1秒）単位で出現するため，その振幅や出現潜時，頭皮上分布，他の成分との時間的関係から，どのような情報処理過程の結果であるかを同定することが可能である。事象関連電位は1960年代に研究が始まり，さまざまな成分が報告されているが,ポリグラフ検査の有効な指標としてはP300,随伴陰性変動（contingent negative variation：CNV），N400がある（平，2009）。

① P300 を指標としたポリグラフ検査

サットンら（Sutton et al., 1965）が最初に報告したP300は，有意味（meaningful）で稀（rare）に呈示される刺激に対し，潜時約300～900 ms（潜時は刺激間の区別が容易なとき短く，困難なとき長くなる）で出現する陽性電位である。P300は5～

20μVと振幅が大きく，自動処理を含み随意統制が困難で（Lykken, 1998），情動よりも認知過程の指標（Boaz et al., 1991；Farwell & Donchin, 1991；Rosenfeld et al., 1991）であることからポリグラフ検査の指標に最も多く取り上げられている。

また，P300を指標とする理由として，P300を測定する標準的オッドボール（oddball）課題と，CITの質問構成の類似性が指摘できる。標準的オッドボール課題とは，呈示頻度の低い刺激と高い刺激を無作為な順序で次々と呈示して，低頻度呈示刺激を標的として検出させる課題である。具体的には，1,000 Hzの短い音を20%，2,000 Hzの短い音を80%呈示し，1,000 Hzの音をカウントさせる。そして，P300は低頻度呈示刺激を首尾よく検出すると出現する。これをCITの質問構成に当てはめてみると，裁決質問が低頻度呈示刺激，非裁決質問が高頻度呈示刺激となる。ここで非裁決質問を4種類と仮定すると実際の出現率は各々20%となるが，犯罪に関連した質問というカテゴリーで判断すると裁決質問の出現率が20%，非裁決質問の出現率が80%となり，一種のオッドボール課題ということができる。P300振幅は呈示される刺激の出現確率に反比例し，被検査者の課題への関連性に比例して生起する。したがって，裁決質問に対するP300振幅の増加は，被検査者が裁決質問を事件に関連した刺激として認識している証拠となる（平ら，2000）。

なお，P300を指標としたポリグラフ検査は，通常，2刺激の標準的オッドボール課題とは異なった方法で行なわれる。標準的オッドボール課題では，標的刺激を検査者側が指定して，検出したらカウントもしくはボタン押しを求める。実務検査場面では，裁決質問を指定してカウントもしくはボタン押し課題を求めると，すべての人に裁決質問に対するP300振幅の増大が認められ，無実の者を有罪と判定するエラー（false positive error）に直結する。また，犯行を隠したい犯人が被検査者であれば，この課題を素直に実行せずに妨害工作（countermeasure：CM）を使って，無実と判定するエラー（false negative error）を頻発することになる。したがって，2刺激の場合には，ただ呈示される刺激を注視するだけの受動的課題（音成ら，1991），あるいは，呈示する刺激にすべて利き手でのボタン押しを求める課題（平・古満，2006）が用いられる。ただし，音成ら（1991）の視覚呈示による受動的課題は，被検査者の負担が少ない反面，閉眼や視線をそらす方法によるCMに弱いという欠点がある。また，平と古満（2006）の課題でも，視線をそらしていても刺激呈示のオンセットは確認できるため，ボタン押しが可能である。実験研究であれば，被検査者は協力的であるが，犯罪捜査では被検査者が必ずしも協力的とは限らないため，呈示する刺激を注視させる工夫と，注視していたという確認が必要である。この問題点に対し，オッドボール課題によるポリグラフ検査では，裁決質問と非裁決質問のほかに，ボタン押し（もしくは，カウント）を求める標的刺激を呈示するのが一般的である（平，2005；久保ら，2007）。

実務でCITを主たる質問として採用していた我が国では，三宅ら（1986）が，3刺

激オッドボール課題で最初の実験をしている。彼らは，裁決質問を自我関与の高い自己姓，非裁決質問を4人の他者姓，標的刺激を植物名として，自己姓の隠匿を求めた。刺激は裁決質問20回，非裁決質問80回（4人の他者姓をそれぞれ20回），植物名を10回の計110刺激で構成し，CRTにランダムな順序で視覚呈示した。各刺激の呈示時間は300 ms，呈示間間隔は1000～1200 ms（平均1,100 ms），被検査者の課題は標的刺激である植物名に対するボタン押し反応である。その結果，8名中7名で裁決質問に対するP300振幅の増加が認められた。さらに，三宅ら（1987）は，裁決質問の自我関与度を操作した場合，P300振幅は自我関与度が高いほど大きくなることを見いだした。犯罪捜査では，裁決質問が犯人にとって自我関与の高い質問となるため，三宅らの両研究はP300の応用可能性を強く示唆する先駆的研究となった。

　海外でも，1980年代からP300によるポリグラフ検査が報告されはじめた。現在，最もP300による研究を実施しているノースウェスタン大学のローゼンフェルドら（Rosenfeld et al., 1987）は，9つの単語の中から1つの単語を選択して隠匿する実験で，選択語（裁決質問）と8つの非選択語を2秒間隔で視覚呈示し，非選択語の中の1つを標的刺激としてカウントさせた。全体の呈示回数は200回，呈示順序はランダムで，各単語の呈示回数は18～26回の間である。その結果，分析対象とした7名全員に裁決質問と標的刺激に対するP300振幅の増加を認めた。また，ファーウェルとドンチン（Farwell & Donchin, 1991）は，この裁決質問，非裁決質問，標的刺激の3刺激オッドボール課題で実験を行なった。彼らは，20名の被検査者に対して，仮想スパイ犯罪を実行させ，犯罪に関連した単語（裁決質問），犯罪に無関連の単語（非裁決質問），検出を指定された単語（標的刺激）をCRTへ視覚呈示した。各単語の呈示回数は裁決質問24回，非裁決質問96回，標的刺激24回，呈示比率では裁決質問1/6，非裁決質問2/3，標的刺激1/6 = 1：4：1である。各刺激の呈示時間は300 ms，呈示間間隔は1,550 ms固定，被検査者の課題は標的刺激に対する右ボタン押しと標的以外の刺激に対する左ボタン押しである。仮想スパイ犯罪のシナリオは2種類あり，各被検査者は2種類のシナリオのいずれかを実行し，裁決質問の呈示される有罪条件と，裁決質問の呈示されない無罪条件で検査を受けた。そして，裁決質問に対するP300波形が，非裁決質問よりも標的刺激に類似している場合を有罪，標的刺激よりも非裁決質問に類似している場合を無罪とする基準で個別判定を行なった結果，有罪条件では20名中18名，無罪条件では20名中17名，両条件を合計すると40名中35名（87.5％）を正確に判定できた。なお，標的刺激へのボタン押し課題は，被検査者に呈示刺激への注視を義務づけ，反応時間とエラー数の結果は注視を裏づける資料となる。また，標的刺激に対するP300振幅は，各個人の個別判定の"ものさし"となる。さらに，標的刺激に対するP300の生起は，裁決質問に特異反応がない場合，認識がないのか無反応者なのかを確定できなかった，従来のCITの欠点を是正する利点を持っている（平ら，2000）。したがって，現在までの研究では，この刺激構成

と左右のボタン押し課題が最も多く使用されている。

　平（2009）は，P300を指標とした初期の研究における有罪条件の正検出率をまとめている。12研究から得られた正検出率は，88.3％（181名／205名）であり，ベン゠シャッカーとフレディ（Ben-Shakhar & Furedy, 1990）がまとめた末梢神経系を指標とした10研究の平均正判定率83.9％を若干上回っている。現行の末梢神経系の指標との差はわずかではあるが，P300は情報処理過程に対応した意味づけが可能であるため，鑑定内容の高度化が期待できることから，実務への応用が期待されている。

　ところで，1998年8月から1999年7月までの1年間に，大阪府警察本部科学捜査研究所で「事件の記憶あり」と判定した390例のうち，事件発生から検査実施までの期間が1カ月を過ぎている例が半数以上あった。それにもかかわらず，平（2009）がまとめた初期の研究は，いずれも記憶課題と検査までの期間が2日以内であった。このことから，平（Hira, 2003）は，模擬窃盗課題実施直後（n=9），1カ月後（n=9），1年後（n=5）に3回検査した結果，いずれの期間においても裁決質問に対するP300振幅は非裁決質問より大きくなり，個別判定でも全員が正しく検出され，実務への適用可能性を強く支持した。

　リッケン（Lykken, 1998）は，オッドボール課題は，刺激の呈示間間隔が1〜2秒と短く，呈示順序がランダムであるため，CMはほとんど適用できないと示唆している。実際，佐々木ら（2001）は，P300を指標として抑制型のCM（検査中に200から7ずつカウントダウンする）の影響を調べ，CMを教示していない群で検出率94.1％（16名／17名），CM群で検出率81.3％（13名／16名）と減少するが，両群に統計的な有意差がないことを見いだしている。また，CM群では，刺激呈示に対するボタン押しの反応時間の散布度（SD）が大きくなることが見いだされており（佐々木，2002；佐々木ら，2001），行動指標からCMを検出する可能性も示されている。一方，ローゼンフェルドら（Rosenfeld et al., 2004）は，興奮型のCMで容易に正検出率が下がるため，法的場面への適用は困難であると指摘している。彼らは，ファーウェルとドンチン（Farwell & Donchin, 1991）と同様の課題を用い実験をした結果，第1週目の正検出率81.8％（9名／11名）が，第2週目のCM使用で18.2％（2名／11名）に低下することを見いだした。CMは，①左足に置いた左手人差し指を押しつける，②左足に置いた左手中指を押しつける，③左足の親指をかすかに動かす，④右足の親指をかすかに動かす，⑤実験者に顔を平手打ちされることを想像するという，被検査者が簡単に習得できる方法であった。また，コンピュータ上でのバーチャル環境による模擬犯罪ののち，心理的CM（平手打ちを想像する）と身体的CM（つま先を押しつける，括約筋を締める）の3種類を行なわせた実験で，個別判定の正検出率が7〜27％と低くなることを報告した研究もある（Mertens & Allen, 2008）。さらに，濱本ら（2010）でも，心理的CM（200から7ずつカウントダウンする）と身体的CM（つま先を上にあげる）ともに，CMの効果が現れて裁決質問と非裁決質

間の P300 振幅に有意差が認められないことを報告している。

　実際の犯罪捜査場面では，CM による妨害が予想されるため，CM の問題は実務に応用するときに非常に重要である。一般には，ボタン押し課題と CM が二重課題となるため，反応時間の遅れとばらつきから反応時間の散布度（SD）が大きくなる特徴（濱本ら，2010；佐々木，2002；佐々木ら，2001）から，CM を監視することは可能である。この他，ボタン押し課題をより複雑にする新たなプロトコル（complex trial protocol：CTP）の考案（Rosenfeld et al., 2008），刺激を遮断しにくい音声刺激の呈示（Misaka et al., 2009；Labkovsky & Rosenfeld, 2009；Rosenfeld et al., 2015），音声刺激と文字刺激の同時呈示（平ら，2012, 2016）などの対抗策が検討されている。さらに，加算平均回数に関して，平ら（2014）が 20 回よりも 5 回と 10 回という少ない加算平均回数での優位性を示している。同様に，松田ら（Matsuda et al., 2011）は，従来の末梢系指標と P300 の同時計測実験を行ない，刺激間間隔 22 秒で刺激を聴覚呈示し，刺激呈示後 400〜1000 ms の差分波形の最大値を対象とした差波形頂点振幅法により，わずか 5 回の加算平均回数で有罪条件 60％，無罪条件 80％の検出率を報告している。加算平均回数は P300 成分の S/N 比の向上を目的に実施するが，少ない加算平均回数で検出可能であれば，検査時間の短縮，被検査者の負担軽減，質問の種類の増加などに結びつき，P300 による CIT の実務応用に有効と考えられる。

② CNV（随伴陰性変動）を指標としたポリグラフ検査

　P300 が裁決質問と非裁決質問に対する情報量の差異（認知要因）を対象としているのに対し，CNV は認知要因に基づく葛藤（平ら，1989；松田ら，1990）や課題完了感（平・松田，1998）を反映する指標である。通常，CNV は先行刺激（S1）と後続刺激（S2）を一定時間間隔で呈示し，S2 に対して被検査者に運動反応（R）を求める課題で生起する。その結果，S1 に対する誘発電位に続いて，S1 − S2 間に期待，意欲，動機づけ，注意等の心理的要因を反映した脳電位の緩徐な陰性変動が生じる。この S1 − S2 − R 課題を応用し，松田ら（1990）は，被検査者にすべての質問に対して「いいえ」と否定の返答をするように教示した実験を行なった。この実験では，裁決質問に自己姓と他者姓，非裁決質問に他者姓と自己姓を呈示する条件を設けた。そして，裁決質問と非裁決質問を S1 で呈示し，S2（光刺激）を合図に否定の返答を求めた。その結果，自己姓を裁決質問とした条件で，S1 に対する P300 振幅の増加と，虚偽の返答に伴う CNV の減少が認められた。すなわち，S1 − S2 − R 課題による方法は，刺激の情報量の差異を P300，被検査者の虚偽の返答に伴う心理的要因を CNV で検出可能であることを示唆した。また，平と松田（1998）は，写真画像を系列呈示する方法で，裁決質問呈示に伴う課題完了感が CNV に反映されることを見いだしている。

③ N400を指標としたポリグラフ検査

　N400は文脈の不一致により生じる成分である（Kutas & Hillyard, 1980）。文（たとえば，"すずめは／鳥で／ある"）を主語，目的語，述語の順に呈示し，主語と目的語との間に意味的なミスマッチがある場合（たとえば，"すずめは／魚で／ある"），目的語に対するN400が生起する（Katayama et al., 1987）。

　ボーツら（Boaz et al., 1991）は，同様の課題を応用し，被検査者にアパートの台所を舞台とした，模擬強盗のビデオを鑑賞させたのち，犯行を正しく記述した文（「犯行場所は／台所で／ある」）と犯行と一致しない文（「犯行場所は／居間で／ある」）を呈示した。その結果，先行刺激の「犯行場所」に対して，後続刺激で「台所」と呈示した場合にはN400が生起しなかったのに対し，後続刺激で「台所」以外の単語が呈示された場合にはN400が生起した。つまり，模擬強盗の実際の文脈とミスマッチがある場合にN400が生起したため，N400を指標としたポリグラフ検査の可能性を報告した。

　以上，P300，CNV，N400を指標としたポリグラフ検査の研究を紹介したが，この他にN2や後期陽性電位（late positive potential：LPP）も有効性が期待できる。今後，三宅ら（Miyake et al., 1993）が実務検査後に被検査者の同意を得て試験的にP300によるポリグラフ検査を行なったように，実務場面でのデータ収集による妥当性検証後の実務への応用が期待される。

2. 機能的脳イメージングを用いたポリグラフ検査

　前節では，脳波を指標としたポリグラフ検査の概要について説明したが，近年では，脳イメージングの領域においてもポリグラフ検査に関する研究が蓄積されてきている。現在行なわれているポリグラフ検査で用いられている呼吸，皮膚電気活動，規準化脈波といった指標は，末梢神経系活動に基づくものであるが，これらについての生理的反応は，中枢での認知情報処理過程の結果に由来するものである。したがって，末梢神経系指標が犯罪捜査におけるポリグラフ検査として大きな貢献をしている一方で，中枢神経系の活動に着目することは，今日においても議論されているポリグラフ検査のメカニズムを解き明かすうえでも，大きな意義をもつといえる。脳波を用いたポリグラフ検査では，脳波のパターンから虚偽を検出するのに対し，脳のイメージングを用いた方法では，嘘をついた際に活性化する脳部位を特定し，その部位，および，その周辺領域の活動の程度から虚偽を検出する。ここでは，機能的磁気共鳴画像法（functional magnetic resonance imaging：fMRI）と近赤外分光法（near-infrared spectroscopy：NIRS）によるポリグラフ検査について取り上げる。

(1) 大脳半球の主要構造

　嘘をつくという行為は，さまざまな認知機能を必要とする非常に複雑な心理的活動であり，このような高次な心理過程に関与するのが大脳である。脳のイメージングとポリグラフ検査の研究を理解するうえで必要となる大脳の解剖学的な知識について，ここでは取り上げる。

　ヒトの神経系は，すべての脊椎動物の神経系と同様に，脳と脊髄からなる中枢神経系（central nervous system）と，体性神経系と自律神経系からなる末梢神経系（peripheral nervous system）に分類される。中枢神経系は生体のさまざまな機能に関する神経中枢の集まりであり，末梢神経系は中枢神経系と身体各部との連絡路としての機能を果たす。中枢神経系は末梢神経系との相互作用によって生体を制御する。中枢神経系は，脊髄，脳幹，橋，小脳，中脳，間脳，大脳の7つの主要な部位に分けられる（図 21.1a）。大脳は，左右2つの半球から構成されており，左右の大脳半球は脳梁と前交叉を介して，相互に情報の連絡を行なっている。それぞれの大脳半球の深部には，扁桃体，尾状核，被殻，淡蒼球からなる大脳基底核が存在する。

　大脳半球の側面には，中心溝，外側溝とよばれる2つの大きな溝があり，これらによって4つの部分に分けられる（図 21.1b）。前頭葉（frontal lobe）は，実行機能を担い，身体運動の制御，言語機能への関与，一般的な行為の実行を担う部位として特徴づけることができ，前頭葉皮質の広範な領域が，認知過程の実現や促進に関係するさまざまな機能に関与していると考えられている。たとえば，問題解決や，そのための方略の変更などと関与している。また，連合学習，時間記憶，目的にかなった計画的な行動などにも関与している。大脳回としては，中心前回，上前頭回，中前頭回，下前頭回がみられる。側頭葉（temporal lobe）は，高次視覚機能および聴覚機能，さらには言語や記憶，情動とも関係していることが知られている。大脳回としては，

a. 中枢神経系の断面図

b. 大脳半球の脳葉

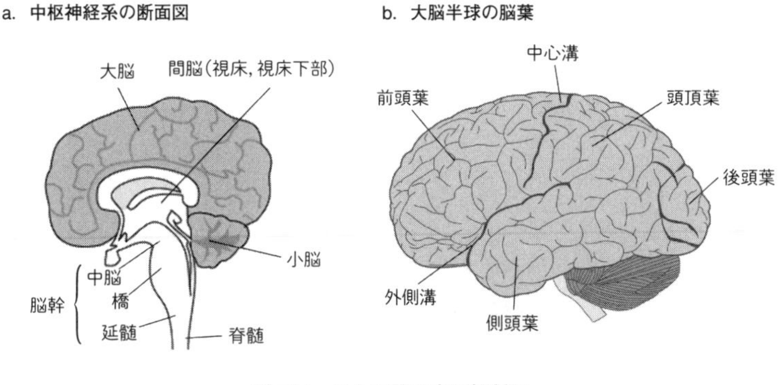

図 21.1　ヒトの脳の肉眼解剖図

上側頭回，中側頭回，下側頭回がみられる。頭頂葉 (parietal lobe) は，身体各部から伝わる体性感覚情報の処理に関与しており，異なる感覚モダリティーから感覚情報の統合を行なう。また，視覚を手がかりとする運動の遂行において重要な役割を果たしている。頭頂葉には，中心後回，上頭頂小葉，下頭頂小葉がみられる。後頭葉 (occipital lobe) には，第一次視覚皮質があり，視覚情報の処理と密接な関係がある。なお，これらの分類は，厳密に機能単位で行なわれているわけではない。大脳皮質は多くの脳領域からなり，それぞれが特有の機能を果たし，独自の構造を持っている。しかし，多くの機能単位は，隣接する脳葉の境界を越えて存在するため，これらの機能単位の境界が厳密に脳葉の境界に対応しているわけではない。

　大脳半球の中でも，前頭葉，特に，前頭前皮質とよばれる領域が嘘をつく行為と関与していることが示唆されている。前頭前皮質は前頭葉の前方部にあり，最高次の認知機能に関連すると考えられている。前頭前皮質には，背外側前頭前皮質 (dorsolateral prefrontal cortex：DLPFC)，内側前頭前皮質 (medial prefrontal cortex：mPFC)，眼窩前頭前皮質 (orbitofrontal cortex：OFC) の3つの領域が含まれている。前頭前皮質の中でも，これらの領域間で機能差があることが現在までの研究で明らかになっており，背外側前皮質は行動の認知制御，内側前頭前皮質および眼窩前頭前皮質は感情と社会行動に関与すると考えられている。眼窩前頭前皮質は，特に，報酬と罰に対する感受性に関連する行動の計画を制御していることも報告されている (Bechara et al., 1994)。

(2) 実験室で行なわれる脳イメージングを用いたポリグラフ検査研究

　脳イメージングを用いたポリグラフ検査の研究で用いられている実験パラダイムは非常に多様ではあるが，虚偽判別パラダイム (differentiation of deception paradigm：DDP) に基づくものと，隠匿情報検査 (CIT) に基づくものに大別することができる。

　DDPは，フレディらによって，心理生理学的なプロセスとして虚偽を検討するために開発されたパラダイムであり，一人の実験参加者内で，一連の質問群に対して，虚偽を回答させる条件と真実を回答させる条件を設け，それぞれにおける生理反応を比較するというものである (Furedy et al., 1994)。この実験パラダイムでは，刺激の主観的な重大性，呈示頻度，あるいは，刺激に対する情動的な関連性といった要因を統制して，虚偽行為と脳活動との関係を検討することができる (Furedy et al., 1994；Gödert et al., 2001)。

　一方，CITでは，虚偽行為そのものというよりも，犯罪事実に関連する記憶について検討を行なう (Lykken, 1974)。裁決質問，非裁決質問それぞれに対して生じる脳活動を比較することによって，犯罪事実に関する記憶を有しているかどうかを判断するのである。この実験パラダイムでは，模擬窃盗課題などを事前に行ない，その後，

犯罪事実について知らないふりをするように教示され，裁決質問，非裁決質問に回答させる。そして，それぞれに対する生理反応を比較する。

これまでに行なわれた，脳のイメージングを用いたポリグラフ検査の研究では，DDPに基づく研究が多い。しかし，DDPに基づく手続きは，虚偽を回答する場合と真実を回答する場合の反応だけが異なり，それ以外の点については等価な質問対を用意しなければならないため，犯罪捜査の実務場面へ適用することは難しいと思われる。このような問題に対処するために，実験参加者に同一の質問について一度ずつ虚偽と真実を回答するよう求めるという手続きを用いている研究もあるものの（Spence et al., 2001, 2008），そのような手続きによって，個人レベルでその人が嘘をついているかどうかを判断することができるのかどうかについては，今日にいたるまで明らかにされてはいない。また，DDPでは虚偽そのものに焦点を当てているものの，実験室における研究で得られた結果を，実務場面に一般化することはできないと考える研究者もいる（Sip et al., 2008）。しかしながら，虚偽行為に伴って賦活する脳領域を同定するような基礎研究としては興味深い知見が得られるかもしれない。これに対し，CITに基づく研究はそれほど多くはないものの，fMRI計測で得られたデータを，多変量解析を用いて，虚偽を回答している場合と真実を回答している場合を識別する手法も着目されている（Haynes & Rees, 2006）。このような解析法に関する検討を進めていくことで，今後，CITに基づく研究についても発展が期待できる（Bles & Haynes, 2008）。

脳イメージングを用いたポリグラフ検査研究においては，すべての研究でDDPかCITのいずれか一方のみのパラダイムに基づいているわけではなく，2つのパラダイムを組み合わせて実験が行なわれている研究もある（たとえば，Langleben et al., 2005）。

(3) fMRIを用いたポリグラフ検査

機能的磁気共鳴画像法（fMRI）は，磁気共鳴現象を利用して，生体内の構造に関する情報を画像化する方法である。強力な静磁場の中で人体に電磁波を照射すると，人体の水素原子核（1H）が共鳴して電磁波を放出する。その電磁波の周波数は脳組織の種類によって異なる局所的な水素濃度の指標となり，そこから得られるMR（magnetic resonance）信号を画像化することによって，脳の賦活を可視化することができる。生体の脳活動を非侵襲的に測定することができるfMRIにより，脳機能局在に関する研究は大きく進展した。心理学の分野においては，ある課題を遂行している人の脳活動を観察し，ある特定の機能は脳のどこで行なわれているのかを明らかにする目的で広く用いられている。ポリグラフ検査の研究においても，嘘をついたときに賦活する脳領域について関心が高まっており，fMRIを用いた研究が行なわれている。ここでは，fMRIの概要について説明し，ポリグラフ検査に応用した研究を紹

介する。

① fMRI の概要

fMRI の測定原理：ある脳領域が賦活すると，その領域の神経細胞のエネルギー代謝が上昇し，血液中のグルコースと酸素がより多く利用されるため，より大きな血流量が必要となる。したがって，賦活している脳領域における局所脳血流量（regional cerebral blood flow：rCBF）は増加する（Roy & Sherrington, 1890）。このように，ある領域の脳活動に比例して，その局所の血流が増加する現象は，1mm 以下の空間的広がりで起こることが知られており，神経血管カップリング（neurovascular coupling：NVC）とよばれる。NVC は，fMRI や次節で扱う NIRS における神経生理学的な根拠となっている。血液中の酸素は，ほとんどが赤血球中にあるヘモグロビンと結合して運ばれる。ヘモグロビンは鉄を含み，動脈血のヘモグロビンは酸素と結合しており，これを酸素化ヘモグロビン（oxyHb）という。酸素は毛細血管内で放出され，二酸化炭素がヘモグロビンに結合する。これを脱酸素化ヘモグロビン（deoxyHb）といい，静脈中には，deoxyHb が多く含まれる。deoxyHb は磁場を乱し，MR 信号を弱める。脳の賦活部位には大量の血流が送られるため，oxyHb 濃度が上昇し，MR 信号が増強される。これを BOLD（blood oxygenation level dependency）効果（図 21.2）とよび，BOLD 効果による信号変化をとらえることで，脳の賦活部位を知ることができる。このように，fMRI は，神経細胞の活動を直接計測しているわけではなく，oxyHb と deoxyHb の濃度から，間接的に，その領域の神経細胞の活動を計測している。

神経細胞が活動すると，すぐにその付近の血流が増加するわけではない。毛細血管内で酸素の移動が起こり，oxyHb が酸素を組織に渡すことで，一時的に deoxyHb が

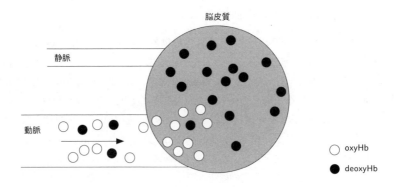

図 21.2 BOLD 効果

注：局所脳領域が活性化されると，その領域における動脈が拡張し，局所脳血流量は増加する。局所脳血流量の増加により，oxyHb 濃度が上昇し，deoxyHb 濃度は低下する。これにより，局所脳領域の MR 信号は増強される。

増加してから,1〜5秒程遅延して脳血流が増加して,oxyHbが増加し,deoxyHbが減少する。この反応は6〜10秒程度で最大となり,MR信号に反映されるにはさらに数秒かかる。そのため,fMRIでは,数ミリ秒単位で生じる神経細胞の活動を高い時間分解能で得るのは難しい。一方,fMRIは空間分解能に優れ,数ミリメートルの範囲における神経細胞の活動を特定することができる。

fMRIを用いた実験デザイン:fMRIを用いた実験デザインでは,fMRIの特徴,すなわち,数秒の時間分解能しか持たないこと,および,全脳のデータをくり返し取得することができることを考慮しなければならない。したがって,数秒以上のタイムスパンで条件が変化することが望ましく,また,複数の課題をくり返して行なうことが一般的である。しかし,複数の課題を行なう場合,シークエンスの時間が長くなり,被検査者の疲労や体動の問題が生じてしまう。そのため,1回のシークエンスは,長くても20分以下が望ましいと考えられている。

　これまでのfMRIを用いたポリグラフ検査の研究は,ブロックデザイン(block design)と事象関連デザイン(event-related design)の2つに大別される(図21.3)。ブロックデザインは,30秒から数分ごとに課題を行なう時期のMR信号とレストの時期(課題を行なわない,あるいは,ベースラインとする課題を行なう時期)のMR信号とを比較し,課題に関連して統計的に有意な変化を示す脳部位を検討する。刺激呈示時間が長いため目的とする反応が生じやすい,文章など持続時間が長い刺激を呈示することができるといった利点がある一方,同一課題を連続して呈示することによる脳活動の馴化の影響を無視できない,実験参加者に実験者の意図が伝わってしまう可能性がある,実験参加者に課題に対する予期が生じやすいといった限界もある。一方,事象関連デザインでは,単発の事象となる刺激に誘発されて変化するMR信号を,その事象発生時刻を基準に加算平均し,局所脳血流量の変化のモデル関数に当てはめ

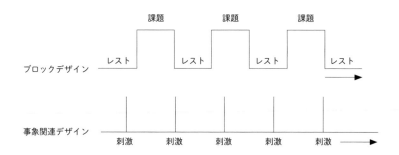

図21.3　2つの実験デザイン
注:fMRIを用いた研究では,この2つのデザインが用いられる。なお,→は時間経過を表す。

て検討する。局所における MR 信号の変化がモデル関数に整合するならば，その部位は事象となる刺激によって活性化したものとみなす。事象関連デザインでは，刺激の呈示順序をランダムにすることが可能であり，実験参加者に予期が生じにくい一方，くり返し刺激を呈示することによる十分な加算回数がないと，ノイズを除去できず信号を検出しにくい場合もある。

② fMRI を用いた研究

　fMRI を用いたポリグラフ検査研究は，主に，虚偽判別パラダイム（DDP）に基づくものと，隠匿情報検査（CIT）に基づくものに大別される。初めに，DDP に基づく研究例を紹介し，次に，CIT に基づく研究例について紹介する。

　fMRI を用いた DDP に基づく最初の研究は，スペンスら（Spence et al., 2001）によって行なわれた。この研究では，実験参加者に，日常における特定の行動をその日にしたかどうかを2回尋ね，虚偽と真実を1回ずつ回答させた。ブロックデザインを用いて，虚偽を回答するブロックと真実を回答するブロックを30秒ごとに変化させており，それぞれのブロックにおける反応の差分をとって分析を行なった。質問文については，聴覚呈示と視覚呈示を行なっており，両方のデータを組み合わせて解析を行なったところ，虚偽を回答した場合には，真実を回答する場合と比べて，両側腹外側前頭前皮質（bilateral ventrolateral prefrontal cortex），両側内側前頭前皮質（bilateral medial prefrontal cortex），両側内側前運動皮質（bilateral medial premotor cortex），左下頭頂小葉（left inferior parietal lobule）および左外側運動前皮質（left lateral premotor cortex）が賦活していることが示された。スペンスらは，腹外側前頭前皮質を損傷した患者が反応の抑制に困難が生じるという神経心理学的知見に基づき，これらの領域の中でも特に，背外側前頭前皮質が虚偽を回答するという行為に関与している可能性を指摘している。

　また，コゼルらの一連の研究（Kozel et al., 2005, 2009a, 2009b）では，模擬窃盗を行なわせ，虚偽を回答する際の脳の反応を DDP に基づいて検討している。コゼルらの研究では，実験参加者に，引き出しから指輪か時計のどちらか一方のみを盗み出し，ロッカーの中に隠すように教示した。その後，「あなたは指輪を盗みましたか？」「あなたは指輪を引き出しから取り出しましたか？」といった指輪を盗んだことに関する質問群と，「あなたは時計を盗みましたか？」「あなたは時計を引き出しから取り出しましたか？」といった時計を盗んだことに関する質問群を呈示した。その際，実験参加者は，いずれの質問群についても，「盗んでいない」と回答するように教示されていた。実験参加者は，指輪か時計のどちらか一方しか盗んでいないため，一方の質問群には真実を回答し，もう一方の質問群には虚偽を回答していることになる。たとえば，もし，実験参加者が模擬窃盗で指輪を盗んでいた場合，指輪を盗んだことに関する質問群は，実際に盗んでいるにもかかわらず，「盗んでいない」と回答するため，

虚偽を回答している質問群になる。一方，指輪を盗んだ場合には，時計は盗んでいないため，時計を盗んだことに関する質問群は，真実を回答している質問群になる。さらに，実験参加者に，「あなたは生徒ですか？」といったニュートラルな質問群と，「これまでに何か違法なことをしたことがありますか？」といったコントロール質問群も呈示し，それらには真実を回答するように教示した。コントロール質問群は対照質問法（CQT）における対照質問と同様の内容である。この研究は，ブロックデザインに基づくものである。虚偽を回答している質問群，真実を回答している質問群に対する脳反応から，レストに相当するニュートラルな質問群，コントロール質問群に対する脳反応を差し引くことにより，質問文を読んだことによる脳の反応を統制し，虚偽を回答する，あるいは，真実を回答することによる脳の反応を検出することができる。この研究の結果，虚偽を回答する場合，真実を回答する場合と比べて，右前帯状皮質（right anterior cingulate），右眼窩前頭前皮質（right orbitofrontal cortex），右下前頭皮質（right inferior frontal cortex），右中前頭皮質（right middle frontal cortex）が賦活することが報告されている。

　CITに基づいてfMRIを用いた研究は，ラングリーベンら（Langleben et al., 2002）によって初めて行なわれている。この研究では，事象関連デザインを採用し，トランプを使用して検討を行なっている。実験参加者は，事前に20ドルと1枚の特定のトランプを受け取り，そのカードについて，知らないふりをするよう教示され，もしそのカードについて知っていることに気づかれてしまった場合には20ドルは没収されると伝えられていた。また，それ以外のトランプについては，真実を回答するよう求められた。その結果，知らないふりをした場合，すなわち，情報を隠匿した場合には，左前帯状回（left anterior cingulate gyrus）から右内側上前頭回（right superior frontal gyrus）にかけての領域，および，前運動皮質（premotor cortex）の前頭部から背側部，そして，中心溝（central sulcus）から頭頂間溝（intraparietal sulcus）の下堤へといたる前頭頂皮質（anterior parietal cortex）を含む頭尾軸に沿ったU字型の領域の2つが賦活することが示された。前帯状回は，遂行機能を必要とする課題において賦活することから，前帯状回から上前頭回にかけての領域が虚偽に関わる神経回路である可能性が高いと考えられている。

　fMRIを用いたポリグラフ検査研究は，日本においても行なわれている。阿部らの研究（Abe et al., 2008）では，事象関連デザインを用いて検討が行なわれた。実験者は，意味的に関連のある単語リストを読み上げ，実験参加者はそれらを記憶するよう教示された。そして，それらの単語リストについての再認課題を行なっている間の脳活動を計測した。この再認課題において，実験参加者には，実際に記憶した単語（true targets），実際には記憶していないが記憶した単語と意味的に関連のある単語（false targets），実際には記憶しておらず記憶した単語と意味的に関連のない単語（new targets）の3種類を視覚呈示した。実験参加者は，視覚呈示された単語について，

実際に記憶したものか記憶していないものかを判断するよう求められた。再認課題では，真実を回答するブロックと虚偽を回答するブロックが交互に行なわれた。真実を回答するブロックでは，true targets, false targets, new targets に対して正直に回答するよう教示され，虚偽を回答させるブロックでは，true targets には記憶していないふりをして回答し，new targets には記憶したふりをして回答するよう教示された。その結果，真実を回答する場合に比べて，記憶した単語について記憶していないふりをする場合も，記憶していない単語について記憶したふりをする場合にも，前頭前野（prefrontal areas）の賦活が認められた。特に，右内側頭前皮質（right medial prefrontal cortex），右上前頭回（right superior frontal gyrus），右中前頭回（right middle frontal gyrus），左下前頭回（left inferior frontal gyrus），左補足運動野（left supplementary motor area），左中前頭回（left middle frontal gyrus）において，強い賦活がみられた。また，興味深いことに，この研究では，真実を回答するブロックにおいて，true targets について「記憶した単語である」と正しく回答した場合を true recognition（TR），false targets について「記憶した単語である」と誤って回答した場合を false recognition（FR），new targets について「記憶していない単語である」と正しく回答した場合を correct rejection（CR）と定義し，偽りの記憶（false memory）に関する脳活動についても検討を行なっている。その結果，左上側頭溝／中側頭回領域(left superior temporal sulcus / middle temporal gyrus)，左中側頭(left middle temporal gyrus) および左縁上回（left supramarginal gyrus）において，FR 時および CR 時よりも TR 時に有意に強い賦活がみられることが示された。一方，いずれの部位についても，FR 時と CR 時の間では賦活の程度に違いはみられなかった。さらに，記憶していない単語について記憶したふりをする場合（虚偽）と，記憶していない単語について記憶したと誤って回答する場合（偽りの記憶）で，脳活動に違いがみられるかについても検討したところ，偽りの記憶を想起している場合と比べ，虚偽回答時で左中前頭回（left middle frontal gyrus）が強く賦活する傾向が確認された。

　また，野瀬らの研究（Nose et al., 2009）では，CIT に基づき，情報の隠ぺい時における脳活動について検討を行なっている。実験参加者全体のうち，半分を情報隠匿群（CI 群），残り半分を非情報隠匿群（nCI 群）に割り当て，CI 群においてのみ，実験者が用意した5枚のカードの中の特定の1枚（クラブの5のカード）について記憶させた。そして，CI 群にとっては，クラブの5を裁決質問，それ以外の4枚を非裁決質問，ダイヤの8をターゲット質問として，オッドボール課題を行なわせた。そして，6枚のカードをランダムな順で視覚呈示し，ターゲット質問に該当する1枚についてと，裁決／非裁決質問に該当する計5枚のカードについて，呈示されるたびに，それぞれ異なるボタンをできるだけ早く押すように教示された。その結果，CI 群においてのみ，裁決質問に回答する際に，両側の前頭前野腹外側部（bilateral ventrolateral prefrontal areas），左下前頭回（left inferior frontal gyrus），右中前頭回（right middle frontal gyrus），右下頭頂小葉（right inferior parietal lobule）が賦活することが示された。また，右前頭前野腹外側部における賦活の程度に基づいて，実験参加者がどちらの群に分類されていたかについて判別分析を行なったところ，実験参加者全体のうち，84.21%を正しく識別することができた。このことから，特に，右前頭前野腹外側部の賦活が，本人しか知りえない事実に関する情報を持っているかどうかを判断するうえで重要であると結論づけている。

以上で述べたように，脳活動を視覚的にとらえることができる脳のイメージング技術の発展を背景として，2000年代になってからfMRIを用いたポリグラフ検査研究は増えてきているものの，研究間で刺激の呈示方法や実験参加者が取り組む課題が標準化されていないため，異なる賦活部位が報告されている。また，スペンス（Spence, 2008）のように，先行研究と同様の手続きを用いた場合でさえも，賦活部位について完全な再現性があったわけではない。しかし，fMRIを用いた研究全体において，虚偽を回答する，あるいは，持っている情報を隠ぺいするといった行為に際し，前頭前皮質領域が賦活するという点は一貫して報告されている。さらに，大部分の研究で，真実を回答する場合に比べて，虚偽を回答する場合のほうが，脳活動が増加するという結果が得られている。fMRIを用いた研究全体で，虚偽の回答および情報の隠ぺいと関連して賦活がみられる脳領域を検討するためには，活性化尤度推定法（activation likelihood estimation：ALE）が有用である。

ALEは，研究間で報告されている活性化（activation）の最大値をとる部位のクラスタリング（集合，群）について分析を行なう手法である（Turkeltaub et al., 2002）。ALEの基本的な考え方は，活性化の最大値をとる部位が明確に定まっているのではなく，確率的に揺らいでしまうものであるというものである。そこで，「活性化の最大値をとる部位が研究ごとに異なっているとしても，比較的小さな領域に相当するそれらの部位のクラスタリングには一貫したパターンがみられる」という仮定のもと，ある刺激の呈示や行動に伴って賦活する脳部位を，1つの点としてではなく，平均的にある点をとることが多い確率分布，すなわち，活性化の最大値をとる部位を中心とする確率分布としてみなす。そして，研究ごとの活性化の最大値をとる部位の確率分布をもとに，ALEマップとよばれる，活性化のパターンを統計的に表した図を作成する。このALEマップを，活性化が脳の中でも灰白質で生じる（Eickhoff et al., 2009）ということをふまえて，解剖学的構造を考慮して作成されたランダムノイズによる活性化のパターンを表すマップと比較し，ALEマップにおけるクラスタリングが統計的に意味をもっているかどうか，すなわち，研究間でみられた活性化のパターンがある刺激の呈示や行動と関連しているかどうかを検討する。ALEを用いることで，複数の脳イメージング研究で得られた結果を，定量的に解釈することができる。

ゲーマー（Gamer, 2011）は，ALEを用いて，2009年11月までに論文化されている脳のイメージングとポリグラフ検査に関する研究全体についてメタ分析を行なっ

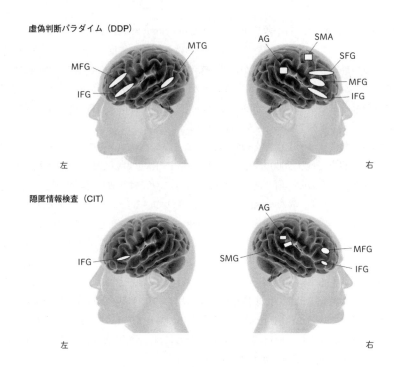

図21.4 DDPとCITにおける脳の賦活パターン（Gamer, 2011, p.100より作成）

注：AG：角回（angular gyrus），IFG：下前頭回（inferior frontal gyrus），MFG：中前頭回（middle frontal gyrus），MTG：中側頭回（middle temporal gyrus），SFG：上前頭回（superior frontal gyrus），SMA：補足運動野（supplementary motor area），SMG：縁上回（supramarginal gyrus）

た。そして，DDPに基づいて行なわれた16の研究（合計289のサンプル）とCITに基づいて行なわれた6の研究（合計119のサンプル）について，一貫した脳の賦活パターンがあることを示した（図21.4）。DDPを用いた研究全体で，虚偽を回答した場合には，前頭前皮質背外側部および前部にある上前頭回（superior frontal gyrus：SFG），中前頭回（middle frontal gyrus：MFG），下前頭回（inferior frontal gyrus：IFG），補足運動野（supplementary motor area：SMA），角回（angular gyrus：AG），中側頭回（middle temporal gyrus：MTG）において有意な賦活が確認された。一方，CITを用いた研究全体では，下前頭回（IFG），中前頭回（MFG），角回（AG），縁上回（supramarginal gyrus：SMG）において，裁決項目への反応時に有意な賦活が確認された。これらの活性化のパターンについて，ゲーマーらは，虚偽行為や持っている情報の隠匿に特有なものというよりは，それらを行なううえで必要な認知処理に由来する脳活動を反映していると主張している。背外側前頭前皮質は，前頭葉の連合野の1つで，反応しようとする対象のイメージを形成し，随意運動を開始するのに重要な役割を果たすことが知られている。したがって，反応のモニタリング，新奇刺

激の検出,競合する複数の情報間の葛藤の解決といった課題を行なう多くの研究で一貫して賦活することが示されている (Duncan & Owen, 2000)。さらに,背外側前頭前皮質は,ワーキングメモリ課題,エピソード記憶課題,意味記憶課題などにおいても賦活が確認されている (D'Esposito et al., 2000;Konishi et al., 2000;Nyberg et al., 2003;Ranganath et al., 2003)。そのため,背外側前頭前皮質における賦活は,DDP,CITのいずれを用いた研究全体についても共通してみられるものの,虚偽行為や持っている情報の隠匿によって生じているというよりも,さまざまな認知的課題の解決によって賦活していると考えられる。

　このことと関連して,虚偽行為と実行機能による前頭前皮質の賦活を比較したクリストらの研究 (Christ et al., 2009) を紹介する。この研究では,主にDDPに基づいた虚偽行為に伴う脳の賦活に焦点を当てた13の研究と,ワーキングメモリー課題,行動の抑制に関する課題 (ストループ課題,go/No-go課題など),スイッチング課題を用いて実行機能による脳の賦活を検討した61の研究について,それぞれ一貫した賦活のパターンがみられるかどうかメタ分析を行なっている。その結果,虚偽行為により,実行機能と関連して賦活する領域と同じ領域が賦活することが示された。クリストらは,ワーキングメモリーなどの実行機能の処理に関係する神経回路が,虚偽行為にとって統合的な役割を果たしていると考えられると結論づけている。

(4) NIRSを用いたポリグラフ検査

　近赤外分光法 (NIRS) は,近赤外線を頭蓋内に照射して,その反射光を検出することで,脳局所の賦活を非侵襲的に測定する方法である。この30年ほどで発展してきた,比較的新しい脳機能計測法であり,安全かつ簡便に,人の脳活動を記録できるため,医学の分野をはじめとして幅広く,臨床ツールとしての活用が期待されている。ここでは,NIRSの概要について説明し,ポリグラフ検査に応用した研究を紹介する。

① NIRSの概要

NIRSの測定原理:近赤外光は波長が約700〜1,000 nmの電磁波であり,生体透過性が非常に高く,頭部に照射されると,血液,骨,皮膚や脳といったさまざまな組織において,散乱・吸収されながら伝播していく。このとき,生体内の酸素化状態により吸光度が変化する主な成分は血液中のヘモグロビン (Hb) である。なんらかの情報処理が行なわれ,脳の神経細胞が活動すると,その脳領域において血流量が増加し,酸素化ヘモグロビン (oxyHb) と脱酸素化ヘモグロビン (deoxyHb) の濃度が変化することは,fMRIの測定原理を説明するうえでも扱った。oxyHbとdeoxyHbとでは吸光スペクトルが異なるため,近赤外光が通過する組織内のHbの酸素化状態が変化すると,吸光スペクトルに従い,通過する近赤外光の強度が変化する。この性質を利用

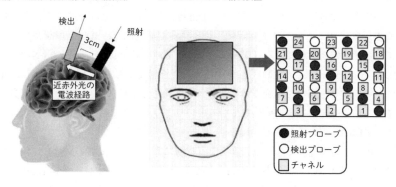

図21.5　近赤外光の伝播と計測装置

し，異なる波長を持つ複数の近赤外光を頭部に照射し，その一部の頭皮上に戻ってきた反射光を検出することで，oxyHbとdeoxyHbの濃度変化を算出する（図21.5a）。実際には，頭にプローブとよばれる装置を装着し，照射プローブと検出プローブの間，すなわち，照射された近赤外光が頭部内を反射して進んだ場所のoxyHbとdeoxyHbの濃度を測定する。この計測箇所は，チャネルとよばれる（図21.5b）。以上のような原理から，生体内のHb代謝変化を非侵襲的に計測することで，頭表から2～3cmの範囲における脳の賦活を間接的にとらえることができる。

　NIRSにおいて，直接計測しているのは，照射プローブと検出プローブを頭皮上に装着した際の検出された近赤外光の強度であり，安静時における検出光の量をベースラインとしたときの，課題による脳領域の賦活時の検出光の量との差にあたる減光度変化を測定量としている。それに数学的に変換を施すことで，測定された物理量から，生体情報としての価値の高い「Hb濃度変化と実際に近赤外光が進んだ距離の積」で表されるNIRS信号を得ることができる。ただし，NIRS信号における実際に光が進んだ距離については，頭蓋骨の厚さや脳の賦活部位とプローブ装着部位の位置関係などによって変化するため，値を求めることは困難である。そのため，NIRS信号の大きさはあくまで相対的なものであり，NIRS信号の値をそのまま，Hb濃度変化の大小と解釈して直接比較することはできない。

　NIRSは，計測機器が頭部に固定されるため，頭部の動きのアーチファクトに対して頑健であるだけはなく，時間分解能に優れている。すなわち，ある特定の脳領域の局所脳血流量の継時的変化を観測したい場合には適している方法であるといえる。一方，空間分解能には限界があり，脳深部の活動を計測することはできない。ラーニングコストが比較的安価で，実験参加者への負担が少ないNIRSは，脳活動の計測によ

るポリグラフ検査を犯罪捜査実務の場面で応用することが期待できるといえる。

NIRSの実験デザイン：fMRIの実験デザインで取り上げたように，NIRSの実験デザインについても，ブロックデザインと事象関連デザインが用いられる。事象関連デザインは，データ解析時にNIRS信号の振幅の大小を直接比較する必要がなく，また，時間分解能が高いNIRSの長所を生かすことができる実験デザインであるといえる。一方，実験デザインを工夫することで，NIRSによる計測においても，ブロックデザインを活用することができる。

② NIRSを用いた研究

ポリグラフ検査にNIRSを応用した研究はそれほど多くはないが，ポリグラフ検査にNIRSを応用することが有益であることを示唆する結果が報告されている。

ティエンら（Tian et al., 2009）は，DDPの手続きを用いて，虚偽を回答した場合と真実を回答した場合で，前頭前皮質（prefrontal cortex）における脳血流動態反応に違いがみられるかどうかについて検討した。fMRIを用いた研究で紹介したコゼルら（Kozel et al, 2005）における手続きと同様に，実験参加者は，実験室にある引き出しの中から指輪か時計のどちらか一方のみを盗み出し，ロッカーの中に隠すように教示された。その後，指輪を盗んだことに関する質問群，時計を盗んだことに関する質問群を呈示し，これらには，「盗んでいない」と回答するように教示した。実験参加者は，指輪か時計のどちらか一方しか盗んでいないため，一方の質問群には真実を回答し，もう一方の質問群には虚偽を回答していることになる。さらに，実験参加者に，ニュートラルな質問群とコントロール質問群も呈示し，それらには真実を回答するように教示した。それらの質問群に回答するにあたり，実験参加者の前頭部にプローブを装着し，16のチャネルについて脳血流動態反応を計測した。その結果，虚偽を回答する質問群およびコントロール質問群を呈示してから20秒以内で，前頭部全体において脳血流量の増加が確認された。さらに，嘘をつくことに伴う脳活動の変化に注目するうえで，刺激文を呈示したことによる脳の賦活の影響を除くため，嘘を回答した質問群に対する反応と真実を回答した質問群に対する反応の差分およびニュートラル質問群に対する反応の差分についても分析を行なったところ，刺激の呈示から10秒程度で脳血流が増加しoxyHbの濃度が最大となることが示された。また，プローブを装着した部位に対応する前頭前皮質領域において，脳血流量の増加が確認された5つのチャネルについて平均をとり，機械学習の1つであるサポートベクターマシーン（support vector machine：SVM）によって11名の実験参加者を分類し，その正確さを評価する交差検証を行なった。その結果，11名の実験参加者を実際に盗んだ物（指輪，時計のいずれか）により，81.8%（11名中9名）の正確さで分類できることが示された。この研究の結果から，脳の賦活部位がみられたチャネルの場所につい

て，左右両側の下前頭回（bilateral inferior gyrus）に相当すると考えられ，コゼルら（Kozel et al., 2005；Kozel et al., 2009b）の結果と一致すると結論づけている。

　一方，サイらの研究（Sai et al., 2014）では，CIT に基づき，前頭前皮質（prefrontal cortex）領域の賦活について検討を行なっている。この研究において，実験参加者は，模擬窃盗を行なう guilty 群と模擬窃盗を行なわない innocent 群のいずれかにランダムに分類された。guilty 群は，事前に部屋から 10RMB（人民元）とスペードのジャックのカードが入った封筒を盗み出し，封筒の中身を覚えてポケットの中に隠すよう教示された（crimeA）。一方，innocent 群は，模擬窃盗を行なわなかった。その後，いずれの群の実験参加者も，「20RMB とスペードのキングのカードが入った封筒が盗まれたが犯人は捕まった」という別の窃盗のシナリオ（crimeB）を学習した。この 20RMB とスペードのキングをターゲット項目，模擬窃盗において guilty 群が盗み出した封筒に入っていた 10RMB とスペードのジャックを裁決項目，それ以外の 4 枚のカードと 4 枚の RMB 紙幣を非裁決項目として，オッドボール課題を行なった。実験参加者は，スクリーン上にターゲット項目が呈示された場合は 2 つのボタンのうち左のボタンを，それ以外の項目が呈示された場合には右のボタンをできるだけ早く，かつ，正確に押すように教示された。このオッドボール課題を行なっている間，実験参加者の頭部にプローブを装着し，前頭部における 24 のチャネルについて脳血流動態反応を計測した。その結果，3 つのチャネルにおいて，項目の種類（裁決／非裁決項目）と群の種類（guilty 群／innocent 群）で交互作用が認められた。さらに，guilty 群において，裁決項目に反応した場合のほうが非裁決項目に反応した場合よりも，oxyHb 濃度の変化が有意に大きいことが示された。一方，innocent 群においては，裁決項目／非裁決項目間で oxyHb 濃度の変化に違いはみられなかった。これらのチャネルの位置は，補足運動皮質（supplementary motor cortex）および背外側前頭前皮質（dorsolateral prefrontal cortex）に相当すると考えられ，fMRI を用いた研究（たとえば，Gamer et al., 2007；Kozel et al., 2005；Langleben et al., 2002, 2005；Nunez et al., 2005）で得られた結果と一致する。また，この研究では，個人レベルで guilty 群／innocent 群のどちらの実験参加者であるかを予測できるかどうかを検討するために，2 項ロジスティック回帰分析を行なっている。ボタン押しの反応時間を説明変数，群の種類を目的変数としたところ，回帰式により，個々の実験参加者がどちらの群に属するかを 58.5％ の精度で予測できることが示された。一方，項目の種類と群の種類で交互作用が認められた 3 つのチャネルにおける oxyHb 濃度の変化量を説明変数，群の種類を目的変数としたところ，どちらの群かを 75％ の精度で予測できることが示された。さらに，反応時間と 3 つのチャネルにおける oxyHb 濃度の変化量を組み合わせた指標を説明変数，群の種類を目的変数とした場合には，83.3％ の精度で予測できることが示された。

　日本においても，細川ら（2008）が CIT に基づいて検討を行ない，前頭部において，

非裁決質問を呈示した場合と比べ，裁決質問を呈示した場合に oxyHb 濃度が有意に上昇することを報告している。

(5) 機能的脳イメージングによるポリグラフ検査研究の展望

本節では，fMRI と NIRS を用いたポリグラフ検査について取り上げた。fMRI を用いたポリグラフ検査研究については，2000 年代になってから精力的に研究が行なわれている。研究ごとに，刺激の呈示方法や実験手続きが異なり，さまざまな賦活部位が報告されているものの，メタ分析によって，研究全体で一貫した賦活のパターンがみられることが示された。虚偽行為および情報の隠匿によって，一般的には，記憶表象内の情報を利用した知覚刺激の検出に関与することが知られている腹側前頭頭頂ネットワークにおける賦活がみられることが確認された。また，虚偽行為によって，認知制御のプロセスに関与する背外側前頭前野における神経ネットワークについても賦活がみられている。これらの結果に関して，虚偽行為とは無関係なワーキングメモリー課題をはじめとするいくつかの課題によっても，同様の賦活が確認されたため，これらの領域は，嘘の生成といった虚偽行為に特有の領域というわけではなく，ワーキングメモリー，プランニング，モニタリングといった，虚をつくために必要となる基礎的な認知処理を反映している可能性が高い。今後は，この点に留意しつつ検討を行なっていくことが重要である。NIRS は，測定原理と関連する現象の発見や装置の開発が行なわれたのは比較的最近のことであり，今後いっそう発展が期待できる計測方法である。NIRS を用いたポリグラフ検査の研究は非常に少なく，今後研究を蓄積させていく必要がある。

これまでに述べたように，虚偽行為や情報の隠匿について検討するうえで，fMRI および NIRS を用いることが有益であるという結果が報告されている。これらの研究は，2000 年代になって蓄積されており，今後もさまざまな検討が求められる研究領域であるといえる。今後の脳のイメージングを用いたポリグラフ検査研究において，fMRI と NIRS は，どのような役割を果たすのだろうか。

fMRI も NIRS も，認知処理活動中の脳血流動態反応を測定しているという点では共通しているものの，その背景にある測定原理や測定手続きは異なっている。そのため，それぞれの測定法には，嘘をつく，あるいは，持っている情報を隠匿するといった複雑な心理的活動と関係する脳活動を検討していくうえで，優れた点もある一方で限界もある。それぞれの計測法の特徴は，表 21.1 のようにまとめられる。

fMRI は，空間分解能に優れ，解剖学的な情報が得られるだけではなく，NIRS に比べると限界はあるものの，ある程度高い時間分解能を持っている。また，非侵襲的であるため，同一実験参加者に対してくり返し実験を行なうことができ，一般に再現性も高いとされている。そのため，現在の脳機能研究において，fMRI がしばし

表 21.1 fMRI と NIRS の特徴の比較

	fMRI	NIRS
空間分解能	**高い（数 mm）**	低い（数 cm）
時間分解能	中程度（数百ミリ秒）	**高い（数十ミリ秒）**
解剖学的情報	**得られる**	得られない
脳深部計測	**可能**	不可能
計測自由度	非常に低い	**非常に高い**
実験参加者への負担	大きい	**ほとんどなし**
ラーニングコスト	非常に高い	**非常に低い**
携帯性	優れない	**優れる**

注：それぞれの計測法の利点を太字で表記している。

ば用いられている。このように，fMRI には多くの利点がある一方で，犯罪捜査の実務場面で用いるには大きな限界があると考えられる。fMRI は非常に高価な装置であり，fMRI の使用において，その測定原理から特殊な実験環境が求められる。さらに，実験参加者は頭をしっかりと固定された状態で，騒音の中で課題を行なわなければならず，負担は非常に大きい。また，fMRI を用いたポリグラフ検査は，妨害工作（countermeasure）に対して脆弱であることも実証的に明らかになっている（Ganis et al., 2011）。

一方，NIRS 計測装置は，fMRI と比べると非常に安価であり，携帯性に優れ，特殊な実験環境を必要としないため，その使用にあたっては，制約が少ないという利点を持っている。実験参加者への負担もほとんどなく，さらに，体動によるアーチファクトに対して頑健である。したがって，NIRS の実務場面における応用可能性は非常に高いといえる。NIRS は，時間分解能にも優れ，ある特定の脳領域の神経活動の継時的な変化を調べるような場合に適しているといえる。しかし，脳の解剖学的な情報が得られるわけではなく，また，空間分解能も不十分であり，脳深部について計測することはできない。このような限界に対処し，NIRS の計測結果を脳の構造に対応化させるために，近年，「仮想レジストレーション」という方法が開発された（Tsuzuki et al., 2007）。この方法を用いれば，NIRS 単独の計測で，賦活領域に関して標準脳座標系上で議論することができる。NIRS は，今後，脳機能計測法の一つとして，さらなる発展が期待できるといえる。

fMRI と NIRS には限界があるものの，表 21.1 を見るとわかるように，fMRI と NIRS は，相互にそれぞれの限界を補うことができると考えられる。たとえば，NIRS を用いて計測できる脳領域には限界があり，脳皮質表面における神経活動しか計測することはできないが，fMRI を用いると，脳全体における神経活動を計測することができる。したがって，虚偽行為や情報の隠匿に際して賦活がみられる脳領域について fMRI を用いた研究で得られた知見に基づき，空間分解能に限界のある NIRS で計測する領域を決定することが有効である。そして，時間分解能に優れた NIRS により，

その領域における神経細胞の活動の継時的変化をとらえることができるだろう。また，今後の研究においては，基礎的な研究成果をさらに蓄積させていくことが重要となる。実務での応用は難しいものの虚偽に伴う脳活動について多くの情報が得られる fMRI を用いた研究成果を蓄積することは，脳のイメージングによるポリグラフ検査を犯罪捜査の実務場面に導入するための第一歩となると考えられる。そして，fMRI を用いた研究で得られた知見をもとに，実務場面での応用が期待できる NIRS で行なった研究の成果を蓄積していくことが必要となる。fMRI を用いた研究，NIRS を用いた研究それぞれで得られた結果の整合性を担保することができたならば，NIRS を実務場面に応用していくことへの期待はさらに高まるといえる。

　fMRI，NIRS を用いて行なわれた研究成果を実務場面に応用することを考えた場合，実験参加者全体で見たときの脳の賦活領域についてのみではなく，個人レベルでその人が嘘をついているかどうか，あるいは，持っている情報を隠匿しているのかどうかを識別する精度についても検討していかなければならない。すなわち，現状行なわれている末梢神経系指標を用いたポリグラフ検査と比較して，中枢神経系指標を用いることで，その精度が向上するのかどうかということが問題となるだろう。日本における実務場面で用いられている隠匿情報検査（CIT）の枠組みで，末梢神経系指標を用いて検討を行なった研究では，だいたい 80～90％ の精度で，情報を隠匿している実験参加者を識別できることが報告されている（Ben-shakhar & Furedy, 1990；Ben-Shakhar & Elaad, 2002；Elaad, 1998）。これらの結果は，fMRI を用いた CIT によるポリグラフ検査における個人レベルでの情報の隠匿の識別の精度とそれほど変わらない（Kozel et al., 2005；Nose et al., 2009）。この点について，fMRI を用いた CIT によるポリグラフ検査研究はそれほど多くはないため単純に比較することが難しく，また，装置や解析手法に由来する制約のために，末梢神経系指標を用いたポリグラフ検査と手続きが異なっていることが，個人レベルでの識別に影響を与えていることも考えられる。たとえば，fMRI を用いたポリグラフ検査において，事象関連デザインを用いる場合，ノイズの影響を平均加算によって統制するために，数十回にわたって刺激を呈示する必要があり，実験参加者の慣れの影響を無視できない可能性がある。結果の解析についても，複数の末梢神経系指標を用いた場合には一過的（transient）な反応パターンにも持続的（sustained）な反応パターンにも着目する一方，fMRI を用いた場合には一過的な反応パターンについてのみ着目することになる。このように，大きく手続きや解析方法が異なっているものの，嘘をつく，あるいは，情報を隠匿することに関与する脳内メカニズムを明らかにしていくうえで，fMRI は重要な役割を果たすといえる。fMRI による基礎研究の蓄積により，脳内メカニズムを明らかにすることができれば，実務場面におけるポリグラフ検査の精度向上に役立つことは間違いない。また，NIRS を用いた CIT によるポリグラフ検査も同様に，末梢神経系指標を用いたポリグラフ検査の精度を大きく上回っているわけではない（Tian et al.,

2009;Sai et al., 2014)。しかし，NIRS を用いたポリグラフ検査の研究はほとんどないため，今後いっそうの研究を蓄積していく必要があるだろう。その中で，NIRS による計測そのものに関する研究や，NIRS で測定される脳血流動態反応と末梢神経系反応の対応関係に関する研究を行なっていくことで，実務場面におけるポリグラフ検査の精度の向上，そして，実務場面におけるポリグラフ検査への NIRS 計測の導入へ向けた試みに対して，大きく貢献できると考えられる。

Column 14　サイコパスとは

　TVを通じて，凶悪犯罪の特集などで「サイコパス」という言葉を耳にする機会が近年増えているように思う。たとえば，2014年話題となった遠隔操作で警察を攪乱させた"片山祐輔"は，自身で「自分はサイコパス」だと言及した。また，「人を殺してみたかった」という理由で殺人を犯した名古屋の女子大学生に対し，コメンテーターたちは「彼女はサイコパス」だとワイドショーで語っていた。
　そんなメディアでたびたび耳にするサイコパスとは，そもそも何なのか。
　サイコパスとはパーソナリティ障害の一つである。重要なことは，精神病ではないということである。責任能力もあり自分自身がしていることを冷静に認識しているのだ。サイコパス研究において世界的権威者であるロバート D. ヘア（Robert D. Hare）は，診断ツールとして PCL-R（Psychopathy CheckList-Revised）を開発し，現在世界各国で翻訳され，欧米圏では，裁判前や人事・昇格などの審査などで活用されている。しかし，日本を含むアジア圏では残念ながらまだ概念が確立されておらず，PCL-R は臨床現場で使用されてはいないのが現状である。
　サイコパスの特徴とは何か。「病的な嘘つきで，冷淡。共感性がなく，他者を操作することに長け，魅力的で口達者。衝動的で行動を抑制するのが苦手，無計画で無責任」といった特徴があげられる。人のために何かをしようと思うことはなく，自分自身の目的を達成するために動くのである。目的を達成するために，人を魅了し，話術に長けるがそこに感情はない。以前から「言葉は知っているが，その言葉が奏でる調べはわからない」と言われてきた。そのような特徴を持った彼らはどのくらいいるのか。欧米圏の疫学調査では，全人口の 4%（Ronson, 2011），企業の CEO の 4%（Ronson, 2011），ビジネス業界で25人に1人の割合（Babiak et al., 2010），刑務所内の25%（Skeem et al., 2008），重犯罪者の50%（中田, 2002）といわれている。おそらく，多くの人は「サイコパス＝凶悪犯罪者」だと思っていただろうが，実際は違うのだ。大半以上は，我々と同じ社会でともに生活をし，一部は企業の社長や政治家となって社会的に成功を納め，一部が犯罪を犯し刑務所に収容されることとなる。
　たとえば，テッド・バンディ（Ted Bundy）という名前を聞いたことはあるだろうか。彼は，非常に残忍な手口で多くの女性を連続的に殺害した殺人犯であるが，一方で非常に魅力的で学校や職場で多くの人から信頼されていた。法学部出身ということもあり自分自身を弁護するという異例の裁判では，世界から多くのファンレターと「彼は無実だ」という嘆願書が届けられた。彼の手口は狡猾で，負傷者を装い，助けてくれた通行人の女性をターゲットとした。彼は，いわゆる典型的なサイコパスだと診断されている。一方で，神経科学者として有名なジェームズ・ファロン博士（James Fallon）は，サイコパスの脳を調べていくうちに自分自身の脳もサイコパスと同様の構造であったことを発見し，衝撃を与えた。

しかし，彼は犯罪に手を染めることもなく，研究者として成功を納めている。このように，さまざまなタイプがあるが，生物学的な指標や性格などの特徴で多くの共通点がある。

たとえば，近年脳科学の領域では，彼らは扁桃体に異常があり"恐怖"を認識できないことが判明してきた。ほかにも，眼窩前頭前皮質にも異常があり他者の"情動"を感じにくく，"報酬と罰の学習"も苦手である。また，眼窩前頭前皮質の機能に異常があるので，嗅覚が劣っている（Mahmut & Stevenson, 2012）。あるいは，サイコパスと診断された人と診断されていない人には言葉の使い方に違いがあり，サイコパスは，接続詞が多く，飲食物や現金の言及が多いことを発見した（Hancock et al., 2011）。共感性の欠如が一つの特徴であるが，近年の脳活動の調査で，彼らにも共感スイッチが存在することもわかってきている（Meffert et al., 2013）。このように，少しずつさまざまなことが明らかにされ，適切に理解できるようになってきている。

彼らは，決して凶悪犯罪者だけではない。彼らが社会で成功しやすい職業がある。話術に長け，人を魅了し，操作的だが冷淡な彼らは，決断力にも長けリーダーシップを発揮しやすい。彼らは，企業経営者（CEO），弁護士，メディア関係者だと言及している（Dutton, 2014）。冷静沈着な彼らは外科医にもなりやすく，洞察力に長け高度な話術という特徴から警察官も向いている。こうした彼らの特徴が，社会に貢献できる環境を整えることも重要なことかもしれない。

このように，多くのサイコパスは，同じ社会の中でともに暮らしていることからも，彼らを適切に理解することが重要となってくる。社会で成功している者も犯罪者になる者も，特徴は共通しているからだ。ターゲットにならないように配慮しながらも，偏見を持って接してはならない。お互いが犯罪や問題に巻き込まれることなく生活を送る第一歩の知識として，このコラムを読んでもらえればありがたい。

引用文献

Babiak, P., Neumann, C. S., & Hare, R. D. (2010). Corporate psychopathy: Talking the walk. *Behavioral Sciences & the Law, 28*(2), 174-193.
Dutton, K. (2014). *The wisdom of psychopaths.* Arrow Books. （ダットン，K. 小林由香利（訳）(2013). サイコパス秘められた能力 NHK出版）
Hancock, J. T., Woodworth, M. T., & Porter, S. (2011). Hungry like the wolf: A word-pattern analysis of the language of psychopaths. *Legal and Criminological Psychology.* The British Psychological Society.
Mahmut, M. K., & Stevenson, R. J. (2012). Olfactory abilities and psychopathy: Higher psychopathy scores are associated with poorer odor discrimination and identification. Springer Science + Business Media LLC. (*Chemosensory Perception, Vol.5*, pp.300-307.)
Meffert, H., Gazzola, V., den Boer, J. A., Bartels, A. A. J., & Keysers, C. (2013). Reduced spontaneous but relatively normal deliberate vicarious representations in psychopathy. *A Journal of Neurology.* (*Brain, 136*(8), 2550-2562.)
Ronson, J. (2011). *The psychopath test: A journey through the madness industry.* Picador.
Skeem, J. L., Polaschek, D. L. L., Patrick, C. J., & Lilienfeld, S. O. (2008). *Psychopathic Personality: Bridging the Gap between Scientific evidence and Public policy.* Association for psychological science.
中田光彦 (2002). サイコパスの犯罪――元弁護士山崎正友の心の闇 潮出版社

第二十二章 目撃証言

1. 犯罪捜査における目撃証言の重要性と心理学

　現在の刑事裁判においては，供述証拠への依存を減らし，科学的証拠をこれまで以上に取り入れる方向にあるといわれる。科学的証拠は，知覚や記憶に左右されやすい目撃証言や自白などの供述証拠と比べると，客観性・確実性がともに高いからである（黒崎ら，2013）。犯行現場には「ロカールの交換原則（Locard's exchange principle）」により，犯人あるいは犯行の物証（犯人の遺留物や指紋・体液などの痕跡）が残されている（Horswell & Fowler, 2004）。適切に採取された物証は，誤謬の余地がなく，客観性も高い。この物証に対し検査・鑑定を行なうことにより，犯人特定や犯行立証に重要な役割を果たす科学的証拠となる。たとえば，DNA型鑑定（STR型検査法）では，4兆7千億人の個人識別が可能であり，その識別精度は究極の域に達している（黒崎ら，2013）。

　しかしながら，すべての事件において物証が残されているとは限らない。また残されていたとしても，それだけでは事件の全容解明までにいたらない場合もある（大上，2013）。あるいは物証と被疑者の結びつきを示すことが難しければ，被疑者を犯人であると認めることは難しくなる（黒崎ら，2013）。

　このような場合，供述証拠が事件解決の鍵を握ることになる。被害者の供述をつぶさに分析するとともに，動態捜査や犯行現場付近での聞き込みにより，目撃証言を得て，事件の全容や犯人を割り出す作業を行なう（後藤，2009）。事件情報の断片を集

める地道な作業ではあるものの，犯行に使用された車両のナンバーを目撃者が記憶していた場合などには，事件解決に向けて捜査が大きく動き出す（渡辺，2004）。

被害者や目撃者の証言である供述証拠は，事実を直接的に証明することから，直接証拠（他にも被疑者の自白や犯行状況を録画した防犯ビデオ映像なども直接証拠にあたる）ともよばれる。しかしすでに述べたとおり，供述証拠は事件・事故を目撃してから警察官（あるいは検察官）に供述するまで，複数の過程を経るため，誤りが生じる可能性も高くなる。目撃してから供述するまでの各過程をもう少し詳しくみると，次のとおりである。すなわち事件の目撃，供述するまでの期間，そして供述である。これらの過程は，心理学における情報の知覚から想起までのプロセス，知覚・記銘，保持，想起と対応している（横田，2004）。したがって，目撃証言の性質理解やさまざまな現象の説明に，心理学の知見や理論が多く援用されている。そこで，各段階において，目撃証言に影響を及ぼすと考えられる要因やその影響などを解説する。

2. 知覚・記銘段階

目撃者の記憶は，知覚された情報により形成される。したがって，目撃証言の証拠能力や証明力を判断するうえで，出来事の知覚（目撃）状況は重要な手がかりとなる。目撃者の知覚に影響を及ぼす要因は，出来事の視認条件に関連する「出来事要因」と，目撃者個人の心身に関連する「目撃者要因」とに整理されている。出来事要因については，犯行現場の明るさや目撃時間，対象までの距離，観察回数，事件における暴力性の有無などがあげられる。一方，目撃者要因については，年齢，性別，職業，視力，情動，知識・経験からの予測や先入観，個人的偏見，飲酒・薬物摂取の有無などがあげられる（Loftus et al., 2006）。

(1) 夜間の目撃証言

出来事要因のうち，夜間の目撃証言に関する研究は，捜査実務的要請が高いといえる。なぜならば，通説的に夜間は緊張感が緩和され，犯罪行動への抑制が効きにくく（上野，2000），放火や強姦などは夜間の時間帯に多く発生する。また公判において，夜間の目撃証言は信用性が争点となりやすい。たとえば，「松尾事件」（1954［昭和29］年8月に熊本県内で発生した強姦致傷事件）や「自民党本部放火事件」（1984［昭和59］年9月に千代田区の自民党本部が放火された事件）などでは，いずれも夜間の目撃証言の信用性が認められず，無罪判決となっている。

夜間は，昼間と比べ明るさに乏しいことから，我々の視覚系は桿体のみが機能する暗所視といわれる状態にある。暗所視の状態では，対象の全体的な大きさや形は把握

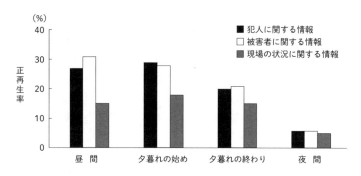

図 22.1　照明条件における正再生率の違い（Yarmey, 1986 より作成）

できても，錐体が活動していないことから，色やディテールをはっきりと知覚できない（篠森，2007）。つまり，夜間では，我々は物体の色や細かな形状（たとえば車の車種や色など）を正確に知覚することができず，昼間と比べると大幅に視覚機能が低下した状態にあるといえる。

　目撃証言研究において，夜間の目撃を直接的に取り扱った研究は必ずしも多くはない。最も知られているものとしては，ヤーメイ（Yarmey, 1986）による研究がある。この研究では，4種類の照明条件を設け（昼間，夕暮れの始め，夕暮れの終わり，夜間），いずれかの条件下で婦女暴行が描かれたスライドを実験参加者に呈示した。その後，犯人や被害者の特徴，現場の状況等についての自由再生を行なわせたところ，夜間条件群は，昼間条件群や夕暮れの始め条件群と比べ，犯人や被害者の特徴，犯行現場の状況を正確に想起できなかった（図22.1）。この結果は，夜間のように暗い目撃状況では，正確な証言量が低下することを示している。

　近年では，ワゲナーとファンデル シュライアー（Wagenaar & Van der Schrier, 1996）が，夜間の目撃証言における信頼性の閾値の算出を試みている。それによると，目撃状況が「15のルール（The Rule of Fifteen）」を満たしている場合，すなわち明るさが15ルクス以上，また対象までの距離が15 m以下の条件で目撃された場合，その人物識別の結果は信頼できるという。

(2) 目撃者の視力

　知覚・記銘段階において，その重要性が見過ごされているのが目撃者の視力の問題である。もし近視などにより，目撃者の視力が十分でなければ，出来事を鮮明かつ詳細に知覚することは難しく，その証言の信用性に重大な影響を及ぼすことになる。しかしながら，目撃者の視力についてはほとんど検討されていない。数少ない実証的研究として，目撃者の視力と観察距離が顔識別に及ぼす影響を検討した近藤と箱田

(2004) がある。この研究では,視力検査用レンズにより実験参加者の視力を人為的に操作し,観察距離を変化させながら,初対面の人物について識別を行なった。その結果,顔の識別可能距離（y；単位はメートル）と視力（x）の間には,回帰式 y = 8.75 x + 3.32 が得られ,目撃者の視力に応じた人物識別の可能距離を算出できるようになった。たとえば,目撃者の視力が 0.8 であった場合,その目撃者が人物を識別できる距離は 10.32m となる。この知見に従って,目撃者の視力と目撃距離から,対象を知覚し,識別できないことを証明できれば,これほど証言の信頼性を左右するものはなく（近藤・箱田,2004）,刑事司法の実務に大きく寄与するものといえる。

(3) 注意集中効果

　予想だにしない衝撃的でショッキングな出来事は,我々に驚きや恐怖などの情動を喚起させる。情動は生理的覚醒を伴うとともに,認知系にも影響を及ぼす。こうした情動喚起に伴う心身の変化は,当然,目撃証言にも影響を及ぼす。目撃証言に最も影響を及ぼすのは,「注意集中効果（attention focus effect）」（Christianson, 1992）（「視野狭窄」や「トンネル視」ともよばれる）である。注意集中効果とは,強い情動の喚起とともに目撃者の注意範囲が狭まり,知覚されるのは,出来事の重要な情報のみになってしまう現象である。

　バークら（Burke et al., 1992）は,情動・中性の2種類のスライドを用いて注意集中効果を検証した。その結果,情動スライド観察群は,中性スライド観察群と比べ,背景情報についてはさほど記憶していないものの,顕著な情報や登場人物の行動などについてはよく記憶していた。この記憶成績の違いは,情動的場面を観察したことにより注意集中効果が生じた結果を反映している。しかしながら,この研究では,目撃者の知覚や注意の問題である注意集中効果を記憶課題によって,間接的に検証してい

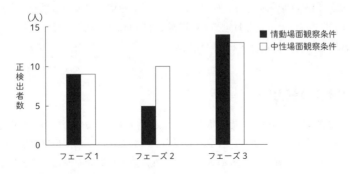

図 22.2　呈示数字の検出成績（大上ら,2001 より作成）
注：情動場面と中性場面はフェーズ2に呈示。フェーズ1・3は両条件とも共通。

るにすぎない。

　そこで，大上ら（2001）は，数字検出課題を用いて注意集中効果をより直接的に検証した。大上らの研究では，注意範囲のことを有効視野と定義し直し，注意集中効果が知覚段階のプロセスであることがより明確にされている。実験では，実験参加者が動画を観察中に画面隅に数字が一瞬呈示され，その数字検出を求めた。その結果，情動場面観察時では，中性場面観察時と比べ，数字の検出成績が低下した（図22.2）。これは情動により有効視野が狭まってしまい，画面隅の変化が知覚されにくくなることを示している。

（4）凶器注目効果

　注意集中効果とよく似た現象に「凶器注目効果（weapon focus effect）」がある。これは，犯人が凶器を所持していた場合，目撃者の注意が犯人の凶器に釘づけになってしまい，犯人の人相や着衣などが記憶されにくくなる現象のことである（Loftus et al., 1987；大上ら，2006）。

　凶器注目効果を扱った研究のうち，よく知られているものとしてはロフタスら（Loftus et al., 1987）がある。この研究では，統制条件と凶器条件の2種類のスライドを用いており，統制条件のスライドでは，メキシコ料理のファストフードチェーン店「TacoTime」において，客が注文した商品の代金を支払うために店員に小切手を渡し，おつりを受け取るシーンが描かれていた。一方，凶器条件では，小切手の代わりに店員に拳銃を向け，現金を脅し盗るシーンが描かれている。実験参加者はスライド観察後（15分後）に，犯人のコートの色や，レストランの名前，別の登場人物が持っていた物などについて，20問の再認テスト（4択）と，犯人の面割り（12人の中から選択）が行なわれた。その結果，再認テストでは，統制条件と凶器条件に有意な成績差はみられなかったものの，犯人の面割りでは，統制条件と比べ，凶器条件において犯人の顔の正しい選択がなされなかった。この実験では，アイマークレコーダーも併用されており，そのデータから，実験参加者は小切手よりも拳銃に何度も注視し，また1回あたりの注視時間もより長くなることが示された。つまり，凶器は誘目性が高く，目撃者の注意を引きつけやすいことから，目撃者は，犯人の顔を知覚，さらには符号化もすることも難しく，顔の再認成績が低下したと考えられている。

　さらに，凶器注目効果は，注意集中効果と同様に有効視野，すなわち視覚的注意の範囲も狭めることが示されている。ハラダら（Harada et al., 2015）の研究では，次のような方法で凶器出現時の有効視野を測定した。実験参加者はディスプレイに順次呈示される（500 ms）凶器画像あるいは中性画像（それぞれ60枚）を観察する。画像呈示終了直後に数字が一瞬呈示される（100 ms）。数字の呈示位置は，参加者の注視点を中心とし，そこから4方向（左上，右上，左下および右下）と5つの距離（注

視点から1°, 3°, 6°, 9°および11°）を組み合わせた位置に呈示された。実験参加者には, 現れた数字に気づいたか, また気づいたのであれば, 呈示された数字の特定を求めた。出現した数字に対する正答率が50%となるサイズを有効視野とし, プロビット解析を行なったところ, 有効視野のサイズは, 統制条件が7.06であるのに対し, 凶器条件では5.96しかなく, 統制条件と比べ, 凶器条件のほうが有意に狭いことが示された。

このように凶器注目効果は, 目撃者の視線や注意が凶器に集中し, かつ視野が狭まる現象である。この背景にあるメカニズムについては, 情動喚起により有効視野（注意範囲）が縮小するという考え方と, 文脈における凶器の新奇性の高さから説明する考え方（たとえば, 銀行という文脈においては, 拳銃や刃物が出現する確率が低く, 相対的に凶器の新奇性が高まり多くの注意を集める）がある。新奇性説を精力的に展開し, その妥当性を主張し続けている研究者としてはピッケルら（Pickel, 1998; 1999; Pickel et al., 2006）がいる。

これら情動説と新奇性説の妥当性をめぐっては現在も議論が続けられている。しかしながら, 最近, 両説を統合する見解も示されている。凶器注目効果に関する28の研究をメタ分析したフォーセット（Fawcett et al., 2013）は, 凶器注目効果による記憶パフォーマンス（被疑者の特徴記述や同定）の阻害には, 情動・覚醒および新奇性のどちらも一定の効果があることを示した。このことから, 両説を統合的に説明する仮説を提案しており, 文脈的に新奇的な物体は, 実は「驚き」という情動を喚起させると考えられることから, 情動説と同様のメカニズムにより視覚的注意を狭めてしまう可能性を指摘している。

これまでの凶器注目効果研究は, 目撃証言の文脈において語られることがほとんどであった。しかしながら, アメリカにおける警察や捜査機関の内部においては, 凶器注目効果は強制捜査中の警察官にも生じ, それにより法の適切な執行や警察官の生命に深刻な影響を及ぼすと認識されており, 凶器注目効果への対処方法も提案されている（Grossman & Christensen, 2004）。これらの知見は情動説と新奇性説の妥当性をめぐる議論に一石を投じるので紹介したい。

アメリカでは, 銃の乱射事件や重武装した犯罪組織を制圧する際に銃撃戦となることが多い。その際, SWAT隊員は強烈な情動的ストレスに曝され, 注意機能に著しい変化が生じる。銃撃戦の経験があるアメリカの警察官141名に対し, 銃撃戦の現場における知覚の変化について調査したところ（Grossman & Christensen, 2004）, 回答者のうち85%が銃声でさえも極端に小さく聞こえる聴覚抑制の経験, 80%があたかもトイレットペーパーの筒から覗いているようなトンネル視（有効視野の狭窄）の経験, 72%が引き金にかかった犯人の指先のような細部までもはっきりと見える鮮明視の経験を報告しているという（図22.3）。

職務執行中に生じる凶器注目効果は, 法執行の現場において, さまざまな問題の原

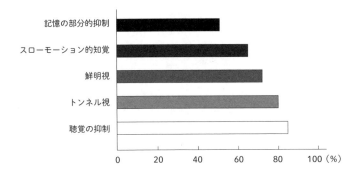

図22.3 警察官141人の銃撃戦の知覚歪み発生状況 (Grossman & Christensen, 2004 より作成)

因となっている。凶器注目効果により，視野が極端に狭まることから，犯人の姿を素早くとらえることができず，犯人の標的となってしまい警察官の生命が危険にさらされやすいこと，また全体的な状況の把握が難しくなり，発砲にいたるまでの経緯，発砲前後の状況を説明することができず，犯人への発砲の適法性を問われて訴追されるケースも生じている (Grossman & Christensen, 2004)。

こうしたことから凶器注目効果への対処方法がいくつか提案されている。一つは，凶器注目効果への直接的なアプローチとして「戦術呼吸法」の利用である。これは腹式呼吸により交感神経系を抑制するものであり，生理的興奮を抑えるために利用されているという (Grossman & Christensen, 2004)。

もう一つは捜査員の職務執行中の行動を録画するウェアラブルカメラの導入である。ここ最近，アメリカの一部の警察やイギリス・ロンドン警視庁において，アメリカTASER社製のウェアラブル型カメラ「AXON」システムが導入（あるいは試験的に導入）されている。これを装着することで職務執行中の警察官の行動が録画され，事後におけるその適法性の検証や，今後の作戦展開を検証するための貴重な資料として活用されることが期待されている。

このように捜査の現場では，情動的ストレスにより，通常では考えられないような著しい視野狭窄や鮮明視が報告されている。また交感神経系に働きかける凶器注目効果への対処方法をみても，注意集中効果や凶器注目効果の生起メカニズムには，新奇性よりも情動や生理的覚醒が大きく関わっていることが示唆されている。

3. 保持段階

目撃してから証言するまでの保持段階において，目撃者の記憶に影響を及ぼす主要な要因をあげるとすれば，証言までの保持期間と，その間に接触した事件・事故に関

連する情報，すなわち「事後情報（post-event information）」の影響があげられる。

(1) 保持期間の影響

　一般的に保持期間と記憶の関係については，次のようなことが通説とされている。ある事実や出来事に関する記憶情報は，時間の経過とともに，その量や質，またその情報へのアクセシビリティ（接触可能性）が低下する。したがって，保持期間が長くなるほど，その記憶情報の再認成績や再生成績は低下することになる（Garry et al., 2001；Deffenbacher et al., 2008；Naka et al., 2002；Sauer et al., 2010；Schacter, 1999）。

　この背景にあるメカニズムについては，記憶の減衰（検索もリハーサルもなされなくなった記憶は弱まる）や干渉（新しい情報と古い情報が相互に干渉・妨害し合う），あるいは適切な手がかりが得られず検索に失敗することなどが考えられている。

　保持期間と記憶，特に未知顔記憶との関係は，法科学的にみても目撃者の記憶表象を評価するために最優先で検討すべき課題であるにもかかわらず，現状ではヘルマン・エビングハウス（Hermann Ebbinghaus）の忘却理論を援用して推定するだけで直接検証されていなかった。

　そこで，ディッフェンバッカーら（Deffenbacher et al., 2008）は，論文や書籍から顔と記憶に関する53の研究を収集し，メタ分析を行なって保持期間と顔の再認記憶の関係について検証したところ，長い保持期間は顔の再認記憶成績を低下させることを示す結果が得られた。

　また，ザウアーら（Sauer et al., 2010）は，保持期間と人物同定精度の関係について検討している。この研究では，女子大学生10名を2人1組のペアにし，大学構内や街頭などにおいて道行く人に声をかけ，その場で実験を行なった。女子大生ペアの一方は実験者であるが，もう一方はターゲットであり，実験者の合図により現れた。実験参加者にはそのターゲットの人物をよく見るよう教示した。この実験には2つの条件があり，直後条件ではすぐにその場で，もう一つの遅延条件では20～50日経過後にオンライン上で8名の人物からターゲットを再認させた。その結果，再認成績は，直後条件のほうが遅延条件よりも高く，保持期間が長くなることは，再認成績の低下につながることなどが示された。

　他にも，仲ら（Naka et al., 2002）が，目撃してから再認するまでの遅延期間が，目撃者の顔再認パフォーマンスに及ぼす影響を検証している。この実験では，茶の試飲実験の参加者168名に対し，実験者として現れた40代男性の再認が求められた。男性を観察してから再認するまでには3つの期間（30分後，3週間後，5カ月後）が設けられており，正しく再認できた者は，30分後と3週間後条件ではともに8割前後であったものの，5カ月後では約6割の者しか正しく再認できなかった。この研究

からも，再認するまでの期間が長くなると，記憶の正確性が低下することが示されている（仲，1998）。

(2) 事後情報効果の影響

　目撃してから証言するまでの期間が長くなると，その間に事後情報，すなわち目撃した事件・事故に関連する情報（たとえば，事件に関する噂話やマスコミによる報道）などに接触する機会も多くなる（Memon et al., 1996）。このようにして接触した情報は事後情報とよばれ，オリジナルの記憶が変容してしまい，証言の正確性を低下させることが知られている（Garry et al., 2001；厳島，1996；Loftus et al., 2006；大沼ら，1999）。

　この事後情報効果は，ロフタスにより見いだされた。彼女らが確立した事後情報効果の実験手続きは，ロフタスパラダイム（厳島，1996）やロフタス型テスト（Garry et al., 2001）ともよばれ，これまで多くの研究で利用されている。

　この手続きでは，実験参加者に出来事を視覚的に呈示し，次に事後情報（主に言語的に）が与えられ，最後に出来事についての記憶テストが行なわれるのが典型的パターンである（大沼ら，1999）。ロフタスら（Loftus et al., 1978）の研究を例にとり具体的に説明すると，次のような手続きで実験が進められる。

　まず，実験参加者に対し，交通事故の様子が描かれた内容のスライドが呈示される。このスライドの1枚には，のちほど誤導対象となる視覚要素（「停止」の道路標識）が含まれている。スライド呈示終了後，スライドについての質問に回答してもらう形で，参加者の半数に誤導情報（スライドの道路標識は「徐行」であった），残りの半数に一致情報（スライドの道路標識は「停止」であった）が与えられる。20分後に2枚のスライド（「停止」標識が映されたオリジナルのスライドと，誤導情報と一致するように変更された「徐行」標識が映されたスライド）が呈示され，参加者は最初に見たスライドの選択を求められる。その結果，一致情報を与えられた参加者は，75％の者が「停止」標識のスライドを選んだが，誤導情報を与えられた参加者は41％の者しか「停止」標識を再認することができなかった。

　事後情報効果は，内容の蓋然性が高く，これまでの文脈や状況からみていかにも起こりやすそうな事柄として与えられた場合，オリジナルの記憶を変容させる可能性が高くなる。その理由は記憶の性質と関係している。我々が記憶を想起する際，情報を検索するというよりも，むしろ記憶の断片を拾い集め，最もらしく再構成する処理が行なわれている。むろん，あらゆる情報が記憶されているわけではないため，空白が生じた部分については，事後情報に相当する外部からの情報（たとえば，新聞やニュースなどの報道，関係者との会話）や，これまでの知識・経験・期待などのもっともらしい内的情報を利用しながら埋めていく。こうした処理は，通常，意識しないままに

行なわれることから，再構成時に誤導情報が付加されたとしても，オリジナルの記憶と区別することは困難である（越智，2014；Valentine, 2012）。

しかしながら，事後情報の内容が，嘘や誤りが見え透いている場合や，これまでの出来事とあまりにもかけ離れている場合には，事後情報効果の影響を受けにくくなる。これを「スピルオーバー効果（Spill-over effect）」という（大沼ら，2002）。

また，偽りの記憶を生み出しかねない催眠と比較しても，事後情報効果による誘導力は，高いことが報告されている。スコボリアら（Scoboria et al., 2002）は，事後情報効果と催眠の誘導力を比較した。111名の実験参加者が物語を聞かされ，その内容に関しての質問（事後情報の呈示）がなされた。この実験には4条件あり，物語を聞いたあとに，催眠による記憶亢進暗示を受ける条件と受けない条件，また物語に関する質問に誤導情報が含まれている条件と含まれていない条件が設けられていた。その結果，誤導情報と催眠はどちらも，記憶の誤りを増加させるものの，催眠よりも誤導情報による誤りの数のほうが多いことから，催眠による暗示よりも誤導情報のほうが，証言の信頼性を低下させるとしている。

事後情報効果の生起メカニズムについては，「変容説（alternation hypothesis）」「接触可能性説（accessibility hypothesis）」「情報源誤帰属説（source misattribution hypothesis）」などにより説明が試みられている（大沼ら，1999）。

このうち，「変容説」は，事後情報により，オリジナルの記憶が上書きされるとする説である（Loftus & Loftus, 1980）。

また，「接触可能性説」は，事後情報によりオリジナル記憶へのアクセスが困難になり，事後情報効果が生じるとする説である（Bekerian & Bowers, 1983）。この説は，オリジナルの記憶と事後に入力された情報の2つが共存していることから共存仮説（coexistence hypothesis）ともよばれる（厳島，1996；越智，2014）。

「情報源誤帰属説」は，自分の目撃記憶が，事件を目撃して形成された記憶であるのか，そうではなくテレビや新聞，あるいは他人との会話など（事後情報）から得た情報なのか，その出所（情報源）を区別することができずに，事後情報を誤ってオリジナル記憶に帰属させてしまい事後情報効果が生じるとする説である（Johonson et al., 1993）。

この情報源誤帰属については，イメージ化能力の高い者は，そうでない者と比べ，文章で呈示された事後情報であっても，あるいは単なる想像であっても，視覚的イメージを伴う鮮明な情報となり，情報源の区別がさらに困難となることから，エラーが生じやすいことが知られている（Dobson & Markham, 1993；Johnson, 1997；越智，2014；髙橋，2002）。

事後情報効果の生起メカニズムを説明するそれぞれの理論の妥当性については活発な議論が展開されている。しかしながら，事後情報効果の実態は，これらの理論の集合であり，オリジナルの記憶が上書きされることもあれば，オリジナルの記憶が残さ

れたまま，事後情報が真実の記憶として処理されることもあるかもしれない。したがって，事後情報効果のメカニズムを調べる際には，一つの理論にこだわるべきではないとの指摘もある（Garry et al., 2001）。

4. 想起段階

目撃者から証言を聴取する段階においても，記憶を変容させる要因はいくつもある。たとえば，事情聴取に際しての捜査員の言葉遣いや，他意のない発言などにより，目撃者の記憶が歪められたり，あるいは捜査員の意図を汲んだような証言がなされてしまうことがある。

(1) 事情聴取時の語法の影響

初期の目撃証言研究ではありながら，いまだに広く引用されている研究にロフタスとパルマー（Lofuts & Palmaer, 1974）がある。彼女らは，スライド呈示により自動車2台の衝突事故を目撃したという状況を設定し，衝突時における自動車の速度を実験参加者に質問した。「その車がぶつかったときのスピードはどのくらいでしたか」という質問であったが，「ぶつかった（hit）」以外にも，「激突した（smashed）」「衝突した（collided）」「接触した（contacted）」のように異なる言葉で質問された者もいた。これらの言葉は，衝突の程度が異なるニュアンスとなっており，これらの質問に対する実験参加者の回答も相違していた。

最も速いスピードを推定したのは「激突」という言葉で質問された者であり，最も遅く見積もったのは「接触」という言葉で質問された者であった。つまり激しい衝突を連想させる言葉で質問された者ほど，自動車の速度はより高速であったと回答していた。このように質問時における些細な言葉遣いの違いが，証言の正確さに影響を及ぼすことになる。

質問時の言葉遣いには，捜査員（質問者）の予断や先入観，あるいは捜査過程で知り得た情報などが反映されている。たとえば，「その男の身長はどのくらいであったか」という尋ね方と，「その男の身長はどのくらいの低さだったか」という尋ね方を比べると，後者は捜査員自身の予断が含まれており，さらに目撃者にも「犯人の身長は低いのかもしれない」ことを推測させ，目撃者の回答を誘導してしまうおそれがある（Loftus, 1979）。

(2) 反復想起の影響

 捜査員の取調べ方略によって，あるいは捜査が進展し，事件事実の再確認や新たな証言を得るために，同じ質問が何度もくり返されたり，被疑者の面割りが何度も行なわれることがある。

 総理大臣経験者が逮捕された「ロッキード事件」では，東京地検特捜部が捜査にあたった。この事件では，アメリカ・ロッキード社の意向を受け，その日本国内代理店であった「丸紅」（当時）が総理大臣に5億円を賄賂として渡したとされる。収賄立証の鍵を握る丸紅前会長（当時）の取調べを担当したある特捜検事は，同じ質問を何度もくり返すという戦術で取調べに臨んだという。被疑者が隠匿している事実がある場合，同じ質問をくり返すことにより，「まだ自分は信用されていない。検察はすでに，もっと深いところを知っているんだ…」と思わせ，全面供述を引き出すことができると考えられていた（麻生，2002）。

 また，戦後日本の犯罪史に深く刻まれる「帝銀事件」捜査においては，前科者や被疑者の写真を多数見せられ（最大で8千枚），かつ写真面割りがくり返されたことが報告されている（Naka et al., 2002）。

 このような取調べや捜査手続きは，目撃者に対し，記憶の想起をくり返し要求することになる。しかしながら，想起の反復は，記憶の誤りや偽りの記憶を生み出すことが知られており（Hyman & Pentland, 1996；Loftus／仲訳，1997；Naka et al., 2002；越智，2014；髙橋，2002；Wade et al., 2002），誤認逮捕や冤罪を生み出す原因となりかねない。

 たとえば，仲ら（Naka et al., 2002）は，写真面割りをくり返し行なうことが，その後の人物識別にどのような影響を及ぼすかを検証するために，次のような実験を行なった。実験参加者168名に対し，実験の教示を行なって退室した男性の写真面割りが求められた。この実験では，3週間あるいは5カ月間の間に，ターゲットが含まれていない写真帳（各100枚ずつ）を用いたダミー面割りが3回行なわれた。その後，改めてターゲットの男性について面割りを行なったところ，ダミー面割りが行なわれた条件では，ダミー面割りが行なわれなかった条件と比べ，正再認率が低くなることが示された。このようにくり返し想起を求めることは，顔再認の正確性を低下させることを示している。

 また，ハイマンとペントランド（Hyman & Pentland, 1996）は，大学生65名に対し，彼らが子どもの頃に実際に起きた出来事をいくつか呈示し，それらの詳細を想起させた。呈示された出来事には，実際に起きた出来事（2〜5つ）と偽りの出来事（1つ）が含まれていた。実際に起きた出来事は，学生の両親によりあらかじめ確認されたものであり，家族そろっての休暇，誕生日会，迷子になったこと，友だちとのイタズラなどが含まれていた。一方，偽りの出来事は，ハイマンらが作成したものであり，

結婚式のパーティ会場を走り回ってパンチボウルをひっくり返してしまい花嫁の両親にひっかけたという内容であった。また実験参加者が，出来事を想起できない場合は，条件に応じて次のような教示がなされた。イメージ化条件では，それらの出来事の詳細をイメージするように教示され，また統制条件では，それらの出来事を座って1分間考えるように教示された。想起や教示はインタビュー形式で行なわれ，1週間のうち1日おきで計3回行なわれた。実験の結果，イメージ化条件および統制条件ともに，インタビュー回数が増えるほど，偽りの出来事がより多く想起され，特にイメージ化を教示した場合は，していない場合と比べさらに多くの偽りの出来事が想起された。

　この実験手続きのように，実際の取調べや事情聴取においても，想起を促すために，なんらかの教示や，物証や写真などの視覚的手がかりを示しながら，事件の想起をくり返し求めることがありうるだろう。しかしながら，こうした手続きは，イメージを膨張させる手がかりを与えることにもなり，事実ではない偽りの記憶が形成されてしまう可能性も考えられる。

(3) 認知面接による想起促進

　ここまで，目撃してから供述するまでの各段階において，目撃証言を歪めたり，あるいは信頼性を損なう要因やその影響について述べてきた。しかしながら，我々の記憶に備わるまた別の性質を利用し，できる限り正確な証言を多く得ることを試みる研究も行なわれている。それらの研究知見に基づき開発された事情聴取方法が「認知面接（cognitive interview：CI）」である。

　認知面接の基礎にある理論は，①情報の検索時において，記銘時の心身的状況や周囲の環境的文脈とできる限り一致させることで，情報へのアクセシビリティを高め，効率的な記憶検索が行なえるとする符号化特定性原理（encoding specificity princile）に基づいたもの，②記憶内に貯蔵されている情報は，視覚的，意味的，音韻的に異なるコードにより符号化されるとともに，他のさまざまな情報とネットワークと結ばれている。したがって，複数の検索経路を用いれば検索が容易になるというものである（Fisher & Geiselman, 1992；Memon et al., 1996；Hayes & Delamothe, 1997）。

　認知面接では，これらの理論を応用し，想起を促進させるいくつかのストラテジーを教示する。たとえば，①文脈の心的再現（目撃状況を心の中でイメージさせる），②悉皆報告の要求（些細なことや自信がないことでも報告を求める），③異なる順序での想起（目撃した出来事を時系列順序を入れ替えて想起させる），④視点を変えた想起（犯人からの視点等，別の視点で事件を語らせる）などである。

　認知面接の有効性を調べる研究は数多く行なわれており，その一つに事後情報効果によって汚染された記憶への適用可能性を検証した研究がある。

　ガイゼルマンら（Geiselman et al., 1986）は，実験参加者に犯罪ビデオを観察させ

たあとに，認知面接を行ない，ビデオ内容についての想起を求めた。その後，誤導情報を含む事後情報が与えられ，最終的に記憶テストが行なわれた。その結果，認知面接を受けた実験参加者は，そうでない者と比べて誤導情報の影響が少ないことが示された。つまり，この実験の結果は，認知面接が後続する誤導質問に対する被誘導性を減少させることを示している。

またメモンら（Memon et al., 1996）は，成人よりも暗示や誤導の影響を受けやすい8～9歳までの子ども（7歳以下の子どもは認知面接の教示を十分に理解できずに効果が少ないとされる）を対象に，事後情報効果に対する認知面接の効果を検証した。子どもたちにマジックショーのビデオを視聴させ，その12日後に認知面接による教示（文脈の心的再現と悉皆報告）を行なった。統制群は認知面接のかわりに構造面接（structured interview）による教示を受けた。これらの面接における教示の前と後で，ビデオの内容についてインタビュー形式で質問（9問）が行なわれた。一連の質問項目の中には誤導情報を含むものがあった。実験の結果，面接教示後に行なわれた質問に対する正答率は，認知面接群のほうが構造面接群よりも高かった（図22.4）。これはガイゼルマンら（Geiselman et al., 1986）の研究と同様に，認知面接を事前に行なうことで，後続の誤導情報が記憶に及ぼす影響を抑制できることを示している。

これらの実験が示すように，事後情報によって記憶が汚染される前に認知面接の教示を行なえば，予防接種のように事後情報に対する耐性を高められると考えられる。この予防効果は，認知面接による教示が誤導情報の記憶定着を妨いだか，あるいは誤導情報による記憶変容を防いだことによって生じると考えられている（Hayes & Delamothe, 1997）。

このようにその有効性が示されている認知面接は，その一方で，手続きが複雑で時間を要するという実務的問題が指摘されている（Vredeveldt et al., 2011）。このことから認知面接よりも簡便な想起促進方法の研究も進んでいる。たとえば，図22.5に

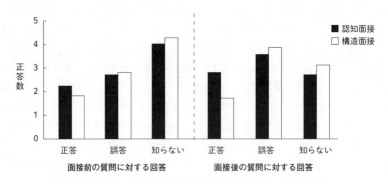

図22.4　認知面接前後のビデオ内容質問に対する回答（Memon et al., 1996より作成）
注：質問項目は全9項目。

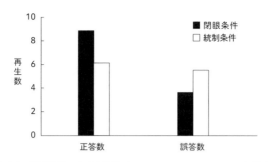

図 22.5　閉眼想起による再生数（Perfect et al., 2008, p.317 より作成）
注：質問項目数は全 15 項目。

示すように，面接時に目を閉じるだけでも，記憶の想起を促進することが報告されている（Perfect et al., 2008；Vredeveldt et al., 2011）。これを閉眼効果（eye-closure effect）という。この閉眼効果による想起促進の生起メカニズムについては，現在のところ 2 つの仮説により説明がなされている。一つは「認知負荷説」（Perfect et al., 2008）であり，閉眼により周囲の状況をモニタリングするための認知資源が解放され，自由に利用できるようになるというものである。もう一方は，「モダリティ特異的干渉説」（Vredeveldt et al., 2011）であり，閉眼により視覚情報の入力を遮断することで目撃場面の視覚化が促進されるとするものである。現在，両説の妥当性をめぐり，いくつもの研究が積み重ねられている（内山・光藤，2015）。なお，認知面接の詳細は，本書第 24 章「取調べ」を参照されたい。

(4) 防犯カメラは目撃者の代わりになりうるのか

最近，目撃証言を補完する手段として「防犯カメラ（Closed-Circuit TeleVision：CCTV）」の活用が注目されている。一般的には，防犯カメラにより鮮明な犯人画像が録画されていた場合，目撃者の記憶に頼って犯人を同定するよりも，容易に被疑者を特定可能であると考えられている。実際に警察庁（2014）も，防犯カメラの画像は，事件関係者の足取りの確認や画像を公開しての追跡捜査等で活用され，今では防犯カメラは犯罪捜査には欠かせないセキュリティインフラになっているとの見方を示している（警察庁，2004）。

しかしながら，防犯カメラの画像に基づいて人物同定を行なう際，認知的誤りが生じる可能性が指摘されている（Valentine, 2012）。防犯カメラに録画された人物を特定する際，それが自分にとって親しい人物（たとえば，家族や友人，会社の同僚）であるならば比較的容易に識別できるものの，一度目撃しただけの未知の人物を特定することは実は難しく，誤って別の人物を選んでしまうフォルス・アラームが生じやす

いことが報告されている（Bruce, 1998；Davies & Thasen, 2000；Valentine, 2012）。こうしたことから，顔だけを識別手がかりにするのではなく，歩いているときの歩幅や手足の振り方，姿勢などの歩き方の特徴（歩容特徴）に基づいて個人識別する技術（岩間ら，2013；警察庁，2014）も併用し，特定する必要があるだろう。

第二十三章 子ども、高齢者の目撃証言

1. 子どもの目撃証言

　目撃証言という言葉は，必ずしも学術的な専門用語ではない。目撃者は「参考人」であり，そこには傍観者として事件を目撃した人も含まれるし，被害を受けた人も含まれる。また，「証言」という言葉は法廷内での言語報告を指し，法廷外で聴取された報告（母親や捜査官に対する報告も含む）は「供述」という。しかし，一般には，法廷の内か外かによらず，目撃した事柄に関する供述，加えて被疑者の同定識別（その人が犯人であるかどうかの判断）も目撃証言とよばれることが多い。そこで，本章ではこの一般的な用法に従い，未成年者による出来事の報告（同定識別も含む）に焦点を当て，その問題や背後にある心理学的知見，対応法について述べることとしたい。

(1) 子どもの目撃事案

①目撃者の発見

　日本における犯罪件数は，全体としては減少の傾向にある。しかし，子どもが被害者となった犯罪は減少の度合いは少なく，児童虐待事案や児童ポルノ事案等，むしろ増加しているものもある（内閣府, 2014）。このことについては，事件自体の増加もあるだろうが，これまで見逃されてきた事案が犯罪として認識されるようになったということもあるだろう。実際，法律が制定されることにより，事件の数は増加する。

- 2000（平成12）年に児童虐待防止法（児童虐待の防止等に関する法律）が通り，保護者による加害（性的虐待，身体的虐待，心理的虐待，ネグレクト）に対する関心が高まった。2000年の時点では1万7,725件であった児童相談所への相談件数が，2013年では7万3,765件である。虐待事件として警察で扱われた事件数は，2002年の時点では179件であったが，2014年では475件となった。
- 2001（平成13）年にDV防止法（配偶者からの暴力の防止及び被害者の保護等に関する法律）が通り，DV被害に合っている配偶者の子どもは，心理的虐待を受けていると認識されるようになった。事件となった心理的虐待事案は長らく0件であったが，2011年に1件，2013年では19件となっている（警察庁，2014）。
- 1999（平成11）年に児童ポルノ防止法（児童買春，児童ポルノに係る行為等の規制及び処罰並びに児童の保護等に関する法律）が通った。ポルノ事案は2002年には60件であったが，2013年には646件となっている（警察庁，2014）。

2013（平成25）年6月には，いじめ防止対策推進法が成立した。いじめに拘る事案についても事件数は増加していくことが予想される。

ここで注目すべきこととして，いじめも含め，上記の統計に表される「見逃されやすかった犯罪」は，親密な関係性の中での加害・被害だということがある。歩行中，見知らぬ他者，いわばストレンジャーからいきなり傘で叩かれたならば，「叩くこと」は加害で，「叩かれること」は被害であると，誰もが認識するだろう。しかし，虐待，DV，いじめ等は見知らぬ他者によるものではなく，関係性のある人，本来であれば子どもを守り世話をすべき立場にある人，あるいは励まし合ってともに育つはずの仲間による加害である。ポルノ事案やその他の福祉犯罪の被害も，知人によるものが多い（警察庁，2014）。日本でもようやく，こういった近しい関係性の中で行なわれる犯罪に注意が払われるようになった，ということであろう。声を上げることが困難な

表23.1　見知らぬ他者（ストレンジャー）による加害と関係性の中で行なわれる加害における聴取

	見知らぬ他者による加害	関係性のある人による加害
加害者の特定	加害者は未知の人物である。聴取では加害者の特定，人物の同定識別が重要である。	加害者は既知の人物である。氏名がわかれば加害者の特定が可能であることが多い。
被害の認識	被害の認識は明確であることが多い。	被害の認識がない可能性がある。被害者は，加害行為を「普通のこと」だと思っていることもある。
加害のくり返し	典型的には一度のみ。この特定の出来事について聴取すればよい。	くり返されていることが多い。そのため，特定の出来事について聴取する事が難しい。
報告・発見までの期間	比較的短い。	発見・発覚までの期間は長くなりがちである。このために十分な記憶が残っていない可能性もある。

弱者（子ども，障害者等，高齢者等，自ら権利主張をしにくい人々）については，特別の注意を払うことが，被害の発見や保護において重要である。

②犯罪の種類と聴取

　ストレンジャーによる加害と，親密な関係性の中で行なわれる加害とでは，目撃証言として聴取すべき事柄は多少異なるように思われる。これらの事件における聴取の違いは表 23.1 のようにまとめられるだろう。以下，説明する。

加害者の特定：見知らぬ他者による加害では，誰が加害したのかという犯人の特定が重要である。そのため聴取に際しては，加害したとされる人物の特徴について記述を求める必要があり，場合によっては似顔絵や合成写真を作成することもあるだろう。被疑者が見つかったならば，その人物の写真を含む写真帳や面通し（ラインナップ）を作成し，同定識別を行なうことが重要となる。これに対し虐待，いじめ，DV や，顔なじみの人物が子どもを手なずけ（テイミング，グルーミングという）性加害を行なうなどの事案では，氏名や関係性がわかれば，顔の識別の重要性は低いかもしれない。

被害の認識：上述のように，見知らぬ他者による暴行やわいせつ行為は「被害」だと認識されやすい。これに対し，関係性の中で行なわれる加害は「しつけや教育」だと考えられていたり（身体的虐待，心理的虐待，DV），「愛情表現」だとされていたり（性的虐待，心理的虐待，DV），「子どもへの暴言ではない，妻に言っただけだ」と認識されていたり（DV 事案に巻き込まれた子どもへの心理的虐待），「遊び」だとされていることがある（性的虐待，いじめ）。このような場合，加害者も，被害者も「加害」「被害」という認識をもてないでいるかもしれない。このことは，被害者に処罰意識を確認する際もハードルとなるだろう。

加害のくり返し：上記と関連するが，見知らぬ他者による加害が一度限りである場合が多いのに対し（すぐに通報がなされるため，それ以上起きないということもあるだろう），関係性の中での加害はくり返され，長期化していることが多い（たとえば性的虐待では，Sorensen & Snow, 1991；伊東・武井，2008）。このことは，精神的な観点から言えば，無力感，加害への慣れ，加害の受け入れなどを引き起こす可能性がある。こういった状態を受け入れ症候群（accommodation syndrome）といい（Sorensen & Snow, 1991），発見・発覚が遅れる原因の一つだとされる。また，認知的には，記憶のスクリプト化が生じる可能性がある。スクリプト化された記憶（スクリプト記憶）とは，事象の流れについての一般化された知識であり，その事象がくり返されることによって生じる。たとえば，「おじさんは昨日私を叩いた」のような個別の体験

の記憶ではない，「おじさんはいつも私を叩く」などの知識のことをいう。スクリプト記憶は，特定の時間，場所，そのときに起きたユニークな行為等を欠いており，それを聴取するだけでは事件化することが難しい。

報告・発見までの期間：関係性の中で加害が行なわれる場合，被害の認識がない，あるいは被害が長期化することにより，出来事の開示（被害を打ち明けること）や報告は遅れがちになる（Sorensen & Snow, 1991；Hershkowitz et al., 2006；伊藤・武井，2008）。また，被害の認識があったとしても，親や級友が加害者である場合，報告にブレーキがかかることもある。口止めや脅し，報告すると家族がばらばらになる，ネガティブなことが起きるという不安，責任感（自分が悪いから殴られるのだ），恥ずかしいという気持，愛情（言ったら加害者がかわいそう）等の理由から，発見，発覚が遅れるとされる（Hershkowitz et al., 2006；Niederberger, 2002）。

このように，関係性の如何により，目撃証言の中で得るべき情報や，問題となる事柄は異なる。未成年者は社会的に低い立場にあり，そのために被害に遭いやすいこともふまえ，十全な配慮のもとで聴取を行なう必要がある。

(2) 子どもの目撃証言の問題

では，子どもの目撃者から情報を収集する場合，どのような点に気をつけなければならないだろうか。

第1に，子どもは認知発達の途上にある，ということがあげられる。一般に，幼児の目撃供述の質や量は児童よりも劣り，児童の目撃供述の質や量は，年長の子どもや成人よりも劣る。これは，知覚，記憶，理解，報告等のすべての面において，子どもは認知発達の途上にあり，成人のようには行なうことができない，ということを反映している（レビューとして，仲，2016a 等）。これは，顔や人物の記憶についても同様である（仲，2005a；Pozzulo & Warren, 2003；Sugimura, 2013 等）。

第2に，上述のように，子どもは常に社会・対人的に低い地位にある，ということがある。子どもは自分が話すよりは，大人の言うことを受け入れたい，できれば大人を喜ばせたいという傾向性を持っており，これは子どもから客観的に事実確認をしようとする際，妨げとなる（Siegal, 1996）。

以下，認知発達における，記憶，被暗示性，言語，そして社会・対人的な問題について順に述べる。

①記憶の発達

一般に，言葉で表すことのできる記憶は，意味記憶とエピソード記憶に分けられる。

意味記憶は，いわゆる知識であり，生活で得た知識や学校で習得した知識などが含まれる（上記のスクリプト記憶も意味記憶の一種である）。これに対し，エピソード記憶は特定の時間・空間的な文脈の中で起きた1度限りの出来事の記憶であり，場面がありありと思い浮かぶような記憶を指す。

　幼児は，1歳ぐらいになると「マンマ」「ブーブー」などと，事物にラベル（名称）をつけて呼ぶようになる。これは意味記憶の表れといってもよいだろう。これに対し，エピソード記憶の発生は4歳以降だとされる（Nelson, 2000；上原, 2006）。特定の文脈に埋め込まれた出来事を記憶し，自分の体験としてありありと想起できるようになるためには，「自分という感覚」（他の誰でもない，自分自身が体験した出来事だという意識），「知覚的な様相（モダリティ）の理解」（視覚的情報は見ることにより，聴覚的情報は聞くことにより，触覚情報は触れることにより得られるといった理解），「情報源のモニタリング」（人から聞いたこと，TVで見たこと，自分が体験したことなど，情報が何に由来するかのモニタリング），「メタ認知」（自分の活動を，一段上のレベルからモニターしたり，コントロールする力）などの認知的な能力が必要である。諸研究によれば，こういった能力が充実してくるのは4歳～就学前以降であり，ネルソンの言葉を借りれば，子どもはこの頃から未来と過去を（記憶のうえで）行き来することのできる「タイムトラベラー」になるのだという（レビューとして仲, 2005b；仲・上宮, 2005等）。

②**被暗示性**

　記憶能力と関連して問題となるのは，被暗示性（suggestibility）である。

　被暗示性とは，他者から提供された情報（事後情報ともいう）を自ら体験したことであるかのように思い込んでしまう傾向性のことをいう（Bruck & Ceci, 1995；Gudjonsson, 1984；Siegal, 1996）。

　健常に機能している大人であれば，通常，体験したことと単にイメージしたこととを混同することはない。しかし，子どもは自己の感覚，知覚的な様相の区別，情報源のモニタリング，メタ認知が十分ではない。そのため自分の体験に由来する情報と他者から与えられた情報に混乱が生じやすい。たとえば，頭に思い浮かんだ「白い車」が，実際の目撃体験に基づくものなのか，他者から「白い車だった？」と尋ねられたことによってできたイメージなのか，わからなくなってしまうといったことが起きる。

　事実，数多くの研究が，体験した出来事に由来する情報と事後情報とが入り混じってしまうこと（事後情報効果），さらには，実際にはなかったことであってもくり返しイメージしたり，報告を求められたりしているうちに，それがあったかのように「想起」されるようになることを示している（こういった記憶を「偽りの記憶」「偽記憶」「虚記憶」などという）（Bruck et al., 2002；山本ら, 2003等）。

　山本らは，幼稚園を訪れた幼児の行方につき，園児たちに5回，くり返して面接を

行なうという実験を行なった。その結果，実際には前園長先生がこの幼児を連れ出したにもかかわらず，「一人で出ていった」などの報告が，園児から得られるようになった（山本ら，2003）。ブラックらは，3～6歳児を対象に，実際にたあったポジティブな出来事（落とした本を拾ってあげる），ネガティブな出来事（親に叱られた），実際にはなかったポジティブな出来事（公園で，逃げたサルを捕まえてあげた），ネガティブな出来事（幼稚園でどろぼうが食べ物を盗んだ）につき，くり返し面接するという実験を行なった。その結果，ほぼすべての幼児が，実際にはなかった出来事について，体験したかのような報告をするようになった（Bruck et al., 2002）。

　このような傾向性は学童や大学生であってもみられる（菊野，1993；仲，2012a；Mori et al., 1996；Loftus & Ketcham, 1994／仲訳，2000）。シャクターらは，被暗示性は前頭前野の神経学的な未成熟と関連があるとし（Schacter et al., 1995），シングらは，そういった発達は思春期・青年期まで続くとしている（Shing et al., 2010）。記憶を事後情報による汚染から守ることは，面接や事情聴取の場面においてたいへん重要なことである。

③言葉の問題

　知能検査では語彙が知能を測定する一つの指標となる。幼児は5歳くらいまでにおよそ3,000語の語彙を習得するが（大久保，1987），体験を報告するための言語能力は十分とはいえない。指示代名詞（これ，それ，あれ等）の理解，時間を表す語や感情を表す語の理解も不十分である（Aldridge & Wood, 1998／仲訳，2004；仲，2010；尾山・仲，2013）。また，語意を限定的に用い，たとえば「触る」には「こする」や「なでる」は含まれていないと解釈する子どももいる（Bruck, 2009）。このような場合，「触られましたか」という問いに対し，実際にはなでられていたとしても，「ううん」と答える可能性がある。

　また，成人であれば，背景や登場人物等につき，相手の立場に立って話すことができるが，幼児・児童の場合，背景情報なしに「～した，～した」という活動だけが報告される傾向がある（Fivush & Haden, 1997；尾山・仲，2013）。主語や目的語が省略されがちな日本語では，誰がしたのか，誰にしたのかが把握しにくく，特に幼児や低学年の児童の話は理解しにくい。

④社会・対人的な問題

　次に，社会・対人的な問題について述べる。先述した被暗示性は，認知的な問題でもあり，社会・対人的な問題でもある（Gudjonsson, 1984）。上述のように，家庭，学校において社会的地位が低い立場にある子どもは，目上には逆らわず言うことを聞くように求められることが多い（虐待的な家庭であればなおさらであろう）。そのため，子どもは大人の期待に沿いたいという欲求（迎合性）が高く，大人が純粋に情報収集

の目的で質問をしたとしても,次のように解釈し,事実とは異なることを答えてしまう可能性がある(Siegal, 1996 等)。

・大人が質問をするからには,その主題(話題となる出来事)がまったくない,ということはないだろう。何かあったに違いない。
・大人は答えを知っている。
・答えることが期待され,答えないと大人をがっかりさせてしまう。
・答えるまで質問される。質問がくり返されるということは,前の答えは違っている,ということである。

　実際,子どもは2度同じ質問を尋ねられると,回答を変えてしまうことがある(Memon & Vartoukian, 1996)。また,意味の通らない質問(「箱は膝よりも声が大きいですか?」等)にも回答することが知られている(Waterman et al., 2000)。こういった傾向は,面接者が権威的な大人(たとえば,警察官の制服,背広,白衣等を着た人物)である場合,助長される(Milne & Bull, 1999／原編訳,2003)。
　また,幼児・児童は,写真識別において,被疑者が写真帳に含まれていないにもかかわらず,写真を選択してしまう傾向性が高い(Beal et al., 1995;Gross & Hayne, 1996;Memon & Rose, 2002;Pozzulo & Warren, 2003)。これも,写真を示された場合,何かを選ばなければならないという圧力を感じるためかもしれない。ラッシュらは,10〜14歳の子どもを対象に,緊張・ストレスの高い／低い条件で,見た人物について,写真識別を求めるという実験を行なった。写真識別は,サポーティブな条件または非サポーティブな条件で行なわれた。サポーティブな条件では,にこやかな人物が自己紹介をし,アイコンタクトをとりながら写真識別を求めたが,非サポーティブな条件では,固い表情の人物が,挨拶もせず,目を合わせることもなく写真識別を実施した。その結果,高ストレス条件で人物を目撃した子どもたち(思い出すときも,そのストレスが続いていると考えられる)は,サポーティブな条件で写真識別を求められたときのほうが,そうでないときよりも,実際に目撃していない人を「いない」と適切に否定できる率が高かった(Rush et al., 2014)。
　子どもから目撃証言を得る際には,こういった大人と子どもの違いを認識する必要がある。

(3) 子どもの目撃者への聴取法

　それでは,どのように聴取すればよいだろうか。未成年における記憶の問題,被暗示性,言語的な特徴に配慮するならば,質問の種類や面接法に関する工夫が必要である。以下,順に述べる。

①質問の種類

　事後情報は子どもの記憶を汚染しうるが，事後情報は面接者によって，質問の形で与えられることが多い。「白い車を見ましたか？」と尋ねれば「白い車」という情報が子どもの記憶（実は青い車）を汚染する可能性がある。「ワゴンでしたか，セダンでしたか」と尋ねれば，「ワゴン，セダン」という情報が子どもの記憶に混入する。こういった質問による汚染を防ぐには，面接者はできるだけ言葉を発することなく，被面接者に自発的に話してもらう必要がある。このような被面接者による自発的な報告を自由報告（自由語り；free narrative）という。

　ところで，質問は，以下の4種類に分けることができる。

- オープン質問（自由再生質問）：「お話ししてください」等，被面接者の報告に制約をつけない質問。
- WH質問（焦点化質問）：「いつ」「どこ」「誰」等，特定の情報を求める質問。
- クローズド質問（選択式質問）：「はい」か「いいえ」で答える質問（「白い車を見ましたか？」等）や多肢選択式の質問（「ワゴンでしたか，セダンでしたか，それ以外でしたか，覚えていませんか」等）。
- 誘導質問：「その車は白でしたね」「その車は白だったでしょう？」などの「はい」と答えることを促す質問。

　以上の質問のうち，オープン質問とWH質問には特定の情報が含まれておらず，誘導・暗示の原因となりにくい（Lamb & Fauchier, 2001；Lamb, Orbach, Hershkowitz, Horowitz et al., 2007）。そのため，面接においてはこれらの質問の使用が推奨される（ただし後述するように，WH質問には制約もある）。

②オープン質問と自由報告

　自由報告を得るにはオープン質問を用いることが効果的である。オープン質問には以下の4つの種類がある。

- 誘いかけ質問：「お話ししてください」「何がありましたか」等，広く情報を求めるオープン質問。
- 時間分割質問：子どもが「Aがあった，Bがあった，Cがあった」と時間軸に沿って出来事を報告した際に用いる質問。「Aの前には何があった？」「AとBの間には何があった？」「Bのあとは何があった？」と，A，B，Cの前後や間を埋めてもらう。面接者から情報を出すことなく，子ども自身に報告を拡充してもらうことができる。
- 手がかり質問：子どもがすでに述べたことを，拡張してもらう質問。たとえば，

子どもがすでに「おじさんが，叩いた」と述べていたならば，「『おじさん』のことをもっと詳しく話してください」「『叩いた』ときのことを，もっと詳しく話してください」などと，報告を求める。
・それから質問：子どもの報告が停滞したとき，さらなる報告を促すために用いる質問。「それから？」「そのあとは？」「それで？」「あとは？」「他にもある？」等。

これらの質問の使い方を，例に沿って示す。

面接では自由報告を求めることが重要であり，「何がありましたか」などの「誘いかけ」を用いることが望ましい。しかし，子どもは「嫌なことがあった」程度の抽象的な情報しか提供しないこともある。そのようなとき，面接者は「誰が嫌なことをしたの？」「叩かれたりしたの？」とWH質問やクローズド質問を発しがちになるが（Hershkowitz et al, 2006），こういった質問は一問一答のパターンを引き起こし，自由報告を妨げる可能性がある（また，記憶を汚染することもある）。そこで，このような質問を用いるのではなく「ではその嫌なことについて，最初から最後まで全部話してください」などと，さらなる誘いかけ質問を用いる。その結果，たとえば，次のような報告が得られるかもしれない。

　　面：それでは，その嫌なことを，最初から最後まで全部話してください。
　　子：おじさんが来た。
　　面：うん，それから？
　　子：叩いた。
　　面：うん，それで？
　　子：で，おじさん行っちゃった。
　　面：そうか，それから？
　　子：終わり，もうお母さん帰ってきたからだいじょうぶ。

これで「おじさんが来て（A），叩いて（B），行っちゃった（C）」という時系列的な情報が得られたことになる。しかし，時間軸上の情報をさらに収集するために，時間分割質問を用いる。

　　面：おじさんが来る（A）前，○○さんは何をしていた？
　　子：学校から帰ってきて，宿題をして，TVを見てた。
　　面：おじさんが来て（A）から，叩いた（B）って言ったんだけれど，おじさんが来てから叩くまでの間にあったこと，どんなことでも全部話してください。
　　子：おじさん来て，下で何かどなってて，そのあと私の部屋にどかどかどかって来て，いきなり後ろから頭叩いた。

面：それから？
・・・

　このようにして，時系列上の情報を聴取したならば，手がかり質問を用い，たとえば，「『おじさん』のことで知っていること，どんなことでも話してください」（名前が得られればおじさんの特定には十分かもしれない），「『私の部屋』ってどんなところか，どんなことでも全部話してください」（場所情報が得られる），「『TV見ていた』って言ったけれど，どんなTVだったか，話してください」（番組が報告されれば時間を特定できるかもしれない）等，報告を求める。
　上の例にも示されるとおり，時間軸上の事柄（エピソード記憶）については，「それで？」「そのあとどうなった？」とそれから質問を用いることで，後続の出来事の報告が得られる可能性が高まる。また，「おじさんのこと」や「私の部屋のこと」（いわば，意味記憶）を聴取する場合も「（おじさんについて）他には？」「（私の部屋について）あとは？」と，やはりそれから質問を用いることで，知っている限りのことを話してもらえるかもしれない。このようにして，本人の言葉で報告し拡張してもらうことが重要である。

③ WH質問・クローズド質問の功罪
　自由報告を求めても，すべてが語られるとは限らない。「どれくらいの強さで叩いたか」「おじさんは，叩いただけなのか」等を確認する必要があるかもしれない。オープン質問だけでは情報が得られない場合，WH質問やクローズド質問を用いる。
　しかし，WH質問やクローズド質問は，面接者の知りたいことを単刀直入に得るには有効だが，一問一答のスタイルをつくり出しやすく，子どもの自ら報告しようという動機づけを失わせてしまう可能性がある。そのため，「おじさんが叩いたと言ったけれど，どれくらいの強さで叩いた？」に対し，「バッチーンって」という応答が出てきたとすれば，「そうか。そのときのこと，もっと詳しく話して」などとオープン質問を添えるのがよい。そうすることで子どもの報告を焦点づけつつ，かつ，自由報告への動機づけを維持することができる。同様に，「おじさんは，叩いただけ？」に対し「ううん」という回答が得られたならば，「では，他にどんなことがあったか，お話しして」と拡張してもらうのがよい。このように，WH質問やクローズド質問で得た回答を拡張してもらう質問を対質問（ペアド質問）という。
　なお，WH質問であっても誘導・暗示となる場合があることに注意すべきである。子どもが話していないことについて，たとえば（車の話はでてきていないにもかかわらず）「おじさんはどんな車で来たの？」と尋ねたとする。この質問はWH質問ではあるが，子どもが述べていない情報（「車で来た」）を含んでいる。そのため，子どもは，おじさんは車で来たのかもしれないと考え，「ワゴン」などと暗示にそった推測

に基づく回答をしてしまうかもしれない。こういった，子どもが述べていないことを含む WH 質問を暗示質問という。暗示質問は極力避けなければならない。

④子どもを動機づける

以上のように，主としてオープン質問を用い，WH 質問やクローズド質問を控えることは，正確な情報を多く得るために重要である。しかし，それだけでは十分ではない。上述のように，子どもは大人のコントロール下にあり，受け身の存在であることが多い。そのため，自分が話すよりも大人の言うことを聞くのがよいと考えているかもしれないし，「わからない」「知らない」と言ってはいけないと考え，期待に沿う答えを「推測」で話してしまうかもしれない。さらに，大人が誤ったことを言っても「訂正するのは失礼だ」と考え，肯定してしまうかもしれない（Siegal, 1996）。

近年の面接法研究は，こういった子どもの傾向性や語用論的な知識（言葉の用い方に関する知識）に焦点を当て，より正確に，よりたくさん話すように動機づけることの重要性を示唆している（Hershkowitz et al., 2006；仲，2012b；Newcombe & Siegal, 1997；Siegal, 1999）。このような動機づけは，次のような手続きにより可能である。

- 面接室での約束事（グラウンドルール）を告げる：よく用いられるグラウンドルールとしては，①本当にあったことを話してください，②質問がわからなければ「わからない」と言ってください，③知らないことは「知らない」と言ってください。④私が間違ったことを言ったら「間違っているよ」と言ってください，⑤私は○○さんに会うのが初めてなので／私はその場にいなかったので，何があったかわかりません。どんなことでも全部話してください，などがある。
- ラポール（話しやすい関係性）を築く：ラポールを築くために，「好きなこと」について報告を求める。大人が質問（尋問，詰問）するのではなく，子どもが主体となって話すのだということを理解してもらう。
- エピソード記憶の練習を行なう：たとえば，「今日，朝起きてから，ここに来るまでにあったことを，どんなことでも話してください」などと，事件とは関係のない出来事について報告を求め，思い出して話す練習をしてもらう。

こういったグラウンドルールや，オープン質問によるラポール形成・エピソード記憶の練習は，正確な情報を，より多く引き出すことに貢献する（越智・長尾，2009；仲，2012b；Saywitz et al., 1992；白石ら，2006；Sternberg et al., 1997；Waterman & Blades, 2011）。

⑤司法面接

子どもの目撃者・被害者から，証拠的価値の高い情報を得ることを目指した面接法

を，広く「司法面接（forensic interviews）」「捜査面接（investigative interviews）」という。司法面接は，それが開発された欧米のみならず，オセアニア，北欧，そして日本や韓国などのアジア諸国でも用いられるようになった。日本では，主として児童相談所において用いられていたが（山本ら，2015），近年は児童相談所，警察，検察が協同で司法面接を行なう試み（協同面接）が始まっている（仲，2016b）。こういった面接法では，自由報告を重視し，子どもに報告を動機づけるための構造化がなされている。アメリカのNICHD（National Institute of Child Health and Human Development：小児健康人間発達研究所）で心理学者のラムらが開発したNICHDプロトコル（Lamb, Orbach, Hershkowitz, Esplin et al., 2007）に基づく「NICHDプロトコルの最小限の手続き」を，表23.2に示す（仲，2011a）。

表23.2　NICHDプロトコルに基づく司法面接の最小限の手続き（仲，2011bより作成）

【導入】
1. 今日は _____ 年 ___ 月 ___ 日で，時刻は ___ 時 ___ 分です。私は _____ さん【被面接者】に，_____【場所】で面接をします。

〈子ども入室〉
こんにちは，私の名前は _____ です。私の仕事は子どもからお話を聞くことです。この会話は録画します（機材説明）。私がお話を忘れないように，あとで見ればわかるようにするためです。他の人が見ることもありますが，○○さんに迷惑がかかることはありません。別の部屋で，私が○○さんからちゃんと聞けているか，一緒に仕事をしている人が見てくれています。あとで，私がちゃんと聞けているか，相談に行くこともあるかもしれません。

2. 面接を始める前にお約束があります。（*は練習課題）
　① 本当：今日は，本当のことだけを話すのがとても大切です。本当にあったことだけを話してください。
　　＊靴：では練習してみましょう。私の靴は赤い（実際は黒い）と言ったら，これは本当ですか，本当ではありませんか。【正答ならば】そうですね。私の靴は黒いので本当ではありませんね。では，○○さんが今，椅子に座っている（実際，座っている）と言ったら，これは本当ですか，本当ではありませんか。【正答ならば】そうですね。○○さんは椅子に座っているので本当ですね。○○さんが本当のことと本当でないことの区別がよくわかっている，ということがわかりました。今日は，本当のことだけを話してください。
　② わからない：もしも私の質問の意味がわからなかったら，「わからない」と言ってください。
　③ 知らない：もしも私の質問の答えを知らなかったら，「知らない」と言ってください。
　　＊犬：では練習してみましょう。私が飼っている犬の名前は何ですかと聞いたら，○○さんは何と答えますか。【「ポチ」等ならば】○○さんは，私の家に来たことがないから私の犬の名前は知らないでしょう。知らないときは知らないと言ってください。【正しく「知らない」と言ったら】そうですね。知らないときは，今のように「知らない」と言ってください。
　④ 間違い：もしも私が間違ったことを言ったら，「間違ってるよ」と言ってください。
　　＊年齢：では練習してみましょう。私が○○さんは「2歳／幼稚園」ですねと言ったら，○○さんは何と言いますか。（「ううん」「違ってる」等であれば）そうですね。私が間違ったら，今のように「違ってる／間違ってるよ」と教えてください。
　⑤ その場にいない：私はその場にいなかったので，何があったかわかりません。どんなことでも，あったことを全部話してください。

3. ラポール：○○さんのことをもう少し知りたいので聞きます。○○さんは何をするのが好きですか。（話してもらったならば）はい，よくわかりました。このようにたくさん話してくれるとよくわかります。今のようにたくさんお話ししてください。

4. 出来事を思い出す練習：それでは前のことを思い出してお話する練習をしましょう。今日あったことを話してください。今日，朝起きてからここに来るまでにあったことを最初から最後まで全部話してください。（話してもらったならば）はい，よくわかりました。このようにたくさん話してくれるとよくわかります。今のようにたくさんお話ししてください。

【自由報告】
5. それでは，こんどは○○さんがどうして／ここ（一時保護所等）にいるか／ここ（面接を行なう機関）に来たか／話してください。
（あるいは）
今日は何をお話しに来ましたか。
（出てこなければ，次のように言う）
① ○○さんが［いつ／どこで］，［通告した人］に話をしたと聞いています。何があったか話してください。
② ○○さんの＿＿＿［体の場所］に［跡，傷，あざ］があります［あると聞きましたが］，その／この［跡，傷，あざ］ができたときのことを，最初から最後まで全部話してください。

【出来事の分割】
6. それは1回だけですか，それとも1回よりも多かったですか？
（回答が「1回よりも多い」であれば）
それでは／一番最後／一番最初／一番よく覚えているとき／のことを話してください。

【質問】
7. オープン質問
① 誘いかけ：何があったか全部話してください。
② 時間分割：AしてからBまでのことを，全部話してください。
③ 手がかり質問：さっきAって言っていたけれど，そのことを（について）もっと話してください。
④ それから質問：それから？ そして？ あとは？
⑤エコーイング（子どもの言葉をくり返すのみ）
⑥ふん，ふん

8. WH質問

9. ブレイク
① たくさん話してくれてどうもありがとう。これから，私がちゃんとお話を聞けているかどうか，別の部屋で見ててくれる人に確認してきます。待っててもらっていいですか。
② 待っててくれて，どうもありがとう。それではあといくつか質問します。

10. クローズド質問

11. 確認のための質問（会話／目撃者・他の被害者／開示／疑われている事柄に関する質問）：これらの質問は誘導・暗示となる可能性があるので，必要な場合のみ，面接の最後の部分に行なう。回答を得たならば，オープン質問に戻り，自由報告を求める。
① その人は何か言いましたか／他に誰かいましたか。
② このことを知っている人は他に誰かいますか／その人はどうしてこのことを知っていますか。
③ ～［疑われる事柄］されたことはありますか／誰かが～しましたか。

【クロージング】
12. たくさんのことを話してくれました。助けてくれて，どうもありがとう。
① 知っておいたほうがよいこと：他に，私が知っておいたほうがよいことは，ありますか。
② 話しておきたいこと：他に，○○さんが私に話しておきたいことは，ありますか。
③ 質問：○○さんからは，何か質問はありますか。
④ 連絡先：また何か話したくなったら，ここに連絡してください。

〈子ども退出〉
13. （配置図や身体の図などがあれば，電源を切る前に，カメラに示す）。今は［時，分］です。これで面接を終わります。

本手続きは Lamb, Orbach, Hershkowitz, Esplin et al., (2007) にもとづいている。
プロトコル本体は http://nichdprotocol.com/the-nichd-protocol/ よりダウンロードすることができる。

こういった司法面接の手続きは，『目撃供述・識別手続に関するガイドライン』（法と心理学会，2005），『子どもの司法面接』（Great Britain. Home Office, Great Britain. Department of Health, 1992／仲・田中訳，2007），『子どもの面接法』（Aldridge & Wood, 1998／仲訳，2004），『知的障害・発達障害のある子どもの面接ハンドブック』（Cederborg et al., 2009／仲・山本訳，2014）などでも見ることができる。また，警察庁で作成された「被害児童からの客観的聴取に関する留意点」（警察庁，2011）や「取調べ（基礎編）」（警察庁，2012）などにも反映されている。こういった面接法の手続きを忠実に守ることにより，正確かつ多くの情報が得られる（レビューとしてLamb et al., 2008；日本では仲，2011b）。

⑥同定識別

以上，目撃者となった子どもから言語供述を得る方法について述べた。人物の同定識別についてはどうだろうか。

まず，子どもは写真識別や面通しにおいて，真犯人がいないにもかかわらず，誰かを選んでしまう傾向があることに注意すべきである。加えて，写真識別における「事後情報効果」も無視できない。たとえば，被疑者像を調べる目的で，可能性のありそうな人物の写真を呈示し（これをマグショットという），その後，面通しにもその写真，またはその写真の人物が含まれていると，目撃者は本来の事件ではなく，マグショットで見た写真の人物を選んでしまう可能性がある。これを「マグショット効果」「マグショットバイアス」という（Deffenbacher et al., 2006）。また，事件のあと，多くの写真を呈示することが顔の記憶の低下をもたらすことも示されている（Naka et al., 1996）。

以上のことをふまえるならば，子どもの目撃者（によらず，すべての目撃者においてであるが）に写真識別を求める場合は，以下の要点を守る必要があるだろう。

・「誰かを選ばなければならない」という圧力や暗示をかけたり，誰かを選ぶことで面接者を喜ばせようという迎合性を高めないように注意する。
・「この中に犯人はいるかもしれないし，いないかもしれない。あてずっぽうで答えるのでなく，『いない』と思ったら『いない』，わからないときは『わからない』と言ってください」と告げ，確実に理解を求める。
・一度だけ識別を求める（識別をくり返させない）。

(4) 補足とまとめ

以上，子どもへの事情聴取における問題，子どもの特性，そしてそれをふまえた聴取技法と同定識別の注意事項について述べた。冒頭で述べたとおり，子どもや知的障

害者など社会的に弱い立場にある者については，犯罪を見つけ出そうという目がなければ被害を発見することは難しい。しかし，鵜の目鷹の目になり，客観性，中立性を失えば，子どもに実際になかったことをあったかのように報告させてしまったり，誤った人物を識別させてしまったり，場合によってはそのことによりトラウマを生じさせてしまうかもしれない。近年は，被害体験を何度も聴取することがトラウマの原因になることが指摘されている（Fulcher, 2004；仲, 2016b）。こういった問題を防ぐには，少なくとも以下の2つの工夫が有用であろう。

　第1は，多機関の連携である。一般に，被害を訴えた，あるいは被害が発覚した子どもは，発見された場所（家庭や学校），医療機関，児童相談所，警察，検察等で，くり返し事情聴取を受ける。しかし，面接をくり返すことは記憶の汚染を招き，特につらい出来事の場合は，上述のようにトラウマの原因にもなる。そのため，児童保護の先進諸国では，面接の回数を減らすために医療，児童相談所，警察，検察等が連携し，一度で聴取するという取り組みを行なっている。たとえば，アメリカの児童権利擁護センターや韓国のワンストップ・センターなどでは，多機関連携チームが司法面接の場面をモニターで確認し，一度に情報収集を行なう。

　第2は，子どもの初期の供述を録音・録画することである。たとえ多機関が一堂に会すことが難しくても，録音・録画を閲覧することで，どのような出来事があったのかを把握することが可能である。イギリスでは，こういった録画を法廷での子どもの主尋問の代わりに用いるなどの特別措置も行なわれている。子どもは被告人の権利のため反対尋問は受けなければならないが，それでも子どもの負担は大きく軽減される。

　子どもの目撃者の特性や事件の特徴をふまえ，負担の少ない的確な事情聴取・写真識別を行ない，その記録を残すことは，すべての当事者にとって有用である。実証的な知見に基づき，日本の制度や状況にも合わせつつ，こういった方法を確立していくことは未来に向けた大きな課題である。

2. 高齢者の目撃証言

(1) 問題

　近年，高齢化社会を迎え，高齢者の人口や全人口に占める高齢者の比率が急増している。それとともに高齢者が，犯罪被害者となったり，犯罪の目撃者となったりするケースも増加してきている。これらのケースでは，当然ながら，捜査過程や公判過程において，高齢者の証言が犯罪解明の重要な手がかりとなってくる。

　しかしながら，従来，発達的な観点から目撃証言の信頼性を検討する場合，焦点が当てられるのは，もっぱら，年齢が若い世代，つまり子どもの証言の信頼性の問題で

あった。これは刑事司法実務においても同様であり，子どもの証言をどのように取り扱うかについては，ある程度の判例の蓄積があるものの，高齢者の証言の問題については，あまり取り上げられていないのが現状である。しかし，今後は子どもの証言以上に，高齢者の証言の信頼性について問題にされることが多くなっていくことが明らかである。そこで本節では，高齢者の証言についてなされた心理学的研究について概観し，その現状について明らかにしてみようと思う。

(2) 高齢者の目撃証言についての実験的な研究

　目撃証言の年齢差の研究は先にも述べように基本的には，幼児や児童の証言の研究を中心として行なわれてきた。このような流れの中ではじめに高齢者を対象にして行なわれた実験の一つとして，ヤーメイとケントの研究（Yarmey & Kent, 1980）がある。
　この研究では，40人の若者群（平均18.6歳）と，40人の高齢者群（平均73.1歳）が実験に参加した。彼らは，23枚からなる強盗傷害事件を描いたカラースライドを視聴した。スライドは1枚5秒のペースで呈示された。その後，彼らには登場した4人の登場人物（犯人，被害者，被害者と一緒に歩いていた人物，そばを歩いていた人物）の情報についての再認テストが行なわれた。再認テストは，四肢択一式のもので，「犯人が着ていたのは，ダークブラウンのズボン，ライトブルーのズボン，ブルーのジーンズ，ライトブラウンのズボンのどれですか」のような形式をしていた。その後，40枚の写真リストの中から，4人の登場人物を選び出す「面割り」課題が行なわれた。
　実験の結果，再認テストの結果では，若者群のほうが高齢者群よりも有意に成績が優れていた（表23.3）が，「面割り」課題では，年齢の有意な主効果は現れなかった。
　同様な方法で行なわれた研究としては，スコーギンら（Scogin et al., 1994）がある。この研究では，若者群（平均年齢21.14歳），若い高齢者群（平均年齢67.7歳），高齢者群（平均年齢80.7歳）の実験参加者に，白い服を着た30代前半の男性がある部屋に侵入し，机の上に置いてある財布から紙幣を抜き取る場面が描かれた短いビデオフィルムを視聴させ，その後，ビデオの内容についての四肢択一（ただし，Don't Knowという選択肢が含まれている）の再認課題15問と，6枚の写真から犯人の男性を選び出させる面割り課題が行なわれた。

表23.3　若者群と高齢者群の質問種別ごとの再認テスト正答率

	若者群	高齢者群
人に関する質問	81%	71%
人以外のものに関する質問	76%	65%
加害者についての質問	80%	69%
被害者についての質問	87%	77%

この実験の結果，再認課題に関しては，年齢とともに成績が低下していくことがわかった。しかしながら，回答の確信度については年齢グループ間で差は生じなかった。つまり，高齢になるにしたがって，実際の正答率は低下するのに本人はそれに気づかないという反応が生じることがわかった。また，面割り課題ではすべての年齢層でほとんどチャンスレベルの正答率（偶然正解する正答率）しか得られず，有意な年齢差はみられなかった。

アイゼプラウワら（Aizpurua et al., 2009）は，40人の若者群（平均年齢19.9歳）と30人の高齢者群（平均年齢62.9歳）を使って実験を行なった。実験参加者には，3分30秒程度の強盗を描いたビデオが見せられた。このビデオではスキーマスクをかぶった3人組の武装強盗が店舗に押し入り女性店員を脅したり，殴ったりして金を奪うというストーリーが描かれていた。ビデオ視聴後，参加者は再生テストと再認テストを課せられた。再生テストはビデオの内容について自由に10分間書き下させるというものであり，再認テストは，ビデオの内容についての文章が呈示され，それが正しいか，誤っているかを判断させる二者択一方式で行なわれた。

実験の結果，再生テストに関しては表23.4のように，若者群が高齢者群よりも多くの正しい項目を再生した。誤った項目の再生は両者とも非常に少なく，有意な差は存在しなかった。再認テストに関しては，ヒット率に関しては，若者群と高齢者群では有意な差が生じなかったが，フォールスアラーム率は，高齢者がより大きくなった

表23.4　若者群と高齢者群のコンテンツごとの再生成績（項目数）

	若者群	高齢者群
行動	20.75	15.00
人物の特徴	11.25	8.20
その他の詳細な事象	9.15	6.80
誤った再生項目	1.04	0.90

表23.5　若者群と高齢者群のコンテンツごとのヒット率とフォールスアラーム率

	直後		1週間後	
	若者群	高齢者群	若者群	高齢者群
ヒット率				
行動	0.71	0.73	0.71	0.73
人物の特徴	0.78	0.72	0.68	0.73
その他の詳細な事象	0.56	0.54	0.50	0.54
フォールスアラーム率				
行動	0.64	0.82	0.74	0.77
人物の特徴	0.61	0.71	0.57	0.75
その他の詳細な事象	0.39	0.54	0.44	0.48

表 23.6　10 歳児群，大学生群，高齢者群のイエス・ノー式再認テストの正答率

	非スクリプト項目	スクリプト項目
10 歳児	77%	65%
大学生	87%	79%
高齢者	84%	73%

（表 23.5）。

　また，リスト（List, 1986）は，32 人のずつの 10 歳児と大学生（平均年齢 20.1 歳），29 人の高齢者（平均年齢 67.6 歳）を対象にやはり模擬犯罪のビデオを材料とした実験を行なっている。彼らにデパートで撮影された万引きについてのビデオを見せた。ここには 16 人の犯人が店内でさまざまなものを万引きする様子が映っている。このビデオテープには万引きとしては比較的典型的なよくありがちな犯人の行動（スクリプト項目）とあまり典型的でない珍しい犯人の行動（非スクリプト項目）が含まれていた。このビデオ視聴の 1 週間後に，ビデオの内容についての再生テストとイエス・ノー式の再認テストが行なわれた。

　実験の結果，自由再生課題においては，高齢者群と 10 歳児群には差がなかったが，両群とも若者群よりも有意に低い情報量しか再生できず，また，その正確性も低かった。また，イエス・ノー式の再認テストの正確性は表 23.6 のようになった。非スクリプト項目はスクリプト項目よりも正答率が高い傾向にあったが，年齢別に見てみると，全体的にやはり，大学生群が最も優れており，高齢者と 10 歳児群はそれよりも低い成績を示していた。

　また，この実験では，万引き犯人が若者の場合と中年の場合があったのだが，若者群と大学生群は若者の犯人についての質問のほうが，また，高齢者群では中年の犯人についての質問のほうが正答率が高いという年齢依存効果がみられた。

　最近，ガルシア゠バジョスら（García-Bajos et al., 2012）も同様な実験を行なっている。この実験では，若者群（平均年齢 22.0 歳）と高齢者群（平均年齢 63.7 歳）に銀行強盗のビデオを視聴させた。この中には，銀行強盗のスクリプトに適合した高典型行動（たとえば，「みんな騒ぐな，手を上げろ」と犯人が言う）や必ずしもスクリプトに適合していない低典型行動（警備員に「銃をこっちになげろ」と犯人が言う）が含まれていた。ビデオ視聴後，参加者には 10 分間の時間でこのビデオの内容についてできるだけ多くのことを思い出して記述してもらう再生課題が行なわれた。また，その後，半数の参加者は直後に，残りの参加者は 1 週間後に，ビデオの内容についての再認テストを受けた。このテストでは，ビデオの内容についての文章が呈示され，それがビデオの中に実際に描かれていたかを，イエスかノーか回答させるものであった。

表 23.7 若者群と高齢者群の再生テストにおける正答項目数と誤った再生項目数

	若者群		高齢者群	
	高典型項目	低典型項目	高典型項目	低典型項目
正再生項目数	7.56	6.78	7.50	4.83
誤った再生数	0.26	0.04	0.26	0.09

表 23.8 若者群と高齢者群の再認テストにおけるヒット率とフォールスアラーム率

	若者群		高齢者群	
	高典型項目	低典型項目	高典型項目	低典型項目
直後				
ヒット率	0.84	0.68	0.88	0.71
フォールスアラーム率	0.40	0.17	0.59	0.28
遅延				
ヒット率	0.86	0.63	0.86	0.66
フォールスアラーム率	0.43	0.29	0.59	0.33

再生テストの結果，高典型項目の正再生項目数は，若者群と高齢者群でほとんど違いはなかったが，低典型項目数では，高齢者群は若者群よりも成績が劣っていた。誤った再生に関しては，若者群も高齢者群も高典型項目が大きくなったが，これはスクリプトの実験ではおなじみの効果である。低典型項目は両者ともほとんど生じなかった（表23.7）。

一方，再認テストでは，ヒット率については，高典型項目も低典型項目も若者群と高齢者群で違いは生じなかったが，高齢者群では，高典型項目，低典型項目ともにフォールスアラームが多くなる傾向がみられた。このような傾向は，直後再認でも一週間後の遅延再認でも同様にみられた（表23.8）。

ここまであげてきた研究は，想起フェイズが実験室において，解答用紙に解答するようなものであり，実際の犯罪の目撃と事情聴取とは少し異なった状況設定であった。

そこで，ブリマカンべら（Brimacombe et al., 1997）は，次のような実験を行なった。参加したのは，20～25歳の若者群（平均年齢20.6歳），30～44歳の中年群（平均年齢35.4歳），65～85歳の高齢者群（平均年齢71.2歳）である。彼らは，まず，犯人が若い女性が置き忘れたナップザックの中から財布を抜き取るというビデオを見，そのあとで，2人の実験者から直接，事情聴取を受けた。最初の実験者は検察官役で，「犯人はどのような服装をしていましたか？」「犯人は何を盗んでいきましたか」などの形式の質問を14問行なった。また，第2の実験者は弁護士役でより反対尋問に近い形式の質問，たとえば，「犯人は盗んだものをバッグに入れたんですか，それともポケットなんですか」や「あなたは先ほど，犯人が盗んだのを見たと言いましたが，それは本当ですか」などの質問を行なった。その結果，高齢者群は他の群に比べて有意に正

表 23.9 直接尋問，反対尋問ごとにみた各年齢層の正答率

	若者群	中年群	高齢者群
直接尋問	94%	94%	78%
反対尋問	66%	67%	48%

答率が低いことがわかった（表23.9）。

このように，さまざまな研究が若者群と高齢者群に対して，模擬犯罪のビデオなどの刺激を呈示し，その後記憶テストを行なうという研究パラダイムによって行なわれてきた。研究によって結果は異なっている場合も少なくないが，研究が蓄積されるにつれて，若者群と高齢者群の違いについて，ある程度の共通の認識が固まってきた。それは，次のようなものである。

①加齢に伴って再生，再認とも記憶パフォーマンスが低下するのは確かである。
②しかし，正再生や正再認（ヒット率）については，加齢の影響は比較的でにくい。
③記憶パフォーマンスの低下はむしろ，誤った項目の再生や再認，フォールスメモリーによって生じている。
④つまり，加齢に伴って誤った情報を答えやすくなる。
⑤また，誤った情報に高い確信度をつけやすくなる。

(3) 高齢者の目撃証言と顔の記憶の問題

前節では，事件全体の記憶についての諸研究を検討してみたが，本節では，目撃証言の中で最も重要な側面である顔の記憶の問題について検討してみる。加齢に伴って顔の記憶はどのように変化していくのだろうか。

このことを直接的に実験したものとして，スミスとウィノグラード（Smith & Winograd, 1978）の実験がある。この研究では，若者群（18〜25歳）と高齢者群（50〜80歳）の実験参加者に，男女50枚の参加者にとって未知の人物の顔写真が順次呈示された。参加者は3つの符号化条件に割り当てられ，呈示された顔に対してあらかじめ指定された処理を行なった。これはおおむね処理水準理論に従うものであり，呈示された写真が「大きな鼻の人物か」を判断する条件（浅い処理）と，「友好的な人物か」を判断する条件（深い処理），そして統制群であった。その後，新規の顔写真とすでに呈示され，処理を行なった顔写真がランダムに呈示され，参加者は，それが初めて見た顔なのか（NEW），一度見て処理を行なった顔なのか（OLD）を判断した。

実験の結果，処理水準とともに年齢の効果も示され，高齢者に比べて，若者群で再認成績が良いことがわかった。ただしヒット率は年齢によってほとんど変わらず，

表 23.10 処理水準と若者群と高齢者群のヒット率, フォールスアラーム率

	標準	Big nose	Friendly
若年群			
ヒット率	.75	.78	.88
フォールスアラーム率	.13	.13	.10
高齢者群			
ヒット率	.75	.76	.85
フォールスアラーム率	.29	.32	.27

フォールスアラーム率で年齢差が顕著に現れた（表23.10）。

また，メモンら（Memon et al., 2003）は，若年群（平均年齢19.4歳）と高齢者群（平均年齢71.7歳）の実験参加者に住宅への侵入窃盗を描いたビデオを視聴させた。ビデオには2種類のバージョンがあり，一つのバージョンでは，犯人は22歳の男性であった。もう一つのバージョンでは，60歳の男性であった。実験参加者はこれらのいずれかのビデオを視聴した。その後，6枚の写真の中から犯人を選択する写真面割り課題が行なわれた。写真面割り帳はその中に犯人が存在するターゲットプレゼント（TP）のものと，犯人が存在しないターゲットアブセントのものがあった。参加者は，刺激呈示後，35分後（直後条件）と1週間後（遅延条件）に，面割り課題を行なった。

その結果，ターゲットプレゼントラインナップでは，直後条件では若年群と高齢者群で正答率にほとんど違いは生じなかったが，遅延条件では，若年群に比べて高齢者群の正答率が大きく低下した。また，ターゲットアブセントラインナップでは，直後条件でも，遅延条件でも，正しく「この中に犯人はいない」と答えた者は，圧倒的に若者群で多く，高齢者群は，誤って犯人でない人物を選択してしまうことが多かった。この傾向は特に高齢者群の参加者が若者の犯人を目撃した場合に顕著であり，92％もの参加者が誤って犯人でない人を選択してしまった（表23.11）。

表 23.11 ターゲットアブセントラインナップにおける年齢層とフォールスアラーム率の関連

	若者ラインナップ		高齢者ラインナップ	
若年群	FA	CR	FA	CR
	.57	.43	.62	.38
	.38	.62	.52	.48
高齢者群	FA	CR	FA	CR
	.79	.21	.74	.26
	.92	.08	.71	.29

注：FA：フォールスアラーム率，誤った写真を犯人と同定してしまった割合。CR：コレクトリジェクション率，この中に犯人はいないと正しく指摘した割合。

ハバードとメモン（Havard & Memon, 2009）は，若者群（平均年齢 25.0 歳）と高齢者群（平均年齢 72.6 歳）の実験参加者に犯罪を描いたビデオを視聴させた。ビデオは約 1 分 30 秒のもので，一人の男性犯人が，建物の廊下を歩きながら，部屋のドアが開くかどうかを順番に試し，鍵のかかっていなかった部屋に侵入して，その部屋にあった財布やパソコン，携帯電話などを盗むというシーンが描かれている。ビデオには 2 つのバージョンがあり，一つは犯人が 26 歳の男性によって演じられており，もう一方は 67 歳の男性が演じていた。その後，参加者たちは，9 人の人物から構成されるビデオラインナップを見て，その中から犯人を選び出す課題を行なった。ビデオラインナップシステムはイギリスの警察で使用されている VIPER システムで，これによってそれぞれの人物のビデオが 15 秒ずつ呈示される。参加者はこのビデオラインナップを見て犯人を抽出する。実験条件には，ターゲットプレゼント条件，つまり，実際の犯人が含まれているものと，ターゲットアブセント条件，つまり，ビデオラインナップの中に実際の犯人が登場しないものが設定された。後者の条件では，「この中に犯人はいない」とするのが正解となる。

　実験の結果，年齢の効果は大きく，若者群のほうが高齢者群よりも正しく犯人を選び出すことができた。ターゲットプレゼント，アブセントラインナップごとにその反応のパターンを表 23.12，表 12.13 に示した。これを見るとわかるように，高齢者はターゲットプレゼントラインナップにおいてフォイル（犯人ではない人物）を選択してし

表 23.12　ターゲットプレゼントラインナップの結果① (%)

	若者群	高齢者
〈若者犯人条件〉		
正再認	54.5	22.7
フォイル再認	18.2	45.5
この中にいないと誤反応	27.3	31.8
〈高齢者犯人条件〉		
正再認	43.5	23.8
フォイル再認	34.8	57.1
この中にいないと誤反応	21.7	19.0

注：フォイル再認は，犯人でない人物を誤って選択してしまう場合である。

表 23.13　ターゲットアブセントラインナップの結果② (%)

	若者群	高齢者
〈若者犯人条件〉		
この中にいないと正反応	78.3	47.6
誤った再認	21.7	52.4
〈高齢者犯人条件〉		
この中にいないと正反応	47.6	22.7
誤った再認	52.4	77.3

まう傾向と，ターゲットアブセントラインナップにおいて実際には犯人が含まれていないにもかかわらず誰かを選択してしまう可能性が大きいことがわかった。

このように高齢者群が若者群に比べて，顔の再認成績が悪いという研究は非常に多くの研究者によって，さまざまな実験方法で重ねて確認されている（Bartlett & Leslie, 1986；Bartlett et al., 1989；Bartlett & Fulton, 1991；Ferris et al., 1980）。

では，いったい，加齢が顔の記憶を低下させるのは，どのようなメカニズムによるのであろうか。シアシーら（Searcy et al., 1999）は，それを調べるために，この問題について行なわれ公刊された12個の研究を分析してみた。その結果，ヒット率，つまり以前呈示されたのと同じ顔がテスト時に現れた場合それを「以前見た」と再認する率，については，年齢の効果があまり現れないのに対して，フォールスアラーム率，つまり実際には以前呈示されていない顔写真がテスト時に現れたものを誤って「見た」として再認判断してしまう率，については加齢の影響が顕著にみられることがわかった。これは，高齢者の顔の記憶成績の低下は，実際には見たものを「見た」と判断するプロセスではなく，実際には見なかったものを「見た」と誤って判断するプロセスに原因があるということである。これは，先に紹介した2つの研究とも整合する結果であるし，また，顔の記憶の研究でなくとも，前項(2)であげた，一般の目撃証言においてもみられる現象である。

この現象について，バートレット（Bartlett, 1993）は，次のような説明を行なっている。加齢によって，エピソード記憶の能力は低下してしまう。そのため，高齢者は，顔の再認課題において，その顔が実験で先行呈示されたかどうかをエピソード記憶を参照して想起するのではなく，その顔にどの程度，親しみを感じるか（ファミリアである感じがするか）という情報に基づいて判断してしまう。それゆえ，ある程度ファミリアリティが感じられる顔を，リストにあったとして反応してしまうのである。

この仮説を裏づける研究として，バートレットとフルトン（Bartlett & Fulton, 1991）がある。彼らは，顔の記憶実験を行なったが，テストのときに呈示された顔の刺激について，主観的なファミリアリティと，刺激呈示時にその顔を見たかどうかを，それぞれ評定させた。その結果，成人群の実験参加者群では，これらの評定値間には相関がなかったのに対して，高齢者群では，これらの間に相関が見いだされた。これは，成人群では，ファミリアリティ判断プロセスと，あるコンテクストで出会った顔か否かを判断するエピソード記憶のプロセスが独立であるが，高齢者群では，これらのプロセスが十分に分離していないことを示している。

(4) 高齢者の目撃証言と被誘導性の問題

高齢者の目撃証言をめぐっては，もう一つ重要な問題があると指摘されることが多い。それは被誘導性の問題である。被誘導性には2つのものが存在する。一つは事後

情報効果といわれるもので，事件後に見聞きした情報がもとの記憶の中に混入したり，もとの記憶を上書きしてしまうという現象である。もう一つは迎合といわれるもので，警察官などの質問者が誘導的な質問を行なったり，誘導的な質問を行なった場合に，それに迎合してしまう傾向を指す。

①事後情報効果

　まず，事後の情報が原記憶を変容させる事後情報効果について検討してみる。加齢と事後情報効果の関連についての代表的な研究として，コーエンとファルクナー（Cohen & Faulkner, 1989）がある。彼らは，成人群（平均年齢34.9歳）と高齢者群（平均年齢70.4歳）に実験を行なった。実験参加者はまず，「誘拐」というタイトルの3分間のビデオを視聴した。このビデオでは主人公の中年男性が4人の若者グループに襲撃され，格闘ののち，拘束され誘拐されるという出来事が描かれている。その後，参加者は，「この出来事を描いたストーリーです」という説明を受けて，600語からなるこのフィルムの内容を描いた文章を読まされるが，半数の実験参加者には誤りが含まれていない文章が，残りの半数の実験参加者には，2カ所の誤りが含まれる文章が呈示された。その後，最初のビデオについての多肢選択式の再認テストが行なわれた。

　実際のビデオには含まれなかったが，文章に含まれていた情報をビデオにあったものとして回答してしまった場合に誤りとなる。この実験の結果を表23.14にあげる。数字は，誘導情報質問に誤ってイエスと答えてしまった割合である。若者群でも誤誘導情報に影響されていることがわかるが，この傾向は，高齢者群で顕著であることがわかる。

　加齢に伴って，事後情報効果が増加するという現象はその他多くの研究者によって指摘されている（Polczyk et al., 2004；Loftus et al., 1992；List, 1986）。ただし，このような加齢に伴う被誘導性の増加を見いだしていない研究（Bornstein et al., 2000；Coxon & Valentine, 1997；Dodson & Krueger, 2006）や，若者のほうが被誘導性が大きいという結果を示した研究（Marche et al., 2002）も実際存在している。

　そこで，ワイリーら（Wylie et al., 2014）は，この分野について今まで行なわれてきた研究，39個を選択して，メタ分析を行なった。これらの実験に参加したものはのべ3,534人に達する。39個の研究のうち，31個の研究では，高齢者のほうが事後情報効果を受けやすいという結果が得られており，残りの8個の研究が差を検出して

表23.14　年齢別に見た誤誘導情報の効果

	誤誘導情報群	統制群
高齢者群	.57	.28
若者群	.28	.13

いないか，逆の結果を報告しているものである。メタ分析による研究の統合の結果，仮説の効果量は 0.35 で，95％信頼区間は，0.22〜0.47 となった。これは，高齢者のほうが事後情報効果を受けやすいという当初の仮説と整合するものであった。

　高齢者に事後情報効果が生じやすい背景としては，高齢者は情報自体の記憶よりもその情報の情報源，つまり，どこでそれを見たのか聞いたのか，といった情報が忘却されやすいという現象が関連していると思われる。つまり，実際に事件現場で見聞きしたのか，その後に別の文脈で情報が与えられたのかが区別できなくなってしまいやすいのである（Spencer & Raz, 1995；Koriat et al., 1988；Schacter et al., 1997；Hashtroudi et al., 1989）。

②迎合効果

　被誘導性のもう一つの現象は，迎合効果である。これは質問者の意識的，無意識的な誘導に従った証言をしてしまいやすい傾向を指す。この傾向も高齢者群で大きいのではないかとしばしば指摘される。迎合はさまざまな状況で生じるが，ここでは2つの現象とその研究について示してみることにする。まず，第1のタイプの迎合効果は，反復質問効果である。これは，同じ質問を反復して受けると回答を変えてしまうという現象である。語用論的には，同じ質問が反復されるということは先行する質問に誤って答えてしまったということを意味する場合が多い。たとえば，

　　質問者：犯人は T シャツを着ていたのですか？
　　目撃者：いいえ，着ていませんでした。
　　質問者：犯人は T シャツを着ていませんでしたか？

といったやりとりが反復質問といわれているものである。ここで質問者は2度同じ質問をしているわけであるが，目撃者は最初の質問できちんと回答しているので，質問者が同じ質問をする理由はよくわからない。可能性があるとすれば，最初の質問に対する目撃者の答えが，質問者の満足のいくものではなかったので，聞き直しているという場合であろう。これはつまり，「もう一度，チャンスをやるから回答を変更せよ」という暗黙の指示になっていると考えられる。このような暗黙の指示によって最初の回答を撤回し，回答を変えてしまうのが，反復質問効果とよばれるものである。

　反復質問効果と関連する実験として，ヘンケル（Henkel, 2013）のものがある。彼は，犯罪を描いたビデオ刺激を若者群（平均年齢19.5歳）と高齢者群（平均年齢78.2歳）に見せたあとで，事件についての20問の二者択一式の再認テストを行なった。いったん，テストが終わったあとで，「間違いが多かったのでもう一度やり直してください」として，同じ再認テストをもう一度行なった。測定したのは一度目のテストと2度目のテストで回答をどのくらい変更したのかである（これは，グッドジョンソン被誘導

性テストという)。実験の結果,若者群も高齢者群も同じくらい,回答を変更することがわかった。ただし,高齢者群は年齢が高くなるにしたがって,回答を変更する者の割合が増加していくという相関関係がみられた。

　第2のタイプの迎合効果は,取調べ官の態度によって自分の証言を変えてしまうという現象である。高齢者の場合,自分の記憶の衰えや自信のなさを周囲のさまざまな情報で補っているケースが少なくない。そのため,自信ありげであったり威圧的な取調べ官の態度に影響されて,自分の証言を変更しやすくなってしまう可能性がある。また,彼らは,他人から記憶が劣っているとか,老化しているとか思われたくないという強い動機づけがあり,「自分の記憶」を正確に再現しようというよりは,取調べ官の気に入るような証言をしてしまう傾向がある。これが証言の歪みを生じさせてしまう。

　この現象を直接的に検討したものとしては,デュカラとポリシツィーク (Dukala, & Polczyk, 2013) の研究がある。この研究では,やはり,グッドジョンソン被誘導性テストが用いられたが,実験参加者に指示をあたえる実験者として2つの条件が用いられた。一つはフレンドリー条件で,実験者は丁寧で親密にそして笑顔で実験参加者を迎え,課題を行なわせた。これに対して,ぶっきらぼう (abrupt) 条件では,実験者はぶっきらぼうで笑顔はなく,参加者の対面に座って,機械的に実験参加者に対応した。実験参加者には,短いストーリーが呈示されその内容について,2回の再認テストが行なわれた。1回目のテスト終了後に「点数が悪かったのでもう一度やってください」というネガティブフィードバックが与えられた。測定したのはやはりこのフィードバック後の2回目の再認テストで1回目のテストの回答をどの程度変更したかということである。この実験の結果,若者群(平均年齢23.0歳)でも高齢者群(平均年齢66.82歳)でも回答の変更はみられ,フレンドリーな実験者よりもぶっきらぼうな実験者でその変更量は大きかったが,高齢者群のほうが実験者の態度により大きな影響を受けることがわかった。

(5) 高齢者の目撃証言はどのように認知されているのか

　高齢者の目撃証言は,警察官や裁判官にどのように認知されているのであろうか。一般には高齢者は若者に比べて記憶力や誘導的な質問に対する耐性,証言の信頼性が低いように思われている。

　ライトとホリデイ (Wright & Holliday, 2005) は,イングランドとウェールズの警察官,合計159名(平均年齢35.8歳,女性比率23.9%,平均実務年数11.67年)に対して高齢者の目撃者への認知や対応法についてのアンケート調査を行なった。その結果,半数以上 (51.6%) の警察官が,高齢の目撃者と若者の目撃者を比較して,高齢の目撃者はより信頼性に欠け,不完全であると認知していることがわかった。その原

因としてあげられていたのは，細かいものへの注意力のなさ，車種やブランド名，人名の記憶の不正確さなどあげられた。

ワンら（Kwong et al., 2001）は，大学生に2人の証人の証言能力を評定させる実験を行なった。2人のうちの1人は，82歳の高齢者であり，もう1人は28歳の若い女性である。その結果，高齢者よりも若い女性がより高い証言能力を持っていると知覚された。

ところが，ワンらの研究では，誠実性に関しては高齢目撃者のほうが高く評定されることがわかった。このように，高齢の目撃者は「さまざまな能力が低下しているものの誠実度では，若者よりも信頼できる」と判断されることが多い。実際の捜査場面や公判場面においては，この両者のバランスによって，その証言の信頼性が評価されるのではないかと思われる（Leippe & Romanczyk, 1987；Yarmey, 1984；Yarmey & Jones, 1983）。実際，研究によっては，高齢者の証言のほうが信頼されると判断される場合もある。たとえば，ロスら（Ross et al., 1990）は，薬物犯罪の裁判についての模擬陪審課題を用いて，高齢者の目撃証言の信頼性を査定させる実験を行なった。この実験では，検察側の重要な証人が，8歳か，21歳か，74歳の男性で，彼らが証言をしているビデオを視聴してその信頼性，被告が有罪か無罪かの評定が行なわれた。その結果，被告の有罪無罪には証人の年齢は影響していなかったが，信頼性評定に関しては予想に反して，21歳の証人の信頼性が最も低く評価された。特に高齢目撃者は最も信頼でき，最も真実を言っており，かつ，最も知的であると評価された。これは，誠実性評価が証言能力の劣化を補った結果であろう。

また，「高齢者は記憶能力が劣っているステレオタイプ」は具体的な事件に関して，ある特定の高齢者の目撃証言の信頼性を査定する場合には，働かないことも多い。つまり，「高齢者は一般に記憶能力は劣っているが，どうやら，この高齢者は信頼できそうだ」という認知が働く可能性がある（Bornstein, 1995）ということも知られている。

(6) 高齢者の目撃証言に対してどのように対処すべきか

以上，高齢者の記憶の特性に関する研究について，特に目撃証言と関連する分野を中心にレビューしてきた。高齢者の記憶に関する問題は，その絶対的なパフォーマンスに関するものよりもむしろ，誤った再認や再生の起こりやすさや，被誘導性の高さが問題であるようだ。高齢者は，一般的な記憶能力の衰えを補うためにさまざまな能力を統合的に用いて想起課題という問題を解決しているのであり，エピソード記憶が十分に想起できない場合に，ファミリアリティを判断基準として用いており，これは日常的な状況ではうまくいくことが多いのだろうが，誤りも生じてしまうのであろう。被誘導性の高さに関しても，できるだけ周辺情報を用いながら正解を導出しようとする認知過程の働きを反映しているのだと考えるとわかりやすい。

しかし，このような高齢者の記憶特性は，実は刑事司法からみるとやっかいな問題を提起する。なぜなら，目撃証言を証拠として用いる場合には，「誤った証言」が最も危険であり，排除すべきものであるからである。では，高齢者の証言は捜査過程から排除してしまうのが適切であろうか。必ずしもそうではないと思われる。今後，高齢者の増加を背景にして，高齢者のみが目撃者である事件は確実に増加すると思われるからである。そこで，次のような研究方略が必要である。

　まず，高齢者の証言能力の個人差の査定技術の開発である。子どもの発達は比較的系統立っており，さまざまなバリエーションは存在するものの，年齢と認知的なパフォーマンスとはおおまかに対応がついている。しかし，高齢者の加齢に伴う認知パフォーマンスの現象は個人差が非常に大きく，年齢などから機械的にその能力を推定することは困難である。そのため，事件の記憶想起や証言能力と関連する個人の属性（知的能力や認知能力，性格，日常生活の特徴，専門知識の有無，健康状態，感覚器官の老化等）を把握し，その能力を査定していくための研究が必要であろう。

　第2に，高齢者対象の質問方法，記憶検索方法の研究である。高齢者の認知特性を把握したうえで，できるだけ，被誘導性を低めながら，正確な想起をサポートする技術を開発していくことである。この種の研究は子ども対象には多く行なわれているが，高齢者対象の研究はそれほど多くない。現在，研究が行なわれている方法の中で期待できるものとしては高齢者用の認知面接がある。認知面接は，フィッシャーらによって開発された目撃者から正確な証言をとっていくための技術である（Fisher & Geiselman, 1992）が，ここには，記憶研究によって明らかになったさまざまな想起を支援するためのテクニック，たとえば，事件を別の視点から語り直すことや，どんな些細なことであっても自分の中で話すべきことと話さないことを弁別せずにともかく口に出すことを推奨するなどのテクニックが含まれている。認知面接については多くの実証的な研究が行なわれており，その効果が確認されている。

　この認知面接はそのままの形でも高齢者に用いることは可能なのであるが，高齢者の認知特性，たとえば，認知的な処理のスピードが低下すること，ワーキングメモリーの容量が低下することなどの特徴にあわせて，さらに改良を加えることによって，高齢者に特化した面接手法が開発できる可能性がある。高齢者向けの認知面接を用いて彼らの想起を促進できるかという研究はいくつか行なわれてきており（McMahon, 2000；Mello & Fisher, 1996；Searcy et al., 2001），おおむね，良好な結果が報告されている。

　たとえば，ライトとホリディ（Wright & Holliday, 2007a；2007b）は，75歳から96歳の実験参加者に対してMMSE（Mini Mental State Examination）という認知的な能力を測定するテストを実施して，認知能力の障害の程度が大きい参加者と小さい参加者を分けたうえで，彼らに2分40秒程度の短いビデオを見せ，その内容についての聴取を行なった。その結果，MMSEによって認知能力の障害の程度が大きいと

された参加者は確かにビデオの出来事の再生成績は悪かったが，認知面接を導入することによって，統制条件（構造化面接を用いる）に比べて，より多くの正確な情報を誤りの増加なしに報告することができた。もちろん，認知能力の障害が少ない参加者でも認知面接による想起促進効果はみられた。

　我が国は，世界で最も早く高齢化が進行すると考えられている。現に，高齢者犯罪は確実に増加し，被害者や目撃者の中にも高齢者が急増しているのが現状である。したがって，高齢者の認知能力に対応した証言聴取方法の開発は喫緊の課題であろう。

Column 15　裁判員の意思決定

　2004年に裁判員制度が導入され，2009年から裁判員を交えた刑事裁判が始まった。一般市民が裁判の場に入っていくことで，市民が裁判に関する判断をどう行なっていくかに大きな関心が集まった。このコラムでは「感情の影響」「公判前報道の影響」「集団の中での意思決定」に関する心理学研究についてピックアップしてみよう。

　感情の影響　裁判員裁判導入前に言われていた懸念の一つが，「裁判員は感情に流される」であった。では実際に，市民は感情的要素に影響を受けて意思決定をするのだろうか。ここでは，松尾（2011）を参照しつつ，被害者等の陳述とグロテスクな証拠の呈示について簡単に紹介したい。

　事件の被害者本人や家族の口から被害についての恐怖や無念，怒りについて語られるとき，それを聞く裁判員にとって感情的インパクトは大きい。では，それは有罪無罪の判断や量刑に影響するのだろうか。

　これまでの研究の結果からは，被害者やその家族から事件について語られると，有罪判断の確率は変わらないが（Myers & Arbuthnot, 1999），死刑が選択される率が上がった（Luginbuhl & Burkhead, 1995）。

　また，グロテスクな事件場面の写真呈示も裁判員に大きな感情的インパクトを与える。日本の報道では主に「裁判員の心の負担」という観点から扱われているが，殺人事件の写真などで強烈な感情を喚起された場合，意思決定にはどのような影響があるのだろうか。裁判のゆくえという観点からはこちらも重要な問題である。

　実験研究の結果によると，グロテスクな証拠を呈示した場合は，しなかった場合よりも有罪判断の率が2倍になった（Douglas et al., 1997）。それは，写真が白黒でもカラーでも，またビデオであっても同様であった（Bright & Goodman-Delahunty, 2006）。

　グロテスクな写真は嫌悪感と怒りを喚起し（Bright & Goodman-Delahunty, 2006），被害者等の陳述は怒りの感情を喚起する（Paternoster & Deise, 2011）。その影響の結果，市民の意思決定にも影響があった。以上は海外の陪審制度を前提とした研究であるが，市民の判断という意味では類似の傾向が日本の裁判員にも現れると予想できる。そうすると，検察側がたとえ白黒であっても写真の呈示にこだわることには，有罪判決獲得のために意味があると考えられる。

　公判前報道の影響　世間の関心が高い事件では，詳しく事件の内容が報道される。報道は最終的に被疑者が起訴されるかどうかによらず行なわれるが，陪審研究の文脈では，そういった報道を裁判の時点から見て公判前報道（pretrial publicity）とよぶ。多くの報道は被疑者が警察に逮捕，あるいは事件が検察に送致された時点ですでに犯人として描

くような文体や論調で扱っている。一度それを見聞きすると，ややもすると我々は証拠を見ていなくとも有罪と考えそうになる。ただ，それは証拠に基づく裁判の原則や無罪推定の原則に反する。

　海外では陪審員に対する公判前報道の影響の研究が多く行なわれている。研究の結果で一貫しているのは，陪審員は公判前報道に接すると有意に有罪判断を増やすということである。その傾向は裁判官があとから「公判前報道は証拠ではないから考慮しないように」と説示しても変わらない。かえって説示によって有罪判断の傾向が強くなることもある。また，陪審員が集まって評議する際にはほとんど公判前報道には言及されない（以上につき，Daftary-Kapur et al., 2010 のレビューを参照。また，関連する実験研究として，若林ら，2014 を参照）。そのため，公判前報道に影響を受けていたことを表明したりそれを修正するよう指摘を受ける機会が少ない。公判前報道の影響をなくす確実な方法は見つかっておらず，唯一の解決策は裁判地変更（change of venue），つまり当該事件についての報道がまったくされてない地域で新しく陪審員を募って裁判をやり直すことである。ただ，それには多額の費用がかかるため，実際に行なう際のハードルは高い。また，管轄という訴訟法上のハードルもある。

　以上からすると，報道を見聞きすると先入観ができ，その影響はぬぐいがたく，その解決は難しいことになる。したがって，裁判員が報道の影響なしに判断するには，裁判員は自分が担当する事件に関する報道には一切触れない必要があるだろう。

　日本の最高裁判所は，裁判員に対する説明パンフレットの中で，裁判員が帰宅後，自分の担当事件についてテレビや新聞を自由に閲覧することを許している（http://www.saibanin.courts.go.jp/vcms_lf/qa_28_2014.pdf）。しかし，このような扱いは直ちにやめる必要があると，過去の研究からはいえるだろう。

　最近では，インターネットの影響も問題になっている。インターネットの問題は，マスコミが扱わない事件の情報をも入手できること，スマートフォン等の小型端末の普及によって公判中も市民が情報を入手したり外部とやりとりしたりできること，あるいは逆に法廷の様子を撮影したり全世界に流したりできることなどである。アメリカでは，陪審員が裁判所内でインターネットや外部との通信が可能なさまざまな携帯端末の利用を禁じた州もある（たとえば，イリノイ州 http://www.cookcountycourt.org/HOME/CellPhoneElectronicDeviceBan.aspx）。これはチャット（texting）等での関係者との打ち合わせや法廷関係者の撮影や法廷の様子の生中継を禁じるためである。日本では法廷では携帯電話等の電源を切ることになっている（http://www.saibanin.courts.go.jp/qa/c9_3.html）が，集合から解散まで 1 日電源を切っておき，休憩時間も利用しないという運用が望ましいだろう。

集団の中での意思決定　感情の点以外に裁判員裁判導入前に言われていた懸念の一つが，「裁判員は周りに流される」であった。裁判官という専門家や他の裁判員と一緒に評

議をするときに，自分の意見をちゃんと言えるのだろうか？

　法律家と市民を集め，実際に評議を複数回行なった日本における研究の結果（藤田，2008）からは，裁判員となった市民は自分の意見を言うことができ，それは法律専門家の前でもそうであるという結果が出ている。

　ただ，これらはあくまで模擬だから実際はそうはならないという反論がありうる。このような問題は外的妥当性の問題といわれる。裁判員については，現実の裁判における裁判官・裁判員の意思決定と模擬裁判員裁判の比較をした研究はほとんどない。そのため，研究の外的妥当性の問題についてデータによって検証することは今のところ難しい。しかし，学生参加者と本当の陪審候補者，実際の陪審による意思決定の比較研究の結果によると（Hastie et al., 1983, p.140），たとえばいずれも有罪無罪判断の性差はみられないなど，本物の陪審の意思決定と模擬陪審の意思決定でほぼ違わない結果も複数ある。そのことからすると，模擬陪審や模擬裁判員研究は一切意味がないといえるほど問題は単純ではない。

　しかし，学生陪審のほうが本当の陪審候補者よりも全体的に寛容であるなど，違いがある部分もある（同書 p.141）。そのため，裁判員裁判においても，現実の事件のリアリティや責任などのプレッシャー，裁判官という社会学的にみて職業的権威が高い専門家との対話における発言のしやすさ等を考えると，模擬の場合と異なる意思決定の傾向も存在すると考えられる。そのため，模擬裁判に基づく研究の知見がどの程度信頼できるかについては，引き続き研究を重ねる必要がある。

引用文献

Bright, D. A., & Goodman-Delahunty, J. (2006). Gruesome evidence and emotion: Anger, blame, and jury decision-making. *Law and Human Behavior*, *30*, 183-202.

Daftary-Kapur, T., Dumas, R., & Penrod, S. D. (2010). Jury decision-making biases and methods to counter them. *Legal and Criminological Psychology*, *15*(1), 133-154.

Douglas, K., Lyon, D., & Ogloff, J. (1997). The impact of graphic photographic evidence on mock jurors' decisions in a murder trial: Probative or prejudicial? *Law and Human Behavior*, *21*, 485-501.

藤田政博 (2008). 司法への市民参加の可能性　有斐閣

Hastie, R., Penrod, S., & Pennington, N. (1983). *Inside the jury*. Cambridge: Harvard University Press.

Luginbuhl, J., & Burkhead, M. (1995). Victim impact evidence in a capital trial: Encouraging votes for death. *American Journal of Criminal Justice*, *20*, 1-19.

松尾加代 (2011). 感情を喚起する証拠提示が陪審員の判断に及ぼす影響——グロテスクな写真と被害影響陳述　法と心理, *10*, 148-152.

Myers, B., & Arbuthnot, J. (1999). The effects of victim impact evidence on the verdicts and sentencing judgments of mock jurors. *Journal of Offender Rehabilitation*, *29*, 95-112.

Paternoster, R., & Deise, J. (2011). A heavy thumb on the scale: The effect of victim impact evidence on capital decision making. *Criminology*, *49*, 129-161.

若林宏輔・淵野貴生・サトウタツヤ (2014). 公判前の事件報道に対して理論的根拠を含む裁判官説示が与える影響　法と心理, *14*, 1-11.

第二十四章 取調べ

1. 認知面接

(1) 犯罪捜査と面接

　犯罪捜査に従事する捜査員にとって「面接（インタビュー）」とは，非常に重要な技術である。面接には，被疑者や容疑者を対象にして，真犯人であれば適切な自供を得る面接，さらに被害者や目撃者から事件に関する情報を収集する面接が二本の柱となるであろう。しかし，前者の面接の場合，面接対象者が真犯人であれば，自分にとって不利な供述をしなければならないのでそうたやすく自供が得られないことは容易に予想される。また，後者の場合は，通常は犯罪とは無関係な一般市民が，ストレスフルな状況下で，加えて短時間で事件や事故に遭遇することが多い。それでも，どんなに悪条件下でも捜査員は少しでも正確な情報を取得しなければならない。言うまでもなく，捜査員に求められる面接の責任は重く，その達成のために必要とされるコミュニケーション能力を養成することも並大抵ではないと予想される。
　そのため，英米など海外の捜査機関では，心理学的知見に基づくさまざまな捜査面接（investigative interviews）が開発され，実際の捜査にも導入されている。しかし，このような捜査面接の歴史は比較的浅く，英米などで捜査面接が開発されていく背景には，その契機となる苦い経験が存在するようである。まずイギリスでは，ミルンとブル（Milne & Bull, 1999／原編訳, 2003）によると被疑者に対する面接に関し

て，当時は科学性に欠けた最低限の訓練しか実施されておらず，20世紀のイギリスにおける最悪の誤判とされるテロリスト犯罪，「ギルフォード4人組事件」「バーミンガム6人組事件」などの再審事件を生み出す顛末となり，警察が被疑者に対して行なった面接が大きな社会問題をもたらしたとされている。このような教訓もあるのか，原（2003）は，捜査手続き上，最も厳格かつ詳細な法律を持つ国としてイギリスをあげている。イギリスでは1984年に「警察及び刑事証拠法（The Police and Criminal Evidence Act：通称PACE）」が制定され，さらに警察捜査に対する幅広い，かつ厳格なガイドラインが示す「実務規範（code of practice）」も規定されている。これらの法律には，心理学研究に基づく知見がかなり反映されていると評されている。捜査員の行なう面接に関しても，1992年以降は，面接過程（①面接前の行動，②面接中の行動，③面接後の行動）に応じた対応を提供する会話の管理（conversation management）とか，さらにP（Planning and Preparation：計画して，準備し），E（Engage and Explain：面接に引き込み，説明し），A（obtain an Account：弁明を聞き），C（Closure：終わらせて），E（Evaluation：結果を評価する）の頭文字をとったPEACE訓練プログラムのような手法が導入されている（Milne & Bull, 1999／原編訳，2003）。

一方アメリカでも，古くはランド社（Rand Corporation, 1975）の調査では，調査対象となった半数以上の警察組織では，新任捜査員に対してさえも，面接に関する正式な訓練が一切行なわれていないと報告されている。その後の報告でも，協力的な目撃者に対していかに効率的な面接を実施するかに関して，驚くべきことに警察ではほとんど専門教育が行なわれていないことが指摘されている（Sanders, 1986）。さらに，フィッシャーとガイゼルマン（Fisher & Geiselman, 1992／宮田監訳，2012）では，警察科学に関する大部分のテキストでは，効果的な面接テクニックについての課題は完全に除外されているか，あるいはさわりの部分だけが掲載されていることが具体的に示されている。彼らによると，この正式な訓練の欠如のためか，警察は時に捜査の流れの中で目撃者面接に関して，厳密とは言いがたい姿勢を往々に貫いてきた。その一例として，ある捜査員は自らの面接アプローチについて，「目撃者に対しては，何が，どこで，なぜ，いつ，そして，どのように，ということだけを尋ねたらいいのさ」と評していることを指摘している。さらに，このようなアプローチにより警察が友好的な面接を実施することにより回避できるミスを頻繁に犯し，潜在的に価値ある情報の獲得に失敗しているとしても驚くべきことではないと締めくくっている（Fisher & Geiselman, 1992／宮田監訳，2012）。

さらに深刻なことに，アメリカでは通称イノセンスプロジェクトとよばれるDNA型鑑定等の再鑑定による冤罪事件の発覚において無実が証明された40事例の90％にあたる36事例で目撃証言による犯人識別が間違っていた事実が判明し，目撃証言の危険性が社会問題化したとされている（原，2003）。そのためかアメリカでは，1998

年にアメリカ心理学会による学会の公式報告書として「人物識別にラインナップと写真提示を用いる際のガイドライン」が提出され，さらに，1999年，アメリカ司法省が「目撃証拠：法執行機関のためのガイド」を作成したとされている（原，2003）。

　捜査面接の先進国とされる英米では，このような失策とそれに伴う社会の批判により科学的な面接が開発されてきたと考えられるが，代表的な捜査面接としてあげられるのが，アメリカの認知心理学者により開発された認知面接（cognitive interview）であろう。当然ながら，アメリカ司法省が作成した「目撃証拠：法執行機関のためのガイド」には認知面接が盛り込まれている。また，ケッベルとウァグスタック（Kebbell & Wagstaff, 1999）によると，イギリスの警察の大半で警察官の採用時研修，捜査員に任用されるときの研修で認知面接の訓練課程が組み込まれているという。さらに，先に紹介したPEACE訓練にも認知面接の基本概念が採用されている。本章では，この認知面接に関する紹介を行ないたい。

　認知面接とは心理学的知見に基づき，正確な目撃情報を引き出すことを目的とする面接手法である。認知面接は，1980年代にアメリカの捜査当局が心理学者に有効な面接法の開発を要請し，最終的にフィッシャーとガイゼルマン（Fisher & Geiselman, 1992／宮田監訳, 2012）により確立された手法であり，主に協力的な目撃者，被害者，被疑者から引き出される情報の量と質の両方を高めるとして，現在，英米のほか，世界の多くの捜査機関に採用されている（Milne & Bull, 1999／原編訳, 2003）。越智（1998）によると認知面接の有効性は，目撃者の証言において正答数を増加させる一方で誤答数は増加させないということであり，同時に目撃者に対する誘導質問，あるいは誤った情報を伝えてしまう誤誘導質問に対しても，ひっかかりにくい傾向があると報告されている。

(2) 認知面接の誕生

　認知面接の手法は，のちにオリジナル版認知面接と捜査実務向けの改訂版認知面接に分類されることになる。研究の初期には，記憶などの認知心理学的知見に重点を置いた手法（オリジナル版）により基礎研究が実施された。これらの基礎研究で有効性が確認されたあとに，実際の犯罪捜査における目撃者面接が詳しく分析されて，上手な面接パターンとそうではない面接パターンが検討された。さらに，上手な面接パターンを取り込んで，捜査実務への応用性が高い方法（改訂版）へと発展を重ねている（渡辺, 2005）。

　認知面接が成立していく過程には，フィッシャーとガイゼルマンを中心として非常に多くの研究者，ならびにアメリカの警察官や保安官が参加して基礎実験がくり返されているという特徴がある。ここでは，2種類の面接手法の紹介とそれぞれの面接が開発されていく代表的な実験を紹介したい。

①オリジナル版認知面接の手法と開発

オリジナル版の認知面接では，表24.1に示した4手法が用いられた。これらの手法において，まず手法1の「文脈の心的再現」は，心理学では文脈効果とよばれる現象を応用したものである。つまり，目撃時の具体的な状況や当時の感情・気分などを自ら心の中で再現させ，想起を促進させる方法である。そのため，目撃者には事件当時の周囲の状況や様子，そこにいた人物などをイメージさせながら事件について語らせる。

手法2の「すべてを報告してもらう教示」であるが，この教示は人間が何かを述べる際に，以下に示す3つの理由で情報を差し控える特性を有することに対処するものである。第1の理由は，人は先に供述した内容と矛盾するという理由で，時に新しく想起した情報を差し控える傾向があるという点である。第2の理由には，話が脱線するとか，現在話している話と関係のない新事実を思い出したときにも，情報を差し控える傾向があるということである。そして，最後の理由は，目撃者が自分が想起した情報には大して捜査的な重要性を持たないと独自に判断して，情報を差し控えることがあるという点である。これらの多くは，良心的な目撃者が警察に不確実，あるいは捜査的に無価値な情報を伝えてはならないと，防衛的になる結果と考えられる。目撃者の判断で省略された情報の中には捜査的には重要な情報が含まれている可能性は十分にあるので，捜査員は常に，目撃者から積極的に話をするように働きかけることが重要である。同時にこの手法は，オリジナル版の4手法でも比較的実行が容易な手法と考えられ，高村（2005）でも有効性が示されている。

手法3の「異なる順序での出来事想起」は，通常，人は出来事を発生順に述べる傾向があることに注目した手法である。そのため，目撃情報を2つ以上の順序で物語る

表24.1　オリジナル版認知面接の手法（越智，1998, pp50-51より作成）

手法	具体的な内容
手法1： 文脈の心的再現	目撃者に事件当時の状況をイメージ化させながら事件について語らせるといった技法。一般に記憶研究では，記銘時の環境などの手がかり（文脈効果）と検索時の手がかりが一致すればするほど，多くの情報が想起できることが知られている。
手法2： すべてを報告してもらう教示	目撃者に「思い浮かんだことはすべて，間違っていようがいまいが（自分では重要でないことだと思っても）気にかけず報告するように」と教示し，目撃者の話した出来事を批判したり，論評したり，矛盾をついたりせずに，勇気づけながら再生を行なわせるといった技法。
手法3： 異なる順序での出来事想起	目撃者に時系列とは逆向きに出来事を描写させたり，ばらばらな順序で描写させたりするという技法。
手法4： 視点を変えた事件描写	たとえば，犯人の目から見たらその事件がどのように見えたか，あるいは別の位置から事件がどのように見えたかなど状況を異なった視点から描写させる技法。

ように目撃者に求める手法である。たとえば，目撃した事件を逆の順番（逆向）で話すように求めた場合，通常の順番（順向）では想起できないような新たな細部情報が提供される可能性が高いとされている。

最後の手法4「視点を変えた事件描写」は，目撃した状況を複数の視点から語るように求める手法である。人間は，当然ながら自分自身の心理的視点から物事を報告する傾向があるが，現場に遭遇した他の目撃者の視点など異なる角度から目撃情報を想起するように促すことが手がかりとなり，新たな情報が想起される可能性があるとされている。このようにオリジナル版認知面接は，面接の実施手順を重視した面接手法というよりは，認知のメカニズムによる記憶の想起促進だけに重点を置いていることが理解されよう。

初期に行なわれた認知面接の実験研究に関しては，目撃対象となる刺激の呈示は以下のような手続きが多い。第1は，犯罪場面などを想定した写真やビデオなどの画像を見せる研究方法であり，この手法による実験方法の場合，臨場感あふれる迫力のある映像を見せることも可能となる。さらに，第2の手続きとして，大学の授業中などに役者志望の学生などが乱入者役になり，授業を妨害して教官と言い争うトラブルを学生に目撃させるような研究方法がある。この手法による実験方法の場合，のちに被検査者となる学生は，何の心の準備もないままにストレスフルな口論を目撃することになる。そのため，どちらの実験方法でも実際の犯罪や事故を目撃するのと類似した状況を設定することが可能となる。

越智（2002）により，オリジナル版認知面接の古典的研究として有名とされているガイゼルマンら（Geiselman et al., 1984）では，先に述べた2番目の実験方法である役者志望の学生が演じるトラブルを16名の大学生に目撃させる実験が行なわれた。このトラブル目撃の48時間後に，実験が行なわれた。実験の内容として，認知面接を実施する実験群と何も特別な技法を適用しない統制群に対して，2日前に発生したトラブル的な出来事に関して，できるだけ多くのことを思い出して紙に書かせるという課題が実施され，実験群では統制群より正答数が20～30%多く報告されたが，両群間の誤回答数に関しては差が認められなかった。この実験の注目すべき点は，この実験が行なわれた段階では，専門的面接者は存在せず，実験群には認知面接の原理を書いた説明書のようなものが与えられただけであった。つまり，実験群の被検査者は，説明書を頼りにして自分で認知面接を実施する手続きで行なわれたのである。

次なるガイゼルマンら（Geiselman et al., 1985）の実験では，先に述べた第1の手続きである画像を見せる実験が行なわれた。画像はロサンゼルス警察の銃器訓練で使用されている暴力犯罪の再現フィルムであり，被検査者である89名の大学生に4分間目撃させた。この実験でも，被検査者は，48時間後に面接が行なわれたが，先の実験と異なり，経験豊富な捜査員が面接者を担当した。被検査者は，標準的警察面接群（従来的に行なわれてきた面接で統制群となる），催眠面接群，そして，認知面接

群に割り当てられた。その結果，認知面接群と催眠面接群は，ともに正確な記憶を引き出すことに等しく有効であり，標準的警察面接群より約30〜35％程優れていたが，3群間の誤答率は約15％で類似していた。

翌年にも，ガイゼルマンら（Geiselman, Fisher, Mackinnon et al., 1986）により，今度は，大学生以外の被検査者を用いて，先の実験と同様の手続きで認知面接群と標準的警察面接群だけの比較が行なわれた。その結果は，先の実験と同様で認知面接群は，誤回答を増加させることなく，標準的警察面接群より約20％も正確な情報を引き出していた。

ところで洋の東西を問わず，子どもが被害者となる民事・刑事事件において，子どもに証言が求められることが増加しつつある。子どもの面接に関しては，被暗示性や迎合などに関する配慮が特に重要であり，仲（2003）は，構造化面接法（ドイツ），ステップワイズ面接法（カナダ），フェーズドアプローチ（イギリス）など海外では，心理学的要素を含んだ科学的な面接手法が開発されていることを紹介している。認知面接も例外ではなく，幼い子どもに対する有効性を保証する追加研究が実施されている（Geiselman & Padilla, 1988 ; Geiselman et al., 1993）。

まず，ガイゼルマンとパディーリャ（Geiselman & Padilla, 1988）では，自ら希望して実験に参加してきた7〜12歳の子どもに，先の実験で使用した映像の一つを見せ，その3日後に，子どもたちが見た映像を想起する面接を実施した。その結果，正しい情報の再生数が認知面接は37，標準的な面接では31にとなり，認知面接に約20％の増大がみられたが，誤答数に関しては認知面接と標準面接は同じであった。次のガイゼルマンら（Geiselman et al., 1993）では，認知面接は分析対象となる面接に先立って，テクニックの用い方の練習を受けた子どもに対して特に有効であった。練習を伴うと，認知面接は標準面接より45％も多い正確な再生を生み出した。

認知面接の課題として，フィッシャーとガイゼルマンらは認知面接は目撃者に対して，被暗示性を過剰に高めるのではないかという疑問への対処が必要と考えていた。つまり目撃者は，単に面接官の質問内容から正答に関する微妙な手がかりを得ているだけの可能性があるということである。もしそれが事実ならば，催眠で認められるのと同様に，誘導質問と誤誘導質問が過度に目撃者の記憶を変容させる可能性が考えられる。

この問題は次の実験（Geiselman, Fisher, Cohen et al., 1986）で検討された。目撃者はある出来事を目撃した。その内容は,目撃者たちが出席した会議の席上において，緑色のリュックサックを背負った乱入者役の演技者が，会議の妨害をするという出来事であった。その後,目撃者は中性的質問,誘導質問,誤誘導質問のいずれかを受けた。目撃者の3分の1ずつが中性的質問（リュックサックを背負っていた乱入者は，インストラクターに何を話しましたか？），誘導質問（緑色のリュックサックを背負っていた乱入者は，インストラクターに何を話しましたか？），誤誘導質問（青色のリュッ

クサックを背負っていた乱入者は，インストラクターに何を話しましたか？）を受けた。実験の後半にすべての目撃者は，リュックサックの色を再生するよう求められた。（誤）誘導質問は概して目撃者の再生を変化させた。つまり誘導質問を受けた者は，リュックサックの色の正再生率が最も高かったのに対し，誤誘導質問を受けた者は正再生率が最も低かった。しかし，認知面接を受けた目撃者は，標準面接を受けた目撃者より（誤）誘導質問の影響を受けることが少なかった。この結果に示されたように，認知面接は（誤）誘導質問の影響による被暗示性を高めるのではなく低下させた。

②改訂版認知面接の開発と手法

　このように実施されたすべての実験において，認知面接は比較対象となる標準面接より良好な再生をもたらすことが示された。しかし，すべての関連情報が再生されるわけではなく，まだ改良すべき余地を多く残していた。次なる関心は，これまでに得られてきた研究成果が実験室という隔離された世界だけで通用するものなのか，それとも実際の犯罪の被害者・目撃者を対象とする犯罪捜査で，正確に機能するかどうかということであった。また，オリジナル版の認知面接は，心理学的視点からの記憶の想起促進に重点が置かれているが，面接の具体的な実施手順などを示していないことが限界とされており（Milne & Bull, 1999／原編訳，2003），実務でも機能する面接手順が構築される必要があった。ここでは，実務で使用されている改訂版認知面接が開発される経緯を紹介して，さらにその具体的な手法に関して述べていきたい。

　まず，手順を構築する一つの方法として，面接が上手な捜査員とそうではない捜査員のテクニックの違いを詳しく調査して，上手な捜査員が用いるテクニックが認知面接に採用され，上手とはいえいない面接テクニックを削除することが検討された。そのためにメトロ・デイト警察が快く提供してくれた実際の目撃者，被害者の実務面接の録音テープを調査する研究が実施され，これらのテープの分析が，認知面接の改良にさらに多くの見識を加えることになった（Fisher et al., 1987a）。このフィッシャーら（Fisher et al., 1987a）の実務面接の録音テープを分析研究において，目撃者面接に対する批判点として，以下の項目が指摘されている。まず，捜査員が目撃者の供述を頻繁にさえぎる。さらに，質問方法がクローズド質問形式（たとえば，「逃走した車は何色でしたか」のような一つの単語で返答させる）が中心で，自由に多く述べさせるオープン質問（たとえば，「逃走した車についてできるだけ詳しく説明してください」のように多くの返答が期待される）が少なく，その質問スピードが早く，逆に目撃者に回答させる時間が短い。また，捜査員中心の質問順序により質問が実施されているだけでなく，「〜についても知らないのですね？」というような否定形の質問が多い。ほかにも目撃者を誘導しかねないような質問，警察だけで用いられる専門用語の不適切な使用などがあげられている。ある意味，非常に貴重なこの調査研究から得られた知見をもとに認知面接は，現在実務で使用される改訂版の原型へと発展する

のである。

　この研究に基づいて面接の進行手順を考慮する，実務に重点を置いた改訂版の試案が作成された。まずフィッシャーら（Fisher et al., 1987b）では，認知面接のオリジナル版と改訂版の比較を行なう実験室研究が行なわれた。この実験は，1985年に行なわれたオリジナル版の効果を調べたものと同様の手続きであり，被検査者は犯罪に関する画像を見て，48時間後に面接を実施するという流れであった。手続き上の唯一の違いは，面接者が認知面接のオリジナル版と改訂版の訓練を受けた実験助手であることであった。実験結果では，改訂版の認知面接群は，オリジナル版の群よりも，45～50％も多い正答数を引き出した。さらに，この結果を，1985年の実験と比較すると，改訂版認知面接群は，誤回答率を増加させることなく，標準的捜査面接群に対して96％，催眠面接群に対しても65％の増加を示すことが認められた。

　そして，ついに改訂版認知面接を捜査実務に応用するという画期的な研究がフィッシャーら（Fisher et al., 1989）により実施された。この研究もメトロ・デイト警察の強盗担当の経験豊富な捜査員16名の協力により研究は行なわれ，まず，前段階として捜査員16名の実務面接がテープに録音された。さらに，これらの録音テープを文書化して，目撃者から引き出された犯罪情報の総数が，公平に得点化された。続いて，これらの面接の得点化に基づいて，捜査員は，均等な成績の2つの群に分割された。認知面接の実施群（実験群）にあたる7名は認知面接の訓練を受けたが，比較対象の群（統制群）にあたる9名は追加的な訓練を受けなかった。実験群の訓練後，両群の捜査員に関する，捜査実務における複数の目撃者面接がテープに録音された。これらのテープは，その内容が文書化されて，面接ごとに引き出された犯罪情報の総数が得点化された。

　結果は明快なものであり，認知面接の訓練を行なった実験群の捜査員は訓練前よりも46％も多くの情報を引き出していた。訓練された7名の中で6名においては，34～115％の劇的な増加が示されていた。なお，面接が改善しなかった捜査員1名については，訓練前からの面接スタイルを変更しなかったとされている。次に，統制群との比較研究として，認知面接群の捜査員は，訓練を受けなかった統制群の捜査員よりも63％も多くの情報を収集していた。

　このように研究者と捜査員が一体となって，改訂版認知面接が開発されていくのだが，この改訂版認知面接の原理は，いかにして目撃者の記憶を効果的に引き出し，捜査員とのコミュニケーションを最大にするかということである。

　そのため，改訂版認知面接では表24.2で示されたように具体的な進行段階が設定され，捜査員が目撃者とのコミュニケーションを重視しつつ，面接を展開する構成になっている。まず「第1段階：導入」には，2つの目的があり，その1つは目撃者と良好な人間関係を構築すること，2つ目は面接の手続きを目撃者に理解してもらうことである。この段階では，いきなり事件事故に関する具体的な面接を開始するのでは

表24.2　改訂版認知面接の手法（Fisher & Geiselman, 1992／宮田監訳, 2012, pp.239-240 より作成）

段階	主な目的
第1段階：導入	ラポール（信頼関係）の形成と，目撃者に面接の理解を得る。
第2段階：自由報告	目撃者がどのような形で記憶しているのか，目撃者の頭の中の記憶構造を把握する。
第3段階：記憶コードの探査	捜査員が知りたいことを直接質問し，さらに，目撃者が思い出せなかった記憶を喚起させる。
第4段階：ふり返り	正確な情報が収集できたか，また，目撃者がほかに付け足す情報がないか確認する。
第5段階：終了	好印象を与え，ほかに思い出したことがあれば言うように教示する。

なく，各目撃者の心理状況に応じてラポール（信頼関係）を形成する出発点である。たとえば，目撃者が被害者の場合，その不安や恐怖心をできるだけコントロールするように働きかけ，目撃者が想起に集中しやすいような環境を構成する段階であり，今後の面接の正否を左右する一番大切な部分ともいえよう。そして2つ目の目的であるこれから行なう面接の手続きとルールを紹介する。ここで大切なことは，面接の主役は目撃者であり受け身にならず目撃者が主体的に話をするように促し，同時に犯罪捜査には詳細な情報が必要であるので，より鋭く集中するように促し，さらに思い出したことは省略せず，どんなに些細なことでも話すように念を押す。

　次なる「第2段階：自由報告」の目的は，目撃者がどのような形で事件や事故を記憶しているのか，目撃者の記憶構造を把握することであり，ここから具体的な情報収集が開始される。まず，この段階では目撃者が全体的な文脈を再構築することを促していく。オリジナル版認知面接で紹介した「手法1：文脈の心的再現」を十分に活用して，できるだけ広範囲な内容を想起させるように働きかける。そのためには，事件（事故）を目撃した日の行動予定，目撃前の気分，目撃時の位置や環境などを当時の心理的な文脈を十分に再現しつつ，具体的な目撃内容を，目撃者のペースで最大限に述べさせることが必要になる。捜査員が具体的に配慮すべきことは，目撃者には自由に話すことを求め，その話を遮らないこと，また目撃者が話を止めたあと，捜査員は次の質問に移るまでに適切な時間間隔（ポーズ）を設けることが大切であるとされている。あくまでも目撃者のペースを重視して面接を進行させるためのこれらのテクニックは，この段階に限定することなく，認知面接全体における基本といえよう。

　捜査員は，この段階の供述により目撃者がどのような記憶のイメージ（心像）を抱いているかを把握して，次の段階での大まかな質問戦略を構築することになる。その質問戦略を計画する際に「詳細事項に関する原理」と「モーメントの原理」とよばれる2種類の法則を参考にすることが奨励されている。刃物を持った強盗事件の目撃を例にあげると，目撃者が強盗の犯人を複数回見ているような場合，間近で目撃をした最も情報量の多いベストイメージを選択して，そのイメージを思い出させて，強盗犯

の具体的質問をすることが重要である。一般に目撃者の供述は，その瞬間に想起されるイメージで語られるので，もし，目撃者が遠くから強盗犯を見たときの不鮮明なイメージにより描写されると，捜査員が得られる情報量はそれだけ少なくなる。捜査員が欲しい情報を一番多く含んだイメージを選んで，そのイメージにより語らせるのが「詳細事項に関する原理」の応用である。次なる「モーメントの原理」は，現在目撃者の念頭にあるイメージを中心に質問の順番を決定する手がかりを示唆するものである。たとえば，強盗犯が店のレジ係に凶器を突きつけているイメージを有する目撃者を対象とした場合，まず凶器について質問し，次に凶器を持つ手，さらには犯人の上着，それからベルトやズボンへと展開するように，現在，目撃者の念頭にあるイメージを重視した順番で質問することが重要である。凶器からいきなり犯人のズボンに飛んで，さらに凶器を持つ手に帰るような質問の順番は避けるべきとされている。

　さて「第3段階：記憶コードの探査」は認知面接の中核的部分であり，捜査員が知りたいことを具体的に直接質問する段階へと展開していく。そのため，目撃者をさらに徹底集中させて想起を促すだけでなく，反復的に記憶を喚起させ，目撃者が思い出せなかった新たな記憶を想起させることも目的に含まれる。ここでいう記憶コードとは，目撃者が記憶している事件の具体的な記憶の形態（様式）であり，探査とは捜査員がその記憶形態から必要な情報を収集していく作業を示す。まず必要な情報を探査する段階として，今度は捜査員のほうから特定の出来事（たとえば，最初に強盗犯を見たときのような具体的な場面）を指定して，目撃者にはそのときの文脈を再構築するように働きかける。次に，先の自由報告段階であらかじめ決定した順番に基づいて，目撃者が自由に話せるようなオープン質問形式で尋ねることが主要な作業となる。具体的には，目撃者に集中することの大切さをもう一度強調し，基本的には目撃者に目を閉じてもらうことで，さらに集中しやすい環境を設定する。特にこの段階では，詳細な描写を求めるために，目撃者の話を遮ることなく，目撃者が話を止めたあと，次の質問に移るまでに適切な間隔（ポーズ）を置く，といった基本技術の的確な使用が要求される。なお，この段階で，予定していなかった新たな情報が目撃者から報告された場合は，先の段階で決定した質問の順番を変更するなど臨機応変な対応が必要とされている。このように，面接全体の中でも最も熟練が要求される段階といえよう。

　次なる「第4段階：ふり返り」の目的は，正確な情報が収集できたかを確認することであり，まだ他に目撃者にはつけ足す情報がないかを確かめ，先の第3段階で捜査員が記録したメモ（つまり供述調書）が目撃者の記憶と矛盾しないかチェックすることである。この段階で特に注意すべきことは，捜査員自身がゆっくりと慎重に話すことであり，もし捜査員の記録にミスがある場合は，直ちに教えるように前もって伝達しておくことが必要である。この段階においても，面接の主体者はあくまでも目撃者であり，目撃者が新しい情報を想起した場合は，先の第3段階と同じ手続きで新たな情報を探査することが必要とされる。

最終段階にあたる「第5段階：終了」は単純な面接の終了を意味するものでなく，最後に必ず目撃者に対して好印象を与え，ほかに思い出したことがあれば必ず連絡するように働きかけることである。確実に好印象を残すことの理由は，当然，捜査に協力してくれた一般市民への謝辞という意味も含まれているが，目撃者，被害者が面接後も，事件や事故に関することに思いをめぐらすのは当然であり，その中には新たな重要証言が含まれている可能性が否定できない。捜査員が事務的に，単に形式として新たに情報を思い出したときは，連絡をくれるように依頼するのでは，それらの情報が必ずしも連絡される保証はない。面接の最終段階で，確実な好印象を残すことは，目撃者が新たな情報を想起した際に連絡をくれる可能性を高めるのである。さらには，面接の数日後に目撃者に連絡をとり，健康状態を尋ねたあとに，何か新しい情報を思い出していないか確認するという最後の努力によりこの段階は完成するとされている (Fisher & Geiselman, 1992／宮田監訳，2012)。

(3) 認知面接の訓練

　ミルンとブル (Milne & Bull, 1999／原編訳，2003) によると認知面接を習得する訓練は，英米の警察機関や心理学者が主催するセミナーなどで実施されているという。仮に日本の捜査実務において，認知面接を普及させるとすれば日本の捜査員が実際にこれらの訓練を受けて，全国に普及させていくという比較的長期的な展望が必要かもしれない。一方，フィッシャーとガイゼルマン (Fisher & Geiselman, 1992／宮田監訳，2012) によると，認知面接の訓練は犯罪現場に限定することなく，自分の家族や知人，

表24.3　認知面接習得に関する13の基本技術 (Fisher & Geiselman, 1992／宮田監訳, 2012, p.231 より作成)

課程	基本技術
課程A	①ラポール（信頼関係）を構築すること。 ②積極的に聴取すること。
課程B	③目撃者の方から積極的に（情報を）喋るようにして，捜査員が，具体的に尋ねるまで受け身になって待たないように伝えること。 ④オープン形式の質問で尋ねること。 ⑤目撃者の返答後，次の質問を実施するまでに，間（ポーズ）を置くこと。 ⑥（目撃者の会話を）さえぎらないこと。
課程C	⑦詳細な供述が必要であることを，はっきりと目撃者に要求すること。
課程D	⑧目撃者が，徹底して集中できるように促すこと。 ⑨目撃者が，イメージを活用できるように促すこと。 ⑩目撃時の心的状況を再現すること。
課程E	⑪目撃者の視点に立つこと。 ⑫目撃者に適した質問形式で尋ねること。
課程F	⑬認知面接の実施手順を遵守すること。

職場の同僚などを目撃者役として，たとえばスーパーマーケットであった出来事のような日常的な事柄を題材として練習をくり返すことが奨励されている。ある意味，気軽に日常生活で訓練できるのが，認知面接の利点といえるかもしれない。また，表24.3には，認知面接を習得するために必要とされる基本技術が，課程AからFにかけて段階的に示されている。これらの課程の訓練時間は，一区切りの長い時間より，複数の短い訓練に分割されたほうが効果的であるとされている。理想的には，各訓練時間では単一ないしは2つの技術に焦点を当てて，訓練の大部分は実践練習を中心とする内容が勧められている。実践を伴わない，長時間の訓練による詰め込み教育よりは，関連が深い技術の実践を短期間で反復訓練するほうが効果的とされている (Fisher & Geiselman, 1992／宮田監訳, 2012)。さらに，短期間に多くの段階の習得を試みたり，前段階の技術を完全に習得することなく次の段階に進もうとすると，同時に多くの技術を学べないことに気がつくとされている。

表24.3で示された基本技術は，単に認知面接習得の基本技術という側面だけでなく捜査員が協力的な一般市民と接するうえで有効な指標となる技術であろう。ケッベルとウァグスタック (Kebbell & Wagstaff, 1999) によると，認知面接の予期せぬ副産物として，捜査員が認知面接に基づいた適切な面接を実施することにより，面接後の警察と市民間に良好な関係をもたらす可能性があると強調されている。一般市民が事件，事故の目撃者，ましてや被害者となり，その目撃証言を求められることは再三あることではなく，同時にその人の人生における最もストレスフルなイベントの一つとなる可能性も高いだろう。一般に警察による事情聴取は一種の権威者面接であり，場を支配する捜査員の質問に答える二次的役割を目撃者が担うという構図が一般的社会通念である (Fisher & Geiselman, 1992／宮田監訳, 2012)。ただ，そのような状況を担当する捜査員の役割は大きく，面接の成否はその後の警察に対する印象形成の大きな鍵となるであろう。認知面接では，たとえば表24.3の課程Aや課程Eに示されたような目撃者中心の面接技術が含まれており，担当者がこれらの基本を遵守することは大切である。

また，日本の目撃証言における聴取方法において，心理学的なルール設定の必要性が指摘 (たとえば，渡部, 2002) されるなど，過去には批判を受けることもあったが，表24.3に示されたような基本技術の訓練の導入と普及は，誘導や誤誘導質問を防止するだけでなく，日本警察の目撃証言に対する科学的対処を，広く世間に伝える意味での期待もかかると思われる。

また警察内部的にも，団塊の世代とよばれたベテラン警察官の大量退職を受け，現在の日本警察においては，若年警察官の早急な育成が求められているのも現状である。そのような状況において，たとえば表24.3のような具体化された形式で伝授が可能な認知面接の手法は，心理学に基づいた教育手段としての期待もかかるであろう。

(4) 日本での応用

　先に述べたように一般に海外では，この認知面接以外にも，子どもの面接法も研究されてきた。また，取調べに関しても尋問研究（Inbau & Reid, 1966／小中訳, 1966）という時代を経て，会話の管理，さらに PEACE 訓練などの科学的面接が開発されてきた経緯にも言及してきた（Milne & Bull, 1999／原編訳, 2003）。

　一方，我が国の捜査に関する面接は主に経験を重視する形で継承されてきたと指摘されている（田崎, 2013）。確かに，取調べや聞き込みの技術など捜査面接に属する捜査活動に関して，たとえば「先輩，上司の教えを受ける」（綱川, 1994）など，まず先人の経験を重視し，さらに個々の努力によって技能を獲得するという慣例もあり，新たな心理学的知見を随時，実践に応用するというよりは，一種の刑事社会の伝統のような形式で継承されがちである。

　たとえば，高村（2013）による 2009 年度に警部補に昇任する警察官 69 名に対して実施された調査研究では，認知面接の授業を実施したのちのアンケートにおいて「今回の授業を受けるまでに，認知面接の存在を知っていましたか？」という質問に対する回答で「知っていた」は 0 名であった。一方，「認知面接は日本の捜査に導入が必要と思いますか？」という質問に対しては，68 名が「必要である」と回答している。高村（2013）では，捜査員は認知面接をはじめ警察で応用される心理学的分野に期待を有しているが，それらの諸領域に関して十分な知識がない可能性が示唆されており，認知面接への具体的期待度では「後輩捜査員に対する育成手段」としての評価得点も高く，科学に基づく面接技術の伝承への期待もうかがわれた。

　ここ数年，我が国の捜査機関における捜査手法や取調べの高度化（警察庁, 2012a）が検討されており，科学的な捜査面接の具体的手法が注目されつつある。特に虚偽自白を防止して，有効な捜査情報を導き出す科学的な面接手法が注目をあびつつある。その第一歩として，警察庁は 2012 年に教本としての「取調べ（基礎編）」を策定して公表した（警察庁, 2012b）。この「取調べ（基礎編）」の基本的な考え方は，協力的な関係者から有効な捜査情報を引き出すこととされている。そのため，記憶促進手法，ラポールの形成など認知面接の基本となる手法が多く取り入れられているだけでなく，イギリスの PEACE 訓練を参考にした面接の手順や，訓練方法が導入されている。同時に，最近我が国でも，司法面接とよばれる子どもの面接法（Great Britain. Home Office, Great Britain. Department of Health, 1992／仲・田中訳, 2007）が注目をされており，日本の捜査にも，本格的な捜査面接の導入がなされつつある。

(5) 認知面接の課題と展望

　認知面接の適応は，基本的に目撃という状況が伴えば，どのような事件，事故でも

適応可能と考えられる。しかし，越智（1998）によると，その課題としては目撃者側の要因として高齢者，知的障害者，また記憶の対象領域として，写真面割り（複数の写真の中から目撃した対象者を選ぶ）や似顔絵作成などの顔の再構成での課題が指摘されている。しかし，英米の捜査機関における顔の識別に関するガイダンスでは，すでに認知面接が紹介・導入されており，実際の顔の再生課題にも応用されているようである（高村・佐野，2012）。

また，フィッシャーとガイゼルマン（Fisher & Geiselman, 1992／宮田監訳, 2012）では，認知面接の開発にあたって「ジャーナリズム，口述歴史，医学的面接，心理療法面接などからの研究知見を引用した」という記述が出てくる。認知面接は単に目撃証言を効果的に引き出すというだけでなく，社会心理学における対人コミュニケーションの基本が学べるものである。認知面接の手法そのものは，最近はマーケティングや栄養学の調査など本来の犯罪捜査以外の幅広い分野でも研究されている。そのため，たとえば我々の身近な例でいえば，自分や友だちの「もの忘れ」という現象を理解するにも有効だと思われる。人類と記憶という現象の研究が続く限り，認知面接の有効性は今後も幅広く展開していくだろう。

＊本節（第24章-1）は，高村・横井（2007a, 2007b）他を要約・修正したものである。

2. 取調べを取り巻く課題

取調べは，対象者から真の供述を得ることを目的として行なわれる。刑事司法システムでは，①実際に犯罪を行なった者から真の自白を得ること，②無実の者から虚偽の自白を引き出さないことの2つが重要な課題としてある（Horgan et al., 2012）。個人の権利を侵害する恐れがあることから，どちらかといえば，②無実の者から虚偽の自白を得るリスクに関連する心理学的研究が数多く行なわれてきた。しかし，マイスナー（Meissner et al., 2010）が指摘するように，虚偽自白と関連する取調べ手法の検討に限らず，ポジティブ心理学のアプローチから，効果的な取調べ手法を実証的に検討する方向の研究が行なわれるようになってきた。

(1) 取調べにおける重要な問題

まずは，取調べにおいて重要な問題となりうる虚偽自白と被誘導性，確証バイアスについて説明する。

①虚偽自白（false confession）

　実際には犯罪を行なっていない者が自白することを虚偽自白（false confession）とよぶ。虚偽自白により有罪判決が下されると，無実の人に法的制裁や社会的制裁を与えてしまい，無実の人の権利を侵害することになる。そのため，取調べ官や捜査指揮官は得られた自白が虚偽自白である危険性について検討することが必要である。先行研究において，さまざまな要因が虚偽自白に関連する要因として指摘されている。たとえば，グッドジョンソン（Gudjonsson, 2003）は，被疑者の年齢が若く，少年であること，知的障害があること，注意欠陥多動性障害（ADHD）があること，精神疾患があること，反社会性パーソナリティ障害であること，不安が高いこと，従順であること，個人特性として持つ被誘導性が高いこと，過去に心的外傷体験がある人，違法薬物を使用していた人，物理的な隔離があること，偽の証拠が提示されること，最小化が行なわれることをあげている。最小化（minimization）とは，自白した後のことに関する被疑者の認識を操作しようとする手法の一つで，犯罪の重大さを最小化して示す方法である。取調べ官が被疑者に対して同情や寛容さを示す，被疑者のメンツが保たれる言い訳を提示する，被害者や共犯者を非難することによって，または酌量すべき事情によって，もしくは罪の重さを軽視することによって犯罪を行なった人の倫理的な正当性を示すなどの手法が用いられる。虚偽自白に関連する要因の特徴に該当する場合には，虚偽自白のリスクが相対的に高いことを認識する必要がある。

　グッドジョンソン（Gudjonsson, 2003）は，態度変化に関する社会心理学的理論に基づいて1985年にカシンとライトマン（Kassin & Wrightman, 1985）が提唱した虚偽自白の分類をもとに，虚偽自白は，①自発型（voluntary），②強制・追従型（coerced-compliant），③強制・内面化型（coerced-internalized）の3つのタイプに分類できるとした。いずれも，自白した犯罪に関する具体的な供述が情報収集アプローチに基づいた手法で得られているかを確認し，他の証拠との関係を検討することにより，その真偽の精査をすることができると考えられる。なお，取調べにおける情報収集アプローチ（information gathering approach）とは，被疑者から情報を引き出すことを主要な目的とする取調べの方法であり，このアプローチでは，被疑者との間にラポールを形成し，肯定的な態度で対面し，オープン質問により探索的な質問をする。

　自発型（voluntary）虚偽自白とは，自白を強いられるような圧力を受けていないにもかかわらず，無実の人が個人的理由から自発的に自白するものである。その個人的理由には，有名になることへの病理的なまでの欲求や，意識的あるいは無意識的な自己処罰の必要性，事実と虚構を区別することができない精神状態，真の犯罪者をかばいたいという欲求などがあげられる。

　強制・追従型（coerced-compliant）虚偽自白とは，取調べによって，行なっていない犯罪の自白が引き出されるものであり，被疑者は自白することでなんらかの利益

が得られると思って自白する。なんらかの利益には，取調べというつらい状況から逃れる，脅威から逃れる，安堵感などの心理的な報酬を得るといったことがあげられる。強制・追従型の自白者は，自分が無実であることはわかっており，自白は従順さを示す行為として行なわれる。

強制・内面化型（coerced-internalized）虚偽自白とは，誘導的な取調べの影響を受け，問題となっている犯罪を自分が行なったと信じるようになり，時には誤った記憶を作話するようになるものである。実際にはないはずの虚記憶の創出は，自分の自伝的記憶に自信がなく，特性としての被誘導性が高い場合に生じる（Holmberg, 2009）。強制・内面化型虚偽自白は，自分が犯罪をしていないという明確な記憶がない場合や，取調べ開始時には自分が無実であることをわかっていたが，取調べ官による誘導的な取調べを受けることでその確信が揺らいでいく場合に生じやすい（Milne & Bull, 1999）。

②被誘導性（suggestibility）

相手から提示もしくは暗示された情報に誘導されてしまう傾向を被誘導性（suggestibility，被暗示性とも訳される）という。被誘導性には，①実験的に操作しうる被誘導性と，②個人特性としての被誘導性がある。

実験的に操作しうる被誘導性は，「人々が事後情報の一部を受け入れ，想起の中に組み込む状態にあること」（Powers et al., 1979）を想定しており，主に目撃証言に関する研究として，事後情報効果（post-event information effect）の研究が多数行なわれている。これらの研究では，記憶内容を聴き取る際にどのような質問方法をとるかによって，時に記憶内容を汚染する可能性があることが報告されており，誘導の危険性を下げるためには取調べ時の態度に配慮し，質問の方法を工夫する必要がある。

これに対し，個人特性としての「被誘導性」は，実験的操作に限らず，ある人たちは，他の人たちに比較して誘導されやすいという特性を持つ（Gudjonsson, 2003；Gudjonsson & Clark, 1986）ことを想定しており，個人特性としての被誘導性を測定するための研究が数多く行なわれている。グッドジョンソは，個人特性としての被誘導性を測定するための尺度として，グッドジョンソン被誘導性尺度（Gudjonsson Suggestiblity Scale：GSS, Gudjonsson, 1997）を開発している。グッドジョンソン被誘導性尺度では，短い話を聴かせて直後に自由再生を求め，その50分後に再度自由再生を求めた後に，15の誘導質問を含む20の質問を行なって，どのくらい誘導されるかを測定する。この20の質問を終えた後に間違いが多かったことを伝えてもう一度20の質問をくり返し，否定的なフィードバックに対してどのくらい答えを変更するかを測定する。誘導質問への服従と否定的なフィードバックによる変更の両方を考慮して個人の被誘導性スコアが算出され，母集団の5パーセンタイル以上のスコアになれば，被誘導性が高いと判断される。個人の特性として被誘導性が高い者に対して

は，誘導してしまうリスクの高さを認識し，取調べ中の態度や言動が取調べ官が持つ情報や期待を示唆することのないように，自身の態度や言動について注意深くセルフモニタリングすることが必要となる。

③確証バイアス（confirmation bias）

確証バイアス（confirmation bias）とは，人間が一般的に持つ認知の偏りの一つであり，自身の信念や期待，仮説にあった証拠を選択的に求めたり，自身の信念や期待，仮説に添うように証拠を解釈することを示す（Nickerson, 1998）。これと同時に，自身の信念や期待，仮説に合わない情報は無視したり，軽視したりする。これらは，無意識のうちに自動的に行なわれる過程であるため，客観的な判断が求められる場合には，このバイアスの存在を意識する必要がある。取調べの場面においては，取調べ官が目の前にいる被疑者が犯人であるという期待や仮説を持つ場合に，自分の期待や仮説に合う証拠を重視するとともに，それに合わない証拠を軽視することにより，目の前にいる被疑者が犯人であるという確証を深めてしまう危険性が生じる。

ヒルら（Hill et al., 2008）は，確証バイアスが取調べに与える影響について系統的に検討した結果，被疑者が有罪であるという期待が取調べの中で用いられる質問に影響を与え，これが結果として自己成就効果（self-fulfilling prophecy effect）につながる，つまり取調べ官の期待に添う結果に導くことを示した。また，ナチェットら（Narchet et al., 2011）は，実験において模擬取調べ場面を設定し，取調べ官が持つバイアスが自白に与える影響を検討した結果，取調べ官が持つバイアスは最小化の技術の利用が増えることにつながり，それにより無実の参加者から虚偽自白を導く傾向があったが，有罪の参加者にはなんら影響を与えなかったことを示した。これらの結果は，確証バイアスが取調べに与える影響を取調べ官自身が意識するとともに，捜査指揮官がより客観的に証拠の評価を行なうことにより，バイアスの影響を取り除く努力をする必要があることを示唆している。

(2) 自白の心理学的なモデル

法執行機関における取調べにおいて，その犯罪を自分が行なったと自白することは法的制裁や社会的制裁につながるため，被疑者にとって不利益を被る結果となる。それなのに，なぜ，被疑者は自白するのだろうか。ここでは，自白を説明するモデルと被疑者からみた自白の理由について説明する。

①自白を説明するモデル

グッドジョンソン（Gudjonsson, 2003）は，警察の取調べにおいて被疑者がなぜ自白するのかを説明する理論モデルとして，次の5つの理論をあげている。

リードの自白モデル（The Reid model：Inbau et al., 1986）：実際に犯罪を行なった被疑者に対して，取調べにおいて否認し続けることへの不安を増大させ，自供した結果として生じる不利益に関する認識を軽くさせるという尋問方法によって，被疑者が否認を続けるより自白に伴う不利益の結果を甘受するほうが望ましいと認識することにより自白にいたると説明するもの。後述するリードテクニックという有罪であることが強く推認されるが否認している被疑者に対する尋問方法に基づく説明である。

意思決定モデル（Hilgendorf & Irving, 1981 など）：取調べにおいて被疑者は複雑で難しい意思決定過程に取り組んでおり，複数の選択肢のそれぞれについて随伴する結果を考え，それぞれの生起確率を考慮したうえで，自白したほうがよいという判断を行なった結果，自白すると説明するもの。さまざまな背景要因や社会的・心理的要因がその意思決定に影響を与えている。

認知的・行動的モデル（Gudjonsson, 2003 など）：自白は，被疑者と環境とその環境内の他の重要な人物との間に存在する特殊な関係から生じると説明する。この特殊な関係を理解するために，自白に導く先行条件として，社会的要因（隔離，取調べの方法），情緒的要因（罪悪感，恥辱感等），認知的要因（何が起きつつあるかに対する被疑者の認識等），状況的要因（どんな状況にあるか），生理学的な要因（覚醒水準）を考慮し，自白した結果としてこれらの要因が短期的・長期的に見てそれぞれどう変化するかをふまえる必要があるとする。

精神分析モデル（Berggren, 1975 など）：逸脱行動を行なった後に生じる罪悪感と自己処罰の無意識的な欲求は人間の普遍的な特性であるとし，犯罪者は，内的な葛藤や罪悪感からの解放感を得るために自白すると説明するもの。

相互作用的プロセスモデル（Moston et al.,1992 など）：複数の要因が相互に影響を与えた結果，自白にいたると説明するもの。影響を与え合う要因には，①被疑者および事件の背景（事件の種類や重大さ，被疑者の年齢・性別など）と，②事件の文脈的特徴（法的助言の有無，警察が持つ証拠の強さ，取調べ官が用いる取調べ手法など）があり，これらが相互に作用し，取調べ官と被疑者の双方に影響を与える過程を経て，被疑者が自白したほうがよいと判断した結果，自白にいたるとする。

②被疑者からみた自白の理由

ここに示した説明モデルでは，被疑者の内的なメカニズムから生じる葛藤や罪悪感といった感情や，外的なメカニズムにより被疑者に生じる不安や被疑者が感じる社会的な圧力が自白に影響することを想定している。グッドジョンソは，その一連の研究

において，これらの要因を考慮し，被疑者が自白する理由を実証的に検討している。たとえば，グッドジョンソン（Gudjonsson, 1992）は，北アイルランドの刑務所に暴力犯罪，性犯罪，財産犯罪のいずれかで収容された 80 名の受刑者を対象に，グッドジョンソン自白尺度（Gudjonsson Confession Scale：GCQ）を実施した結果を分析している。その結果，受刑者たちが取調べの中で自白した主な理由は，①内的圧力（internal pressure），②外的圧力（external pressure），③証明（proof）の 3 つの要因として示すことができた。内的な圧力は，自身が行なった犯罪に強い罪の意識を経験し，自白することで罪の意識から逃れて安堵感を得たいという欲求が自白する方向に働く圧力となるものであり，「打ち明けて楽になりたかったから」などの項目で測定される。外的な圧力は，取調べ官が用いる取調べ手法が自白する方向に働く圧力となるものであり，「取調べ官に説得されたから」などの項目で測定される。証明については，証拠の強さに関する認識（perception of strength of evidence）や証拠に関する認識（知覚）（perception of evidence）ともよばれるものであり，「警察はいずれ自分がその犯罪に関与したことを証明するだろうから」など，否認しても意味はないという見通しに関するものである。

　日本の取調べにおいても被疑者の自白する理由として同様の結果が見いだされている。たとえば，渡辺・横田（1999）では，殺人犯 22 名と侵入窃盗犯 63 名に対する調査の中で，自白した被疑者に本当のことを話そうと思った一番の理由を取調べ官に尋ねてもらった結果，得られた回答が，①内発的動機，②外発的動機，③証明，④不利益の軽減の 4 つに分類できることを示している。これらのうち内発的動機，外発的動機，証明は，グッドジョンソン（Gudjonsson, 1992）の提唱する 3 要因に該当しており，不利益の軽減は，自白しないよりも自白したほうが自分にとってよいという合理的な判断を示し，意思決定の基準を示している。

　また，和智ら（2016）では，有罪判決を受けて刑事施設に収容されている受刑者に対して自記式質問紙による調査を実施し，受刑者の自白の理由と取調べ手法（Wachi et al., 2014 が警察官に対する調査で見いだした取調べ手法の分類に基づくもの）との関係が検討されている。和智らは，受刑者の回答に関する確認的因子分析により，グッドジョンソの提唱する自白理由の 3 因子モデル（内的圧力，外的圧力，証拠の知覚）のあてはまりがよいことを示している。また，取調べ前の自白の意図と自白の理由との関係を検討し，取調べより前に自白する意図がなかった受刑者は，自白することを決めていた受刑者よりも，証拠の知覚や内的圧力のために自白する傾向は低く，外的圧力で自白する傾向が高いことを示している。外的圧力には取調べ官による働きかけが含まれていることから，この結果は，どのような取調べ手法をとるかが自白に影響する重要な要因となることを示している。

(3) 取調べに関する心理学的な研究の方法

取調べ手法に関する心理学研究の方法と取調べ手法に関する研究を行なう際の留意点について説明する。

①取調べ手法に関する心理学研究の方法

取調べ手法と自白や虚偽自白との関連について検討するための心理学的な方法としては、①取調べ官に対する個別面接や質問紙調査による方法、②被疑者・被告人・受刑者に対する個別面接や質問紙調査による方法、③模擬取調べ場面を設定した実験的な方法、④録音・録画された実際の取調べのコーディングによる方法の4つがある。以降に示すように、いずれの手法においても、強みと弱みがあり、複数の方法によるアプローチから共通の知見が得られれば、より強いエビデンスとなるといえる。

取調べ官に対する個別面接や質問紙調査による方法：取調べを行なった取調べ官に対する個別面接や質問紙調査による方法（Kassin et al., 2007；Wachi et al., 2014など）は、取調べの当事者の一人である取調べ官に取調べの方法を聴取できる点で有用であるが、捜査側の一方的な見方しか得られず、実際に行なった取調べが相手側にどう受け止められているのか不明であり、業務に関する調査の実施は難しく、ふり返りの調査になるため記憶が正確でない場合があるという弱点がある。

たとえば、和智ら（Wachi et al., 2014）では、殺人、強盗、放火、強姦、強制わいせつ、略取誘拐を行なって逮捕された被疑者のうち、当初否認していたが自白に転じた被疑者を取調べた全国の警察官276名を対象として、取調べの具体的な方法等について調査した結果を分析した。その分析の結果、取調べ手法として、証拠の提示因子（presentation of evidence）、対抗因子（confrontation）、積極的傾聴因子（active listening）、関係構築因子（rapport building）、事件の話題因子（discussion of the crime）の5つの因子を見いだし、取調べでは積極的傾聴因子が最もよく行なわれており、次いで関係構築因子と事件の話題因子がより多く行なわれていたことを示した。また、この5因子のプロフィールから、多面的な取調べ（undifferentiated-high）、証拠対抗的な取調べ（evidence-confrontational）、関係重視の取調べ（relationship-focused）、未分化の取調べ（undifferentiated-low）の4つに取調べスタイルを分類し、関係重視の取調べと未分化の取調べにおいて完全自供の割合が高いことを示した。このように、取調べ官に対する質問紙調査では、取調べ官の主観的な視点からではあるが、取調べと自白との関連を検討することができる。

被疑者・被告人・受刑者に対する個別面接や質問紙調査による方法：取調べを受けた側である被疑者・被告人・受刑者に対する個別面接や質問紙調査による方法（Goodman-

Delahunty et al., 2014；渡辺・鈴木，1985；Wachi et al., 2016a, 2016b；和智ら，2016など）では，取調べ官側の働きかけをどのように認知し，どのように自白の過程に影響を及ぼしたのかを聴取できる点で有用であるが，取調べにおける自身の振る舞いが取調べ官側にどう認識されているかについての情報は得られず，司法過程にある個人のため対象者へのアプローチが難しく，取調べ官に対する調査と同様にふり返りの調査になるため記憶が正確でない場合があるという弱点がある。

　たとえば，和智ら（Wachi et al., 2016b）は，殺人，強盗，放火，強姦，強制わいせつ，略取誘拐を行なって有罪判決を受けて新たに収監された受刑者に対する質問紙調査を行なった。受刑者291人のデータについて分析した結果，取調べ前から自白しようと決めていたかどうかで取調べスタイルの影響が異なることを示した。取調べ前から自白しようと決めていた者は，どの取調べスタイルでも自白をする傾向に違いはないが，取調べ前から自白しようと決めていなかった者，もしくは自白しないと決めていた者では，関係重視のアプローチや多面的なアプローチが自白する傾向と関連していたのである。この他，関係重視のアプローチでは，受刑者が自白後にそれまでに警察が把握していなかった情報について開示する傾向が認められた。こうした取調べを受けた側の主観的な視点を含めた検討ができるのがこの方法の長所である。

模擬取調べ場面を設定した実験的な方法：模擬取調べ場面を設定した実験的な方法（Russano et al., 2005；Wachi et al., 2017など）では，倫理的に問題のない範囲で，実験上での規則違反をさせたり，何かを壊してしまったと誤認させて，取調べに似たような場面での聴取を受けさせ，その時の反応を検討する。実験的に場面や条件を操作して，そのうえで実験参加者の反応を検討できる点が有用であるが，それが実際の取調べにどのくらい近い状況といえるかという生態学的妥当性の問題が生じる。

　実験的な手法の先駆けとして，カシンとキーチェル（Kassin & Kiechel, 1996）によるALTキー・パラダイムは有名である。反応時間を測定する実験に参加した実験参加者に対して，ALTキーを押すとパソコンがクラッシュするので触らないように教示してから実験を開始する。実験中にパソコンが突然クラッシュしてしまうことから，実験参加者がALTキーを押したのではないかと尋問を行ない，認めた者にはALTキーを押してクラッシュしたという文章に署名を求めるものである。虚偽自白を引き出す実験パラダイムとして行なわれたこの実験は，さまざまな条件を検討するために多くの追試が行なわれているが，実験参加者全員が無実であり，偶発的にアクシデントに見舞われた状況であることから，自分が無実かそうでないかについての確信はなく，実際の取調べ場面との類似性には疑問が呈されている。これに対する新たな実験パラダイムとして，ルッサーノら（Russsano et al., 2005）は，自白と虚偽自白の双方を検討できる実験のルール違反を誘う騙しを含む実験のパラダイムを提唱している。この実験では，2名の実験参加者（1名はサクラ）を同席させ，個人で論理

的な問題を解く課題と共同で論理的な問題を解く課題を課すが，個人で行なう課題の際には答えを教え合わないように教示し，個人で行なう課題の実験中に参加者の一人（サクラ）がもう一人の参加者に答えを教えてと頼み，実験のルールを破らせるものである。この実験パラダイムでは，実験参加者自身がルールを破るかどうかを判断するため，ルールを破ったかどうかについての確信を持たせることができる。ルッサーノら（Russsano et al., 2005）は，この実験パラダイムにより，ルール違反をした者はルール違反をしなかった者よりも自白しやすく，法的な最小化（minimization）と取引（deal）は自白と虚偽自白の両方と関連することを示した。このように，現実場面では統制できない要因が多く多様な状況があるが，実験場面では条件をコントロールし，その要因の影響を検討できる点が有用である。ただ，実験場面としてつくられる取調べの状況の生態学的妥当性については，やはり限界がある。

録音・録画された実際の取調べのコーディングによる方法：録音・録画された実際の取調べのコーディングによる方法（Soukara et al., 2009；King & Snook, 2009；Kelly et al., 2016；Leahy-Harland & Bull, 2016 など）では，実際の取調べを扱う点で有用であるが，鑑定命令などがなされない限り録音・録画情報は入手できないこと，コーディングの妥当性，信頼性に十分配慮する必要があり手間がかかること，文脈を無視することができないため取調べの一部を取り出してコーディングすることは妥当ではないこと，一事例もしくは数少ない事例から得られた知見をどのくらい一般化できるのかについては検討の余地があるという弱点がある。

　たとえば，リーヒ゠ハーランドとブル（Leahy-Harland & Bull, 2016）では，イングランドの 11 の警察で取調べを受けた 56 人の凶悪犯に対する取調べの録音情報をコーディングして分析し，取調べにおいて証拠の提示やチャレンジ（被疑者の供述内容に異議や疑問を投げかけ説明を求めること）といった方略が最も多く観察されたこと，オープン質問は取調べの初期に用いられる傾向があり，クローズド質問がより頻繁に観察されたこと，効果的でない質問（否定質問「○○じゃないよね」，くり返し質問「（一度回答を聴いた直後に）もう一度聞くよ，○○はどうだったかな」，多重質問「なぜそこに行ったの，何をしに行ったの」など）はあまり観察されなかったことを示した。また，ラポール・共感とオープン質問が自白と関連しており，外傷の説明や否定質問は否認と関連していたことを示した。このように，言語的な情報に限られた場合でも，客観的に実際の取調べ官と被疑者との間の相互作用を検討できる点が有用である。取調べ場面に同席しない研究者が客観的な情報に基づいて検討することが可能であるため，欧米ではこの手法に基づく研究が増えている。

②取調べ手法に関する研究を行なう際の留意点

　取調べの文献研究において，欧米の取調べ手法の研究を概観する際に留意しなくて

はならない点がある。それは，法律や文化の違いであり，日本の取調べは欧米の取調べとは大きく異なっている（Wachi et al., 2014）。そのため，「取調べ」の言葉が指す意味の違いをふまえて知見を理解する必要がある。

取調べの定義：日本語においては，参考人（目撃者や被害者が含まれる）に対しても被疑者に対しても捜査のために行なわれる面接については「取調べ」の言葉が共通して用いられており，それぞれ参考人取調べ，被疑者取調べとよばれる。欧米では，尋問は interrogation であり，主に情報収集アプローチによる面接を指す interviewing とは明確に区別されているが，日本語でいう「取調べ」には interviewing と interrogation の訳語のどちらもが該当しうるものとなっている。

最近の司法の文脈や心理学の研究の流れにおいては，suspect interviewing は被疑者取調べ，もしくは被疑者面接と訳され，主に被疑者の言い分を被疑者自身の言葉で述べてもらうことを目的として行なわれる，誘導せずに，被疑者の記憶にある情報をできるだけ引き出そうとする取調べ方法を指している。これに対し，Interrogation は取調べもしくは尋問と訳され，罪を犯したにもかかわらず否認する被疑者に，本当のことを話してもらうことを目的とし，自供するか否かに関する被疑者の意思決定に働きかける取調べ方法を指している。欧米では，Interview のみ，Interview → Interrogation，Interview → Interrogation → Interview といった流れのいずれかで取調べが終了するが，日本の場合，身柄拘束を受けてから最長で合計20日間，取調べができる期間があることから，この流れはより複雑なものになりうる。

日本における一般的な刑事手続きの流れ：日本における一般的な刑事手続きの流れを図24.1に示した。この図では，刑事事件を行なった成人被疑者が受ける一般的な刑事手続きの流れをわかりやすくするために，多くの詳細部分を省略して示している。

事件を認知し，捜査を開始した警察は，「証拠の発見，収集，保全」を行なうが，この「証拠の発見，収集，保全」に目撃者や被害者等の取調べや任意の被疑者取調べが含まれている。犯人である疑いの強い者（被疑者）を特定できた場合，必要があればその被疑者を逮捕して捜査が継続される。逮捕が行なわれた場合，48時間以内に警察は事件を検察官へと送致し，送致を受けた検察官は，受理後24時間以内かつ逮捕後72時間以内に必要に応じて被疑者の身体の自由を引き続き拘束（勾留）するよう裁判官に請求する。裁判官が勾留が必要だと判断した場合には，10日間の拘束を認める勾留決定をし，検察官は，原則として，この10日間で起訴・不起訴の判断をするが，やむをえない事情がある場合は10日を上限として勾留の延長を裁判官に請求することができる。こうして，最長で合計20日間の勾留が認められる。

なお，事件が刑法の内乱に関する罪，国交に関する罪，騒乱の罪のいずれかに該当し，やむをえない事情がある場合は，5日を上限として勾留の再延長を裁判官に請求する

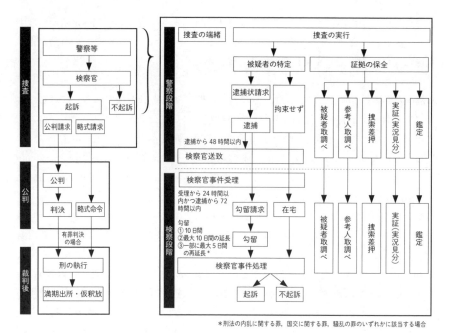

図 24.1　刑事手続きの流れ（成人の場合）（法務省ホームページ「刑事手続きの流れ」（2017a）と「刑事手続きの流れ概要」（2017b）より作成）

ことができるため，その場合は最長で合計 25 日間の勾留が認められることになる。

警察および検察による取調べの時間：法務省（2011）が作成した「被疑者取調べの録音・録画に関する法務省勉強会取りまとめ」の報告書では，2010（平成 22）年 9 月の 1 か月間（裁判員制度対象事件，贈収賄事件及び公職選挙法違反事件については，同年 9 月から 11 月までの 3 か月間）に検察官が終局処分（起訴又は不起訴の処分）を行なった身柄事件（被疑者を逮捕・勾留した事件）8,233 件について，検察官，検察事務官および司法警察職員が行なった被疑者取調べの時間を調査した結果が報告されている。この調査の結果，被疑者 1 人あたりの平均取調べ時間は平均で約 22 時間（うち裁判員制度対象事件では平均約 43 時間）であった。罪種別で殺人と傷害致死を見ると，殺人で約 51 時間，傷害致死で約 63 時間であった。供述経過別では，①検察官の弁解録取時には自白していたものの処分までの間に否認に転じた事件では約 34 時間，②否認から自白に転じた事件は約 27 時間，③否認を維持した事件では約 28 時間，④自白を維持していた事件では約 20 時間であった。これらの結果から，日本における身柄事件の被疑者の取調べは平均して 20 時間あまりをかけて行なわれており，法

定刑が重い重大事件や否認事件では，取調べ時間が平均より長くなることが示されている。

欧米の取調べと関わる刑事手続きの特徴：日本の刑事手続きの特徴を理解するために，参考として，米国および英国の取調べが関わる刑事手続きの特徴のいくつかを，「捜査手法，取調べの高度化を図るための研究会」(2011) が作成した「捜査手法，取調べの高度化を図るための研究会における検討に関する中間報告（平成23年4月）」から示す。同報告書によれば，米国では，無令状による逮捕（逮捕のうち95％を占める）が幅広く行なわれており，逮捕後に不必要な遅滞なく裁判所へ引致しなければ原則として供述の証拠能力は否定される（連邦では6時間以内とされる）。被疑者がミランダ権利（Miranda right；アメリカ合衆国において，憲法上の自己負罪拒否特権を警察での被疑者取調べに適用したもので，ミランダ警告によって示される被疑者の権利である。取調べにおいて被疑者には，供述の自由があること（＝黙秘権があること），弁護人に立ち会ってもらう権利があること，私選および国選の弁護権があることを指す）を行使し，黙秘権を行使した場合は，それ以後の取調べは実施されないため，約20％の事件において取調べそのものが実施されない。また，有罪答弁制度があり，刑事訴追事件の約90％は有罪答弁等によって処理されている。英国では，逮捕は，通常，無令状で行ない，逮捕後起訴までの勾留期間は原則24時間までとされており，取調べは起訴までの勾留期間24時間のうちに行ない，取調べの回数は平均で1〜2回，取調べの時間は1回あたり約30分程度である。また，自白獲得の割合は，警察署が扱う事件では40〜60％台であり，重大事件では自白が得られることは稀であると報告されている。

(4) 欧米で開発された取調べ手法

　主に北米で用いられているリードテクニックと，主にヨーロッパで用いられているPEACEモデルについて紹介する。

①リードテクニック

　リードテクニック（Reid Technique of interviewing and interrogation, Inbau et al., 2013）は，アメリカにおいて，有罪であることが強く推認される対象者に対して行なわれる尋問（interrogation）の技術としてジョン E. リード（John E. Reid）らが開発したものである。アメリカの警察官が受けるトレーニングとしてよく知られた技術であり（Cleary & Warner, 2016），リードテクニックの教本は1962年に初版が出版されて以降，現在では第5版を重ねている。アメリカで最も有名で頻繁に用いられている警察の取調べ手法であり（Gudjonsson & Pearse, 2011），アメリカの司法制

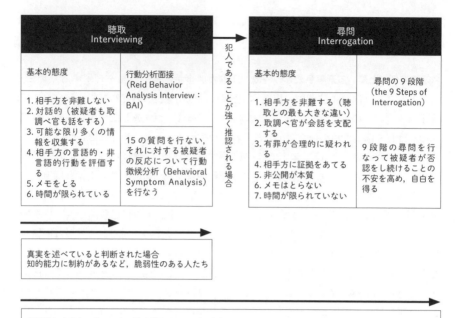

図 24.2　REID テクニックによる取調べ

度の中で広く受け入れられている手法であるが，後述するように批判も多い。

このアプローチによる取調べには，大きく2つの過程が含まれている（図24.2参照）。

最初の段階で，情報収集のための取調べ（information gathering interview）を行ない，その中で嘘をついている（犯人であるにもかかわらず犯行を否認している）兆候をみるための15の質問を行ない，その質問に対する被疑者の反応から嘘をついているかどうかを判断する行動徴候分析（Behavior Symptom Analysis）を行なう。この最初の段階の取調べは，行動分析面接（Behavior Analysis Interview）とよばれる。その結果，嘘の兆候があると判断されれば次の段階に進み，尋問（interrogation）が行なわれる。尋問においては，尋問の9段階（the 9 steps of Interrogation）が提唱されており，心理学的なテクニックを含む技法を用いて，有罪の被疑者が否認をし続けることに対する不安を高めることによって，自白を得ようとする。筆者が受けたリードテクニックの基本トレーニングにおいて示された尋問の9段階は，次のとおりであり，⑧と⑨の段階においては，情報収集アプローチによる取調べ（interviewing）が行なわれる。

① 第1段階　直接の断固たる対決：被疑者が申し立てられた犯罪を行なったと見なされていることを，被疑者に明確に告知する。被疑者に不利な証拠の証明力を最大化して示す。
② 第2段階　話題の展開：被疑者の信頼を得るために，理解と同情の態度を示す。被疑者に対する非難を最小化して示し，場合によっては賛辞やお世辞を言ったりする。
③ 第3段階　否認を操作すること：否認し続けるのを許さない態度を示し，被疑者に自分の言うことに耳を傾けるよう説き続ける。
④ 第4段階　異議に打ち勝つ：被疑者が自分の無実についての説明または理由づけとして主張する異議に対して反論し，その異議に打ち勝つ。
⑤ 第5段階　被疑者の注意の獲得および保持：心理的により被疑者に接近した態度を示し，被疑者が取調べ官に対して注意を向け，その注意を維持させる。
⑥ 第6段階　被疑者の受動的気分の操作：取調べ官の語りに耳を傾ける受動的気分にある被疑者に対し，理解と同情を示し，被疑者の良心に訴える。
⑦ 第7段階　選択による質問をする：被疑者のメンツを保てるような選択肢を示し，被疑者としてどうなのかを尋ね，被疑者がその犯罪を行なったことを認めやすくする。
⑧ 第8段階　行動で犯罪に関する種々の細部まで述べさせること：情報収集のための取調べのアプローチにより，犯行状況に関する詳細な情報を得る。
⑨ 第9段階　口頭の自白を調書化すること：供述内容を文書化し，署名を得る。

リードテクニックにおいては，嘘をついている（犯人であるにもかかわらず犯行を否認している）兆候をみるための行動徴候分析（Behavior Symptom Analysis）が行なわれる行動分析面接（Behavior Analysis Interview）が科学的に妥当なものであるかについて議論の余地があることが指摘されている（たとえば，Vrij et al. 2006；Masip et al. 2011 など）。また，尋問の9段階の過程の一部において用いられる強圧的な態度や心理的な操作（証拠の最大化，犯罪の重大さの最小化，メンツを保つ選択肢を取調べ官側が推測して提示する）が虚偽自白のリスクを高めるという批判がある（たとえば，Kassin, 1997 など）。

② PEACE モデル

PEACE モデルは，イギリスで開発された情報収集アプローチ（information gathering approach）に基づく取調べのモデルである。被疑者に対する取調べに関して尋問（interrogation）という言葉を使用せず，代わりに捜査面接（investigative interview）の言葉を用いる（Soukara et al., 2009）。

PEACE モデルは，それまでイギリスで取調べの方法として主流であった会話管理

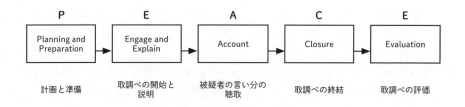

図 24.3　PEACE モデルによる取調べ

法（Conversation Management：CM, Shepherd, 2007）や，アメリカで目撃者の記憶にある情報をできるだけ正確にできるだけ多く聴取するために開発された認知面接法（Cognitive Interview：CI, Fisher & Geiselman, 1992）を参考として構築されたものである。

　取調べの 5 段階モデルを提唱しており，計画と準備（Planning and Preparation）取調べの開始と説明（Engage and Explain），被疑者の言い分の聴取（Account），取調べの終結（Closure），取調べの評価（Evaluatoin）のそれぞれの段階の頭文字をとって PEACE モデルとよばれる（図 24.3 参照）。PEACE の中央部の EAC が取調べの場面に該当する。

P　計画と準備：計画と準備では，取調べに先立ち，問題となっている犯罪やその証拠に関する情報，取調べの対象となる被疑者に関する情報を把握し，取調べの進め方についてプランを立てる。

　具体的には，徹底した証拠の収集と組み立て，被疑者によって申し立てられるであろう反証やアリバイを考え，必要があればその反証やアリバイに関連する証拠の収集に着手し，犯罪が発生した可能性のあるものと見なされるためにはどのような法的ポイントが証明される必要があるのかを確実に理解することが含まれる（Walsh & Bull, 2013）。

　この計画と準備の段階のよいスキルがあることが，取調べ全体の質や，自白の得やすさ，包括的な説明の得やすさと関連している（Walsh & Bull, 2010）。

E　取調べの開始と説明：取調べの開始と説明では，取調べの目的や進め方を伝えるとともに，黙秘権や法的助言を受ける権利など刑事手続き上必要な情報を伝える。この段階において，被疑者とのラポールの構築を開始し，取調べの間を通じてそれを維持するよう努める。

　さまざまな研究において，取調べ全体を通じてのラポールの構築と維持が取調べの目的を達成するために有用であることが指摘されている（Abbe & Brandon, 2013）。

A 被疑者の言い分の聴取：被疑者の言い分の聴取では，問題となっている犯罪についての被疑者の言い分を聴き取る。そして，その後に，聴取した内容にある情報をより明確にするよう説明を求めたり，聴取内容の矛盾に対して異議や疑問を投げかけ説明を求める（「チャレンジ（challenge）」とよぶ）。

まずオープンマインドで被疑者の言い分を否定せずに聴き取る。オープン質問（open-ended question）を用い，被疑者を話し手として，できるだけ多くの情報を被疑者自身の言葉で聴取することが，その後の矛盾の精査と追及につながるため，聴取の態度や発問方法には十分配慮する必要がある。

チャレンジの方法の一つに証拠の提示があるが，証拠の提示方法については実験場面等によるさまざまな心理学的な検討が行なわれている。たとえば，ハートウィグら（Hartwig et al., 2005）が提唱する SUE テクニック（the strategic use of evidence technique；証拠の戦略的使用技術）では，取調べのはじめに，疑いのかかっている事件についての言い分を被疑者に自由に話してもらい，取調べの後半で，捜査側が持つ証拠と関連する情報について質問をして被疑者に説明を求め，最後に捜査側が持つ証拠を提示して被疑者に説明を求める方法が効果的であるとしている。また，ギョンゴビ（Granhag et al., 2013）が提唱する SUE 漸増テクニック（SUE-Incremental technique）では，基本的には SUE テクニックに基づくが，証拠の提示の方法を証拠能力の分類（the Evidence Framing Matrix）に基づき，①証拠としては弱く（被疑者が犯人であることを示唆するには弱い），特異度が低い（犯人ではない者を犯人と推定する可能性がある）もの，②証拠としては強い（被疑者が犯人であることを強く示唆する）が，特異度が低い（犯人ではない者を犯人と推定する可能性がある）もの，③証拠としては弱い（被疑者が犯人であることを示唆するには弱い）が，特異度が高い（犯人でない者を正しく犯人ではないと推定する力が強い）もの，④証拠としては強く（被疑者が犯人であることを強く示唆する），特異度も高い（犯人でない者を正しく犯人ではないと推定する力が強い）もの，の順に段階的に提示することが効果的であるとしている。

C 取調べの終結：取調べの終結では，取調べ官が理解したことを要約して被疑者に伝え，被疑者の言い分として付け加えたり，訂正したり，修正したりする機会を提供する。そして，その後被疑者がたどる司法の流れについて説明する。

E 取調べの評価：取調べの評価では，取調べ官の取調べ技術向上や品質管理のための方法として，スーパーバイザーが取調べ官に対して助言を行なう。取調べの評価の段階については，心理学的な検討はほとんど行なわれていない（Clark & Milne, 2016）。

PEACE モデルは，1992 年に最初のバージョンが作成され，1996 年，2000 年に改訂版が提出されている。最新版を作成した National Crime Faculty（2000）によれば，PEACE モデルで強調されるスキルは，次の点とされている。

・被疑者が自身の言い分を語ることを支援するオープン質問の使用
・その後に，被疑者の言い分の中の一貫しない点や矛盾を強調する
・その後に，警察が持つ証拠を被疑者に提示する
・その後に，被疑者が述べたことに反論する証拠として提示された情報を使った被疑者の言い分にチャレンジ（被疑者の供述内容に異議や疑問を投げかけ説明を求めること）する

イギリスでは，黙秘することが被疑者の不利になるという法律的な前提の中で PEACE モデルを用いることで，被疑者がなんらかの情報を供述の中で提示し，その供述間の矛盾や供述と証拠との間の矛盾を突く取調べが可能となっている。誘導するリスクが低く，虚偽自白のリスクが低い取調べ手法といえるが，真実を追求するという観点からは，それと同時に，実際に犯行を行なった被疑者に対してどのように嘘をつきにくくするかについての検討を行なう必要があり，前述したように証拠の提示方法についての研究が多く行なわれている。

(5) 日本における取調べの高度化の流れ

①取調べの適正化・高度化の契機となった事件

富山事件，志布志事件，足利事件等，警察捜査のあり方が問われる深刻な無罪判決等が相次ぎ，警察捜査に対する信頼が大きく揺らいだ。このような状況を受け，警察では，取調べの適正化・高度化に向けた各種取り組みを推進していくこととなった。これらの事件については，警察庁がとりまとめた報告書「富山事件及び志布志事件における警察捜査の問題点等について（平成 20 年 1 月）」（警察庁，2008），および「足利事件における警察捜査の問題点等について（概要）（平成 22 年 4 月）」（警察庁，2010）が警察庁のホームページにアップされている。これら 2 つの報告書では，それぞれの事件の概要や，それぞれの事件における警察捜査の問題点等が整理して示されている。表 24.4 には，これらの報告書で示された事件の概要，警察捜査の問題点，再発防止方策を簡略化して示した。報告書で示された情報のうち，被害者取調べや被疑者取調べ，それらから得られた供述に関する問題点としてあげられたものについては表中に太字で示し，その概要を示した。

表 24.4 取調べの高度化の契機となった事件における捜査の問題点と再発防止方策

	富山事件	志布志事件	足利事件
概要	平成14年に発生した2件の強姦等事件である。この事件では，A氏が懲役3年の実刑判決を受けて服役を終えた後に，別のB氏が真犯人であることが明らかになった。	平成15年の県議会議員選挙において初当選したC氏派の選挙運動員Dが公職選挙法違反で逮捕された後，会合における買収事実が明らかになり，選挙運動員ら15名が逮捕され，うち13名が起訴された（うち1名は公判中に死亡のため公訴棄却となり公判終了），平成19年の公判において，被告人12人全員の無罪判決が言い渡された（Dとその後に逮捕された5名は捜査段階では逮捕事実をすべて認めていたが，公判で3名が否認に転じ，保釈後に残り3名も否認に転じ，最終的には全員が起訴事実を否認していた）。	平成2年に発生した幼女誘拐殺人死体遺棄事件である。平成3年12月に逮捕されたA氏はわいせつ誘拐，殺人，死体遺棄罪で起訴され，平成5年7月に無期懲役判決が言い渡され，控訴棄却，上告棄却を経て平成12年7月に無期懲役が確定した。その後新たな証拠が提出されたことを受けて，再審開始が決定され，平成22年3月に無罪判決が言い渡された。
警察庁の報告書に示された警察捜査の問題点	1 証拠の吟味における問題点 2 犯人特定供述の検討における問題点 　本件においては，犯人特定供述の証拠価値を過大評価すべきではなく，その他の証拠によって，犯人性を特定することが可能であるか否か慎重に検討を行なう必要があった。 3 取調べにおける問題点 　積極的に供述をしない状況のもと，捜査員から積極的に事実を確認する形での取調べを行なわざるをえない状況の中で，得られた自白が真意によるものであるか否かについて慎重な検討が必要であった。 4 供述の信用性の吟味における問題点 　A氏は，任意の取調べ段階で犯行を否認していたが，その後大筋で犯行を認めるにいたり，検察官の弁解録取や裁判官による勾留質問では否認したほかは，公判においても犯行を認めていた。こうして得られた供述に関し，自白したという事実に過度に依存することなく，犯人性を否定する方向についても慎重に検討すべきであった。 5 捜査指揮における問題点	1 取調べにおける問題点 　①長期間，長時間にわたる取調べ，②追及的・強圧的な取調べ，③不適切な言動があった。相手方の事情に配慮して取調べが不当に長期間，長時間にわたらないように注意するとともに，相手方の境遇，性格等に応じ，よりいっそう相手方の心情を理解しつつ，取調べを行なう必要があった。また，供述の任意性，信用性に疑念を生じさせることのないよう，よりいっそうの配慮が必要であった。 2 供述の信用性の吟味に関する問題点 　供述の不自然性を払拭するための供述の信用性の吟味・証拠の収集が不十分であった。また，具体的かつ詳細な供述内容が客観的事実と矛盾しないか，重要部分に関する供述の変遷理由等について，幹部による供述の信用性の吟味等が十分ではなかった。 3 供述の裏づけにおける問題点 4 捜査指揮における問題点	捜査における問題点 ア 任意同行および取調べにおける問題点 　当時のDNA型鑑定の個人識別力の正確な意味に対する理解・検討が不十分なままDNA型鑑定結果を過大評価した結果，取調べにあたっては，予断を排し，あくまで真実の発見を目標として行なわなければならないところ，自白のみを求める姿勢で任意同行し，取調べを行なったことは不適切であった。 イ 迎合の可能性に対する留意の欠如 　A氏は一貫して自白を維持していたが，彼の内向的，非社交的で強く言われるとなかなか反論できないという性格等，迎合の可能性があるという被疑者の特性に対する留意を欠いた取調べによって，捜査員の意に沿う供述をさせてしまう結果となった。 捜査指揮における問題点 ア 捜査主任官の機能の欠如 イ 自白の信用性の吟味の不徹底
再発防止方策	平成19年11月1日，国家公安委員会において「警察捜査における取調べの適正化について」が決定され，①取調べに対する監督の強化，②取調べ時間の管理の厳格化，③その他適正な取調べを担保するための措置，④捜査に携わる者の意識向上の4点について早急に対策を講ずることとされた。これを受け，警察庁では，警察捜査における取調べの適正化に向けて警察が当面取り組むべき施策をとりまとめた「警察捜査における取調べ適正化指針」（警察庁，平成20年1月）を発出した。		国家公安委員会委員長が主催する「捜査手法，取調べの高度化を図るための研究会」による最終報告（平成24年2月）に盛り込まれた提言を受け，ア）取調べの録音・録画の試行の拡充，イ）取調べの高度化・適正化等の推進，ウ）捜査手法の高度化等の推進を柱とする「捜査手法，取調べの高度化プログラム」（警察庁，平成24年3月）を発出した。

②取調べの高度化プログラム

表 24.4 に記載のとおり，事件の再発防止対策の一環として，警察庁では「捜査手法，取調べの高度化プログラム」（2012 年 3 月）を策定・公表した。このプログラムは，捜査手法，取調べの高度化を推進することにより，的確かつ効率的な立証を図るとともに，取調べをはじめとする警察捜査の適正化をいっそう推進して虚偽自白および冤罪の防止を図ろうとするものである（重松，2012）。取調べの高度化・適正化の推進について重松（2012）は，「取調べに従事する全ての警察官が一定レベル以上の取調べ技術を取得する必要性に鑑み，警察庁が主導して，心理学的手法を取り入れた取調べ技術の体系化を図るとともに，その研修・訓練方法についても諸外国における心理学的知見等を踏まえた方法を参考としつつ，統一的な指導要領を作成するなどの取り組みを進める」としている。日本において，取調べの技術について心理学的手法を軸として高度化を進めることがはじめて言及されたものである。

③取調べの高度化への歩み

「捜査手法，取調べの高度化プログラム」（2012 年 3 月）が発出される以前から，取調べに関するトレーニングは行なわれていたが，その多くは，経験豊富な取調べ官が取調べに同席したり，経験豊富な取調べ官から取調べの方法についての話を聞いたり，実務の中で個別に指導を受けるなど，OJT（On-the-Job Training；日常の業務に就きながら行なわれる教育訓練）によるものであり，OJT が取調べの技術の伝承のための主要なトレーニング方法となっていた（田崎，2013；Wachi & Watanabe, 2015）。

OJT は，対象者の能力やニーズに適合したトレーニングを行なうことが可能であることが利点である。また，職務の中で必要なことを必要な場で必要に応じて学ぶことができるだけでなく，遂行した職務に対する成果のフィードバックが早いことから，計画的に実施されれば教育訓練の効果は非常に高い（木村，2008）。

しかしながら，OJT を通して技能を獲得させる場合には，個人の経験から学習する態度が重要となる。先行研究が示す学習態度の個人差に関わる要因は，①挑戦性（新しい経験に対して開かれた心，成長しようとする能力や達成動機など），②柔軟性（他の人の意見や批判に耳を傾けて，新しい考えや視点を取り入れる，相手に応じた柔軟な対応をすることなど），③状況への注意とフィードバックの活用（職場の環境を理解するために状況に注意を向けてフィードバックを探索するというモニタリング活動），④類推（新しい問題の解決において過去の類似経験を探索し利用する，部下や同僚に類似した状況の過去経験を伝達する）の 4 つに整理することができることが指摘されている（金井・楠見，2012）。取調べの技術の獲得においても，これらの要因が影響し，OJT を通して獲得できる技術力には個人差が大きかったと考えられる。

仕事が繁忙になってくると OJT に割く時間が少なくなり，計画的に OJT を実施することが難しくなるだろう。学習者は実務をこなすための知識を習得する時間に追わ

れてしまうため，背景にある考え方をとらえるためには知識と経験を体系化する時間が必要となる。また，これに加え，教育者である現場のプロが必ずしも教育のプロであるとは限らないため，体系化された考え方を教育できる教育者が必要となることから，技能の獲得には OJT に加え OFF-JT（Off-the-Job Training；通常の仕事を一時的に離れて行なう教育訓練（研修））で補完することが必要であることが指摘されている（松澤ら，2002）。このことからも，取調べの高度化プログラム策定の流れの中で，取調べ官たちが現場で行なっている効果的な取調べ方法を学問的に明らかにし，その方法を明文化する枠組みとして心理学を用い，現場の「実践知」を「形式知」化することは，取調べの技術の確実な伝承に寄与するといえる。

④取調べ教本に示される心理学的知見

取調べの教本である「取調べ（基礎編）」（警察庁刑事局刑事企画課，2012）は，認知面接や PEACE を参考として，取調べに関連する心理学的知見を取り入れた初の取調べ教本であり，誘導することなく対象者から真の供述を得ることを目指したものである。この教本は警察庁のホームページで公開されており，誰でも入手することができる。

そのまえがきには，「「捜査手法，取調べの高度化プログラム」（2012 年 3 月）を踏まえ，取調べにおいて真実の供述を得るための効果的な質問や説得の方法，虚偽供述が生まれるメカニズムとこれを防止するための方策等を初めとする心理学的な手法等を取り入れて取調べ技術の体系化を図り，……」と書かれており，心理学の専門家としては，科学警察研究所の捜査支援研究室が全面的に教本の作成に協力し，北海道大学（当時）の仲真紀子教授が教本内容への助言を行なっている。取調べの実務で蓄積されている実践知を心理学の枠組みを用いて整理し，形式知として体系化するための第一歩がこの教本といえるだろう。

田崎（2013）は，この教本のコンセプトとして，「心理学的手法の導入という観点から，取調べの相手方，とりわけ目撃者等の参考人から，その体験・目撃等に係る記憶に基づき，捜査・立証に必要な情報を可能な限り正確に，かつより多く引き出すための手法をとりまとめた」と述べているが，この手法は取調べに協力的な態度を示す被疑者にも適用できるものである。

表 24.5 に示すように，教本の取調べと関連する心理学的知見の章では，まず，記憶の過程（記銘，保持，想起）をふまえ，原体験の記憶を想起できないことと関連する各種の要因について説明し，記憶の不完全性や事後情報による記憶の変容に関する認知心理学の知見を提示している。そして，主に捜査員が関わる想起の段階において捜査員が配慮できる，相手方が想起内容を報告しやすい関係づくり（ラポール形成）や聴き方（態度や発問方法），相手方が持つ原体験に関する記憶を喚起させるための方法（認知面接で指摘されている 4 つの記憶喚起方略のうちの 3 方略：文脈の心的再現，全報告，順序を変える）を提示し，相手方の記憶にある情報を歪ま

表 24.5 「取調べ（基礎編）」（警察庁刑事局刑事企画課，2012 の目次のうち取調べと関連する心理学的知見としてまとめられている部分）

```
第1章  取調べと関連する心理学の知見
 第1  記憶の過程と取調べ
 第2  記憶の正確性，完全性に影響を及ぼす要因
   1  記銘段階
    (1) 体験・目撃の状況
    (2) 情報の種類
    (3) 体験・目撃時の心身状態等
   2  保持段階
    (1) 保持期間の長さと情報の種類
    (2) 事後情報による干渉
 第3  想起段階における工夫
   1  想起への集中を高める工夫
    (1) 挨拶や取調べの目的・進行等の説明
    (2) 適度な「間」の確保と相手方のペースによる想起
    (3) 自由に話をさせる
   2  記憶を喚起させるための手法
    (1) 状況の心的再現
    (2) 全ての報告
    (3) 逆向再生
    (4) 細部記憶の補助
 ※被疑者取調べにおける虚偽自白
   1  虚偽供述の原因
    (1) 自発型虚偽自白
    (2) 強制・追従型虚偽自白
    (3) 強制・内面化型虚偽自白
   2  虚偽供述の判別
```

せずにより多く得るために必要とされる認知心理学や社会心理学，臨床心理学の知見を提示している。

⑤取調べにおける質問の種類への配慮

　質問の分類については，オープン質問（open-ended question）とクローズド質問（closed question）の二分類に関する共通の見解はあるが，より詳細な分類については，統一されたものはなく，研究者により異なっている。二分法においても，たとえば，①生産的／適切（productive or appropriate）と②非生産的／リスキー／不適切（non-productive, risky, or inappropriate）の二分類（Oxburgh et al., 2010），①確認を求める（confirmation-seeking）質問と②情報を求める（information-seeking）質問の二分類（Newbury & Johnson, 2006）などがある。

　ここでは，より一般的なオープン質問とクローズド質問を軸にして説明する。オープン質問は，「○○について話してください」「○○について教えてください」「○○について説明してください」「それはいつのことでしたか」「その場所はどこだったのですか」などの質問であり，対象者がどのように答えてもよいため，対象者にとって回答の自由度の大きい質問方法である。これに対して，クローズド質問は，「○○は知っ

ている人でしたか」「あなたは○○をみたのですか」「○○は右手をあげたのですか」「○○は赤でしたか，青でしたか」などの質問であり，質問者側がなんらかの情報を提示するため，対象者は回答の自由度が小さい（たとえば，「はい」か「いいえ」で答えればよい）質問である。

　取調べ（基礎編）では，オープン質問として2種類の質問，クローズド質問として3種類の質問をあげている。オープン質問（open-ended question）には，自由再生質問（free narrative question）と焦点化質問（focused question）が該当する。自由再生質問は，回答者から自由な語りを引き出す質問方法であり，質問者はそれまでに回答者が提示していない情報は示さずに質問するため誘導のリスクが最も低く，正確な情報が得られやすい質問方法である。回答者の自由度が高いことから，回答者は記憶をより精査して回答をする必要があり，記憶が喚起されやすいことが指摘されている。しかしながら，知的障害など知的能力になんらかの制約がある場合には，この質問への回答は難しく，何を求められているのかわからないために答えられない場合がある。

　焦点化質問は，6W1H（いつ，どこで，だれが，なぜ，誰に，なにを，どのようにしたか）を問う質問であり，回答者は提示されたWもしくはHについて，ごく簡単に答えることもでき，詳しく答えることもできる。多くの場合，ごく簡単に答えるため，その後に「では，そのときのことについて，詳しく話してください」「では，その○○について，詳しく説明してください」などの自由再生質問を続けることが望ましい。焦点化質問のうち，「なぜ」については相手を非難しているように聞こえる場合があるため，できるだけ別の言葉に言い換えて使用することが推奨されている。たとえば，「なぜ，逃げなかったの」「なぜ，そこでそうしたの」という言葉は，「逃げたらよかったのに，なんで逃げなかったんだ」「そうしなければよかったのに，なんでそんなことをしたんだ」と非難しているようにとらえることができるためである。

　クローズド質問（closed question）には，はい・いいえ質問（Yes-No question），選択質問（multiple choice question），誘導質問（leading question）が該当する。はい・いいえ質問は，質問者側が提示した情報が正しいかどうかを確認するために，「はい」か「いいえ」で答えてもらう質問であり，取調べにおいては必ず使う必要のある質問である。対象者がそれまでに述べた情報を質問者側が正しく理解しているかどうかを確認することを目的としている場合には，使用に問題はなく，その場合には，適切なクローズド質問（appropriate closed question）として分類する研究もある。しかし，取調べにおいては，対象者がそれまでに述べていない情報を提示する必要がある場合もあり，その場合には誘導のリスクがあるので注意が必要である。はい・いいえ質問の後に「はい」という回答が得られた場合には，それが誘導したものではないことを確認するために，「はい」と回答した情報について，より詳しい説明を求める自由再生質問を続けることが望ましいといえる。

　選択質問は，質問者側が提示した情報が正しいかどうかを確認するための質問で

あるが，複数の情報を並行して提示するため，記憶との一対一の照合をくり返すのではなく，どちらの選択肢がより自分の記憶に近いか，似ているかに基づいて回答をしてしまうリスクがある。たとえば，「あなたは猫が好きですか，それとも犬が好きですか」と聞かれた場合に，うさぎが好きな人は「どちらも違う」と答えるのが自分にとって正しい回答になるが，この方法で質問されると「（犬と猫のどちらかというと）犬が好き」と，自分にとって正しい回答とは違う回答をしてしまう人もいるのである。

　誘導質問は，「あなたが見たのは○○だったんですよね」「その男が○○したのですね」「その信号は赤だったのではないですか」などは，クローズド質問の中でも最も回答の自由度の少ない質問であり，質問者が期待する答えが何であるかが回答者によくわかる質問方法になっており，誘導のリスクの最も高い質問方法である。自分の記憶に自信がある場合にはこうした誘導質問に対しても「違う」と答えることができるが，記憶に自信がない場合には，誘導されるリスクが高くなるため，取調べの中では可能な限り使用しない質問である。この質問方法を使用してしまった場合には，必ず「はい」と答えた内容について詳細な説明を求める自由再生質問をして，その回答が誘導されたものではないことを確認する必要がある。

　取調べの中で行なわれる質問については，種類ごとの生起頻度をみるのではなく，コミュニケーションの流れとしてどのような文脈でどの種類の質問が用いられているのかを見る必要があることから，グリフィスとミルン（Griffiths & Milne, 2006）は，Griffiths Question Map（GQM）を用いて，時系列により行なわれた質問種類をマッピングすることを提唱している。また，取調べにおいては，上記に示した質問以外にも，対象者から捜査に必要な情報を得るために取調べ官はさまざまな言葉を用いている。たとえば，社会的スキル（social skill）や積極的聴取スキル（active listening skill）で相手の話を促すために推奨されている反射（reflection）の方法として，①うなずく，②対象者の言った重要な言葉をくり返す，といったことは頻繁に行なわれている。日常生活でよく用いられる反射の方法の一つである③言い換え（対象者のことばを質問者自身の言葉に言い換えて返す）は，取調べにおいては推奨されない。取調べにおいては，日常生活場面でのコミュニケーションとは異なる様式を意識して使用する必要があることから，トレーニングによりその技術力を維持・向上させる努力は欠かせない。

⑥心理学的な知見に基づく取調べに関する系統的なトレーニング

　2013年5月には，警察大学校内に取調べ技術総合研究・研修センターが設置された。取調べ技術総合研究・研修センターでは，「取調べ（基礎編）」に基づき，心理学の知見に基づく「誘導しない」「体験した事実を聴き取る」ための基本的な技術を身につけることを目的とし，警察大学校および管区警察学校において，取調べに関する構造

講義形式		演習形式							
取調べと関連する心理学の知見の理解	心理学の知見をふまえた取調べ技術の習得	取調べ基礎演習1	取調べ基礎演習2	取調べの演習1（参考人取調べ）			取調べの演習2（被疑者取調べ）		
				ロールプレイ	ふり返り	フィードバック（評価）	ロールプレイ	ふり返り	フィードバック（評価）
		ロールプレイ	ロールプレイ	録音・録画	映像再生	研修生相互・教官・心理学の専門家によるフィードバック	録音・録画	映像再生	研修生相互・教官・心理学の専門家によるフィードバック
記憶のメカニズムや人（目撃者等）から正確な情報を得る方法に関する心理学の理論	取調べを準備段階、導入段階、聴取段階、確認段階に分類し、それぞれの段階で用いる手法	ラポールの形成のためのポイント	人の話を聴くスキル	想定事例に基づき、あらかじめ犯行状況を実演した映像を被害者役のみが前日もしくは数日前に視聴し、取調べ官役が心理学的知見をふまえた取調べの技術を用いて聴取する。			想定事例に基づき、取調べ官役が、心理学的知見をふまえた取調べの技術を用いて、（自供するまたは否認する）被疑者から聴取する		

→

図24.4　取調べ技術総合研究・研修センターによる取調べ官育成のための研修・訓練プログラム（粟野，2014より作成）

化したトレーニングの提供を行なっている（粟野，2014）。取調べ技術総合研究・研修センターが行なう研修は，OJTを補完するOFF-JTの役割を持ち，体系化された知識とそれを実務に結びつけるやり方，具体的なスキルについて学習する機会を提供するものとなっている。

　粟野（2014）の記述に基づき，取調べ技術総合研究・研修センターで行なわれている取調べ研修の概要をまとめたものを図24.4に示す。この研修の企画や実施には，捜査経験の豊富な警察官と取調べの研究に従事する科学警察研究所の心理技官が関与している。研修は構造化されており，まずは講義において，取調べと関連する心理学的知見に関する整理された知識の提示を行ない，その後にそれら心理学の知見をふまえた取調べについて具体的に説明した後に，実際にそれを実行するためのスキルを獲得するために演習として複数のロールプレイをくり返す流れとなっている。演習のロールプレイにおいては，まずは基礎演習1と2において，ラポール形成を含む人の話を聴くときに必要となる基本的なスキルを取り上げ，そのスキルを意識して行なうことで，取調べに必要なスキルとしての認識を持ってもらう。そして，その後の取調べ演習の中で，それらのスキルを用いて想定事例に基づいた模擬取調べ（撮影）を行

ない，自身の行なった取調べの映像を全員の前で再生してそれぞれの役割によるふり返り討論を行なったうえで，研修生相互によるフィードバックや，捜査の専門家および心理学の専門家によるフィードバックを受ける流れをくり返す。そうすることで，ロールプレイの経験に関する省察（reflection）を促す。

　省察は，経験から教訓を引き出し，実践知を獲得するための重要な要因であり，ふり返り的省察（retrospective reflection）や見通し的省察（anticipatory refrection），行為の中での省察（reflection in action）がある（金井・楠見，2012）。ふり返り的省察は，自分の経験に意義や意味を解釈して深い洞察を得ることであり，失敗についてはプランを修正し，行動を改善することにつながる。見通し的省察は，未来に向けて実践の可能性についての考えを深めることであり，自己の洞察を深め，経験によって成長した自分の姿を思い描き，今後の活動に生かすことにつながる。行為の中での省察は，行為をしている間に状況をモニターして注意を向け，行動を適切に調整することであり，動的に変化する複雑な状況における柔軟な対応につながる。

　全国の警察学校における取調べトレーニングも取調べ技術総合研究・研修センターが行なう研修にならう形で行なわれており，全国の各階級の者が取調べの基本技術を習得できるよう体系的に研修が行なわれている（Wachi & Watanabe, 2015）。

第二十五章 人質立てこもり事件と交渉

1. 人質立てこもり事件のタイプ

　人質立てこもり事件とは，犯人が人質をとってどこかの場所に立てこもりなんらかの要求をするか，膠着状態になる事件のことをいう。

　越智（2015）によればこのタイプの事件の犯人は目的や成り立ちによって大きく6つに分類される。①精神障害や薬物・アルコール依存・乱用によるもの，②犯人が自殺志願者，③家庭内トラブルからの立てこもり，④犯行現場を押さえられた犯人，⑤テロリスト，⑥抗議のための人質立てこもり，である。

　①は自分がなんらかの理由で迫害されている，追われている，殺されそうであるといったような幻覚や妄想により，他者を巻き込んで立てこもる場合である。②は犯人以外に人質はいないものの，犯人自身が自殺を志願している状態であり，自分を人質にとった事件といえる。③は家庭内トラブルやドメスティック・バイオレンスの最中に警察が来て，家族を人質にとって立てこもる事件であり，もともと事件を起こす意図はないため具体的な要求がないことがある。④は銀行強盗中に警察が来るなどして，犯人が逮捕を避けるためにその場にいる人間を人質にとる場合である。⑤は政治的な要求（具体的な行動のこともあれば，自身の意見をメディアに流す，といった要求のこともある）のために人質をとって事件を起こすものである。⑥は⑤と近いが，会社による給料不払いや労働法違反などを世の中に訴えるために立てこもるものである。

2. 人質交渉のテクニック

(1) コミュニケーションとしての人質交渉

　人質立てこもり事案が発生すると警察が現場において，立てこもり犯人と交渉し，人質の解放，そして，犯人の投降を説得する。これを人質交渉という。人質「交渉」といっても，犯人側の「この場から，逃がしてもらう」という選択肢が実現されることは現実的にはほとんどなく，警察もこのような選択肢が実現されるのは大きな失態であるため，その実質は，「交渉」というよりもむしろ人質解放，犯人投降への「説得」という意味合いが強い。

　人質交渉は主に言語的な対話を通じて，犯人の行動を交渉人が望む方向へ誘導するコミュニケーションの一種である。そのため，その基礎的な原則は一般のコミュニケーションと同じである。

(2) コミュニケーションの基本原則と人質交渉

　効果的なコミュニケーションを実現するには，①相互理解，②ゴールの明確化，③真実を述べること，の3つの要素が必要であるとマックマインとムリン（McMains & Mullins, 2006）は述べている。

　まず，①の相互理解とは，送り手のメッセージが受け手に誤解なく伝わること，あるいは正しく伝わるように伝えることを意味する。人質交渉の場面においては，交渉人は，犯人が通常使用し，理解できるような言葉を使用する必要がある。実際，我々が通常考えるよりも，犯人の生育歴や出身地，教育レベル，その犯人が属している社会的集団等によって使用される言葉は異なっている。そのため，交渉人には，さまざまな集団で使用されるスラングやジャーゴンについて的確に理解し，会話で使用する能力が要求される。

　②のゴールの明確化とは，コミュニケーションを行なう場合には，そこでなされるコミュニケーションがどこに向かっているのか，何を目的としているのかを明確にする必要があるということである。ゴールが明確でないとだらだらとした言葉の応酬になることがあり，これは人質交渉においてはいたずらに事件の解決を遅らせることになってしまう。

　人質交渉におけるコミュニケーションのゴールは階層的な構造をしている。最終的なゴールはもちろん，人質解放，犯人投降であるが，下位目標として，犯人をクールダウンさせる，人質（の一部）を解放させる，食糧を供給する，移動手段を供給する，犯人の要求を断る，要求水準を下げさせるなどの目標が設定される。ただし，下位目

標を実現させるためのコミュニケーションを行なっている場合にも，つねに全体の目標達成のために現在の目標がどのような位置づけになっているのかを確認していくことが必要である。また，犯人の要求は次々に変わる可能性があるので，これに対しても臨機応変に対処する能力が要求される。

③の真実を述べることは，送り手はウソをつかず，コミュニケーションの受け手から信頼されるようにしなければならないということである。

人質交渉場面において，交渉人がウソをつき，それが犯人側にばれてしまうことは，状況を一気に悪化させることにつながる。その後交渉人との交渉が絶える，あるいは以後警察組織の誰とも交渉しなくなる可能性や（Sen, 1989），抑うつ状態の犯人の場合自殺する（DiVasto et al., 1992）可能性も少なくない。ただし，実際問題として交渉の際には交渉人はウソをつくことが必要になることも生じるのが現実である。しかしその場合でも，可能な限り，真実のみを話すという方向性は守るべきであろう。

(3) 人質交渉に特化したコミュニケーション方略

今まで述べてきたようなコミュニケーションの基本原則のうえに，人質交渉にある程度特化したコミュニケーション方略が存在する。たとえば，マックマインとムリン（McMains & Mullins, 2006）は，この種の方略として，次の7つのものをあげている。

①交渉人は，犯人への気遣いや関心を態度で示す

これは，交渉人が，犯人自体を理解し，その考えや要求を積極的に聞きたいと思っているということを犯人に直接的，間接的に伝えるということである。

「いったい君に何があったのか教えてくれないか」のように純粋な関心を持っていることを示す言葉をかけることや，「それはつらくたいへんだっただろう」「君にも，我々にも最も良い解決策を見つけたいと本当に思っているんだ」といった発言がその例である。これはうつ病の犯人や自殺する可能性のある犯人，特定の事象（職場や人間関係，行政のやり方）に対する不満が大きな犯人などには効果的である可能性が大きい。

②交渉人は，理性的な問題解決者として振る舞う

交渉人は，相手に対して，高圧的に投降を呼びかける（たとえば「おまえは完全に包囲された，もう逃げ道はない，銃をおいて出てこい」）存在であってはならない。このような発言は事態を悪化させる場合も少なくない。交渉人は，むしろ，リーダー役となって犯人とともに，現在の状況を解決する策をともに考えていくというスタンスをとるべきである。具体的には，「君と人質，全員の安全が確実に保証される方法を一緒に考えよう」「この案について君はどう考えるのか教えてくれないか？」「他の

解決策がないか考えよう」といった発言となる。このようなスタンスは，犯人とのコミュニケーションがしっかりととれている段階で，交渉が調整段階に入ったときに最も有効である。

③交渉人は場合によっては犯人の側に立った発言もする
　交渉人は犯人と対立関係にあるよりは犯人の立場を理解し，問題解決を促進する立場にいるということを犯人に伝えることが重要である。つまり犯人と交渉人という対立関係でなく，犯人，交渉人，捜査本部という三角形の関係がそこにあるのだということを犯人に理解させるのである。そのためには，交渉人自体が捜査本部の方針に批判的な発言をすることも時には必要である。たとえば，犯人に対して，「君の言っていることはそのとおりだと思う，頭が固いのはうちの上司のほうだ，あいつは融通が利かなすぎる」とか，「君の要求はわかった。問題はあいつら（捜査本部）がそれをやるつもりがあるかどうかだ」などである。少なくとも，交渉人＆捜査本部 v.s. 犯人という図式ではなく，捜査本部 v.s. 交渉人＆犯人という図式であると思わせることで，犯人は交渉人に協力しなくては事態が解決しないのだという意識を持たせ，それにより交渉を前進させることができる。

④"ちょっとできない"交渉人方略の使用
　交渉人は，交渉の過程で相手の要求をそのまま実現するような振る舞いをしてはならない。即座の要求実現は，犯人の行動に対して，条件づけにおける強化として働くし，また，犯人と交渉人，犯人と捜査本部の力関係を犯人側に有利にしてしまい，犯人のペースに巻き込まれることになる。また，当然ながら要求の中には合意しかねるものや，合意したけれども実行までに時間を稼ぎたい場面も出てくるだろう。そういったときに使える方略が，交渉人が基本的に「犯人の要求や質問に対してその実現や回答のためにベストを尽くしているが，その試みはすべてうまくいくわけではない」というスタンスで対応することである。この際，使用できるダイアローグとしては，「君の要求の実現に時間がかかっているんだ，今やっているところだ」「要求はわかったが，私の上司がなんていうか確認してみないとわからない」「こういう理由で時間がかかっているのだと思う。俺としては，時間をかけたくないしもっと速く動いてやりたいんだが」「他に何ができると思うかい？」といった発言となる。

⑤交渉人は，落ち着いて，温情がある態度で犯人と接する
　交渉人は落ち着いていて，有能だが温情がある人物だというスタンスで交渉すべきである。たとえば，犯人が興奮している場合には，「すごく興奮しているようだね。まずちょっと深呼吸して落ち着こう」「次のステップを本当にゆっくり進めよう。誰も傷つかないように」などの発言である。また，犯人がとるべき行動を，冷静に具体

的に指示することも有効である。具体的には「君自身は，いま怪我をしていないのか，それを教えてくれ」「人質は空腹じゃないかな。それを確認してくれないかな」などである。

　この方略は，交渉において事態が悪い方向に急転しかけたタイミングや犯人が興奮している場合，犯人が人を殺したり別の犯罪を行なった直後などの場合にはきわめて有効な方略となる。犯人が興奮している場合，交渉人も同じように興奮したり，大声になったり，命令口調になりがちである。しかし，このような場合にこそ，落ち着いた態度，ゆっくりした口調をとることが重要なのである。

⑥交渉人は犯人の自尊心を向上させるべきである

　すでに述べたように対立関係を持ち込むことは交渉の進展には妨害になることがある。また，意図せずともちょっとした言葉も犯人にとっては批判として聞こえてしまい，対立構造が生じてしまうことがある。たとえば「そんなに早口でまくしたてるなよ」という交渉人の言葉が犯人にとっては非難や攻撃の言葉として認知されてしまうこともある。そのため，交渉人は意識的に犯人の自尊心を高める方向でのコミュニケーションをとるべきである（Branchard, 1991）。

　そのためには3つの方法が使用可能である。1つ目は，些細な批判を避けることである。相手のミスを指摘したり，反省を促したり，過去の犯罪について言及したり，犯人の行動についていちいち非難すべきではない。2つ目は積極的傾聴である。これは交渉人が指示的にコミュニケートするのでなく，意識的に相手の話を聞くというスタンスをとることである。積極的傾聴自体が，犯人にとってポジティブなフィードバックとなる。3つ目はあらゆるタイミングに適切な強化をすることである。強化の仕方は「そうですね」「なるほど」といった一般的な言動でかまわない。具体的な会話例としては，

　　犯　　人：わかった。さっきの要求はあきらめる。忘れてくれ。
　　交渉人：本当に感謝している。この事件を解決するのに良く協力してくれた。

といったものである。特に交渉人が望む方向へ犯人が言動や行動を行なったとき，積極的に強化をすることが重要である。

⑦交渉人は事件解決に自信を持って交渉に臨むべきである

　交渉人が，事件解決にどの程度自信を持っているかは，言語的，非言語的なコミュニケーションによって犯人に伝わるということを理解しておくべきである。先にも述べたとおり，交渉人は犯人と対立している存在ではなく，犯人と協力して問題を解決するある種のパートナーである。自信を持った信頼できるパートナーとともに仕事をしたいのは，当然のことである。ただし，注意しなければならないのは，自信と横柄

さとは異なるということである。エキスパートとしての自信はあるが横柄ではない態度を示す必要がある。たとえば「何も心配するな。この事件を解決して君を助ける」といったような発言は犯人からみたら単なる自信過剰で横柄な態度に思えてしまうことが多い。

以上7つの交渉方略をあげたが，いずれの方略も単独では交渉を成功に導くことはできないが，状況に応じて方略を変え，常に適切な方略を組み合わせて使用していくことで，交渉を良い結果に向けて進めていくことができる（Abbott, 1986）。

(4) 心理学的コミュニケーション方略を利用した説得方略

この他にも，すでに説得研究や要請研究であきらかになっているさまざまな心理学的法則を適切に利用することによって，交渉を有利に進めることができる（Cialdini, 1984, 1993；Slatkin, 2010）。以下にその具体例をあげる。

①返報性の原理

返報性の原理とは，相手に何かをしてもらうと，お返しをしなければならないような気がする心理のことである。この法則は強固な現象であり，相手の好き嫌いと関係なくみられる。また，自分が望んでいないことでも，相手からされてしまうとお返しする義務を感じてしまう。この原理の興味深いところは，ギブとテイクの間には等価性は必ずしも要求されないという点である。つまり，相手に小さなギブをすることで大きなリターンを得ることができる可能性がある。具体的には，交渉人が犯人に対して小さなギブを何度も与えることで，人質解放というリターンを得る可能性が増大する。

返報性の原理を使用する場合のポイントは，必ず交渉人が先に与える側になることと，貸しがあることを大げさにアピールしすぎないことである。たとえば，交渉人は犯人に「要求が受け入れられる限りにおいては人質の命の保証をする」などと先に言わせてはならない。このような発言がなされてしまえば，その後，捜査本部が行なった行動はギブではなく，犯人の要求に応じたことになってしまうからである。そのため，交渉人は交渉の初期において「とりあえず，食料と水を差し入れよう」といった物資の提供や，「君は怪我をしていないのか，もししているのだったら，薬を提供しよう」などといった思いやり行動を先手を打って行なうことが必要である。

②一貫性の原理

人は基本的に一貫性のある行動をするように動機づけられている。そのため，犯人側が捜査本部や交渉人の意向に沿った発言や行動を行なった場合には，その行動を約束化したり，公的化することが有効である。これによって，犯人は「自分の言葉に縛

られる」ようになる。

　約束化とは，合意した内容を紙に書かせたり，言語的に明確に確認することである。たとえば，交渉の中で，犯人が「女性と子どもは夕方までに解放するつもりだ」と口に出した場合には，即座に明確に「女性と子どもを夕方までに解放してくれると約束してくれるんだな。ありがとう。協力に感謝する」などの形で明確化することである。また，公的化とは，たとえば，犯人から譲歩を取りつけた際に，犯人にわざと聞こえるように交渉チームのメンバーに向かって「○○（犯人の名前）は12時までに人質を一人開放すると約束しました」と話すことで，犯人に対して，約束の内容が交渉人と犯人の間のプライベートなものではなく，公的なものであると印象づけることができる。

③フット・イン・ザ・ドアテクニックを使用した犯人の自己認知の変容

　フット・イン・ザ・ドア・テクニックとは，最初に犯人が受け入れやすい非常に小さな要求をくり返し行ない，それを実行させることによって，犯人の中に「自分は協力的な人間だ」という自己認知の変容を生じさせることである。これにより，後の要求も受け入れやすい態度を形成することができる。たとえば，「人質に水を飲ませてくれないか」とか「10分後にまた電話をくれないか」などの，事態に大きな影響を及ぼさないような小さな要求を小刻みにしていくことによって犯人の態度を形成させていくのである。

　これに類似した方法として「イエス・セット（Yes set）」とよばれている手法もある。これは，犯人に次々に質問し，そのすべてにイエスと答えさせる（質問方法を工夫して，相手の答えがかならずイエスになるようにする）ことをくり返して，交渉人の誘導したい方向にもイエスと言わせてしまう方法である。たとえば，以下のようなダイアローグがその例である（Slatkin, 2010）。

　　交渉人：いまの君は苦境にたたされているな。／犯人：イエス
　　交渉人：いい解決策を見つけたいよな。／犯人：イエス
　　交渉人：今回の事件も何とかなるといいな。／犯人：イエス
　　交渉人：誰も傷つけずに解決できたら嬉しいよな。／犯人：イエス
　　交渉人：君を助けるチャンスをくれないか。／犯人：イエス
　　交渉人：人質の女の子に食べ物をあげたいんだが，解放してくれないか。／犯人：
　　　　　　イエス

④社会的参照

　人質立てこもり事件を何度もくり返していて，熟練している犯人というのは，基本的に存在しない。ということは，犯人も事件の最中，どんな行動をとればいいのかが

わからない状態で動いているということになる。そこで，交渉人が他の事件の（かつ犯人が交渉人にとって望ましい行動をとった）例をさりげなく犯人に伝えることで，それが犯人の行動の基準となり，犯人は伝えられた行動をとる可能性が高まる。たとえば，「君がイライラするのはわかる。大体このような事件では時間通りに物事が進まないし，どの事件でも君のように事件を起こした人はイライラすることが多い。しかし，イライラしたから，時間通りに進まなかったからといって人質を殺した例は正直これまで関わってきた事件の中で一つも見当たらない」などといったセリフで，犯人が人質に危害を与えるのをけん制することができる。

⑤対人魅力形成における類似性の法則

犯人は交渉人と自分とが似ていると考えるほど，交渉人に好感を持ち，彼の言うことを聞きやすくなる。これを類似性の法則という。そこで，好意を生起させるために，交渉人は犯人になるべく態度や話し方を似せつつ，共通点を探すことで，相手に好意をもってもらうよう働きかけることができる。たとえば，犯人と同郷である，犯人と同じスポーツチームをひいきにしている，犯人と同様に政府のやり方（税金など）に腹を立てている，犯人と同様に離婚歴がある（しかし，これに関しては離婚相手を人質にしている場合やこの離婚がきっかけとなった立てこもり事件には使用しないほうがいいかもしれない）などである。これを行なうために，交渉人はあらゆる階層の人物についての話し方や行動形態を理解し，スポーツや政治，芸能などに関する幅広い知識を持っていることが必要となる。

スラットキン（Slatkin, 2010）は，類似性テクニックの例として次のようなダイアログをあげている。

犯　人：釣りに行ったんだ。
交渉人：俺も最近，釣りに行ったばかりなんだよ，モンタナで（サーモン）トラウトを釣りにね。
犯　人：俺はコロラドに行ったことがあるんだ。モンタナに行ってみたいよ，釣り糸は何を使ってるんだい。

⑥希少性の原理

人は，数や取得可能な期間が限られていると，決断が早くなったり通常よりもその選択肢の価値を高く認知する。犯人に即座に実行させたい行動がある場合にはこの法則を使用することによって効果的な説得ができる可能性がある。たとえば，「上司が，5分以内に人質を1人解放すれば食料を提供するが，しないならこの話はなしだと言っている。彼は頑固で，正直この提案を説得するのも非常にたいへんだった。今回の話も断れば，二度とオファーはないと思う」などの発言をすることで犯人に人質を解放

するように誘導することができる。

⑦行動分析と条件づけ

人間の行動を支配する最も基本的な原理は条件づけである。条件づけにはレスポンデント条件づけとオペラント条件づけがあるが，このいずれも系統的に用いることによって犯人の行動をコントロールすることが可能である。たとえば，レスポンデント条件づけでは，犯人が落ち着いたり恐怖心が低減した状態と人質解放を連合させることで，人質解放をするように動機づけることができる。また，オペラント条件づけでは，交渉人や捜査本部の反応が強化として働くことを利用して，犯人が「人質を傷つけるぞ」と言ったり，興奮した場合などには沈黙し，「人質について話し合いたい」と言われたら，「いいですね。どんな話ですか」と即座に応答するなど，望まない言動については反応せず，望ましい言動についてのみ反応することで望ましい反応を増加させることができる（Slatkin, 2010）。

⑧積極的傾聴

交渉において交渉人は，犯人の言い分をよく聴くことが非常に重要である。犯人の真の要求を把握しなければ交渉にならないからである。人質交渉時における積極的傾聴のテクニックとして，ボルトン（Bolton, 1984）は，以下の4つの原則をあげている。

①犯人の行なっていることの要点を，交渉人の言葉でまとめて言い換える復唱
②犯人がコミュニケーションしている感情を反映する，ミラーリング
③犯人の感情や発言を理解していることを示すために，相手の気持ちを言葉で言い表す
④長い交渉の中で犯人が表現した主要な事実や感情をまとめて表現する

また，マックマインとムリンによると，ウェア（Ware, 2003, 2004 cited in McMains & Mullins）は上記に加えて4つのポイントを追加している。

① Yes, OK など，最小限の言葉でちゃんと犯人の言っていることを聞いていることを表現する
②犯人が口頭で長文で回答しなければならないような，オープンエンドの質問をする
③交渉人が自分を主語にして，犯人に対して自分の感情を説明する（i-message）
④犯人が話し終わったときにすぐに口火をきらず黙り続けることで，犯人が沈黙を破ろうとしてさらに話したり感情表出をすることを促す

(5) 人質交渉における提案テクニック

　犯人の多くは，感情的になり，慣れない状況で混乱し，自らがどのような行動をとるべきかなどについて明確な方向性がつかめていない場合が多い。このような場合，交渉人や捜査本部が一方的に説得しようとしたり，投降を呼びかけたりしても犯人が従う可能性は低い。最も有効なテクニックは，交渉人が交渉の中で犯人がとるべき行動についての指針をそれとなく暗示し，誘導し，交渉人が求めている行動を犯人に「自発的に」とらせるという方法である。これによって犯人は実際には交渉人の思い通りに行動しているにもかかわらず，自らの意思で行動しているように錯覚したり，自分で自発的に考えていると思っていても，実際には交渉人によって思考の方向性を制御されることになる。これを効果的に行なうことによって，人質解放や投降を行なう可能性がある。ライザーとスローン (Reiser & Sloane, 1983 ; first identified by Erickson & Rossi, 1979) は，これを提案テクニックとよんでいる。また，スラットキン (Slatkin, 2010) はより具体的なダイアログの例を示しながら，このような手法についてまとめている。

①犯人に特定の行動や選択肢をとるように方向づける

　これは，犯人にとらせたい行動をあらかじめ含意したような会話を行なったり，犯人の発言に対する言語的，非言語的な反応によって犯人の行動を交渉人の考えている方向に誘導するテクニックである。

　たとえば，「人質を解放してくれないか」ではなく，「1人目の人質をいつ解放するのか？」といった人質解放を含意した質問をすることによって，人質解放の可能性を増加させることができる。また，犯人の要求を低い方向に誘導するために以下のようなダイアローグが利用できる。

　　犯　人：1千万ドル用意しろ。
　　交渉人：(驚いた声)，わかった。つまり，君が言いたいのは大金が欲しいということなんだな，本当のところ，最低いくら必要なんだ。

②選択肢の錯覚

　犯人に命令するのでなく，選択させるのだが，その選択肢が実質的には指示になっており，犯人の行動を方向づけるテクニックである。犯人は自ら選択しているので，主導権が交渉人の側にあるということに気づかず，自分が主導権を握っていると考えてしまう。

　具体的には以下のようなダイアローグが利用できる。

交渉人：人質を解放するのと，15分後に解放するのはどちらかいいか？
　　交渉人：準備ができたら，いつでもそう言ってくれ，そうしたら，こちらもどうすればいいのか一緒に考えていくことができる。

　最初の例では，どちらの選択肢を選んでも人質は解放される．次の例では，犯人に選択させているのはタイミングだけで，犯人と一緒に会話することが自然な形で指示されている．
　また，投降を直接呼びかけるのでなく，このテクニックを使用した以下のような呼びかけも有効である．

　　交渉人：君が一日中そこにいたって俺はかまわない．でもそのうち，疲れ果てて，特に何も収穫はないまま時間だけが過ぎていくぞ．今出てくれば，食事にありつけるし，暖かい場所で眠ることができる．テレビだって見られるし，夕方の面会時間には奥さんと話すことだってできる．君がどう思うかはわからんが，もし，俺が君だったら，腹が減るのも，寒さも，孤独もいやだがね．どうする？

③犯人の思考をコントロールする

　時間をかせぐために，犯人の注意を，犯人の要求や脱出方法でなく，現在の当面の問題（食事や用便，たばこ，休息など）にそらせたいときは，直接的な発言だけでなく，以下のような発言も有効に使用できる．

　　交渉人：わるいが，いま晩御飯の配達があった．俺は冷めないうちにこれを食べるよ，だから交渉は10分お休みだ．10分後に連絡する．
　　交渉人：ちょっと頭をはっきりさせるためにたばこを吸ってくるよ，ちょっと待っててくれ．

④犯人の感情をコントロールする

　交渉人は犯人をリラックスさせたり，逆に不安にさせたりすることによって，状況をコントロールすることができる．リラックスさせることは，犯人が興奮していたり人質に危害を加えそうな場合に特に有効であるし，不安感は投降への動機づけをつくり出す．
　犯人をリラックスさせるダイアログとしては以下のようなものがある．

　　交渉人：ちょっと立ち止まって，むかし，君がそんなにイライラしていなかった，幸せな状態のときのことを考えてみよう．そういう時期のことを思い出

せるかな。

犯人を不安にさせるためには以下のようなダイアログが使用できる。

> 交渉人：この問題を解決するのに必要ならば必要なだけ時間を使うつもりだ。だけど，SWATのやり方は知っているよな？　やつらはいつまでも待つことはなく，一度突入を決定したらもう交渉の余地はなくなるぞ。
> 交渉人：このまま時間が過ぎていけば，君も眠くなってくるだろう。もし，君が寝てしまったら，そのとき，我々が何をするかはわかっているはずだろう。

⑤人質に危害を加えないようにさせる

人質に危害を加えさせないためには，人質も一人の人間であるということを理解させ，人質に共感させることである。そのためには以下のようなダイアログを使用することができる。

> 交渉人：母親と離されて子どもはどんなにか怖い思いをしているか。その子の立場にたったら君はどう思うだろう？

⑥犯人のプライドの維持

また，多くの犯人は，投降すれば，自分の自尊心はめちゃくちゃになり，惨めな辱めをうけることになるだろうと考えている。実際問題として，犯人が投降しない大きな理由の一つがこのプライドの問題である。そのため，たとえ投降しても，犯人が恐れているような惨めな状況にならないということを直接間接に示すことは，犯人の投降確率を増加させる方向に誘導することになる。たとえば，次のようなダイアローグがその例である。

> 交渉人：たとえ，君が投降するとしてもそれは惨めなものにはならないだろう。頭を高く掲げ，背筋を伸ばして出てくる君は，かつて，君が軍隊のきつい初任科訓練を成し遂げたときにそうだったようにむしろ，誇りある男に見えるように俺には思えるんだがな。

(6) 交渉の進展を把握するための指標

長時間にわたる人質交渉においては，現在，交渉が進展しているのかどうかが把握しにくい状況になる。交渉の進展をなんらかの形で定量化することができれば，交渉

表 25.1　交渉がうまく進んでいることを示す指標（Soskis & Van Zandt, 1986）

① 犯人の発言に暴力的な内容がない
② 犯人が交渉人に前よりも長く，頻繁に話しかける
③ 犯人の話し方がよりゆっくりとなり，声が低く，小さくなる
④ 犯人が個人的な問題を話しはじめる
⑤ 要求の期限について合意にいたらなくても，何も起こらない
⑥ 犯人からの脅しが減少した
⑦ 交渉開始以降，誰も死傷されていない

表 25.2　交渉がうまくいかず，暴力事件に発生する可能性があるときの危険性を示す指標（Strentz, 1994）

犯人自殺のリスク指標	① 犯人が自分の自殺に期限を設定した ② 犯人が直接の（フェイス・トゥ・フェイスの）交渉を要求している（これは，警察との銃撃戦などの状況を期待しており，警察官によって射殺されることを望んでいる可能性を示唆している） ③ うつ状態の犯人が自殺念慮を表面上は否定している ④ 犯人が自分の死後の持ち物の処分などについて話す
状況が急転するリスク指標	⑤ 犯人が武器を取り出して構えたり，人質に向ける ⑥ 犯人に暴力犯罪や暴力の前歴がある ⑦ 交渉中に犯人が感情的になったり怒りだしたりする，あるいは交渉の内容が感情的な内容になる ⑧ 犯人が特定の人物をその場につれてくるように要求する ⑨ 犯人に，不安やおそれ，フラストレーションを吐き出す社会的な場がこれまでなかった（犯人は今まで社会から虐げられてきたと思っている）
犯人との間のコミュニケーションが十分にとれていないことを示すリスク指標	⑩ 犯人と交渉人の間にラポール形成がなされていない ⑪ 何時間もの交渉のすえ，犯人から明確な要求がない，もしくは要求が理不尽である
人質の生命の危険に対するリスク指標	⑫ 交渉中に犯人が薬物やアルコールを摂取している ⑬ 犯人の人生において複数のストレス要因がある

継続かそれとも突入か，などの意思決定の際に重要な手がかりとなる。そのため，交渉の進展を評価する指標がいくつか提案されている。

ここでは，ソスキスとヴァンザント（Soskis & Van Zandt, 1986），ストレンツ（Strents, 1994）の指標を紹介しよう（表 25.1，表 25.2）。

3. 人質交渉研究の今後の展開

以上人質交渉のために開発されたコミュニケーションテクニックについて紹介してきた。人質立てこもり事件は，今まで科学的なアプローチで検討されてきたことが少ない問題であった。上記のテクニックもその多くは経験的なものである。しかし，実際問題として，それほど頻発するわけでない（特に我が国では），この種の事件について捜査員が多くの経験を積んでそこから学んでいくことも期待するのは難しいだろう。

そこで，今後は，科学的な方法論による人質交渉研究を進めていくことが必要であろう。我々が今後研究していく必要があるテーマとしては以下のようなものがある。

①人質や犯人の生命の危険性の査定と突入の意思決定支援

　人質交渉は，犯人に投降を呼びかけるための説得的コミュニケーションであるが，それが必ずしも最後までうまくいくとは限らない。現場指揮官は，もう一つの重要な選択肢である突入をとるべきか，それとも交渉を続けるべきかというストレスフルな判断を迫られ続けるのである。そこで重要になってくるのは，人質や犯人に現在どの程度の生命のリスクがあり，いま，突入あるいは交渉の継続といった判断をした場合，それがどのように変わるのかを定量的に示すことであろう。もちろん，このリスクの査定には，立てこもりの状況，現在まで経過している時間，犯人の身体的および心理的状態，人質の身体的，心理的状態や立てこもっている部屋や建物の状況，気温，衛生状態などさまざまなものが影響してくると思われる。人質立てこもり事件を分析することによってこの種の査定技術を洗練することができれば，現場指揮官にとっては強力な武器となるであろう。この流れの研究としてはすでに我が国でも，横田ら（2002）の研究が行なわれている。この研究では，1970～2002年までに我が国で発生した人質立てこもり事件116件（そのうち人質が死傷した事件41件）を対象に人質の死傷の確率を状況要因変数から予測するロジスティック回帰式の作成が試みられている。

②人質交渉トレーニングの洗練

　実際の人質立てこもり事件では，失敗は許されない。失敗は人質，犯人の死傷を意味するからだ。そのため交渉人は，熟練した交渉技術を駆使しなければならないが，一方で，人質立てこもり事件は稀にしか発生しないのも事実である。そこで，交渉人候補者は，実際の事件ではなく，できるだけ現実の立てこもり状況に近い状況で交渉の訓練を行なうことが必要になる。そのためには，人質立てこもり犯の典型的な行動をシミュレートすることが必要になってくる。ただし，現在のところ，これはなかなか困難な課題である。

　現在,各国でさまざまな人質交渉訓練方法が開発されている。たとえば，ヴァンハッセルトら（Van Hasselt et al., 2005）は，FBIにおけるこの種のテクニックとその改良について実証的な研究を行なっている。

　ところが我が国の人質立てこもり事件のタイプや犯人の行動はアメリカにおける立てこもりと大きく異なっているのは明らかである。そこで，我が国に適した，交渉訓練を捜査実務家の警察官と心理学者，医師などの協力のもとで開発していくことが必要であろう。

第二十六章

マス・メディアと犯罪

　マス・メディアは社会で起きていることを知らせる役割を担っており，犯罪が発生したときにも大々的に報じる。その影響力の大きさゆえに関係者に過剰なストレスを与えることもあれば，最初から社会を震撼させる目的で犯罪が発生することもある。近年のメディア環境の変遷に伴って，マス・メディアと犯罪のあり方も変化しつつある。

1. マス・メディアの役割と犯罪報道

　マス・メディアは，国民の「知る権利」の代行として，また，社会の木鐸として，犯罪が発生したときに客観的事実を伝え，人々の身の安全を守り，犯罪を糾弾する役割を担っている。犯罪報道には，第1に犯罪事実を正確に伝えることで人々に警戒を促し，予防策をとらせる，第2に犯罪が起こった原因を国民に投げかけ，病んだ社会に対する反省と改善を促すことで社会全体の安定を図るという効用が期待されている（間庭，2002）。

(1) 犯罪報道の優先順位

　さまざまな犯罪が発生する中で，優先的に報道されるニュースの条件は，第1に一般性（誰でも巻き込まれるおそれのある犯罪），第2に刺激性・衝撃性（悲惨な事件やドラマ・アクション性のある犯罪），第3にニュースイベントとの連合性（社会の

流行現象が事件背景にある犯罪),第4に連続性(同種事件が重なって起きている犯罪)である (Wykes, 2001；大庭, 1988)。いずれかの条件，または複数の条件を含んでいる犯罪は大々的に報道され，人々の認知度も高くなる。連続快楽殺人などは第1～第4の条件のすべてに該当することから，非常に大きなニュースイベントとなる。

(2) 実名報道

5W1Hはニュースを構成するときの原則で，犯罪の場合は「Who（行為者）」に該当する加害者と被害者の情報が必要不可欠である。「推定無罪の原則」に則れば有罪が確定するまでは容疑者を匿名とすべきとの議論もあるが，刑法230条の2（事実の証明）は，起訴以前の人の犯罪行為に関する事実を「公共の利害に関する事実」として報道することを認めており，マス・メディア各社は，事実を正確に報道し，権力を監視する立場から，実名報道を原則としている（読売新聞社, 1995）。

ただし，どの時点で事件関係者の何をどこまで報道するかは，ケースごとに異なる。重要参考人や容疑者の段階ではまだ無実の可能性が残されていて，加害者と断じることは危険だからである。たとえば，無実の人間が犯人と目されて著しい報道被害を受けた事例として，1994年に長野県松本市で発生した「松本サリン事件」がある。長野県警が第一通報者を犯人と決めつけ，各メディアもそれに追随したが，半年後にオウム真理教による犯行であることが判明，各社が謝罪する事態となった。しかし，謝罪や訂正が行なわれても，無実の人間が受けた苦痛と損害は償えるものではない。

また，加害者といえども守られるべき人権があり，事件と関係のない私生活や前科の暴露は名誉棄損やプライバシーの侵害に該当する。さらに，被害者に対しても，性犯罪のような場合には，本人の特定につながるような情報を伏せ，被害者の尊厳やその後の人生を守ることを優先するケースもある。被害者の人権を守るためには加害者を匿名にせざるをえないこともあり，ケースごとにさまざまな判断が行なわれている。

2. センセーショナリズムと人権の保護

(1) センセーショナリズム

センセーショナリズムには，さまざまなニュースのうち，人々が興味を持つ対象である暴力や犯罪，金銭，性，スキャンダルなどの要素を含む内容を積極的に取り上げるといった内容の側面と，非日常的な側面を強調したり，派手な見出しをつけるなど，受け手の興味を引くような伝え方をする提示の仕方の2側面がある（大井, 1993）。

インパクトを強めたり，臨場感を促進したりするため，受け手の関心を引きやすい

一方で，ドラマを見ているような印象を与えるために現実認識が薄くなる，画一的な感情をオーディエンスに強制して事実に対する解釈を一定方向に向ける，過剰に不安や恐怖を煽る，被害者や遺族の精神的ダメージを拡大する，虚報・誤報を生みやすい，といった問題点がある（小城，1997）。

　センセーショナルな報道を生み出す送り手側の姿勢や意識として，報道関係者の慣習化された思考方法，事件をイベント化しようとする感覚，正確さより速さを重んじる報道姿勢，受け手の理性に訴えるより大きな効果を求める姿勢が指摘されている（宮田，1986）。また，他社との競争もセンセーショナリズムに拍車をかけ，時にはジャーナリズム倫理に悖る行動をとらせる（小城，1997）。たとえば，情報を取ろうと強引な取材をしたり，目新しい情報があれば十分な裏づけのないまま報道するなどである。

(2) メディア・スクラム：集団的過熱取材

　猟奇殺人や大規模事故など，センセーショナルな事件においては，あらゆるメディアが殺到し，当事者や関係者に執拗な取材がくり返されることとなる。このように，メディアが集団で押し寄せることを「メディア・スクラム（集団的過熱取材）」とよぶが，少数の記者による取材なら問題がないことでも，取材側が集団化することによって日常生活の妨害，プライバシー侵害などの点で多くの問題が発生する。具体的には，自宅や勤務先や学校に押し寄せて業務や学業に支障をきたす，四六時中電話をかけたりインターフォンを鳴らしたりする，外出時につきまとう，といった当事者に対する取材から，多人数の記者や中継車で待機して交通を妨げる，弁当のゴミや煙草の吸い殻などを道端に捨てる，大きな声や物音を出す，といった環境の悪化まで含まれる。

　日本新聞協会ならびに日本民間放送連盟は，こうしたメディア・スクラムを防止するための指針を 2001 年に提示している（山田，2011）が，あくまでも報道側の良識に委ねられており，大事件になるほどメディア・スクラムが発生しやすい。

(3) 少年犯罪の報道

　犯罪加害者は実名報道が原則であるが，未成年犯罪者の場合は，更正の可能性を優先する少年法で「家庭裁判所の審判に付された少年又は少年のとき犯した罪により公訴を提起された者については，氏名，年齢，職業，住居，容ぼう等によりその者が当該事件の本人であることを推知することができるような記事又は写真を新聞紙その他の出版物に掲載してはならない」（第 61 条）と定められている。マス・メディアは少年法にならい，未成年犯罪者は匿名報道を原則とし，本人はもとより，保護者名も伏せ，住所や学校なども本人を特定できない程度にとどめることとなっている。ただし，少年法に違反したとしても罰則規定は設けられておらず，各社の判断に委ねることで「表

現の自由」との両立を図っている。実際，犯行当時は未成年であっても，容疑者の死亡や死刑確定により更生の可能性が消滅したとして，メディア各社の判断で実名報道に切り替えられたケースもある。

　更生の可能性が残されていても，例外として，「テロなど社会的衝撃が大きく，かつ歴史的意味のある未成年者」や「凶悪犯罪を引き起こした未成年者が逃走中に凶悪犯罪を重ねることが予想され，他人を害する危険性が高いときなど，事件が社会に大きな衝撃を与え，広く恐怖心を呼び起こした場合」などは実名を報道できるという内規がある。この例外規定に沿って実名が報道されたケースに，約1カ月間に連続して4件の射殺事件を起こした加害者が逃走中で指名手配された永山則夫連続射殺事件（1968年，当時19歳）がある。ただし，逮捕によって累犯の危険性が消滅したあとも，犯罪が凶悪凶暴で社会に恐怖を与えた点を重視して，一般の新聞やテレビを含むすべてのメディアが実名を報道している（読売新聞社，1995）。一方，「神戸連続児童殺傷事件」（1997年，当時14歳），「堺通り魔事件」（1998年，当時19歳）なども，容疑者逮捕後に実名や顔写真が報道されているが，大半のメディアが実名報道を見送っており，実名や顔写真を報道したのは一部の雑誌メディアに限られている。このとき実名や顔写真を報道した雑誌メディアも，回収や販売差し止め，図書館での閲覧停止といった措置にいたったり，加害者から名誉棄損で訴えられたりしており，未成年犯罪者の報道はきわめてデリケートであるといえる。

(4) 加害者家族の報道

　加害者家族は，法的には犯罪の責任を負うことはないが，社会的には加害者を出した環境的要因としてともに責任を追及される対象となる。特に，未成年犯罪の場合には親への責任帰属が顕著である。一般の新聞やテレビにおいては，犯罪と関係のない情報は伏せられるが，雑誌メディア等では犯罪と関係がなくても加害者家族の経歴，勤務先，人間関係などの私生活が暴露されることが多く，さらにインターネットでは実名や顔写真，住所や電話番号等の個人情報も拡散され，誹謗中傷がくり広げられる。

　その結果として，加害者家族は悪質な嫌がらせや脅迫などに苦しめられ，転職・退職や転居や改名を余儀なくされたり，親族や子どもに影響が及ぶことを恐れて破談・離婚したり，中には，嫌がらせによるストレスや被害者に対する贖罪から重篤なうつ状態に陥り，自殺にいたるケースもある（鈴木，2010）。しかし，加害者側の人間であるゆえ，「非難されるのが当たり前」と見なされてケアや配慮の対象外に置かれているのが現状である。このような現状を受けて，被害者学の分野では，加害者の家族も広義の被害者に含める観点もある（渡邉，2005）。

(5) 被害者・遺族の二次被害

　未成年犯罪者は一切の情報が非公開になるなど，加害者のプライバシーは法的には保護されているのに対して，被害者や遺族については規制がなく，犯罪自体による被害やPTSD等の後遺症に苦しんでいるところへ，執拗な取材攻勢を受けたり，実名や顔写真はもとより，家族関係，日常の行動，犯行の状況や遺体描写などがセンセーショナルに報道されるなど，報道による二次被害も深刻な問題となっている（長井, 2004）。

　被害者・遺族の報道による二次被害は，取材・報道するマス・メディアだけでなく，その報道に関心を寄せるオーディエンスにも一因がある。人々は，努力した人が報われ，悪人が罰せられるという公正世界信念を持っているが，犯罪が発生したとき，被害者に過失がなく，被害に遭うような必然性が見いだされなかったとしたら，自分も同様の犯罪に巻き込まれる可能性を否定できなくなる。そこで，被害に遭うだけの正当な理由があった，すなわち被害者にも過失があったとみなすことで，公正世界信念を維持し，自分自身の脅威を軽減しようとするのである（外山, 2005）。その結果として，被害者に対する不当な攻撃が加速化することとなる。

　性的要素が含まれる事件を報道する場合は被害者に配慮することになっているが，被害者への責任帰属に加えて低俗な興味が集まり，被害者の尊厳が侮辱されやすい。たとえば，「東電OL殺人事件」(1997年) は，①被害者が死亡していてその後の人生に配慮する必要性が消滅しており，②性的要素が殺人と切り離せない事件であったことから，実名や顔写真とともに売春の事実が報道されたが，その結果，事件そのものよりも昼と夜とで二面性を持っていた被害者自身の生前の私生活のほうに注目が集まり，ワイドショーや週刊誌・スポーツ紙を中心に尊厳を著しく冒涜する過剰報道が，遺族から報道自粛が嘆願されるまで続いた。また，「三鷹ストーカー殺人事件」(2013年) は，加害者が犯行直前にインターネット上に掲載した被害者の性的な写真や動画が大衆の好奇の目にさらされることとなった。被害者の写真や動画は事件との直接的な関連性がないこと，被害者の尊厳を守ることを鑑みて，一般の新聞やテレビでは触れられなかったが，雑誌メディアでは即時に報道され，インターネット上でも大々的に拡散された。この事件はのちにリベンジポルノ防止法の成立へとつながったことから，一般のメディアにおいても新たな社会問題として注目された。

(6) インターネットの登場と情報拡散

　容疑者の名誉棄損やプライバシー侵害が問題視され，報道のあり方を大きく転換させることとなった「ロス疑惑」(1981〜82年) 以降，新聞やテレビのニュース番組などの従来型メディアは一定の基準を設け，現在では加害者のみならず被害者の個人情

報の報道にも配慮するようになっている。しかし，インターネットの登場によって一般人にもデジタルデータの発信が可能になった昨今，従来型メディアが自主規制したとしても，インターネット上では未成年犯罪者の実名や顔写真，被害者の性的な写真，SNSの書き込みなどが野放図に拡散されており，本来は秘匿されるべき個人情報が実際には公然と知れわたっているという矛盾が発生している。

1997年に発生した「神戸連続児童殺傷事件」では加害者の顔写真や実名を掲載した雑誌メディアは回収措置となり，事件当時は社会的に大きく拡散されることはなかったが（のちに当時の情報や画像がインターネット上に掲載），インターネットが一般に普及した時代の「佐世保女子高生殺害事件」（2014年）や「名古屋女性殺害事件」（2015年）においては事件発生直後に加害者の氏名や顔写真が掲載され，瞬時に拡散される事態となっている。過去の事件であっても，技術革新によって一般人でも画像の加工が可能になった現代では事件当時の資料がデジタル化されて掲載されており，遡って後世からも検索が可能である。

前述の被害者の二次被害においても，1997年に発生した「東電OL殺人事件」の場合はワイドショーや雑誌メディアにとどまっていたが，メディア環境の急激な変化を挟んで2013年に発生した「三鷹ストーカー殺人事件」は，従来型メディアの規制とは無関係にインターネット上での二次被害が深刻であった。被害者側から依頼を受けて管理者がデータを削除しても，削除される前に閲覧者がダウンロードして保管していたデータが再び上がるため，半永久的に残ることとなる。

また，インターネット上では事実確認がとれていない情報，個人の主観や思い込みもなんら制限がなく掲載されるため，誤った情報がそのまま伝播することもあれば，加害者と同姓同名の別人が攻撃されたり，個人情報を暴露されたりするなど，無関係の第三者が巻き込まれることもある。情報拡散の行為者が特定でき，その行為者によって被害がもたらされたことや被害程度が証明できるケースであれば法的措置に訴えることもできるが，匿名の不特定多数による個人情報の流出に対して現行の法律では抜本的な解決策がなく，早急な法整備が求められている。閲覧者側は，玉石混交のインターネット情報を正確に読み解き，自身が拡散の行為者とならないよう，リテラシーがいっそう必要となろう。

3. 犯罪促進要因としてのマス・メディア：暴力的メディアの影響

(1) 暴力的メディアの規制

18歳未満の青少年の健全な育成を図るために，過剰な性表現，暴力表現，自殺表

現などは条例によって規制されている（大石，2004）。インターネットによって個人が自由にあらゆる情報を入手できるようになったことを受けて，新たに「青少年インターネット環境整備法」が制定され，携帯電話会社やサーバ管理者には有害情報の抑止が義務づけられている（杉原，2011）。

(2) 暴力的メディアの影響とその説明

　「連続幼女誘拐殺人事件」（1988～89年），「神戸連続児童殺傷事件」（1997年）のように凶悪犯罪の加害者が日常的に暴力的なメディア（ゲームを含む）を嗜好していたり，主人公がバタフライナイフを用いていたドラマの場面に影響された少年がナイフを用いて傷害事件（1997年）を起こしたりすると，その責任を暴力的メディアに帰属し，規制の必要性を叫ぶ世論が高まる。確かに暴力的メディアの接触が，短期的にはオーディエンスの攻撃性を高めることが多くの研究で確認されており，暴力的メディアで描かれていた手口を模倣した犯罪も発生している（Krahé, 2001／泰・湯川編訳，2004）。その説明として，他者の攻撃行動を観察学習するモデリング理論，暴力的メディアの視聴によって生理的覚醒を起こし，それが攻撃に結びつくとする覚醒転移理論や暴力的メディア認知的新連合理論などがある（湯川，2003）。

　攻撃や犯罪心理学の研究では，マス・メディアがオーディエンスに対して一方的に影響を与える研究モデルを想定し，実験によって暴力的な映像を視聴させて前後の攻撃性や攻撃行動を比較する手法が一般的で，そうでなければ，研究例は少ないが，子ども時代の暴力的メディアの嗜好性が大人になってからの攻撃性を有意に予測することを見いだした縦断研究などがある。得られた知見は貴重なものであるが，しかし，一方でマス・コミュニケーション研究の観点に立てば，現実の犯罪の実行性においてオーディエンスの主体性・能動性や先有傾向がもっと重視されるべきであろう。古典的な利用と満足研究（McQuail et al., 1972）や，認知的不協和理論（Festinger, 1957）を参照すれば，オーディエンスはマス・メディアに一方的に影響されるだけの受動的な存在ではなく，自身の興味や関心に沿って主体的にメディアを選択しており，また，同じ情報を受け取ってもその認知や理解は個人によって異なる。日常生活のメディア接触行動を考えてみると，攻撃性の低いオーディエンスはもともと暴力的なメディアには関心がないため，ほとんど接触する機会はないであろうし，仮に接触したとしても自身の態度に一致しない暴力的な内容に対して認知的不協和や不快感情のほうが強く，内容の記憶作業は妨害され，態度も影響を受けにくい。一方で，攻撃性の高いオーディエンスは暴力的なメディアを嗜好して積極的に接触し，内容にも影響を受けやすく，その結果として攻撃的な行動が促進される傾向がある。インターネットの発達によって，ユーザーの能動的な情報検索がメディア接触の中心となっている現代においては，こうした個人差はより顕著になっている。

(3) 暴力的メディアは本当に悪か

　暴力的メディアの影響は，①オーディエンスのパーソナリティや能動性，②視聴前の怒り喚起，③攻撃を扇動する他者の存在，④映像内容の特性，など多数の要因が複雑に絡んでおり，その影響過程のメカニズムは単純ではない（湯川，2003）。多くの研究を概観すると，メディアから受ける影響には個人差が大きいこと，娯楽性が強く，虚構的な時代劇やアニメなどの暴力表現はオーディエンスの攻撃性にはほとんど影響を与えないこと，もともと攻撃性の高いオーディエンスが積極的に暴力的メディアを嗜好していることなどが指摘されている。

　これらのことを鑑みると，確かに人格形成期に暴力的メディアの視聴を抑制することは重要で，暴力に対する慣れや攻撃行動のモデリングを抑止する効果は期待できるが，しかし，暴力的メディアを規制しても快楽殺人などの異常な凶悪犯罪の抑止に絶大な効果があるとは考えにくい。凶悪犯罪の主たる要因はやはり加害者本人がもともと持っていた強い攻撃性で，このタイプの犯罪の加害者は暴力的メディアを嗜好してはいるが，暴力的メディアは犯罪の「原因」ではなく，加害者の攻撃性の「結果」か，あるいは攻撃性を間接的に促進する媒介変数と考えられるからである。

(4) 連鎖反応

　センセーショナルな犯罪はマス・メディアの報道を介して連鎖反応を誘発する。犯罪の発生とその報道が精神的・心理的に危険性をはらんだ人々を刺激し，全体から見ればごくわずかな割合であっても類似した犯罪を模倣する者が出てくれば「連鎖反応」が生起することになる。たとえば，夏祭りのカレーに亜ヒ酸が混入されて 67 人が病院に搬送され，4 人が死亡した「和歌山毒物カレー事件」（1998 年）の発生後に，類似犯罪が連鎖していることを新聞の内容分析から明らかにした研究がある（榊ら，2000）。

　また，未成年による猟奇殺人として社会を震撼させた「神戸連続児童殺傷事件」（1997 年）は，危険性をはらんだ一部の同年代の少年の共感をよび，のちの「西尾市女子高生ストーカー殺人事件」（1999 年），「西鉄バスジャック事件」（2000 年），「名古屋女性殺害事件」（2015 年）などの加害者に影響を与えており，こうした連鎖反応がさらに次の犯罪を誘発する動因ともなっている。事件終息から長期間が経過しても，事件がセンセーショナルであるほど，その詳細は関連書籍やインターネット情報によって検索が可能であり，後世においても危険性をはらんだ人々の関心に応えている点では，風化することなく影響を与え続けているといえる。

(5) リスク認知・犯罪不安のバイアス

　マス・メディアの報道は，すべての出来事を忠実に伝えているわけではなく，緊急性や公共性の高い情報を優先して，相対的に平凡なニュースは除外している。また，人々も地味なニュースよりもセンセーショナルなニュースに関心を持ち，積極的に情報に接触する傾向が強い。その結果，最も一般的な死因である疾病に比べて，異常性の高い殺人や事故などが実態よりも過大に報道され，人々のリスク認知を高めることとなっている（岡本，1992）。犯罪に限れば，実際の統計では犯罪は減少しているにもかかわらず，人々の主観的な認知においては治安が悪化していることの一因に，マス・メディアの報道の偏りがあることが指摘されている。犯罪白書によれば，犯罪の中でも実際に最も多いのは「窃盗」であるが，このような犯罪の実態とは関係なく，センセーショナルな要素の強い犯罪，暴力や性と関連した犯罪や，被害者数の多い犯罪が積極的に報道されるため，人々の犯罪不安もそれらの報道量と相関している（荒井，2011 等）。

　こうしたリスク認知や犯罪不安のバイアスは，犯罪の正確な理解を妨げることによって，不要な場面で過剰な防衛を促進し，本来必要な場面での警戒を怠らせるという問題を引き起こす。たとえば，猟奇殺人は大々的に報道されるが，実際の生起確率はきわめて低い（生起確率が低いからこそ，大々的に報道されるのだが）。一方で，被害件数の多い「窃盗」は，被害件数の多さゆえに，よほど被害が大きいか，著名人が巻き込まれているなどの付加価値が加わらない限り，大きく取り上げられることはない。確率論でいえば，人々は，おそらく生涯で巻き込まれることはないであろう猟奇殺人に怯えるよりも，今日にも遭遇するかもしれない「窃盗」を警戒すべきなのである。

　また，ステレオタイプ研究の観点に立てば，「外国人」「アニメやゲームのオタク」「エリート家庭」「キレる17歳」といった加害者の社会的属性や特定の要素の強調も，社会的属性に帰属することによって犯罪にいたった真の理由を隠匿してしまうために，犯罪に対する正確な理解とそれに基づいた適切な防犯を妨げるうえに，同じ属性を持つ人々に対して自己成就予言（誤った予言や期待に沿って人々が反応した結果，その予言や期待が現実化すること）をもたらし，さらに犯罪を助長する可能性をはらんでいる（上瀬，2002）。

4. 劇場型犯罪

(1) 劇場型犯罪の定義

　マス・メディアの発達によって，孤立する個々の受け手を大規模なレベルで結びつけ，自分の正体を明かさずに社会と接触する劇場型社会が出現した。こうした社会構造の変化を受けて，犯罪もまた，マス・メディアを通じて社会に広くアピールされることを意識した劇場型犯罪が生まれるようになった。劇場型犯罪とは，①利欲，怨恨など理解可能な犯罪の目的を遂げるために，事件または事件の予告がマス・メディアに報道されることが不可欠の手段となっている，②犯行がマス・メディアで報道されることに情緒感情的・思想的な満足感があり，それが動機の少なくとも一部を構成する，③犯行がマス・メディアによって報道され，そのことによってアピール効果を企図する，の3つに分類される（小田，2002）。このように，厳密にはマス・メディアを介して犯行を広くアピールすることが加害者の犯行目的に含まれることが劇場型犯罪の条件であり，加害者から犯行予告や犯行声明などが出されるところに特徴がある。こうした劇場型犯罪を起こす加害者は，自己顕示欲や賞賛獲得欲求が強い傾向がみられる。

　一方，ロス疑惑（1981～82年）やオウム真理教事件（1995年），和歌山毒物カレー事件（1998年）のように，加害者側は犯行を隠匿していても，マス・メディアでセンセーショナルに扱われた事件や，関係者のキャラクターが奇抜で注目された事件なども包括して劇場型犯罪と称する傾向もある。センセーショナルな報道によってバーチャルな「劇場」がつくり出され，オーディエンスが客席から舞台を眺めているような構造で事件が進行する点では，広義の劇場型犯罪といえる。

　劇場型犯罪の典型には，「グリコ・森永事件」（1984～1985年），「連続幼女誘拐殺人事件」（1988～1989年），「神戸連続児童殺傷事件」（1997年）などがある。「グリコ・森永事件」は，日本で劇場型犯罪と名づけられた最初の事件で，「かい人21面相」を名乗る犯人から江崎グリコ，森永製菓などの食品メーカーに対して，製品に青酸ソーダを混入させると脅迫して現金の要求が行なわれ，現金要求に対する返答を新聞広告に掲載するよう要求，20通以上に及ぶ脅迫状や挑戦状が各新聞社に送りつけられた。実際に青酸ソーダ入りの菓子が見つかっており，警察の威信をかけた大規模な捜査が行なわれたが，犯人逮捕にはいたらず，2000年にすべての事件で時効が成立している。

　「連続幼女誘拐殺人事件」は，東京・埼玉で幼女4人が連続して誘拐・殺害された事件で，「今田勇子」という中年女性を装った犯人から犯行声明文や犯行告白文が新聞社に送りつけられたり，遺体の一部が被害者の自宅前に置かれたりするなど，事件の猟奇性が社会を震撼させた。当時26歳の男性が逮捕され，控訴審，上告審ののち，

死刑判決が確定，2008年に死刑が執行された。
　「神戸連続児童殺傷事件」は神戸市須磨区で小学生が連続して殺傷された事件で，遺体に添えられていた挑戦状や新聞社に届いた犯行声明文は，警察を嘲笑するような文面，さらなる連続殺人を示唆する内容，難解で意味不明な文言が特徴的であった。「酒鬼薔薇聖斗」を名乗る犯人は成人男性を装っていたが，実際に逮捕されたのは当時14歳の少年であったため，前代未聞の未成年による凶悪犯罪であったことが第2の衝撃となった。

(2) メディア・イベントとしての劇場型犯罪

　通常は事件が発生してからマス・メディアが報道するが，マス・メディアが事件をつくり出すという逆のパターンが発生することがあり，この現象はメディア・イベント（Dayan & Katz, 1992；林，2000）とよばれている。劇場型犯罪は，マス・メディアで報道されることを想定して犯行が起こる，すなわちマス・メディアが犯罪の動因となっている点や，もともとは偶発的な事件がマス・メディアの演出術によってセンセーショナルな要素が強調され，イベント化されるという点でメディア・イベントの典型例である。このとき，オーディエンスは自分たちを一方的な匿名性の中に置いたまま，メディアの中の「イベント」を鑑賞し，展開されるストーリーを無責任に消費するという構造になっている。加害者に犯行をアピールする意図があれば，こうした「匿名の観客」もまた犯罪に必要不可欠な構成要素である。

(3) マス・メディアのジレンマ

　劇場型犯罪はマス・メディアで報道されることが犯人の目的の一つであり，報道すればするほどマス・メディア自身が犯罪の一端を担うというパラドックスに陥る。「グリコ・森永事件」では，各新聞社が犯人からの脅迫文や挑戦状を公表したことについて，マス・メディアは常に犯罪に関する事実を伝える義務があり，また，一般消費者の安全を優先して報道したというマス・メディア側の主張に対して，実質的には犯人の意図に沿って広報の役割を負ったのと同義であるという批判がある。「連続幼女誘拐殺人事件」や「神戸連続児童殺傷事件」では，加害者は捜査の攪乱を意図して新聞社に犯行声明文を送りつけており，犯行声明文の公表によって，加害者の意図通り，さまざまな推理や犯人像が野放図に展開されることとなった。中立で客観的な報道が義務づけられ，犯罪を糾弾すべき立場にあるマス・メディアが犯人の意図に沿って犯罪に加担することは，客観報道や社会規範の原則から逸脱することになる。劇場型犯罪の報道についてはさまざまな議論があるものの，明快な結論や解答は見いだせていない。

(4) メディアの変遷と劇場型犯罪

　かつて新聞やテレビが主流メディアであった時代は，新聞社やテレビ局に封書で犯行声明文が送付されていたが，インターネットの発達によって「劇場」のあり方も大きく変容した。以前は，新聞やテレビといった従来型メディアの報道には一定の倫理基準があり，犯行声明文の公表もさまざまに検討したうえでの決断で，公表に際して筆跡は伏せるなど模倣犯や捜査妨害を防ぐための配慮もなされており，匿名の観客が犯罪を促進する作用は沈黙のうちにもたらされていた。ところが，「西鉄バスジャック事件」(2000 年)，「秋葉原無差別殺傷事件」(2008 年) のように，2000 年以降に発生した劇場型犯罪は，事件発生前に犯人がインターネット上の掲示板で犯行予告を行なっていた点で，それ以前の劇場型犯罪とは性質を大きく異にしている。一般人が自由にやりとりできるインターネット時代の劇場型犯罪においては，加害者の情報発信も，それに対するコメントの投稿もなんら制限がなく，犯行を回避するよう説得するコメントもみられる一方，一部には加害者を「神」と賞賛し，英雄視して追随するネットユーザーやコミュニティも登場していたり，大衆の反応が閲覧や拡散の数値といった形で明示されることによって加害者の自己顕示欲を充足したりするなど，観客が匿名性を保ったまま積極的に犯罪に関与するようになった。また，携帯電話やスマートフォンが普及したことから，犯行の一部始終がインターネット上で実況され，不特定多数とリアルタイムで共有されることも可能になり，「劇場」はより臨場感を増して拡張しつつある。

　捜査においては，筆跡鑑定や指紋分析等の捜査手法が困難になった一方で，インターネット上のログや IP アドレスを分析することで加害者特定が可能になった側面や，遡って犯行にいたるまでの経緯を分析できるようになった側面が指摘される。

Column 16　外国人犯罪

　日本では，日系人等を対象とする定住者資格制度が導入された影響もあり，平成以降，来日外国人による犯罪が急増し，2004（平成16）年から翌年にかけてピークを迎えたが，以後，大幅に減少している。これは徹底した不法残留者対策や検挙活動の成果もあろうが，日本経済の悪化や震災の影響による来日外国人人口の減少も背景にあるものと思われる。しかし，来日外国人の検挙件数は大幅に減少したものの，検挙人員の減少幅はわずかである。これは一人の被検挙者が複数の犯罪により検挙されるケースが減ったことを意味し，頻回犯罪者や職業的犯罪者の減少によるものと考えられる。また，総検挙人員に占める来日外国人の割合にほとんど変化がないことや，近年，定住者を含む外国人在留者で永住資格を取得する者が激増し，これらの永住者による犯罪が警察統計の来日外国人犯罪には含まれなくなったことにも注意する必要がある。

　刑法犯検挙人員のうち来日外国人の国籍をみると，中国，ベトナム，フィリピン，韓国，ブラジル，ペルーの順に多いが，近年，中国，韓国，ブラジル，ペルーの割合が低下し，ベトナムが大幅に増加している。罪種では，殺人，強盗，窃盗が減少しているのに対し，暴行，傷害，脅迫といった粗暴犯や強制わいせつが増えている。国籍によって行なう犯罪の種類に特徴があり，窃盗全体ではベトナムと中国の割合が高いが，侵入窃盗では中国，万引はベトナム，自動車盗や車上ねらいなど車輌関係では圧倒的にブラジルが多い。詐欺や支払用カード偽造も中国が半数以上を占める。在留資格では，「出入国管理及び難民認定法」（以下，出入国管理法という。法という名称であるが政令である）違反が含まれる特別法犯と異なり，刑法犯では正規滞在者が95％を占め，そのうち留学，定住者，日本人の配偶者等，研修・技能実習が多い。

　また，来日外国人犯罪者は，来日の経緯と犯行動機によりいくつかの犯罪者類型に大別することができる。まず，当初より日本での犯罪を目的として来日または在留する「職業的・組織犯罪者」であり，次が，就労や就学等を目的として合法的に来日・在留する過程で失業や生活苦，文化葛藤，対人関係などさまざまな経緯から犯行にいたる「機会的・環境不適応型犯罪者」である。もう一つが，就労を目的として不法に入国あるいは残留したり，資格外活動を行なったりするなどして不法に就労すること自体が罪に問われるが，それ以外の罪は犯していない「不法就労型犯罪者」である。来日外国人犯罪者に対しては，こうした類型ごとに刑事処罰や刑事政策のあり方を考える必要がある。

　平成に入り来日外国人犯罪が急増した際，刑事手続との関係でまず問題となったのは，被疑者通訳や法廷通訳など言語の問題と通訳人や翻訳人の不足であった。刑事手続における正確な通訳・翻訳は，事件の真相解明のみならず，被疑者・被告人ならびに受刑者の人権保障に関わる重大な問題であるにもかかわらず，それまで日本語で事足りてきた日本の刑事手続にとって言葉が通じないという事態は未体験のことであり，通訳人の確保に追われることとなった。しかし，その後，語学専門職員の採用や養成，民間通訳と

の連携などを通じて，通訳・翻訳体制はある程度整備されるにいたっている。

　それでも，起訴され，有罪となって自由刑（懲役または禁錮）の実刑が科された外国人受刑者の中には，日本語能力の低さから刑事施設（刑務所）における作業や処遇に困難を伴い，また習慣や宗教上の違いから日本人と異なる処遇を必要とする者が少なくない。そうした外国人受刑者には「F」という指標（ForeignerのF）が付され，府中，横浜，大阪，栃木などF指標の受刑者を収容する刑事施設に収容されている。

　F指標受刑者も，そのほとんどが懲役受刑者であることから，作業が義務づけられている。しかし，日本語能力の問題から，作業以外の処遇や教育（職業訓練や特別改善指導等）はほとんど行なわれていない。わずかな日本語教育は行なわれているが，これは所内生活の利便性のためであり，釈放後の社会復帰とは関係がない。さらに，F指標受刑者には仮釈放が積極的に適用されている。初入者が多く，犯罪性が進んでいないからとされるが，本国での犯罪歴は考慮されておらず，犯罪傾向の進んだ来日外国人であるFB指標の受刑者も日本人のB指標受刑者（犯罪傾向が進んだ受刑者）より仮釈放率が高いことから，そこには，退去強制となる者に対して，わざわざ国民の税金を使って処遇や教育をする必要はないという本音や，また退去強制となれば，大半は恒久的に入国拒否となり，日本での再犯も考えにくく，日本の治安に与える悪影響も低いという主張が見え隠れする（消極的処遇主義）。

　しかし，近年，外国人受刑者の前科者率や再入率（釈放後，再犯により刑事施設に再収容される者の割合）が上昇している。法務省が調査したところ，退去強制手続がとられたはずの外国人受刑者のうち，特に永住者，定住者，日本人の配偶者等の在留資格者が，在留特別許可となって国内にとどまり，しかも再び国内で犯罪を行なうことが少なくないことが明らかになっている。

　また，大半の来日外国人受刑者が仮釈放と同時に退去強制となるので，法律で義務づけられている仮釈放後の保護観察を行ないえない。これは司法手続たる刑事手続と行政手続である退去強制の競合問題である。出入国管理法63条が両者の関係を規定するが，通説・実務は，刑事手続が行政手続に優先するのは退去強制対象者を身柄拘束している場合に限られるとして（制限適用説），保釈，第1審の無罪・執行猶予判決，仮釈放などで身柄拘束を解かれた場合には退去強制をとりうるとする。

　日本は，来日外国人受刑者の増加を受け2003年に欧州評議会の多国間条約に加入したほか，タイやブラジル等との間で2か国間条約を締結し，国内の外国人受刑者を本国に移送して（送出移送）刑の執行を行なう国際受刑者移送制度を導入している（海外の日本人受刑者の受入移送も可能）。この適用を受けた受刑者については先の仮釈放の問題も解消されるが，移送手続の煩雑さや受刑者本人の不同意等から実績は必ずしも上がっていない。日本がまだ条約を締結していない国も多い。

　少子超高齢社会を迎え労働力人口が減りつつある日本では外国人の労働力に依存せざるをえなくなりつつあるが，多文化共生時代を迎えるにあたって，外国人犯罪者の処罰や社会復帰先のあり方についての検討が不可欠である。

第二十七章 地域防犯

日本では，1963年の全国防犯協会連合会の設立以降，コミュニティによる防犯活動が行なわれてきた経緯がある。町内会・自治会やPTAによる交通安全運動や夜回り（火の用心）などの事故防止や防犯活動が継続的に，また地震や台風など災害に対する防災活動が機会的に，それぞれ行なわれていた。古くは，江戸時代の「自身番」（各町内や区画内ある詰め所に，常時数名がおり，夜間の人の出入りの管理，犯罪や火事の対応や予防を行なった）のように，小区画ごとの地域安全のシステムが日本には古くからあったことも起因し，各組織や多様な活動が，地域による安全のコミュニティ活動の土壌となっていたといえよう。

本章では，まず地域防犯活動の実際を概観（桐生，2011）し，次に背景となる各理論について紹介していきたい。

1. 地域防犯活動の実際

(1) 1980年代から1990年代の動向

系統だったシステムとしての安全・安心まちづくりが形成されていったのは，1988～1989年にかけて埼玉県と東京都にて発生した宮崎勤による連続幼女誘拐殺人事件，1997年の神戸連続児童殺傷事件，2001年の大阪教育大学附属池田小学校における児童殺傷事件などいくつかの凶悪事件の発生が，契機となったと考えられる。以後，ボ

ランティアによる子どもの犯罪被害予防への意識が高まり，全国で地域防犯活動が広く行なわれはじめる。

また，街頭犯罪の増加も相まって，建設省（当時）と警察庁の合同による「安全・安心まちづくり手法調査」が1997〜1998年にかけ実施されることとなる。以後，ハード面では，たとえば，道路や公園の屋外照明の改善や監視カメラの設置といった個別の対策が行なわれ，各家屋においては，窓ガラスや鍵の強化，監視カメラやセンサーライトの設置などが進められてきた。ソフト面では，地域ボランティアによる防犯活動，教育機関などが行なう子どもへの防犯教育などが活発に行なわれはじめる。これら環境改善や設備の充実といったハードの部分と，地域ボランティアによる見回りといったソフトの部分に加え，防犯活動の対象として，器物損壊や侵入盗など街や住宅を守るための活動と，子ども・女性・高齢者など犯罪被害のリスクが高い対象を守る活動がある。警察の取り組みは，それらを横断的にとらえながら行なわれてきた。

防犯活動の充実を促した初の試みとして，1989年に山口県警察が行なった「小京都ニュータウン（山口市）」の防犯団地モデル指定がある（小出，2003）。これは防犯設備の対策に加え，自治会・山口市・警察などによる「防犯モデル地区推進連絡会議」を設立し，防犯パトロールや防犯診断などを行なうものであった。以後，福島県警察による「美郷ガーデンシティ（福島市）」の防犯モデル団地指定，静岡県警察による「防犯マンション認定制度」などが実施されている。また，2000年には「安全・安心まちづくり推進要綱」を，警察庁が制定している。

一方，女性・子どもを守るために1999年12月16日，「女性・子どもを守る施策実施要綱の制定について」が警察庁から関係部局，各都道府県警察の長に通達される。この要綱は，「ボランティア・自治会等との連携」「被害者支援」「資器材の整備」の3つの内容に分かれている。「ボランティア・自治会等との連携」については，「女性，子どもを対象とした地域安全情報の提供，防犯指導の実施，防犯機器の貸与」「自主的なパトロール活動に対する支援，こども110番の家に対する支援，子ども発見ネットワークの構築」などが記載されている。

(2) 2000年からの動向

2005年に広島県や栃木県にて女子児童誘拐殺害事件が発生したことから，警察庁は「通学路等における子どもの犯罪被害を防止するための諸対策の徹底について」(2005年12月6日)を通達することとなる。ここでは，「声かけ事案等不審者情報の迅速かつ正確な把握と情報の共有化」「学校，PTA，防犯ボランティア団体，地域住民等との連携の強化」「子どもに対する被害防止教育の強力な推進」などが具体的な対策を含め記載されている。

このような徹底した対策を提示しながら，社会全体で女性・子どもを犯罪から守る

気運と行動を，警察は促している。なお，同年6月には，全国の防犯活動の地域ボランティア団体は1万3,968団体，構成員数は80万317人となっている。団体数は，2003年度と比べ約4.6倍に増加している（財団法人全国防犯協会連合会，2005）。また，各地方自治体（都道府県）は，条例などを制定し，警察庁が提示する防犯活動の骨子に沿った形で，住民による防犯活動を推進している。すなわち，防犯グッズ（防犯ベル，携帯電話，防犯カメラ，サスマタなど）の普及，防犯ボランティアなどによる防犯パトロール，地域安全マップなどの防犯教育の活動である（岡本・桐生，2006）。

　以上のような警察や自治体の支援を受けて，自治会・町内会，PTAなどのさまざまな団体が，地域の特性に合わせ，登下校時における防犯パトロールや地域安全チェックなどの地域防犯活動を展開している。それらの子どもを守るための防犯活動は，一定の成果をもたらしているが，前述のようないくつかの問題も生じている。たとえば，問題の人的な原因としては，ボランティアに参加する人が特定の高齢者世代でほぼ固定されていることがあげられ，時間的な制限や体力疲労などの問題が生じてきている。加えて，交通事故などの発生頻度に比べ，犯罪に遭遇する頻度が少ないことから，「犯罪から子どもを守る」ためのボランティア活動の動機づけ，活動持続の意識の維持が，難しいことも指摘される。

(3) 自治体の取り組み

　たとえば，東京都は，「東京都安全・安心まちづくり条例」（2003年10月1日施行）を制定した。この条例は，「東京都の区域における個人の生命，身体又は財産に危害を及ぼす犯罪の防止に関し，東京都，都民及び事業者の責務を明らかにするとともに，安全・安心まちづくりを推進し，安全で安心して暮らすことのできる社会の実現を図ることを目的」（第一条）としている。この中で，「学校等における児童等の安全確保に関する指針」を定めており，具体的な方策として

・正当な理由なく学校等に立ち入ろうとする者の侵入防止等
・施設・設備の点検整備
・安全確保についての体制の整備
・児童等に対する安全教育の充実
・保護者，地域及び関係団体（PTA，自治会，青少年教育団体等）との連携
・緊急時に備えた体制整備

などを，具体的にあげている。
　また，2004年からは「東京都安全・安心まちづくりアカデミー」を開催し，防犯ボランティア活動を都内全域に広げるための地域リーダーを養成している。2004〜

2005年にかけて3回開校し，受講生は284名となっている。その後は，公開講座や子ども安全ボランティア養成講座を，また現在は，地域安全マップ専科を開講している。このような自治体が開催する地域ボランティア養成講座は，以後，全国的な広がりをみせている。

他の自治体の取り組みも，同様の動きとなっており，たとえば兵庫県の「地域安全まちづくり条例」（2006年4月1日施行）が制定され，その内容は次のとおりである。

・兵庫県が地域に行なう支援施策：「必要な情報の提供，相談，助言」「活動のノウハウ等の習得機会の提供」「人材の確保や資金の調達への支援」「著しい功績があった人への表彰など」
・地域安全まちづくり推進員（ボランティア）を知事が委嘱し，身分証明書の発行，ボランティア保険料の負担などの支援を行なっている。1グループ5万円限度の助成，腕章，防止，ジャンパーなどの用品を配布する。

現在，兵庫県は「地域安全まちづくり推進計画」として防犯カメラ設置補助といった取り組みなどいくつかの対策を掲げており，自治会などの団体から，防犯カメラ設置の補助申請が増加しているという。

(4) 地域の取り組み

警察や自治体の支援を受けて，自治会・町内会，PTAなどのさまざまな地域防犯活動が展開している。ここでは，大阪府内における活動を紹介したい。

「平成19年度第1回安全なまちづくり・リーダー養成講座」（2007年10月27日，国民会館大ホール）が，大阪府の企画によって開催され，冒頭，次のような説明が行なわれた。

> 「ボランティア団体の内訳は，子どもの防犯だけに特化しない『一般ボランティア』が23%，『子どもの安全見まもり隊』が77%である。ボランティア団体の主な構成員は，保護者が71%，町内会・自治会会員が12%である。活動拠点は，拠点があるのが23%，拠点がないのが77%である。また，主な拠点としては，町内会集会所が28%，公民館が19%，その他の公的施設が20%，会社事務所が15%である」

この説明でもわかるように，開始された地域防犯活動の内容は，子どもの安全が主たる目的となっており，PTA（特に母親）が中心となっていた。

次に，具体的な活動内容である。「平成19年度大阪府青少年指導員連絡協議会講演

会」(2008年2月2日，大阪府立青少年会館文化ホール) において，大阪府内の各種事例報告が行なわれた。

- 泉南市：青少年指導員は 81 名（男性 61 名，女性 20 名）であり，10 年以上前から防犯広報パトロールを行なっている。現在は，青色パトロール車を用いて定期的な活動を実践している。なお，泉南市にある 11 の小学校すべてに，子ども防犯の組織がある。
- 田尻町：町内の子どもに「こども 110 番」のことをよく知ってもらうための企画「こども 110 番ウォークラリー」を行なっている。これは，地図を手にして「こども 110 番」を探し当て，そこで出題されるクイズを解きながらゴールの小学校に向かうものである。到着の想定時間に近いタイムを出したグループ，クイズの高得点グループが表彰対象である。ラリー出発前には，警察によるミニ防犯教室，大声コンテストなどが行なわれ，また，「こども 110 番」の家や店の人に感謝の手紙を渡したり，新しい 110 番の旗を渡したり，といったことも行なわれている。

全国における地域防犯の取り組みは，おおむね防犯パトロールを中心に，その地域の特色を生かした，さまざまな試みが行なわれているといえよう。

(5) 地域防犯活動ボランティアの実態

桐生 (2015) は，地域防犯活動を行なっているボランティアに対し，防犯活動における意識について質問紙法を用いて検討している。調査は，2010 年 11 月から 2012 年 7 月の間，兵庫県内の地域防犯活動が盛んな 5 つの地域にて，各自治会や市役所などを通じて調査紙を配布し行なわれた。

調査内容は，属性に関する内容を尋ねたのち，荒井ら (2010) を参照し，犯罪に対する反応として「認知的反応」に関する質問 5 項目，「感情的反応」に関する質問 4 項目，マス・メディアによる事件報道から受けるインパクトについて「身近さ」「気分の動揺」「被害者への共感」に関する質問各 2 項目，合計 16 項目による質問に対し，4 件法による回答を求めた。

その結果，回答者数は 419 名（女性 131 名，男性 288 名）であり，年代は，80 歳代以上 14 名，70 歳代 168 名，60 歳代 184 名，50 歳代以下 50 名，回答なし 3 名であった。職業は，自営業 43 名，正社員・職員 27 名，会社役員 10 名，パート・派遣など 92 名，無職 228 名，回答なし 19 名であった。犯罪に対する認知的反応，感情的反応などの質問において，因子分析を行なったところ 3 因子が抽出され，それぞれ「自己の被害リスク」「社会治安の悪化」「犯罪被害者への共感」と命名された。各因子得点

における属性および質問の有意差検定を行なった結果，すべての因子において，男性の得点よりも女性の得点のほうが高かった。また，「あなたが住んでいる地域は，近隣の地域よりも犯罪が多いと思いますか」において，一元配置の分散分析にて，「自己の被害リスク」と「社会治安の悪化」とに有意差が認められ，多重比較の結果，両因子とも，犯罪が多いと「思わない」よりも「思う」の得点が高いことが明らかとなった。これらの結果より，地域防犯ボランティアの中心年代は60歳代，70歳代であったこと，3つの意識構造がうかがわれ，男性よりも女性のほうが高く感じていること。自己被害リスクや社会治安悪化は，「他の地域よりも現在住んでいる地域の犯罪が多い」と感じている人ほど，高めに評価していることが示唆された。

(6) 今後の課題

　以上の調査結果から，地域防犯活動のボランティアにおける問題が指摘される。2012年の内閣府の調査によれば，60歳以上の高齢者が，地域におけるなんらかのグループ活動に参加している割合は59.2%であり，そのうち「安全管理」に関するグループ活動参加は7.2%であった。また，過去1年間に，ボランティア活動に参加した割合は47.0%であり，そのうち，「地域の安全を守る活動」には男性が13.1%，女性が3.9%という割合であった。これらの割合より，地域防犯ボランティアが全体の10%前後の高齢者にて行なわれていることが，容易に推測されよう。桐生（2015）の調査結果でも60，70歳代が活動の中心となっていた。そして，これら高齢者ボランティアが防犯活動以外の地域活動にも加わっていることが指摘されており，日々の活動における時間的な制限や，体力疲労などの問題が生じてきていると考えられる。

　加えて，住宅地や郊外などでは容易に形成しやすい地域防犯パトロールも，マンションの多い都市部では人間関係の希薄さも相まって，そもそも防犯活動自体が形成されにくい状況にある。今後は，幅広い世代から地域防犯ボランティアを確保し，また，パトロール以外の新たな防犯活動の構築が必要となってきている。

　これら問題に対し，若い世代や父親世代が，高齢者ボランティアとは異なる場所や時間帯で行なう地域安全活動の模索が重要と考えられる。警察庁は2010年に「若い世代の参加促進を図る防犯ボランティア支援事業実施要領」を出し，以後，全国の大学生が地域防犯活動へ参加しており，その活動は広がりをみせている。また，未就学児や小学生の父親世代が，地域のお祭りや運動会などのイベントへの参加を通じ，高齢者地域ボランティアとのコミュニケーションを深め，そこで楽しめる防犯活動を実施するような動向も現れている。たとえば，前出の田尻町での催し「こども110番ウォークラリー」では，

　①楽しい防犯教育：地域のお祭りイベントの一つとして「防犯」が含まれたような

企画。家族も参加しやすい。
　②地域交流を深める：守る人と守られる人，守ってもらえる人との人的ネットワークの強化が形成される。
　③悪い人もいるが，それ以上に良い大人が身のまわりにたくさんいることを，子どもたちが了解できる。

が期待されるのではないだろうか。
　高橋（2010）は，東京都江戸川区において，半構造化面接および質問紙法にて，地域防犯活動に対する市民参加を規定する要因を検討している。それらの結果ら，「地域で防犯活動を促進していくためには，行政から住民リーダーへの側面的支援関係や，地域内の組織どうしの連携を深めていくことが有効」とし，「防犯活動の推進には，行政がただ一般住民に活動の場を提供したり，防犯活動に対する一過性の動員や参加を促したりするだけでは円滑に進まず，住民リーダーと行政との間，あるいは，地域内組織どうしで接触の「場」を設けていくことが重要である」と指摘している。また，直接的に防犯と関係しない「地域イベント」が催されていることにより地域の絆が強まり，住民の「社会的活動性」が高まった可能性があるのではないかと考察している。
　これらの指摘は，今後の地域防犯活動の課題解決の大きなヒントとなるよう考えられる。

2. 地域防犯に関する理論

(1) 地域防犯を研究するために

　地域防犯は，地域住民や事業者など，警察や行政以外の主体が自主的に行なう活動（自主防犯活動，防犯ボランティア活動）と，警察官によるパトロールや巡回連絡，行政による防犯教室や防犯診断の開催，街頭防犯カメラ設置など，警察や行政の本来活動のうち地域で行なわれるものに大別される。
　「地域力」「自分たちの街は自分たちで守る」など，地域防犯に関するスローガンは多くみられるが，地域防犯を科学的に取り扱うのは必ずしも容易ではない。その理由として以下があげられる。

　①目標の多義性：地域防犯の目標は，客観的な犯罪の削減と，主観的な犯罪不安の削減の2つに大別されるが，犯罪被害と犯罪不安とは，個人単位でみた場合，集団単位でみた場合のいずれも，必ずしも一致しない（Liska & Warner, 1991）。この犯罪と犯罪不安のパラドックス Crime-Fear Paradox からは，安心（犯罪不

安削減）のための対策が，安全（犯罪削減）につながらないことが示唆される。
② プロセスの多段性：犯罪心理学は基本的に個人を分析単位とするのに対し，地域防犯には，個人（世帯）単位の要因と，地域単位の要因がそれぞれ影響する。このため，都道府県単位のボランティア参加者率と犯罪発生率との負の相関から，防犯ボランティア活動の犯罪抑止効果を主張するといった，誤った因果推論を行なう危険がある。このため，ボートモデルによる階層化（Taylor, 2010）や，マルチレベル分析による実証研究が必要である（島田，2013a）。
③ 効果検証の困難性：実社会では一つの犯罪問題に関して複数の防犯対策が行なわれるため，個別の防犯対策の評価は困難である。日本の地域防犯では，活動を数量的に記述するだけでエビデンスとして考えられがちであるが，本来は，社会実験によって因果関係が裏づけられてはじめてエビデンスとして認められる（津富，2000）。欧米では，無作為化比較試験（randomized controlled trial：RCT）を用いた地域防犯の評価研究（Sherman, 2010），照明や防犯カメラによる監視など防犯対策ごとの系統化レビュー（Farrington, MacKenzie et al., 2002），研究デザインの品質による一次研究の格づけ（Farrington, Gottfredson et al., 2002）が広く行なわれており，日本でもその普及が望まれる。また，日本のようにもともとの犯罪発生水準が低く，防犯対策の犯罪発生に対するインパクトが考えづらい場合には，その防犯対策が計画したとおりに実施され，対象者・対象物にプログラムが届いているかを検証するプロセス評価が有用である。

(2) 地域防犯の分類

地域防犯には多種多様の方策が存在する。このため，地域の実情にあった適切な対策を選択するには，その分類軸が重要である。

第1の分類軸として，犯罪の背景要因があげられる。この軸では方策を発達的犯罪予防と状況的犯罪予防とに大別できる。

発達的犯罪予防は，人間の発達段階における個人の非行化リスクを削減するアプローチである。発達的犯罪予防は，学校での非行防止教育や行刑施設での処遇プログラムなど専門機関の関与が多いが，家庭に対する介入や，少年の健全育成など地域で取り組む活動も多い。

状況的犯罪予防は，犯罪発生の状況や場面に着目して犯罪機会を削減するアプローチである。状況的犯罪予防は，公園の樹木の刈り込みによる監視性の確保，防犯設備の設置，街頭防犯カメラの導入といったハード面の方策と，住民によるパトロールや子どもの見守り活動といったソフト面の方策が存在する。

発達的犯罪予防は犯罪発生時点からみて時間的に「遠い」原因，状況的犯罪予防は時間的により「近い」原因の軽減を企図している。このため，両者は対立的に考えら

れがちだが，本来は補完的に作用するものである。近年では，その補完性に着目して，双方の対策を同時実施する社会的犯罪予防が注目されている。

第2の分類軸として，各対策の対象人口の広さと，一人あたりの対策の深さがあげられる。この分類軸からは，1次予防・2次予防・3次予防があげられる。医学の疾病予防に端を発し，犯罪予防でも広く用いられている（Brantingham & Faust, 1976 ; Lab, 2007）。

1次予防は，幅広い一般市民を対象に，比較的軽い対策を行なう。地域防犯では，住宅の鍵かけや住宅照明の終夜点灯の呼びかけ（一戸一灯運動），地域全体を巡回するパトロール活動，住民同士のつながりを深めるための祭りやイベントの開催などが当てはまる。

2次予防は，リスクの高い個人や状況の早期発見および早期介入である。地域防犯では，行政や民生委員による各種の困りごと相談，深夜時間帯に街頭でたむろする少年に対する帰宅の呼びかけ，各種事案が発生した場所での警戒活動などが当てはまる。犯罪には，ある場所で発生すると，その近くで同種の犯罪が発生するという近接反復被害の傾向が知られており，日本でも菊池ら（2009）が，声かけと性犯罪との時空間的近接性を示している。ともすれば，防犯パトロールは，コースや頻度を定めた巡回になりがちであるが，近接反復被害の考えに基づくと，地域での被害情報を集約したうえでの重点実施が有効であろう。

3次予防は，犯罪が発生したあとの被害者の再適応や，加害者の再犯防止や社会復帰の促進である。犯罪被害者のトラウマやストレスに対する心理的ケアの必要性は広く認識されているが，同時に，被害直後には同種の被害に遭う反復被害のリスクが高まるため（Tseloni & Pease, 2003），被害防止対策も重要である。イギリスでは，住宅侵入被害に遭った世帯に対して各種の防犯診断や近隣監視を強化するコクーンウォッチが行なわれている（Pease, 1991）。また，加害者の再犯予防においても，保護司や協力雇用主といった地域資源は非常に重要である。

1次予防～3次予防に関連した分類として，対象となる人口集団全体に介入する人口（ポピュレーション）アプローチと，ハイリスクな個人や集団を発見して選択的に介入するリスクアプローチがある。地域防犯のうち，住民や事業者による自主防犯活動は，主体の非専門性やハイリスク対象のプライバシー保護の問題から対象を特には絞らない人口アプローチの色彩が強いが，警察や行政といった専門機関は，リスクアプローチを意識する必要があろう。

(3) 地域防犯に関する社会学・生態学的理論

地域防犯に関する初期の社会学・生態学的理論としては，シカゴ学派の社会学者らによる社会解体論があげられる。社会解体論とは，住民の流動性の高さ，貧困の集中，

人種の混在といった地域特徴が，地域社会の慣習や価値観といった社会規範を弱め，住民の地域社会への帰属意識や愛着を損なうことで，犯罪・非行の発生につながる，とする考え方である（Shaw & McKay, 1942；Shaw et al., 1969）。

ショウら（Shaw & McKay, 1942；Shaw et al., 1969）は，シカゴでの非行少年の居住地のマッピングにより，都心の業務地区を中心とする同心円的な構造を持ち，都心のすぐ外側に位置する推移地帯の犯罪率が高いことを見いだした。推移地帯には，海外からの移民が短期間住まうが，彼らは生活基盤が固まればより良い環境を求めて，さらに外側に転居するといった社会生態学的特徴がみられ，その結果，住民の流動性が高く，貧困が集中し，異なる人種が混在していた。そして，時代を経て，推移地帯に住む民族が入れ替わっても推移地区での犯罪率の高さは固定的であった。この結果からは，地域での犯罪問題には，個人の要因のみならず，地域の構造的・生態学的な要因が関与することが示唆される。

社会解体論は，地域社会の特徴と犯罪とを関連づけているものの，その媒介過程はブラックボックスであり，心理学の立場からみると，やや精緻度に欠けるきらいがある。しかし，日本では将来，地域間での経済格差や住民の社会経済特性の差異が大きくなることが考えられるため，地域防犯にも社会学・生態学的観点が必要になってくると思われる。

(4) 地域防犯に関する社会心理学的理論

地域防犯を社会心理学の視点でみると，犯罪者や非行少年を生まないよう子どもを社会化させる，犯罪被害に遭わないよう備える，不審人物を見たら誰何する，といった地域の社会統制機能をどう引き出すか，という課題にいたる。

ハンター（Hunter, 1985）は，地域の社会統制機能を，個人や家族による私的統制，近隣住民による近隣（教区）統制，警察や司法が犯罪者を捕え制裁を加える公共統制に分類した。私的統制・近隣統制は，警察や司法といった公的機関を介さないために，インフォーマルな社会統制と総称される。そして，バーシックとグラスミック（Bursik & Grasmick, 1992）は，住民の流動性が低く，民族・人種的な均質性が高い地区ほど，家族や近親者間の一次ネットワーク，近隣住民間の二次ネットワークが濃密となり，各種の社会統制機能がより活性化して，犯罪を抑制するとするシステミックモデルを提出した。サンプソンとグローブス（Sampson & Groves, 1989）は，イギリス犯罪調査から，住民の対人ネットワーク密度が高い地区ほど，犯罪被害と加害の双方が抑制されていることを示し，システミックモデルを裏づけた。また，日本では高木ら（2010）が，東京都板橋区での社会調査から，個人の対人ネットワークが，地域での協力行動を媒介して，空き巣や車上ねらいの被害を抑制することを示している

その後，サンプソンら（Sampson et al., 1997）は，インフォーマルな社会統制の泉

源として，集合的効力感（collective efficacy）を唱導した。集合的効力感とは，公共のために介入する意思と結びついた近隣住民の社会的凝集性と定義され，隣人間でのネットワークがたとえ弱かったとしても，地域の問題に対して住民が対処できるという相互信頼があれば，インフォーマルな社会統制が行使され，その帰結として犯罪が抑制される，と考える。集合的効力感と犯罪との関連については，地域の社会経済特性や住民の対人ネットワークを統制したあとにも有意な関係が，複数の国の研究で一貫して見いだされている（Sampson et al., 1997；Morenoff et al., 2001；Mazerolle et al., 2010；島田，2009b）。

日本の地域防犯にも，外国人集住地区や新興住宅地でのお祭りの開催など，直接的な防犯効果を企図しないアプローチがみられる。これは住民のネットワークや信頼感といった社会心理学的な要因を活性化させることでインフォーマルな犯罪統制機能を高めることを企図している。このアプローチは近年，社会科学の多分野で注目されているソーシャルキャピタル（社会関係資本）と軌を一にしているが，犯罪非行に親和的な情報伝播（Browning, 2009）や，社会の主流から外れた個人の葛藤（Brody & Lovrich, 2002）などのダークサイドもある点には留意が必要である。

(5) 地域防犯に関する環境心理学的理論

地域防犯には地域の構築環境や社会環境が大きく影響するため，環境心理学によるアプローチは非常に有用である。

①割れ窓理論

割れ窓理論（Broken Windows Theory）とは，地域の秩序違反や荒廃は，それ自体は犯罪としての問題性は低いものの，潜在的犯罪者に対して地域での犯罪統制機能の低下を示す環境手がかりとなり，より重篤な犯罪を助長する，という理論である（Wilson & Kelling, 1982）。住宅の割れた窓を一つ放置すると，他の窓も割られるという比喩である。

割れ窓理論は，犯罪に対する事後対応であった当時のアメリカの警察活動を，軽微な犯罪や，生活の質を損ねる犯罪に注目させるというパラダイム変換につながった。ニューヨークでは，落書きが多かった地下鉄車両の交換といった対策と，警察官による徹底的な検問や取り締まり（zero-tolerance policing）とが同時に実施され，治安の改善につながったとされる（Kelling & Coles, 1996；Kelling, 2015）。

割れ窓理論は，社会心理学者ジンバルドー（Zimbardo, 1969）の自動車放置実験に端を発しているものの，もっぱら実務での人気が先行し，実証的な裏づけに乏しく，心理学的な機序の精緻化もこれまで十分ではなかった。日本での評価研究も，落書きの消去（大橋，2009）や，地域内での清掃（尾山・津富，2009）に限られている。

しかし，2000年代以降の心理学では，環境手がかりによって自動的に規範遵守行動が活性化するという状況的規範仮説（Aarts & Dijksterhuis, 2003），自転車駐輪場における落書きが，その場所でのゴミの散らかしを促進するといった異種規範間での違反行動の促進（Keizer et al., 2008；Keuschnigg & Wolbring, 2015）など，割れ窓理論の心理学的な精緻化がみられ，今後の発展が期待される。

②監視性と領域性

監視性とは，潜在的な犯行対象や犯行場面が他者から観察・記録可能であることを指す。監視性は防犯カメラや警備員による人工監視と，歩行者や住宅居住者が日常生活の中で自然に周囲に目が届く自然監視とに大別される。人工監視は防犯の計画者が操作可能であるのに対し，自然監視は，場所の利用者の日常活動に大きく左右される。このため，防犯対策としては確実性の高い人工監視が好まれがちであるが，人工監視はプライバシーや地域のイメージといった他の社会的価値との両立に留意が必要である。また，照明は夜間の監視性に大きく影響する。

一方，領域性とは，人間を含む動物にひろくみられる，個体や集団が使用する空間を，他の個体や集団から遠ざける行動的な特徴である（Altman, 1975）。アルトマンは，領域性の影響が及ぶ空間を，住宅のように個人や家族によって強度に占有される一次テリトリー，オフィスの自席のようにそれよりも占有の度合いは低い二次テリトリー，公共空間の中で一時的に占有が許される三次テリトリーに分類したが，地域防犯として特に重要なのは，一次テリトリーの強化であろう。領域性は，ニューマンのまもりやすい空間（defensible space）の4つの要素の一つを占めるほか，状況的犯罪予防では接近制御（アクセスコントロール）や犯行対象の強化との関連が深い。

地域防犯の対象は，住宅や公園といった日常の生活空間であるため，監視性や領域性は地域防犯で大きな要素を占める。特に，集合住宅の共用部分や，公園のように，

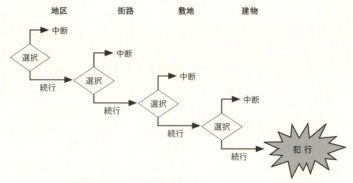

図27.1　住宅侵入盗犯の犯行遂行過程（Brown & Altman, 1981 より作成）

物理的な接近制御が困難な場所では，監視性や領域性の役割が重要になってくる。ブラウンとアルトマン（Brown & Altman, 1981）は，住宅侵入の発生モデルとして，侵入盗犯が，近隣，街路，敷地，家屋の各段階で，犯行によるメリットと逮捕リスクとを比較判断して，次の侵入を続けるかどうかを判断するというモデルを提唱した（図27.1）。このモデルに従うと，近隣や街路単位の監視性や領域性を高めることで，敷地や家屋といった一次テリトリーの防護が可能になる。

(6) 地域防犯に関する犯罪学理論

　日常活動理論は，「動機づけられた犯罪者（motivated offender）」「ふさわしい犯行対象（suitable target）」「有能な守り手の不在（absence of capable guardian）」という3つの条件が，同じ時間・空間に収束した場合に犯罪機会が発生すると考える（Cohen & Felson, 1979）。第2次世界大戦後のアメリカ社会は，所得が向上し，生活環境が良好になったにもかかわらず，財産犯罪が増加した。この現象は従来の犯罪研究が重視していた，恵まれない環境に犯罪非行の原因を求める犯罪原因論では説明できない。このため，コーエンとフェルソン（Cohen & Felson, 1979）は，窃盗の対象である家電製品の小型化，日中の留守宅の増加といった犯罪機会が増えたことが，犯罪増加の原因だと主張した。

　日常活動理論は，地域防犯の中でも，子どもの見守り活動や青色防犯パトロールといった監視性の確保との関連が深い。というのは，地域内のすべての場所に対して，すべての時間帯に防護を行きとどかせることは現実的ではないからである。そこで，犯行対象の空間分布やその時間的な変化にあわせて，守り手を配置することで，より効果的に犯罪機会を削減することが可能である（図27.2）。日常行動理論は，路上強盗やひったくり，子どもや女性に対する性犯罪など，直接接触による略奪犯罪との親和性が高く，日本でも応用されている（雨宮ら，2009；島田，2009a）。

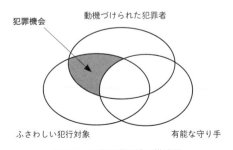

図 27.2　日常活動理論の模式図

住宅の防犯では，常時居住者がいる世帯と，留守がちな世帯とを比較すると，犯罪者に狙われやすいのは，有能な守り手が不在となる留守がちな世帯であり，各種の防犯対策が必要となる。また，店舗での万引き防止のために使われる，商品から無理に取り外そうとするとインクが散乱するタグや，自転車のサドル盗難防止のために使われる，鳥の糞と見た目が似たシールは，その商品やサドルの犯行対象としてのふさわしさを低減させることによって，万引きや盗難を防止する作用があるといえる。そして，大学キャンパス等での自転車のシェアリングシステムは，気軽に利用できる自転車を確保することで，放置駐輪の防止のみならず，自転車盗難の動機を取り除くといえよう。このように，日常活動理論は，地域防犯のさまざまな取り組みに当てはめることができる。

(7) 犯罪の転移と利益の拡散

地域防犯では，繁華街への防犯カメラ設置や犯罪多発場所に対する集中パトロールなど，防犯対策の実施場所や実施時間帯が限定されることが多い。このような，実施場所や時間帯が限られた犯罪対策の帰結について，2つの正反対の仮説がある。一つは，対策を実施した場所の犯罪は減少しても，他の場所の犯罪が増加するだけだとする「転移（displacement）」仮説である。クラークとエックによると，転移には表27.1に示す5つがあるとされる（Clarke & Eck, 2003）。

これらはいずれも，潜在的犯罪者は常に犯行の機会を探っており，ある犯罪対策を行なっても，犯罪者は犯行がやりやすい他の方法を探すという考え方に基づいている。日本では近年，ひったくりや乗り物盗といった街頭犯罪が減少し，振り込め詐欺などの特殊詐欺が深刻化しているが，仮に，犯罪に親和性のある若年者が，街頭犯罪を休止して，特殊詐欺の金品の受け取り役（受け子）や金融機関からの引き出し役（出し子）で犯罪組織から報酬を得たならば，犯罪類型の転移が起きていることになる。

転移仮説に対し，犯罪対策を実施した場所の周辺や，犯罪対策を実施した時間帯以外の時間帯でも犯罪が減る，という仮説は「利益の拡散（diffusion of benefit）」仮説とよばれる。利益の拡散仮説は，いつ，どこで犯罪対策が行なわれているかを正確に

表 27.1　犯罪の転移の種類

種類	説明
地理的（空間的）転移	犯罪者が，同じ犯罪類型の中で，犯行場所を他の場所に移すこと
時間的転移	犯罪者が，同じ犯罪類型の中で，犯行時間帯を他の時間帯に移すこと
戦術の転移	犯罪者が，同じ犯罪類型の中で，犯行手段を他の手段に変更すること
犯行対象の転移	犯罪者が，同じ犯罪類型の中で，犯行対象を他の対象に移すこと
犯罪類型の転移	犯罪者が，当該犯罪類型の犯行を休止し，違う犯罪類型の犯罪を行なうこと

把握するのは犯罪者にとって困難なため，犯罪対策が及ばない場面でも犯行を休止する，という考え方に基づく。

犯罪が空間的に集中することは，警察機関にとっては，その集中場所に対して警察活動を行なう（ホットスポット警察活動）ことで，より効果的に犯罪を削減できる可能性を意味する。しかし，犯罪が転移したならば，その効果が減殺してしまう。このため，欧米では，無作為化統制試験による評価研究（Braga & Bond, 2008；Ratcliffe, et al., 2011；Sorg et al., 2013）やメタ分析（Braga et al., 2014）が行なわれ，転移を伴わずに効果的に犯罪を抑制できることが示されている。

同様に，防犯カメラによる街頭監視についても，欧米では実験法による評価研究（Ratcliffe et al., 2009）があり，メタ分析によってその効果が示されている（Welsh & Farrington, 2003；Gill & Spriggs, 2005）。なお，日本でも同種の評価研究が行なわれている。新宿・歌舞伎町での初期の評価研究では，弱い空間転移が見いだされた（Harada et al., 2004）。樋野（2008）は，駐輪場を介入単位にした準実験により，防犯カメラの犯罪抑止効果を見いだしている。また，千葉県内でひったくり対策のために設置された街頭防犯カメラの評価研究では，強度の利益の拡散が確認されている（島田，2013b）。

地域防犯では，犯罪に対して後追い的に多種多様な対策を行なうのではなく，その問題を軽減する対策を選択的に実行する，問題解決型活動が有効である。同じ犯罪類型であっても，発生過程が異なれば対策も異なってくる。このため，犯罪者・被害者（犯行対象）・場所や状況を含む犯罪の発生過程の記述と，入念な洞察が有効であろう。

第二十八章 矯正，更生保護

　犯罪もののドラマや小説などでは，多くの場合，犯人を探し出して捕まえればそれで一件落着である。しかし，実際にはそれですべてが終わるわけではない。逮捕された犯人はそのあと裁判にかけられて，処分が決められる。そのうちの一つが刑務所に送られることであるが，刑務所では罰として拘禁されるだけではなく，改善更生のためのさまざまな処遇も受ける。さらに刑務所を仮釈放で出れば，保護観察所の監督・指導下に入って保護観察を受けることにもなる。また，刑務所に送られなかった場合でも，保護観察付執行猶予となった者は保護観察の対象となる。このような，刑務所などに犯罪者を収容して行なう施設内処遇を矯正，保護観察による社会内処遇のことを更生保護とよぶ。矯正と更生保護は，いずれも犯罪者の再犯を防止することを念頭に置いた犯罪者の処遇である。かつては，犯罪者にどのような働きかけをしても再犯防止にまったく効果がないといわれたこともあったが（Martinson, 1974），近年のメタ分析によって改善のための働きかけは再犯減少に効果があるということが明らかになり（Andrews et al., 1990；Lipsey & Wilson, 1993；Tong & Farrington, 2006 など），むしろどのような働きかけが特に有効かを明らかにすることが重要となっている。その中でも認知行動療法は実証研究の積み重ねが多くなされており，ローゼル（Lösel, 2012a）のレビューによれば，認知行動療法のプログラムを用いることで，およそ10～30％の再犯を防ぐことができるとされている。このような影響を受けて，最近では日本の矯正・更生保護における処遇プログラムにも認知行動療法が取り入れられるようになっている。本章では，再犯防止制度としての日本の矯正・更生保護を中心に，それらの概要や効果検証の現状について説明する。

1. 日本の矯正・更生保護の状況

犯罪者処遇は，対象者が成人か少年（未成年者）かで基本的に異なるが，特にその違いが大きいのが矯正である。ここでは，矯正については成人矯正と少年矯正とで項目を分け，更生保護については成人と少年とを分けずに説明する。

(1) 成人矯正

裁判により有罪が確定した者のうち，懲役刑，禁錮刑，または拘留刑を受ける者は受刑者と呼ばれ（刑事収容施設及び被収容者等の処遇に関する法律　第2条），刑事施設の中でも主に刑務所で処遇される。受刑者は，まだ裁判で処分が確定していない被疑者や被告人と違い，改善更生の意欲の喚起と社会生活に適応する能力の育成を目的とした処遇が行われる。その処遇の中心となるのが受刑者ごとに作成された処遇要領に基づいて行なわれる作業や教科指導のほか，改善指導からなる矯正処遇である（刑事収容施設及び被収容者等の処遇に関する法律　第84条第1項及び第2項）。矯正処遇のうちの改善指導の実施や，矯正処遇の中身を決める処遇要領の作成においては，とりわけ心理学をはじめとした行動科学の専門的知識が活用されることになる。

処遇要領や改善指導の具体的なことに関しては，「刑事収容施設及び被収容者等の処遇に関する法律」と「刑事収容施設及び被収容者等の処遇に関する規則」のほかに，「受刑者の処遇要領に関する訓令」（平成18年矯成訓第3310号），「受刑者の処遇調査に関する訓令」（平成18年矯成訓第3308号），および「受刑者の各種指導に関する訓令」（平成18年矯成訓第3348号）などで定められている。ここでは，これらに基づき主に行動科学の知見が活用される処遇要領と改善指導について説明する。なお，適宜，林ら（2013）や法務省法務総合研究所（2014）を参考にしている。

処遇要領は，刑執行開始時調査の結果に基づいて作成され，矯正処遇の目標や，その目標を達成するために実施すべき矯正処遇の内容・方法などについて記載される。また，再調査の結果，必要に応じて処遇要領の変更もできる。刑執行開始時調査や再調査は，ともに処遇調査とよばれるが，この処遇調査は受刑者の資質および環境に関する科学的調査であり，必要に応じて，医学，心理学，教育学その他の専門的知識および技術を活用して，面接，診察，検査，行動観察その他の方法により行なうこととされている。つまり，行動科学を用いて処遇調査を行ない，その調査の結果に基づいて処遇要領が作成あるいは変更され，その処遇要領に記載された目標や方法などに従って改善指導をはじめとした矯正処遇が行なわれる（図28.1）。

改善指導は，一般改善指導と特別改善指導に分かれる。特別改善指導は受刑者の問題性に応じた特別な指導であり，現在，薬物依存離脱指導，暴力団離脱指導，性犯罪

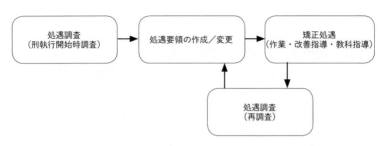

図 28.1 刑事施設における処遇調査，処遇要領，そして矯正処遇の関係

再犯防止指導，被害者の視点を取り入れた教育，交通安全指導，就労支援指導の6つがある。このうち，性犯罪再犯防止指導は「刑事収容施設及び被収容者等の処遇に関する法律」の成立・施行により現在の体制となった2006年から認知行動療法をベースとしたプログラムにより実施されている。また，その効果検証も全国規模で行なわれている（効果検証の内容については，後述する）。指導方法はグループワークおよび個別に取り組む課題を中心としたもので，おおむね8名程度の受刑者と2名程度の指導者によって構成するグループで行なわれる。指導の対象者は問題性の程度に応じて，高密度，中密度，そして低密度の3群に分けられる。標準プログラムは5つの本科（「自己統制」「認知の歪みと変容方法」「対人関係と親密性」「感情統制」「共感と被害者理解」）に加えてオリエンテーションとメンテナンスからなるが，このうち本科については，高密度は5つすべてを，中密度は第1科の「自己統制」を必修としてあとはその者の問題性に応じて必要な科目を選択して，低密度については第1科の「自己統制」のみを凝縮版でそれぞれ受講させることになっている（表28.1）。

また，薬物依存離脱指導については，当初は対象者すべてに同一の標準プログラムを実施するものであったが，その後見直しが行なわれ，認知行動療法をベースにした薬物依存回復プログラムが策定されるとともに，性犯罪再犯防止指導と同様に，対象

表 28.1 刑事施設における性犯罪再犯防止指導

			高密度	中密度	低密度
オリエンテーション			必修	必修	必修
本科	第1科	自己統制	必修	必修	必修（凝縮版）
	第2科	認知の歪みと変容方法	必修	選択	−
	第3科	対人関係と親密性	必修	選択	−
	第4科	感情統制	必修	選択	−
	第5科	共感と被害者理解	必修	選択	−
メンテナンス			必修	必修	必修

注：法務省の報道発表資料「刑事施設における性犯罪者処遇プログラム受講者の再犯等に関する分析結果について」（http://www.moj.go.jp/content/000105285.pdf）より作成。

者を再犯リスクの程度に応じて3群(高密度,中密度,低密度)に分けて,それぞれの群に応じたプログラムの実施を始めている(牛木,2011;大茂矢,2013)。

また,PFI(private finance initiative)刑務所や「競争の導入による公共サービスの改革に関する法律」を活用した刑事施設,つまり官民協働の刑務所においては,民間のアイデアによるさまざまな処遇プログラムが行なわれている。たとえば,PFI刑務所である美祢社会復帰促進センターでは,認知行動療法を取り入れた反犯罪性思考プログラムや,アディクションコントロールプログラムが実施されている(周布ら,2007;小川ら,2007)。

(2) 少年矯正

少年矯正は少年院と少年鑑別所で行なわれる。運営の根拠となる法律は,2014年に改正され翌年から施行されている少年院法と少年鑑別所法である。少年院も少年鑑別所もともに,その処遇は,「医学,心理学,教育学,社会学その他の専門的知識及び技術を活用」して行なうこととなっている(少年院法 第15条第2項,少年鑑別所法 第20条第2項)。ここでは,法務省矯正局(2014)や法務省法務総合研究所(2015)を適宜参考にしながら,少年院における処遇について説明する。なお,少年鑑別所についての説明は,後述のリスクアセスメントに関する箇所で行なう。

少年院は,「保護処分の執行を受ける者」や「少年院において懲役又は禁錮の刑の執行を受ける者」を「収容し,矯正教育その他必要な処遇を行う施設」となっている(少年院法 第3条)。保護処分の執行を受ける者というのは,少年法第24条第1項の保護処分により少年院送致となる者であり,2013年末の時点では,全国で3,056人いる(法務省ホームページに掲載の「少年矯正統計 統計表」による)。「少年院において懲役又は禁錮の刑の執行を受ける者」というのは,「懲役又は禁錮の言渡しを受けた」16歳未満の者で,16歳までの間少年院で刑の執行を受ける者(少年法 第56条第3項)であるが,少なくとも2015年末までは存在していない(法務省ホームページに掲載の「矯正統計 統計表」による)。

少年院入院者にはそれぞれ,「矯正教育の目標,内容,実施方法及び期間」などが定められた個人別矯正教育計画が作成され(少年院法 第34条第1項および第2項),それに基づいて矯正教育が進められる。矯正教育は,生活指導,職業指導,教科指導,体育指導,そして特別活動指導の5つからなるが,これらのうち生活指導の中には個々の入院者の問題や事情に応じて行なわれる特定生活指導がある。その特定生活指導には,被害者の視点を取り入れた教育,薬物非行防止指導,性非行防止指導,暴力防止指導,家族関係指導,そして交友関係指導があるが,薬物非行防止指導と性非行防止指導については少年院法が改正される前からそれぞれ矯正教育プログラム(薬物非行),矯正教育プログラム(性非行)として開発・実施されている(法務省矯

局，2014，pp.76-77；法務省法務総合研究所，2015，p.130)。矯正教育プログラム（薬物非行）の内容は，中核プログラムであるJ・MARPPとそれを支援するプログラムであるアンガーマネジメント，マインドフルネス，保護者プログラム等からなり，中核プログラムであるJ・MARPPは認知行動療法をベースとしたプログラムであり(福本，2014；福本，2015)，医療機関で開発された薬物再乱用防止プログラムであるSMARPP (Serigaya Methamphetamine Relapse Prevention Program) がもとになっている（川島，2012；松本，2012)。矯正教育プログラム（性非行）については，中核プログラムであるJ-COMPASSと周辺プログラムであるマインドフルネス，セカンドステッププログラム等からなり，中核プログラムであるJ-COMPASSは認知行動療法をベースとしたプログラムとなっている（青木，2014)。

(3) 更生保護

　保護観察については，法務省法務総合研究所（2014, pp.74-89）を適宜参照しながら説明する。保護観察とは，保護観察所の保護観察官や民間篤志家の保護司によって実施される社会内処遇である。対象者は，保護観察処分少年，少年院仮退院者，仮釈放者，保護観察付執行猶予者，そして婦人補導院仮退院者である（表28.2)。ただし，このうち婦人補導院仮退院者については，現在ほとんど実施されていない(法務省ホームページに掲載の「婦人補導統計 統計表」によれば，2010～2015年の10年間で3名しかいない)。いずれの対象者の場合でも，改善更生を図ることを目的として，指導監督と補導援護を行なうことにより保護観察が行なわれる（更生保護法　第49条第1項)。指導監督とは，遵守事項を守らせることや，専門的処遇を実施することなどであり（更生保護法　第57条)，補導援護は，帰住や就労を援助することなどである（更生保護法　第58条)。

　この，指導監督の中の専門的処遇として，認知行動療法に基づいた専門的処遇プログラムが実施されている。専門的処遇プログラムには，性犯罪者処遇プログラム，覚せい剤事犯者処遇プログラム，暴力防止プログラム，そして飲酒運転防止プログラムの4種がある。これらプログラムは，保護観察を受けている者のうち，仮釈放者と保護観察付執行猶予者が対象となっていることから，基本的には少年ではなく成人が対

表28.2　保護観察の対象者（法務省法務総合研究所，2014, p.76 より作成）

保護観察処分少年	家庭裁判所の決定により保護観察に付されている者
少年院仮退院者	少年院からの仮退院を許されて保護観察に付されている者
仮釈放者	刑事施設からの仮釈放を許されて保護観察に付されている者
保護観察付執行猶予者	刑の執行を猶予されて保護観察に付されている者
婦人補導院仮退院者	婦人補導院からの仮退院を許されて保護観察に付されている者

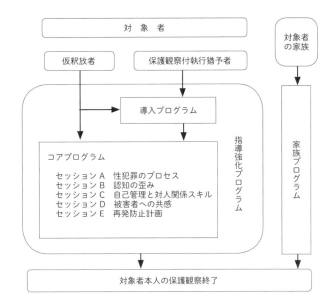

図 28.2 保護観察所における性犯罪者処遇プログラム
注：法務省の報道発表資料「保護観察所における性犯罪者処遇プログラム受講者の再犯等に関する分析結果について」(http://www.moj.go.jp/hogo1/soumu/hogo01_press-release01_index.html）および，法務省保護局観察課（2006）より作成．

象である。4つのプログラムのうち，性犯罪者処遇プログラムは2006年から実施されており，後述するように効果検証についても公表されている。性犯罪者処遇プログラムは，導入プログラム，コアプログラム，指導強化プログラム，そして家族プログラムの4つのプログラムから構成され，このうち中心的なプログラムであるコアプログラムは認知行動療法を基礎とし，「性犯罪のプロセス」「認知の歪み」「自己管理と対人関係スキル」「被害者への共感」「再発防止計画」の5つの課程からなる（法務省法務総合研究所，2006, p.269；図28.2)。

覚せい剤事犯者処遇プログラムは，認知行動療法にもとづくワークブックを活用した教育課程と，簡易薬物検出検査を合わせて実施するものである。当初は覚せい剤事犯者のみを対象とし，しかも個別での実施であったが，刑の一部執行猶予制度の導入による対象者拡大に対応するためにプログラムの変更が加えられ，規制薬物全般に対応できるようになったうえ，集団での実施も可能になった（西﨑，2013)。プログラムの教育課程については，「薬物依存について知ろう」「引き金と欲求」「引き金と錨」「『再発』って何？」「強くなるより賢くなろう」の5つの課程からなるコアプログラムと，コアプログラムの復習等を行なうフォローアッププログラムによって構成される（本山ら，2014)。

暴力防止プログラムは，保護観察に付される理由となった犯罪の中に暴力犯罪（殺人，傷害，暴行，強盗など）が含まれており，かつ暴力犯罪の前歴を有する者などで，性犯罪者処遇プログラムや覚せい剤事犯者処遇プログラムの受講が義務づけられていない者が対象である。5つの課程があり，それらを通じて，自己の暴力について分析させ，怒りや暴力につながりやすい考え方の変容を促し，再び暴力を起こしそうな危機場面での対処方法や対人関係の技術を習得させるものである（佐藤，2012）。また，飲酒運転防止プログラムは，保護観察に付される理由となった犯罪の中に飲酒運転が含まれている者が対象であり，5つの課程を通じて，アルコールが心身および自動車等の運転に与える影響を認識させ，飲酒運転に結びつく自己の問題性について理解させるとともに，再び飲酒運転をしないようにするための具体的な方法を習得させるものである（佐藤，2012）。

2. 日本の犯罪者処遇に影響を与えたRNRモデル

　日本の刑事施設，少年院，保護観察所のいずれにおいても，犯罪者・非行少年の問題を改善させるための専門的なプログラムは，薬物と性犯罪を対象とするものを中心として，認知行動療法を取り入れている。このように認知行動療法が導入されるようになったのは，日本の犯罪者処遇がRNRモデルの影響を大きく受けるようになったことが背景にある。ここでは，まずRNRモデルについて説明したあと，RNRモデルに基づき日本で行なわれるようになったリスクアセスメントについて説明する。

(1) RNRモデル

　RNRモデルとは，アンドリューズとボンタ（Andrews & Bonta, 2010）によれば，「リスク原則（risk principle）」「犯罪を誘発するニードの原則（the criminogenic need principle）」，そして「一般応答性と特別応答性の原則（the general responsivity and specific responsivity principle）」を中心とする犯罪者のアセスメントおよび治療に関するモデルである。「リスク原則」というのは，犯罪者の再犯リスクを見積もることは可能であり，犯罪者にはそれぞれのリスクの程度に応じた治療法を受けさせるのがよいというものである。リスクの高い者には徹底した治療が必要になるが，リスクの低い者には最小限の治療でよい（むしろ，低リスクの者に徹底的な治療を行なうとかえって再犯率を高めてしまう）。「犯罪を誘発するニードの原則」というのは，犯罪者には職に就いていないことや薬物使用といった犯罪誘発的なニードと，自尊心の低さなどの犯罪誘発的でないニードとがあるが，このうち犯罪誘発的なニードに働きかけるのが再犯防止に直接的で最も効果があるというものである。犯罪誘発的でないニー

ドは，犯罪誘発的なニードと同様，過去の犯歴などと違って将来の変更が可能な要因（動的リスク）であるものの，治療への動機づけなど間接的な効果しかない。最後の，「一般応答性と特別応答性の原則」というのは，犯罪者の治療には，最も効果が明らかに示されている社会学習的，認知行動的な手法を用いるべきであり（一般応答性の原則），さらに治療の効果をあげるために個々の犯罪者の特性に応じた治療法の工夫が行なわれるべき（特別応答性の原則）というものである。そして，RNRモデルのこれら3つの原則すべてにしたがって犯罪者処遇を行なえば，再犯防止に最も効果的であることが確認されている。

　RNRモデルは欧米を中心に犯罪者処遇に広く取り入れられているが，このような大きな影響力がある背景には，実際に再犯率を減少させていることが示されているという実証性がある。RNRモデルは，犯罪者の問題を改善する方法として，現時点では最も優れたものであるのは間違いない。ただし，今後，さらに研究が積み重ねられることで，モデルが改良されていくことは考えられる。2000年以降，RNRモデルがリスク要因を低減させるといった犯罪者の短所ばかりに目を向けてしまっているとして，新たにグッドライフ・モデル（Good Lives Model：GLM）が提唱されるようになっている（Ward & Brown, 2004；Laws & Ward, 2011；Ward, 2012など）。グッドライフ・モデルは，犯罪者は犯罪者でない人と同様に他人と親密な関係を持つことや成功体験を持つことなどを求めており，それらがうまく満たされるようスキルを身につけさせるなどすることで，より良い人生を送れるようになり，再犯もしなくなるということを主張している。人間存在への信頼に基づいた長所伸長的なアプローチであり，魅力的な考え方といえる。しかし，残念ながらまだ実証的な効果検証が十分でない（Lösel, 2012b；Wormith et al., 2012；染田，2012）。さらに，実証研究に対し消極的な態度も示していることから（Ward, 2012），当面はグッドライフ・モデルがRNRモデルにとって代わることは困難と思われる。ただ，グッドライフ・モデル（Good Lives Model）を補助的なものとして位置づけ活用することはできるだろう（大江, 2015）。たとえば，犯罪者のプログラムへの受講の動機づけを高めるために，RNRモデルにおける犯罪誘発的でないニードへの働きかけの一方法として取り入れることが考えられる。

(2) 日本のリスクアセスメント

①成人矯正でのリスクアセスメント

　これまでで説明したように，日本ではRNRモデルの影響を受けて，犯罪者処遇に認知行動療法を取り入れ，犯罪者のリスクやニードに応じた働きかけを行なうようシフトしつつある。ところで，このような犯罪者のリスクやニードに応じた処遇を行なうためには，その犯罪者のリスクやニードを適切に把握する方法が必要になる。西野

(2007) も紹介しているように，欧米ではさまざまなリスクアセスメントツールが開発され使用されている。日本でも，欧米のリスクアセスメントツールを参考にして開発が行なわれている。刑事施設においては，性犯罪再犯防止指導の導入と同時に対象者のリスクアセスメントツールを開発・使用するようになっている。それは，①再犯リスク（年齢や性犯罪の前歴など再犯と結びつく傾向の強い要因であり，処遇プログラムで変化させることができないもの。つまり静的リスク），②処遇ニーズ（再犯可能性に結びついている要因のうち，親密な対人関係の欠損，性犯罪を許容する態度など，処遇プログラムで変化しうるもの。つまり動的リスク），③処遇適合性（プログラムを理解するために必要な知的能力の有無や本人の動機づけレベルなど，処遇プログラムの受講に適しているかどうか）について明らかにするものとなっており，これらの結果をふまえて性犯罪再犯防止指導の対象者の群分け（高密度，中密度，低密度のいずれか）等に使用されている（山本, 2012）。

また，薬物依存離脱指導の見直しに伴い薬物依存離脱指導の対象者用のリスクアセスメントツールも開発されている。それはツール1とツール2からなり，ツール1は山本ら（2011）のC-SRRS（Correctional Stimulant Relapse Risk Scale）を使用した受刑者による自己記入式の質問紙であり，ツール2は職員による面接や公的資料により判定するものである（山本ら, 2013）。C-SRRSというのは，「再使用への欲求」「情動・意欲面の問題」「薬理効果への期待」「薬物使用への衝動性」「薬物依存への自覚の乏しさ」「薬害・犯罪性の否定」の6つの下位尺度からなり，総質問項目は41項目となっている。

②少年矯正でのリスクアセスメント

少年鑑別所の業務は，「鑑別を行うこと」，観護の措置などがとられた者を収容し「観護処遇を行うこと」，そして「非行及び犯罪の防止に関する援助を行うこと」である（少年鑑別所法　第3条）。少年院とは異なり矯正教育は行なわず，家庭裁判所の審判決定前の非行少年を収容して鑑別を行なうのが主な業務である。鑑別とは，「医学，心理学，教育学，社会学その他専門的知識及び技術に基づき，鑑別対象者について，その非行又は犯罪に影響を及ぼした資質上及び環境上問題となる事情を明らかにした上，その事情の改善に寄与するため，その者の処遇に資する適切な指針を示すもの」（少年鑑別所法　第16条第1項）とされている。具体的には，面接，心理検査，行動観察や医学的検査などをもとに検討し，鑑別対象者の非行の原因などを明らかにするとともに，処遇意見も付して，書面で家庭裁判所等に通知する。

少年鑑別所では，これまでさまざまな心理検査の開発を行なってきたが，最近では，少年の再非行の可能性と教育上の必要性を定量的に把握する法務省式ケースアセスメントツール（Ministry of Justice Case Assessment tool：MJCA）を開発している（法務省矯正局, 2013）。このMJCAは，非行少年のその後の処遇，つまり少年院や保護

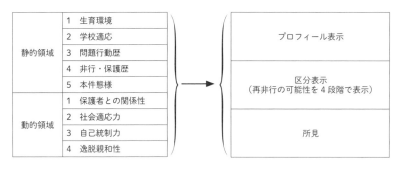

図 28.3　法務省式ケースアセスメントツール（MJCA）の概要（法務省矯正局，2013 より作成）

観察所において活用されることを念頭において作成されたものである（西岡，2013）。少年の生育環境や過去の問題行動歴・非行歴等これまでの出来事等に関する項目（静的領域　5 領域 24 項目）と再非行を防止するための教育や処遇を行なう必要性に関する項目（動的領域　4 領域 28 項目）の計 52 項目から構成され，少年鑑別所の心理技官が面接や鑑別資料に基づいて評定する。評定した結果は，各領域ごとにプロフィールとして表示されるとともに，再非行の可能性が 10.1～78.0％までの 4 段階により示され，さらに担当者による所見が記載されることになっている（図 28.3）。

このように，日本の犯罪者処遇は RNR モデルの影響を大きく受けるようになっており，認知行動療法の手法を取り入れるだけではなく，リスクとニードの的確な把握にも努めるようになっている。さらに，このあとで述べるように，処遇プログラムがどれだけ再犯を減少させているかという効果検証にも取り組むようになっている。そこで，次に，犯罪者処遇の効果検証を行なう方法について説明したうえで，日本で始まっている効果検証の実証研究について紹介する。

3. 日本の犯罪者処遇効果についての研究

犯罪者に対するどのような働きかけがどれだけ効果があるのか，という科学的調査については，欧米では盛んに行なわれ，議論されてきたが，日本では従来あまり重要視されることがなかった。これは，犯罪者の問題は犯罪者ごとに異なり，個別の事情に応じて対応するしかなく，犯罪者処遇の効果は科学的に明らかになるものではないといった考えが強かったためと思われる。しかし，犯罪者の再犯の問題がクローズアップされるようになったうえに，犯罪者処遇が基本的に税金により行なわれることからくる説明責任から，近年は犯罪者処遇の効果の科学的検証の必要性が求められるようになっている。ただし，薬品や動物を対象とした実験と異なり，人間が対象となる犯

罪者処遇の効果検証は簡単でない。ここでは，犯罪者処遇の効果検証方法について紹介したうえで，我が国における犯罪者処遇効果の研究について，最近公表された刑事施設における性犯罪再犯防止指導と保護観察所における性犯罪者処遇プログラムの効果検証を中心に紹介する。

(1) 犯罪者処遇効果の検証方法

　犯罪者処遇の効果を検証する場合，何をもってして効果があがったと判断するか，つまりどのような指標により効果の有無を判断するのかというのは難しい問題である。犯罪者処遇の効果検証の場合，処遇の効果は通常自己報告の変化や再犯の有無により測定される。自己報告による場合は，犯罪の背景要因と関連しているようなパーソナリティ，価値観や態度等についての心理尺度への回答を処遇の前と後で求めることが一般的である。ただし，この自己報告を用いる方法は，望ましく回答するなどの回答の歪みの問題があり，必ずしも正確とは限らない（Bartol & Bartol, 2005／羽生監訳，2006, p.582）。また，たとえ態度や価値観が変化しても，行動面で変化しなければ意味がない。それでは，効果の指標を再犯の有無，つまりその後捕まったかどうかで見れば間違いないかというと，これも必ずしもそうとは言えない。再犯をしても捕まらずにすんでいるという場合があり，捕まっているかどうかということだけでは再犯の正確な指標とはならないからである。また，再犯の有無を確認するには長期間の追跡が必要になるため，結果が出るまでに何年もかかるという問題もある。犯罪者処遇効果を検証する際には，以上のような前提と限界をふまえて実施することになる。

　また，理想的な効果検証方法は，実験モデルにより行なわれるべきであるといわれている。実験モデルというのは，実験群（ある処遇を実施）と統制群（ある処遇を実施しない）に対象者をランダムに割り当ててその後の変化の差が統計的に有意であれば，実験群で行なわれたことは効果があったとするものである。この厳密な方法はRCT（ramdomised controlled trial：ランダム化比較試験）ともよばれ，医療においてどの病気にどのような治療法が有効かを明らかにするために用いられている。心理療法や犯罪者処遇の効果検証についても，このRCTが使われる。具体的には，ある処遇を行なう群と行なわない群とに犯罪者をランダムに割り当て，処遇を行なった群とそうでない群での自己報告の変化の違い，あるいは再犯者の数の多さを比較するといったものとなる。

　ところで，RCTのような実験研究では，交絡要因やバイアスなどとよばれるものの統制が必要になる。それら要因の統制がうまくできなければ，本当にその処遇が有効なのかどうかがわからない。たとえばある処遇プログラムXを行なったグループAと何もしなかったグループBとを比較して，グループAで再犯が減ったとしても，処遇プログラムXに効果があったと断言することはできない。たとえば，グループ

AとグループBは等質でなく，グループAのほうにもともと改善意欲の高い者が集まっていたのかもしれない。また，再犯が減ったのは処遇プログラムXによる効果ではなく，処遇プログラム対象者に選ばれたという自負心や期待されているという実感が効果を上げたのかもしれず，別のプログラムYでも同じ結果になるかもしれない。

　これら統制すべき要因が多く，複雑になるほど，クリアな効果検証が難しくなる。ましてや，現実的制約の多い犯罪者処遇については，厳密な意味でのRCTの実施は容易ではない。特に，すでに導入されている処遇プログラムについての効果検証をRCTで行なう場合，処遇プログラムを実施しない統制群に割り振られた者に対し，事後になんらかのサポートを実施しておかないと，たとえ研究協力の同意を得ていたとしても，再犯を起こして被害者が出てしまうと，RCTの実施者には社会的な責任が問われることになる。また，そもそもこれまでの日本では効果検証の実績がほとんどないことから，いきなりRCTを導入しようとしても現場のとまどいや混乱が大きく，かえって効果検証の動きが抑制されるおそれがある。したがって，犯罪者処遇の効果検証については，当面はRCTにばかりとらわれず，調査対象者のランダム性の要件がゆるやかで倫理的な問題も少ない準実験などの方法も積極的に活用していくべきであろう。あとで説明するが，日本の性犯罪再犯防止指導プログラムの効果検討は準実験の枠組みにより行なわれている。

　さらに，これら実証研究を数多く集めて，その処遇がどれだけ効果があるのかを見ようとするのが，メタ分析である。欧米ではこのメタ分析がいくつも行なわれているが，それができるのは数多くの効果検証研究の蓄積があるからである。日本の場合，犯罪者処遇についての実証的な研究が始まったばかりであり，メタ分析を行なうのに十分な数の研究がないのが現状である。

　犯罪者処遇のような現実的制約が大きいうえに，国が政策として行なっているものについての検証は，上記のような「研究」という形ではなく，プログラム評価（program evaluation）という枠組みで行なうことが良いとも言われる。プログラム評価というのは，「特定の目的を持って設計・実施されるさまざまなレベルの介入活動およびその機能についての体系的な査定であり，その結果が当該介入活動や機能に価値を付与するとともに，後の意思決定に有用な情報を収集・提示することを目的として行なわれる包括的な探究活動」（安田・渡辺，2008, p.5）であり，理論の一般化を検証しようとする通常の「研究」とは異なり，具体的なプログラムの有効性について体系的に検討するものである。さらに，このプログラム評価の観点からは，従来の「研究」では評価されないものも対象に含まれ，たとえばプログラムが適切に実施されているかといったプロセス評価や，費用対効果といった効率性なども重要視される（Rossi et al., 2004）。

　いずれにせよ，日本において，実証的で，説明責任を果たしている犯罪者の処遇効果検証というのは，最近になってようやく本格的に行なわれるようになったという

が実情である。次に，そのような日本における主な犯罪者処遇効果の検証を紹介する。

(2) 日本における処遇効果の検証

　刑事施設における特別改善指導の一つである性犯罪再犯防止指導と保護観察において実施される専門的処遇プログラムの一つである性犯罪者処遇プログラムについては，大規模な検証結果が公表されている。いずれも受講群と非受講群がランダムに割り振られていないことから，RCTによるものではなく，準実験の枠組みで行なわれている。

　保護観察での性犯罪者処遇プログラムでは，同プログラムの受講群3,838人と非受講群410人を保護観察開始後最大4年間追跡し，再犯（検察庁において事件処理されること）の有無を調べている。受講群はプログラムを修了した性犯罪者であるが，非受講群はプログラムが導入される以前であったためにプログラムを受講しなかった性犯罪者である。再犯の内容を性犯罪に限定した場合，限定しなかった場合のいずれにおいても，再犯率が受講群のほうで低いことが確認されている（法務省保護局，2012；表28.3）。

　刑事施設での性犯罪再犯防止指導は，同指導の受講群1,198人と非受講群949人を刑事施設出所後最大3年間追跡している。受講群はプログラムを90%以上の出席率で受講した者であり，非受講群はプログラム導入前に受刑したため受講しなかった者，プログラム導入後の受刑であっても刑期が短いなどの実施上の問題からプログラム受講とならなかった者，あるいはプログラムを受講したものの出席率が90%未満であった者などである。その結果，再犯の内容を性犯罪に限定した場合は有意とならなかったものの，再犯を性犯罪に限定せずすべての犯罪でみると受講群のほうで再犯率が低いことが確認できた（表28.4）。さらに，受講群と非受講群がランダムに割り振られていないことから生じる交絡要因をある程度統制するために，もともと持っている再犯リスクを共変量とし，その影響を統制した分析も行なっている。その結果，受講群／非受講群の違いが性犯罪の再犯率に与える影響については確認できなかったもの

表 28.3　保護観察所における性犯罪者処遇プログラムの効果（法務省保護局，2012より作成）

		4年経過時点の推定再犯率	
		受講群	非受講群
すべての再犯	仮釈放者	22.6%	30.0%*
	保護観察付執行猶予者	22.0%	35.6%***
性犯罪の再犯	仮釈放者	15.5%	21.6%*
	保護観察付執行猶予者	17.9%	33.3%***

*** $p<.001$　* $p<.05$

表 28.4　刑事施設における性犯罪再犯防止指導の効果（法務省矯正局成人矯正課，2012 より作成）

	3年経過時点の推定再犯率	
	受講群	非受講群
すべての再犯	21.9%	29.6%**
性犯罪の再犯	12.8%	15.4%

**$p<.01$

の，性犯罪に限定しないすべての犯罪の再犯率には有意に影響を与えていたことが確認され，非受講群は受講群に比べて再犯率が1.25倍高いことが示された（法務省矯正局成人矯正課，2012）。

また，刑事施設における性犯罪再犯防止指導については，再犯指標によらないうえに，受講群と非受講群の比較でもない方法での効果検証も行なっている（山本・松嶋，2012a, 2012b）。性犯罪再犯防止指導を受ける前と受けた後で動的リスクについての調査（ニーズ調査）や心理尺度（自己効力感，認知の歪み，社会的自尊感情，攻撃性，そして動機づけ）を実施し，受講前と受講後の変化をみるというものである。ニーズ調査では動的リスクが低下したことが確認され，心理尺度ではいずれも良好な変化がみられた。

性犯罪者を対象とした保護観察所と刑事施設のプログラムの効果検証は，受講群と非受講群の分け方が違ううえに，そもそもプログラムの対象となる性犯罪者の定義が同じでない。さらに，再犯の追跡期間も異なるなど条件が同じでないことなどから，両者の結果を同一に論じることはできないが，いずれにせよ，これらプログラムの実施により，性犯罪者の再犯防止にある程度の効果があったことはいえるだろう。

また，性犯罪以外のプログラムの検証については，刑事施設における薬物依存離脱指導について試みられている。その結果は，指導により対処スキルの平均値が上昇すること，さらにその対処スキルの得点の上昇が比較的大きい者はそうでない者に比べて再犯の確率が低くなったことが明らかになった（牛木，2011；山本・森，2015）。ただし，この検証報告は，対象者が女子受刑者のみであることなどから，今後の追加的な検証が求められる。

犯罪者処遇の効果の検証というのは欧米では盛んに行なわれているが，日本で本格的に行なわれるようになったのは，最近になってからである。日本における犯罪者処遇の科学的な効果検証は始まったばかりであり，まだ十分な成果が蓄積されているとは言い難い。将来的には日本の効果検証研究が海外の実務家や研究者に参考とされるよう今後の発展に期待したい。

Column 17　量刑判断

　量刑判断とは，刑事裁判において，有罪が確定した被告人に対してどのような種類の，またどれほどの重さの刑罰にするかという判断である。しかし，過去の裁判例こそあれ，その基準は必ずしも明確であるとはいえない。そのうえ，裁判員による司法参加や死刑という選択肢をふまえれば，心理学的に見ればきわめて危うい判断である。

規範的な基準と心理的な基準　殺人罪を犯せば「死刑又は無期若しくは5年以上の懲役」（刑法199条）となり，窃盗罪を犯せば「10年以下の懲役又は50万円以下の罰金」（刑法235条）となる。このように，量刑には罪種に応じて刑法で定められた一定の範囲がある（法定刑）。この法定刑の範囲で，併合罪や自首などに基づく加重／減軽があり，その他のさまざまな事由が総合的に考慮されて，最も適当な刑罰（宣告刑）が下される。これがいわば規範的な量刑判断である。とはいえ，トベルスキーとカーネマン（Tversky & Kahneman, 1974）が述べているように，不確かな状況における人の判断はヒューリスティック的で，一定の計算式で表現できるような判断ができるわけではない。量刑判断には考慮すべき事由が非常に多いうえ，それらをどう考慮すべきかの基準があいまいという点で殊更そうである。

　量刑判断がヒューリスティック的であるとするならば，それはどのような性質に基づくのであろうか。実は，量刑判断には応報感情，すなわち「悪い行為にはそれだけの報いを与えたい」という心理が特に強く影響しやすい（綿村ら，2010）。殺人罪を例にあげるならば，被害者が何人で，どれほど残忍な殺され方をしたのか，被告人の動機がどれほど身勝手であったかなどの情報が，犯罪の悪さとして評価され，それを相殺できるだけの量刑へと換算される。この評価や換算の仕方はきわめて主観的であり，客観的には被害の大きいはずの過失致死に対してよりも殺人未遂に対してのほうが厳しい量刑が下されやすいことさえある（Alter et al., 2007）。

裁判員制度との関わり　2009年に施行された裁判員制度により，殺人罪や傷害致死罪などの重大犯罪に関しては，一般市民も裁判員として審理に参加し，裁判官との評議を経て量刑判断をするようになった。当然ながら，知識も経験量も多い裁判官と素人の裁判員とでは前者が優位であり，実際に裁判員経験者の中には，「評議の過程で自分たちの意見が軽視され，あまり厳しい量刑にならないように裁判官から釘をさされた」旨の感想を述べる者もいる（朝日新聞，2011年5月22日）。おそらく，裁判官の量刑判断方略は，類似事件の裁判例に基づき推論したアンカー（後述の「アンカリング効果」も参照してほしい）をもとに微調整を行なうというものであるため，量刑の分散が小さくなりやすい。そのため，被害者の人数や犯行の残忍さといった単独の要因に引きずられやすい裁判員

の直感とはそぐわない側面があり，両者の優位性ともあいまって先の感想につながっているのであろう。とはいえ，ハイト（Haidt, 2001）が述べているように，人はまず直感で物事を判断したのちに，もっともらしい合理的な言い訳を考えようとする。裁判官も「人」としての側面をもつ以上，知識や経験に基づきつつも，時には一般市民に近い判断の仕方をすることもあろう。実際に，強姦致傷罪は裁判員制度施行後，全体的に量刑が重くなっているとの傾向が示されているが（原田，2013），この傾向が裁判官と一般市民との評議をふまえての結果であるとするならば，裁判官も知識や経験だけでなく，一般市民らしい判断をしているということが示唆される。いずれにせよ，量刑判断は裁判官・裁判員どちらにとっても，法が求める規範性と「人」としての直感を調整しなければいけないという点で非常に難しい判断である。

量刑判断にかかる諸問題
①死刑判断：主要国の中でも，日本は死刑を存置する数少ない国の一つであり（Amnesty, 2012），死刑を適用すべきか否かという問題はこれまでもしばしば議論の的になってきた。ごく最近まで，死刑の適用には，犯罪の重大性と被告人の更生可能性との兼ね合いに基づく「永山基準」が用いられてきたといわれている。しかし最近では，当基準では死刑を免れうるものの「死刑にすべき」との世論が強かったがために死刑が適用されたようなケース（たとえば，1999年の光市母子殺害事件，2007年の名古屋市闇サイト殺害事件），さらには裁判員制度の施行による市民感覚の反映などとも重なって，永山基準は「基準」としての役割をもはや失いつつある。死刑存置そのものも含め，死刑判断はどうあるべきなのか，今あらためて考え直すときにきている。
②アンカリング効果：いわゆる「八掛け」という言葉がある。これは，検察官の求刑に 0.8 を乗じた数が宣告刑の目安になるとの意味であるが（たとえば，求刑が懲役10年なら8年），ただの通説ではない。実際に，先行研究によれば，最終論告などとともに示される求刑がプロの裁判官の判断にも影響することがわかっている（Englich et al., 2006）。さらに日本では，量刑分布グラフといって過去の類似事件における相場を棒グラフ形式で示した資料も参考として使用されているが，大学生を対象とした綿村ら（2014）の実験1では，まったく同じ傷害致死事件の裁判を見せても，ピークが低めのグラフを見せておくだけで，ピークのない平坦なグラフを見せた場合より3年以上刑期が短くなるという結果が示された。求刑にせよ量刑分布グラフにせよ，もしそれ1つによってたやすく量刑が変わりうるとすれば，刑の公正性という観点においてきわめて重要な問題が投げかけられているのかもしれない。

その他，被害者の意見陳述をどこまで量刑に反映させてよいものなのか，被告人の責任能力をどこまで認めるべきなのかなど，問題は山積みである。しかし，結局のところ，こうした諸問題を検証しなければならない背景には，「刑の公正性をどう担保するのか」

という本質的な問題があるからだと考えられる。今後も，この本質的な問題を核として，これら諸問題を検証していく必要がある。

引用文献

Alter, A. L., Kernochan, J., & Darley, J. M. (2007). Transgression wrongfulness outweighs its harmfulness as a determinant of sentence severity. *Law and Human Behavior*, *31*, 319–335.

Amnesty International. Amnesty International Report (2012). Retrieved from http://www.amnesty.org/en/death-penalty/abolitionist-and-retentionist-countries.

Englich, B., Mussweiler, T., & Strack, F. (2006). Playing dice with criminal sentences: The influence of irrelevant anchors on experts' judicial decision making. *Personality and Social Psychology Bulletin*, *32*, 188-200.

Haidt, J. (2001). The emotional dog and its rational tail: A social intuitionist approach to moral judgment. *Psychology Review*, *108*, 814-834.

原田國男 (2013). 裁判員裁判における量刑傾向――見えてきた新しい姿 慶應法学，*27*, 161-187.

裁判員時代：3年目への提言（中）ため息つく裁判長 (2011). 朝日新聞5月22日朝刊

Tversky, A., & Kahneman, D. (1974). Judgment under uncertainty: *Heuristics and biases. science*, *185*(4157), 1124-1131.

綿村英一郎・分部利紘・高野陽太郎 (2010). 一般市民の量刑判断――応報のため？それとも再犯防止やみせしめのため？　法と心理，*9*, 98-108.

綿村英一郎・分部利紘・佐伯昌彦 (2014). 量刑分布グラフによるアンカリング効果についての実験的検証　社会心理学研究，*30*, 11-20.

references

引用参考文献

第Ⅰ部

■第1章■

Belfrage, H., & Rying, M. (2004). Characteristics of spousal homicide perpetrators: a study of all cases of spousal homicide in Sweden 1990–1999. *Criminal Behaviour and Mental Health*, *14*(2), 121-133.

Brookman, F. (2005). *Understanding Homicide*. London: Sage.

Cavanagh, K., Dobash, R. E., & Dobash, R. P. (2007). The murder of children by fathers in the context of child abuse. *Child abuse & neglect*, *31*(7), 731-746.

Cooper, A., & Smith, E. L. (2011). Homicide trends in the United States, 1980–2008. *Washington (District of Columbia): Bureau of Justice Statistics*. http://www.bjs.gov/content/pub/pdf/htus8008.pdf（2016 年 6 月 21 日）

Federal Bureau of Investigation (2013). Crime Statistics. http://www.fbi.gov/stats-services/crimestats （2016 年 6 月 21 日）

Fesbach, S. (1964). The function of aggression and the regulation of aggressive drive. *Psychological Review*, *71*, 257-272.

Friedman, S. H., & Resnick, P. J. (2007). Child murder by mothers: patterns and prevention. *World Psychiatry*, *6*(3), 137.

Goetting, A. (1988). Patterns of homicide among women. *Journal of Interpersonal Violence*, *3*(1), 3-19.

Goodwill, A. M., Allen, J. C., & Kolarevic, D. (2014). Improvement of thematic classification in offender profiling: Classifying serbian homicides using multiple correspondence, cluster, and discriminant function analyses. *Journal of Investigative Psychology and Offender Profiling*, *11*(3), 221-236.

Häkkänen-Nyholm, H., Weizmann-Henelius, G., Salenius, S., Lindberg, N., & Repo-Tiihonen, E. (2009). Homicides with mutilation of the victim's body. *Journal of forensic sciences*, *54*(4), 933-937.

羽根 文 (2006)．介護殺人・心中事件にみる家族介護の困難とジェンダー要因　家族社会学研究，*18*(1), 27-39.

長谷川眞理子 (2004)．家族内の葛藤と殺人——進化心理学的視点から　家族研究年報，*29*, 28-40.

Hiraiwa-Hasegawa, M. (2005). Homicide by men in Japan, and its relationship to age, resources and risk taking. *Evolution and Human Behavior*, *26*(4), 332-343.

法務省法務総合研究所 (2007)．重大事犯少年の実態と処遇（第 2 報告），法務総合研究所研究部報告，*35*.

法務省法務総合研究所 (2009)．平成 20 年版　犯罪白書のあらまし　第二部　特集「高齢犯罪者の実態と処遇」

法務省法務総合研究所 (2012)．家庭内の重大犯罪に関

する研究．法務総合研究所研究部報告，45.
法務省法務総合研究所 (2015)．平成27年版　犯罪白書　http://hakusyo1.moj.go.jp/jp/62/nfm/mokuji.html（2016年6月21日）
福島章 (1984)．尊属殺——犯罪心理学から見た　ジュリスト，812, 16-19.
Jurik, N. C., & Winn, R. (1990). Gender and homicide: A comparison of men and women who kill. Violence and victims, 5(4), 227-242.
Jurik, N. C., & Winn, R. (1990). Gender and homicide: A comparison of men and women who kill. Violence and victims, 5(4), 227-242.
河合幹雄 (2009)．日本の殺人　筑摩書房
Keeney, B. T., & Heide, K. M. (1994). Gender Differences in Serial Murderers A Preliminary Analysis. Journal of Interpersonal Violence, 9(3), 383-398.
警察庁 (2013)．高齢犯罪者の特性と犯罪要因に関する調査
警察庁 (2015)．平成26年　警察白書統計資料　http://www.npa.go.jp/hakusyo/h26/data.html（2016年6月21日）
近藤日出夫 (2009)．嬰児殺の動向と背景を考える　浜井浩一（編）　家族内殺人 (pp. 86-102) 洋泉社
Kristoffersen, S., Lilleng, P. K., Mæhle, B. O., & Morild, I. (2014). Homicides in Western Norway, 1985–2009, time trends, age and gender differences. Forensic science international, 238, 1-8.
Langevin, R., & Handy, L. (1987). Stranger homicide in Canada: a national sample and a psychiatric sample. The Journal of Criminal Law and Criminology (1973-), 78(2), 398-429.
Last, S. K., & Fritzon, K. (2005). Investigating the nature of expressiveness in stranger, acquaintance and intrafamilial homicides. Journal of Investigative Psychology and Offender Profiling, 2(3), 179-193.
Mouzos, J., & Rushforth, C. (2003). Family homicide in Australia (No. 255). Australian Institute of Criminology Trends and Issues in Crime and Criminal Justice. http://aic.gov.au/publications/current%20series/tandi/241-260/tandi255.html（2016年6月21日）
中田修 (1974)．家族殺人（Familienmord）の概念について　犯罪心理学研究，40(3), 119-122.
大森昌夫 (1975)．東京における親殺し・子殺し　犯罪心理学研究，11(1), 41-73.
Polk, K. (1993). Observations on stranger homicide. Journal of Criminal Justice, 21(6), 573-582.
Putkonen, H., Weizmann-Henelius, G., Lindberg, N., Rovamo, T., & Häkkänen, H. (2008). Changes over time in homicides by women: a register-based study comparing female offenders from 1982 to 1992 and 1993 to 2005. Criminal Behaviour and Mental Health, 18(5), 268-278.
Salfati, C. G., & Canter, D. V. (1999). 1999 Differentiating stranger murders: profiling offender characteristics from behavioral style. Behavioral Sciencesand the Law, 17, 391-406.
Santtila, P., Canter, D., Elfgren, T., & Häkkänen, H. (2001). The structure of crime-scene actions in Finnish homicides. Homicide Studies, 5(4), 363-387.
Santtila, P., Häkkänen, H., Canter, D., & Elfgren, T. (2003). Classifying homicide offenders and predicting their characteristics from crime scene behavior. Scandinavian Journal of Psychology, 44(2), 107-118.
薩美由貴・池上聖次郎 (1997)．殺人捜査本部事件における加害者・被害者間の面識関係　科学警察研究所報告防犯少年編，38(2), 47-55.
Swigert, V. L., & Farrell, R. A. (1978). Patterns in criminal homicide: Theory and research. In P. Wickman & P. Whitten (Eds.), Readings in criminology (pp. 191-206). Lexington, MA: D.C. Heath and company.
田村雅幸 (1983a)．最近の殺人事件の実態とその類型　科学警察研究所報告防犯少年編，24(1), 78-90.
田村雅幸 (1983b)．最近の30年における殺人形態の変化　科学警察研究所報告防犯少年編，24(2), 33-45.
Thijssen, J., & de Ruiter, C. (2011). Instrumental and expressive violence in Belgian homicide perpetrators. Journal of Investigative Psychology and Offender Profiling, 8(1), 58-73.
内山絢子・山岡一信 (1984)．女性による殺人の実態　科学捜査研究所報告防犯少年編，25(1), 70-81.
United Nations Office on Drugs and Crime (2013). Global study on homicide 2013. United Nation.
渡邉和美 (2011a)．家族殺人　越智啓太・藤田政博・渡邉和美（編）　法と心理学の事典——犯罪・裁判・矯正 (pp. 206-209) 朝倉書店
渡邉和美 (2011b)．バラバラ殺人　越智啓太・渡邉和美・藤田政博（編）　法と心理学の事典——犯罪・裁判・矯正 (pp. 200-201) 朝倉書店
渡邉和美 (2011c)．捜査本部事件　越智啓太・渡邉和美・藤田政博（編）　法と心理学の事典——犯罪・裁判・矯正 (pp. 302-303) 朝倉書店
渡邉和美・伊原直子・横田賀英子 (2003)．捜査本部事件の特徴　渡辺昭一（編）　捜査心理学 (pp. 101-114) 北大路書房
渡邉和美・田村雅幸 (1999a)．バラバラ殺人の犯人像（上）——発生状況とその態様の変化　警察学論集，52(12), 147-166.
渡邉和美・田村雅幸 (1999b)．バラバラ殺人における被疑者・被害者関係，36（特別号），26-27.
渡邉和美・田村雅幸 (1999c)．バラバラ殺人の犯人像分析　科学捜査研究所報告防犯少年編，39(2), 12-17.

渡邉和美・横賀英子・伊原直子・吉本かおり (2004). 面識のない者を対象とした殺人事件の犯行特徴に関する分析 犯罪心理学研究, 42 (特別号), 20-21.

Zahn, M. A., & Sagi, P. C. (1987). Stranger homicides in nine American cities. *Journal of Criminal law and Criminology*, 78, 377-397.

■ 第 2 章 ■

Burgess, A. W., Hartman, C. R., Ressler, R. K., Douglas, J. E., & McCormack, A. (1986). Sexual homicide: A motivational model. *Journal of Interpersonal Violence*, 1, 151-272.

Canter, D. V. & Wentink, N. (2004). An empirical test of Holmes and Holmes's serial murder typology. *Criminal Justice and Behavior*, 31, 489-515.

Fox, J. A., & Levin, J. (2015) *Extreme killing* (3rd ed.). CA: Sage.

福島章 (編) (1999). 現代の精神鑑定 金子書房

Hickey, E. (2002). *Serial murderers and their victims* (3rd ed.). CA: Wadsworth.

Hickey, E. (Ed.). (2003). *Encyclopedia of murder & violent crime*. Thousand Oaks: Sage.

Holmes, R. M., & DeBurger, J. (1985). *Serial murder*. CA: Sage.

Holmes, R. M., & Holmes, S. T. (1998). *Serial murder* (2nd ed.). CA: Sage.

Holmes, R. M., & Holmes, S. T. (2009). *Serial murder* (3rd ed.). Thousand Oaks: Sage.

石川義博 (1999).「連続射殺魔」少年事件 福島章 (編) 現代の精神鑑定 (p.9-118) 金子書房

Jenkins, P. (1988). Serial murder in England 1940-1985. *Journal of Criminal Justice*, 16, 1-15.

Keppel, R. D., & Walter, R. (1999). Profiling killers: A revised classification model for understanding sexual murder. *International Journal of Offender Therapy and Comparative Criminology*, 43, 417-437.

中田修 (2000). 大久保清と精神鑑定 中田修・小田晋・影山任佐・石井利文 (編) 精神鑑定事例集 (pp. 21-136) 日本評論社

中田修・小田晋・影山任佐・石井利文 (編) (2000). 精神鑑定事例集 日本評論社

越智啓太 (2013). ケースで学ぶ犯罪心理学 北大路書房

Ressler, R. K., Burgess, A. W., & Douglas, J. E. (1988). *Sexual homicide: Patterns and motives*. Lexington: Lexington Books.

Salfati, C. G., & Bateman, A. (2005). Serial homicide: An investigation of behavioral consistency. *Journal of Investigative Psychology and Offender Profiling*, 2, 121-144.

内沼幸雄・関根義夫 (1999). 連続幼女殺人事件 福島章 (編著) 現代の精神鑑定 (pp. 517-609) 金子書房

渡邉和美・横賀英子・和智妙子・藤田悟郎 (2008). 連続殺人犯の行動の一貫性に関する分析 日本犯罪心理学会第 47 回大会 犯罪心理学研究, 46 (特別号), 44-45.

渡邉和美・横賀英子・和智妙子・佐藤敦司・藤田悟郎 (2007). 連続殺人事件の犯行パターンと犯人像 犯罪学雑誌, 74, 107.

■ 第 3 章 ■

Declercq, F., & Audenaert, K. (2011). Predatory violence aiming at relief in a case of mass murder: Meloy's criteria for applied forensic practice. *Behavioral sciences and the law*, 29(4), 578-591.

DeLisi, M., & Scherer, A. M. (2006). Multiple homicide offenders: Offense characteristics, social correlates, and criminal careers. *Criminal Justice and Behavior*, 33(3), 367-391.

Dietz, P. E. (1986). Mass, serial and sensational homicide. *Bulletin of the New York Academy of Medicine*, 62, 477-491.

Fox, J. A., & Levin, J. (2003). Mass murder: an analysis of extreme violence. *Journal of Applied Psychoanalytic Studies*, 5, 47-64.

福島章 (1999). 新宿西口バス放火事件 福島章 (編) 現代の精神鑑定 (pp. 237-301) 金子書房

Hempel, A. G., & Richards, T. C. (1999). Offender and offense characteristics of a nonrandom sample of mass murderers. *Journal of the American Academy of Psychiatry and the Law Online*, 27(2), 213-225.

Holmes, R. M., & Holmes, S. T. (2001). *Mass murder in the United States*. Upper Saddle River: NJ Prentice-Hall.

保崎秀夫・丹生谷晃代 (1999). 妻子五人殺人事件 福島章 (編) 現代の精神鑑定 (pp. 119-151) 金子書房

石井利文・影山任佐 (2003). 大量殺人に関して 犯罪学雑誌, 69, 104.

影山任佐 (1987). 大量殺人について 地検の起訴前鑑定 6 年間の事例及び統計的研究 犯罪学雑誌, 53, 170-183.

影山任佐 (2008). 大量殺人の犯罪精神医学的研究 犯罪学雑誌, 74, 166-181.

Lankford, A. (2015). Mass shooters in the USA, 1966-2010: Differences between attackers who live and die. *Justice Quarterly*, 32(2), 360-379.

Meloy, J. R., Hempel, A. G., Gray, B. T., Mohandie, K., Shiva, A., & Richards, T. C. (2004). A comparative analysis of North American adolescent and adult mass murderers. *Behavioral sciences and the law*, *22*(3), 291-309.

Meloy, J. R., Hempel, A. G., Mohandie, K., Shiva, A. A., & Gray, B. T. (2001). Offender and offense characteristics of a nonrandom sample of adolescent mass murderers. *Journal of the American Academy of Child & Adolescent Psychiatry*, *40*(6), 719-728.

中島岳志 (2013). 秋葉原事件:加藤智大の軌跡　朝日新聞出版

中村一夫 (1960). 大量殺人者の犯罪生物学的研究　犯罪学雑誌, *26*, 101-118.

越智啓太・木戸麻由美 (2010). 大量殺傷犯人の属性と犯行パターン (1)　日本における大量殺傷事件の類型　法政大学文学部紀要, *62*, 113-124.

越智啓太・中村有希子 (2014). 大量殺傷犯人の属性と行動パターン (2)　法政大学文学部紀要, *68*, 117-124.

佐木隆三 (1983). 深川通り魔殺人事件　文藝春秋

渡邉和美・佐藤敦司・吉本かおり・横田賀英子・和智妙子・藤田悟郎 (2008). 日本における大量殺人事件の発生状況と類型について　犯罪学雑誌, *74*, 190-204.

吉益脩夫 (1958). 犯罪生活曲線からみた殺人者の研究　精神神経学雑誌, *60*, 1352.

第4章

Agnew, R. (2007). Strain theory and violent behavior. In D. J. Flannery, A. T. Vazsonyi & I. D. Waldman (Eds.), *The Cambridge handbook of violent behavior and aggression* (pp. 519-529). New York: Cambridge University

朝日新聞大阪社会部 (2000). 暗い森――神戸連続児童殺傷事件　朝日新聞社

Bonanno, C. M., & Levenson, Jr., R. L. (2014). School shooters: History, current theoretical and empirical findings, and strategies for prevention. *Sage Open*, *4*, 1-11.

Cornell, D. G., Benedek, E. P., & Benedek, D. M. (1987). Juvenile homicide: Prior adjustment and a proposed typology. *American Journal of Orthopsychiatry*, *57*, 383-393.

De Venazi, A. (2012). School shootings in the USA: Popular culture as risk, teen marginality, and violence against peers. *Crime Media Culture*, *8*, 261-278.

Elliott, D., Huizinga, D., & Ageton, B. (1986). Self-reported violent offending. *Journal of Interpersonal Violence*, *1*, 472–514.

Farrington, D. P. (2000). Adolescent violence: Findings and implications from the Cambridge Study. In G. Boswell (Ed.), *Violent children and adolescents: Asking the question why* (pp. 19-35). Philadelphia, PA: Whurr Publishersp.

法務省法務総合研究所 (2006). 重大事犯少年の実態と処遇　法務総合研究所研究部報告, *31*.

法務省法務総合研究所 (2007). 重大事犯少年の実態と処遇 (第2報告)　法務総合研究所研究部報告, *35*.

法務省法務総合研究所 (2013a). 平成25年度版　犯罪白書　女性の犯罪・非行．グローバル化と刑事政策　法務省

法務省法務総合研究所 (2013b). 無差別殺傷事犯に関する研究　法務総合研究所研究部報告, *50*.

法務省法務総合研究所 (2014). 平成26年度　犯罪白書　窃盗事犯者と再犯　法務省

加門博子・小林寿一・宮寺貴之 (2005).「人を死に至らしめる犯罪」を起こした少年の背景および前兆的行動に関する分析　科学警察研究所報告犯罪行動科学編, *42*(1), 59-68.

家庭裁判所調査官研修所 (2001). 重大少年事件の実証的研究　司法協会

警察庁生活安全局 (2000). 最近の少年による特異・凶悪事件の前兆等に関する緊急調査報告書　警察庁

小林寿一 (2006). 殺人願望あるいは快感追及を動機とする凶悪犯・粗暴少年の特徴　科学警察研究所報告犯罪行動科学編, *43*(1), 54-62.

近藤日出夫 (2009). 男子少年による殺人　犯罪社会学研究, *34*, 134-150.

Lankford, A. (2012). A comparative analysis of suicide terrorists and rampage, workplace, and school shooters in the United States from 1990 to 2010. *Homicide Studies*, *17*, 255-274.

Levin, J., & Madfis, E. (2009). Mass murder at school and cumulative strain: A sequential model. *American Behavioral Scientist*, *52*, 1227-1245.

宮寺貴之 (2005). 少年による殺人事件に関する分析――犯行特徴と被疑少年特徴による類型化　犯罪心理学研究, *43* (特別号), 154-155.

Moffitt, T. E. (1993). 'Life-course-persistent' and 'adolescent-limited' antisocial behavior: A developmental taxonomy. *Psychological Review*, *100*, 674-701.

中島岳志 (2011). 秋葉原事件――加藤智大の軌跡　朝日新聞出版

大渕憲一 (2009). 親を殺すふつうの子どもたち――ありふれた家庭のありふれた期待がもたらす危険　PHP研究所

Ohbuchi, K., & Kondo, H. (2015). Psychological analysis

of serious juvenile violence in Japan. *Asian Journal of Criminology, 10*(2), 149-162.

末永 清・浅野千晶・原島 實・田島秀紀 (2002). 被害者の命を奪う罪を犯した少年に関する研究 中央研究所紀要, *12*, 69-221.

Vaughn, M. G., DeLisi, M., Beaver, K. M., & Howard, M. O. (2009). Multiple murder and criminal careers: A latent class analysis of multiple homicide offenders. *Forensic Science International, 183*, 67-73.

Vossekuil, B., Fein, R., Reddy, M., Borum, R., & Modzeleski, W. (2002). *The final report and findings of the safe school initiative: Imprications for the prevention of school attacks in the United States*. Washington, DC: U. S. Secret Service and U. S. Department of Educatiion.

読売新聞水戸支局取材班 (2014). 死刑のための殺人——土浦連続通り魔事件・死刑囚の記録 新潮社

■ 第5章 ■

安部川元伸 (2011). 国際テロリズム 101 問（第二版） 立花書房

渥美堅持 (2006). 図解イスラーム教とその運動 立花書房

Bandura, A. (1973). *Aggression: A sociai learninglysis*. Engiewood Cliffs, NJ: Pientice-Hall.

Benmelech, E., & Berrebi, C. (2007). Human capital and the productivity of suicide bombers. *The Journal of Economic Perspectives, 21*(3), 223-238.

Bolz Jr, F., Dudonis, K. J., & Schulz, D. P. (2011). *The counterterrorism handbook: Tactics, procedures, and techniques*. CRC Press.

Borum, R. (2010). Understanding terrorist psychology. In A. Silke (Ed.), *The psychology of counter-terrorism* (pp. 19-33). Oxon: Routledge.

Carey, B. (2002). Method without madness? *Los Angeles Times, July 7*, 1.

Corrado, R. R. (1981). A critique of the mental disorder perspective of political terrorism. *International Journal of Law and Psychiatry, 4*(3), 293-309.

Crenshaw, M. (2000). The psychology of terrorism: An agenda for the 21st century. *Political psychology, 21*(2), 405-420.

Fields, R. M. (1979). Child terror victims and adult terrorists. *Journal of Psychohistory, 7*(1), 71-75.

藤川洋子 (2005). 少年犯罪の深層——家裁調査官の視点から 筑摩書房

Gardner, F. (2007). MI5 watch 2,000 terror suspects. BBC News, 2.

Gurr, T. (1970). *Why men rebel*. Princeton, NJ: Princeton University Press.

Handler, J. S. (1990). Socioeconomic profile of an American terrorist: 1960s and 1970s. *Terrorism, 13*(3), 195-213.

Hoffman, B. (1998). *Inside terrorism*. London: Weidenfeld & Nicolson.（ホフマン，B. 上野元美（訳）(1999). テロリズム正義という名の邪悪な殺戮 原書房）

池内 恵 (2015). イスラーム国の衝撃 文藝春秋

Intelligence and Security Committee of Parliament (2013). Annual Report 2012-2013 Intelligence and Security Committee of Parliamen http://isc.independent.gov.uk/committee-reports/annual-reports （2015 年 3 月 30 日）

門田隆将 (2013). 狼の牙を折れ——史上最大の爆破テロに挑んだ警視庁公安部 小学館

加藤 朗 (2002). テロ——現代暴力論 中央公論新社

Khalilzad, Z., LaTourrette, T., Mosher, D. E., Davis, L. M., Howell, D. R., & Raymond, B. (1999). *Strategic appraisal: the changing role of information in warfare*. Rand Corporation.

Krueger, A. B. (2007). What makes a terrorist. *Economics and the Roots of Terrorism*, 6. New Jersey: Princeton University Press.（クルーガー，A. B. 藪下史郎（訳）(2008). テロの経済学——人はなぜテロリストになるのか 東洋経済新報社）

Krueger, A. B. (2008). What makes a homegrown terrorist? Human capital and participation in domestic Islamic terrorist groups in the USA. *Economics Letters, 101*(3), 293-296.

Krueger, A. B., & Laitin, D. D. (2008). Kto Kogo? : A cross-country study of the origins and targets of terrorism. In P. Keefer & N. Loayza (Eds.), *Terrorism, economic development, and political openness* (pp. 148-173). New York: Cambridge University Press.

Kruglanski, A. W., Chen, X., Dechesne, M., Fishman, S., & Orehek, E. (2009). Fully committed: Suicide bombers' motivation and the quest for personal significance. *Political Psychology, 30*(3), 331-357.

Lieberman, J., & Collins, S. (2008). *Violent Islamist extremism, the internet, and the homegrown terrorist threat*. United States Senate Committee on Homeland Security and Governmental Affairs.

Lyons, H. A., & Harbinson, H. J. (1986). A comparison of political and non-political murderers in Northern Ireland, 1974–84. *Medicine, Science and the Law, 26*(3), 193-198.

Martens, W. H. (2004). The terrorist with antisocial personality disorder. *Journal of Forensic Psychology Practice, 4*(1), 45-56.

松木有士 (2006). テロ対策と情報 治安フォーラム

3月号

松本光弘 (2008). グローバル・ジハード　講談社

松本光弘 (2014). 国際テロ対策の手法と組織——テロ攻撃の阻止とテロリストの監視　関根謙一・北村滋・倉田潤・辻義之・荻野徹・島根悟・高木勇人（編）講座警察法 (pp. 583-671)　立花書房

Miller, L. (2006). The terrorist mind II. Typologies, psychopathologies, and practical guidelines for investigation? International journal of offender therapy and comparative criminology, 50(3), 255-268.

宮坂直史 (2004). 日本はテロを防げるか　筑摩書房

Nance, M. W. (2013). Terrorist recognition handbook: A practitioner's manual for predicting and identifying terrorist activities. Florida: CRC Press.

大上渉 (2013). 日本における国内テロ組織の犯行パターン　心理学研究, 84(3), 218-228.

越智啓太 (2004). テロリストの心理的特性に関する研究の現状と展望　東京家政大学研究紀要 I, 人文社会科学, 44, 209-217.

越智啓太 (2012). Progress & Application 犯罪心理学　サイエンス社

Post, J. M. (2004). Leaders and their followers in a dangerous world: The psychology of political behavior. Cornell University Press.

Preobrazhenskii, K.・名越陽子（訳）(1994). 日本を愛したスパイ——KGB特派員の東京奮戦記　時事通信社

Rasch, W. (1979). Psychological dimensions of political terrorism in the Federal Republic of Germany. International Journal of Law and Psychiatry, 2(1), 79-85.

Rees, M., August, M., Baghdadi, G., Hamad, J., Klein, A., MacLeod, S., & Mustafa, N. (2002). Why suicide bombing is now all the rage. Time, April, 15, 33-39.

Ruby, C. (2002). Are terrorists mentally deranged? Analyses of Social Issues and Public Policy, 2, 15-26.

Russell, C. A., & Miller, B. H. (1977). Profile of a terrorist. Studies in Conflict & Terrorism, 1(1), 17-34.

Sageman, M. (2004). Understanding terror networks. University of Pennsylvania Press.

Schmid, A. P., & Jongman, A. J. (2005). Political terrorism: A new guide to actors, authors, concepts, data bases, theories, and literature. New Jersey: Transaction Publishers.

Shultz, R. (1978). Conceptualizing political terrorism: a typology. Journal of International Affairs, 32(1), 7-15.

Silber, M. D., Bhatt, A., & Senior Intelligence Analysts (2007). Radicalization in the west: The homegrown threat. New York: Police Department.

Silke, A. (2010). The psychology of counter-terrorism: critical issues and challenges. In A. Silke (Ed.), The psychology of counter-terrorism (pp. 1-18). Oxon: Routledge.

Stecklov, G., & Goldstein, J. R. (2004). Terror attacks influence driving behavior in Israel. Proceedings of the National Academy of Sciences of the United States of America, 101(40), 14551-14556.

Steven, G. (2010). Terrorist tactics and counter-terrorism. In A. Silke (Ed.), The psychology of counter-terrorism (pp. 152-163). NewYork: Routledge.

Strentz, T. (1988). A terrorist psychosocial profile: Past and present. FBI Law Enforcement Bulletin, 13, 13-19.

竹内明 (2011). 秘匿捜査——警視庁公安部スパイハンターの真実　講談社

Victoroff, J. (2005). The mind of the terrorist: A review and critique of psychological approaches. Journal of Conflict resolution, 49(1), 3-42.

Vlahov, D., Galea, S., Resnick, H., Ahern, J., Boscarino, J. A., Bucuvalas, M., Gold, J., & Kilpatrick, D. (2002). Increased use of cigarettes, alcohol, and marijuana among Manhattan, New York, residents after the September 11th terrorist attacks. American Journal of Epidemiology, 155(11), 988-996.

Wilner, A. S., & Dubouloz, C. J. (2010). Homegrown terrorism and transformative learning: an interdisciplinary approach to understanding radicalization. Global Change, Peace & Security, 22(1), 33-51.

Yokota, K., Watanabe, K., Wachi, T., Hoshino, M., Sato, A., & Fujita, G. (2007). Differentiation of international terrorism: Attack as threat, means, and violence. Journal of Investigative Psychology and Offender Profiling, 4, 131-145.

読売新聞 (2015). 内閣支持上昇58%——人質事件対応「適切」55%　読売新聞世論調査（2月8日朝刊）

■第6章■

Andrews, D. A., Bonta, J., & Hoge, R. D. (1990). Classification for effective rehabilitation: Rediscovering psychology. Criminal Justice and Behavior, 17, 19-52.

Andrews, D. A., Bonta, J. & Wormith, J. S. (2006). The Recent Past and Near Future of Risk and/or Need Assessment. Crime & Delinquency, 52(1), 7-27.

Barbaree, H. E., Marshall, W. L., Hudson, S. M., & Seto, M. C. (1993). Sexual assault in society: The role of the juvenile offender. In H. E. Barbaree, W. L. Marshall & S. M. Hudson (Eds.), The Juvenile Sex Offender(p. 11.), New York, NY: Guiford Press.

Bremner, J. D., Randall, P., & Vernetten, E., et al. (1997). Magnetic resonance imaging-based measurement of hippocampal volume in posttraumatic stress disorder related to childhood physical and sexual abuse--a preliminary report. *Biological Psychiatry*, *41*, 23-32.

Burgess, A.W., & Holmstrom, LL. (1974). Rape trauma syndrome. *American Journal of Psychiatry*, *131*, 981-986.

Canter, D. V., & Heritage, R. (1990). A multivariate model of sexual offences behaviour: developments in 'offender profiling' I. *Journal of Forensic Psychiatry*, *1*, 185-212.

Caspi, A., Moffit, T. E., Silva, P. A. Stouthamer-Loeber, M., Krueger, R. F., & Schmutte, P. S. (1994). Are some people crime-prone? Replications of the personality-crime relationship across countryes, genders, races, and methods. *Criminology*, *32*, 163-195.

de Vries Robbé, M., Mann, R. E., Maruna, S., & Thornton, D. (2015). An exploration of protective factors supporting desistance from sexual offending. *Sex Abuse*, *27*(1), 16-33.

Douglas, M. (1992). *Risk and blame: Essays in cultural theory*. London: Routledge.

Drieschner, K., & Lange, A. (1999). A review of cognitive factors in the etiology of rape. *Clinical Psychology Review*, *19*, 57-77.

Dussich, J. P. J.・篠原清夫 (2001). 日本における性犯罪被害の不通報に関する調査　犯罪学雑誌,　*67*, 21-33.

藤岡淳子 (2006). 性暴力の理解と治療教育　誠信書房

藤岡淳子 (編) (2008). 関係性における暴力——その理解と回復への手立て (p.68)　岩崎学術出版社

Friedrich, W. N., Davis, W., Feher, E., & Wright, J. (2003). Sexual behavior problems in preteen children. *Annals of the New York Academy of Sciences*, *989*(1), 95-104.

Gottfredson, M. R., & Hirschi, T. (1990). *A general theory of crime*. Stanford, CA: Stanford University Press.

Hanson, R. K. (2006). Stability and change: Dynamic risk factor for sexual offenders. In W. L. Marshall, Y. M. Fernandez, L. E. Marshall & S. A. Serran (Eds.), *Sexual offender treatment: Controversial issues*. (pp. 17-33). Chichester, UK: Wiley.

Hanson, R. K., & Bussiere, M. T. (1998). Predicting relapse: a meta-analysis of sexual offender recidivism studies. *Journal of Counseling and Clinical Psychology*, *66*, 348-362.

Hanson, R. K., & Harris, A. J. R. (2000). Where should we intervene? Dynamic predictors of sex offense recidivism. *Criminal Justice and Behavior*, *27*, 6-35.

Hanson, R. K., & Morton-Bourgon, K. (2004). *Predictors of sexual recidivism: an updated meta-analysis*. Corrections Policy User Report No. 2004-02. Ottawa: Corrections Policy, Public Safety and Emergency Preparedness Canada.

法務省法務総合研究所 (2009). 平成21年版　犯罪白書　再犯防止施策の充実　時事通信出版局

法務省法務総合研究所 (2015). 平成27年版　犯罪白書　性犯罪者の実態と再犯防止　日経印刷

岩崎直子 (2000). 日本の男女大学生における性的被害——date/acquaintance rapeの経験および被害者にとっての"重要な他者"としての経験　こころの健康,　*15*, 52 - 61.

岩崎直子 (2001). 男性が受ける性的被害をめぐる諸問題　こころの健康,　*16*, 67-75.

Kafka, M. P. (2003). Sex offending and sexual appetite: the clinical and theoretical relevance of hypersexual desire. *International Journal of Offender Therapy and Comparative Criminology*, *47*, 439-451.

Kessler, R. C., Sonnega, A., Bromet, E., Hughes, M., & Nelson, C. B. (1995). Posttraumatic stress disorder in the National Comorbidity Survey. *Archives of General Psychiatry*, *52*, 1048-1060.

Kilpatrick, D. G., Edmunds, C. N., & Seymour, A. K. (1992). *Rape in America: Report to the nation*. Arlington: National Victim Center.

北風菜穂子・伊藤武彦・井上孝代 (2009). レイプ神話受容と被害者——加害者の関係によるレイプの責任判断に関する研究　応用心理学研究,　*34*, 56-57.

小林美佳 (2008). 性犯罪にあうということ　朝日新聞出版

小島 透 (2015). 裁判員裁判による量刑の変化——統計データから見た裁判員裁判の量刑傾向　中京法学,　*49*, 169-197.

小西吉呂・名嘉幸一・和氣則江・石津 宏 (2000). 大学生の性被害に関する調査報告——警察への通報および求められる援助の分析を中心に　こころの健康,　*15*, 62-71.

Koss, M. P., Dinero, T. E., Seibel. C. A., & Cox, S. L. (1988). Stranger and acquaintance rape: Are there differences in the Victim's experience? *Psychology of Women Quarterly*, *12*, 1-24.

Laws, D. R., & Ward, T. (2010). *Desistance from sex offending: Alternatives to throwing away the keys*. Guilford Press. (ローズ, D. R.・ウォード, T. 津富 宏・山本麻奈 (監訳) (2014). 性犯罪からの離脱「良き人生モデル」が開く可能性　日本評論社)

Malamuth, N. H. (1981). Rape proclivity among males. *Journal of Social Issues*, *37*, 138-157.

Martinson, R. (1974). What Works? Questions and Answers About Reform, *Public Interest*, *35*, 22-54.

Miller, W. R., & Rollnick, S. (2002). *Motivational Interviewing: Preparing People to Change*. NY: Guilford

Press.

宮地尚子（2006）．男児への性的虐待——気づきとケア　小児の精神と神経，46, 19-29.

大渕憲一・石毛 博・山入端津由・井上和子（1985）．レイプ神話と性犯罪　犯罪心理学研究，23, 1-12.

Pithers, W. D., Kashima, K., Cumming, G. F., Beal, L. S., & Buell, M. (1988). Relapse prevention of sexual aggression. In R. Prentky & V. Quinsey (Eds.), *Human sexual aggression: Current perspectives* (pp. 244-260). New York Academy of Sciences.

Prochaska, J. O., & DiClemente, C. C. (1984). *The transtheoretical approach: Towards a systematic eclectic framework*. Dow Jones Irwin, Homewood, IL, USA.

Proulx, J., McKibben, A., & Lusignan, R. (1996). Relationship between affective components and sexual behaviors in sexual aggressors. *Sexual Abuse: A Journal of Research and Treatment*, 8, 279-289.

Ross, J. (1994). The continuum of sexual aggression. アメリカ心理学会第105回大会配布資料

Russel, D. E. H. (1983). The prevalence and incidence of forcible rape and attempted rape of females. *Victimology*, 7, 81-93.

笹川真紀子・小西聖子・安藤久美子・佐藤志穂子・高橋美和・石井トク・佐藤親次（1998）．日本の成人女性における性的被害調査　犯罪学雑誌，64, 202- 212.

佐藤健二（2010）．被害者の治療　田口真二・平 伸二・池田 稔・桐生正幸（編）　性犯罪の行動科学——発生と再発の抑止に向けた学際的アプローチ（pp. 116-126）　北大路書房

性暴力被害少年対策研究会（1999）．少年の性暴力被害の実態とその影響に関する研究報告書　性暴力被害少年対策研究会

Stein, M. B., Koverola, C., Hanna, C., Torchia, M. G., & McClarty, B. (1997). Hippocampal volume in women victimized by childhood sexual abuse. *Psychological Medicine*, 27, 951-959.

田口真二（2010）．性犯罪研究の現状と問題点　田口真二・平 伸二・池田 稔・桐生正幸（編）　性犯罪の行動科学——発生と再発の抑止に向けた学際的アプローチ（pp. 9-18）　北大路書房

田口真二・平 伸二・池田 稔・桐生正幸（編）（2010）．性犯罪の行動科学——発生と再発の抑止に向けた学際的アプローチ　北大路書房

髙橋三郎・大野 裕（監訳）（2014）．日本精神神経学会（監修）　DSM-5 精神疾患の診断・統計マニュアル（pp. 269-272）　医学書院

友田明美（2012）．新版いやされない傷——児童虐待と傷ついていく脳　診断と治療社

内山絢子（2000）．性犯罪の被害者の被害実態と加害者の社会的背景（上）　警察時報，55, 42-54.

Ward, T. (2002). The management of risk and the design of good lives. *Australian Psychologist*, 37, 172-179.

Washington state institute for public policy. (2006). *Sex offender evidence-based adult corrections programs what works and what does not*. http://www.wsipp.wa.gov/ReportFile/924

渡邉和美（2010）．加害者の特徴　田口真二・平 伸二・池田 稔・桐生正幸（編）　性犯罪の行動科学——発生と再発の抑止に向けた学際的アプローチ（pp. 137-152）　北大路書房

Wilson, R. J. (1999). Emotional congruence in sexual offenders against children. *Sexual Abuse: A Journal of Research and Treatment*, 11, 33-47.

山本麻奈（2012）．性犯罪者処遇プログラムの概要について——最近の取り組みを中心に　刑政，123(9), 56-64.

横田賀英子・岩見広一・渡邉和美・藤田悟郎（2004）．屋内強姦犯の犯行スタイルの識別性に関する分析——多次元尺度法を用いた検討　日本行動計量学会第32回大会発表論文抄録集，142-143.

■■■ 第7章 ■■■

Abel, G. G., Becker, J.V., & Cunningham-Rather, J. (1984). Complications, consent, and cognitions in sex between children and adults. *International Journal of Psychiatry and Law*, 7, 89-113.

Bartol, C. R., & Bartol, A. M. (2005). *Criminal behavior: A psychosocial approach* (7th Ed.). New Jersey: Pearson Education Inc.（バートル，C. R.・バートル，A. M. 羽生和紀（監訳）　横井幸久・田口真二（編訳）（2006）．犯罪心理学——行動科学のアプローチ　北大路書房）

Cohen, L. E., & Felson, M. (1979). Social change and crime rate trends: A routine activities approach. *American Sociological Review*, 44, 588-608.

Finkelhor, D., & Lewis, I. A. (1988). An epidemiologic approach to the study of child molestation. In R. A. Prentky & V. L. Quinsey (Eds.), *Human sexual aggression: Current perspectives*. New York: New York Academy of Science.

原田隆之（2009）．性犯罪の治療は可能か　性とこころ，1(1), 50-55.

岩見広一（2013）．性犯罪経歴者による年少者対象性犯罪の特徴　犯罪心理学研究，51（特別号），160-161.

警察庁（2005）．平成16年の犯罪情勢　https://www.npa.go.jp/archive/toukei/seianki/h16/h16hanzai-zyousei.pdf（2016年6月21日）

警察庁（2006）．平成17年の犯罪情勢　https://www.npa.go.jp/archive/toukei/seianki/h17/h17hanzai-

zyousei.pdf（2016 年 6 月 21 日）
警察庁（2007）．平成 18 年の犯罪情勢　https://www.npa.go.jp/archive/toukei/seianki/h18/h18hanzai-zyousei.pdf（2016 年 6 月 21 日）
警察庁（2008）．平成 19 年の犯罪情勢　https://www.npa.go.jp/archive/toukei/seianki/h19/h19hanzai-zyousei.pdf（2016 年 6 月 21 日）
警察庁（2014）．平成 26 年版　警察白書　https://www.npa.go.jp/hakusyo/h26/index.html（2016 年 6 月 21 日）
警察庁（2015）．児童虐待及び福祉犯の検挙状況（平成 26 年 1 ～ 12 月）　https://www.npa.go.jp/safetylife/syonen/jidougyakutai_fukushihan_kenkyoH26.pdf（2016 年 6 月 21 日）
小宮信夫（監修）（2005）．地域安全マップ作成指導マニュアル——地域安全マップをつくろう！　東京都青少年・治安対策本部　http://www.bou-han.metro.tokyo.jp/anzen_map/book75/book75.pdf（2016 年 6 月 21 日）
厚生労働省（2013）．子ども虐待対応の手引き（平成 25 年 8 月改正版）
厚生労働省（2016）．児童虐待の現状　http://www.mhlw.go.jp/file/06-Seisakujouhou-11900000-Koyoukintoujidoukateikyoku/0000108127.pdf（2016 年 6 月 21 日）
松澤伸彦（2014）．DSM-5 におけるパラフィリア障害　神庭重信（総編集）池田　学（編集）DSM-5 を読み解く——伝統的精神病理，DSM-IV，ICD-10 をふまえた新時代の精神か診断 5　神経認知障害群，パーソナリティ障害群，性別違和，パラフィリア障害群，性機能不全群（pp. 251-259）　中山書店
Memon, A., & Walker, N. (1999). "Interviewing Children." Pre-conference programme of applied courses. International Conference on Psychology and Law.
宮脇かおり（2013）．同性を対象とした年少者わいせつ犯の特徴について　犯罪心理が研究，*51*（特別号），162-163．
仲　真紀子（2011）．犯罪から子どもを護司法面接法の開発と訓練 News Letter Vol. 5　「司法面接法の開発と訓練」プロジェクト事務局（司法面接支援室）
越智啓太（2006）．虐待の疑いのある子どもに対する面接技法の開発——被誘導性対策を中心として　科学研究費補助金成果報告書基盤研究（C）研究成果報告書
越智啓太（2012）．Progress & Application 犯罪心理学　サイエンス社
及川　卓（2014）．DSM-5 におけるパラフィリア障害　神庭重信（総編集）池田　学（編集）DSM-5 を読み解く——伝統的精神病理，DSM-IV，ICD-10 をふまえた新時代の精神か診断 5　神経認知障害群，パーソナリティ障害群，性別違和，パラフィリア障害群，性機能不全群（pp. 276-287）　中山書店
岡本拡子（2006）．（付録絵本）ちゃんと　おうちのひとに　つたえましょう　岡本拡子・桐生正幸（編）　幼い子どもを犯罪から守る——命をつなぐ防犯教育　北大路書房
岡本拡子・桐生正幸（編）（2006）．幼い子どもを犯罪から守る——命をつなぐ防犯教育　北大路書房
岡本拡子・岡本依子（2006）．大人たちの心構え　岡本拡子・桐生正幸（編）　幼い子どもを犯罪から守る——命をつなぐ防犯教育　北大路書房
岡本依子（2011）．子どもを対象にした性犯罪からの防犯教育　越智啓太・藤田政博・渡邉和美（編）　法と心理学の事典——犯罪・裁判・矯正（pp. 440-441）　朝倉書店
田口真二・荘島宏二郎（2005）．犯行を繰り返す強姦犯罪者の特徴　日本心理学会第 69 回大会発表論文集，412．
田代晶子（2011）．性犯罪者に対する社会内処遇　越智啓太・藤田政博・渡邉和美（編）　法と心理学の事典——犯罪・裁判・矯正（pp. 504-505）　朝倉書店
渡邉和美（2004）．年少者わいせつ事件の犯人像　渡辺昭一（編）　捜査心理学（pp. 177-190）　北大路書房
渡邉和美・藤田吾郎・和智妙子・横田賀英子・佐藤敦司（2007）．子どもに対する強制わいせつ犯への Static99 の適用に関する検討　犯罪心理学研究，*45*（特別号），38-39．
渡邉和美・樋村恭一（2006）．子どもの犯罪被害の実態と防犯対策　岡本拡子・桐生正幸（編）　幼い子どもを犯罪から守る——命をつなぐ防犯教育（pp. 113-163）　北大路書房
渡邉和美・鈴木　護・宮寺貴之・横田賀英子（2005）．子どもから事情を聴取するとき　渡辺昭一（編）　捜査官のための実践的心理学講座 捜査心理ファイル——犯罪捜査と心理学のかけ橋　東京法令出版
渡邉和美・鈴木　護・田村雅幸（2000）．年少者を対象とした連続強姦事件の地理的分析　犯罪心理学研究，*38*（特別号），28-29．
渡邉和美・鈴木　護・田村雅幸（2001）．年少者を対象とした強姦・強制わいせつ事件の加害者の犯歴分析　犯罪心理学研究，*39*（特別号），28-29．
渡邉和美・田村雅幸（1997）．幼小児誘拐・わいせつ事犯の類型化の試み　犯罪心理学研究，*35*（特別号），110-111．
渡邉和美・横田賀英子・和智妙子・大塚祐輔（2012）．性犯罪者の性的ファンタジーと犯行との関連

犯罪学雑誌，78, 74-75.
横田賀英子・藤田悟郎・渡邉和美・伊原直子・吉本かおり (2007). 連続略取誘拐事件の犯罪者プロファイリング手法の一考察——被害者の年齢別にみた犯行形態と犯人属性について 犯罪心理学研究, 45 (特別号), 35-45.
横田賀英子・渡邉和美・伊原直子・吉本かおり (2004). 我が国における略取・誘拐連続事件に関する分析——被害者のタイプ別に見た被疑者特徴 犯罪心理学研究, 42 (特別号), 24-25.

■ 第8章

赤澤淳子・井ノ崎敦子・上野淳子・松並知子・青野篤子 (2011). 衡平性の認知とデート DV との関連 仁愛大学研究紀要人間学部篇, 10, 11-23.
Archer, J. (2000). Sex differences in aggression between heterosexual partners: A meta-analytic review. Psychological Bulletin, 126(5), 651-680.
Bell, K. M., & Naugle, A. E. (2008). Intimate partner violence theoretical considerations: Moving towards a contextual framework. Clinical Psychology Review, 28(7), 1096-1107.
Buss, D. M. (1988). From vigilance to violence: Tactics of mate retention in American undergraduates. Ethology and Sociobiology, 9(5), 291-317.
Buss, D. M., & Duntley, J. D. (2011). The evolution of intimate partner violence. Aggression and Violent Behavior, 16(5), 411-419.
Delsol, C., Margolin, G., & John, R. S. (2003). A typology of maritally violent men and correlates of violence in a community sample. Journal of Marriage and Family, 65(3), 635–651.
Douglas, K. S., & Dutton, D. G. (2001). Assessing the link between stalking and domestic violence. Aggression and Violent Behavior, 6(6), 519-546.
Duntley, J. D., & Buss, D. M. (2012). The evolution of stalking. Sex Roles, 66(5-6), 311-327.
Foran, H. M., & O'Leary, K. D. (2008). Alcohol and intimate partner violence: A meta-analytic review. Clinical Psychology Review, 28(7), 1222-1234.
深澤優子・西田公昭・浦 光博 (2003). 親密な関係における暴力の分類と促進要因の検討 対人社会心理学研究, 3, 85-91.
Giordano, P. C., Soto, D. A., Manning, W. D., & Longmore, M. A. (2010). The characteristics of romantic relationships associated with teen dating violence. Social Science Research, 39(6), 863-874.
Graham-Kevan, N., & Archer, J. (2009). Control tactics and partner violence in heterosexual relationships. Evolution and Human Behavior, 30(6), 445-452.
Holtzworth-Munroe, A., Meehan, J. C., Herron, K., Rehman, U., & Stuart, G. L. (2000). Testing the Holtzworth-Munroe and Stuart (1994) batterer typology. Journal of Consulting and Clinical Psychology, 68(6), 1000-1019.
Holtzworth-Munroe, A., & Stuart, G. L. (1994). Typologies of male batterers: Three subtypes and the differences among them. Psychological Bulletin, 116(3), 476-497.
石井朝子・飛鳥井望・木村弓子・永末貴子・黒崎美智子・岸本淳司 (2003). ドメスティックバイオレンス (DV) 簡易スクリーニング尺度 (DVSI) の作成および信頼性・妥当性の検討 精神医学, 45(8), 817-823.
Kaighobadi, F., Shackelford, T. K., & Goetz, A. T. (2009). From mate retention to murder: Evolutionary psychological perspectives on men's partner-directed violence. Review of General Psychology, 13(4), 327-334.
Kaighobadi, F. Starratt, V. G., Shackelford, T. K., & Popp, D. (2008). Male mate retention mediates the relationship between female sexual infidelity and female-directed violence. Personality and Individual Differences, 44 (6), 1422–1431.
警察庁 (編) (2014). 平成26年版 警察白書 ぎょうせい
小泉奈央・吉武久美子 (2008). 青年期男女におけるデート DV に関する認識についての調査 純心現代福祉研究, 12, 61-75.
Leen, E., Sorbring, E., Mawer, M., Holdsworth, E., Helsing, B., & Bowen, E. (2013). Prevalence, dynamic risk factors and the efficacy of primary interventions for adolescent dating violence: An international review. Aggression and violent behavior, 18(1), 159-174.
桝田多美 (2011). DV と虐待の被害者/加害者 越智啓太・藤田政博・渡邉和美（編）法と心理学の事典——犯罪・裁判・矯正 (pp. 598-599) 朝倉書店
Mauricio, A. M., & Lopez, F. G. (2009). A latent classification of male batterers. Violence and Victims, 24(4), 419-438.
Mauricio, A. M., Tein, J-Y., & Lopez, F. G. (2007). Borderline and antisocial personality scores as mediators between attachment and intimate partner violence. Violence and Victims, 22(2), 139-157.
McDonell, J., Ott, J., & Mitchell, M. (2010). Predicting dating violence victimization and perpetration among middle and high school students in a rural southern community. Children and Youth Services Review, 32(10), 1458-1463.
Melton, H. C. (2007). Predicting the occurrence of

stalking in relationships characterized by domestic violence. *Journal of Interpersonal Violence*, *22*(1), 3-25.

Miller, S., Gorman-Smith, D., Sullivan, T., Orpinas, P., & Simon, T. R. (2009). Parent and peer predictors of physical dating violence perpetration in early adolescence: Tests of moderation and gender differences. *Journal of Clinical Child and Adolescent Psychology*, *38*(4), 538-550.

Molidor, C., & Tolman, R. M. (1998). Gender and contextual factors in adolescent dating violence. *Violence Against Women*, *4*(2), 180-194.

Nicodemus, P., Porter, J. A., & Davenport, P. A. (2011). Predictors of perpetrating physical date violence among adolescents. *North American Journal of Psychology*, *13*(1), 123-132.

Nicolaidis, C., Curry, M. A., Ulrich, Y., Sharps, P., McFarlane, J., Campbell, D., ... & Campbell, J. (2003). Could we have known? A qualitative analysis of data from women who survived an attempted homicide by an intimate partner. *Journal of General Internal Medicine*, *18*(10), 788-794.

野口康彦 (2009). 大学生カップル間におけるデートDV と共依存に関する一検討 山梨英和大学紀要．*8*, 105-113.

Oberleitner, L. M. S., Mandel, D. L., & Easton, C. J. (2013). Treatment of co-occurring alcohol dependence and perpetration of intimate partner violence: The role of anger expression. *Journal of Substance Abuse Treatment*, *45*(3), 313-318.

越智啓太 (2013). ケースで学ぶ犯罪心理学 北大路書房

越智啓太・喜入 暁・甲斐恵利奈・長沼里美 (2015). 女性蔑視の態度とデートハラスメントの関連 法政大学文学部紀要．*70*, 101-110.

越智啓太・長沼里美・甲斐恵利奈 (2014). 大学生に対するデートバイオレンス・ハラスメント尺度の作成 法政大学文学部紀要．*69*, 63-74.

Ohnishi, M., Nakao, R., Shibayama, S., Matsuyama, Y., Oishi, K., & Miyahara, H. (2011). Knowledge, experience, and potential risks of dating violence among Japanese university students: a cross-sectional study. *BMC Public Health*, *11*, 339-346.

O'Leary, K. D., Slep, A. S., & O'Leary, S. G. (2007). Multivariate models of men's and women's partner aggression. *Journal of Consulting and Clinical Psychology*, *75*(5), 752-764.

Puente, S., & Cohen, D. (2003). Jealousy and the meaning (or nonmeaning) of violence. *Personality and Social Psychology Bulletin*, *29*(4), 449-460.

Ryan, K. M., Weikel, K., & Sprechini, G. (2008). Gender differences in narcissism and courtship violence in dating couples. *Sex Roles*, *58*(11-12), 802-813.

Saltzman, L. E., Fanslow, J. L., McMahon, P. M., & Shelley, G. A. (2002). *Intimate partner violence surveillance: Uniform definitions and recommended data elements: Version 1.0*. Atlanta, GA: Centers for Disease Control and Prevention, National Center for Injury Prevention and Control.

Schafer, J., Caetano, R., & Cunradi, C. B. (2004). A path model of risk factors for intimate partner violence among couples in the United States. *Journal of Interpersonal Violence*, *19*(2), 127-142.

Shackelford, T. K., Goetz, A. T., Buss, D. M., Euler, H. A., & Hoier, S. (2005). When we hurt the ones we love: Predicting violence against women from men's mate retention. *Personal Relationships*, *12*(4), 447-463.

Straus, M. A. (1979). Measuring intrafamily conflict and violence: The Conflict Tactics (CT) Scales. *Journal of Marriage and Family*, *41*(1), 75-88.

Straus, M. A. (2008). Dominance and symmetry in partner violence by male and female university students in 32 nations. *Children and Youth Services Review*, *30*(3), 252-275.

Straus, M. A., & Douglas, E. M. (2004). A short form of the revised Conflict Tactics Scales, and typologies for severity and mutuality. *Violence and victims*, *19*(5), 507-520.

Straus, M. A., Hamby, S. L., Boney-McCoy, S., & Sugarman, D. B. (1996). The revised Conflict Tactics Scales (CTS2): Development and preliminary psychometric data. *Journal of Family Issues*, *17*(3), 283-316.

Swogger, M. T., Walsh, Z., & Kosson, D. S. (2007). Domestic violence and psychopathic traits: Distinguishing the antisocial batterer from other antisocial offenders. *Aggressive Behavior*, *33*(3), 1-8.

Temple, J. R., Shorey, R. C., Fite, P., Stuart, G. L., & Le, V. D. (2013). Substance use as a longitudinal predictor of the perpetration of teen dating violence. *Journal of Youth and Adolescence*, *42*(4), 596-606.

上野淳子・松並知子・青野篤子・赤澤淳子・井ノ崎敦子 (2011). 大学生の性に対する態度がデートDV に及ぼす影響 四天王寺大学紀要．*53*, 111-122.

Vagi, K. J., Rothman, E. F., Latzman, N. E., Tharp, A. T., Hall, D. M., & Breiding, M. J. (2013). Beyond correlates: A review of risk and protective factors for adolescent dating violence perpetration. *Journal of Youth and Adolescence*, *42*(4), 633-649.

Walker, L. E. (1979). *The Battered Woman*. Harper & Row. (ウォーカー．L. E. 斎藤 学（監訳）(1997)．バタードウーマン——虐待される妻たち 金剛出版)

Weinstein, Y., Gleason, M. E., & Oltmanns, T. F. (2012). Borderline but not antisocial personality disorder symptoms are related to self-reported partner aggression in late middle-age. *Journal of Abnormal Psychology*, *121*(3), 692-698.

William, F-S., Kenneth, E. L., & Gary, R. B. (2005). The occurrence of male-to-female intimate partner violence on days of men's drinking: The moderating effects of antisocial personality disorder. *Journal of Consulting and Clinical Psychology*, *73*(2), 239-248.

Williams, T. S., Connolly, J., Pepler, D., Craig, W., & Laporte, L. (2008). Risk models of dating aggression across different adolescent relationships: A developmental psychopathology approach. *Journal of Consulting and Clinical Psychology*, *76*(4), 622-632.

Wolf, K. A., & Foshee, V. A. (2003). Family violence, anger expression styles, and adolescent dating violence. *Journal of Family Violence*, *18*(6), 309-316.

Wolitzky-Taylor, K. B., Ruggiero, K. J., Danielson, C. K., Resnick, H. S., Hanson, R. F., Smith, D. W., & Saunders, B. E. (2008). Prevalence and correlates of dating violence in a national sample of adolescents. *Journal of the American Academy of Child & Adolescent Psychiatry*, *47*(7), 755-762.

■ 第9章 ■

Bartol, C. R., & Bartol, A. M. (2005). *Criminal behavior: A psychosocial approach* (7th Ed.). New Jersey: Pearson Education Inc. （バートル，C. R.・バートル，A. M. 羽生和紀（監訳） 横井幸久・田口真二（編訳）（2006）．犯罪心理学――行動科学のアプローチ 北大路書房）

Catalano, S. (2012). Stalking victims in the United States - revised. *Bureau of Justice Statistics. Special Report, NCJ224527.* United States Department of Justice.

福井裕輝（2014）．ストーカー病 光文社

福島章（1997）．ストーカーの心理 PHP新書

古山貴之・岩見広一・長澤秀利・桐生正幸・中山誠・横井幸久・高村茂（1997）．ストーキング行動に関する研究（2）――女性ストーカーの事例 日本鑑識科学技術学会第3回集会発表論文集，*160*.

Gross, L. (1994). *To have or to harm: True stories of stalkers and their victims*. New York: Warner Books. （グロス，L. 秋岡史（訳）（1995）．ストーカー――ゆがんだ愛のかたち 祥伝社）

Harmon, R. B., Rosner, R., & Owens, H. (1995). Obsessional harassment and erotomania in a criminal court population. *Journal of Forensic Sciences*, *40*(2), 188-196.

Harmon, R. B., Rosner, R., Owens, H. (1998). Sex and violence in a forensic population of obsessional harassers. *Psychol Publ Policy Law*, *4*, 236-249.

Hall, D. M. (1998). The victims of stalking. In J. R. Meloy (Eds.), *The psychology of stalking: Clinical and forensic perspectives* (pp. 113-137). Academic Press.

法務省法務総合研究所（2016）．平成27年版 犯罪白書 性犯罪者の実態と再犯防止 日経印刷

井出明（2006）．サイバーストーカー（ネットストーカー）の現状と対応 情報処理学会研究報告，*21*, 115-120.

岩見広一（1998）．ストーキングの捉え方 警察公論，*53*(3), 40-51.

影山任佐（1997）．ストーカー――愛と憎しみの病理 こころの科学，*72*, 9-16.

警察庁（2016a）．ストーカー行為等の規制等に関する法律の一部を改正する法律の公布について（通達）https://www.npa.go.jp/pdc/notification/seian/seiki/seianki20161214-1.pdf

警察庁（2016b）．平成27年におけるストーカー事案及び配偶者からの暴力行為等の対応状況について

桐生正幸（1998）．ストーキングの分類 警察公論，*53*(4), 55-64.

桐生正幸（2013）．ストーキング 谷口泰富・藤田主一・桐生正幸（編）（2013）．現代社会と応用心理学7 クローズアップ犯罪（pp. 68-76） 福村出版

McEwan, T. E., MacKenzie, R. D., Mullen, P. E., & James, D. V. (2012). Approach and escalation in stalking. *The Journal of Forensic Psychiatry & Psychology*, *23*(3), 392-409.

Mohandie, K., Meloy, J.R., McGowan, M.G.& Williams, J. (2006). The RECON typology of stalking: Reliability and validity based upon a large sample of North American stalkers. *Journal of Forensic Sciences*, *51*, 147-155.

Mullen, P. E., Pathé, M. & Purcell, R. (2000). *Stalkers and their victims*. London: Cambridge University Press. （ミューレン，P. E.・パーセル，R. 詫摩武俊・安岡真（訳）（2003）．ストーカーの心理――治療と問題の解決に向けて サンエンス社）

村上千鶴子・小田晋（1997）．ストーカー研究の動向 犯罪学雑誌，*63*, 133-135.

中川正浩（1997）．いわゆる「ストーカー問題」管見（1）――英米における「ストーキング防止法」の概要について 警察学論集，*50*(8), 121-135.

長澤秀利（2002）．ストーカー犯罪 笠井達夫・桐生正幸・水田恵三（編） 犯罪に挑む心理学――現場が語る最前線（pp. 110-111） 北大路書房

NHK放送 クローズアップ現代「なぜ危険は見過ごされたのか～検証 三鷹ストーカー事件～」（2013年10月22日（火）） http://www.nhk.or.jp/gendai/kiroku/detail02_3419_all.html（2016年6月

21 日）

越智啓太 (2013). ケースで学ぶ犯罪心理学　北大路書房

越智啓太 (2015). 犯罪捜査の心理学——凶悪犯の心理と行動に迫るプロファイリングの最先端　新曜社

太田達也・警察庁 (2013). 高齢犯罪者の特性と犯罪要因に関する調査

Rosenfeld, B. (2004). Violence risk factors in stalking and obsessional harassment: A review and preliminary meta-analysis. *Criminal Justice and Behavior*, *31*(1), 9-36.

Rosenfeld, B., & Lewis, C. (2005). Assessing violence risk in stalking cases: A regression tree approach. *Law and Human Behavior*, *29*(3), 343-357.

レスラー, R. K. (1997). ストーカー——戦慄の方程式 Bart, *3*, 24-27.（河合洋一郎による取材記事）

斎藤寛司 (1997).「ストーカー法」の制定——1997 年ハラスメント防止法　ジェリスト, *1114*, 105.

島田貴仁 (2014). ストーカー事案——統計と相談記録から見る実態と効果的な対策に向けて　早稲田大学社会安全政策研究所紀要, *7*, 71-94.

島田貴仁・伊原直子 (2014a). コーディングツールを用いたストーキングの時間的推移の検討　犯罪心理学研究, *52*（特別号）, 154-155.

島田貴仁・伊原直子 (2014b). ストーカー相談記録の形態素解析と加害に関する要因　日本行動計量学会第 42 回大会抄録集, 44-45.

参議院法制局 (2016). 成立参法の紹介　ストーカー行為等の規制等に関する法律の一部を改正する法律（平成 28 年 12 月 14 日法律第 102 号）http://houseikyoku.sangiin.go.jp/bill/outline28102.htm

高村 茂 (1998). ストーカーと被害者　警察公論, *53*(10), 77-86.

Thompson, C. M., Dennison, S. M., & Stewart, A. (2010). Are female stalkers more violent than male stalkers? Understanding gender differences in stalking violence using contemporary sociocultural beliefs. *Sex Roles*, *66*, 351-365.

United States Department of Justice (1996). Regional seminar series on implementing antistalking codes. *Bureau of Justice Assistance: Monograph*.

Wright, J. A., Burgess, A. G., Burgess, A. W., McCrary, G. O., & Douglas, J. E. (1995). Investigating stalking crimes. *Journal of Psychological Nursing*, *33*(9), 30-43.

横井幸人 (1998). ストーキング事件の研究——事例収集とその分析　警察学論集, *51*(10), 146-165.

■ 第10章 ■

American Psychiatric Association (1980). *Diagnostic and statistical manual of mental disorders*, (3rd ed.). Washington. D.C. American Psychiatric Association. （アメリカ精神医学会　高橋三郎・花田耕一・藤縄 昭（訳）(1982). DSM-III 精神疾患の診断・統計マニュアル　医学書院）

American Psychiatric Association (2000). *Diagnostic and Statistical Manual of Mental Disorders*, (4th Ed., Text Revision). Washington. D.C. American Psychiatric Association. （アメリカ精神医学会　高橋三郎・大野 裕・染谷俊幸（訳）(2002). DSM-IV-TR 精神疾患の診断・統計マニュアル　医学書院）

American Psychiatric Association (2013). *Diagnostic and Statistical Manual of Mental Disorders*, (5th Ed.). Arlington, Virginia. American Psychiatric Association. （アメリカ精神医学会　染谷俊幸・神庭重信・尾崎紀夫・三村 將・村井俊哉（訳）(2014). DSM-5 精神疾患の診断・統計マニュアル　医学書院）

Andrews, D. A., & Bonta, J. (2010). *Psychology of criminal conduct* (5th Ed.). New Province, New Jersey, Lexis-Nexis/Matthew Bender.

Andrews, D. A., Bonta, J., & Wormith, J. S. (2004). *The level of service/Case management inventory(LS/CMI)*. Toronto: Multi-Health Systems.

Andrews, D. A., Bonta, J., & Wormith, J. S. (2006). The recent past and near future of risk and/or need assessment. *Crime & Delinquency*, *52*, 7-22.

Aries, P. (1960). *L'enfant et la vie familial sous l'ancien regime*. Paris: Plon. （アリエス, P．杉山光信・杉山恵美子（訳）(1980).〈子供〉の誕生——アンシャン・レジーム期の子供と家族生活　みすず書房）

Bartol, C. R., & Bartol, A. M. (2005). *Criminal behavior: A psychosocial approach* (7th Ed.). New Jersey: Pearson Education Inc. （バートル, C. R.・バートル, A. M. 羽生和紀（監訳）　横井幸久・田口真二（編訳）(2006). 犯罪心理学——行動科学のアプローチ　北大路書房）

Bonta, J., & Andrews, D. A. (2007). *Risk-Need-Responsivity Model for offender assessment and Rehabilitation*. Public Safety Canada.

土井隆義 (2003).〈非行少年〉の消滅　信山社

遠藤辰夫 (1974). 非行心理学　朝倉書店

福島 章 (1985). 非行心理学入門　中央公論社

平場安治 (1963). 少年法　（法律学全集 44）有斐閣

Hirschi, T. (1969). *Causes of delinquency*. Berkeley, California. University of California Press. （ハーシ, T．森田洋司・清水新二（監訳）(1995). 非行の原因——家庭・学校・社会へのつながりを求めて　文化書房博文社）

Hoge, R. D., & Andrews, D.A. (1996) *Assessing the youthful offender: Issues and techniques.* New York. Plenum Press. （ホッジ，R.D.・アンドリュース，D. A. 菅野哲也（訳）(2012). 非行・犯罪少年のアセスメント——問題点と方法論　金剛出版）

Hoge, R. D., & Andrews, D. A. (2002). *Youth level of service/Case management inventory (YLS/CMI) User's manual.* Toronto: Multi-Health Systems.

Hoge, R. D., & Andrews, D.A. (2004). *Youth level of service/Case management inventory and manual.* Ottawa, Ontario, Department of Psychology, Carleton University.

法務省法務総合研究所 (2015). 平成27年版　犯罪白書　性犯罪者の実態と再犯防止　法務総合研究所

法務省矯正局 (2013). 法務省式ケースアセスメントツール（MJCA）について（平成25年11月26日）

法務省矯正局 (2015). 矯正の回顧　平成26年版　刑政, *126*(3), 36-60.

堀内幸雄 (1995). 非行少年の分類基準　星野周弘・米川重信・荒木伸怡・澤登俊雄・西村春夫（編）犯罪・非行事典 (pp. 207-210)　大成出版

Johnson, A. M. (1959). *Juvenile delinquency.* In S. Arietti, (Ed.), *American handbook of psychiatry.* New York, Basic Books. （ジョンソン，A. M. 遠藤辰夫 (1974). 非行心理学　朝倉書店）

家庭裁判所調査官研修所（監修）(2001). 重大少年事件の実証的研究　司法協会

河合幹雄 (2004). 安全社会崩壊のパラドックス　岩波書店

川邉 譲 (1999). 非行と非行少年の内的過程　更生保護と犯罪予防, *134*, 25-38.

川邉 譲 (2013). 少年犯罪　谷口泰富・藤田主一・桐生正幸（編）クローズアップ犯罪 (pp. 96-104) 福村書房

近藤日出夫 (2009). 男子少年による殺人——殺人少年73人の類型化の試み　犯罪社会学研究, *34*, 134-149

近藤日出夫 (2010). 少年鑑別所・少年院入院者から見た日本の少年非行対策——戦後少年非行の「第四の波」とは何だったのか　浜井浩一（編）刑事司法統計入門——日本の犯罪者処遇を読み解く (pp. 159-198)　日本評論社

近藤日出夫・大橋秀夫・渕上康幸 (2004a). 行為障害の実態について　矯正医学, *53*, 1-11.

近藤日出夫・大橋秀夫・渕上康幸 (2004b). 行為障害の亜型について　矯正医学, *53*, 12-20.

近藤日出夫・大橋秀夫・渕上康幸 (2004c). 行為障害と注意欠陥多動性障害（ADHD），反抗挑戦性障害（ODD）との関連　矯正医学, *53*, 21-28.

Merton, R. K. (1957). *Social theory and social structure.* New York: Free Press. （マートン，R. K. 森東吾・森 好夫・金沢 実・中島竜太郎（訳）(1961). 社会理論と社会構造　みすず書房）

Moffitt, T. E. (1993). "Adolescence-limited" and "Life-course-persistent" anti-social behavior: A developmental taxonomy. *Psychological Review, 100*(4), 674-701.

森 丈弓・花田百造 (2007). 少年鑑別所に入所した非行少年の再犯リスクに関する研究——split population model による分析　犯罪心理学研究, *44*(2), 1-14.

森 丈弓・菅藤健一・松田芳政・梶間幹男・高橋 哲・嶋田美和・三谷 厚・丸山もゆる・相澤 優・石黒裕子・関谷益実・内山八重・小野広明・吉澤 淳司・大渕憲一・川田幸司 (2015). 3Gリスクツールによる非行少年のリスクアセスメント（7）犯罪心理学研究, *53*（特別号）, 204-205.

森田洋司 (1995). 翻訳にあたって　Hirschi, T. (1969). *Causes of delinquency.* Berkeley, California. University of California Press. （ハーシ，T. 森田洋司・清水新二（監訳）非行の原因 (pp. 7-10) 文化書房博文社）

守山 正 (2005). 少年法の誕生　守山 正・後藤弘子（編）ビギナーズ少年法 (pp. 18-30)　成文堂

麦島文夫 (1990). 非行の原因　東京大学出版会

麦島文夫・松本良夫 (1973). 出身階層・教育上の進路と非行発生——二つのコーホートの分析　科学警察研究所報告防少編, *14*, 55-63.

西野務正 (2007). 犯罪臨床におけるリスクアセスメント——再犯は予測できるのか　生島浩・村松励（編）犯罪臨床臨床 (pp. 136-147)　金剛出版

西岡潔子 (2013). 法務省式ケースアセスメントツール（MJCA）の開発について　刑政, *124*(10), 58-69.

岡邊 健 (2013). 現在日本の少年非行　現代人文社

岡邊 健・小林寿一 (2005). 近年の粗暴的非行の再検討——「いきなり型」・「普通の子」をどうみるか　犯罪社会学研究, *30*, 102-117.

齊藤万比古・原田 謙 (1999). 反抗挑戦性障害　精神科治療学, *14*, 153-159.

瀬川 晃 (1998). 犯罪学　成文堂

総務庁青少年対策本部 (1999). 非行原因に関する総合的研究調査（第3回）

菅野哲也 (2003). 英国における非行少年の調査票——リスクアセスメントシステム構築の試み　犯罪と非行, *137*, 33-41.

高橋 哲 (2015). 刑事司法領域の意思決定におけるリスクアセスメントツールの効用と限界　心理臨床学研究, *33*(2), 191-200.

十一元三 (2004). 広汎性発達障害を持つ少年の鑑別・鑑定と司法処遇——精神科疾患概念の歴史的概観と現状を踏まえて（第44回大会子どもの人権と法に関する委員会パネルディスカッション）

児童青年精神医学とその近接領域, *45*(3), 237-245.
山本功 (2005). 高校生のアルバイトは非行を抑止するか　犯罪社会学研究, *30*, 138-149.
米川茂信 (1991). 現代社会病理学――社会問題への社会学的アプローチ　学文社
米川茂信 (1995). 学歴アノミーと少年非行　学文社
米川茂信 (1996). 学歴アノミーと中・高生非行　犯罪社会学研究, *21*, 118-144
Youth Justice Board (2000). *Asset*. London, UK.:Youth Justice Board

■ 第11章 ■

Bartol, C. R., & Bartol, A. M. (2005). *Criminal behavior: A psychosocial approach* (7th Ed.). New Jersey: Pearson Education Inc. （バートル, C. R.・バートル, A. M.　羽生和紀（監訳）　横井幸久・田口真二（編訳）(2006). 犯罪心理学――行動科学のアプローチ　北大路書房）
Bennell, C., & Canter, D. V. (2002). Linking commercial burglaries by modus operandi: Tests using regression and ROC analysis. *Science and Justice*, *42*, 153-164.
Bennell, C., & Jones, N. J. (2005). Between a ROC and a hard place: A method for linking serial burglaries by modus operandi. *Journal of Investigative Psychology and Offender Profiling*, *2*, 23-41.
Bennell, C., Mugford, R., Ellingwood, H., & Woodhams, J. (2014). Linking crimes using behavioural clues current levels of linking accuracy and strategies for moving forward. *Journal of Investigative Psychology and Offender Profiling*, *11*, 29-56.
Bernasco, W. (2009). Modeling micro-level crime location choice: Application of the discrete choice framework to crime at places. *Journal of Quantitative Criminology*, *26*, 113-138.
Bernasco, W., & Nieuwbeerta, P. (2005). How do residential burglars select target areas?: A new approach to the analysis of criminal location choice. *British Journal of Criminology*, *45*, 296-315.
Blackburn, R. (1993). *The psychology of criminal conduct: Theory, research and practice*. Chichester, UK: Wiley.
Block, R., & Bernasco, W. (2009). Finding a serial burglar's home using distance decay and conditional origin-destination patterns: A test of empirical Bayes journey-to-crime estimation in The Hague. *Journal of Investigative Psychology and Offender Profiling*, *6*, 187-211.
Bouhana, N., Johnson, S. D., & Porter, M. (2016). Consistency and specificity in burglars who commit prolific residential burglary: Testing the core assumptions underpinning behavioural crime linkage. *Legal and Criminological Psychology*.
Brantingham, P. J., & Brantingham, P. L. (1984). *Patterns in crime*. New York: Macmillan.
Canter, D., & Hammond, L. (2007). Prioritizing burglars: Comparing the effectiveness of geographical profiling methods. *Police Practice and Research*, *8*, 371-384.
Clare, J., Fernandez, J., & Morgan, F. (2009). Formal evaluation of the impact of barriers and connectors on residential burglars' macro-level offending location choices. *Australian & New Zealand Journal of Criminology*, *42*, 139-158.
Davies, K., Tonkin, M., Bull, R., & Bond, J. W. (2012). The course of case linkage never did run smooth: A new investigation to tackle the behavioural changes in serial car theft. *Journal of Investigative Psychology and Offender Profiling*, *9*, 274-295.
Emeno, K., & Bennell, C. (2013). The effectiveness of calibrated versus default distance decay functions for geographic profiling: a preliminary examination of crime type. *Psychology, Crime & Law*, *19*, 215-232.
Fox, B. H., & Farrington, D. P. (2012). Creating burglary profiles using latent class analysis: A new approach to offender profiling. *Criminal Justice and Behavior*, *39*, 1582-1611.
Fox, B. H., & Farrington, D. P. (2016). Behavioral consistency among serial burglars: Evaluating offense style specialization using three analytical approaches. *Crime & Delinquency*, *62*(9), 1123-1158.
福島 章 (1975). 窃盗犯の研究　安香 宏・麦島文夫（編）犯罪心理学――犯罪行動の現代的解釈（p.260）有斐閣
Goodwill, A. M., & Alison, L. J. (2005). Sequential angulation, spatial dispersion and consistency of distance attack patterns from home in serial murder, rape and burglary. *Psychology, Crime & Law*, *11*, 161-176.
萩野谷俊平 (2014). 住居を対象とする侵入窃盗の事件リンク分析　応用心理学研究, *40*, 45-53.
Haginoya, S. (2014). Offender demographics and geographical characteristics by offender means of transportation in serial residential burglaries. *Psychology, Crime & Law*, *20*, 515-534.
萩野谷俊平・花山愛子・小野修一・蒲生晋介・真栄平亮太・細川豊治 (2014). 住居対象連続侵入窃盗事件における犯人属性の犯罪手口による予測　日本法科学技術学会誌, *19*, 31-43.
Häkkänen, H., Puolakka, P., & Santtila, P. (2004). Crime scene actions and offender characteristics in arsons. *Legal and Criminological Psychology*, *9*, 1-18.

Hammond, L., & Youngs, D. (2011). Decay functions and criminal spatial processes: geographical offender profiling of volume crime. *Journal of Investigative Psychology and Offender Profiling, 8*, 90-102.

警察庁 (2014). 平成 25 年の犯罪情勢

Kocsis, R. N., & Irwin, H. J. (1997). An analysis of spatial patterns in serial rape, arson, and burglary: The utility of the circle theory of environmental range for psychological profiling. *Psychiatry, Psychology and Law, 4*, 195-206.

Kocsis, R. N., Irwin, H. J., & Allen, G. (2002). A further assessment of "Circle Theory" for geographic psychological profiling. *Australian and New Zealand Journal of Criminology, 35*, 43-62.

倉石宏樹・大塚祐輔・横田賀英子・和智妙子・渡邊和美 (2010). 住居盗累犯者の手口の移行性に関する研究　犯罪心理学研究, 48, 124-125.

Lundrigan, S., & Czarnomski, S. (2006). Spatial characteristics of serial sexual assault in New Zealand. *Australian and New Zealand Journal of Criminology, 39*, 218-231.

Laukkanen, M., Santtila, P., Jern, P., & Sandnabba, K. (2008). Predicting offender home location in urban burglary series. *Forensic Science International, 176*, 224-235.

Markson, L., Woodhams, J., & Bond, J. W. (2010). Linking serial residential burglary: Comparing the utility of modus operandi behaviours, geographical proximity, and temporal proximity. *Journal of Investigative Psychology and Offender Profiling, 7*, 91-107.

Meaney, R. (2004). Commuters and marauders: an examination of the spatial behaviour of serial criminals. *Journal of Investigative Psychology and Offender Profiling, 1*, 121-137.

Melnyk, T., Bennell, C., Gauthier, D. J., & Gauthier, D. (2011). Another look at across-crime similarity coefficients for use in behavioural linkage analysis: an attempt to replicate Woodhams, Grant, and Price (2007). *Psychology, Crime & Law, 17*, 359-380.

Merry, S., & Harsent, L. (2000). Intruders, pilferers, raiders and invaders: the interpersonal dimension of burglary. In D. Canter & L. Alison (Eds.), *Profiling property crimes*, Dartmouth: Ashgate.

大塚祐輔・倉石宏樹・横田賀英子・和智妙子・渡邊和美 (2010). 侵入窃盗累犯者の手口の移行性に関する研究――住居以外を対象とする窃盗犯について　犯罪心理学研究, 48, 126-127.

Rattner, A., & Portnov, B. A. (2007). Distance decay function in criminal behavior: a case of Israel. *The Annals of Regional Science, 41*, 673-688.

Rengert, G. F., Piquero, A. R., & Jones, P. R. (1999). Distance decay reexamined. *Criminology, 37*, 427-446.

Rhodes, W. M., & Conly, C. (1981). Crime and mobility: an empirical study. In P. L. Brantingham & P. J. Brantingham (Eds.), *Environmental criminology* (pp. 167-188). Beverly Hills, CA: Sage.

Rossmo, D. K. (2000). *Geographic profiling*. LLC: CRC. (ロスモ，D. K.　渡辺昭一 (監訳) (2002). 地理的プロファイリング――凶悪犯罪者に迫る行動科学　北大路書房)

Salfati, C.G., & Bateman, A.L. (2005). Serial homicide: An investigation of behavioral consistency. *Journal of Investigative Psychology and Offender Profiling, 2*, 121-144.

Salfati, C.G., & Canter, D. V. (1999). Differentiating stranger murders: Profiling offender characteristics from behavioral styles. *Behavioral Sciences and the Law, 17*, 391-406.

Santtila, P., Ritvanen, A., & Mokros, A. (2004). Predicting burglar characteristics from crime scene behavior. *International Journal of Police Science & Management, 6*, 136-154.

Sarangi, S., & Youngs, D. (2006). Spatial patterns of Indian serial burglars with relevance to geographic profiling. *Journal of Investigative Psychology and Offender Profiling, 3*, 105-115.

Snook, B. (2004). Individual differences in distance travelled by serial burglars. *Journal of Investigative Psychology and Offender Profiling, 1*, 53-66.

Snook, B., Zito, M., Bennell, C., & Taylor, P. J. (2005). On the Complexity and Accuracy of Geographic Profiling Strategies. *Journal of Quantitative Criminology, 21*, 1-26.

高村 茂・徳山孝之 (2003). 民家対象窃盗犯の犯人特性に関する基礎的研究　犯罪心理学研究, 41, 1-14.

高村 茂・徳山孝之 (2006). 多変量解析を用いた犯罪者プロファイリング研究――侵入窃盗犯の類型化に着目して　犯罪心理学研究, 43, 29-41.

Tonkin, M., Grant, T., & Bond, J. W. (2008). To link or not to link: A test of the case linkage principles using serial car theft data. *Journal of Investigative Psychology and Offender Profiling, 5*, 59-77.

Tonkin, M., Santtila, P., & Bull, R. (2012). The linking of burglary crimes using offender behaviour: Testing research cross-nationally and exploring methodology. *Legal and Criminological Psychology, 17*, 276-293.

Tonkin, M., Woodhams, J., Bond, J. W., & Loe, T. (2010). A theoretical and practical test of geographical profiling with serial vehicle theft in a U.K. Context. *Behavioral Sciences and the Law, 28*, 442-460.

Tonkin, M., Woodhams, J., Bull, R., & Bond, J. W. (2012). Behavioural case linkage with solved and unsolved crimes. *Forensic Science International, 222*, 146-153.

Tonkin, M., Woodhams, J., Bull, R., Bond, J. W., & Santtila, P. (2012). A comparison of logistic regression and classification tree analysis for behavioural case linkage. *Journal of Investigative Psychology and Offender Profiling*, *9*, 235-258.

Van Daele, S., & Bernasco, W. (2012). Exploring directional consistency in offending: The case of residential burglary in the hague. *Journal of Investigative Psychology and Offender Profiling*, *9*, 135-148.

Vaughn, M. G., DeLisi, M., Beaver, K. M., & Howard, M. O. (2008). Toward a quantitative typology of burglars: A latent profile analysis of career offenders. *Journal of Forensic Sciences*, *53*, 1387-1392.

渡辺昭一 (1982). 侵入窃盗犯の犯罪手口に関する研究——1. 中種別犯罪手口の反復性について　科学警察研究所報告法科学編, *35*, 48-55.

Yokota, K., & Canter, D. (2004). Burglars' specialization: development of a thematic approach in investigative psychology. *Behaviormetrika*, *31*, 153-167.

横田賀英子・渡辺昭一 (1998). 犯罪手口の反復性に関する分析　日本鑑識科学技術学会誌, *3*, 49-55.

財津亘 (2014). 一般住宅対象の空き巣・忍込み・居空きの特性とその移行性　犯罪心理学研究, *51*, 23-32.

第12章

Alison, L., Rockett, W., Deprez, S., & Watts, S. (2000). Bandits, cowboys and robin's Men: The facets of armed robbery. In D. Canter & L. Alison (Eds.), *Profiling property crimes* (pp. 75-106). Dartmouth: Ashgate.

Bartol, C. R., & Bartol, A. M. (2005). *Criminal behavior: A psychosocial approach* (7th Ed.). New Jersey: Pearson Education Inc.（バートル, C. R.・バートル, A. M. 羽生和紀（監訳）横井幸久・田口真二（編訳）(2006). 犯罪心理学——行動科学のアプローチ　北大路書房）

Capone, D. L., & Nichols, W. W. (1976). Urban structure and criminal mobility. *American Behavioral Scientist*, *20*(2), 199-213.

Cook, P. J. (1987). Robbery violence. *Journal of Criminal Law and Criminology*, *78*(2), 357-376.

福本浩行・東康生・高村茂 (2004). 成人強盗犯の犯人像検証　その1——犯行類型ごとの犯人像のもつ人格特性に焦点を当てる　犯罪心理学研究, *42*（特別号）, 26-27.

藤野京子 (2004). 最近における強盗事犯少年について——少年鑑別所における特別調査の結果を中心として　法律のひろば, *57*(1), 39-45.

Gill, M. (2001). The craft of robbers of cash-in-transit vans: Crime facilitators and the entrepreneurial approach. *International Journal of the Sociology of Law*. *29*, 277-291.

花山愛子 (2011). スプリー店舗強盗犯の被疑者特徴と居住地推定　犯罪心理学研究, *49*（特別号）, 112-113.

Kleck, G., & DeLone, M. A. (1993). Victim resistance and offender weapon effects in robbery. *Journal of Quantitative Criminology*, *9*(1), 55-81.

Krahé, B. (2001). *The social psychology of aggression*. Psychology Press.（クラーエ, B. 秦一士・湯川進太郎（編訳）(2004). 攻撃の心理学　北大路書房）

Landau, S. F., & Fridman, D. (1993). The seasonality of violent crime: The case of robbery and homicide in Israel. *Journal of Research in Crime and Delinquency*. *30*(2), 163-191.

Lobato, A. (2000). Criminal weapon use in Brazil: A psychological analysis. In D. Canter & L. Alison (Eds.), *Profiling property crimes* (pp. 107-145). Dartmouth: Ashgate.

Matthews, R. (2002). *Armed robbery*. Devon UK: Willan Publishing.

Miller, J. (1998). Up it up: Gender and the accomplishment of street robbery. *Criminology*, *36*(1), 37-66.

越智啓太 (2010). 銀行・郵便局強盗の犯行パターン　法政大学文学部紀要. *61*, 175-181.

Porter, L. E., & Alison, L. J. (2006). Behavioural coherence in group robbery: A circumplex model of offender and victim interactions. *Aggressive Behavior*, *32*, 330-342.

Rossmo, D. K. (2000). *Geographic profiling*. Boca Raton: CRC Press.（ロスモ, D. K. 渡辺昭一（監訳）(2002).　地理的プロファイリング——凶悪犯罪者に迫る行動科学　北大路書房）

佐藤敦司・藤田悟郎・渡邉和美・横田賀英子・和智妙子 (2006). 連続店舗強盗事件に関する分析　犯罪心理学研究, *44*（特別号）, 138-139.

高村茂・横井幸久・山元修一 (2002). 強盗事件データの分析 (5) 犯罪心理学研究. *40*（特別号）, 136-137.

Tompson, L., & Bowers, K. (2012). A stab in the dark?: A research note on temporal patterns of street robbery. *Journal of Research in Crime and Delinquency*, *50*(4), 616-631.

Van Koppen, P. J., & Jansen, R. W. J. (1998). The road to the robbery: Travel patterns in commercial robberies. *British Journal of Criminology*, *38*(2), 230-246.

Van Koppen, P. J., & Jansen, R. W. J. (1999). The time to rob: Variations in time of number of commercial robberies. *Journal of Research in Crime and Delin-*

quency, 36(1), 7-29.
Walsh, D. (1986). *Heavy business: Commercial burglary and robbery*. London: Routledge & Kegan Paul.
Woodhams, J., & Toye, K. (2007). An empirical test of the assumptions of case linkage and offender profiling with serial commercial robberies. *Psychology, Public, Policy, and Law. 13*(1), 59-85.
Wright, R. T., & Decker, S. H. (1997). *Armed robbers in action: Stickups and street culture*. Boston: Northeastern University Press.
横井幸久・高村 茂・山元修一 (2003). 強盗事件における犯人の居住地と犯行現場との距離 行動計量学, *31*(2), 141.
横井幸久・山元修一 (2001). 強盗事件データの分析 (2) 犯罪心理学研究, *39* (特別号), 66-67.
吉本かおり・横田賀英子・伊原直子・渡邉和美 (2004). 侵入強盗事件の犯行内容及び被疑者の特徴について 犯罪心理学研究, *42* (特別号), 116-117.
Zimring, F. E., Zuehl, J. (1986). Victim injury and death in urban robbery: A Chicago study. *Journal of Legal Studies, 15*(1), 1-40.

■第13章■

Akiyama, Y., & Pfeiffer, P. C. (1984). Arson: A statical profile. *FBI Law enforcement bulletin, 8*, 8-14.
Barker, A. F. (1994). *Arson: A review of the psychiatric literature*. Oxford: Oxford University Press.
Blanco, C., Alegría, A. A., Petry, N. M., Grant, J. E., Simpson, H. B., Liu, Shang-Min, Grant, B. F., & Hasin, D. S. (2010). Prevalence and correlates of fire-setting in the United States: Results from the national Epidemiologic Survey on Alcohol and Related Conditions (NESARC). *Journal of Clinical Psychiatry, 71*,1218-1225.
Canter, D. (1989). Offender Profiling. *The psychologist, 2*, 12-16.
Canter, D., & Fritzon, K. (1998). Differentiating arsonists: A model of firesetting actions and characteristics. *Legal and Criminological Psychology, 3*(1), 73-96.
Canter, D., & Larkin, P. (1993). The environmental tamge of serial rapists. *Journal of Environmental Psychology, 13*, 63-69.
Douglas, J. E., Ressler, R. K., & Burgess, A. W. (1992). *Crime classification manual: A standard system for investigating and classifying violent crimes*. San Francisco, CA: Jossey-bass. (ダグラス, J. E.・レスラー, R. K.・バージェス, A. W. 戸根由紀恵 (訳) (1995). FBI心理分析官——凶悪犯罪捜査マニュアル (上・下) 原書房)

Ducata, L., McEwan, T., & Ogloff, J. R. P. (2013). Comparing the characteristics of firesetting and non-firesetting offenders: are firesetters a special case? *The Journal of Forensic Psychiatry & Psychology, 24*, 549–569.
遠藤俊吉・恩田 寛 (1979). アルコール幻覚症者の放火の1例 幻覚症時と非幻——覚症時の放火の比較 犯罪学雑誌, *45*, 74-75
淵上泰郎・小林博之・原 淳・小田 晋 (1992). 精神遅滞および情緒未成熟の放火少年の心理特性 犯罪心理学研究, *30* (特別号), 36-37.
福島 章 (1999). 殺人と犯罪の深層心理「攻撃願望」というヒトの本性 講談社
羽生和紀 (2005). 連続放火の地理的プロファイリング——サークル仮説の妥当性の検討 犯罪心理学研究, *43*(2), 1-12.
原 淳・遠藤俊吉・広瀬貞雄 (1985). 躁うつ病の放火事例について 犯罪学雑誌, *51*, 114-115.
Holmes, R. M., & Holmes, S. T. (1996). *Profiling violent crimes: An investigative tool*. Thousand Oaks, CA: Sage. (ホームズ, R. M.・ホームズ, S. T. 影山任佐 (監訳) (1997). プロファイリング 犯罪心理分析入門 日本評論社)
法務省法務総合研究所 (2015). 平成27年版 犯罪白書 性犯罪者の実態と再犯防止 法務総合研究所
Icove, D. J., & Estepp, M. H. (1987). Motive-based offender profiles of arson and fire-related crimes. *FBI Law enforcement bulletin, 4*, 17-23.
石井利文・中田 修 (1983). 社会適応能力と知能指数のあいだに著しい不均衡の——ある精神薄弱の1例について 犯罪学雑誌, *49*, 131-132.
岩見広一・横田賀英子・渡邉和美 (2003). 放火殺人の犯行形態と犯人属性との関連性 犯罪心理学研究, *41* (特別号), 150-151.
加藤正明・笠原 嘉・小此木啓吾・保崎秀夫・宮本忠雄 (編) (1993). 新版精神医学事典 弘文堂
川邉 讓 (1987). 放火犯の持つ弱さに関する一考察 犯罪心理学研究, *25* (特別号), 150-151.
警察庁 (2015). 平成27年 警察白書
桐生正幸 (1992). 犯罪捜査における罪種の研究 (2) ——放火事例の分析 犯罪心理学研究, *30* (特別号), 34-35.
桐生正幸 (1995). 最近18年間における田舎型放火の検討 犯罪心理学研究, *33*(2),17-26.
桐生正幸 (1996a). 放火犯罪に関する実験的研究——(2) 類型化 犯罪心理学研究, *34* (特別号), 44-45.
桐生正幸 (1996b). 現代の青少年犯罪とおとなの役割——放火犯罪を中心に (シンポジウム) 日本応用心理学会第64回大会発表論文集, 10.

桐生正幸 (1998). 放火現場から何が分かるのか？ 犯罪心理学研究, 36 (特別号), 16-17.

桐生正幸 (2000). 放火のプロファイリング I ——単一放火における可能性 田村雅幸（監）高村茂・桐生正幸（編）(2000). プロファイリングとは何か (pp. 154-164) 立花書房

桐生正幸・佐藤宏一 (2004). 同一場所に対する連続放火の分析 鑑識科学技術学会誌, 170.

Kocsis, R. N. (2004). Psycological profiling of serial arson offenses: An assessment of skills and accuracy. *Criminal Justice and Behavior, 31*, 341-361.

Lewis, N. D. C., & Yarnell, H. (1951). Pathological firesetting: Pyromania. *Nervous and Mental Disease (Monograph No.82)*. New York: Coolidge Foundations.

毎日新聞 (2006). 諏訪連続放火——平田被告がほかに8件認める再逮捕へ（8月6日記事）https://web.archive.org/web/20060806103549/http://www.mainichi-msn.co.jp/shakai/jiken/news/20060801k0000m040060000c.html（2016年6月21日）

増田登志子・柴田洋子 (1981). 慢性躁状態における放火の再鑑定例 犯罪学雑誌, 47, 90

三本照美・深田直樹 (1999). 連続放火犯の居住地推定の試み——地理的重心モデルを用いた地理的プロファイリング 科学警察研究所報告防犯少年編, 40(1), 23-36.

中田 修 (1977). 放火の犯罪心理 金剛出版．

中田 修 (1983). 放火心理を探る——多発する都市型放火から 月刊消防, 247, 1-8.

越智啓太 (2013). ケースで学ぶ犯罪心理学 北大路書房

小野武雄（編）(1998). 江戸の刑罰風俗誌 展望社

Rider, A. O. (1980a). The firesetter : A psychological profiile (part 1). *FBI Law enforcement bulletin, 6*, 6-13.

Rider, A. O. (1980b). The firesetter : A psychological profiile (part 2). *FBI Law enforcement bulletin, 7*, 6-17.

Rider, A. O. (1980c). The firesetter : A psychological profiile(conclusion). *FBI Law enforcement bulletin, 8*, 5-11.

佐藤 亨 (2007). 放火を行った少年の心理に関する一考察 鳴門教育大学研究紀要, 22, 234-240.

総務省消防庁 (2015). 平成27年 消防白書

鈴木基之・室崎益輝・遠藤啓之 (1995). 神戸市における放火の実態とそれを誘発する環境要因に関する研究（その2）日本建築学会大会学術講演梗概集, 619-620.

鈴木 護・田村雅幸 (1998). 連続放火の犯人像（上）——犯人の基本的属性と事件態様 警察学論集, 51(2), 161-174.

田村雅幸・鈴木 護 (1997). 連続放火の犯人像分析——1. 犯人居住地に関する円仮説の検討 科学警察研究所報告防犯少年編, 38(1), 13-25.

植田光子 (1979). 福岡県における放火犯罪の傾向 科学警察研究所報告法科学編, 32, 130-135.

上野 厚 (1978). 神奈川県における都市型単一放火犯罪について——2. 犯行の心理的側面 科学警察研究所報告法科学編, 31, 216-220.

上野 厚 (1982a). 都市型放火の犯罪学（上） 近代消防, 236, 35-42.

上野 厚 (1982b). 未成年者の放火について 犯罪学雑誌, 48, 62-63.

山上 皓 (1986). 近年の女性放火犯の動向について 犯罪学雑誌, 52, 114-115.

山上 皓 (1987). 精神分裂病者による放火，強盗および性犯罪の実態とその特徴 犯罪学雑誌, 53, 127-128.

山岡一信 (1978). 放火犯罪の形態に関する諸特性——1. 単一犯行群と連続犯行群との比較 科学警察研究所報告法科学編, 31, 315-324.

横井享久 (1998). ストーキング事件の研究：事例収集とその分析 警察学論集, 51(10), 146-165.

和智妙子・藤田悟郎・渡邉和美・横田賀英子・鈴木 護 (2006). 男性連続放火犯の特徴 日本心理学会第70回大会発表論文集, 434.

和智妙子・倉石宏樹・渡邉和美 (2011). 連続放火犯の犯行行動の一貫性 日本心理学会第75回大会発表論文集, 458.

Wachi, T., Watanabe, K., Yokota, K., Suzuki, M., Hoshino, M., Sato, A., & Fujita, G. (2007). Offender and crime characteristics of female serial arsonisits in Japan. *Journal of Investigative Psychology and Offender Profling, 4*, 29-52.

財津 亘 (2010a). 社会的自立性と犯罪深度を基にした連続放火犯の分類と分類別にみた放火形態について 法科学技術学会誌, 15, 111-124.

財津 亘 (2010b). ベイジアンネットワークによる連続放火犯の分類 犯罪心理学研究, 47(2), 1-14.

財津 亘 (2016). テキストマイニングによる最近10年間の放火事件に関する動機の分類——単一放火と連続放火の比較 犯罪心理学研究, 53(2), 29-41.

第14章

Gibson, W. (1984). *Neuromancer*. NY: Ace Books.（ギブスン, W. 黒丸 尚（訳）(1986). ニューロマンサー ハヤカワ書房SF）

羽室英太郎 (2007). サイバー犯罪・サイバーテロの攻撃手法と対策 立花書房

岡田好史 (2004). サイバー犯罪とその刑事法的規制——コンピュータ情報の不正入手・漏示に対す

る法的対応をめぐって　専修大学出版局
四方 光 (2014). サイバー犯罪対策概論――法と政策　立花書房
園田 寿 (2011). 情報社会と刑法　成文堂
末藤高義 (2012). サイバー犯罪対策ガイドブック――基礎知識から実践対策まで　株式会社民事法研究会
渡邊卓也 (2006). 電脳空間における刑事法的規制　成文堂

第 15 章

Anthony, D., & Robbins, T. (1994). Brainwashing and totalitarian influence. In V. S. Ramachandran (ed.). *Encyclopedia of human behavior, Vol.1* (pp. 457-471), Burlington, MA: Elsevier, Academic Press.

Bargh, J. (2007). *Social Psychology and the unconscious: The automaticity of high mental process.* Psychology press.（バージ，J. 及川昌典・木村 晴・北村英哉（監訳）(2009). 無意識と社会心理学　ナカニシヤ出版）

Barker, E. (1984). *The making of moonie: Choice or brainwashing?* Basil Blackwell.

Cialdini, R. B. (1988). *Influence: Science and practice.* Glenview, IL: Scott, Foresman and company.（チャルディーニ，R. B. 社会行動研究会（編訳）(1991). 影響力の武器　誠信書房）

Conway, F., & Siegelman, J. (1979). Information disease: Have cults created a new mental illness. *Science Digest, Jan.* 96-92.

Festinger, L. (1957). *A theory of cognitive dissonance.*（フェスティンガー，L. 末永俊郎（監訳）(1965). 認知的不協和の理論　誠信書房）

Galanter, M. (1989). *Cults: Faith, healing, and coercion.* Oxford University Press.

Gilovich, T. (1991). *How we know what isn't so: The fallibility of human reason in everyday life.*（ギロビッチ，T. 守 一雄・守 秀子（訳）(1993). 人間この信じやすさの――迷信・誤信はどのようにして生まれるか　新曜社）

Hassan, S.(1988). *Combatting cult mind control.* Rochester, VT: Park Street Press.（ハッサン，S. 浅見定雄（訳）(1993). マインド・コントロールの恐怖　恒友出版）

Hull, C. L. (1943). *Principles of Behavior: An introduction to behavior theory.* New York: Appleton-Century-Crofts.

Keiser, T. W., & Keiser, J. L. (1987). *The anatomy of illusion; Religious cults and destructive persuasion*, Springfield, IL: Charles C. Thomas Publisher.

Lalich, J. (2004). *Bounded choice: The believers and charismatic cults.* Berkeley, CA: University of California Press.

Lifton, R. J. (1961). *Thought reform and the psychology of totalism.* New York: W. W. Norton.（リフトン，R. J. 小野泰博（訳）(1979). 思想改造の心理　誠信書房）

Milgram, S. (1965). *Obedience to authority: An experimental view.* New York: Harper & Row Publishes, Inc.（ミルグラム，S. 岸田 秀（訳）(1980). 服従の心理　河出書房新社）

西田公昭 (1993). ビリーフの形成と変化の機制についての研究 (3) ――カルト・マインド・コントロールにみるビリーフ・システム変容過程　社会心理学研究, *9*(2), 131-144.

西田公昭 (1995a). マインド・コントロールとは何か　紀伊国屋書店

西田公昭 (1995b). ビリーフの形成と変化の機制についての研究 (4) ――カルト・マインド・コントロールにみるビリーフ・システムの強化・維持の分析　社会心理学研究, *11*(1), 18-29.

西田公昭 (1998). 「信じるこころ」の科学 ---- マインド・コントロールとビリーフ・システムの社会心理学　サイエンス社

西田公昭 (2001). オウム真理教の犯罪行動についての社会心理学的分析　社会心理学研究, *16*(3), 170-183.

西田公昭 (2012). テロリズムや暴力を誘導する心理操作 ABCD・H の理論――「マインドコントロール」研究の再分析から提唱される理論のコア　日本心理学会第 76 回大会

西田公昭・黒田文月 (2003). 破壊的カルト脱会後の心理的問題についての検討――脱会後の経過期間およびカウンセリング効果. 社会心理学研究, *18*(3), 192-203.

西田公昭・黒田文月 (2004). 破壊的カルトでの生活が脱会後のメンバーの心理的問題に及ぼす影響　心理学研究, *75*(1), 9-15.

Pfeifer, J. E. (1992). The psychological framing of cults: schematic representations and cult evaluations. *Journal of applied social psychology, 22*(7), 531-544.

Pratkanis, A., & Aronson, E. (1991). *Age of propaganda.* New York: W.H. Freeman.

Ross, J. C., & Langone, M. D. (1987). *Cults: What parents should know.* Weston, MA: Carol Publishing Group/ American Family Foundation.（ロス，J. C.・ランゴーニ，M. D. 多賀幹子（訳）(1995). カルト教団から我が子を守る法　朝日新聞社）

Sargant, W. (1957). *Battle for the mind: A physiology of conversion and brainwashing.* London : Heineman.（サーガント，W. 佐藤俊男（訳）(1961). 人間改造の生理　みすず書房）

Schein, E., Schneier, I., & Barker, C.H. (1961). *Coercive persuasion*, New York : W. W. Norton.

Singer, M. T. (1979). Coming out of the cults. *Psychology today. Jan.*, 72-82.

Singer, M. T. (1995). *Cult in our mist*. San Francisco: Jossey-Boss.

Srull, T. K., & Wyer, R. S. (1980). Category accessibility and social perception: Some implications for the study of person memory, and interpersonal judgments. *Journal of personality and social psychology*, 38, 841-856.

Stahelsky, A. (2005). Terrorists are made not born: Creating terrorists using social psychological conditioning. *Cultic study review*, 4(1), 30-40.

植垣康博 (2001). 兵士たちの連合赤軍　渓流社

Zimbardo, P. G., Ebbesen, E. B., & Maslach, C. (1977). *Influencing attitude and changing behavior Ver.2.* Reading, MA: Addison Wesley. （ジンバルド，P. G.・イブセン，E. B. 他　高木 修（訳）(1979). 態度変容と行動の心理学　誠信書房）

第Ⅱ部

第16章

Bartol, C. R., & Bartol, A. M. (2005). *Criminal behavior: A psychosocial approach* (7th Ed.). New Jersey: Pearson Education Inc. （バートル，C. R.・バートル，A. M.　羽生和紀（監訳）　横井幸久・田口真二（編訳）(2006). 犯罪心理学──行動科学のアプローチ　北大路書房）

Douglass, J. E., Burgess, A. W., Burgess, A. G. & Ressler, R. K. (Eds.). (1992). *Crime classification manual*. San Fran: Jossey-Bass Publishers. （ダグラス，J. E.・レスラー，R. K.・バージェス，A. W.　戸根由紀恵（訳）(1995). FBI心理分析官──凶悪犯罪捜査マニュアル（上・下）　原書房）

Douglass, J. E., Burgess, A. W., Burgess, A. G., & Ressler, R. K. (Eds.). (2013). *Crime classification manual* (3rd ed.). New Jersey: Wiley.

Geberth, V. J. (1993). The investigation of sex-related homicides. In Geberth, V. J. (Ed.), *Practical homicide investigation* (2nd Ed.). (pp. 295-331). Boca Raton: CRC Press.

Hazelwood, R. R., & Burgess, A. W. (1993). The behavior-oriented interview of rape victims: The key to profiling. In R. R. Hazelwood & A. W. Burgess (Eds.), *Practical Aspects of Rape Investigation: A multidisciplinary approach* (2nd Ed.). (pp. 151-168). Boca Raton: CRC Press.

Hazelwood, R. R., & Warren, J. (1989a). The serial rapists: his characteristics and victims (part. 1). *FBI Law enforcement Bulletin*, 1, 10-17.

Hazelwood, R. R., & Warren, J. (1989b). The serial rapists: his characteristics and victims (conclusion). *FBI Law enforcement Bulletin*, 2, 18-25.

岩見広一 (2002). FBIの各種類型　笠井達夫・桐生正幸・水田恵三（編）　犯罪に挑む心理学──現場が語る最前線 (pp. 170-171)　北大路書房

岩見広一 (2011). FBI方式のプロファイリング　越智啓太・藤田政博・渡邉和美（編）　法と心理学の事典──犯罪・裁判・矯正 (pp. 284-285)　朝倉書店

Jackson, J. L., & Bekarian, D. A. (Eds.). (1997). *Offender profiling: Theory, research and practice*. New York: Chichester: Wiley. （ジャクソン，J. L.・ベカリアン，D. A.　田村雅幸（監訳）　辻 典明・岩見広一（編訳）(2000). 犯罪者プロファイリング──犯罪行動が明かす犯人像の断片　北大路書房）

警察庁 (2002). 平成 14 年度版　警察白書
Lanning, K. L. (1993). Child molesters: A behavioral analysis for law enforcement. In R. R. Hazelwood & Burgess, A. W. (Eds.), *Practical aspects of rape investigation: A multidisciplinary approach* (2nd Ed.). (pp. 201-256). Boca Raton: CRC Press.
越智啓太 (2013a). ケースで学ぶ犯罪心理学　北大路書房
越智啓太 (2013b). Progress & Application 14　犯罪心理学　サイエンス社
Ressler, R. K., Burgess, A. W., & Douglass, J. E. (Eds.). (1988). *Sexual homicide: Patterns and motives*. New York: Lexington Books. （レスラー，R. K.・バージェス，A. W.・ダグラス，J. E.　狩野秀之（訳）(1995). 快楽殺人の心理――FBI 心理分析官のノートより　講談社）
菅原郁夫・サトウタツヤ・黒沢香（編）(2005). 法と心理学のフロンティア II 巻　犯罪・生活編　北大路書房
渡邉和美 (2005). 犯罪者プロファイリング　越智啓太（編）　朝倉心理学講座 18　犯罪心理学（pp. 73-98）朝倉書店
渡邉和美 (2006). 犯罪者プロファイリング研究とその実践　松下正明（総編集）山内俊雄・山上皓・中谷陽二（編）　司法精神医学 3　犯罪と犯罪者の精神医学（pp. 123-135）中山書店
渡邉和美・高村茂・桐生正幸（編）(2006). 犯罪者プロファイリング入門――行動科学と情報分析からの多様なアプローチ　北大路書房
渡辺昭一（編）(2004). 捜査心理学　北大路書房
財津亘 (2011). 犯罪者プロファイリングにおけるベイズ確率論の展開　多賀出版

第 17 章

足立浩平 (2000). 多変量カテゴリカルデータの数量化と主成分分析　心理学評論，*43*(4), 487-500.
足立浩平・鈴木明弘 (1993). 犯罪手口の選択確率に基づく被疑者の検索手法　科学警察研究所報告法科学編，*46*, 143-147.
朝野熙彦 (2000). 入門多変量解析の実際（第 2 版）講談社
Canter, D. (1994). *Criminal shadow*. London: Harper Collins.
Canter, D. (2000). Offender profiling and criminal differentiation. *Legal and Criminal Psychology*, *5*, 23-46.
Canter, D. (2004). Offender profiling and investigative psychology. *Journal of Investigative Psychology and Offender Profiling*, *1*(1), 1-15.
Canter, D. (2011). Resolving the offender "Profiling Equations" and the emergence of an investigative psychology. *Current Direction in Psychological Science*, *20*(1), 5-10.
Canter, D., & Alison, L. (2003). Converting evidence into data: The use of law enforcement archives as unobtrusive measurement. *The Quantitative Report*, *8*(2), 151-176.
Canter, D., & Heritage, R. (1990). A multivariate model of sexual offences behavior: Developments in "offender profiling". *Journal of Forensic Psychiatry*, *1*, 185-212.
Canter, D., Kaouri, C., & Ioannou, M. (2003). The facet structure of criminal narratives. In S. Levy & D. Elizur (Ed.), *Facet theory: Towards cumulative social science* (pp. 27-38). Ljubljana: University of Ljubljana, Faculty of Arts, Centre for Educational Development.
Canter, D., & Youngs, D. (2008). Geographical offender profiling: Origins and principles. In D. Canter & D. Youngs (Ed.), *Principles of geographical offender profiling* (pp. 1-18). Aldershot: Ashgate Publishing Company.
Crawley, M. J. (2005). *Statistics : An introduction using R*. NewYork: John Wiley & Sons. （クローリー，M. J.　野間口謙太郎・菊池泰樹（訳）(2008). 統計学――R を用いた入門書　共立出版）
Doan, B., & Snook, B. (2008). A failure to find empirical support for the homology assumption in criminal profiling. *Journal of Police and Criminal Psychology*, *23*, 61-70.
Fisher, R. P., & Geiselman, R. E. (1992). *Memory-Enhancing techniques for investigative interviewing: The cognitive interview*. Springfield, IL: Charles C. Thomas Publisher. （フィッシャー，R. P.・ガイゼルマン，R. E.　宮田洋（監訳）　高村茂・横田賀英子・横井幸久・渡邉和美（訳）(2012). 認知面接――目撃者の記憶想起を促す心理学的テクニック　関西学院大学出版会）
Fujita, G., Watanabe. K., Yokota, K., Kuraishi, H., Suzuki, M., Wachi, T., & Otsuka, Y. (2013). Multivariate models for behavioral offender profiling of Japanese homicide. *Criminal Justice and Behavior*, *40*, 214-227.
藤田悟郎・横田賀英子・渡邉和美・鈴木護・和智妙子・大塚祐輔・倉石宏樹 (2011). 実務のための量的な方法による事件リンク分析　日本法科学技術学会誌，*16*(2), 91-104.
Guttman, R., & Greenbaum, C. W. (1998). Facet theory: Its development and current status. *European Psychologist*, *3*(1), 13-36.
萩野谷俊平・花山愛子・小野修一・蒲生晋介・真栄平亮太・細川豊治 (2014). 住居対象連続侵入窃

盗事件における犯人属性の犯罪手口による予測　法科学技術学会誌, *19*(1), 31-43.

Hand, D. J., & Yu, K. (2001). Idiot's bayes: Not so stupid after all ?. *International Statistical Review, 69*, 385-398.

星野崇宏 (2009). 調査観察データの統計科学　因果推論・選択バイアス・データ融合　岩波書店

岩見広一 (2013). 性犯罪経歴者による年少者対象性犯罪の特徴　日本犯罪心理学会, *51* (特別号), 160-161.

岩見広一・横田賀英子・渡邉和美 (2005). 犯罪手口に基づく被害者順位づけシステムを応用した屋内強姦における犯罪者プロファイリングの方法　科学警察研究所報告犯罪行動科学編, *42*, 80-87.

桐生正幸 (1998). 放火現場から何が分かるのか？　犯罪心理学研究, *36* (特別号), 16-17.

小西貞則・北川源四郎 (2004). 情報量規準　朝倉書店

Lee, R. M. (2000). *Unobtrusive methods in social research*. Buckingham: Open University Press.

Mokros, A., & Alison, L. (2002). Is offender profiling possible? Testing the predicted homology of crime scene actions and background characteristics in a sample of rapists. *Legal and Criminological Psychology, 7*, 25-43.

大塚祐輔・小野修一・渡邉和美・横田賀英子 (2013). 単発の殺人事件における事件特徴と犯人特徴の関連──検挙日数別の検討　犯罪心理学研究, *51* (特別号), 170-171.

Rao, C. R. (1997). *Statistics and truth : Putting chance to work* (2nd Ed.). Singapore: World Scientific Publishing Company. （ラオ, C. R.　藤越康祝・柳井晴夫・田栗正章（訳）(1993). 統計学とは何か　丸善出版）

佐藤敦司・藤田悟郎・渡邉和美・横田賀英子・和智妙子 (2006). 連続店舗強盗事件に関する分析　犯罪心理学研究, *44* (特別号), 138-139.

Shmueli, G. (2010). To explain or to predict ?. *Statistical Science, 25* (3), 289-310.

荘島宏二郎 (2006). 犯罪者プロファイリングと統計的学習 (1)　渡邉和美・高村 茂・桐生正幸（編）犯罪者プロファイリング入門──行動科学と情報分析からの多様なアプローチ (pp. 131-142)　北大路書房

鈴川由美 (2008). 人工知能エンジンと決定木　豊田秀樹（編）データマイニング入門──Rで学ぶ最新データ解析 (pp. 83-111)　東京図書

田口真二 (1998). 多変量解析法による連続強姦犯の行動分析　日本鑑識科学技術学会第4回学術集会講演要旨集, 161.

田口真二 (2000). 性犯罪のプロファイリングⅡ　強姦　田村雅幸（監）高村 茂・桐生正幸（編）プロファイリングとは何か (pp. 138-151)　立花書房

高村 茂・徳山孝之 (2006). 多変量解析を用いた侵入者プロファイリング研究──侵入窃盗犯の類型化に着目して　犯罪心理学研究, *43*(2), 29-43.

玉木悠太 (2013). 犯行地点の空間パターンに関するシミュレーション　犯罪心理学研究, *51* (特別号), 40-41.

横井幸久 (2009). 連続犯罪における現場分布と活動拠点との関連 (3)　犯罪心理学研究, *47* (特別号), 24-25.

横田賀英子 (2005). 捜査心理学　越智啓太（編）犯罪心理学 (pp. 53-72)　朝倉出版

Yokota, K., & Canter, D. (2004). Burglars' specialization : Development of a thematic approach in investigative psychology. *Behaviormetrica, 31*(2), 153-167.

横田賀英子・藤田悟郎・渡邉和美・吉本かおり・和智妙子 (2005). 特異犯罪手口検索システムの開発──システムを用いた犯人像推定の有効性に関する検討　日本法科学技術学会誌, *10* (別冊号), 201.

Yokota, K., & Watanabe, S. (2001). The development of a suspect retrieval system based on modus operandi. *Proceedings of the 6th international investigative psychology conference, 51*.

吉本かおり・渡邉和美・横田賀英子・藤田悟郎・和智妙子 (2006). 屋内強盗事件に関する分析──累犯者の特徴について　日本犯罪心理学会, *44* (特別号), 140-141.

財津 亘 (2009). 犯人像推定におけるベイズ方式への展開　犯罪心理学研究, *47* (1), 75-87.

第18章

Ainsworth, P. B. (2001). *Offender profiling and crime analysis*. Cullompton: Willan.

Aitken, C. G. G., Connolly, T., Gammerman, A., Zhang, G., Bailey, D., Gordon, R., & Oldfield, R. (1996a). Statistical modelling in specific case analysis. *Science and Justice, 36*, 245-255.

Aitken, C. G. G., Gammerman, A., Zhang, G., Connolly, T., Bailey, D., Gordon, R., & Oldfield, R. (1996b). Bayesian belief networks with an application in specific case analysis. In A. Gammerman (Ed.), *Computational Learning and Probabilistic reasoning* (pp. 169-184). Chichester: John Wiley and Sons.

Baumgartner, K. C., Ferrari, S., & Palermo, G. (2008). Constructing Bayesian networks for criminal profiling from limited data. *Knowledge-Based Systems, 21*, 563-572.

Baumgartner, K. C., Ferrari, S., & Salfati, C. G. (2005). *Bayesian network modeling of offender behavior for criminal profiling* (pp. 2702-2709). Proc. of the 44th IEEE Conference on Decision and Control, and European Control Conference.

Canter, D.・鈴木 護（編訳）(2000). 21世紀の捜査心理学――リヴァプール大学捜査心理学センターの取り組み　警察学論集，53(11), 146-159.

Farrington, D. P., & Lambert, S. (2000). Statistical approaches to offender profiling. In D. Canter & L. Alison (Eds.), *Profiling property crimes* (pp. 233-273). Aldershot: Ashgate.

Ferrari, S., Baumgartner, K. C., Palermo, G., Bruzzone, R., & Strano, M. (2008). Network models of criminal behavior: Comparing Bayesian and neural networks for decision support in criminal investigations. *IEEE Control Systems Magazine*, 28, 65-77.

藤田悟郎 (2006). 今後の展望　渡邉和美・高村 茂・桐生正幸（編）　犯罪者プロファイリング入門 (pp. 172-182)　北大路書房

池間愛梨・越智啓太・桐生正幸 (2013). バラバラ事件における犯罪情報分析　犯罪心理学研究, 51（特別号）, 174-175.

岩見広一 (1999a). 脅迫文を伴う連続空巣狙い事件に対する犯罪行動分析　科学警察研究所報告防犯少年編, 39, 144-153.

岩見広一 (1999b). 強姦行動類型の予備的研究――多変量解析による小規模データの検討　第43回北海道科学捜査研究会講演要旨集, 68-69.

岩見広一 (2004). 捜査意見書　髙取健彦（編）　捜査のための法科学第一部（法生物学・法心理学・文書鑑識）(pp. 247-254)　令文社

岩見広一 (2006). 犯罪者プロファイリングの歴史と方法　渡邉和美・高村 茂・桐生正幸（編）　犯罪者プロファイリング入門 (pp. 31-41)　北大路書房

Jackson, J. L., & Bekarian, D. A. (Eds.). (1997). *Offender profiling: Theory, research and practice*. New York: Chichester: Wiley.（ジャクソン，J. L.・ベカリアン，D. A.　田村雅幸（監訳）辻 典明・岩見広一（編訳）(2000). 犯罪者プロファイリング――犯罪行動が明かす犯人像の断片　北大路書房）

亀川勇太・越智啓太 (2013). 死体遺棄行動における距離の分析　犯罪心理学研究, 51（特別号）, 172-173.

警察庁 (2013). 平成25年版　警察白書　日経印刷株式会社

警察庁 (2014). 平成26年版　警察白書　ぎょうせい桐生正幸 (1998). 放火現場から何が分かるのか？　犯罪心理学研究, 36（特別号）, 16-17.

桐生正幸 (2012). 研究のヒント⑤犯罪者プロファイリングによる卒業研究　桐生正幸（編）　基礎から学ぶ犯罪心理学研究法 (pp. 208-210)　福村出版

桐生正幸・渡邉和美 (2005). 犯罪者プロファイリング　菅原郁夫・サトウタツヤ・黒沢 香（編）法と心理学のフロンティアII巻――犯罪・生活編 (pp. 56-67)　北大路書房

久保孝之・横井幸久 (1999). 捜査員から見たプロファイリング　察公論, 54(5), 68-76.

McGrayne, S. B. (2011). *The theory that would not die: How Bayes' rule cracked the enigma code, Hunted down Russian submarines, and emerged triumphant from two centuries of controversy*. London: Yale University Press.（マグレイン，S. B.　冨永星（訳）(2013). 異端の統計学――ベイズ　草思社）

三本照美・深田直樹 (1998). 地理的プロファイリング研究「Power plot professional」の開発　日本鑑識技術学会誌, 3(1), A41.

三本照美・深田直樹 (1999). 連続放火犯の居住地推定の試み――地理的重心モデルを用いた地理プロファイリング　科学警察研究所報告防犯少年編, 40, 23-36.

Mlodinow, L. (2008). *The drunkard's walk: How randomness rules our lives*. New York: Pantheon Books.（ムロディナウ，L.　田中三彦（訳）(2009). たまたま――日常に潜む「偶然」を科学する　ダイヤモンド社）

本村陽一・岩崎弘利 (2006). ベイジアンネットワーク技術　ユーザ・顧客のモデル化と不確実性推論　東京電機大学出版局

長澤秀利 (1999). 性犯罪の犯行形態の研究――強制わいせつの事例を中心に　犯罪心理学研究, 37（特別号）, 14-15.

龍島秀広 (1997). 連続少女強制わいせつ・強盗事件の犯人像の推定　犯罪心理学研究, 35（特別号）, 60-61.

龍島秀広・成田伸生 (2003). プロファイリングの効果的活用について　第47回北海道科学捜査研究会講演要旨集, 25-26.

繁桝算男・植野真臣・本村陽一 (2006). ベイジアンネットワーク概説　培風館

Stahlschmidt, S., Tausendteufel, H., & Härdle, W. K. (2013). Bayesian networks and sex-related homicides: Structure learning and prediction. *Journal of Applied Statistics*, 40, 1155-1171.

鈴木 護・田村雅幸 (1998a). 連続放火の犯人像（上）犯人の基本的属性と事件態様　警察学論集, 51(2), 161-165.

鈴木 護・田村雅幸 (1998b). 連続放火の犯人像（下）地理的分析による居住地推定　警察学論集, 51(3), 157-174.

田口真二・猪口武典 (1998). 多変量解析による連続

強姦犯の行動分析　日本鑑識科学技術学会第4回学術集会講演要旨集，139．

高村　茂（1996）．窃盗犯のプロファイリング研究──犯行動機の異なる窃盗犯の比較を通して　犯罪心理学研究，34（特別号），42-43．

高村　茂（2006a）．犯罪者プロファイリング研究会　渡邉和美・高村　茂・桐生正幸（編）犯罪者プロファイリング入門（pp. 143-144）北大路書房

高村　茂（2006b）．関連学会の動向　渡邉和美・高村　茂・桐生正幸（編）犯罪者プロファイリング入門（pp. 157-168）北大路書房

田村雅幸（1992）．幼小児誘拐・わいせつ事件の犯人の特性の分析　科学警察研究所報告防犯少年編，33, 30-41．

田村雅幸（1996）．犯人像推定研究の2つのアプローチ　科学警察研究所報告防犯少年編，37, 46-54．

田村雅幸（2000）．解説（あとがきにかえて）Jackson, J. L., & Bekerian, D. A. (Eds.). (1997). *Offender profiling: Theory, research and practice*. New York: John Wiley & Sons.（ジャクソン，J. L.・ベカリアン，D. A.　田村雅幸（監訳）辻　典明・岩見広一（編訳）（2000）．犯罪者プロファイリング──犯罪行動が明かす犯人像の断片（pp. 222-234）北大路書房）

綱川政雄（1990）．被疑者の取調技術　立花書房

綱川政雄（1994）．聞き込み捜査　啓正社

渡邉和美（1994）．犯罪者プロファイリングの現状と今後の課題（下）　警察学論集，57, 137-151．

渡邉和美・池上聖次郎・小林　敦（2006）．犯罪者プロファイリング総説　渡邉和美・高村　茂・桐生正幸（編）犯罪者プロファイリング入門（pp. 1-16）北大路書房

渡邉和美・田村雅幸（1998）．バラバラ殺人事件の被疑者──被害者関係　犯罪心理学研究，36（特別号），26-27．

渡邉和美・田村雅幸（1999）．13歳未満の少女を対象とした強姦事件の犯人像分析 I ──加害者の特徴と犯歴に関する分析　科学警察研究所報告防犯少年編，40, 67-81．

渡辺昭一（2004）．犯罪情報の戦略的活用　渡辺昭一（編）捜査心理学（pp. 192-201）北大路書房

渡辺昭一（2005）．犯罪者プロファイリング　角川書店

横井幸久（1998）．ストーキング事件の研究──事例収集とその分析　警察学論集，51(10), 146-165．

横井幸久（2000a）．強盗事件データの分析　犯罪心理学研究，38（特別号），34-35．

横井幸久（2000b）．捜査員から見たプロファイリング　田村雅幸（監）高村　茂・桐生正幸（編）プロファイリングとは何か（pp. 30-44）立花書房

財津　亘（2010）．ベイジアンネットワークによる連続放火犯の分析　犯罪心理学研究，47, 1-14．

財津　亘（2011）．犯罪者プロファイリングにおけるベイズ確率論の展開　多賀出版

財津　亘・渋谷友祐・長谷川直宏（2008）．犯罪者プロファイリングにおけるベイジアンネットワーク活用の有効性についての一考察──屋内強姦における犯人の職業に関する確率的推定　日本法科学技術学会誌，13, 83-92．

第19章

雨宮　護・島田貴仁（2013）．東京23区における住宅対象侵入窃盗犯の地理的分布の変化──2001年～2011年の11年間を対象に　都市計画論文集，48(1), 60-66．

Anselin, L. (1995). Local indicators of spatial Association-LISA. *Geographical Analysis*, 27(2), 93-115.

Anselin, L., Syabri I., &., Kho, Y. (2006). GeoDa: An introduction to spatial data analysis. *Geographical Analysis*, 38, 5-22.

Block, C. R. (1995). STAC Hot-Spot areas: A statistical tool for law enforcement decisions. In C. R. Block, M. Dabdoub & S. Fregly. (Eds.), *Crime Analysis through Computer Mapping* (pp. 15-32). Washington, DC: Police Executive Research Forum.

Brantingham, P. J., & Brantingham, P. L. (Eds.). (1981). *Environmental criminology*. Beverly Hills, CA: Sage.

Brantingham, P. L., & Brantingham, P. J. (1993). Environment, routine, and situations:Toward a pattern theory of crime. In R. V. Clarke & M. Felson (Eds.), *Routine activity and rational choice* (pp. 259-294). New Brunswick: Transaction Publishers.

Canter, D. (1994). *Criminal shadows*. London, UK: Harper Collins.

Canter, D. (2003). *Mapping murder: The secret of geographical profiling*. London, UK: Virgin Books.

Canter, D., & Gregory, A. (1994). Identifying the residential location of rapists. *Journal of the Forensic Science Society*, 34, 169-175.

Canter, D., & Larkin, P. (1993). The environmental range of serial rapists. *Journal of Environmental Psychology*, 13, 63-69.

Chainey, S., & Tompson, L. (2012). Engagement, empowerment and trasparency: Publishing crime statistics using online crime mapping. *Policing*, 6(3), 228-239.

Clarke, R. V., & Eck, J. E. (2003). *Become a problem solving crime analyst in 55 small steps*. London: Routledge

Cliff, A. D., & Ord, J. K. (1973). *Spatial autocorrelation*. Pion.

Eck, J. E., & Weisburd, D. L. (1996). *Crime and place*. New York: Criminal Justice Press.

Haginoya, S. (2014). Offender demographics and geographical characteristics by offender means of transportation in serial burglaries. *Psychology, crime & Law*, *20*(6), 515-534.

羽生和紀 (2005). 犯罪環境心理学　越智啓太（編）犯罪心理学（pp.30-52）朝倉書店

羽生和紀 (2006a). 連続放火の地理的プロファイリング──サークル仮説の妥当性の検討　犯罪心理学研究，*43*(2), 1-11.

羽生和紀 (2006b). 都市の認知・評価・行動──東京のイメージの研究　南 博文（編）環境心理学の新しい形（pp.84-212）誠信書房

原田 豊・島田貴仁 (2000). カーネル密度推定による犯罪集中地区の検出の試み　科学警察研究所報告防犯少年編，*40*, 30-41.

Harris, K. D. (1999). *Mapping crime: Principle and practice*. NCJ 178919: Crime Mapping Research Center.

Henry, V. E., & Bratton, W. J. (2002). *The COMPSTAT paradigm: Management accountability in policing, business, and the public sector*. New York: Looseleaf Law Publications.

Kind, S. S. (1987). Navigational ideas and the Yorkshire Ripper investigation. *Journal of Navigation*, *40*(3), 385-393.

Kocsis, R. N., & Irwin, H. J. (1997). An analysis of spatial patterns in serial rape, arson, and burglary: The utility of the circle theory of environmental range for psychological profiling. *Psychiatry, Psychology, and Law*, *4*(2), 195-206.

三本照美・深田直樹 (1999). 連続放火犯の居住地推定の試み──地理的重心モデルを用いた地理的プロファイリング　科学警察研究所報告防犯少年編，*40*(1), 23-36.

中谷友樹・谷村 晋・二瓶 直・堀越 洋 (2004). 保健医療のためのGIS　古今書院

Paulsen, D. (2006). Human versus machine: A comparison of the accuracy of geographic profiling methods. *Journal of Investigative psychology and offender profiling*, *3*, 77-89.

Rengert, G. F. (1992). The journey to crime. In D. J. Evans, D. T. Herbert & N. R. Fyfe (Eds.), *Crime, policing and place: essays in environmental criminology* (pp. 87-93). Routledge.

Rossmo, D. K. (2000). *Geographic profiling*. Boca Raton: CRC Press.

最高裁判所事務総局 (1958). 東京都における非行少年の生態学的研究──昭和31年度マッピング調査の分析　家庭裁判所資料，*58*, 223.

Shaw, C. R., & McKay, H. (1942). *Juvenile delinquency and urban areas*. Chicago: University Chicago Press.

Shaw, C. R., McKay, H. D., & Short, J. F. (1969). *Juvenile delinquency and urban areas: a study of rates of delinquency in relation to differential characteristics of local communities in American cities*. Chicago: University of Chicago Press.

Sherman, L. W. (1995). Hot spots of crime and criminal careers of places. In J. E. Eck & D. Weisburd (Eds.), *Crime and place: Crime prevention studies* (pp. 35-52). New York: Willow Tree Pr.

Sherman, L. W., Gartin, P. R., & Buerger, M. E. (1989). Hot Spots of Predatory Crime: Routine Activities and the Criminology of Place. *Criminology*, *27*, 27-55.

Shimada, T. (2004). Spatial diffusion of residential burglary in Tokyo: using exploratory spatial data analysis. *Behaviormetrika*, *31*, 169-181.

島田貴仁 (2004). 犯罪発生マップによる犯罪知識の提供　日本機械学会誌，*107*, 552-555.

島田貴仁 (2015). 警察官に対する犯罪情勢分析手法の研修の試み　科学警察研究所報告犯罪行動科学編，*46*, 24-34.

島田貴仁・鈴木 護・原田 豊 (2002). Moran'I 統計量による犯罪分布パターンの分析　GIS 理論と応用，*10*, 49-57.

Snook, B., Zito, M., Bennell., & Taylor, P. J. (2005). On the complexity and accuracy of geographic profiling strategies. *Journal of Quantative Criminology*, *21*(1), 1-26.

Spelman, W., & Eck, J. E. (1989). Sitting ducks, ravenous wolves and helping hands: new approaches to urban policing. *Public affairs comment*, *35*, 1-9.

田村雅幸・鈴木 護 (1997). 連続放火の犯人像分析 I──犯人居住地に関する円仮説の検討　科学警察研究所報告防犯少年編，*38*(1), 13-25.

谷村 晋 (2010). 地理空間データ分析　共立出版

読売新聞 (2011). すき家狙った強盗頻発──1人勤務中に被害集中（10月14日朝刊）

■ 第20章 ■

Ben-Shakhar, G. (2012). Current research and potential applications of the concealed information test: An overview. *Frontiers in Psychology*, *12*.

Ben-Shakhar, G., & Furedy, J. J. (1990). *Theories and applications in the detection of deception*. New York: Springer-Verlag.

Berntson, G. G., Bigger, J. T., Jr., Eckberg, D. L., Grossman, P., Kaufmann, P. G., Malik, M., Nagaraja, H. N., Porges, S. W., Saul, J. P., Stone, P. H., & van der Molen, M. W. (1997). Heart rate variability: Origins, methods, and interpretive caveats. *Psychophysiology*, *34*, 623-648.

Fowles, D. C., Christie, M. J., Edelberg, R., Grings, W. W., Lykken, D. T., & Venables, P. H. (1981). Publication recommendations for electrodermal measurements. *Psychophysiology*, *18*, 232–239.

平 伸二 (2005). 虚偽検出に対する心理学の貢献と課題 心理学評論, *48*, 384-399.

Hira, S., & Furumitsu, I. (2002). Polygraphic examinations in Japan: Application of the guilty knowledge test in forensic investigations. *International Journal of Police Science and Management*, *4*, 16-27.

廣田昭久・松田いづみ・小林一彦・高澤則美 (2005). 携帯型デジタルポリグラフ装置の開発. *10*, 37-44.

廣田昭久・小川時洋・松田いづみ (2009). 隠匿情報検査時に生じる自律神経系反応の生起機序モデル 生理心理学と精神生理学, *27*, 17-34.

廣田昭久・澤田幸展・田中豪一・長野祐一郎・松田いづみ・高澤則美 (2003). 新たな精神生理学的虚偽検出の指標——規準化脈波容積の適用可能性 生理心理学と精神生理学, *21*, 217-230.

Iacono, W. G., & Lykken, D. T. (1997). The validity of the lie detector: Two surveys of scientific opinion. *Journal of Applied Psychology*, *82*, 426-433.

今村義正 (2000). ポリグラフ検査の日本への導入 平 伸二・中山 誠・桐生正幸・足立浩平（編）ウソ発見——犯人と記憶のかけらを探して (pp. 60-69) 北大路書房

小林孝寛・吉本かおり・藤原修治 (2009). 実務ポリグラフ検査の実情 生理心理学と精神生理学, *27*, 5-15.

Krapohl, D. J. (2011). Limitations of the Concealed Information Test in criminal cases. In B. Verschuere, G. Ben-Shakhar & E. Meijer (Eds.), *Memory detection: Theory and application of the Concealed Information Test* (pp. 151-170). Cambridge, UK: Cambridge University Press.

倉持 隆 (2000). 科学捜査におけるウソ発見の始まり 平 伸二・中山 誠・桐生正幸・足立浩平（編）ウソ発見——犯人と記憶のかけらを探して (pp. 41-50) 北大路書房

黒原 彰・梅沢章男 (2009). ポリグラフ検査で出現する抑制性呼吸の発現機序 生理心理学と精神生理学, *27*, 35-44.

Lykken, D. T. (1959). The GSR in the detection of guilt. *Journal of Applied Psychology*, *43*, 385-388.

Matsuda, I., Nittono, H., & Allen, J. J. B. (2012). The current and future status of the concealed information test for field use. *Frontiers in Psychology*, *27*.

中山 誠 (2001). 犯行時の記憶評価のパラダイム——Guilty Knowledge Test 生理心理学と精神生理学, *19*, 45-52.

Nakayama, M. (2002). Practical use of the concealed information test for criminal investigation in Japan. In M. Kleiner (Ed.), *Handbook of polygraph testing* (pp. 49-86). San Diego: Academic press.

中山 誠 (2003). 生理指標を用いた虚偽検出の検討 北大路書房

National Research Council (2003). *The polygraph and lie detection*. Committee to Review the Scientific Evidence on the Polygraph. Washington, DC: The National Academic press.

小川時洋・松田いづみ (2013). 日本における隠匿情報検査——海外との比較 科学警察研究所報告, *62*, 1-10.

小川時洋・松田いづみ・常岡充子 (2013). 隠匿情報検査の妥当性——記憶検出技法としての正確性の実験的検証 日本法科学技術学会誌, *18*, 35-44.

小川時洋・松田いづみ・常岡充子 (2014). 隠匿情報検査の生理反応——フィールドデータの分析 日本心理学会第78回大会発表論文集, 537.

小川時洋・敦賀麻理子・小林孝寛・松田いづみ・廣田昭久・鈴木直人 (2007). 覚醒水準が隠匿情報検査時の生理反応に与える影響 心理学研究, *78*, 407-415.

Osugi, A. (2011). Daily application of the Concealed Information Test: Japan. In B. Verschuere, G. Ben-Shakhar & E. Meijer (Eds.), *Memory detection: Theory and application of the Concealed Information Test* (pp. 253-275). Cambridge, UK: Cambridge University Press.

Reid, J. E. (1947). A revised questioning technique in lie detection tests. *Journal of Criminal Law and Criminology*, *37*, 542-547.

澤田幸展 (1990). 血圧反応性——仮説群の構築とその評価 心理学評論, *33*, 209-238.

澤田幸展 (1997). 心臓血管系における自律神経調節機能の評価——批判的評論 心理学評論, *40*, 203-220.

澤田幸展 (1998). 血行力学的反応 藤澤 清・柿木昇治・山崎勝男（編）新生理心理学1巻 生理心理学の基礎 (pp. 172-195) 北大路書房

Sawada, Y., Tanaka, G., & Yamakoshi, K. (2001). Normalized pulse volume (NPV) derived photoplethysmographically as a more valid measure of the finger vascular tone. *International Journal of Psychophysiology*, *41*, 1-10.

清水 勇 (1992). ポリグラフ検査結果回答書の証拠能力 別冊判例タイムズ 警察実務判例解説取調べ・証拠篇, *12*, 73-75.

Society for Psychophysiological Research Ad Hoc Committee on Electrodermal Measures: Boucsein, W., Fowles, D. C., Grimnes, S., Ben-Shakhar, G., Roth, W. T., Dawson, M. E., & Filion, D. L. (2012). Publication recommendations for electrodermal measurements. *Psychophysiology*, *49*, 1017-1034.

高澤則美 (2009). ポリグラフ検査――日本における検査実務と研究の動向 生理心理学と精神生理学, *27*, 1-4.

田辺泰弘 (2009a). ポリグラフ検査について 研修, *734*, 61-74.

田辺泰弘 (2009b). ポリグラフ検査について 研修, *735*, 63-74.

Verschuere, B., & Ben-Shakhar, G. (2011). Theory of the concealed information test. In B. Verschuere, G. Ben-Shakhar & E. Meijer (Eds.), *Memory detection: Theory and application of the Concealed Information Test* (pp. 128-150). Cambridge, UK: Cambridge University Press.

Vrij, A. (2008). *Detecting lies and deceit: Pitfalls and opportunities* (2nd ed.). Chichester, UK: Jhon Wiley and Sons.（ヴレイ，A. 大幡直也・佐藤 拓・菊地史論（訳）(2016). 嘘と欺瞞の心理学――対人関係から犯罪捜査まで 虚偽検出に関する真実 福村出版）

山岡一信 (2000). 公判廷での証拠能力 平 伸二・中山 誠・桐生正幸・足立浩平（編） ウソ発見――犯人と記憶のかけらを探して（pp. 101-109）北大路書房

横井幸久・岡崎伊寿・桐生正幸・倉持 隆・大浜強志 (2001). 実務事例における Guilty knowledge Test の妥当性 犯罪心理学研究, *39*, 15-27.

財津 亘 (2014a). ポリグラフ検査に対する正しい理解の促進に向けて 立命館文學, *636*, 1144-1155.

財津 亘 (2014b). 実験 Concealed Information Test の外的妥当性について――メタ分析による実務と実験の比較, 皮膚電気活動を焦点に 日本法科学技術学会誌, *19*, 9-18.

第 21 章

Abe, N., Okuda, J., Suzuki, M., Sasaki, H., Matsuda, T., Mori, E., Tsukada, M., & Fujii, T. (2008). Neural correlation of true memory, false memory, and deception. *Cerebral Cortex*, *18*, 2811-2819.

Bechara, A., Damasio, A. R., Damasio H. & Anderson, S.W. (1994). Insensitivity to future consequences following damage to human prefrontal cortex. *Cognition*, *50*, 7-15.

Ben-Shakhar, G., & Elaad, E. (2002). The Guilty Knowledge Test (GKT) as an application of psychophysiology: Future prospects and obstacles. In M. Kleiner (Ed.), *Handbook of polygraph testing* (pp. 87-102). San Diego: Academic Press.

Ben-Shakhar, G., Furedy, J. J. (1990). *Theories and applications in the detection of deception : A psychophysiological and international perspective.* New York: Springer-Velag.

Bles, M., & Haynes, J. D. (2008). Detecting concealed information using brain-imaging technology. *Neurocase*, *14*, 82-92.

Boaz, T. L., Perry, N. W., Raney, G., Fischler, I. S., & Shuman, D. (1991). Detection of guilty knowledge with event-related potentials. *Journal of Applied Psychology*, *76*, 788-795.

Christ, S. E., Van Essen, D. C., Watson, J. M., Brubaker, L. E., & McDermott, K. B. (2009). The contributions of prefrontal cortex and executive control to deception: evidence from activation likelihood estimate meta-analyses. *Cerebral Cortex*, *19*, 1557-1566.

D'Esposito, M., Postle, B. R., & Rypma, B. (2000). Prefrontal cortical contributions to working memory: evidence from event-related fMRI studies. *Experimental Brain Research*, *133*, 3-11.

Duncan, J., & Owen, A. M. (2000). Common regions of human fontal robe recruited by diverse cognitive demands. *Trends in Neuroscience*, *23*, 475-483.

Eickhoff, S. B., Laird, A. R., Grefkes, C., Wang, L. E., Zilles, K., & Fox, P. T. (2009). Coordinate-based activation likelihood estimation meta-analysis of neuroimaging data: A random-effects approach based on empirical estimates of spatial uncertainty. *Human brain mapping*, *30*, 2907-2926.

Elaad, E. (1998). The challenge of the concealed knowledge polygraph test. *Expert Evidence*, *6*, 161-187.

Farwell, L. A., & Donchin, E. (1991). The truth will out: Interrogative polygraphy ("lie detection") with event-related brain potentials. *Psychophysiology*, *28*, 531-547.

Furedy, J. J., Gigliotti, F., & Ben-Shakhar, G. (1994). Electrodermal differentiation of deception: the effect of choice versus no choice of deceptive items. *International Journal of Psychophysiology*, *18*, 13-22.

Gamer, M. (2011). Detecting of deception and concealed information using neuroimaging techniques. In B. Verschuere, G. Bem-Shakhar, & E. Meijer (Ed.), *Memory detection: Theory and application of the Concealed Information Test.* (pp. 90-103). New York: Cambridge University Press.

Gamer, M., Bauermann, T., Stoeter, P., & Vossel, G. (2007). Covariations among fMRI, skin conductance, and behavioral data during processing of concealed information. *Human brain mapping*, *28*, 1287-1301.

Ganis, G., Rosenfeld, J. P., Meixner, J., Kievit, R. A., & Schendan, H. E. (2011). Lying in the scanner: covert countermeasures disrupt deception detection by functional magnetic resonance imaging. *Neuroimage*, *55*, 312-319.

Gödert, H. W., Rill, H. G., & Vossel, G. (2001). Psychophysiological differentiation of deception: The effect of electrodermal lability and mode of responding on skin conductance and heart rate. *International Journal of Psychophysiology*, *40*, 61-75.

濱本有希・平 伸二・大平英樹 (2010). P300 を指標とした GKT に対するカウンタメジャーの効果——身体的カウンタメジャーと心理的カウンタメジャー 人間環境学研究, *8*, 33-38.

Haynes, J. D., & Rees, G. (2006). Decoding mental states from brain activity in humans. *Nature Reviews Neuroscience*, *7*, 523-534.

Hira, S. (2003). The P300-based guilty knowledge test: Does it stand the test of time? *Psychophysiology*, *40*(Supplement 1), 10-11.

平 伸二 (2005). 虚偽検出に対する心理学の貢献と課題 心理学評論, *48*, 384-399.

平 伸二 (2009). 脳機能研究による concealed information test の動向 生理心理学と精神生理学, *27*, 57-70.

平 伸二・古満伊里 (2006). P300 による虚偽検出は長期間経過後でも可能か？ 総合人間科学, *6*, 71-78.

平 伸二・濱本有希・古満伊里 (2014). 新たな多重プローブ法を用いた P300 による隠匿情報検査における脳波加算回数の検討 福山大学人間文化学部紀要, *14*, 99-106.

平 伸二・松田 俊 (1998). 画像刺激の系列提示による虚偽検出課題における随伴陰性変動（CNV）心理学研究, *69*, 149-155.

平 伸二・中田美喜子・松田 俊・柿木昇治 (1989). 事象関連電位（P3 及び CNV）を指標とした虚偽検出 生理心理学と精神生理学, *7*, 11-17.

平 伸二・中山 誠・桐生正幸・足立浩平（編）(2000). ウソ発見——犯人と記憶のかけらを探して 北大路書房

平 伸二・皿谷陽子・三阪梨紗 (2012). P300 を指標とした虚偽検出の刺激呈示法の検討——視覚刺激と聴覚刺激の同時呈示法 福山大学人間文化学部紀要, *12*, 59-67.

平 伸二・山下勇樹・皿谷陽子・濱本有希・古満伊里 (2016). 同比率課題を用いた P300 による隠匿情報検査における視覚・聴覚同時呈示法の検討 福山大学人間文化学部紀要, *16*, 99-107.

細川豊治・風井浩志・八木昭宏・片寄晴弘 (2008). 虚偽検出場面における新たなる計測手法——機能的近赤外分光法を指標として ヒューマンインターフェイス学会論文誌, *10*, 11-18.

Katayama, J., Miyata, Y., & Yagi, A. (1987). Sentence verification and event-related brain potentials. *Biological Psychology*, *25*, 173-185.

Konishi, S., Wheeler, M. E., Donaldson, D. I., & Buckner, R. L. (2000). Neural correlates of episodic retrieval success. *Neuroimage*, *12*, 276-286.

Kozel, F. A., Jhonson, K. A., Mu, Q., Grenesko, E. L., Laken, S. J., & George, M. S. (2005). Detecting deception using functional magnetic resonance imaging. *Biological Psychiatry*, *58*, 605-613.

Kozel, F. A., Jhonson, K. A., Laken, S. J., Grenesko, E. L., Smith, J. A., Walker, J., & George, M. S. (2009a). Can simultaneously acquired electrodermal activity improve accuracy of fMRI detection of deception? *Social Neuroscience*, *4*, 510-517.

Kozel, F. A., Laken, S. J., Jhonson, K. A., Boren, B., Mapes, K. S., Morgan, P. S., & George, M. S. (2009b). Replication of functional MRI detection of deception. *Open Forensic Science Journal*, *2*, 6-11.

久保賢太・入戸野 宏・宮谷真人 (2007). 有罪知識質問法における P300 振幅の規定因 生理心理学と精神生理学, *25*, 267-275.

Kutas, M., & Hillyard, S. A. (1980). Reading senseless sentences: Brain potentials reflect semantic incongruity. *Science*, *207*, 203-205.

Labkovsky, E. B., & Rosenfeld, J. P. (2009). P300-based protocol with acoustic stimuli for detection of concealed information. *Psychophysiology*, *46* (Supplement), 131.

Langleben, D. D., Loughead, J. W., Bilker, W. B., Ruparel, K., Childress, A. R., Busch, S. I., & Gur, R. C. (2005). Telling truth from lie in individual subjects with fast event-related fMRI. *Human Brain Mapping*, *26*, 262-272.

Langleben, D. D., Schroeder, L., Maldjiman, J. A., Gur, R. C., McDonald, S., Ragland, J. D., O'Brein, C. P., & Childress, A. R. (2002). Brain activity during simulated deception: an event-related functional magnetic resonance study. *Neuroimage*, *15*, 727-732.

Lykken, D. T. (1974). Psychology and the lie detector industry. *American Psychologist*, *29*, 725-739.

Lykken, D. T. (1998). *A tremor in the blood: Uses and abuses of the lie detector*. New York: Plenum Trade.

松田 俊・平 伸二・中田美喜子・柿木昇治 (1990). 事象関連電位に対する自己名の影響——事象関連電位（P3 及び CNV）を指標とした虚偽検出（2）生理心理学と精神生理学, *8*, 9-18.

Matsuda, I., Nittono, H., & Ogawa, T. (2011). Event-related potentials increase the discrimination performance of the autonomic-based concealed information test. *Psychophysiology*, *48*, 1701-1710.

Mertens, R., & Allen, J. J. B. (2008). The role of psychophysiology in forensic assessments: Deception detection, ERPs, and virtual reality mock crime scenarios. *Psychophysiology*, *45*, 286-298.

Misaka, R., Hira, S., & Furumitsu, I. (2009). Comparison of auditory and visual stimulus presentation during the P300-based concealed information test. *Psychophysiology*, *46*(Supplement), 131.

Miyake, Y., Mizutani, M., & Yamamura, T. (1993). Event-related potentials as an indicator of detecting information in field polygraph examinations. *Polygraph*, *22*, 131-149.

三宅洋一・沖田庸嵩・小西賢三・松永一郎(1986). 虚偽検出指標としての事象関連脳電位 科学警察研究所報告, *39*, 132-138.

三宅洋一・沖田庸嵩・小西賢三(1987). 虚偽検出指標としての事象関連脳電位における刺激の自我関与度の効果 科学警察研究所報告, *40*, 90-94.

音成龍司・黒田康夫・柿木隆介・藤山文乃・鎗田勝(1991). 視覚刺激による課題非関連性事象関連電位——電子スチル写真を用いた新しい刺激法の提案 脳波と筋電図, *19*, 25-31.

入戸野 宏(2005). 心理学のための事象関連電位ガイドブック 北大路書房

Nose, I., Murai, J., & Taira, M. (2009). Disclosing concealed information on the basis of cortical activations. *Neuroimage*, *44*, 1380-1386.

Nunez, J. M., Casey, B. J., Egner, T., Hare, T., & Hirsch, J. (2005). Intentional false responding shares neural substrates with response conflict and cognitive control. *Neuroimage*, *25*, 267-277.

Nyberg, L., Marklund, P., Persson, J., Cabeza, R., Forkstam, C., Petersson, K. M., & Ingvar, M. (2003). Common prefrontal activations during working memory, episodic memory, and semantic memory. *Neuropsychologia*, *41*, 371-377.

Obermann, C. E. (1939). The effect on the Berger rhythm of mild affective states. *Journal of Abnormal Psychology*, *34*, 84-95.

沖田庸嵩(1989). 事象関連電位と認知情報処理——選択的注意の問題を中心として 心理学研究, *60*, 320-335.

大西一雄・多田敏行・田中靖三(1963). 脳波によるうそ発見についての基礎的研究 科学警察研究所報告, *20*, 42-45.

Ranganath, C., Johnson, M. K., & D'Esposito, M. (2003). Prefrontal activity associated with working memory and episodic long-term memory. *Neuropsychologia*, *41*, 378-389.

Rosenfeld, J. P., Angell, A., Johnson, M., & Qian, J. (1991). An ERP-based, control-question lie detector analog: Algorithms for discriminating effects within individuals' average waveforms. *Psychophysiology*, *28*, 319-335.

Rosenfeld, J. P., Labkovsky, E., Winograd, M., Lui, M. A., Vandenboom, C., & Chedid, E. (2008). The complex trial protocol (CTP): A new, countermeasure-resistant, accurate, P300-based method for detection of concealed information. *Psychophysiology*, *45*, 906-919.

Rosenfeld, J. P., Matthew, S., Gregory, B., & Andrew, R. (2004). Simple, effective countermeasures to P300-based tests of detection of concealed information. *Psychophysiology*, *41*, 205-219.

Rosenfeld, J. P., Nasman, V. T., Whalen, R., Cantwell, B., & Mazzeri, L. (1987). Late vertex positivity in event-related potentials as a guilty knowledge indicator: A new method of lie detection. *International Journal of Neuroscience*, *34*, 125-129.

Rosenfeld, J. P., Ward, A., Frigo, V., Drapekin, J., & Labkovsky, E. B. (2015). Evidence suggesting superiority of visual (verbal) vs. auditory test presentation modality in the P300-based, Complex Trial Protocol for concealed autobiographical memory detection. *International Journal of Psychophysiology*, *96*, 16-22.

Roy, C. S., & Sherrington, C. S. (1890). On the regulation of the blood-supply of the brain. *The Journal of Physiology*, *1*, 85-108.

Sai, L., Zhou, X., Ding, X. P., Fu, G., & Sang, B. (2014). Detecting Concealed Information Using Functional Near-Infrared Spectroscopy. *Brain topography*, *27*, 652-662.

佐々木(2002). 心理的カウンタメジャーがP3を指標に用いたGKTに及ぼす影響 生理心理学と精神生理学, *20*, 39-47.

佐々木 実・平 伸二・松田 俊(2001). 事象関連電位を用いた虚偽検出における心理的カウンタメジャーの効果 心理学研究, *72*, 322-328.

Sip, K. E., Roepstorff, A., McGregor, W., & Frith, C. D. (2008). Detecting deception: the scope and limits. *Trends in cognitive sciences*, *12*, 48-53.

Spence, S. A. (2008). Playing Devil's advocate: the case against fMRI lie detection. *Legal and criminological psychology*, *13*, 11-25.

Spence, S. A., Farrow, T. F., Herford, A. E., Wilkinson, I. D., Zheng, Y., & Woodruff, P. W. (2001). Behavioural and functional anatomical correlates of deception in humans. *Neuroreport*, *12*, 2849-2853.

Sutton, S., Braren, M., Zubin, J., & John, E. R. (1965). Evoked potential correlates of stimulus uncertainty. *Science*, *150*, 1187-1188.

Tian, F., Sharma, V., Kozel, F. A., & Liu, H. (2009). Functional near-infrared spectroscopy to investigate hemodynamic responses to deception in the prefrontal cortex. *Brain research*, *1303*, 120-130.

Tsuzuki, D., Jurcak, V., Singh, A. K., Okamoto, M., Watanabe, E., & Dan, I. (2007). Virtual spatial registration of stand-alone fNIRS data to MNI space. *Neuroimage*, *34*(4), 1506-1518.

Turkeltaub, P. E., Eden, G. F., Jones, K. M., & Zeffiro, T. A. (2002). Meta-analysis of the functional neuroanatomy of single-word reading: method and validation. *Neuroimage*, *16*, 765-780.

■ 第22章

麻生 幾 (2002). 封印されていた文書――昭和・平成 裏面史の光芒 part1　新潮社

Bekerian, D. A., & Bowers, J. M. (1983). Eyewitness testimony: Were we misled? *Journal of Experimental Psychology: Learning, Memory, and Cognition*, *9*, 139-145.

Bruce, V. (1998). Identifying people caught on video. *Psychologist*, *11*(7), 331-338.

Burke, A., Heuer, F., & Reisberg, D. (1992). Remembering emotional events. *Memory & cognition*, *20*(3), 277-290.

Christianson, S. Å. (1992). Emotional stress and eyewitness memory: a critical review. *Psychological bulletin*, *112*(2), 284-309.

Davies, G., & Thasen, S. (2000). Closed circuit television: How effective an identification aid? *British Journal of Psychology*, *91*(3), 411-426.

Deffenbacher, K. A., Bornstein, B. H., McGorty, E. K., & Penrod, S. D. (2008). Forgetting the once-seen face: estimating the strength of an eyewitness's memory representation. *Journal of Experimental Psychology: Applied*, *14*(2), 139-150.

Dobson, M., & Markham, R. (1993). Imagery ability and source monitoring: Implications for eyewitness memory. *British Journal of Psychology*, *84*(1), 111-118.

Fawcett, J. M., Russell, E. J., Peace, K. A., & Christie, J. (2013). Of guns and geese: A meta-analytic review of the 'weapon focus' literature. *Psychology, Crime & Law*, *19*, 35–66.

Fisher, R.P., & Geiselman, R. E. (1992). *Memory-Enhancing techniques for Invesgative Interviewing: the cognitive interview*. Springfield, IL: Charles C. Thomas Publisher.（フィッシャー，R. P.・ガイゼルマン，R. E.　宮田洋・高村茂・横田賀英子・横井幸久・渡邉和美（訳）（2012）．認知面接――目撃者の記憶想起を促す心理学的テクニック　関西学院大学出版会）

後藤啓二 (2009). 日本の治安　新潮社

Garry, M., Rader, M., & Loftus, E. F. (2001). Classic and contemporary studies on the impact of misleading information.（ゲリー，M.・レイダー，M.・ロフタス，E. F.　厳島行雄・仲 真紀子（訳）出来事の記憶と誘導尋問――事後情報効果　渡辺保夫（監修）一瀬敬一郎・厳島行雄・仲 真紀子・浜田寿美男（編著）目撃証言の研究――法と心理学の架け橋をもとめて（pp. 185-200）北大路書房

Geiselman, R. E., Fisher, R. P., Cohen, G., & Holland, H. (1986). Eyewitness responses to leading and misleading questions under the cognitive interview. *Journal of Police Science & Administration*, *14*, 31-39.

Grossman, D. & Christensen, L. W. (2004). *On combat: The psychology and physiology of deadly conflict in war and in pease*. New York: International, Armonk.（グロスマン，D.・クリステンセン，L. W.　安原和見（訳）(2008).「戦争」の心理学　二見書房）

Harada, Y., Hakoda, Y., Kuroki, D., & Mitsudo, H. (2015). The Presence of a weapon shrinks the functional field of view. *Applied Cognitive Psychology*, *29*(4), 592-599.

Hayes, B. K., & Delamothe, K. (1997). Cognitive interviewing procedures and suggestibility in children's recall. *Journal of Applied Psychology*, *82*(4), 562-577.

Horswell, J., & Fowler, C. (2004). Associative evidence–the Locard exchange principle. In Horswell, J. (Ed.), *The practice of crime scene investigation*, (pp. 45-56). Boca Raton, Fla.: CRC Press.

Hyman, I. E., & Pentland, J. (1996). The role of mental imagery in the creation of false childhood memories. *Journal of Memory and Language*, *35*(2), 101-117.

厳島行雄．(1996). 誤情報効果研究の展望――Loftus paradigm 以降の発展　認知科学，*3*(1), 5-18.

岩間晴之・村松大吾・槇原靖・八木康史 (2013). 犯罪捜査支援のための歩容に基づく人物鑑定システム――情報処理学会研究報告コンピュータビジョンとイメージメディア　情報処理学会，1-10.

Johnson, M. K. (1997). Source monitoring and memory distortion. *Philosophical Transactions of the Royal Society B: Biological Sciences*, *352*(1362), 1733-1745.

Johnson, M. K., Hashtroudi, S., & Lindsay, D. S. (1993). Source monitoring. *Psychological bulletin*, *114*(1), 3-28.

警察庁 (2014). 平成 26 年　警察白書

近藤倫明・箱田裕司 (2004). 目撃者の視力が顔識別に及ぼす影響　法と心理，*3*(1), 81-87.

黒崎久仁彦・岡田雄一・遠藤邦彦・前田 巌 (2013). 科学的証拠とこれを用いた裁判の在り方　司法研究報告書　*64*(2).

Lee, Y. S., & Chen, K. N. (2013). Post-event information presented in a question form eliminates the misinformation effect. *British Journal of Psychology*, *104*(1), 119-129.

Loftus, E. F. (1979). *Eyewitness testimony*. Cambridge, MA: HarvardUniversity Press.（ロフタス，E. F. 西本武彦（訳）(1987). 目撃者の証言　誠信書房）

Loftus, E. F.・仲 真紀子（訳）(1997). 偽りの記憶をつくるあなたの思い出は本物か　日経サイエンス, 27(12), 18-25.

Loftus, E. F., & Loftus, G. R. (1980). On the permanence of stored information in the human brain. *American Psychologist*, 35(5), 409-420.

Loftus, E. F., Loftus, G. R., & Messo, J. (1987). Some facts about "weapon focus". *Law and Human Behavior*, 11(1), 55-62.

Loftus, E. F., Miller, D. G., & Burns, H. J. (1978). Semantic integration of verbal information into a visual memory. *Journal of experimental psychology: Human learning and memory*, 4(1), 19-31.

Loftus, E. F., & Palmer, J. C. (1974). Reconstruction of automobile destruction: An example of the interaction between language and memory. *Journal of verbal learning and verbal behavior*, 13(5), 585-589.

Loftus, E. F., Wolchover, D., & Page, D. (2006). General review of the psychology of witness testimony. In A. Heaton-Armstrong, E. Shepherd, G. Gudjonsson & D. Wolchover (Eds.), *Witness testimony: psychological, investigative and evidential perspectives* (pp. 7-22). Oxford University Press.

Memon, A., Holley, A., Wark, L., Bull, R., & Koehnken, G. (1996). Reducing suggestibility in child witness interviews. *Applied Cognitive Psychology*, 10, 503-518.

仲 真紀子 (1998). 目撃証言の信頼性に関わる要因——シミュレーション実験によるアプローチ　実験室を飛び出す心理学, 1997年度第1回フォーラム　基礎心理学研究, 16(2), 100-106.

Naka, M., Itsukushima, Y., Itoh, Y., & Hara, S. (2002). Effect of repeated photographic identification and time delay on the accuracy of the final photographic identification and the rating of memory. *The International Journal of Police Science and Management. & Mgmt.*, 4(1), 53-61.

越智啓太 (2014). つくられる偽りの記憶——あなたの思い出は本物か？　化学同人

大上 渉 (2013). 科学捜査における心理鑑定の役割　藤田政博（編）　法と心理学 (pp. 62-63)　法律文化社

大上 渉・箱田裕司・大沼夏子 (2006). 凶器の視覚的特徴が目撃者の認知に及ぼす影響　心理学研究, 77(5), 443-451.

大上 渉・箱田裕司・大沼夏子・守口伸一 (2001). 不快な情動が目撃者の有効視野に及ぼす影響　心理学研究, 72, 361-36.

大沼夏子・箱田裕司・大上 渉 (1999). 目撃記憶の事後情報効果に対する「反対の論理」の影響　応用心理学研究, 25, 1-9.

大沼夏子・箱田裕司・大上 渉 (2002). 目撃した出来事の情動性は情報源モニタリング能力にいかに影響するか　心理学研究, 73(5), 391-398.

Perfect, T. J., Wagstaff, G. F., Moore, D., Andrews, B., Cleveland, V., & Newcombe, S., et al. (2008). How can we help witnesses to remember more? It's an (eyes) open and shut case. Law and Human Behavior, 32, 314–324.

Pezdek, K., Finger, K., & Hodge, D. (1997). Planting false childhood memories: The role of event plausibility. Psychological Science, 8, 437-441.

Pickel, K. L. (1998). Unusualness and threat as possible causes of "weapon focus". Memory, 6, 277-295.

Pickel, K. L. (1999). The influence of context on the "weapon focus" effect. Law and Human Behavior, 23, 299-311.

Pickel, K. L., Ross, S. J., & Truelove, R. S. (2006). Do weapons automatically capture attention? Applied Cognitive Psychology, 20, 871-893.

Sauer, J., Brewer, N., Zweck, T., & Weber, N. (2010). The effect of retention interval on the confidence-accuracy relationship for eyewitness identification. *Law and human behavior*, 34(4), 337-347

Schacter, D. L. (1999). The seven sins of memory. *American Psychologist*, 54, 182-203.

Scoboria, A., Mazzoni, G., Kirsch, I., & Milling, L. S. (2002). Immediate and persisting effects of misleading questions and hypnosis on memory reports. *Journal of Experimental Psychology: Applied*, 8(1), 26.

篠森敬三 (2007). 光の強さ　内川惠二（総編集）　篠森敬三（編）　視覚I——視覚系の構造と初期機能 (pp. 86-113)　朝倉書店

高橋雅延 (2002). 偽りの記憶と協同想起　井上 毅・佐藤浩一（編）　日常認知の心理学 (pp. 107-125)　北大路書房

内山朋美・光藤宏行 (2015). 目を閉じると昔の何を思い出す？——閉眼効果における記銘情報の呈示モダリティと系列位置の影響　日本心理学会第79回大会発表論文集, 795.

上野 厚 (2000). 都市型放火犯罪——放火犯罪心理分析入門　立花書房

Valentine, T. (2012). Identification evidence. In G. M. Davies & A. R. Beech (Eds.), *Forensic psychology: Crime, justice, law, interventions*. John Wiley & Sons.

Vredeveldt, A., Hitch, G. J., & Baddeley, A. D. (2011). Eye-closure helps memory by reducing cognitive load and enhancing visualisation. *Memory & cognition*, 39(7), 1253-1263.

Wagenaar, W. A., & Van der Schrier, J. H. (1996). Face recognition as a function of distance and illumination: a practical tool for use in the courtroom.

Psychology Crime & Law, 2, 321-332.
Wade, K. A., Garry, M., Read, J. D., & Lindsay, D. S. (2002). A picture is worth a thousand lies: Using false photographs to create false childhood memories. *Psychonomic Bulletin & Review*, 9(3), 597-603.
渡辺昭一 (2004). 目撃証言の心理　渡辺昭一（編）捜査心理学 (pp. 8-19) 北大路書房
Yarmey, A. D. (1986). Verbal, visual, and voice identification of a rape suspectunder different levels of illumination. *Journal of Applied Psychology*, 71, 363-370.
横田賀英子 (2004). 目撃証言の心理　高取健彦（編）捜査のための法科学　第一部（法生物学・法心理学・文書鑑識）(pp. 227-230) 令文社

■ 第23章 ■

Aizpurua, A., Garcia-Bajos, E., & Migueles, M. (2009). False memories for a robbery in young and older adults. *Applied Cognitive Psychology*, 23(2), 174-187.
Aldridge, M., & Wood, J. (1998). *Interviewing children : a guide for child care and forensic practitioners.* Baffins Lane, Chichester: John Wiley & Sons.（アルドリッジ，M.・ウッド，J.　仲真紀子（編訳）(2004). 子どもの面接法──司法における子どものケア・ガイド　北大路書房）
Bartlett, J. C. (1993). Limits on losses in face recognition. In J. Cerella, J. Rybash, W. Hoyer & M. C. Commons (Eds.), *Adult information processing: Limits on loss* (pp. 351-379). New York: Academic Press.
Bartlett, J. C., & Fulton, A. (1991). Familiarity and recognition of faces in old age. *Memory and Cognition*, 19, 229-238.
Bartlett, J. C., & Leslie, J. E. (1986). Aging and memory for faces versus single views of faces. *Memory and Cognition*, 14, 371-381.
Bartlett, J. C., Leslie, J. E., Tubbs, A., & Fulton, A. (1989). Aging and memory for faces versus sigle views of faces. *Psychology and Aging*, 4, 276-283.
Beal, C. R., Schmitt, K. L., & Dekle, D. J. (1995). Eyewitness identification of children. *Law and Human Behavior*, 19, 197-216.
Bornstein, B. H. (1995). Memory processes in elderly eyewitnesses: What we know and what we don't Know. *Behavor Sciences and the Law*, 13, 337-348.
Bornstein, B. H., Witt, C. J., Cherry, K. E., & Greene, E. (2000). The suggestibility of older witnesses. In M. B. Rothman, B. D. Dunlop & P. Entzel (Eds.), *Elders, crime, and the 21st century* (pp. 149-161). New York: Springer.
Brimacombe, C. A. E., Quinton, N., Nance, N., & Garrioch, L. (1997). Is age irrelevant? perceptions of young and adult eyewitnesses. *Law and Human Behavior*, 21, 619-634.
Bruck (2009). Human Figure drawings and children's recall of touching. *Journal of Experimental Psyhoclogy: Applied*, 15, 361-374.
Bruck, M., & Ceci, S. J. (1995). Amicus brief for the case of State of New Jersey v. Michaels presented by Committee of Concerned Social Scientists. *Psychology, Public Policy, and Law*, 1, 272-322.
Bruck, M., Ceci, S. J., & Hembrooke, H. (2002). The nature of children's true and false narratives. *Developmental Review*, 22, 520-554.
Cederborg, A-C., Gumpert, C. H. Abbad, G. L. (2009). *Att intervjua barn : med intellektuella och neuropsykiatriska funktionshinder*. HÄFTAD. （セーデルボリ，A-C.・グンベルト，C. H.・アバド，G. L. 仲真紀子・山本恒雄（監訳）リンデル佐藤良子（訳）(2014). 知的障害・発達障害のある子ども面接ハンドブック──犯罪・虐待被害が疑われる子どもから話を聞く技術　明石書店）
Cohen, G., & Faulkner, D. (1989). Age differences in source forgetting: Effects on reality monitering and on eyewitness testimony. *Psychology and Aging*, 4, 10-17.
Coxon, P., & Valentine, T. (1997). The effects of the age of eyewitnesses on the accuracy and suggestibility of their testimony. *Applied Cognitive Psychology*, 11(5), 415-430.
Deffenbacher, K. A., Bornstein, B. H., & Penrod, S. D. (2006). Mugshot exposure effects: retroactive interference, mugshot commitment, source confusion, and unconscious transference. *Law and Human Behavior*, 30, 287-307.
Dodson, C. S., & Krueger, L. E. (2006). I misremember it well: Why older adults are unreliable eyewitnesses. *Psychonomic Bulletin & Review*, 13(5), 770-775.
Dukala, K., & Polczyk, R. (2013). Age and interviewer behavior as predictors of interrogative suggestibility. *The Journals of Gerontology Series B: Psychological Sciences and Social Sciences*, 69, 348-355.
Ferris, S. H., Crook, C., Clark, E., McCarthy, M., & Raye, C. (1980). Facial recognition deficits in normal aging and dementia. *Jounral of Gerontology*, 5, 707-714.
Fisher, R.P., & Geiselman, R. E. (1992). *Memory-Enhancing techniques for Invesgative Interviewing: the cognitive interview*. Springfield, IL: Charles C. Thomas Publisher.（フィッシャー，R. P.・ガイゼルマン，R. E.　宮田 洋・高村 茂・横田賀英子・横井幸久・渡邉和美（訳）(2012). 認知面接──目撃者の記憶想起を促す心理学的テクニック　関西学院大

学出版会）

Fivush, R., & Haden, C. A. (1997). Narrating and representing experience: Preschoolers' developmental autobiographical accounts. In P. W. van den Broek, P. J. Bauer & T. Bourg (Eds.), *Developmental spans in event comprehension and representation: Bridging fictional and actual events* (pp. 169-198). New Jersey: Lawrence Erlbaum Associates, Publishers.

Fulcher, G. (2004). Litigation-induced Trauma Sensitisation (LITS) : A potential negative outcome of the process of litigation. *Psychiatry, Psychology and Law, 11*, 79-86.

García-Bajos, E., Migueles, M., & Aizpurua, A. (2012). Bias of Script-Driven Processing on Eyewitness Memory in Young and Older Adults. *Applied Cognitive Psychology, 26*(5), 737-745.

Great Britain. Home Office, Great Britain. Department of Health, (1992). *A memorandum of good practice on video recorded interviews with child witnesses for criminal proceedings*. London, UK.: HMSO/Great Britain. Department of Health. （英国内務省・英国保健省（編）仲 真紀子・田中周子（訳）(2007). 子どもの司法面接——ビデオ録画面接のためのガイドライン　誠信書房）

Gross, J., & Hayne, H. (1996). Eyewitness identification by 5-to 6-year-old children. *Law and Human Behavior, 20*, 359-373.

Gudjonsson, G. H. (1984). A new scale of interrogative suggestibility. *Personality and Individual Differences, 5*, 303-314.

Hashtroudi, S., Johnson, M. K. & Chrosniak, L. D. (1989). Aging and source monitering. *Psychology and Aging, 4*, 106-112.

Havard, C., & Memon, A. (2009). The influence of face age on identification from a video line-up: A comparison between older and younger adults. *Memory, 17*(8), 847-859.

Henkel, L. A. (2013). Do older adults change their eyewitness reports when re-questioned? *The Journals of Gerontology Series B: Psychological Sciences and Social Sciences, 69*, 356-365.

Henkel, L. A., Johnson, M. K., & DeLeonardis, D. M. (1998). Aging and source monitering. *Journal of Experimental Psychology: General , 127*, 251-268.

Hershkowitz, I., Orbach, Y., Lamb, M. E., Sternberg, K. J., & Horowitz, D. (2006). Dynamics of forensic interviews with suspected abuse victims who do not disclose abuse. *Child Abuse & Neglect, 30*, 753-760.

法と心理学会(2005). 目撃供述・識別手続に関するガイドライン　現代人文社

伊藤かほり・武井 晃 (2008). 性的虐待を受けた女子10例の臨床的検討　児童青年精神医学とその近接領域, *49*(1), 14-24.

警察庁 (2011). 被害児童からの客観的聴取に関する留意点

警察庁 (2012). 取調べ（基礎編）www.npa.go.jp/sousa/kikaku/20121213/shiryou.pdf（2014年10月3日）

警察庁 (2014). 児童虐待及び福祉犯の検挙状況等（平成25年1～12月） https://www.npa.go.jp/safetylife/syonen/jidougyakutai_fukushihan_kenkyoH25.pdf（2014年10月3日）

Koriat, A., Ben-Zur, H., & Sheffer, D. (1988). Telling the same story twicw. output monitering and age. *Journal of Memory and Language, 27*, 23-39.

Kwong, S. S. T., Hoffman, H. G., & Wood, T. L. (2001). Perceptions of old female eyewitness: is the older eyewitness believable? *Psychology and Aging, 16*, 346-350.

Lamb, M. E., & Fauchier, A. (2001). The effects of question type on self-contradictions by children in the course of forensic interviews. *Applied Cognitive Psychology, 15*, 483-491.

Lamb, E., M., Hershkowitz, I., Orbach, Y., & Esplin, P. W. (2008). *Tell me what happened: Structured investigative interviews of child victims and witnesses*. Chichester: Wiley & Sons.

Lamb, M. E., Orbach, Y., Hershkowitz, I., Esplin, P. W., & Horowitz, D. (2007). A structured forensic interview protocol improves the quality and informativeness of investigative interviews with children: A review of research using the NICHD Investigative Interview Protocol. *Child Abuse & Neglect, 31*, 1201-1231.

Lamb, M. E., Orbach, Y., Hershkowitz, I., Horowitz, D., & Abbott, C. B. (2007). Does the type of prompt affect the accuracy of information provided by alleged victims of abuse in forensic interviews? *Applied Cognitive Psychology, 21*, 1117-1130.

Leippe, M. R., & Romanczyk, A. (1987). Children on the witness stand: A communication/persuasion analysis of jurors' reactions to child witnesses. In S. J. Ceci, M. P. Toglia & D. F. Ross (Eds.), *Children's eyewitness memory* (pp. 155-177). Springer US.

List, J. A. (1986). Age and schematic differences in the reliability of eyewitness testimony. *Developmental Psychology, 22*, 50-57.

Loftus, E. F., Levidow, B., & Duensing, S. (1992). Who remembers best? Individual differences in memory for events that occurred in a science museum. *Applied Cognitive Psychology, 6*(2), 93-107.

Loftus, E. F., & Ketcham, K. (1994). *The myth of repressed memory : false memories and allegations of sexual abuse*. NY: St. Martin's Press. （ロフタス, E. F.・ケッチャム, K. 仲 真紀子（訳）(2000). 抑圧された記憶の神話——偽りの性的虐待をめぐっ

菊野春雄 (1993). 子どもの視覚記憶に及ぼす言語的質問の効果　教育心理学研究, *41*, 99-105.

Marche, T. A., Jordan, J. J., & Owre, K. P. (2002). Younger adults can be more suggestible than older adults: The influence of learning differences on misinformation reporting. *Canadian Journal on Aging/La Revue canadienne du vieillissement*, *21*(01), 85-93.

McMahon, M. (2000). The effect of the enhanced cognitive interview on recall and confidence in elderly adults. *Psychiatry, Psychology and Law*, *7*, 9-32.

Mello, E. M., & Fisher, R. P. (1996). Enhancing older adult eyewitness memory with the Cognitive Interview. *Applied Cognitive Psychology*, *10*, 403-417.

Memon, A., Bartlett, J., Rose, R, & Gray, C. (2003). The Aging Eyewitness: Effects of age on face, delay, and source-memory ability. *Journal of Gerontology: Series B*, *58B*, 338-345.

Memon, A., & Rose, R. (2002). Identification abilities of children: Does a verbal description hurt face recognition? *Psychology, Crime & Law*, *8*, 229-242.

Memon, A., & Vartoukian, R. (1996). The effects of repeated questioning on young children's eyewitness testimony. *British Journal of Psychology*, *87*, 403-415.

Milne, R., & Bull, R. (1999). *Investigative interviewing : psychology and practice*. New York : John Wiley & Sons.（ミルン，R.・ブル，R. 原聡（編訳）(2003). 取調べの心理学──事実聴取のための捜査面接法　北大路書房）

Mori, T., Sugimura, T., & Minami, M. (1996). Effects of prior knowledge and response bias upon recognition memory for a story: Implications for children's eyewitness testimony. *Japanese Psychological Research*, *38*, 39-46.

内閣府 (2014). 平成26年版　子ども・若者白書　http://www8.cao.go.jp/youth/whitepaper/h26honpen/b1_05_02.html

仲 真紀子 (2005a). 目撃証言における顔──顔をどのように伝達するか. 科学, *75*(11), 1298-1302.

仲 真紀子 (2005b). 子どもは出来事をどのように記憶し想起するか　内田伸子（編）心理学──こころの不思議を解き明かす (pp. 131-159)　光生館

仲 真紀子 (2010). 子どもによるポジティブ，ネガティブな気持ちの表現──安全，非安全な状況にかかわる感情語の使用　発達心理学研究, *21*, 364-373.

仲 真紀子 (2011a). 法と倫理の心理学　心理学の知識を裁判に活かす──目撃証言，記憶の回復，子どもの証言　培風館

仲 真紀子 (2011b). NICHDガイドラインにもとづく司法面接研修の効果　子どもの虐待とネグレクト, *13*, 316-325.

仲 真紀子 (2012a). 面接のあり方が目撃した出来事に関する児童の報告と記憶に及ぼす効果　心理学研究, *83*, 303-313.

仲 真紀子 (2012b). 子どもの証言と面接法．日本心理学会（編）　根ヶ山光一・仲 真紀子（責任編集）発達科学ハンドブック4 発達の基盤──身体，認知，情動 (pp. 284-296)　新曜社

仲 真紀子 (2016a). 記憶　田島信元・岩立志津夫・長崎 勤（編）新・発達心理学ハンドブック (pp. 352-363)　福村出版

仲 真紀子 (2016b). 記憶はどのように伝えられるか──子どもへの司法面接と多機関連携による協同面接　臨床心理学, *95*, 549-553.

Naka, M., Itsukushima, Y., & Itoh, Y. (1996). Eyewitness testimony after three months: A field study on memory for an incident in everyday life. *Japanese Psychological Research*, *38*, 14-24.

仲 真紀子・上宮 愛 (2005). 子どもの証言能力と証言を支える要因　心理学評論, *48*, 343-361.

Nelson, K. (2000). Memory and belief in development. In Schacter, D. L., & Elaine, S. (Ed.), *Memory, brain, and belief*. (pp. 259-289). Cambridge, MA: Harvard University Press.

Newcombe, P. A., & Siegal, M. (1997). Explicitly questioning the nature of suggestibility in preschoolers' memory and retention. *Journal of Experimental Child Psychology*, *67*, 185-203.

Niederberger, J. M. (2002). The perpetrator's strategy as a crucial variable: A representative study of sexual abuse of girls and its sequelae in Switzerland. *Child Abuse & Neglect*, *26*, 55-71.

越智啓太・長尾 恵 (2009). 耐誘導性トレーニングによる子どもの被誘導性の減少　法政大学文学部紀要, *58*, 87-95.

大久保愛 (1987). 子育ての言語学　三省堂

尾山智子・仲 真紀子 (2013). 幼児によるポジティブ，ネガティブな出来事の語り──親が出来事を選定した場合と子どもが出来事を選定した場合　発達心理学研究, *24*(1), 1-12.

Polczyk, R., Wesolowska, B., Gabarczyk, A., Minakowska, I., Supska, M., & Bomba, E. (2004). Age differences in interrogative suggestibility: A comparison between young and older adults. *Applied Cognitive Psychology*, *18*(8), 1097-1107.

Pozzulo, J. D., & Warren, K. L. (2003). Descriptions and identifications of strangers by youth and adult eyewitnesses. *Journal of Applied Psychology*, *88*, 315-323.

Ross, D. F., Dunning, D., Toglia, M. P., & Ceci, S. J. (1990). The child in the eyes of the jury: Assessing mock jurors' perceptions of the child witness. *Law and*

Human Behavior, 14, 5-23.

Rush, E. B., Quas, J. A., Yim , I. S., Nikolayev, M., Clark, S. E., & Larson, R. P. (2014). Stress, interviewer support, and children's eyewitness identification accuracy. *Child Development, 85,* 1292-1305.

Saywitz, K. J., Geiselman, R. E., & Bornstein, G. K. (1992). Effects of cognitive interviewing and practice on children's recall performance. *Journal of Applied Psychology, 77*(5), 744-756.

Schacter, D. L., Kagan, J., & Leichtman, M. D. (1995). True and false memories in children and adults: A cognitive neuroscience perspective. *Psychology, Public Policy, and Law, 1,* 411-428.

Schacter, D. L., Koustaal, W., Johnson, M. K., Gross, M. S., & Angell, K. E. (1997). False recollection induced by photographs: A comparison of older and younger adults. *Psychology and Aging, 12,* 203-215.

Scogin, F., Calhoon, S. K., & D'Errico, M. (1994). Eyewitness confidence and accuracy among three age cohorts. *Journal of Applied Gerontology, 13*(2), 172-184.

Searcy, J., Bartlett, J. C., & Memon, A. (1999). Age difference in accuracy and choosing in eyewitness identification and face recognition. *Memory and Cognition, 27,* 538-552.

Searcy, J., Bartlett, J. C., Memon, A., & Swanson, K. (2001). Aging and lineup performance at long retention intervals. *Journal of Applied Psychology, 86,* 207-214.

Shing, Y. L., Werkle-Bergner, M., Brehmer, Y., Müller, V., Li, S-C., & Lindenberger, U. (2010). Episodic memory across the lifespan: The contributions of associative and strategic components. *Neuroscience and Biobehavioral Reviews, 34,* 1080-1091.

Siegal, M. (1996). Conversation and cognition. In R. Gelman & T. K. Au (Eds.), *Perceptual and Cognitive Development* (pp. 243-282). San Diego: Academic Press.

白石紘章・仲真紀子・海老原直邦 (2006). 認知面接と修正版認知面接における出来事の再生と反復提示された誘導情報の情報源再認 認知心理学研究, 4, 33-42.

Smith, A. D. ,& Winograd, E. (1978). Adult age differences in remembering faces. *Developmental Psychology, 14,* 443-444.

Sorensen, T., & Snow, B. (1991). How children tell: The process of disclosure in child sexual abuse. *Child welfare, 70,* 3-15.

Spencer, W. D., & Raz, N. (1995). Differential effects of aging on memory for content and context. *Psychology and Aging, 10,* 527-539.

Sternberg, K. J., Lamb, M. E., Hershkowitz, I., Yudilevitch, L., Orbach, Y., Esplin, P. W., & Hovav, M. (1997). Effects of introductory style on children's abilities to describe experiences of sexual abuse. *Child Abuse & Neglect, 21*(11), 1133-1146.

Sugimura, T. (2013). Young children's difficulty in disregarding information from external features when matching unfamiliar faces. *Journal of Experimental Child Psychology, 116,* 296-308.

上原泉 (2006). 乳幼児の記憶能力の発達——4歳前後のエピソード記憶と他の認知能力の発達の視点から 心理学評論, 49, 272-286.

Waterman, A. H., & Blades, M. (2011). Helping children correctly say "I don't know" to unanswerable questions. *Journal of Experimental Psychology: Applied, 17,* 396-405.

Waterman, A. H., Blades, M., & Spencer, C. (2000). Do children try to answer nonsensical questions? *British Journal of Developmental Psychology, 18,* 211-225.

Wright, A. M., & Holliday, R. E. (2005). Police officers' perceptions of older eyewitnesses. *Legal and Criminological Psychology, 10,* 211-223.

Wright, A. M., & Holliday, R. E. (2007a). Enhancing the recall of young, young-old and old-old adults with cognitive interviews. *Applied Cognitive Psychology, 21*(1), 19-43.

Wright, A. M., & Holliday, R. E. (2007b). Interviewing cognitively impaired older adults: How useful is a Cognitive Interview?. *Memory, 15*(1), 17-33.

Wylie, L. E., Patihis, L., McCuller, L. L., Davis, D., Brank, E., Loftus, E. F., & Bornstein, B. (2014). Misinformation effect in older versus younger adults: a meta-analysis and review. In M. P. Toglia, D. F. Ross, J. Pozzulo & E. Pica (Eds.), *The elderly eyewitness in court* (pp. 38-66). New York: Psychology Press.

山本登志哉・脇中洋・斎藤憲一郎・高岡昌子・高木光太郎 (2003). 生み出された物語——目撃証言・記憶の変容・冤罪に心理学はどこまで迫れるか 北大路書房

山本恒雄・渡辺直・青木栄治・渡辺裕子・妹尾洋之・稲葉史恵・大久保牧子・丸山恭子・和田一郎・中嶋佐智子 (2015). 児童相談所における性的暴力被害時への支援の在り方 厚生労働科学研究費補助金政策科学総合研究事業「性的虐待事案に係る児童とその保護者への支援の在り方に関する研究 26年度総括・分担研究報告書」, 13-32.

Yarmey, A. D., & Jones, H. (1983). Is the psychology of eyewitness identification a matter of commonsense? In S. Lloyd-Bostock & B. R Clifford (Eds.), *Evaluating witness evidence: Recent psychological research and new perspectives* (pp. 13-40). Chichester: Wiley & Sons.

Yarmey, D. A. (1984). Accuracy and credibility of elderly eyewitness. *Canadian Jounral on Aging*, *3*, 79-90.

Yarmey, D. A., & Kent, J. (1980). Eyewitness identification by elderly and young adults. *Law and Human Behavior*, *4*, 359-371.

第 24 章

Abbe, A. & Brandon, S. (2013). The Role of Rapport in Investigative Interviewing: A Review. *Journal of Investigative Psychology and Offender Profiling*, *10*, 237-249.

粟野友介 (2014). 取調べ技術総合研究・研修センターにおける研修等の実施状況 警察学論集, *67*, 21-33.

Berggren, E. (1975). *The psychology of confessions*. Leiden: Brill.

Clark, C., & Milne, R. (2016). Interviewing suspects in England and Wales. In In D. Walsh, G. Oxburgh, A. Redlich & T. Myklebust (Eds.), *International developments and practices in investigative interviewing and interrogation: Volume II: Suspects.* (pp. 101-118). London: Routledge Press.

Cleary, H. M., & Warner, T. C. (2016). Police training in interviewing and interrogation methods: A Comparison of Techniwues Used with adult and juvenile suspects. *Law and Human Behavior*, *40*, 270-284.

Fisher, R. P., & Geiselman, R. E. (1992). *Memory-Enhancing techniques for investigative interviewing: The cognitive interview*. Springfield, IL: Charles C. Thomas Publisher. （フィッシャー, R. P. ・ガイゼルマン, R. E. 宮田洋 (監訳) 高村茂・横田賀英子・横井幸久・渡邉和美 (訳) (2012). 認知面接——目撃者の記憶想起を促す心理学的テクニック 関西学院大学出版会）

Fisher, R. P., Geiselman, R. E., & Amador, M. (1989). Field test of the the cognitive interview: Enhancing the recollection of actual victims and witnesses of crime. *Journal of Applied Psychology*, *74*, 722-727.

Fisher, R. P., Geiselman, R. E., & Raymond, D. S. (1987a). Critical analysis of police interviewing techniques. *Journal of Police Science and Administration*, *15*, 177-185.

Fisher, R. P., Geiselman, R. E., Raymond, D. S., Jurkevich, L. M. & Warhaftig, M. L. (1987b). Enhancing enhanced eyewitness memory: Refining the cognitive interview. *Journal of Police Science and Administration*, *15*, 291-297.

Geiselman, R. E., Fisher, R. P., Cohen, G., Holland, H., & Surtes, L. (1986). Eyewitness responses to leading and misleading questions under the cognitive interview. *Journal of Police Science and Administration*, *14*, 31-39.

Geiselman, R. E., Fisher, R. P., Firstenberg, I., Hutton, L. A., Sullivan, S. J., Avetissian, I. V., & Prosk, A. L. (1984). Enhancement of eyewitness memory: An empirical evaluation of the cognitive interview. *Journal of Police Science and Administration*, *12*, 74-80.

Geiselman, R. E., Fisher, R. P., MacKinnon, D. P., & Holland, H. L. (1985). Eyewitness memory enhancement in the police interview: Cognitive retrieval mnemonics versus hypnosis. *Journal of Applied Psychology*, *70*, 401-412.

Geiselman, R. E., Fisher, R. P., MacKinnon, D. P., & Holland, H. L. (1986). Enhancement of eyewitness memory with the cognitive interview. *American Journal of Psychology*, *99*, 385-401.

Geiselman, R. E., & Padilla, J. (1988). Interviewing child witnesses with the cognitive interview. *Journal of Police Science and Administration*, *16*, 236-242.

Geiselman, R. E., Saywitz, K. J., & Bornstein, G. K. (1993). Effects of cognitive questioning techniques on children's recall performance. In G. Goodman & B. Bottoms (Eds.), *Understanding and improving children's testimony: Developmental, clinical, and legal issues* (pp. 71-94). New York: Guilford Publications.

Goodman-Delahunty, J., Martschuk, N., & Dhami, M. K. (2014). Interviewing high value detainees: Securing cooperations and disclosures. *Applied Cognitive Psychology*, *28*, 883-897.

Granhag, P. A., Strömwall, L. A., & Willén, R. M. (2013). Eliciting cues to deception by tactical disclosure of evidence: The first test of the Evidence Framing Matrix. *Legal and Criminological Psychology*, *18*, 341-355.

Great Britain. Home Office, Great Britain. Department of Health, (1992). *A memorandum of good practice on video recorded interviews with child witnesses for criminal proceedings*. London, UK.: HMSO/Great Britain. Department of Health. （英国内務省・英国保健省 (編) 仲真紀子・田中周子 (訳) (2007). 子どもの司法面接——ビデオ録画面接のためのガイドライン 誠信書房）

Griffiths, A., & Milne, R. (2006). Will it all end in tiers? In R. Williamson (Ed.), *Investigative interviewing: research rights and regulation.*(pp. 167-89.). Cullompton: Willan,

Gudjonsson, G. H. (1992). The reasons why suspects confess during custodial interrogation: data for Northern Ireland, *Medical Science and Law*, *32*(3),

204-212.

Gudjonsson, G. H. (1997). *The Gudjonsson suggestibility scales manual*. Hove: Psychology Press.

Gudjonsson, G. H. (2003). *The psychology of interrogations and confessions: A handbook*. Chichester, UK: Wiley.

Gudjonsson, G. H., & Clark, N. K. (1986). Suggestibility in police interrogation: A social psychological model. *Social Behaviour*, 1, 83-104.

Gudjonsson, G. H., & Pearse, J. (2011). Suspect interviews and false confessions. *Current Directions in Psychological Science*, 20, 33-37.

原 聰 (2003). 諸外国における目撃証言　厳島行雄・仲 真紀子・原 聰　目撃証言の心理学 (pp. 133-143)　北大路書房

Hartwig, M., Granhag, P. A., Strömwall, L. A., & Vrij, A. (2005). Detecting deception via the strategic disclosure of evidence. *Law and Human Behavior*, 29, 469-484.

Hilgendorf, E. L., & Irving, B. (1981). A decision-making model of confessions. In: Lloyd-Bostok MA (ed.), *Psychology in legal contexts. Applications and limitations*. (pp. 67-84). London: MacMillan.

Hill, C., Memon, A., & McGeorge, P. (2008). The role of confirmation bias in suspect interviews: A systematic evaluation. *Legal and Criminological Psychology*, 13, 357-371.

Holmberg, U. (2009). Investigative interviewing as a therapeutic jurisprudential approach. In T. Williamson, B. Milne & S. P. Savage. (Eds.), *International Developments in Investigative Interviewing*. (pp. 149-175). Devon: William publishing.

Horgan, A. J., Russano, M. B., Meissner, C. A., & Evans, J. R. (2012). Minimization and maximization techniques: Assessing the perceived consequences of confessing and confession diagnosticity. *Psychology, Crime & Law*, 18, 65-78.

法務省 (2011). 被疑者取調べの録音・録画に関する法務省勉強会取りまとめ　http://www.moj.go.jp/content/000077866.pdf（2017年2月6日）

法務省 (2017a). 刑事手続きの流れ　http://www.moj.go.jp/keiji1/keiji_keiji11-1.html（2017年2月6日）

法務省 (2017b). 刑事手続きの流れ概要．http://www.moj.go.jp/content/000003698.pdf(2017年2月6日)

Inbau, F. E., & Reid, J. E. (1966). *Criminal interrogation and confessins*. Baltimore: Williams & Wilkins. （インボー，F. E.・リード，J. E.　小中信幸 (訳)（1966）. 尋問の技術と自白　日本評論社）

Inbau, F. E., Reid, J. E., & Buckley, J. P. (1986). *Criminal interrogation and confessions* (3rd ed.). Baltimore: Williams and Wilkins.

Inbau, F. E., Reid, J. E., Buckley, J. P., & Jayne, B. C. (2013). *Criminal interrogation and confessions* (5th ed.). Burlington: John and Bartllet Learning.

金井壽宏・楠見 孝 (2012)．実践知――エキスパートの知性　有斐閣

Kassin, S. M. (1997). The psychology of confession evidence. *American Psychologist*, 52, 221-233.

Kassin, S. M., & Kiechel, K. L. (1996). The social psychology of false confessions: Compliance, internalization, and confabulation. *Psychological Science*, 7, 125-128.

Kassin, S. M., Leo, R. A., Meissner, C. A., Richman, K. D., Colwell, L. H., Leach, A.-M., & La Fon, D. (2007). Police interviewing and interrogation: A self-report survey of police practices and beliefs. *Law and Human Behavior*, 31, 381-400.

Kassin, S. M., & Wrightsman, L. (1985). Confession Evidence. In S. M. Kassin & L. Wrightsman (Eds.), *The psychology of evidence and trial procedure*. (pp. 67-94). CA: Sage.

Kebbell, M. R., & Wagstaff, G. F. (1999). The effectiveness of the cognitive interview. In D. Canter & L. Alison (Eds.), *Interviewing and deception* (pp. 23-39). Aldershot: Ashgate.

警察庁 (2008). 富山事件及び志布志事件における警察捜査の問題点等について（平成20年1月）　https://www.pref.kagoshima.jp/ja13/documents/45962_20150609101209-1.pdf（2015年6月20日）

警察庁 (2010). 足利事件における警察捜査の問題点等について（概要）（平成22年4月）　https://www.npa.go.jp/sousa/kikaku/houkokushogaiyou.pdf（2015年6月20日）

警察庁 (2012a). 捜査手法, 取調べの高度化を図るための研究会最終報告

警察庁 (2012b). 取調べ（基礎編）

警察庁刑事局刑事企画課 (2012). 取調べ（基礎編）　https://www.npa.go.jp/sousa/kikaku/20121213/shiryou.pdf（2012年12月13日）

Kelly, C. E., Miller, J. C., & Redlich, A. D. (2016). The Dynamic Nature of Interrogation. *Law and Human Behavior*, 40, 295-309.

木村三千世 (2008). 職業能力開発制度に関する課題　四天王寺大学紀要, 46, 53-72.

King, L., & Snook, B. (2009). Peering inside a Canadian interrogation room: An examination of the Reid Model of interrogation, influence tactics, and coercive strategies. *Criminal Justice and Behavior*, 36, 674-694.

Leahy-Harland, S., & Bull, R. (2016). Police Strategies and Suspect Responses in Real-Life Serious Crime Interviews. *Journal of Police and Criminal Psychology*, published online: 13 September 2016.

Masip, J., Herrero, C., Garrido, E., & Barba, A. (2011).

Is the Behavior Analysis Interview just common sense? *Applied Cognitive Psychology*, 25, 593-604.

松澤芳昭・中鉢欣秀・岡田 健・大岩 元 (2002). オブジェクト指向技術者養成のためのカリキュラム．コンピュータと教育，64(1), 1-8.

Meissner, C. A., Hartwig, M., & Russano, M. (2010). The need for a positive psychological approach and collaborative effort for improving practice in the interrogation room. *Law and Human Behavior*, 34, 43-45.

Milne, R., & Bull, R. (1999). *Investigative interviewing : psychology and practice*. New York : John Wiley & Sons.（ミルン，R.・ブル，R. 原 聰（編訳）(2003). 取調べの心理学 北大路書房）

Moston, S., Stephenson, G. M., & Williamson, T. M. (1992). Effects of case characteristics on suspect behaviour during police questioning. *British Journal of Criminology*, 32, 23-40.

仲 真紀子 (2003). 捜査面接法 厳島行雄・仲 真紀子・原 聰 目撃証言の心理学（pp. 106-118） 北大路書房

Narchet, F. M., Meissner, C. A., & Russano, M. B. (2011). Modeling the Influence of Investigator Bias on the Elicitation of True and False Confessions. *Law and Human Behavior*, 35, 452-465.

National Crime Faculty (2000). *A practical guide to investigative interviewing*. Bramshill, UK: National Crime Faculty and National Police Training.

Newbury, P., & Johnson, A. (2006) Suspects' resistance to constraining and coercive questioning strategies in the police interview. *International Journal of Speech, Language and Law*, 13, 213-240.

Nickerson, R. S. (1998). Confirmation bias: A ubiquitous phenomenon in many guises. *Review of General Psychology*, 2, 175-220.

越智啓太 (1998). 目撃者に対するインタビュー手法――認知インタビュー研究の動向 犯罪心理学研究，36(2), 49-66.

越智啓太 (2002). 認知インタビュー研究の動向――認知インタビュー研究文献リストと課題 認知科学テクニカルレポート，42.

Oxburgh, G. E., Myklebust, T., & Grant, T. (2010). The question of question types in police interviews. *International Journal of Speech, Language, and Law*, 17, 45-66.

Powers, P. A., Andriks, J. L., & Loftus, E. F. (1979). Eye-witness Accounts of Females and Males. *Journal of Applied Psychology*, 64(3), 339-347.

Rand Corporation (1975). *The criminal investigative process*. Vols. 1-3. Rand Corporation Technical Report R-1777-DOJ. Santa Monica, California.

Russano, M. B., Meissner, C. A., Narchet, f. M., & Kassin, S. M. (2005). Investigating true and false confessions within a novel experimental paradigm. *Psychological Science*, 16, 481-486.

Sanders, G. S. (1986). *The usefulness of eyewitness research from the perspective of police investigators*. Unpublished manuscript. State University of New York at Albany, Albany.

Shepherd, E. (2007). *Investigative Interviewing: The Conversation Management Approach*. Oxford: Oxford UP.

重松弘教 (2012).「捜査手法，取調べの高度化プログラム」の策定について 警察学論集，65(7), 1-20.

Soukara, S., Bull , R., Vrij, A., Turner, M., & Cherryman, J. (2009). What really happens in police interviews of supects? Tactics and confessions. *Psychology, Crime and Law*, 15, 493-506.

捜査手法，取調べの高度化を図るための研究会 (2011). 捜査手法，取調べの高度化を図るための研究会における検討に関する中間報告 (pp. 13-15) https://www.npa.go.jp/shintyaku/keiki/chuukan-houkoku.pdf（2017年3月22日）

高村 茂 (2005). 認知面接の手法を用いた捜査面接に関する基礎研究 応用心理学研究，31(1), 23-33.

高村 茂 (2013). 認知面接の手法と警察で応用される心理学的研究に関する警察官の意識調査 応用心理学研究，38(3), 280-288.

高村 茂・佐野明香 (2012). 認知面接に関する基礎研究（10） 犯罪心理学研究，50（特別号），24-25.

高村 茂・横井幸久 (2007a). 認知面接の概要と実践（上） 警察学論集，60(3), 161-176.

高村 茂・横井幸久 (2007b). 認知面接の概要と実践（下） 警察学論集，60(4), 165-183.

田崎仁一 (2013). 心理学的知見に基づく取調べ技術 警察学論集，66(4), 37-59.

綱川政雄 (1994). 聞込み捜査 啓正社

Vrij, A., Mann, S., & Fisher, R. P. (2006). An empirical test of the behaviour analysis interview. *Law and Human Behavior*, 30, 329-345.

Wachi, T., Kuraishi, H., Watanabe, K., Otsuka, Y., Yokota, K., & Lamb, M. E. (2017). Police Officers' Ability to Detect Lies Within a Deception Paradigm. *Psychology, Public Policy, and Law*. Advance online publication.

Wachi, T., & Watanabe, K. (2015). Current practice of Japanese interrogation. In D. Walsh, G. Oxburgh, A. Redlich & T. Myklebust (Eds.), *International developments and practices in investigative interviewing and interrogation: Volume II: Suspects* (pp. 56-67). London: Routledge Press.

Wachi, T., Watanabe, K., Yokota, K., Otsuka, Y., Kuraishi, H., & Lamb, M. (2014). Police interviewing styles and confessions in Japan. *Psychology, Crime and*

Law, 20, 673-694.

Wachi, T., Watanabe, K., Yokota, K., Otsuka, Y., & Lamb, M. (2016a). Japanese interrogation techniques from prisoners' perspectives. *Criminal Justice and Behavior, 43,* 617-634.

Wachi, T., Watanabe, K., Yokota, K., Otsuka, Y., & Lamb, M. (2016b). Japanese suspect interviews, confessions, and related factors. *Journal of Police and Criminal Psychology, 31,* 217-227.

和智妙子・渡邉和美・横田賀英子・大塚祐輔 (2016). 受刑者の自白理由と取調べの手法 心理学研究, *87,* 611-621.

Walsh, D., & Bull, R. (2010). What really is effective in interviews with suspects? A study comparing interviewing skills against interviewing outcomes. *Legal and Criminological Psychology, 15*(2), 305-321.

Walsh, D., & Bull, R. (2013). The investigation and investigative interviewing of benefit fraud suspects in the UK: Historical and contemporary perspectives. In B. Cooper, D. Griesel & M. Ternes (Eds.), *Applied issues in investigative interviewing, eyewitness memory, and credibility assessment* (pp. 33-58). New York, NY: Springer..

渡部保夫 (2002). 目撃者取り調べのルール 渡部保夫 (監修) 一瀬敬一郎・厳島行雄・仲真紀子・浜田寿美男 (編著) 目撃証言の研究——法と心理学の架け橋をもとめて (pp. 1-17) 北大路書房

渡辺昭一 (編) (2005). 捜査心理ファイル 東京法令出版

渡辺昭一・鈴木昭弘 (1985). 黙秘又は否認した被疑者の自供に至る心理過程—— I. 殺人被疑者の事例を中心として 科学警察研究所報告法科学編, *38,* 44-51.

渡辺昭一・横田賀英子 (1999). 否認被疑者の自供に至る心理—— 4. 自供の心理 科学警察研究所報告防犯少年編, *40,* 48-52.

■ 第 25 章 ■

Abbott, T. E. (1986). Time-phase model of hostage negotiations. *The Police Chief, 31,* 34-35.

Bolton, R. (1984). *People skills.* Englewood Cliffs, NJ: Prentice-Hall, Inc.

Branchard, B. (1991). New communication skills, New Roles in the 90s. *Supercisory Management, 36,* 1-2.

Cialdini, R. B. (1984). *Influence: How and why people agree to things.* New York, NY: William Morrow and Co.

Cialdini, R. B. (1993). *Influence: The psychology of influence and persuasion.* Revised Edition. NY: Quill.

DiVasto, P., Lanceley, F. J., & Gruys, A. (1992). Critical issues in suicide intervention. *FBI Law Enforcement Bulletin, 61,* 13-16.

Erickson, M. H., & Rossi, E. L. (1979). *Hypnotherapy.* NewYork, NY: Irvington.

McMains, M. J., & Mullins, W. C. (2006). *Crisis negotiations: Managing critical incidents and hostage situations in law enforcement and corrections* (3rd ed.). Routledge.

越智啓太 (2015). ワードマップ 犯罪捜査の心理学 新曜社

Reiser, M., & Sloane, M. (1983). The use of suggestibility techniques in hostage negotiations. In L. Z. Freedman & Y. Alexander (Eds.), *Perspectives on terrorism.* Wilmington, DE: Scholarly Resources.

Sen, S. (1989), Handling hostage situations. *Police Journal, 62,* 49-55.

Slatkin, A. A. (2010). *Communication in crisis and hostage negotiations: Practical communication techniques, stratagems, and strategies for law enforcement, corrections and emergency service personnel in managing critical incidents.* Springfield, IL: Charles C. Thomas Publisher.

Soskis, D. A., & Van Zandt, C. R. (1986). Hostage negotiation: Law enforcement's most effective non-lethal weapon. *FBI Management Quarterly, 6,* 1-8.

Strentz, T. (1994). Thirteen indicators of volatile negotiations. *The U.S. Negotiator,* Winter, 36-39

Van Hasselt, V. B., Baker, M. T., Romano, S. J., Sellers, A. H., Noesner, G. W., & Smith, S. (2005). Development and validation of a role-play test for assessing crisis (hostage) negotiation skills. *Criminal Justice and Behavior, 32*(3), 345-361.

Ware, B. (2003). Active listening. Presentation at the annual crisis negotiation competition/seminar. Texas State University, San Marcos, TX (January).

Ware, B. (2004). Active listening for negotiators. Presentation at the annual meeting of the Kansas Association of Hostage Negotiators. Olathe, KS (April).

横田賀英子・渡邉昭一・渡邉和美 (2002). 人質立てこもり事件の結末に影響する要因 犯罪心理学研究, *40,* 21-33.

■ 第 26 章 ■

荒井崇史 (2011). マス・メディアと犯罪不安 小俣健二・島田貴仁 (編著) 犯罪と市民の心理学——犯罪リスクに社会はどうかかわるか (pp. 27-41) 北大路書房

Dayan, D., & Katz, E. (1992). *Media events: The live broad-*

casting of history. Cambridge, MA: Harvard University Press. （ダヤーン，D.・カッツ，E. 浅見克彦（訳）（1996）．メディア・イベント――歴史をつくるメディア・セレモニー　青弓社）

Festinger, L. (1957). *A theory of cognitive dissonance*. Row, Peterson （フェスティンガー，L. 末永俊郎（監訳）（1965）．認知的不協和の理論――社会心理学序説　誠信書房）

林利隆（2000）．スペクタクルとしての湾岸戦争――劇場型社会とメディアイベント　藤竹暁（編）劇場型社会　現代のエスプリ（pp. 82-91）400，至文堂

上瀬由美子（2002）．ステレオタイプの社会心理学――偏見の解消に向けて（セレクション社会心理学）　サイエンス社

小城英子（1997）．「劇場型犯罪」とマス・コミュニケーション　ナカニシヤ出版

Krahé, B. (2001). *The social psychology of aggression*. Psychology Press. （クラーエ，B. 秦一士・湯川進太朗（編訳）（2004）．攻撃性の心理学　北大路書房）

間庭充幸（2002）．犯罪の深層　有斐閣選書

McQuail, D., Blumler, J., & Brown, J. (1972) The television audience: A revised perspective. In D. Mcquail (Ed.), *Sociology of mass communication* (pp. 135-165). Penguin. （マクウェール，D.・ブラムラー，J.・ブラウン，J.（1979）テレビ視聴者――視点の再検討　マクウェール，D.（編）時野谷浩（訳）マス・メディアの受け手分析（pp. 20-57）誠信書房）

宮田加久子（1986）．災害情報の内容特性――災害と情報　東京大学新聞研究所（編）災害と情報（pp. 185-223）東京大学出版会

長井進（2004）．犯罪被害者の心理と支援　ナカニシヤ出版

越智啓太（2013）．ケースで学ぶ犯罪心理学　北大路書房

小田晋（2002）．少年と犯罪　青土社

岡本浩一（1992）．リスク心理学入門　サイエンス社

大庭絵里（1988）．犯罪報道におけるニュース決定　法学セミナー（増刊）総合特集シリーズ，*39*, 223-232.

大井眞二（1993）．センセーショナリズムを考える――アメリカ・ジャーナリズム史の文脈から　マス・コミュニケーション研究，*43*, 45-62.

大石泰彦（2004）．メディアの法と倫理　嵯峨野書院

榊博文・柿野綾乃・神野香保子（2000）．マスコミ報道と模倣犯罪――和歌山毒物混入カレー事件の事例　総合ジャーナリズム研究社，*37*, 60-66.

杉原周治（2011）．インターネットと青少年保護　鈴木秀美・山田健太（編）よくわかるメディア法――通信法・インターネット法（pp. 186-187）

ミネルヴァ書房

鈴木伸元（2010）．加害者家族　幻冬舎

外山みどり（2005）．責任の帰属と法　菅原郁夫・サトウタツヤ・黒沢香（編）法と心理学のフロンティアⅠ――理論・制度編（pp. 97-119）北大路書房

渡邉和美（2005）．被害者学と法制度　菅原郁夫・サトウタツヤ・黒沢香（編）法と心理学のフロンティアⅠ――理論・制度編（pp. 191-214）北大路書房

Wykes, M. (2001). *News, crime and culture* (pp. 22-25). London: Pluto Press.

山田隆司（2011）．集団的過熱取材　鈴木秀美・山田健太（編著）よくわかるメディア法――取材・報道の自由とメディア特権（pp. 68-69）ミネルヴァ書房

読売新聞社（1995）．新・書かれる立場　書く立場――読売新聞の「報道と人権」読売新聞社

湯川進太郎（2003）．テレビと暴力　坂本章（編）メディアと人間の発達――テレビ，テレビゲーム，インターネット，そしてロボットの心理的影響（pp. 41-57）学文社

第27章

Aarts, H., & Dijksterhuis, A. (2003). The silence of the library: Environment, situational norm, and social behavior. *Journal of Personality and Social Psychology*, *84*, 18-28.

Altman, I. (1975). *The environment and social behavior : Privacy, personal space, territory, crowding*. Monterey: Brooks/Cole Pub. Co.

雨宮護・齊藤知範・菊池326治・島田貴仁・原田豊（2009）．GPSを用いた子どもの屋外行動の時空間特性の把握と大人による見守り活動の評価　日本造園学会誌　ランドスケープ研究，*72*(5), 747-752.

荒井崇史・藤桂・吉田富二雄（2010）．犯罪情報が幼児を持つ母親の犯罪不安に及ぼす影響　心理学研究，*81*, 397-405.

Braga, A. A., & Bond, B. J. (2008). Policing crime and disorder hot spots: A randomized controlled trial. *Criminology*, *46*(8003), 577-607.

Braga, A. A., Papachristos, A. V., & Hureau, D. M. (2014). The effects of hot spots policing on crime: An updated systematic review and meta-analysis. *Justice Quarterly*, *31*(4), 633-663.

Brantingham, P. J., & Faust, F. L. (1976). A conceptual model of crime prevention. *Crime & Delinquency*, *22*(3), 284-296.

Brody, D. C., & Lovrich, N. P. (2002). Social capital and protecting the rights of the accused in the american states: An investigation of the dark side of social capital. *Journal of Contemporary Criminal Justice*, *18*(2), 115-131.

Brown, B. B., & Altman, I. (1981). Territoriality & residential crime: A conceptual framework. In P. L. Brantingham & P. L. Brantingham (Eds.), *Environmental criminology* (pp. 55-76). Thousand Oaks: Sage.

Browning, C. R. (2009). Illuminating the downside of social capital: Negotiated coexistence, property crime, and disorder in urban neighborhoods. *American Behavioral Scientist*, *52*(11), 1556-1578.

Bursik, R. J., Jr., & Grasmick, H. G. (1992). *Neighborhoods and crime: The dimensions of effective community control*. San Francisco.: Lexington Books.

Clarke, R. V., & Eck, J. E. (2003). *Become a problem solving crime analyst in 55 small steps*. London: Jill Dando Institute of Crime Science.

Cohen, L. E., & Felson, M. (1979). Social change and crime rate trends: A routine activity approach. *American Sociological Review*, *44*(4), 588-608.

Farrington, D. P., Gottfredson, D. C., Sherman, L. W., & Welsh, B. C. (2002). The maryland scientific methods scale. In L. W. Sherman, D. P. Farrington, B. C. Welsh & D. L. MacKenzie (Eds.), *Evidence-based crime prevention* (pp. 13-21). New York: Routledge.

Farrington, D. P., MacKenzie, D. L., Sherman, L. W., & Welsh, B. C. (2002). *Evidence-based crime prevention*. New York: Routledge.

Gill, M., & Spriggs, A. (2005). Assessing the impact of CCTV. *Home office research study*, *222*.

Harada, Y., Yonezato, S., Suzuki, M., Shimada,T., Era, S., Saito, T. (2004). Examining crime prevention effects of CCTV in Japan. Paper presented at the American Society of Criminology Annual Meeting, Nashville, Tennessee.

樋野公宏．(2008). 駐車場に設置する防犯カメラ等の効果及び利用者等の態度――愛知県内での実験から　都市計画（別冊）都市計画論文集，*43*(3)，763-768.

法務省法務総合研究所（2012）．平成24年版　犯罪白書　刑務所出所者等の社会復帰支援　日経印刷

Hunter, A. (1985). Private, parochial and public social orders: The problem of crime and incivility in urban communities. In G. D. Suttles & M. N. Zald (Eds.), *The challenge of social control: Citizenship and institution building in modern society* (pp. 230-242). New York: Ablex Publishing corporation.

警察庁（2013）．警察白書

Keizer, K., Lindenberg, S., & Steg, L. (2008). The Spreading of Disorder. *Science*, *322*, 1681-1685.

Kelling, G. L. (2015). An Author's brief history of an idea. *Journal of Research in Crime and Delinquency*, *52*(4), 626-629.

Kelling, G. L., & Coles, C. M. (1996). *Fixing broken windows: Restoring order and reducing crime in our communities*. New York: Simon and Schuster.

Keuschnigg, M., & Wolbring, T. (2015). Disorder, social capital, and norm violation: Three field experiments on the broken windows thesis. *Rationality and Society*, *27*, 96-126.

菊池城治・雨宮護・島田貴仁・齊藤知範・原田豊（2009）．声かけなどの不審者遭遇情報と性犯罪の時空間的近接性の分析　犯罪社会学研究，*34*, 151-163.

桐生正幸（編）(2011)．防犯　越智啓太・藤田政博・渡邉和美（編）(2011)．法と心理学の事典――犯罪・裁判・矯正（pp. 425-457）朝倉書店

桐生正幸（2015）．地域防犯活動における高齢者ボランティアの意識調査　東洋大学21世紀ヒューマン・インタラクション・リサーチ・センター研究年報，*12*, 13-20.

小出治（監）(2003)．都市の防犯――工学・心理学からのアプローチ　北大路書房

Lab, S. P. (2007). *Crime prevention: Approaches, practices and evaluations* (6th ed.). Cincinnati: Ohio: Anderson Publishing.

Liska, A. E., & Warner, B. D. (1991). Functions of crime: A paradoxical process. *American Journal of Sociology*, *96*(5), 1441.

Mazerolle, L., Wickes, R., & McBroom, J. (2010). Community variations in violence: The role of social ties and collective efficacy in comparative context. *Journal of Research in Crime and Delinquency*, *47*(1), 3-30.

Morenoff, J. D., Sampson, R. J., & Raudenbush, S. W. (2001). Neighborhood inequality, collective efficacy, and the spatial dynamics of urban violence. *Criminology*, *39*(3), 517-559.

内閣府（2013）．高齢社会白書

中原純（2014）．シルバー人材センターにおける活動が生活満足度に与える影響――活動理論（activity theory of aging）の検証　社会心理学研究，*29*(3), 180-186.

岡本拡子・桐生正幸（編）(2006)．幼い子どもを犯罪から守る　北大路書房

小俣謙二・島田貴仁（編）(2011)．犯罪と市民の心理学――犯罪リスクに社会はどうかかわるか　北大路書房

大橋智樹（2009）．仙台市市街地における落書きの実態調査と消去実験　犯罪心理学研究，*47*（特別号），172-174.

尾山滋・津富宏（2009）．割れ窓理論に基づく介入の

効果　日本犯罪社会学会第35回大会報告要旨集，84-85．
Pease, K. (1991). The Kirkholt projict: Preventing burglary on a British public housing estate. *Security Journal*, 2(2), 73-77.
Ratcliffe, J. H., Taniguchi, T., & Taylor, R. B. (2009). The crime reduction effects of public CCTV cameras: A multi-method spatial approach. *Justice Quarterly*, 26(4), 746-770.
Ratcliffe, J. H., Taniguchi, T. A., Groff, E. R., & Wood, J. D. (2011). The philadelphia foot patrol experiment: A randomized controlled trial of police patrol effectiveness in violent crime hotspots. *Criminology*, 49(3), 795-831.
Sampson, R. J., & Groves, W. B. (1989). Community structure and crime: Testing social-disorganization theory. *American Journal of Sociology*, 94(4), 774-802.
Sampson, R. J., Raudenbush, S. W., & Earls, F. J. (1997). Neighborhoods and violent crime: A multilevel study of collective efficacy. *Science*, 277(5328), 918-924.
Shaw, C. R., & McKay, H. D. (1942). *Juvenile delinquency and urban areas.* Chicago: University Chicago Press.
Shaw, C. R., McKay, H. D., & Short, J. F. (1969). *Juvenile delinquency and urban areas : A study of rates of delinquency in relation to differential characteristics of local communities in american cities* (Rev. ed.). Chicago: University of Chicago Press.
Sherman, L. W. (2010). An introduction to experimental criminology. In A. R. Piquero & D. L. Weisburd (Eds.), *Handbook of quantitative criminology* (pp. 399-436). New York: Springer.
島田貴仁 (2009a)．子どもの犯罪被害について　季刊社会安全，71, 8-20.
島田貴仁 (2009b)．集合的効力感が住宅侵入盗に与える影響　日本社会心理学会第50回大会・日本グループダイナミックス学会第56回大会合同大会，92-93．
島田貴仁 (2013a)．環境心理学と犯罪研究——犯罪原因論と犯罪機会論の統合に向けて　環境心理学研究，1(1), 46-57.
島田貴仁 (2013b)．街頭防犯カメラがひったくりの発生に与える影響　地理情報システム学会研究発表大会講演論文集，22．
塩野敬祐 (2009)．団塊世代の社会参加　淑徳短期大学研究紀要，48, 33-50.
Sorg, E. T., Haberman, C. P., Ratcliffe, J. H., & Groff, E. R. (2013). Foot patrol in violent crime hot spots: The longitudinal impact of deterrence and posttreatment effects of displacement. *Criminology*, 51(1), 65.
高木大資・辻　竜平・池田謙一 (2010)．地域コミュニティによる犯罪抑制——地域内の社会関係資本

および協力行動に焦点を当てて　社会心理学研究，26, 36-45.
高橋尚也 (2010)．地域防犯活動に対する市民参加を規定する要因　東京都江戸川区における二つの調査結果をもとに　社会心理学研究，26, 97-108.
竹花　豊（監）(2007)．地域の防犯——犯罪に強い社会をつくるために　北大路書房
Taylor, R. B. (2010). Communities, crime, and reactions to crime multilevel models: Accomplishments and meta-challenges. *Journal of Quantitative Criminology*, 26(4), 455-466.
Tseloni, A., & Pease, K. (2003). Repeat personal victimization: 'boosts' or flags'? *British Journal of Criminology*, 43(1), 196-212.
津富　宏．(2000)．EBP（エビデンス・ベイスト・プラクティス）への道・根拠に基づいた実務を行うために　犯罪と非行，124, 67-99.
Welsh, B. C., & Farrington, D. P. (2003). Effects of closed-circuit television on crime. *The ANNALS of the American Academy of Political and Social Science*, 587, 110-135.
Wilson, J. Q., & Kelling, G. L. (1982). Broken windows: The police and neighborhood safety. *Atlantic Monthly*, 211, 29-38.
財団法人全国防犯協会連合会 (2005)．安全ガイドブック．3．
Zimbardo, P. G. (1969). The human choice: Individuation, reason, and order versus deindividuation, impulse, and chaos. *Nebraska Symposium on Motivation*, 17, 237-307.

■ 第28章 ■

青木　治 (2014)．矯正教育プログラム（性非行）の試行結果について——北海少年院の新しいエンジン　刑政，125(11), 66-76.
Andrews, D. A., & Bonta, J. (2010). *The psychology of criminal conduct.* (5th ed.). New Providence, NJ: LexisNexis Matthew Bender.
Andrews, D. A., Zinger, I., Hoge, R.D., Bonta, J., Gendreau, P., & Cullen, F. T. (1990). Does correctional treatment work? A clinically relevant and psychologically informed meta-analysis. *Criminology*, 28, 369-404.
Bartol, C. R., & Bartol, A. M. (2005). *Criminal behavior: A psychosocial approach* (7th Ed.). New Jersey: Pearson Education Inc.（バートル，C. R.・バートル，A. M.　羽生和紀（監訳）　横井幸久・田口真二（編訳）(2006)．犯罪心理学——行動科学のアプローチ　北大路書房）

福本 聡（2014）．水府学院における矯正教育プログラム（薬物非行）の取組について　刑政，*125*(9)，54-60．

福本 聡（2015）．水府学院における矯正教育プログラム（薬物非行）の取組について　犯罪と非行，*179*, 223-233．

林 眞琴・北村 篤・名取俊也（2013）．逐条解説　刑事収容施設法（改訂版）　有斐閣

法務省保護局（2012）．保護観察所における性犯罪者処遇プログラム受講者の再犯等に関する分析　http://www.moj.go.jp/content/000105239.pdf（2016年6月21日）

法務省保護局観察課（2006）．保護観察所における性犯罪者処遇プログラムについて　更生保護，*57*(10)，17-20．

法務省法務総合研究所（編）（2006）．平成18年版犯罪白書　刑事政策の新たな潮流　国立印刷局

法務省法務総合研究所（編）（2014）．平成26年版犯罪白書　窃盗事犯者と再犯　日経印刷

法務省法務総合研究所（編）（2015）．平成27年版犯罪白書　性犯罪者の実態と再犯防止　日経印刷

法務省矯正局（2013）．法務省式ケースアセスメントツール（MJCA）について　http://www.moj.go.jp/content/000116311.pdf（2016年6月21日）

法務省矯正局（編）（2014）．新しい少年院法と少年鑑別所法　矯正協会

法務省矯正局成人矯正課（2012）．刑事施設における性犯罪者処遇プログラム受講者の再犯等に関する分析　研究報告書　http://www.moj.go.jp/content/000105287.pdf（2016年6月21日）

川島敦子（2012）．薬物非行に焦点を当てた矯正教育の今後——矯正教育プログラム（薬物非行）開発会議の提案から　刑政，*123*(6)，33-44．

Laws, D. R., & Ward T. (2011). *Desistance from sex offending: Alternatives to throwing away the keys.* New York: Guilford Publications.（ローズ，D. R.・ウォード，T.　津富 宏・山本麻奈（監訳）（2014）．性犯罪からの離脱——「良き人生モデル」がひらく可能性　日本評論社）

Lipsey, M. W. & Wilson, D. B. (1993). The efficacy of psychological, educational, and behavioral treatment: Confirmation from meta-analysis. *American Psychologist*, *48*, 1181-1209.

Lösel, F. (2012a). Offender treatment and rehabilitation: What works? In M. Maguire, R. Morgan & R. Reiner (Eds.), *The Oxford handbook of criminology*. (5th ed.). (pp. 986-1016). Oxford: Oxford University Press.

Lösel, F. (2012b). Toward a third phase of "what works" in offender rehabilitation. In R. Loeber & B. C. Welsh (Eds.), *The future of criminology* (pp. 196-203). New York: Oxford University Press.

Martinson, R. (1974). What works? Questions and answers about prison reform. *The public interest*, *35*, 22-54.

松本俊彦（2012）．薬物依存の理解と援助——スマープの実践から見えてきた支援の在り方　刑政，*123*(6)，45-59．

本山美恵・野田採途子・福島理瑛子（2014）．保護観察における薬物処遇をめぐって——福岡保護観察所における処遇の現状と課題　犯罪と非行，*177*, 177-191．

西野務正（2007）．犯罪臨床におけるリスクアセスメント——再犯は予測できるのか　生島 浩・村松 励（編）　犯罪心理臨床（pp. 136-147）　金剛出版

西岡潔子（2013）．法務省式ケースアセスメントツール（MJCA）の開発について　刑政，*124*(10)，58-69．

西﨑勝則（2013）．制度導入に向けた更生保護における実施態勢の整備の取組　法律のひろば，*66*(11)，28-35．

大江由香（2015）．犯罪者処遇におけるポジティブ心理学的アプローチの可能性——性犯罪者処遇の動向からの考察　犯罪心理学研究，*52*(2), 35-47．

小川 昭・森田展彰・小粥展生・中西 誠・周布恭子（2007）．美祢社会復帰促進センターにおける改善指導の試みⅡ——アディクションコントロールプログラムについて　犯罪心理学研究，*45*（特別号），160-161．

大茂矢心一（2013）．「薬物依存離脱指導実施体制見直し5か年計画」について　刑政，*124*(5), 34-44．

Rossi, P. H., Lipsey, M. W., & Freeman, H. E. (2004). *Evaluation: A systematic approach* (7th ed.). Thousand Oaks, California: Sage.（ロッシ，P. H.・リプセイ，M. W.・フリーマン，H. E.　大島 巌・平岡公一・森 俊夫・元永拓郎（監訳）（2005）．プログラム評価の理論と方法——システマティックな対人サービス・政策評価の実践ガイド　日本評論社）

佐藤比呂明（2012）．専門的処遇プログラムの現状　更生保護，*63*(11), 8-13．

染田 惠（2012）．犯罪者の社会内処遇における最善の実務を求めて——実証的根拠に基づく実践の定着，RNRモデルとGLモデルの相克を超えて　更生保護学研究，*1*, 123-147．

周布恭子・堀越 勝・阿波 亨・小澤功滋・小川 昭（2007）．美祢社会復帰促進センターにおける改善指導の試みⅠ——反犯罪性思考プログラムについて　犯罪心理学研究，*45*（特別号），158-159．

Tong, L. S. J., & Farrington, D. P. (2006). How effective is the "Reasoning and Rehabilitation" programme in reducing reoffending? A meta-analysis of evaluation in four countries. *Psychology, Crime and Law*, *12*, 3-24.

牛木潤子 (2011). 福島刑務支所における薬物依存離脱指導の現状と課題——認知行動療法に基づいた指導　犯罪と非行, 169, 88-101.

Ward, T. (2012). The rehabilitation of offenders: Risk management and seeking good lives. *Japanese Journal of Offenders Rehabilitation*, *1*, 57-76.（ウォード, T.　小長井賀與（監訳）(2012). 犯罪者の更生——再犯危険性の管理と善い人生の追求　更生保護学研究, *1*, 77-95.）

Ward, T., & Brown, M. (2004). The Good Lives Model and conceptual issues in offender rehabilitation. *Psychology, Crime & Law*, *10*, 243-257.

Wormith, J. S., Gendreau, P., & Bonta, J. (2012). Deferring to clarity, parsimony, and evidence in reply to Ward, Yates, and Willis. *Criminal Justice and Behavior*, *39*, 111-120.

山本麻奈 (2012). 性犯罪者処遇プログラムの概要について——最近の取組を中心に　刑政, *123*(9), 56-64.

山本麻奈・猪爪祐介・松嶋祐子 (2013). 刑事施設における薬物依存離脱指導対象者用アセスメントに係る取組について　刑政, *124*(1), 92-100.

山本麻奈・松嶋祐子 (2012a). 性犯罪再犯防止指導の受講前後比較による効果検証について（その 1）　刑政, *123*(10), 86-95.

山本麻奈・松嶋祐子 (2012b). 性犯罪再犯防止指導の受講前後比較による効果検証について（その 2）　刑政, *123*(11), 70-79.

山本麻奈・森 丈弓 (2015). 薬物プログラムによる薬物事犯受刑者の対処スキルの変化と再犯との関連について　心理臨床学研究, *32*, 716-721.

山本麻奈・等々力伸司・西田篤史 (2011). 刑事施設における薬物依存者用評価尺度（C-SRRS）の開発——信頼性・妥当性の検討　犯罪心理学研究, *49*(1), 1-14.

安田節之・渡辺直登 (2008). プログラム評価研究の方法　新曜社

index

索引

＊基本的には姓のみをあげているが，犯罪者は本文と同様にフルネーム表記とした。右肩に◆を付している。

人名索引

■ あ ■

アーチャー（Archer, J.） 154
アイゼブラウワ（Aizpurua, A.） 437
アキヤマ（Akiyama, Y.） 236
アグニュー（Agnew, R.） 065
足立浩平 306
雨宮 護 531
アリエス（Aries, P.） 184
アリソン（Alison, L.） 209, 217, 326
アンドリューズ（Andrews, D. A.） 101, 109, 197, 540

猪口武典 320
伊原直子 176, 177
今村義正 359
岩崎直子 094
岩見広一 241, 306, 308, 320
インボー（Inbau, F. E.） 465, 470, 477

ヴァーン（Vaughn, M. G.） 067
ウァグスタック（Wagstaff, G. F.） 455, 464
ヴァンザント（Van Zandt, C. R.） 503
ヴァンハッセルト（Van Hasselt, V. B.） 504
ウィノグラード（Winograd, A. D.） 440
ウィリアムズ（Williams, T. S.） 153
ウィルソン（Wilson, J. Q.） 529
ウィルナー（Whiner, A. S.） 074
ウェア（Ware, B.） 499
ヴェイジャイ（Vagi, K. J.） 138, 146
上野 厚 234, 235
ウォーカー（Walker, L. E.） 136, 137
ウォード（Ward, T.） 112
ヴォスクイル（Vossekuil, B.） 063, 065
ウォルフ（Wolf, K. A.） 149
内山絢子 095
ウッドハムズ（Woodhams, J.） 219
ヴレイ（Vrij, A.） 358

エック（Eck, J. E.） 350, 532
エビングハウス（Ebbinghaus, H.） 412
エリオット（Elliott, D.） 060
エリス（Ellis, A.） 105
遠藤辰夫 183, 185

大上　渉　085, 409
大杉朱美（Osugi, A.）　360
大沼夏子　414
オーバーマン（Obermann, C. E.）　378
大渕憲一　094
岡本依子　121
小川時洋　360, 363, 365
小田　晋　514
越智啓太　129, 140, 145, 171, 175, 220, 235, 414, 431, 455, 457
オリアリー（O'Leary, K. D.）　148, 155

■ か ■

ガー（Gurr, T.）　080
カイオバディ（Kaighobadi, F.）　157
ガイゼルマン（Geiselman, R. E.）　417, 418, 454, 455, 457
カインド（Kind, S. S.）　338
影山任佐　042, 175
カシン（Kassin, S. M.）　473
カジンスキー・セオドア（Kacynski Theodore）◆　073, 084
ガットマン（Guttman, L.）　300, 302
金井壽宏　484
上瀬由美子　513
ガルシア＝バジョス（García-Bajos, E.）　438
河合幹雄　191
川邉　譲　191
カンター（Canter, D.）　017, 030, 093, 205, 239, 297, 302, 338, 342
キーチェル（Kiechel, K. L.）　473
キーラー（Keeler, L.）　361
ギブスン（Gibson, W.）　260
木村三千世　484
ギヨンゴビ（Granhag, P. A.）　481
桐生正幸　178, 234, 237, 239, 241, 302, 320, 327, 523, 524
ギル（Gill, M.）　218

楠見　孝　484
クック（Cook, P. J.）　223
グッドウィル（Goodwill, A. M.）　209

グッドジョンソン（Gudjonsson, G. H.）　425, 426, 467, 469
クラーク（Clarke, R. V.）　350, 532
倉石宏樹　206
グラハム＝ケヴァン（Graham-Kevan, N.）　158
倉持　隆　361
クリスト（Christ, S. E.）　395
クルーガー（Krueger, A. B.）　076, 079
クレア（Clare, J.）　210
クレック（Kleck, G.）　224
グロス（Groth, N.）　282

ゲイシー・ジョン・ウエイン（Gacy John Wayne）◆　027
ゲーマー（Gamer, M.）　393
ケスラー（Kessler, R. C.）　090
ケッベル（Kebbell, M. R.）　455, 464
ケリング（Kelling, G. L.）　529
ケント（Kent, J.）　436

コーエン（Cohen, G.）　444
コーエン（Cohen, L. E.）　228, 531
コーネル（Cornell, D. G.）　059
コールズ（Coles, C. M.）　529
小城英子　507
コゼル（Kozel, F. A.）　398
小堤英統◆　170
ゴットフレッドソン（Gottfredson, M. R.）　102
小宮信夫　121
近藤日出夫　058, 189

■ さ ■

財津　亘　201, 233, 241, 305, 329, 330, 364
ザウアー（Sauer, J.）　412
榊　博文　512
サットン（Sutton, S.）　379
サルツマン（Saltzman, L. E.）　142
サルファティ（Salfati, C. G.）　017, 024, 031
澤田幸展　372
サンティーラ（Santtila, P.）　015, 212

シアシー（Searcy, J.）　443

島田貴仁　176, 177, 349, 529
ジャクソン（Jackson, D. A.）　324
シュトラウス（Straus, M. A.）　143, 152, 154
シュルツ（Schultz, R.）　070
ショウ（Shaw, C. R.）　355, 528
シンガー（Singer, M. T.）　271
ジンバルドー（Zimbardo, P. G.）　529
シンプソン O. J.（Simpson Orenthal J.）◆　163

スウォガー（Swogger, M. T.）　150
スコーギン（Scogin, F.）　436
鈴木　護　233, 320, 321, 342
鈴木基之　242
スタイン（Stein, M. B.）　095
ストレンツ（Strentz, T.）　075
スペンス（Spence, S. A.）　393
スミス（Smith, A. D.）　440
スラットキン（Slatkin, A. A.）　498, 500
スローン（Sloane, M.）　500

瀬川　晃　197

ソスキス（Soskis, D. A.）　503

■ た ■

高橋尚也　525
高村　茂　202, 203, 302, 320, 465
田口真二　302, 306, 320
ダグラス（Douglass, J.）　278
田崎仁一　484
田村雅幸　004, 014, 233, 240, 243, 316, 317, 319, 320, 326, 342

チャップマン・マーク・ディビッド（Chapman Mark D.）◆　162

津富　宏　529

ディーツ（Dietz, P. E.）　283
ティエン（Tian, F.）　397
デサルボ・アルバート（Desalvo Albert）◆　280
テジン（Tegen, H.）　280

土井隆義　191
十一元三　192
トンキン（Tonkin, M.）　214
ドンチン（Donchin E.）　381, 382
トンプソン（Thompson, C. M.）　172

■ な ■

長尾　恵　431
中川正浩　167
長澤秀利　176, 320
中田　修　232, 236, 238
仲　真紀子　129, 412, 424, 431
中山　誠　359, 364
成田伸生　318
ナンス（Nance, M. W.）　072

西田公昭　265, 267, 273
西野務正　198

音成龍司　380

■ は ■

ハーシ（Hirschi, T.）　102, 194, 195, 356
バージェス（Burgess, A. W.）　033
ハートウィッグ（Hartwig, M.）　481
バートル（Bartol, A. M.）　173, 187, 544
バートル（Bartol, C. R.）　173, 187, 544
バートレット（Bartlett, J. C.）　443
ハーモン（Harmon, R. B.）　166, 177
萩野谷俊平　203, 212, 213, 307
バス（Buss, D. M.）　156, 157
ハッサン（Hassan, S.）　263
羽生和紀　340, 342, 544
ハバード（Havard, C.）　442
原田佑規（Harada, Y.）　409
ハリルザド（Khalilzad, Z.）　073
バルド・ロバート（Bardo Robert J.）◆　163
パルマー（Palmaer, J. C.）　415
ハンソン（Hanson, R. K.）　102, 103
バンディ・テッド（Bandy Ted）◆　027

ビクトロフ（Victroff, J.）　081

ヒッキー（Hickey, E.） 021, 023, 035
平 伸二　360, 382
ヒル（Hill, C.）　469
廣田昭久　371
ヒンクリー・ジュニア・ジョン（Hinckley, Jr. John W.）◆　163

ファーウェル（Farwell, L. A.）　381, 382
ファルクナー（Faulkner, D.）　444
ファロン（Fallon, J.）　403
ファン・コッペン（Van Koppen, P. J.）　225, 226
フィッシャー（Fisher, R. P.）　448, 454, 455, 459, 460
フェイファー（Pfeiffer, P. C.）　236
フェスティンガー（Festinger, L.）　511
フェルソン（Felson, M.）　228, 531
プエンテ（Puente, S.）　151
フォーラン（Foran, H. M.）　148
フォックス（Fox, J. A.）　023, 041
フォックス（Fox, B. H.）　203, 207
深田直樹　343
福井裕輝　170, 177
福島 章　174, 191
福本浩行　220
藤岡淳子　099, 108
ブラウン（Brown, M.）　541
ブラッセル（Brussel, J. A.）　280
ブランティンガム（Brantingham, P. J.）　349
ブランティンガム（Brantingham, P. L.）　349
ブリマカンベ（Brimacombe, C. A. E.）　439
ブル（Bull, R.）　453, 455, 463
古満伊里　365
ブレイビク・アンネシュ（Breivik Anders）◆　073
フレディ（Furedy, J. J.）　382, 386
フレデリック（Friedrich, W. W.）　099
ブレムナー（Bremner, J. D.）　095
プロチャスカ（Prochaska, J. O.）　108

ヘア（Hare, R. D.）　403
ベイズ（Bayes, T.）　328
ベカリアン（Bekarian, J. L.）　324
ベック（Beck, A. T.）　105
ヘリテージ（Heritage, R.）　302
ベルガー（Berger, H.）　378
ベルナスコ（Bernasco, W.）　210
ヘンケ（Henke, A.）　235
ベン＝シャッカー（Ben-Shakhar, G.）　357, 382
ベンメレク（Benmelech, E.）　076

ホイットマン・チャールズ（Whitman Charles）◆　040
ボウハナ（Bouhana, N.）　207
ポーター（Porter, L. E.）　222
ボーツ（Boaz, T. L.）　384
ホームズ（Holmes, R. M.）　027, 029, 041
ホームズ（Holmes, S. T.）　027, 041
ポスト（Post, J. M.）　070
堀内幸雄　185
ホリデイ（Holliday, R. E.）　446, 448
ホルツワース＝マンロー（Holtzworth-Munroe, A.）　138, 150
ボンタ（Bonta, J.）　540
ボンド（Bond, T.）　279

■ ま ■

マートン（Merton, R. K.）　194, 355
マイスナー（Meissner, C. A.）　466
マクウェール（McQuail, D.）　511
マシューズ（Matthews, R.）　218
マックマイン（McMains, M. J.）　492, 493
マッケイ（McKay, H. D.）　355, 528
松田いづみ　360, 363
松本光弘　072, 083
三本照美　243, 343
三宅洋一　380
宮地尚子　094
ミューレン（Mullen, P. E.）　175
ミラー（Miller, L.）　079
ミルン（Milne, R.）　453, 455, 463
ムリン（Mullins, W. C.）　492, 493

メテスキー・ジョージ（Metesky George）◆　280

メモン（Memon, A.） 418, 441, 442
メリー（Merry, S.） 201

モーリシオ（Mauricio, A. M.） 140, 154
モハンディ（Mohandie, K.） 167
モフィット（Moffitt, T. E.） 057, 187
モリドー（Molidor, C.） 155
守山 正 184

■ や ■

ヤーメイ（Yarmey, A. D.） 407, 436
山岡一信 243, 364
山本 功 196
山本麻奈 542

湯川進太郎 511

横井幸久 177, 219, 225, 320, 366
横田賀英子 205, 206, 306
吉本かおり 220, 308
米川茂信 195

■ ら ■

ラーキン（Larkin, P.） 342
ライアン（Ryan, K. M.） 151
ライザー（Reiser, M.） 500
ライダー（Rider, A. O.） 232, 233
ライト（Wright, A. M.） 446, 448
ライト（Wrigth, J. A.） 176
ラオリッチ（Lalich, J.） 269
ラッシュ（Rasch, W.） 078
ラッセル（Russell, C. A.） 075
ランクフォード（Lankford, A.） 062
ラングリーベン（Langleben, D. D.） 391
ランドー（Landau, S. F.） 226
ランドリガン（Lundrigan, S.） 209

リード（Reid, J. E.） 357, 465, 477
リオン（Lyons, H. A.） 077
リスト（List, J. A.） 438
リッケン（Lykken, D. T.） 357, 382
龍島秀広 318, 320

ルッサーノ（Russsano, M. B.） 473

レイン（Raine, A.） 314
レインボウ（Rainbow, L.） 326
レヴィン（Levin, J.） 023, 041, 063-065
レスラー（Ressler, R.） 278

ローズ（Laws, D. R.） 541
ローゼンフェルド（Rosenfeld, J. P.） 381, 382
ロス（Ross, J.） 100
ロスモ（Rossmo, D. K.） 213, 224, 339, 343
ロフタス（Loftus, E. F.） 409, 413-415

■ わ ■

ワード（Ward, T.） 541
渡邉和美 015, 023, 025, 117, 128, 320
渡辺昭一 205, 206
和智妙子 237, 240, 471, 473
ワン（Kwong, S. S. T.） 447

事項索引

A-Z

ABCD & H 理論　272
A → C 方程式　297
A facet approach to the offender profiling　318
ALE（activation likelihood estimation：活性化尤度推定法）　393
ALT キー・パラダイム　473
amateur　218

CGT（criminal graphic targeting：地理的犯罪者探索）　343
CIS-CATS（criminal investigation support-crime analysis tool & system）　326
CIT（Concealed Information Test：隠匿情報検査）　357, 358
CM（countermeasure：妨害工作）　380, 382
CNV（contingent negative variation：随伴性変動）　379, 383
CQT（Comparison Question Test／Control Question Test：対照質問法）　357, 358
CR（correct rejection）　392
Crime classification manual：CCM（犯罪分類マニュアル）　287
CrimeStat　344
CTS　143
CTS2　143
CTS2s　143

DRAGNET　344
DV（domestic violence）　091, 133
DV 防止法　134, 422

FBI（連邦捜査局）　020, 028, 033, 069, 217, 278
FBI 方式　317
fMRI（functional magnetic resonance imaging：機能的磁気共鳴画像法）　377, 384, 387-390

fNIRS（functional near-infrared spectroscopy：機能的近赤外線分光法）　377
FR（false recognition）　392

geographical offender profiling　338
geographical profiling　338
GIS（geographic information system：地理情報システム）　349
Griffiths Question Map（GQM）　488

intermediates　218
IPV（intimate partner violence：親密なパートナー間暴力）　133, 138
IPV 加害者
　▶一般暴力・反社会型（generally violence/antisocial）　139
　▶家族限定型（family only）　139
　▶心理の支配型　141
　▶男性優位思想型　140
　▶不安定型　141
　▶不快気分・境界型（dysphoric/borderline）　139
　▶補償的暴力型　140

Jaccard 係数　211
J・MARPP　538

Law Enforcement Bulletin　318

MEG（magnetoencephalography：脳磁図）　377
MRI（magnetic resonance imaging：磁気共鳴画像）　090
MTC: CM3（Child Molester, Version 3）　125

N400　384
NICHD プロトコル　129, 432
NIRS（near-infrared spectroscopy）　395

OJT（On-the-Job Training）　484

P300　379
PEACE モデル　479
PET（positron emission tomography：ポジトロン断層撮影法）　377

索引

PFI（private finance initiative）刑務所　537
Power Plot Professional　320
professional and persistent　218
PTSD（posttraumatic stress disorder：心的外傷後ストレス障害）　086, 088, 090, 126

RCT（ramdomised controlled trial：ランダム化比較試験）　544
Rigel　344
RNR（Risk-Need-Responsivity）モデル　197, 540

SUE 漸増テクニック（SUE-Incremental technique）　481
SUE テクニック（the strategic use of evidence technique；証拠の戦略的使用技術）　481

WH 質問　428

zero-tolerance policing　529

■ あ ■

アーチファクト　396
赤池情報量規準（Akaike information criteria：AIC）　309
空き巣　205
悪質クレーマー　180
アノミー理論（anomie theory）　194
アメリカ戦略情報局（OSS）　279
アメリカ同時多発テロ事件　086
暗数（dark figure）　022, 092, 113

イエス・セット（Yes set）　497
イエス・ノー式　438
怒り　148
意識空間（awareness space）　208
いじめ防止対策推進法　422
イスラム過激派組織　071, 087
一時的マインド・コントロール　267
一貫性の原理　496
一般的な刑事手続き　475
偽りの記憶　425

嫌がらせ（ハラスメント：harassment）　144
飲酒運転防止プログラム　538
隠匿情報検査（Concealed Information Test：CIT）　357, 358, 386
陰陽二相性　370

受け入れ症候群（accommodation syndrome）　423

嬰児殺　012
永続的マインド・コントロール　268

オウム真理教事件　514
大阪教育大学附属池田小学校　519
オープン質問（open-ended question）　428, 487
オッドボール課題　380
オリジナル版認知面接　455

■ か ■

カーネル密度　350
介護殺人　007, 011
改正ストーカー規制法　164
改善指導　535
改訂版認知面接　455, 459
外的圧力（external pressure）　471
外発的動機　471
開放期（ハネムーン期）　137
科学警察研究所　316
科学警察研究所報告防犯少年編　319
科学捜査研究所　087, 317
化学的去勢　105
確証バイアス（confirmation bias）　469
覚醒　370
覚せい剤犯者処遇プログラム　538
確率距離法　343
学歴アスピレーション　195
学歴アノミー　194
仮想レジストレーション　400
家族内殺人　009
カップルのパワーバランス　152
鑑あり　008
感覚遮断（sensory deprivation）　264
監視性　530

監視対象者の優先性　083
干渉　412
鑑別　542

キーラー型ポリグラフ装置　365
記憶の減衰　412
機械学習　397
偽記憶　425
規準化脈波容積　371, 373
希少性の原理　498
機能的近赤外線分光法（functional near-infrared spectroscopy：fNIRS）　377
機能的磁気共鳴画像法（functional magnetic resonance imaging：fMRI）　377, 384, 387, 388
吸気　374
急性ストレス障害（acute stress disorder：ASD）　095
凶悪犯罪分析センター（national center for the analysis of violent crime：NCAVC）　281, 285
凶悪犯逮捕プログラム（violent criminal apprehension program：ViCAP）　284
境界性パーソナリティ（障害）　150, 176
凶器　223
凶器注目効果（weapon focus effect）　409
供述　421
供述証拠　405
矯正　534
強制わいせつ　090
虚記憶　425
虚偽自白（false confession）　467
▶強制・追従型（coerced-compliant）　467
▶強制・内面化型（coerced-internalized）　468
▶自発型（voluntary）　467
虚偽判別パラダイム（differentiation of deception paradigm：DDP）　386
拠点推定モデル　213
距離減衰（distance decay）　208, 225
疑惑領域　243
疑惑領域モデル　320
緊張形成期　137
緊張理論　194

空間行動　340
空間分布法　342
空間平均法（centroid）　343
グッドジョンソン自白尺度（Gudjonsson Confession Scale：GCQ）　471
グッドジョンソン被誘導性尺度　468
グッドライフ・モデル（Good Lives Model：GLM）　112, 541
クライムマッピング　346
グリコ・森永事件　514
グルーミング　423
クローズド質問（closed question）　430, 487

警官を利用した自殺（suicide by cop）　049
迎合効果　445
警察及び刑事証拠法（The Police and Criminal Evidence Act：PACE）　454
刑法230条の2（事実の証明）　506
刑務所　534
劇場型犯罪　514
血液量　373
決定木　308
検挙率　002
ケンブリッジ非行発達研究　057

強姦（rape：レイプ）　090
▶怒り興奮型　282
▶怒り報復型　282
▶力再確認型　282
▶力主張型　282
強姦殺人（rape murder）
▶怒り興奮型　032
▶怒り報復型　032
▶力再確認型　032
▶力主張型　032
絞殺　008
更生保護　534
交通ひき逃げ　245
公的化　496
強盗　215
強盗事件の季節変動　225
行動研究・指導課（Behavioral Research and Instruction Unit：BRIU）　284
行動徴候分析（Behavior Symptom Analysis）　478

行動分析面接（Behavior Analysis Interview）　478
神戸連続児童殺傷事件　508, 510, 511, 514, 519
合理的選択理論　339
高齢化　007
高齢者によるストーキング　173
呼気　374
呼吸運動　369, 374
国際犯罪学会第16回世界大会　326
個人情報保護法　256
個人対象強盗　222
子どもに対する性的虐待（犯罪）　091, 116
こども110番ウォークラリー　524
コホート研究　194
コロプレス地図　347
コンピュータ・ウイルス　259

■■■ さ ■■■

サークル仮説（circle theory）　244, 342
災害時の犯罪　228
裁決項目　359, 368
裁決質問　368
サイコパシー傾向　150
最小空間分析（smallest space analysis：SSA）　014, 031, 201, 222
サイバーストーカー　178
サイバースペース　260
サイバー犯罪　116, 248
サイバーポルノ　258
再犯者率　117
再犯抑止　110
再犯予測　101
再犯リスク　118
再犯リスク要因　103
堺通り魔事件　508
佐世保女子高生殺害事件　510
殺人　002, 133
　▶屋内強盗殺人群　017
　▶公的空間刺殺群　017
　▶性的対象死体遺棄群　017
　▶道具的（instrumental）　015, 031
　　道具的／財産（instrumental：resources）　016
　　道具的／性的（instrumental：sex）　015
　　道具的／認知型（instrumental cognitive）　017
　　道具的／便乗型（instrumental opportunistic）　017
　▶表出的（expressive）　015, 031
　　表出的／遺体隠蔽（expressive：body hidden）　016
　　表出的／遺体切断（expressive：body parts removed）　016
　　表出的／衝動型（expressive impulsive）　017
　　表出的／武器（expressive：firearm）　016
サポートベクターマシーン　397
左翼過激派組織　070

シカゴ学派　348, 527
磁気共鳴画像（magnetic resonance imaging：MRI）　090
事件リンク分析　211, 345
自己愛性パーソナリティ障害　078, 170
自己成就効果（self-fulfilling prophecy effect）　469
事後情報　413
事後情報効果（post-event information effect）　413, 444, 445, 468
自己制御　102
自己破壊衝動　062
自己封鎖システム（self sealing system）　269
刺殺　009
事象関連電位　377, 379
施設内処遇　534
事前打ち合わせ　360
指尖光電式容積脈波　373
自尊心　065
嫉妬　151
児童買春児童ポルノ禁止法　254
児童虐待防止法　422
自動車放置実験　529
児童の権利に関する条約　184
児童ポルノ防止法　422
自白　466, 469
自白理由の3因子モデル　471
自白を説明するモデル

▶意思決定モデル　470
▶精神分析モデル　470
▶相互作用的プロセスモデル　470
▶認知的・行動的モデル　470
▶リードの自白モデル（The Reid model）　470
自爆テロ　076
支払用カード電磁的記録に関する罪　255
自閉症スペクトラム障害　192
司法面接（forensic interviews）　432
自民党本部放火事件　406
社会解体論　348, 528
社会的学習理論　080
社会的きずな理論　195
社会的参照　497
社会内処遇　534
視野狭窄　408
弱者の犯罪　231
ジャンク・サイエンス（junk science）　292
15のルール（The Rule of Fifteen）　407
自由語り　428
自由再生質問（free narrative question）　487
銃殺　010
重大事件対応グループ（critical incident response group：CIRG）　285
住宅侵入盗　201
「自由の戦士」問題　068
受刑者　535
商業施設強盗犯　222
状況的規範仮説　530
状況的犯罪予防　526
条件づけ　499
証言の歪み　446
証拠価値　363
証拠能力　406
詳細事項に関する原理　461
上前頭回　391
焦点化質問（focused question）　487
情動説　410
小児性愛（障害）（pedophilia / pedophilic disorder）　123, 283
少年院　537
少年鑑別所　537
少年非行　183
情報源誤帰属説（source misattribution hypothesis）　414
情報収集のための取調べ　478
消防庁　242
証明（proof）　471
証明力　406
処遇プログラム　534
女子犯罪　130
女性・子どもを守る施策実施要綱の制定について　520
署名的な行動（signature）　022
処理水準理論　440
自律神経系反応　369
知る権利　505
新奇性説　410
人口（ポピュレーション）アプローチ　527
心臓血管系反応　369
身体の虐待　126
身体的暴力　142
心的外傷後ストレス障害（posttraumatic stress disorder：PTSD）　090, 126
心電図　371
心拍出量　372
心拍数　371
親密さの欠如（lack of intimate relationship）　103
親密なパートナー間暴力（intimate partner violence：IPV）　133, 138
尋問の9段階（the 9 steps of Interrogation）　478
心理的虐待　126

推定無罪の原則　506
随伴陰性変動（contingent negative variation：CNV）　379, 383
数量化理論Ⅲ類　017, 301, 302
スクリプト記憶　423
ストーカー（stalker）　133, 162
　▶拒絶型（rejected）　175
　▶親密希求型（intimacy seeking）　175
　▶憎悪型（resentful）　175
　▶無資格型（incompetent）　175
　▶略奪型（predatory）　175
ストーカー行為等の規制等に関する法律（ストーカー規制法）　164
ストーカーのエスカレーション　177, 178
ストーキング（stalking）　162

ストーキング防止法　163
ストレイン
　▶急性ストレイン　065
　▶社会的ストレイン　063
　▶ストレインの放置　064
　▶慢性ストレイン　063
スピルオーバー効果（Spill-over effect）　414
スプリー殺人（spree murder）　021, 039

性嗜好異常（paraphilia）　123
青少年インターネット環境整備法　511
精神的暴力　142
性的虐待　126
性的殺人　028
　▶秩序型（organized murderer）　028, 281, 318
　▶無秩序型（disorganized murderer）　028, 281, 318
性的殺人の動機モデル　033
性的な自己制御　102
性的暴力　142
性犯罪再犯防止指導　109
性犯罪者処遇（プログラム）　106, 110, 538
性犯罪に寛容な態度　102
性暴力加害の連続体　100
セクシュアルハラスメント（sexual harassment）　091
積極的傾聴　499
接近制御（アクセスコントロール）　530
接触可能性説（accessibility hypothesis）　414
窃盗
　▶拠点型（marauder）　213
　▶通勤型（commuter）　213
潜在クラス分析（latent class analysis）　202
戦術呼吸法　411
センセーショナリズム　506
前帯状回　391
選択質問（multiple choice question）　487
選択肢の錯覚　500
洗脳　264, 265

総距離最小中心点法（center of minimum distance：CMD）　343
捜査面接（investigative interviews）　432, 453
相対的剥奪理論（relative deprivation hypothesis）　080
総末梢抵抗側　372
素行症／素行障害（conduct disorder：CD）　192
尊属殺人　011

■た■

対照質問法（Comparison Question Test／Control Question Test：CQT）　357, 358
タイプA：反社会的　056
タイプB：病理的　057
タイプC：対処失敗　058
耐誘導トレーニング　129
代理ミュンヒハウゼン症候群（Munchausen syndrome by proxy：MSbP）　127
大量殺人（mass murder）　021, 039
　▶強盗殺人・怨恨殺人型　049
　▶親族内殺人型　050
　▶無差別殺傷型　046
多次元尺度構成法（multidimensional scaling：MDS）　302
多重コレスポンデンス分析　176
多変量解析　014, 044, 219
多変量カテゴリカルデータ　300
単一放火　240
短期的な配偶関係（short-term relationship）　161
男性器測定器　105

地域安全マップづくり　121
痴漢　113
地図で見る統計（統計GIS）　353
注意欠陥／多動性障害　193
注意集中効果（attention focus effect）　408
中枢神経系（central nervous system）　377
長期的な配偶関係（long-term relationship）　161
超極限的の制止（ultra maximal inhibition）　264
地理的重心　243
地理的な結合　210
地理的な障壁　210
地理的プロファイリング　243, 317, 338

対質問（ペアド質問） 430
通学路等における子どもの犯罪被害を防止するための諸対策の徹底について 520
通電法 369

出会い系サイト規制法 257
帝銀事件 416
テイミング 423
デートDV（dating violence） 091
デートレイプ（date rape） 091
適応問題（adaptive problem） 156
出来事の開示 424
出来事要因 406
テキスト・マイニング的手法 084
デジタル式ポリグラフ装置 365
手なづけ 423
テロ組織
　▶集権型構造（centaralized authority structure） 072
　▶非集権型構造（decentalized authority structure） 072
テロリスト 068, 074
　▶テロリストの過激化の4段階 082
　▶テロリストの精神疾患説 077
　▶ローン・ウルフ型（一匹狼型） 052, 073
テロリズム 068
転移（displacement） 532

動機づけ面接（法） 106, 108
東京高裁控訴審判 363
東京高裁判例 364
東京都安全・安心まちづくり条例 521
道具的犯罪（instrumental crime） 201
統計的プロファイリング 317
同心円理論 348
統制理論 194
東電OL殺人事件 509, 510
動物虐待 037
特異点 366
ドメスティック・バイオレンス（domestic violence：DV） 091, 133
トラウマー統制（trauma-control）モデル 035
取調べの定義 475
トンネル視 408, 410

な

内的圧力（internal pressure） 471
内発的動機 471
ナイーブベイズ分類器 309
流し 008
永山則夫連続射殺事件 508
名古屋女性殺害事件 510, 512
ナルシシズム 151
西尾市女子高生ストーカー殺人事件 512
西鉄バスジャック事件 512
二次被害 509
日常活動理論（routine activity theory） 120, 531
乳幼児ゆさぶられ症候群（shaken baby syndrome：SBS） 127
認知行動療法（cognitive behavioral therapy：CBT） 096, 534
認知地図 340, 341
認知の歪み（cognitive distortion） 105
認知面接（cognitive interview：CI） 417, 453

ネグレクト 126, 422

脳磁図（magnetoencephalography：MEG） 377
脳波 377

は

はい・いいえ質問（Yes-No question） 487
配偶価不一致 158
配偶者間殺人 010
配偶者選択 160
配偶者略奪 157
背景脳波 378
破壊的カルト 263, 265
破壊的行動障害（disruptive behavior disorders：DBD） 193
破壊的行動障害マーチ（DBDマーチ） 193
爆発期 137
発達的犯罪予防 526
バッファーゾーンの仮説 341
ハネムーン期（開放期） 137

バラバラ殺人　013
犯因性ニーズ（criminogenic needs）　197
犯行手口（modus operandi：MO）　022, 345
犯行の一貫性と移行性　204
犯罪者プロファイリング　278
犯罪生活の退屈な日々　201
犯罪捜査分析（criminal investigative analysis）　293
犯罪パターン理論（crime pattern theory）　208
犯罪被害者　089
犯罪不安　513
犯罪分類　324
　▶秩序型　324
　▶無秩序型　324
犯罪報道
　▶一般性　505
　▶刺激性・衝撃性　505
　▶ニュースイベントとの連合性　505
　▶連続性　506
犯罪ホットスポット（多発場所）　347
　▶犯罪可能場所（crime enabler）　350
　▶犯罪生成場所（crime generator）　350
　▶犯罪誘引場所（crime attractor）　350
反社会性パーソナリティ（障害）　078, 150, 170
反応パターン
　▶一過的　401
　▶持続的　401
反復質問効果　445

被暗示性　424, 425
非影響的測定（unobtrusive measures）　298
被害者－加害者関係　008, 017
非計量多次元尺度構成法　301
非行　185
　▶生涯持続型（life-course-persistent）　187
　▶青年期限定型（adolescent-limited）　187
　▶特異型　188
非裁決項目　359, 368
非裁決質問　368
ヒット率　437
皮膚コンダクタンス水準　370
皮膚コンダクタンス反応　370
皮膚コンダクタンス変化　369, 370
　▶一過的反応（response）　370
　▶時速的な緩徐な反応（level）　370

皮膚電気活動　369
被誘導性（suggestibility）　443, 444, 468
ビリーフ・システム（belief system）　262
ピンマップ　347

ファセット理論　300
フィルタリング・サービス　258
フォールスアラーム　437
賦活　391, 392
不正アクセス　248
不正アクセス禁止法　253
不正指令電磁的記録に関する罪（コンピュータ・ウイルス作成罪）　259
フット・イン・ザ・ドアテクニック　497
物理的去勢　105
プランニング　399
不倫　157
フローティング　271

ベイジアンネットワーク　241, 330
ベイズ理論　328
ヘモグロビン　372, 388, 395
弁別　367
返報性の原理　496
変容説（alternation hypothesis）　414

放火　231
　▶秩序型　239
　▶道具型　240
　▶表出型　240
　▶無秩序型　239
妨害工作（countermeasure：CM）　380, 382
防犯カメラ（Closed-Circuit TeleVision：CCTV）　419
防犯環境設計（crime prevention through environmental design：CEPTED）　121
法務省式ケースアセスメントツール（Ministry of Justice Case Assessment tool：MJCA）　542
法務省法務総合研究所　538
暴力的なファンタジー　036
暴力的メディア　512
暴力のサイクルモデル　137
暴力防止プログラム　538
ホームグロウン・テロリスト（Homegrown

terrorist) 073, 087
ホームグロウン・テロリストの過激化モデル 080
保護観察所 111, 534
保護要因（protect factors） 199
ポジトロン断層撮影法（positron emission tomography：PET） 377
ボストン絞殺魔事件（Boston Strangler） 022, 280
北海道警察本部科学捜査研究所の特異犯罪情報分析係 320
ポリグラフ検査（polygraph test） 367
ホワイト・チャペル事件 279
本検査 361

■ ま ■

マインド・コントロール 262
マグショット 434
マグショット効果 434
マグショットバイアス 434
マサチューセッツ治療センターにおける小児性愛者の分類 124
松尾事件 406
マッド・ボンバー事件 279
松本サリン事件 506

右前頭前野腹外側部 393
三鷹ストーカー殺人事件 509, 510
密度地図 347
美祢社会復帰促進センター 537
脈波容積 373
民族主義組織 070

無差別殺人 061, 066

メタ認知 425
メタ分析 148
メディア・イベント 515
メディア・スクラム（集団の過熱取材） 507
面識関係 017
面接 361
面通し（ラインナップ） 423
面割り 436

モーメントの原理 461
模擬検査 361
目撃者要因 406
目撃証拠：法執行機関のためのガイド 455
モダリティ 425
モニタリング 399
モランのI（Moran's I） 350

■ や ■

扼殺 008
約束化 496
薬物依存回復プログラム 536

誘拐 118
誘導質問（leading question） 487, 488

ヨークシャ・リパー連続殺人事件 338
予防・治療介入プログラム 159

■ ら ■

ラポール（信頼関係） 461
ランダム化比較試験（ramdomised controlled trial：RCT） 544
ランダム効用理論（random utility theory） 210

リードテクニック（Reid Technique of interviewing and interrogation） 477
利益の拡散（diffusion of benefit） 532
リスクアプローチ 527
リスク・ニーズ・アセスメント 197
リスク－ニーズ－反応性原則（risk-need-responsibility principle） 109
リスク認知 513
リスク要因 101, 146, 197
　▶再非行／再犯
　　静的リスク要因 197
　　動的リスク要因 197
　▶性犯罪
　　静的リスク要因 101
　　動的安定的リスク要因 101
　　動的急性的リスク要因 103

▶ビッグ4・セントラル8　101
リテラシー　510
リバプール方式　317
領域性　530
リラプス・プリベンション・モデル（rerapse prevention model）　105
リンクの見落とし（linkage blindness）　022
臨床的プロファイリング　317

類似性の法則　498
累犯性　093
ルーチンアクティビティ理論　228

冷却期間（cool-off period）　020, 039
レイプ神話（rape myth）　090, 093, 125
レイプトラウマ症候群（rape trauma syndrome）　095
レベッカ・シェイファー射殺事件　163
連鎖反応　512
連続殺人（serial murder/serial homicide）　019, 021, 039
　▶快楽型（hedonistic）　029
　▶幻覚型（visionary）　029
　▶力支配型（power-control）　029, 030
　▶地理的安定型（geographically stable）　027
　▶地理的一過性型（geographically transient）　027
　▶任務遂行型（mission）　029
連続放火　240
連続幼女誘拐殺人事件　511, 514, 519

ロカールの交換原則（Locard's exchange principle）　405
ロジスティック回帰分析　212, 307
ロス疑惑　509, 514
ロッキード事件　416

■ わ ■

ワーキングメモリー　399
わいせつ物頒布等の罪（サイバーポルノ）　258
和歌山毒物カレー事件　514
割れ窓理論　121, 529

afterword

あとがき

　日々，多くの犯罪が新聞やテレビで報道され，映画やドラマも犯罪を扱ったものが多い。そのためか，世間では犯罪心理学という学問に対する関心は比較的高い。しかしながら，実際の学問である犯罪心理学と一般の人が考えている犯罪心理学の間には非常に大きなギャップがあるのも事実である。実際の犯罪心理学者は，猟奇殺人現場に立ちさまざまな痕跡から犯人の行動を的確にプロファイリングしたり，犯人と銃撃戦をして検挙することはないし（むしろ，それは警察官の役割である），テレビに出て，誰でも思いつきそうな事件解説や表層的な社会批判をしたり，たいていははずれてしまうようなあやしい犯人予想をしているわけでもない（まれにそういう人物もいるが）。実際には国家の運営にとって非常に重要な治安の維持のためにこつこつと地道にデータを集め，しっかりとした研究と議論をくり返しているのである。しかし，そのような実際の姿はなかなか一般の人に知られることはない。

　ネット上に飛び交っている情報では，日本は犯罪心理学の後進国であり，日本で犯罪心理学を学ぶことはできないとか，犯罪心理学を生かした仕事はないそうであるが，現実にはまったくそんなことはない。現在の日本の犯罪心理学研究は，原因論，捜査，矯正，防犯などあらゆる分野で世界第一線の水準に達しており，法務省や警察庁，民間協力者による行政，政策は（その中には心理学を適用したものが少なくない），もちろん欠点がないわけではないものの，世界に誇れるものとなっている。この分野に関わっている専門家の数も数千人に達する。

　ただし，このような日本の犯罪心理学の現状を適切にまとめて概観できる書籍はいままで出版されてこなかった。犯罪心理学の現状がひろく知られていないのは我々自

身の情報発信の少なさにむしろ問題があったかもしれない。そこで，今回我々編者は第一線で活躍する日本の犯罪心理学者や新進気鋭の研究者たちに声をかけて，現在の我が国，そして世界の犯罪心理学の最前線の知識をわかりやすくまとめていこうという執筆プロジェクトを始動させた。プロジェクトはなかなか困難なものであり，当初の予定よりも2年近くも遅れてしまったが，ようやく完成したのが本書である。この本を通読すれば，犯罪心理学の現状が正しく概観できるようになっている。

また，我が国では，犯罪心理学の入門用のテキストはいくつか刊行されているものの専門課程や大学院生，本格的に本物の犯罪心理学を学ぼうとする学生向けの中級以上のテキストは出版されていないのが現状であった。本書はこのような層向けのテキストとしての役割も持っている。犯罪心理学は，どちらかといえば人間のダークサイドを扱う学問であり，実際には地道で地味な学問である。しかし，この優れた日本の治安システムと安全な日常をつくる一端を担う学問としてはきわめて重要なものであるのは間違いない。本書で専門的に犯罪心理学を学んだ学生が，この分野の研究者となったり，その知識を生かして，法務省や裁判所，警察や行政機関の一員となり安心して生活できる国の維持に携わってくれることも望みたい。

最後になったが，この本の編集プロジェクトはそもそも北大路書房の奥野浩之氏の発案である。奥野氏には企画から出版まで編者，執筆者とも大変お世話になり，かつ多くの適切な助言をいただいた。書籍，特に本書のような専門書籍の出版は実は，表にはなかなかでてこない編集者の知見と力量に負うことが少なくない。そのような意味では研究者以上に学問の進展や文化創出の重要な担い手になりながら，縁の下の力持ちに徹してくれる編集者の方々には我々は本当に頭が下がる思いである。まず，第一に謝辞を捧げたいと思う。

そのほか，本当に数多くの方々の協力で本書は成り立っている。本来ならここで全員の名前をあげて謝辞を捧げるべきであろうが，著者の数とボリュームからそれらの人々をここに全員あげるのは難しい（それだけで一冊の本になってしまうほどであろう），お許しいただきたいところである。

この本の出版が日本の犯罪心理学という学問や犯罪に関わる司法，行政の発展の一助になることを望みたい。

2017年4月10日
著者・編者を代表して　**越智啓太**

authors 執筆者一覧

桐生　正幸＊	東洋大学社会学部	第9章，第13章，第27章-1，Column 6, 8
越智　啓太＊	法政大学文学部	第1章，第3章，第23章-2，Column 1, 3, 10, 11, 13
白川部　舞	法政大学大学院人文科学研究科	第1章
渡邉　和美	科学警察研究所犯罪行動科学部	第2章，第24章-2
中村有紀子	法政大学大学院人文科学研究科	第3章
大渕　憲一	放送大学宮城学習センター	第4章
大上　　渉	福岡大学人文学部	第5章，第22章
松本　　昇	筑波大学大学院人間総合科学研究科	Column 2
平　　伸二	福山大学人間文化学部	第6章-1，第21章-1
奥田　剛士	大阪府青少年・地域安全室	第6章-2
岩見　広一	北海道警察本部刑事部科学捜査研究所	第7章，第16章
藤野　京子	早稲田大学文学学術院	Column 4
喜入　　暁	法政大学大学院人文科学研究科	第8章，Column 5, 12
川邉　　譲	駿河台大学心理学部	第10章
萩野谷俊平	栃木県警察本部刑事部科学捜査研究所	第11章
横井　幸久	愛知県警察本部刑事部科学捜査研究所	第12章
細江　達郎	岩手県立大学（名誉教授）	Column 7, 9
園田　　寿	甲南大学法科大学院	第14章
西田　公昭	立正大学心理学部	第15章
玉木　悠太	大分県警察本部刑事部科学捜査研究所	第17章
高村　　茂	徳島県警察本部警務部情報発信課	第18章-1，第24章-1
財津　　亘	富山県警察本部刑事部科学捜査研究所	第18章-2
羽生　和紀	日本大学文理学部	第19章-1
島田　貴仁	科学警察研究所犯罪行動科学部	第19章-2，第27章-2
山本　直宏	山形県警察本部刑事部科学捜査研究所	第20章-1
廣田　昭久	鎌倉女子大学児童学部	第20章-2
新岡　陽光	法政大学大学院人文科学研究科	第21章-2
渡辺　光咲	玉川大学大学院脳情報研究科	Column 14
仲　真紀子	立命館大学総合心理学部	第23章-1
藤田　政博	関西大学社会学部	Column 15
甲斐恵利奈	法政大学大学院人文科学研究科	第25章
小城　英子	聖心女子大学文学部	第26章
太田　達也	慶應義塾大学法学部	Column 16
岡本　英生	奈良女子大学生活環境科学系	第28章
綿村英一郎	大阪大学人間科学研究科	Column 17

執筆順，＊は編者

editors profile
編者紹介

越智　啓太（おち　けいた）

横浜市生まれ
学習院大学大学院人文科学研究科心理学専攻修了
警視庁科学捜査研究所研究員，東京家政大学文学部助教授を経て，
現　在　法政大学文学部心理学科教授

[主著]　犯罪捜査の心理学　化学同人　2008 年
　　　　Progress & Application 犯罪心理学　サイエンス社　2012 年
　　　　ケースで学ぶ犯罪心理学　北大路書房　2013 年
　　　　つくられる偽りの記憶　化学同人　2014 年
　　　　恋愛の科学　実務教育出版　2015 年
　　　　サボタージュ・マニュアル（監訳・解説）　北大路書房　2015 年

桐生　正幸（きりう　まさゆき）

山形県生まれ
文教大学人間科学部人間科学科心理学専修退学
学位授与機構より「学士（文学）」，東亜大学大学院より「博士（学術）」を取得
山形県警察本部科学捜査研究所主任研究官，関西国際大学教授を経て，
現　在　東洋大学社会学部社会心理学科教授

[主著]　ウソ発見（共編著）　北大路書房　2000 年
　　　　幼い子どもを犯罪から守る（共編著）　北大路書房　2006 年
　　　　犯罪者プロファイリング入門（共編著）　北大路書房　2006 年
　　　　性犯罪の行動科学（共編著）　北大路書房　2010 年
　　　　基礎から学ぶ犯罪心理学研究法（編著）　福村出版　2012 年
　　　　犯罪に挑む心理学 Ver. 2（共編著）　北大路書房　2012 年

テキスト 司法・犯罪心理学

2017年7月10日	初版第1刷印刷
2017年7月20日	初版第1刷発行

定価はカバーに表示してあります。

編著者　越智　啓太
　　　　桐生　正幸

発行所　（株）北大路書房

〒603-8303
京都市北区紫野十二坊町12-8
電話（075）431-0361（代）
FAX（075）431-9393
振替　01050-4-2083

編集・デザイン・装丁　上瀬奈緒子（綴水社）
印刷・製本　モリモト印刷（株）

©2017　ISBN978-4-7628-2975-8　Printed in Japan
検印省略　落丁・乱丁本はお取り替えいたします

・ JCOPY 〈(社)出版者著作権管理機構 委託出版物〉
本書の無断複写は著作権法上での例外を除き禁じられています。
複写される場合は，そのつど事前に，(社)出版者著作権管理機構
（電話 03-3513-6969,FAX 03-3513-6979,e-mail: info@jcopy.or.jp）
の許諾を得てください。

北大路書房関連書

サボタージュ・マニュアル
——諜報活動が照らす組織経営の本質

米国戦略諜報局（OSS）著
越智啓太 監訳・解説
国重浩一 翻訳

ケースで学ぶ犯罪心理学

越智啓太 著

性犯罪の行動科学
——発生と再発の抑止に向けた学際的アプローチ

田口真二、平伸二、池田稔、桐生正幸 編著

犯罪に挑む心理学 Ver. 2
——現場が語る最前線

笠井達夫、桐生正幸、水田恵三 編

A5判 260頁
本体 2200円＋税

A5判 280頁
本体 3200円＋税

A5判 184頁
本体 1900円＋税

四六判 128頁
本体 1400円＋税